Arkadi und Boris Strugatzki

Werkausgabe – Fünfter Band

Herausgegeben von
Sascha Mamczak und Erik Simon

Das Buch

Dies ist die Geschichte des 22. Jahrhunderts. Es ist die Geschichte der Besiedlung ferner Planeten gegen widrigste Umstände. Es ist die Geschichte wagemutiger Helden, die eine wahrhaft menschliche Gesellschaft errichten wollen. Und es ist die Geschichte, wie all dies scheitert.

Dieser Band versammelt sieben Romane und Erzählungen aus Arkadi und Boris Strugatzkis großem Zukunftspanorama, der »Welt des Mittags«. Ein Panorama, mit dem die beiden Autoren nicht nur ihren visionären Einfallsreichtum unter Beweis stellen, sondern auch ihr einzigartiges Talent, unserer Realität einen Zerrspiegel vorzuhalten, der die menschlichen Defizite und Abgründe nur umso deutlicher macht.

»Die Brüder Strugatzki waren Großmeister der russischen Fantastik. Sie schrieben Science Fiction, von der sie Brücken zur russischen Sagen- und Märchentradition schlugen.« *Stuttgarter Zeitung*

»Die Brüder Strugatzki waren der Höhepunkt der sowjetischen Literatur. Sie wussten alles von unserem Land und konnten in die Zukunft sehen.« *Dmitri Bykow*

»Die Brüder Strugatzki knüpfen in vorbildlicher Weise an die große Erzähltradition ihres Landes an – an Gogol, an Dostojewski.«
Kölnische Rundschau

Die Autoren

Arkadi (1925–1991) und Boris (1933–2012) Strugatzki zählen zu den bedeutendsten und erfolgreichsten russischen Autoren der Nachkriegszeit. Ihre Romane sind nicht nur faszinierende Parabeln über die Stellung des Menschen im Universum, sondern auch schonungslose Abrechnungen mit Ideologiegläubigkeit und Personenkult. Etliche ihrer Texte durften in der Sowjetunion nicht erscheinen. Inzwischen hat die Gesamtauflage ihrer Werke die fünfzig Millionen weit überschritten, sie wurden in über dreißig Sprachen übersetzt, und viele ihrer Romane wurden verfilmt – darunter Andrej Tarkowskis *Stalker* nach »Picknick am Wegesrand«.

Arkadi und Boris

STRUGATZKI

Der Weg zur Amalthea

Die gierigen Dinge
des Jahrhunderts

Die Erprobung des SKYBEK

Das vergessene Experiment

Spezielle Voraussetzungen

Mittag, 22. Jahrhundert

Der ferne Regenbogen

WILHELM HEYNE VERLAG
MÜNCHEN

Titel der Originalausgaben

Путь на Амальтею

Хищные вещи века

Испытание «СКИБР» / Забытый эксперимент / Частные предположения

Полдень, XXII век

Далекая Радуга

Deutsche Übersetzung von Traute und Günther Stein (Der Weg zur Amalthea), Heinz Kübart (Die gierigen Dinge des Jahrhunderts), David Drevs (Die Erprobung des SKYBEK), Aljonna Möckel (Das vergessene Experiment; Spezielle Voraussetzungen; Mittag, 22. Jahrhundert; Der ferne Regenbogen)

Ergänzung anhand der ungekürzten und unzensierten Originalversionen: Anna Doris Schüller, Matthias Dondl, David Drevs

Übersetzung der Kommentare von Boris Strugatzki sowie Anmerkungen und Nachdichtungen: Erik Simon

Textbearbeitung und Redaktion: Anna Doris Schüller

2. Auflage

Deutsche Erstausgabe 3/2013

in der Verlagsgruppe Random House GmbH,
Neumarkter Straße 28, 81673 München
Printed in Germany
Umschlaggestaltung: Nele Schütz Design, München
Satz: Schaber Datentechnik, Austria
BoD

ISBN: 978-3-453-31028-5

www.heyne.de

INHALT

Anhang

DER WEG ZUR AMALTHEA

Prolog

Amalthea, J-Station

Die Amalthea ist der fünfte Mond des Jupiters und ihm am nächsten. In etwa fünfunddreißig Stunden dreht sie sich einmal um ihre Achse und umkreist Jupiter innerhalb von zwölf Stunden. Deshalb erscheint dieser alle dreizehneinhalb Stunden über dem nahen Horizont.

Der Aufgang des Jupiters ist sehr schön. Man muss nur frühzeitig mit dem Lift zur durchsichtigen Spektralkuppel im obersten Stockwerk hinauffahren. Sobald sich die Augen an die Dunkelheit gewöhnt haben, erblickt man eine vereiste Ebene, die sich sanft gewölbt bis zu einem Felskamm am Horizont erstreckt. Der Himmel ist schwarz und mit einem Meer hell strahlender Sterne bedeckt, deren Glanz von der Ebene schwach reflektiert wird. Der felsige Gebirgskamm zeichnet sich vor dem Sternenhimmel als tiefschwarze Silhouette ab, und wenn man genauer hinsieht, kann man sogar die Umrisse der einzelnen bizarren Gipfel erkennen.

Manchmal schweben die gefleckte Sichel des Ganymed oder die silberne Scheibe der Kallisto (oder auch beide, was allerdings ziemlich selten vorkommt) dicht über dem Felskamm. Dann fallen von den Bergen graue ebenmäßige Schatten weit über das schimmernde Eis der Ebene. Erscheint aber am Horizont die Sonne, ein runder, blendend heller Lichttupfen, so färbt sich die Ebene zartblau, die Schatten werden schwarz, und auf dem Eis treten alle Spalten und

Risse deutlich hervor. Die kohlschwarzen Kleckse auf dem Raketenstartplatz erinnern dann an langgestreckte zugefrorene Pfützen – ein Anblick, der halbvergessene Assoziationen weckt: Man möchte hinausstürmen, auf der dünnen Eisdecke herumlaufen und sehen, wie sie unter den Magnetschuhen birst, wie haarfeine Risse entstehen und ein Kräuseln, wie es über die heiße Milch läuft, nur dunkler.

Doch all das gibt es auch anderswo, nicht nur auf der Amalthea. Wenn aber der Jupiter aufgeht, ist das ein Schauspiel, das es in dieser Schönheit nur auf der Amalthea gibt, faszinierend, weil der aufgehende Planet die Sonne verjagt. Zuerst flammt hinter den Gipfeln des Gebirgskamms eine grüne Morgenröte auf – die Exosphäre des gigantischen Planeten. Sie erstrahlt immer heller, nähert sich langsam der Sonne und löscht nacheinander die Sterne am schwarzen Himmel. Plötzlich schiebt sie sich in die Sonne hinein – ein Moment, den man auf keinen Fall versäumen darf. Der grüne Strahlenschein der Exosphäre erstrahlt augenblicklich, wie durch Zauberei, blutrot. Auf diesen Anblick wartet man – und doch tritt er jedes Mal völlig überraschend ein. Die Sonne und die vereiste Ebene färben sich rot, und auf dem runden Türmchen der Peilanlage am Rand der Ebene blitzen rote Lichtreflexe auf. Sogar die Schatten der Gipfel füllen sich mit zartem Rosa. Dann wird das Rot allmählich dunkler, färbt sich graubraun, und schließlich erhebt sich über dem felsigen Bergrücken am nahen Horizont der riesige braune Leib des Jupiters. Die Sonne ist noch zu sehen und noch immer rot wie glühendes Eisen, eine kreisrunde, kirschfarbene Scheibe auf graubraunem Grund.

Graubraun gilt für gewöhnlich als unschöne Farbe, dies jedoch zweifellos nur bei Menschen, die den Himmel noch nie haben graubraun erstrahlen und darauf eine scharf konturierte rote Sonnenscheibe haben stehen sehen. Ist die rote Scheibe verschwunden, bleibt nur, riesig, graubraun und zottig, der Jupiter zurück. Er braucht geraume Zeit, um sich über den Horizont zu erheben, schwillt dabei gleichsam an und nimmt schließlich ein Viertel des Himmels ein. Schwarze und grüne Streifen von Ammoniakwolken legen sich quer über den Himmelskörper, und von Zeit zu Zeit zeigen sich winzige weiße Punkte, die sogleich wieder verlöschen – die exosphärischen Protuberanzen.

Leider kann man sich den Aufgang des Jupiters nur selten bis zur letzten Phase ansehen; der Planet lässt sich viel Zeit dabei, während man selbst zur Arbeit muss. Nur wenn man mit der Beobachtung des Aufgangs beauftragt ist, kann man ihn bis zum Ende verfolgen, doch währenddessen bleibt einem kaum Zeit, an die Schönheit zu denken …

Der Direktor der »J-Station« sah auf die Uhr. Der Jupiteraufgang war heute sehr schön und würde gleich noch schöner werden, aber es wurde Zeit, wieder mit dem Lift nach unten zu fahren und darüber nachzudenken, was zu tun war.

Im Schatten der Felsen fing das Gittergerüst der großen Antenne an, sich langsam zu drehen. Die Funkoptiker begannen mit ihren Beobachtungen. Diese hungrigen Funkoptiker …

Der Direktor warf einen letzten Blick auf die wolkige graubraune Wölbung des Jupiters und bedauerte, nicht so lange warten zu können, bis auch die vier großen Jupitermonde – die rötliche Io, die Europa, der Ganymed und die Kallisto – über dem Horizont standen und Jupiter im ersten Viertel zur Hälfte orangefarben und zur Hälfte graubraun war. Dabei fiel ihm ein, dass er Jupiter noch nie hatte untergehen sehen. Das musste auch sehr schön sein: Langsam würde der Strahlenglanz der Exosphäre erlöschen und der nachtende Himmel mit Sternen bestickt sein wie schwarzer Samt mit Diamanten. Aber während des Jupiteruntergangs gibt es normalerweise alle Hände voll zu tun.

Der Direktor betrat den Lift und fuhr bis zur untersten Etage. Die Planetologische Station auf der Amalthea war eine kleine Stadt nur für Wissenschaftler; sie erstreckte sich über mehrere Ebenen, die in die Eisdecke eingelassen und aus Metallplast gegossen worden waren. Hier lebten, arbeiteten und studierten rund sechzig Menschen, um genau zu sein sechsundfünfzig junge Männer und Frauen, alles vortreffliche Leute mit einem vortrefflichen Appetit.

Der Direktor warf einen Blick in die Sporträume, aber es war keiner mehr da. Nur im kugelförmigen Bassin badete noch jemand, und das Echo des Geplätschers hallte von der Decke zurück. Der Direktor ging langsam weiter, denn die Magnetschuhe waren schwer. Auf der Amalthea gibt es fast keine Schwerkraft, was äußerst unbequem ist. Natürlich gewöhnt man sich daran, aber in der ersten Zeit hat man das Gefühl, als sei der Körper mit Wasserstoff gefüllt und wolle aus den Magnetschuhen heraushüpfen. Besonders schwierig ist es anfangs, unter diesen Bedingungen zu schlafen.

Zwei Astrophysiker kamen mit nassen Haaren vom Duschen, begrüßten den Direktor und eilten weiter zum Lift. Der eine schwankte seltsam und tänzelte – anscheinend waren seine Magnetsohlen defekt. Der Direktor bog zum Speiseraum ab, wo etwa fünfzehn Menschen saßen und frühstückten.

Onkel Walnoga, Koch und Chefgastronom der Station, fuhr mit dem Servierwagen von Tisch zu Tisch. Er hatte schlechte Laune. Von Natur aus schon recht unfreundlich, war er nun seit einigen Tagen ausgesprochen mürrisch, weil von der Kallisto über Funk die Katastrophenmeldung gekommen war, das dortige Lebensmitteldepot sei durch Pilzbefall vernichtet worden. Pilzbefall hatte auch früher schon Schaden angerichtet, aber nun waren alle Lebensmittel bis zum letzten Zwieback und auch die Chlorellaplantagen vernichtet worden.

Auf der Kallisto ist es nicht leicht zu arbeiten. Im Gegensatz zur Amalthea besitzt der vierte Trabant eine Biosphäre, und es gibt bis heute kein Mittel, das Eindringen des Pilzes in Wohnräume zu verhindern. Der Pilz an sich aber ist interessant: Er durchdringt jede Wand und verschlingt alles Essbare – Brot, Konserven, Zucker, besonders aber Chlorella. Gelegentlich befällt er auch Menschen, aber das ist ungefährlich. Zuerst machte man sich deswegen große Sorgen, und sogar die Tapfersten erbleichten, wenn sie auf ihrer Haut den charakteristischen, ein wenig glitschigen Belag entdeckten. Aber der Pilz verursacht im lebenden Organismus weder Schmerzen noch Schaden. Man spricht ihm sogar eine tonisierende Wirkung zu. Dafür aber vernichtet er Lebensmittel umso radikaler.

»Onkel Walnoga«, rief jemand. »Gibt es zum Mittagessen auch Zwieback?«

Der Direktor konnte nicht sehen, wer das gefragt hatte, weil alle, die an den Tischen saßen, nun Onkel Walnoga das Gesicht zuwandten und aufhörten zu kauen. Die hübschen jungen Gesichter waren fast alle tief gebräunt und schienen ein wenig abgemagert. Oder kam es ihm nur so vor?

»Heute Mittag gibt es Suppe«, antwortete Onkel Walnoga.

»Hervorragend!«, sagte jemand. Wer – das konnte der Direktor wieder nicht sehen.

Er ging zu einem Tisch und setzte sich. Walnoga kam mit dem Servierwagen, und der Direktor nahm sich sein Frühstück: einen Teller mit zwei Scheiben Zwieback, eine halbe Tafel Schokolade und eine gläserne »Birne« mit Tee. Obwohl er sehr geschickt hantierte, hüpften die dicken weißen Zwiebäcke hoch und blieben in der Luft hängen. Das birnenförmige, oben geschlossene Glas blieb stehen, weil es einen Magnetstreifen am Fuß hatte. Der Direktor ergriff einen Zwieback, biss ab und hob das Glas an den Mund. Der Tee war kalt.

»Suppe«, sagte Walnoga leise zum Direktor. »Sie können sich vorstellen, was für eine Suppe das ist. Aber die denken womöglich, ich koche ihnen Hühnerbouillon.« Er gab dem Servierwagen einen Schubs, setzte sich an den Tisch und blickte dem Wägelchen nach, das immer langsamer zwischen den Tischen dahinrollte. »Auf der Kallisto essen sie unter anderem auch Hühnersuppe.«

»Wohl kaum«, erwiderte der Direktor zerstreut.

»Wieso nicht?«, wollte Walnoga wissen. »Ich habe ihnen einhundertsechzig Büchsen gegeben. Mehr als die Hälfte unserer Reserve.«

»Und der Rest der Reserve? Haben wir den schon gegessen?«

»Natürlich.«

»Dann haben die Leute auf der Kallisto sie auch schon gegessen. Dort leben doppelt so viele Menschen wie hier«, murmelte der Direktor kauend und dachte: Du schwindelst, Onkel Walnoga! Ich kenne dich gut, mein lieber Chefgastronom. An die zwanzig Büchsen hast du noch für Kranke und sonstige Zwecke versteckt.

Walnoga seufzte. »Ist Ihr Tee nicht kalt geworden?«

»Nein, alles in Ordnung.«

»Die Chlorella lässt sich auf der Kallisto einfach nicht ansiedeln«, erklärte Walnoga und seufzte abermals. »Über Funk haben sie noch einmal zehn Kilo Gärstoff angefordert und mitgeteilt, dass sie schon ein Planetenflugzeug losgeschickt haben.«

»Tja, dann müssen wir ihnen den Gärstoff geben.«

»Natürlich müssen wir das. Aber ich habe schließlich nicht hundert Tonnen Chlorella, und ich muss sie auch wachsen lassen … Jetzt habe ich Ihnen sicherlich den Appetit verdorben?«

»Halb so schlimm«, beruhigte ihn der Direktor. Er hatte überhaupt keinen Appetit.

»Jetzt reicht es aber!«, sagte jemand.

Der Direktor hob den Kopf und erblickte sogleich das verstörte Gesicht Sojka Iwanowas. Neben ihr saß der Kernphysiker Koslow. Die beiden saßen immer zusammen.

»Jetzt reicht's, hörst du?«, zischte Koslow böse.

Sojka senkte errötend den Kopf; sie schämte sich, weil alle sie ansahen.

»Gestern hast du mir schon deinen Zwieback zugeschoben«, fuhr Koslow fort. »Heute legst du mir deinen unglückseligen Zwieback schon wieder auf den Teller!«

Sojka schwieg. Sie weinte beinahe vor Verlegenheit.

»Schrei sie nicht an, du Stiesel!«, rief der Atmosphärenphysiker Potapow laut vom anderen Ende des Speiseraums. »Soika, warum fütterst du ihn, diesen Trottel? Gib lieber mir den Zwieback, ich esse ihn, ohne dich anzuschnauzen!«

»Ist doch wahr«, sagte Koslow, nun schon etwas ruhiger. »Ich bin dick genug; sie sollte mehr essen als ich.«

»Nein, Walja«, entgegnete Sojka beherrscht.

»Kann ich noch Tee bekommen, Onkel Walnoga?«, fragte jemand.

Walnoga stand auf. Dann hörte man Potapow durch den ganzen Saal rufen: »He, Gregor, machen wir nach der Arbeit ein Spielchen?«

»Einverstanden«, antwortete Gregor.

»Du verlierst ja doch wieder, Wadim«, rief jemand.

»Das Wahrscheinlichkeitsgesetz ist auf meiner Seite«, erklärte Potapow.

Alle lachten.

Ein Mann mit verdrossener Miene lugte in den Speiseraum. »Ist Potapow hier? Wadim, auf dem Jupiter herrscht Sturm!«

»Also los!«, rief Potapow und sprang auf. Rasch erhoben sich auch die anderen Atmosphärenphysiker. Das verdrossene Gesicht an der Tür verschwand, erschien dann aber noch einmal. »Bring meinen Zwieback mit, hörst du?«

»Wenn Walnoga ihn herausrückt«, rief Potapow ihm nach.

»Warum sollte ich ihn dir nicht geben?«, fragte Onkel Walnoga. »Stezenko, Konstantin – zweihundert Gramm Zwieback und fünfzig Gramm Schokolade.«

Der Direktor wischte sich den Mund mit einer Papierserviette ab und stand auf, da fragte Koslow: »Genosse Direktor, was gibt es Neues über die ›Tachmasib‹?«

Alle verstummten und sahen den Direktor an. »Vorläufig nichts«, antwortete er.

Langsam ging er zwischen den Tischen hindurch zur Tür und begab sich in sein Arbeitszimmer. Schlimm, dass ausgerechnet jetzt auf der Kallisto die »Konservenepidemie« ausgebrochen war. Richtigen Hunger gab es vorläufig nicht; die Amalthea konnte sich Chlorella und Zwieback noch mit der Kallisto teilen. Aber wenn Bykow nicht bald mit den Lebensmitteln kam ... Bykow war mit der »Tachmasib« irgendwo in der Nähe. Man hatte ihn angepeilt, nun aber schon seit sechzig Stunden nichts mehr von ihm gehört. Man wird die Rationen erneut kürzen müssen, dachte der Direktor. Hier muss man auf alles gefasst sein, und bis zur Marsbasis ist es verflixt weit. Hier kann alles passieren. Manchmal verschwinden Raumschiffe, die von der Erde oder vom Mars starten. Das geschieht zwar selten, nicht häufiger als die Pilzepidemien. Trotzdem ist es schlecht, dass so etwas überhaupt vorkommt. In Anbetracht der Tatsache, dass die Erde Milliarden Kilometer entfernt ist, ist das schlimmer als Dutzende von Epidemien. Es kann Hunger bedeuten, vielleicht sogar das Ende.

I

Der Photonenfrachter »Tachmasib«

1. Das Raumschiff nähert sich dem Jupiter, aber der Kommandant streitet sich mit dem Steuermann und nimmt Sporamin

Alexej Petrowitsch Bykow, der Kommandant des Photonenfrachters »Tachmasib«, schlüpfte aus der Kajüte und lehnte die Tür hinter sich an. Sein Haar war nass, er hatte soeben geduscht, einmal mit Wasser und einmal unter der Ionenbrause. Trotzdem war er nach dem allzu kurzen Schlaf noch ein wenig benommen; gerne hätte er länger geschlafen, er bekam kaum die Augen auf. In den letzten drei Tagen waren ihm höchstens fünf Stunden Ruhe vergönnt gewesen; der Flug erwies sich als ziemlich schwierig.

Der Korridor war hell erleuchtet und menschenleer. Bykow ging zur Steuerzentrale hinüber und hob mühsam die Beine, um nicht zu schlurfen. Er musste durch die Schiffskantine, deren Tür offen stand. Bykow hörte Stimmen. Die Planetologen Dauge und Jurkowski unterhielten sich, wie es schien, ungewöhnlich gereizt und zugleich seltsam dumpf.

Sie haben wieder etwas angestellt, dachte Bykow. Mit den beiden hat man nichts als Ärger! Aber sie ausschimpfen kann ich auch nicht, weil sie trotz allem meine Freunde sind und sich so darüber freuen, dass wir bei diesem Flug zusammen sein können. Es kommt selten vor, dass wir gemeinsam fliegen.

Bykow betrat die Kantine und blieb im Türrahmen stehen. Der Bücherschrank stand offen, und alle Bücher lagen unordentlich auf dem Fußboden. Das Tischtuch war vom Tisch gerutscht. Unter der Couch ragten Jurkowskis lange Beine mit den engen grauen Hosen hervor und zappelten.

»Ich sage dir doch, sie ist nicht hier«, schimpfte Dauge, der nicht zu sehen war.

»Such weiter!«, befahl Jurkowski mit erstickter Stimme. »Du hast sie zuletzt gehabt, also such!«

»Was geht hier vor?«, fragte Bykow unwirsch.

»Aha, da ist er!« Dauge hockte unter dem Tisch und stand langsam auf.

Sein Gesicht war fröhlich, Jacke und Hemdkragen standen offen. Jurkowski kroch mühsam rückwärts unter der Couch hervor.

»Was ist los?«, wollte Bykow wissen.

»Wo ist meine Waretschka?«, fragte Jurkowski und stand auf. Er war wütend.

»Du Unmensch!«, wetterte Dauge.

»Ihr Tagediebe«, sagte Bykow.

»Er, er ist der Tagedieb!«, jammerte Dauge mit tragischem Unterton. »Sieh dir sein Gesicht an! Er ist ein Henker!«

»Ich frage dich das ganz im Ernst«, fuhr Jurkowski fort. »Wo ist meine Waretschka?«

»Wisst ihr was, Planetologen«, schaltete sich Bykow ein. »Schert euch zum Teufel!« Er reckte das Kinn vor und ging zur Steuerzentrale.

»Er hat die Waretschka im Reaktor verbrannt!«, rief Dauge ihm nach.

Krachend schlug Bykow das Schott hinter sich zu. In der Steuerzentrale war es still. Der Steuermann Michail Antonowitsch Krutikow saß, das Doppelkinn auf die rundliche Faust gestützt, auf seinem Platz vor dem Bordcomputer. Der

Rechner surrte leise und blitzte mit den Neonkontrolllämpchen. Krutikow sah den Kommandanten freundlich an und fragte: »Gut geschlafen, Ljoscha?«

»Ja«, antwortete Bykow.

»Ich habe einen Funkspruch von der Amalthea bekommen«, informierte ihn Krutikow. »Sie warten dort und warten …« Er schüttelte den Kopf. »Stell dir vor, Ljoscha, ihre Tagesration besteht aus zweihundert Gramm Zwieback, fünfzig Gramm Schokolade und Chlorellasuppe. Dreihundert Gramm Chlorellasuppe, und die schmeckt dort überhaupt nicht.«

Da müsstest du mal hin!, dachte Bykow. Dann würdest du abnehmen, Dickerchen! Er warf dem Steuermann einen strengen Blick zu, konnte sich aber doch nicht beherrschen und musste lächeln. Die dicken Lippen vorgestülpt, besah sich Krutikow einen linierten blauen Papierstreifen. »Hier, Ljoscha, ich habe unser Finalprogramm zusammengestellt. Prüf es bitte!«

Für gewöhnlich brauchte man die Kursprogramme, die Krutikow zusammenstellte, nicht zu überprüfen. Er war zwar nach wie vor der dickste, aber auch der erfahrenste Steuermann der interplanetarischen Flotte.

»Ich überprüfe es später«, erwiderte Bykow, hielt sich die Hand vor den Mund und gähnte ausgiebig. »Gib dem Autopiloten das Programm ein!«

»Habe ich schon gemacht, Ljoscha«, gestand Krutikow schuldbewusst.

»Auch gut«, erwiderte Bykow. »Wo sind wir jetzt?«

»In einer Stunde kommen wir in die Endphase«, antwortete Krutikow. »Wir überqueren den Nordpol des Jupiters« – das Wort »Jupiter« sagte er mit sichtlichem Behagen – »in einer Entfernung von zwei Durchmessern und zweihundertneunzig Megametern. Dann setzen wir zur letzten Umkreisung an. Wir sind schon so gut wie angekommen, Ljoscha.«

»Rechnest du die Entfernung von der Mitte des Jupiters aus?«

»Ja.«

»Gib mir in der Endphase alle fünfzehn Minuten die Entfernung von der Exosphäre durch!«

»Zu Befehl, Ljoscha«, sagte Krutikow.

Bykow gähnte noch einmal, rieb sich verdrossen mit den Fäusten die Augen, die ihm andauernd zufallen wollten, und schritt am Pult der Havarie-Signalisation entlang. Hier war alles in Ordnung. Der Motor lief gleichmäßig, das Plasma pulsierte im Arbeitsrhythmus, die Einstellung der Magnettraps war einwandfrei. Für die Magnettraps trug Bordingenieur Shilin die Verantwortung. Ein tüchtiger Bursche, dieser Shilin, dachte Bykow. Hat alles ausgezeichnet reguliert.

Bykow blieb stehen und versuchte, durch eine winzige Kursänderung die Einstellung der Traps zu stören. Aber es trat keine Störung ein. Der weiße Lichtfleck hinter der durchsichtigen Plastscheibe bewegte sich nicht einmal. Wirklich, ein tüchtiger Bursche, dieser Shilin, dachte Bykow erneut. Er ging um die konvexe Wand des Photonenreaktors herum. An der Kombine des Kontrollreflektors stand Shilin mit einem Bleistift zwischen den Zähnen. Er stützte sich mit beiden Händen auf den Pultrand und steppte sacht mit den Fußspitzen, wobei sich seine mächtigen Schulterblätter im Takt dazu bewegten.

»Guten Tag, Wanja«, begrüßte ihn Bykow.

»Guten Tag, Alexej Petrowitsch!« Shilin drehte sich ruckartig um und fing behände den Bleistift auf, den er zwischen den Zähnen gehabt hatte.

»Wie steht's mit dem Reflektor?«, erkundigte sich Bykow.

»Er ist in Ordnung«, antwortete Shilin. Trotzdem beugte sich Bykow über das Pult und ergriff den festen blauen Papierstreifen mit den Aufzeichnungen des Kontrollsystems.

Der Reflektor war das wichtigste und empfindlichste Element des Photonentriebwerkes, ein gigantischer Parabolspiegel, der mit fünf Schichten eines höchst widerstandsfähigen Mesomaterials überzogen war. In der ausländischen Literatur wird der Reflektor oft »sail«, also Segel, genannt. Im Brennpunkt des Paraboloids explodieren pro Sekunde Millionen Portionen von Deuterium-Tritium-Plasma, die sich in Strahlung umsetzen. Der Strom der blassvioletten Flamme trifft auf die Oberfläche des Reflektors und erzeugt die Schubkraft. Dabei vollziehen sich in der Schicht des Mesomaterials gigantische Temperaturstürze, und das Mesomaterial verbrennt allmählich, eine Schicht nach der anderen. Außerdem wird der Reflektor unaufhörlich von der meteorischen Korrosion zerfressen. Wenn er bei eingeschaltetem Antrieb im Fundament zusammenbricht, wo das dicke Rohr des Photonenreaktors angeschlossen ist, geht das Raumschiff blitzartig und geräuschlos in Flammen auf. Deshalb wird der Reflektor der Photonenschiffe jeweils nach hundert Astronomischen Einheiten Flug ausgewechselt. Und aus dem gleichen Grund misst das Kontrollsystem ununterbrochen den Zustand der Arbeitsschicht auf der gesamten Oberfläche des Reflektors.

»So«, sagte Bykow, während er den Streifen durch die Finger gleiten ließ. »Die erste Schicht ist verbrannt.«

Shilin schwieg.

»Michail!«, herrschte Bykow den Steuermann an. »Weißt du, dass die erste Schicht ausgebrannt ist?«

»Ja, Ljoscha«, antwortete der. »Ist doch klar, bei einem Oversun!«

Ein »Oversun« oder »Sprung über die Sonne« wurde selten vorgenommen, nur in Ausnahmefällen wie jetzt, weil auf den J-Stationen Lebensmittelknappheit herrschte. Beim Oversun liegt zwischen dem Start- und dem Zielplaneten die Sonne – vom Standpunkt der Kosmogation aus betrachtet eine sehr ungünstige Konstellation. Beim Oversun läuft das Photonentriebwerk mit äußerster Kraft; die Geschwindigkeit des Schiffs steigert sich auf bis zu sechs-, siebentausend Kilometer in der Sekunde, und an den Instrumenten treten Effekte der nichtklassischen Mechanik auf, die bisher kaum erforscht sind. Die Besatzung kommt fast nicht zum Schlafen, Treibstoffverbrauch und Reflektorverschleiß sind ungeheuer groß, und obendrein erreicht das Raumschiff den Zielplaneten meist in der Gegend des Pols, was unbequem ist und die Landung kompliziert macht.

»Oversun! Schöne Bescherung ...!«, meinte Bykow. Er kehrte zum Steuermann zurück und sah auf den Anzeiger des Treibstoffverbrauchs.

»Gib mir eine Kopie des Finalprogramms«, bat er.

»Einen kleinen Augenblick, Ljoscha«, antwortete der Steuermann. Er war sehr beschäftigt. Auf dem Tisch häuften sich die blauen Streifen, gedämpft summte das halbautomatische Zusatzgerät des Elektronenrechners. Bykow ließ sich in einen Sessel sinken und beobachtete mit halb geschlossenen Augen, wie Krutikow, ohne von seinen Aufzeichnungen aufzublicken, die Hand zum Pult ausstreckte und die Finger rasch über die Tasten gleiten ließ. Wie eine große weiße Spinne huschte die Hand hin und her. Schließlich schwoll das Summen des Rechners an, die Stoppleuchte blinkte auf, und der Rechner schaltete sich aus.

»Was wolltest du doch gleich, Ljoscha?«, erkundigte sich der Steuermann, den Blick noch immer auf seine Aufzeichnungen geheftet.

»Das Finalprogramm«, antwortete Bykow. Er konnte kaum noch die Augen offen halten.

Langsam schob sich das Tabulogramm aus der Vorrichtung, und Krutikow ergriff es mit beiden Händen.

»Sollst du gleich haben«, rief er emsig. »Sofort!«

Bykow vernahm ein liebliches Gesäusel in den Ohren, das Dunkel hinter seinen geschlossenen Lidern besternte sich mit goldgelben Tupfen, und sein Kinn sank auf die Brust.

»Ljoscha!« Der Steuermann langte über den Tisch und klopfte Bykow auf die Schulter. »Ljoscha, hier – das Programm!«

Bykow zuckte zusammen, hob den Kopf, blickte verstört um sich und ergriff die beschriebenen Bogen.

»Hm-hm ...« Er räusperte sich und hob mehrmals die Brauen. »Aha ... Also wieder Theta-Algorithmus ...« Schlaftrunken starrte er auf die Aufzeichnungen.

»Ljoscha, du solltest eine Sporamin nehmen«, riet ihm der Steuermann.

»Warte mal«, sagte Bykow. »Moment! Was ist denn das nun wieder? Bist du verrückt geworden, Steuermann?« Krutikow sprang auf, lief um den Tisch herum und beugte sich über Bykows Schulter. »Wo denn, was denn?«, fragte er. »Wohin fliegst du?«, fragte Bykow giftig. »Denkst du vielleicht, du fliegst übungshalber zum Siebten Himmel?«

»Was soll das heißen, Ljoscha?«

»Oder vielleicht bildest du dir ein, auf der Amalthea hätte man einen Tritium-Generator für dich aufgebaut?«

»Was den Treibstoff betrifft«, entgegnete Krutikow. »Der reicht für drei Programme dieser Art.«

Jetzt war Bykow hellwach. »Ich muss auf der Amalthea landen, anschließend mit den Planetologen zur Exosphäre starten, wieder auf der Amalthea landen und dann zur Erde zurückkehren. Das wird wieder ein Oversun!«

»Warte mal«, bat Michail Antonowitsch. »Einen kleinen Augenblick ...«

»Du hast mir ein Programm aufgestellt, als warteten überall Treibstoffdepots auf uns!«

Das Kabinenluk wurde halb geöffnet. Bykow drehte sich um. Dauge sah herein, blickte sich in der Steuerzentrale um und fragte: »Hört mal, ist Waretschka vielleicht bei euch?«

»Raus!«, raunzte Bykow.

Der Kopf verschwand augenblicklich, und das Schott wurde leise geschlossen.

»Faulpelze«, murrte Bykow. »Also hör zu, Steuermann! Wenn der Treibstoff nicht für den Oversun zur Rückkehr reicht, geht's dir dreckig!«

»Schrei mich bitte nicht an!«, entgegnete Krutikow gekränkt und setzte nach einigem Überlegen hochrot im Gesicht hinzu: »Verdammt noch mal!«

Schweigen trat ein. Der Steuermann kehrte auf seinen Platz zurück, und sie sahen einander schmollend an.

»Den Abstecher in die Exosphäre habe ich genau berechnet«, erklärte er. »Die Berechnung des Rückkehr-Oversuns habe ich auch fast fertig.« Er legte die flache Hand auf einen Stoß Papier. »Aber wenn du Bedenken hast, können wir immer noch auf dem Antimars tanken …«

Antimars nannten die Kosmogatoren den künstlichen Planeten, der sich fast genau auf der Umlaufbahn des Mars bewegte, aber auf der anderen Seite der Sonne. Im Grunde genommen war er ein riesiges Treibstoffdepot, eine vollautomatische Tankstelle.

»Es ist jedenfalls völlig unnötig mich anzuschreien«, schloss Krutikow. Das Wort »anzuschreien« flüsterte er beinahe. Schließlich beruhigte er sich wieder.

»Also gut«, sagte Bykow, der sich inzwischen auch besonnen hatte. »Entschuldige, Mischa.«

Und schon lächelte der Steuermann wieder.

»Ich war ungerecht«, setzte Bykow hinzu.

»Ach, Ljoscha«, sagte Krutikow rasch. »Halb so wild. Schon vergessen … Aber schau mal, was für eine überraschende

Kurve sich ergibt. Aus der Vertikalen« – er verdeutlichte den Kursverlauf durch eine langsame Handbewegung – »über der Ebene der Amalthea und unmittelbar über der Exosphäre in der Trägheitsellipse zum Punkt der Begegnung. Die relative Geschwindigkeit beträgt am Punkt der Begegnung alles in allem vier Meter pro Sekunde, die maximale Überbelastung im ganzen zweiundzwanzig Prozent und die Dauer der Schwerelosigkeit höchstens dreißig, vierzig Minuten. Die Abweichungen von den errechneten Daten können nur sehr gering sein.«

»Durch den Theta-Algorithmus.« Bykow nickte. Er wollte dem Steuermann etwas Nettes sagen. Der Theta-Algorithmus war nämlich von Krutikow entwickelt und erstmalig verwendet worden.

Der Steuermann brummte etwas Unverständliches vor sich hin; die Bemerkung des Kommandanten schmeichelte ihm und machte ihn zugleich verlegen. Bykow sah das Programm bis zum Ende durch und nickte mehrmals. Nachdem er die Aufzeichnungen wieder auf den Tisch gelegt hatte, rieb er sich mit den großen sommersprossigen Fäusten die Augen.

»Ich muss gestehen«, sagte er, »ich bin nicht im Geringsten ausgeschlafen.«

»Dann nimm doch Sporamin, Ljoscha«, bat Krutikow nochmals eindringlich. »Ich nehme alle zwei Stunden eine Tablette und bin überhaupt nicht müde. Wanja genauso. Warum quälst du dich denn?«

»Ich mag diese Chemie nicht.« Bykow sprang auf und ging in der Steuerzentrale auf und ab. »Hör mal, Mischa, was geht eigentlich hier auf meinem Schiff vor sich?«

»Was soll denn sein, Ljoscha?«, fragte der Steuermann.

»Immer diese Planetologen«, erklärte Bykow.

»Ihre Waretschka ist verschwunden«, erklärte Shilin. Er stand hinter dem Photonenreaktor.

»Na und?«, erwiderte Bykow. »Endlich ist sie weg!« Er ging wieder auf und ab. »Kinder sind sie, große Kinder!«

»Ärgere dich nicht über sie, Ljoscha!«

»Wisst ihr, Genossen« – Bykow setzte sich in einen der Sessel –, »das Schlimmste auf einer Fahrt sind die Passagiere. Und die schlimmsten Passagiere sind alte Freunde. Ach, Mischa, gib mir bitte doch eine Sporamin!«

Flugs zog Krutikow eine Schachtel aus der Tasche. Bykow sah ihm schläfrig zu.

»Gib mir gleich zwei«, bat er.

2. *Die Planetologen suchen Waretschka, und der Funkoptiker erfährt, was ein Nilpferd ist*

»Er hat mich rausgeworfen«, beschwerte sich Dauge, als er Jurkowskis Kajüte betrat.

Jurkowski stand mitten in seiner Kajüte auf einem Stuhl und betastete mit der flachen Hand die weiche, aufgeraute Decke. Auf dem Fußboden lag zertretenes Zuckergebäck.

»Hier muss sie sein!« Jurkowski sprang vom Stuhl, wischte sich weiße Krümel vom Knie und jammerte: »Ach, Waretschka, mein Leben, wo bist du nur?«

»Hast du schon versucht, dich ruckartig in die Sessel zu setzen?«, fragte Dauge. Er ging zur Couch und ließ sich, die Hände an der Hosennaht, stocksteif darauf fallen.

»Du bringst sie um!«, zeterte Jurkowski.

»Hier ist sie nicht«, stellte Dauge fest und legte die Beine auf die Rückenlehne der Couch. »So eine Operation müssen wir an allen Couchs und Sesseln durchführen! Waretschka kuschelt sich gern in weiche Polster.«

Jurkowski zog den Stuhl näher an die Wand heran. »Nein. Während des Fluges verkriecht sie sich lieber in Wände und

Kajütendecken. Wir müssen durch das ganze Schiff gehen und die Decken abtasten.«

»Meine Herren!« Dauge seufzte. »Auf was für Ideen ein Planetologe verfällt, wenn er vor lauter Müßiggang nicht mehr weiß, was tun!« Er setzte sich, musterte Jurkowski von der Seite und flüsterte mit unheilvollem Unterton: »Ich bin sicher, Ljoscha war es. Er hat sie immer gehasst.«

Jurkowski blickte Dauge unverwandt an.

»Ja«, fuhr Dauge fort. »Schon immer, das weißt du! Und warum? Wo es doch so ein stilles Tierchen ist, und ein so liebes dazu.«

»Du bist ein Trottel, Grigori«, schalt ihn Jurkowski. »Blödelst hier herum. Mir würde es jedenfalls sehr leidtun, wenn sie nicht mehr da wäre.«

Er ließ sich auf den Stuhl sinken, stützte die Ellbogen auf die Knie und das Kinn auf die geballten Fäuste. Die hohe, kahle Stirn legte sich in Falten, und er setzte eine tragische Miene auf.

»Na, na«, sagte Dauge. »Wie sollte sie denn von Bord verschwinden können? Sie wird sich schon noch einfinden.«

»Nein«, widersprach Jurkowski. »Sie müsste jetzt fressen. Aber sie kommt nie betteln, also wird sie verhungern.«

»Die und sterben?« Dauge zweifelte.

»Sie hat schon zwölf Tage nichts gefressen. Seit dem Start. Das ist für sie furchtbar schädlich.«

»Wenn sie fressen will, kommt sie«, entgegnete Dauge überzeugt. »Wie alles, was da kreucht und fleucht.«

Jurkowski schüttelte den Kopf. »Nein, sie wird nicht kommen, Grigori.« Er kletterte auf den Stuhl und tastete erneut Zentimeter um Zentimeter die Decke ab. Es klopfte. Die Tür wurde behutsam aufgeschoben, und herein trat der kleine schwarzhaarige Funkoptiker Charles Mollard.

»Treter ein?«, fragte er.

»Klar«, antwortete Dauge.

Mollard klatschte in die Hände. »Mais non!«, rief er, vergnügt lächelnd. Er lächelte immer vergnügt. »Non ›Treter ein?‹ Ich wollte erfahren: ›Eintretten?‹«

»Natürlich«, bejahte Jurkowski vom Stuhl her. »Natürlich, eintretten, Charles. Was denn sonst?«

Mollard kam herein, schob die Tür zu und legte neugierig den Kopf in den Nacken. »Woldemar«, sagte er herrlich radebrechend. »Lernen Sie an Decke laufen?«

»Oui, Madame«, parierte Dauge mit entsetzlichem Akzent. »Will sagen, Monsieur. Eigentlich, il cherche la Waretschka.«

»Nein, nein!«, rief Mollard und fuchtelte mit den Händen. »Nur nicht so. Nur auf Russisches. Ich spreche doch auch nur auf Russisches!«

Jurkowski stieg vom Stuhl. »Charles, haben Sie nicht meine Waretschka gesehen?«

Mollard drohte ihm mit dem Finger. »Sie mir immer lustik scherzen«, sagte er mit sehr eigenwilliger Betonung. »Sie mir schon zwölf Tage scherzen.« Er setzte sich neben Dauge auf die Couch. »Was ist Waretschka? Ich habe oft gehört: Waretschka. Heute suchen sie, aber ich habe sie nicht ein einziges Mal gesehn. Nun?« Er sah Dauge an. »Ist das kleines Vogel? Oder Katze? Oder … ein …«

»… Nilpferd«, ergänzte Dauge.

»Was ist der Nilpferd?«, wollte Mollard wissen.

»C'est … so ein Lirondej«, antwortete Dauge. »Eine Schwalbe.«

»Oh, l'hirondelle!«, rief Mollard. »Hm – ein Nilpferd?«

»Yes«, sagte Dauge. »Natjürlisch.«

»Non, non! Nur auf Russisch!« Er wandte sich an Jurkowski. »Sagt Grégoire die Wahrheit?«

»Grégoire quatscht Blech«, antwortete Jurkowski aufgebracht. »Blödsinn.«

Mollard sah ihn aufmerksam an. »Sie sind verstimmt, Wolodja. Kann ich helfen?«

»Wahrscheinlich nicht, Charles. Waretschka muss einfach gesucht werden. Alles abtasten, wie ich es mache!«

»Warum tasten?« Mollard wunderte sich. »Sie sagen, wie sie aussieht, und ich fange an zu suchen.«

»Ha«, versetzte Jurkowski. »Wenn ich nur wüsste, wie sie jetzt gerade aussieht!«

Mollard lehnte sich auf der Couch zurück und bedeckte mit der Hand die Augen. »Je ne comprends pas«, sagte er mitleiderregend. »Ich verstehe nicht. Ist sie nicht zu sehen? Oder verstehe ich auf Russisches nicht?«

»Nein, es ist alles richtig, Charles«, antwortete Jurkowski. »Sie ist natürlich zu sehen. Nur sieht sie immer wieder anders aus, verstehen Sie? Wenn sie an der Decke sitzt, sieht sie wie die Decke aus. Wenn sie auf der Couch sitzt – wie die Couch …«

»Wenn sie auf Grégoire ist, ist sie wie Grégoire«, sagte Mollard. »Sie lustik scherzen doch.«

»Er sagt die Wahrheit«, bestätigte Dauge. »Waretschka verändert ständig ihre Körperfarbe. Mimikry. Sie tarnt sich wunderbar, verstehen Sie? Mimikry.«

»Mimikry bei einer Schwalbe?«, fragte Mollard bitter.

Es klopfte wieder.

»Eintretten!«, rief Mollard fröhlich.

»Heruin!«, übersetzte Jurkowski.

Ein wenig verlegen trat der stämmige rotwangige Shilin ein.

»Entschuldigen Sie, Wladimir Sergejewitsch«, sagte er leicht nach vorn geneigt. »Ich …«

»Oh!«, rief Mollard und ließ sein Lächeln erstrahlen. Er fand den Bordingenieur sehr sympathisch. »Le petit ingénieur! Wie ist das Leben, gu-ud?«

»Gut«, antwortete Shilin.

»Wie sind die Mettchen, gu-ud?«

»Gut«, sagte Shilin. Er hatte sich schon an Mollards Redensarten gewöhnt. »Bon.«

»Herrlich prononciert«, lobte Dauge neidisch. »Apropos, Charles, warum fragen Sie Shilin immer, wie die Mädchen sind?«

»Ich liebe die Mettchen sehr«, erklärte Mollard ernst. »Mich interessiert immer sehr Mettchen.«

»Bon«, sagte Dauge. »Je vous comprends.«

Shilin wandte sich an Jurkowski. »Wladimir Sergejewitsch, der Kommandant schickt mich. In vierzig Minuten fliegen wir durchs Perijorium, in unmittelbarer Nähe der Exosphäre.«

Jurkowski sprang auf. »Endlich!«

»Wenn Sie beobachten, stehe ich zu Ihrer Verfügung.«

»Danke, Wanja.« Jurkowski wandte sich an Dauge. »Los, Johannytsch, vorwärts!«

»Nicht so hitzig, alter Junge!«, mahnte Dauge.

»Les hirondelles, les hirondelles«, trällerte Mollard vor sich hin. »Ich werde gehen, um Mittagessen vorzubereiten. Heute ich Küchendienst, und es gibt Suppe. Essen Sie gern Suppe, Wanja?«

Shilin konnte nicht antworten, weil das Raumschiff plötzlich schlingerte und er an die Tür taumelte; mit knapper Not konnte er sich am Türpfosten festhalten. Jurkowski stolperte über die ausgestreckten Beine Mollards, der auf der Couch lag, und fiel auf Dauge. Dauge ächzte.

»Hoppla«, rief Jurkowski. »Ein Meteorit!«

»Steh auf, Mann!«, sagte Dauge.

3. Der Bordingenieur gerät in Begeisterung über Helden, und der Steuermann entdeckt Waretschka

Das enge Observatorium war bis zum Äußersten mit den Geräten der Planetologen vollgestopft. Dauge hockte vor einem großen, glänzenden Apparat, der wie eine Fernsehkamera aussah und Exosphärenspektograf genannt wurde. Die Planetologen setzten große Hoffnungen auf ihn. Er war völlig neu, gerade vom Werk gekommen, und arbeitete synchron mit einer Bombenabwurfvorrichtung. Die mattschwarze Ladekammer der Vorrichtung nahm die Hälfte des Raums ein. Daneben lagen auf leichten Metallstellagen flache brünierte Ladestreifen mit Sondenbomben. Jeder Streifen enthielt zwanzig Stück und wog vierzig Kilo. Eigentlich sollte er automatisch in die Bombenabwurfvorrichtung eingeführt werden, aber der Photonentransporter »Tachmasib« eignete sich nicht für tiefergehende wissenschaftliche Untersuchungen – für den Ladeautomaten reichte der Platz nicht aus. Shilin bediente die Bombenabwurfvorrichtung.

Jurkowski kommandierte: »Laden!«

Shilin klappte den Verschluss der Ladekammer auf, ergriff den ersten Ladestreifen, hob ihn mühsam von der Stellage und schob ihn in die rechteckige Öffnung der Ladekammer. Lautlos glitt der Ladestreifen in die Kammer. Shilin klappte den Verschlussdeckel zu und ließ das Schloss einschnappen. »Fertig.«

»Auch fertig«, sagte Dauge.

»Michail, ist es bald so weit?«, fragte Jurkowski durchs Mikrofon.

»Noch ein halbes Stündchen«, antwortete der Steuermann mit heiserer Stimme.

Das Raumschiff schlingerte erneut. Der Fußboden sackte unter den Füßen weg.

»Wieder ein Meteorit«, stellte Jurkowski fest. »Das ist schon der dritte.«

»Ziemlich viel«, meinte Dauge.

Jurkowski fragte ins Mikrofon: »Michail, sind hier viele Mikrometeoriten?«

»Ja, Wolodja«, antwortete Krutikow. Seine Stimme klang besorgt. »Schon dreißig Prozent über der mittleren Dichte, und es werden immer mehr.«

»Mischa, mein Lieber, miss recht oft, ja?«, bat Jurkowski.

»Es wird dreimal pro Minute gemessen«, erwiderte der Steuermann; dann sagte er etwas, halb vom Mikrofon abgewandt, und man hörte Bykow mit seiner tiefen Stimme antworten: »Das geht.«

»Wolodja«, rief der Steuermann. »Ich schalte um auf zehn Messungen pro Minute.«

»Danke, Mischa«, sagte Jurkowski.

Das Raumschiff schlingerte abermals.

»Hör mal, Wolodja«, rief Dauge leise. »Das ist doch nicht normal.«

Shilin war der gleichen Meinung. In Lehrbüchern und Nachschlagewerken war nirgends von einer Zunahme der Meteoritendichte in unmittelbarer Nähe des Jupiters die Rede. Allerdings hatte sich bisher auch kaum jemand in unmittelbarer Nähe des Jupiters aufgehalten.

Shilin setzte sich auf die Ladekammer und warf einen Blick auf die Uhr. Bis zum Perijorium blieben noch zwanzig Minuten, nicht mehr. In zwanzig Minuten würde Dauge den ersten Sondensatz abschießen. Er fand, es sei ein ungewöhnliches Schauspiel, wenn ein Satz Sondenbomben explodierte. Vor zwei Jahren hatte er mit solchen Sondenbomben die Atmosphäre des Uranus untersucht. Shilin drehte sich zu Dauge um. Schwarzhaarig, hager, spitznasig und mit einer Narbe auf der linken Wange kauerte er vor dem Spektografen, seine Hände ruhten auf den Hebeln der Seitensteuerung. Von Zeit zu Zeit reckte er den langen Hals und hielt bald das linke, bald das rechte Auge ans Okular des Suchers, wobei jedes Mal ein orangefarbener Lichttupfen über sein Gesicht huschte. Shilin ließ den Blick weiterwandern … Die Augen am Periskop, trat Jurkowski unaufhörlich von einem Bein aufs andere. Auf seiner Brust pendelte an einem dunklen Band das eiförmige Mikrofon. Das waren sie, die bekannten Planetologen Dauge und Jurkowski …

Vor einem Monat hatte der Stellvertretende Direktor der Hochschule für Kosmonautik, Tschen Kun, den Absolventen Iwan Shilin zu sich gebeten. Die Interplanetarier nannten Tschen Kun den »eisernen Tschen«. Er war über fünfzig, doch Shilin fand, dass er in seiner blauen Jacke mit dem offenen Kragen viel jünger wirkte. Man hätte ihn für gut aussehend gehalten, wären da nicht die rosa Flecken auf Stirn und Kinn gewesen. Spuren eines Strahlenstoßes, in den er vor langer Zeit geraten war. Tschen Kun eröffnete ihm, die Dritte Abteilung des Hauptkomitees Interplanetarischer Verkehr brauche dringend einen tüchtigen Nachwuchsbordingenieur, und die Wahl des Hochschulrats sei auf den Absolventen Shilin gefallen. (Der Absolvent Shilin war vor Erregung wie gelähmt, denn er hatte während des fünfjährigen Studiums stets befürchtet, zum Praktikum auf die nicht sonderlich reizvolle Mondroute geschickt zu werden.) Tschen Kun wies darauf hin, dass dies für den Absolventen Shilin eine große Ehre sei; denn er werde gleich beim ersten Einsatz an Bord eines Raumschiffes kommen, das per Oversun zum Jupiter fliege (Shilin hätte vor Freude beinahe einen Luftsprung gemacht), und zwar mit Lebensmitteln für die J-Station auf dem fünften Jupitermond, der Amalthea. Dort drohe eine Hungersnot, erklärte Tschen Kun.

»Ihr Kommandant ist ein berühmter Mann der interplanetarischen Raumfahrt, der ebenfalls an unserer Hochschule studiert hat: Alexej Petrowitsch Bykow. Ihr Chef-Steuermann ist der mehr als erfahrene Michail Antonowitsch Krutikow. Unter ihrer Leitung werden Sie eine erstklassige praktische Schule durchlaufen, und ich freue mich aufrichtig für Sie.«

Dass bei dieser Fahrt auch Grigori Johannowitsch Dauge und Wladimir Sergejewitsch Jurkowski an Bord sein würden, erfuhr Shilin erst später, auf dem Raketenflugplatz Mirza Tcharlé. Was für berühmte Namen! Jurkowski und Dauge, Bykow und Krutikow, Bogdan Spizyn und Anatoli Jermakow – eine furchteinflößende und schöne, von Kindesbeinen an vertraute Legende! Diese Männer haben der Erdbevölkerung einen gefährlichen Planeten unterworfen. Mit einem vorsintflutlichen Schiff, der »Chius«, einer Photonenschildkröte mit nur einer einzigen Schicht Mesomaterial auf dem Reflektor, haben sie die stürmische Atmosphäre der Venus durchquert und im schwarzen Ursand den Atomvulkan Golkonda entdeckt, der durch den Aufprall eines gigantischen Meteoriten aus Antimaterie entstanden war.

Natürlich kannte Shilin auch andere berühmte Menschen, den Raumfahrttestpiloten Wassili Ljachow zum Beispiel, der im dritten und vierten Kurs an der Hochschule Vorlesungen über die Theorie des Photonenantriebs gehalten hatte. Ljachow organisierte seinerzeit für die Absolventen ein dreimonatiges Praktikum auf einer Spu-20, die die Interplanetarier »Sternchen« nannten. Das war sehr interessant. Dort wurden die ersten Linearstrom-Photonenantriebe getestet und automatische Aufklärungslote in die Zone des absolut freien Fluges ausgebracht. Auch das erste Interstellarraumschiff »Chius-Molnija« wurde dort gebaut. Einmal führte Ljachow die Absolventen in einen Hangar; darin hing ein gerade zurückgekehrter automatischer Photonentanker, der ein Jahr zuvor in die Zone des absolut freien Fluges entsendet worden war. Der Tanker, ein riesengroßer, plumper Apparat, hatte sich einen Lichtmonat von der Sonne entfernt. Alle überraschte vor allem seine Farbe. Die Außenhaut war türkisgrün und blätterte ab, sobald man sie mit der Hand berührte. Sie zerkrümelte wie Brot. Aber die Steuerungssysteme funktionierten einwandfrei. Andernfalls hätte der Aufklärer natürlich ebenso wenig zurückkehren können wie jene drei von neunzehn Aufklärern, die in die Zone des absolut freien Fluges geschickt worden waren. Die Kursteilnehmer fragten Ljachow, wie das zu erklären sei, aber Ljachow wusste darauf keine Antwort.

»In den großen Entfernungen von der Sonne gibt es etwas, was wir bis jetzt nicht kennen«, erklärte er, und Shilin dachte an die Piloten, die wohl ein paar Jahre später mit einer »Chius-Molnija« dahin starten sollten, wo es etwas gab, was man noch nicht kannte.

Komisch, dachte Shilin, ich habe sogar schon einiges erlebt, etwa, wie im vierten Kurs beim Probestart einer geodätischen Rakete einmal der Antrieb versagte, und ich mit ihr in ein Sowchosfeld bei Nowojenissejsk stürzte. Stundenlang irrte ich dort zwischen automatischen Starkstrompflügen umher, bis ich gegen Abend endlich einem Menschen begegnete, einem Telemechanikoperator. Wir lagen die ganze Nacht im Zelt und beobachteten die kleinen Positionslampen der Pflüge, die über das dunkle Feld zogen; ein Pflug kam mit lautem Dröhnen nah an uns vorbei und hinterließ den Geruch von Ozon. Der Operator lud mich ein, ein Gläschen einheimischen Wein mit ihm zu trinken, und es gelang mir beim besten Willen nicht, den lebenslustigen Mann davon zu überzeugen, dass Sternenfahrer keinen Tropfen Alkohol trinken. Am nächsten Morgen kam ein Transporter, um die Rakete zu holen. Der »eiserne Tschen« schimpfte mich später fürchterlich aus, weil ich mich nicht hinauskatapultiert hatte ... Oder der Diplomflug mit einer Spu-16 Erde–Mond. Dabei versuchte ein Mitglied der Prüfungskommission, uns aus dem Konzept zu bringen, und rief, nachdem er die Einweisung gegeben hatte, mit markerschütternder Stimme: »Asteroid dritter Größe von rechts! Annäherungsgeschwindigkeit zweiundzwanzig!« Wir waren sechs Prüflinge, und er ging uns fürchterlich auf die Nerven. Nur Jan, der Gruppenälteste, bemühte sich, uns davon zu überzeugen, dass man den Menschen ihre kleinen Schwächen verzeihen müsse. Dagegen hatten wir im Prinzip nichts einzuwenden, mochten aber seine Schwächen trotzdem nicht entschuldigen. Anfangs hielten wir den Flug für völlig problemlos, und so erschrak auch niemand, als das Raumschiff plötzlich mit vierfacher Überbelastung in einer furchtbaren Spirale in die Tiefe stürzte. Als wir in den Steuerraum kamen, hing der Mann von der Kommission in seinem Sessel, als hätte ihn die Überbelastung das Leben gekostet. Wir fingen das Schiff ab und brachten es wieder auf Kurs. Da zwinkerte uns der Prüfer mit einem Auge zu und sagte: »Gut gemacht, Interplanetarier!« Im selben Augenblick hatten wir ihm seine Schwächen verziehen, denn bis dahin hatte uns noch niemand außer unseren Müttern und Mädchen Interplanetarier genannt (und dabei sagten sie immer: »Mein lieber Interplanetarier …«, und machten ein Gesicht dabei, als liefe ihnen ein eisiger Schauer über den Rücken).

Die »Tachmasib« schlingerte auf einmal so heftig, dass Shilin stürzte und mit dem Hinterkopf gegen die Stellage schlug.

»Verdammt!«, wetterte Jurkowski. »Klarer Fall, da stimmt was nicht! Wenn das Schiff so erschüttert wird, können wir nicht arbeiten!«

»Na ja …« Dauge hielt die Hand ans rechte Auge. »Was ist das hier schon für eine Arbeit.«

Anscheinend kreuzten immer mehr große Meteoriten den Kurs des Raumschiffs, und die hektischen Kommandos der Meteoritenabwehrlokatoren an den Autopiloten warfen das Schiff immer häufiger von einer Seite zur anderen.

»Ist das etwa ein Schwarm?«, fragte Jurkowski, an die Griffe seines Periskops geklammert. »Arme Waretschka! Sie verträgt Erschütterungen so schlecht.«

»Dann hätte sie zu Hause bleiben sollen«, meinte Dauge böse. Sein rechtes Auge schwoll an, er betastete es und schimpfte auf Lettisch vor sich hin. Er kauerte nun nicht mehr, sondern lag auf dem Fußboden und hatte die Beine gespreizt, um festeren Halt zu bekommen.

Shilin hielt sich an der Ladekammer und der Stellage fest. Ganz plötzlich sackte ihm der Boden unter den Füßen weg, dann schnellte er mit einem Ruck, dass die Fersen schmerzten, wieder hoch. Dauge ächzte, Shilin knickte in den Knien ein. Heiser krächzte Bykow im Lautsprecher: »Bordingenieur Shilin, in die Steuerzentrale! Alle Passagiere in die Druckkammern!«

Shilin trabte taumelnd zur Tür. Hinter ihm sagte Dauge: »Was denn – in die Druckkammern?«

»Himmeldonnerwetter!«, fluchte Jurkowski.

Scheppernd rollte etwas über den Boden. Shilin stürmte auf den Korridor hinaus. Das Abenteuer hatte begonnen.

Das Raumschiff schaukelte unaufhörlich wie ein Holzspan auf den Wellen. Shilin rannte durch den Korridor und dachte: Der da ist vorbei, und der ist auch vorbei, an der Bordwand abgerutscht … Und der auch … Kein Volltreffer! Da zerbarst etwas hinter ihm und fing an zu zischen und zu fauchen. Er warf sich rücklings gegen die Wand und drehte sich um. Im leeren Korridor ballte sich, zehn Schritt von ihm entfernt, eine dichte weiße Dampfwolke, als wäre dort ein Ballon mit flüssigem Helium geplatzt. Das Zischen verstummte bald, und durch den Korridor zog eisige Kälte.

»Treffer!« Fluchend riss sich Shilin von der Wand los. Die weiße Wolke kroch hinter ihm her und senkte sich langsam.

In der Steuerzentrale war es kalt. Shilin sah, dass Fußboden und Wände wie mit einem vielfarbig schimmernden

Reif bedeckt waren. Krutikow saß mit puterrotem Nacken vor dem Rechner und wertete neue Aufzeichnungen aus. Bykow war nicht zu sehen, er stand hinter dem Reaktor.

»Wieder ein Treffer!«, rief der Steuermann mit dünner Stimme.

»Wo bleibt denn der Bordingenieur?«, fragte Bykow hinter dem Reaktor.

»Hier bin ich«, antwortete Shilin.

Er lief durch die Steuerzentrale und rutschte dabei mehrmals auf dem Reif aus. Bykow eilte ihm entgegen; seine roten Haare standen zu Berge. »An die Kontrolle des Reflektors!«

»Zu Befehl!«, bestätigte Shilin.

»Steuermann, gibt es einen Lichtblick?«

»Nein, Ljoscha. Weit und breit ein und dieselbe Dichte. Da haben wir uns ganz schön was eingebrockt!«

»Stell den Reflektor ab! Ich gehe auf Havarieschaltung.«

Krutikow schwenkte schnell auf seinem Drehsessel zum Steuerpult herum, welches sich hinter ihm befand. Er legte die Hand auf die Tasten und sagte: »Vielleicht könnte …« Er stockte. Sein Gesicht verzerrte sich plötzlich vor Entsetzen. Die Platte mit der Steuertastatur wölbte sich nach oben, wurde wieder gerade und glitt geräuschlos auf den Fußboden. Shilin hörte Krutikow aufschreien und stürzte verstört hinter dem Reaktor hervor. An der Wand der Steuerzentrale saß, an den Polsterbezug geklammert, die anderthalb Meter große Marseidechse Waretschka, Jurkowskis Liebling. An ihren Flanken war der Abdruck der Steuerungstasten noch deutlich zu erkennen, und auf ihrem furchterregenden dreieckigen Maul leuchtete noch das rote Stopplämpchen. Michail Antonowitsch starrte die eigentümlich gemusterte Waretschka an, schluchzte auf und griff sich ans Herz.

»Scher dich weg«, herrschte Shilin die Eidechse an.

Da rutschte sie blitzschnell von der Wand und war verschwunden.

»Ich schlag sie tot!«, brüllte Bykow. »Shilin, auf deinen Platz, zum Teufel!«

Shilin drehte sich um, und in dem Augenblick ereilte die »Tachmasib« ein Volltreffer.

Amalthea, J-Station

Die Wasserholer unterhalten sich über den Hunger, und der Chefgastronom schämt sich seiner Küche

Nach dem Abendessen kam Onkel Walnoga in den Freizeitbereich und sagte, ohne dabei jemanden anzusehen: »Ich brauche Wasser. Meldet sich jemand freiwillig?«

»Klar«, antwortete Koslow.

Potapow blickte vom Schachbrett auf. »Klar.«

»Natürlich melden sich welche«, sagte Kostja Stezenko.

»Kann ich auch mit?«, fragte Sojka Iwanowa scheu.

»Bitte«, erwiderte Walnoga, den Blick zur Decke gerichtet. »Kommen Sie …«

»Wie viel Wasser wird gebraucht?«, wollte Koslow wissen.

»Nicht viel«, antwortete Onkel Walnoga. »Zehn Tonnen.«

»Gut«, meinte Koslow. »Wir kommen gleich.«

Onkel Walnoga ging hinaus.

»Ich komme auch mit«, sagte Gregor.

»Bleib lieber hier sitzen, und denk über deinen Zug nach!«, riet ihm Potapow. »Du bist nämlich dran und denkst jedes Mal eine halbe Stunde lang über jeden Zug nach.«

»Egal«, meinte Gregor. »Dazu habe ich nachher noch Zeit.«

»Galja, komm mit!«, rief Stezenko.

Galja lag bequem im Sessel vor dem Magnetvideofon und antwortete träge: »Meinetwegen.« Sie stand auf und räkelte sich behaglich. Galja war achtundzwanzig Jahre alt, groß, brünett und sah sehr gut aus. Sie war die schönste Frau hier, und die Hälfte der Männer auf der Station war in sie verliebt. Sie leitete das astrometrische Observatorium.

»Gehen wir«, sagte Koslow. Er schloss die Schnallen an seinen Magnetschuhen und wandte sich zur Tür. Sie gingen zum Lager und holten sich dort Pelzjacken, Elektrosägen und einen Elektrokarren. »Eisgrotte« hieß die Stelle, an der die Station Trink- und Brauchwasser entnahm.

Die Amalthea, eine abgeflachte Kugel mit einem Durchmesser von einhundertdreißig Kilometern, bestand aus kompaktem, gewöhnlichem Eis wie auf der Erde, nur dass auf seiner Oberfläche ein wenig Meteoritenstaub lag sowie Stein- und Eisklumpen. Über die Entstehung des kleinen Planeten wusste niemand Genaueres zu sagen. Wer in der Kosmogonie nicht sonderlich bewandert war, ging davon aus, Jupiter hätte in ferner Vorzeit von einem Planeten, der ihm zu nahe gekommen war, die Wasserhülle abgezogen. Andere waren geneigt, die Bildung des fünften Mondes auf die Kondensation von Wasserkristallen zurückzuführen. Wieder andere glaubten, die Amalthea gehöre nicht zu unserem Sonnensystem, sondern sei aus dem interstellaren Raum gekommen und Jupiter habe sie an sich gefesselt. Wie dem auch sei, die unerschöpflichen Eisvorräte auf der Amalthea waren für die J-Station sehr nützlich.

Der Elektrokarren rollte durch den Gang der unteren Ebene und blieb vor dem breiten Tor der »Eisgrotte« stehen. Gregor sprang vom Karren, ging zum Tor und suchte nach dem Kontaktknopf für den Öffner. Er war kurzsichtig.

»Tiefer, weiter unten!«, befahl Potapow. »Blinder Uhu.«

Gregor fand den Knopf, und die Torflügel schoben sich auseinander. Der Elektrokarren fuhr in die »Eisgrotte« –

eine Höhle aus Eis, ein Tunnel, der in das kompakte Eis geschlagen worden war. Drei Neonröhren beleuchteten den Tunnel, und das Licht spiegelte sich an den Eiswänden und an der Decke wider, brach sich und funkelte auf allen Scharten und Kanten, als erstrahlten in dem Gewölbe unzählige Kronleuchter.

Da der Boden nicht magnetisiert war, musste man vorsichtig gehen. Ungewöhnlich kalt war es hier.

»Eis«, sagte Galja, während sie um sich blickte. »Wie auf der Erde.«

Sojka zog fröstelnd die Schultern zusammen, obwohl sie eine Pelzjacke trug. »Wie in der Antarktis«, murmelte sie.

»Ich war schon in der Antarktis«, erklärte Gregor.

»Wo bist du denn nicht gewesen!«, versetzte Potapow. »Überall warst du schon!«

»Los, Leute!«, kommandierte Koslow.

Die Männer mit den Elektrosägen gingen zu der hinteren Wand und sägten Eisblöcke ab. Wie heiße Messer in die Butter glitten die Sägeblätter ins Eis und versprühten dabei Eisspäne. Sojka und Galja traten interessiert näher.

»Lass mich auch mal«, bat Sojka mit einem Blick auf Koslows gebeugten Rücken.

»Kommt nicht infrage«, entgegnete Koslow, ohne sich umzudrehen. »Du verletzt dir womöglich die Augen.«

»Wie der Schnee auf der Erde«, stellte Galja fest, als sie die Hand unter die sprühenden Eisspäne hielt.

»Von unserem guten Eis gibt es überall viel«, meinte Potapow. »Auf dem Ganymed zum Beispiel ist so viel Schnee, wie du willst.«

»Ich war auf dem Ganymed«, erklärte Gregor.

»Das ist ja zum Verrücktwerden.« Potapow stellte seine Säge ab und wälzte einen großen Eisblock von der Wand. »Das hätten wir.«

»Schneide ihn in Stücke!«, riet Stezenko. »Auf keinen Fall!«, widersprach Koslow. Er stellte ebenfalls die Säge ab und wälzte einen Eisblock von der Wand. »Im Gegenteil.« Er versetzte dem Block mit aller Kraft einen Stoß, sodass er langsam zum Tunnelausgang schlitterte. »Für Walnoga ist es nämlich bequemer, wenn die Blöcke recht groß sind.«

»Eis«, seufzte Galja. »Ganz wie auf der Erde. Ich werde jetzt immer nach der Arbeit hierherkommen.«

»Sehnen Sie sich sehr nach der Erde?«, fragte Sojka schüchtern.

Sojka war zehn Jahre jünger als Galja, arbeitete als Laborantin im astrometrischen Observatorium und empfand eine gewisse Scheu vor ihrer Chefin.

»Sehr«, antwortete Galja. »Auf der Erde kannst du im Gras sitzen, am Abend durch den Park gehen, tanzen … Nicht unsere Lufttänze hier, sondern einen richtigen Walzer. Aus normalen Gläsern kannst du trinken und nicht aus den albernen Birnen … Du kannst ein Kleid tragen, brauchst nicht immer in Hosen herumlaufen. Ich sehne mich schrecklich nach einem ganz gewöhnlichen Rock.«

»Ich auch«, meinte Potapow.

»Ein Rock – ja, das ist etwas Schönes«, bestätigte Koslow. »Schwätzer«, zischte Galja. »Ihr seid doch noch ganz grün hinter den Ohren.« Sie hob ein Stück Eis auf und warf es nach Potapow. Der sprang auf, stieß mit dem Rücken an die Decke und taumelte gegen Stezenko.

»Pass doch auf!«, ärgerte sich der. »Du kommst noch in die Säge!«

»So, jetzt reicht es«, sagte Koslow. Er wälzte den dritten Block von der Wand. »Aufladen, Kinder!« Sie schoben das Eis auf den Elektrokarren. Plötzlich packte Potapow mit der einen Hand Galja, mit der anderen Hand Sojka und warf beide auf den Stapel Eis. Sojka kreischte vor Schreck auf und klammerte sich an Galja, die in Gelächter ausbrach.

»Abfahrt!«, rief Potapow. »Jetzt gibt euch Walnoga eine Prämie: eine Schüssel Chlorellasuppe pro Nase!«

»Ich werde sie nicht zurückweisen«, brummte Koslow.

»Du warst früher schon kein Kostverächter«, witzelte Stezenko. »Na, und jetzt erst recht nicht, wo wir den Riemen enger schnallen müssen.«

Der Elektrokarren fuhr aus der »Eisgrotte«, und Gregor schob die Torflügel zu.

»Hungern wir etwa?«, fragte Sojka vom Gipfel des Eisblockbergs herunter. »Ich habe erst vor Kurzem ein Buch über den Krieg gegen die Faschisten gelesen – damals war wirklich Hungersnot. In Leningrad, während der Blockade.«

»Ich war in Leningrad«, erklärte Gregor.

»Wir essen Schokolade«, fuhr Sojka fort. »Dort aber gab es nur hundertfünfzig Gramm Brot pro Tag. Und was für ein Brot! Zur Hälfte aus Sägemehl.«

»Ach was – Sägemehl!«, sagte Stezenko ungläubig.

»Stell dir vor – ja, Sägemehl!«

»Schokolade hin, Schokolade her«, meinte Koslow. »Jedenfalls wird es für uns verdammt hart, wenn die ›Tachmasib‹ nicht kommt.« Er schulterte die Elektrosäge wie ein Gewehr.

»Sie wird kommen«, war Galja überzeugt. Sie sprang vom Karren, und Stezenko fing sie geistesgegenwärtig auf. »Danke, Kostja … Die ›Tachmasib‹ kommt, Jungs, bestimmt!«

»Trotz allem glaube ich, wir sollten dem Chef vorschlagen, die Tagesrationen zu kürzen«, gab Koslow zu bedenken. »Wenigstens für die Männer.«

»Unsinn«, widersprach Sojka. »Ich habe gelesen, dass Frauen Hunger bedeutend besser ertragen können als Männer.«

Langsam fuhr der Elektrokarren durch den Gang. Sie folgten ihm.

»Das mag für Frauen zutreffen«, sagte Potapow. »Aber nicht für Kinder.«

»Sehr witzig«, konterte Sojka. »Geradezu umwerfend.«

»Nein, er hat recht, Leute«, pflichtete ihm Koslow bei. »Wenn Bykow morgen nicht kommt, müssen wir alle zusammentrommeln und um Zustimmung für die Kürzung der Rationen bitten.«

Stezenko nickte. »Ich nehme an, keiner wird Einspruch erheben.«

»Ich werde nicht dagegen stimmen«, erklärte Gregor.

»Das ist gut«, sagte Potapow. »Ich habe mir schon den Kopf darüber zerbrochen, was wir machen sollen, wenn du plötzlich dagegen stimmst!«

»Gruß den Wasserholern!«, rief der Astrophysiker Nikolski im Vorübergehen.

Nach einer Weile bemerkte Galja ärgerlich: »Ich verstehe nicht, wie man sich so ungeniert um seinen Bauch sorgen kann – als wäre auf der ›Tachmasib‹ kein einziger lebender Mensch.«

Potapow errötete und wusste nicht, was er erwidern sollte. Schweigend gingen sie weiter. In der Kombüse saß Onkel Walnoga niedergeschlagen neben der riesigen Ionenaustauschanlage zur Trinkwasseraufbereitung. Der Elektrokarren hielt an.

»Ladet ab«, bat Onkel Walnoga, den Blick auf den Fußboden geheftet. In der Kombüse herrschte ungewohnte Stille und Kühle, und es duftete nach nichts. Onkel Walnoga litt unter dieser Verödung.

Schweigend luden die freiwilligen Helfer die Eisblöcke vom Elektrokarren und schoben sie in die Öffnung des Wasserreinigers.

»Danke«, brummte Walnoga, ohne den Kopf zu heben.

»Schon gut, Onkel Walnoga«, sagte Koslow. »Kommt, Kinder!«

Schweigend machten sie sich auf den Weg zum Lager, um den Karren wegzubringen, und kehrten dann schweigend in den Freizeitbereich zurück. Galja nahm ein Buch zur Hand und setzte sich wieder in den Sessel vor dem Magnetvideofon. Stezenko blieb unschlüssig neben ihr stehen und sah zu Koslow und Sojka hinüber, die sich wieder an den Schreibtisch setzten (Sojka war Fernstudentin am Institut für Energetik, und Koslow half ihr), seufzte und ging langsam in sein Zimmer.

»Los! Du bist am Zug!«, sagte Potapow zu Gregor.

II

Menschen über dem Abgrund

1. Der Kommandant macht eine unerfreuliche Mitteilung, aber der Bordingenieur bekommt keine Angst

Allem Anschein nach hatte ein großer Meteorit den Reflektor getroffen. Die Symmetrie der Schubkraftverteilung auf dem Paraboloid wurde augenblicklich gestört, und die »Tachmasib« fing an, sich im Kreis zu drehen. In der Steuerzentrale war nur noch der Kommandant bei Bewusstsein. Zwar war er schmerzhaft zuerst mit dem Kopf und dann seitlich irgendwo aufgeprallt und konnte eine Zeit lang nicht atmen, aber es gelang ihm, sich mit Händen und Füßen am Sessel festzuklammern, in den ihn der erste Stoß geworfen hatte, und sich unter Aufbietung aller Kräfte zäh und verbissen zwischen den Arbeitstischen und Geräten hindurch bis zum Steuerpult zu hangeln. Rings um ihn her kreiste und wirbelte alles mit unwahrscheinlicher Geschwindigkeit. Shilin, alle viere von sich gestreckt, schwebte gerade von oben herab und flog an ihm vorüber; Bykow konnte keine Spur von Leben mehr in ihm erkennen. Dann beugte er sich über das Armaturenbrett der Steuerung, visierte angestrengt die entscheidende Taste an und drückte sie mit dem Zeigefinger herunter.

Der Autopilot setzte die Havarie-Wasserstofftriebwerke in Gang, und Bykow fühlte einen Stoß, als hätte gerade ein Zug in voller Fahrt gebremst und angehalten – nur viel heftiger. Er hatte damit gerechnet und sich mit aller Kraft gegen den Fuß des Steuerpults gestemmt; deswegen schleuderte ihn die ruckartige Bewegung nicht aus dem Sessel. Ihm wurde nur schwarz vor den Augen, und er hatte plötzlich den Mund voll von abgesplittertem Zahnschmelz. Die »Tachmasib« hörte auf, sich zu drehen, und beruhigte sich. Bykow steuerte das Raumschiff mitten durch eine Wolke von Stein- und Eisensplittern; auf dem Bildschirm des Beobachtungssystems wimmelte es von umherwirbelnden blauen Tupfen. Es waren viele, sehr viele, aber das Raumschiff hatte aufgehört zu schlingern – die Meteoritenabwehr war abgeschaltet und irritierte den Autopiloten nicht mehr. Obwohl es Bykow in den Ohren dröhnte, hörte er mehrmals ein jähes fauchendes Zischen, woraufhin ihn eisiger Dampf einhüllte. Er zog seinen Kopf zwischen die Schultern und kroch halb unter das Pult. Einmal bollerte etwas hinter ihm und zerbarst. Nach einer Weile lichtete sich das blaue Gewimmel auf dem Bildschirm; dann torkelten nur noch vereinzelte blaue Tupfen darüber, und schließlich verschwanden auch sie. Die Meteoritenattacke war vorüber.

Bykow warf einen Blick auf den Kursografen. Die »Tachmasib« verlor zusehends an Höhe. Sie flog durch die Exosphäre des Jupiters, aber ihre Geschwindigkeit war bedeutend geringer als die Umdrehungsgeschwindigkeit des Planeten, und so trudelte sie in immer engeren Spiralen auf ihn zu. Während des Meteoritenangriffs war sie – wie immer bei solchen Attacken – langsamer geworden und deswegen vom Kurs abgekommen. Dergleichen geschieht mitunter auch im normalen Linienverkehr Jupiter – Mars oder Jupiter – Erde bei der Durchquerung eines Asteroidengürtels. Dort ist das nicht weiter gefährlich. Verlor man aber hier, über dem Jupiter, an Tempo, so bedeutete es den sicheren Tod. Sobald ein Raumschiff in die kompakten Schichten der Jupiter-Atmosphäre eindringt, geht es in Flammen auf; so war es vor zehn Jahren Paul Danget ergangen. Fängt das Raumschiff hingegen kein Feuer, stürzt es in die Wasserstoffkluft, aus der es ebenfalls keine Wiederkehr gibt – ein Schicksal, das Anfang des Jahres Sergej Petruschewski ereilte.

Einzig und allein mit dem Photonentriebwerk konnte es gelingen, der unheilvollen Nähe des Riesenplaneten zu entkommen. Mechanisch drückte Bykow auf die gerillte Startertaste, aber auf dem Armaturenbrett flammte kein Lämpchen auf. Der Reflektor war beschädigt, und der Havariecomputer blockte den unverständlichen Befehl. Das ist das Ende, dachte Bykow. Er wendete das Schiff nach allen Regeln der Kunst, ging auf Gegenkurs und schaltete die Havarietriebwerke auf äußerste Kraft. Die fünffache Überbelastung presste ihn in den Sessel. Das Einzige, was er im Augenblick tun konnte, war, die Fallgeschwindigkeit auf ein Minimum zu reduzieren, damit das Schiff in der Atmosphäre nicht in Brand geriet. Dreißig Sekunden lang saß er unbeweglich da und blickte unverwandt auf seine Hände, die durch die Überbelastung schnell anschwollen. Dann drosselte er die Treibstoffzufuhr, und die Überbelastung ließ nach. Die Havarietriebwerke würden das Tempo des Sturzfluges etwas abbremsen – solange der Treibstoff reichte. Aber der ging zur Neige, und mithilfe der Havarieraketen war über dem Jupiter noch nie ein Schiff gerettet worden. Über Mars, Merkur und Erde – vielleicht, über dem Riesenplaneten jedoch noch nie.

Bykow erhob sich mühsam und spähte über das Pult. Auf dem Fußboden lag inmitten von Plastscherben der Steuermann Krutikow auf dem Rücken.

»Mischa«, rief Bykow flüsternd. »Lebst du, Mischa?«

Hinter dem Reaktor knirschte und kratzte etwas, und auf allen vieren kam Shilin hervorgekrochen. Er sah sehr mitgenommen aus. Grübelnd musterte er den Kommandanten, den Steuermann, die Zimmerdecke und setzte sich dann mit untergeschlagenen Beinen hin.

Bykow kroch hinter dem Pult hervor und hockte sich, obwohl die Knie schmerzten, neben den Steuermann. Er rüttelte ihn sacht an der Schulter. »Lebst du, Mischa?«

Krutikow verzog das Gesicht und leckte sich über die Lippen, ohne allerdings die Augen aufzuschlagen.

»Ljoscha«, sagte er mit schwacher Stimme.

»Tut dir etwas weh?«, erkundigte sich Bykow und tastete den Steuermann ab.

»Au!« Krutikow riss die Augen auf.

»Hier?«

Der Steuermann stöhnte.

»Und hier?«

»Au, hör auf!« Der Steuermann richtete sich halb auf, und sein Kopf sank zur Seite. »Wo ist Wanja?«, fragte er.

Bykow blickte um sich. Shilin war nicht da. »Wanja!«, rief er halblaut.

»Hier«, antwortete Shilin aus einer Ecke. Man hörte etwas fallen; er fluchte leise.

»Wanja lebt«, teilte Bykow dem Steuermann mit.

»Gott sei Dank!« Krutikow stützte sich auf die Schulter des Kommandanten und stand auf.

»Geht es, Mischa?«, fragte Bykow. »Bist du einsatzfähig?«

»Na ja«, antwortete der Steuermann, auf ihn gestützt und noch unsicher. »Ich denke schon.« Mit großen, staunenden Augen sah er Bykow an und sagte: »Was der Mensch alles aushält, Ljoscha! Kaum zu fassen!«

»Ja, er hält eine Menge aus«, stimmte Bykow zu. »Hör zu, Michail … Es sieht nicht gut aus – wir sacken ab, verlieren unaufhaltsam an Flughöhe und stürzen auf den Jupiter zu. Wenn möglich, setz dich hin und rechne aus: was, wie, weshalb und wodurch. Der Rechner hat meiner Meinung nach nichts abbekommen … Sieh selbst!«

»Wir sacken ab?«, fragte Krutikow mit aufgerissenen Augen. »Oje … auf den Jupiter zu?«

Bykow nickte.

»Verflixt, ich muss an den Rechner! Klar. Sofort …« Stirnrunzelnd blieb Krutikow noch einen Augenblick stehen und kratzte sich im Nacken, dann ließ er den Kommandanten los und humpelte, auf den Pultrand gestützt, zu seinem Platz. »Das berechne ich sofort«, murmelte er. »Sofort.«

Bykow sah, wie er sich beim Hinsetzen die Seite hielt. Der Sessel stand ganz schief; Krutikow rutschte mehrmals darauf hin und her, bis er einigermaßen sitzen konnte. Dann sah er Bykow plötzlich erschrocken an.

»Aber du hast doch gebremst, Ljoscha? Hast du gebremst?«

Bykow nickte und ging durch die knirschenden Scherben zu Shilin hinüber. An der Decke erblickte er einen kleinen schwarzen Fleck und noch einen an der Wand. Es waren mit geschmolzenem Teerplast vernarbte Löcher von Meteoriten. Rings um die Flecke hingen zitternde große Tropfen.

Shilin saß im Schneidersitz vor der Kontrollkombine des Reflektors. Das Gehäuse war in zwei Hälften gespalten, die Eingeweide boten einen trostlosen Anblick.

»Wie steht's bei dir?«, fragte Bykow. Aber er sah, wie es stand.

Shilin hob das geschwollene Gesicht. »Was im Einzelnen los ist, weiß ich noch nicht genau. Auf jeden Fall ist alles zertrümmert.«

Bykow hockte sich neben ihn.

»Ein einziger Meteoritentreffer«, sagte Shilin. »Zweimal bin hier gegengeschleudert worden.« Er zeigte mit dem Finger auf die Stelle, obwohl man es sich denken konnte. »Zuerst mit den Beinen und dann mit dem Kopf.«

»Ja, das hält kein Mechanismus aus«, sagte Bykow. »Schalte den Reservekomplex ein! Und nun beeil dich – unsere Flughöhe verringert sich rapide!«

»Das habe ich schon kapiert, Alexej Petrowitsch«, erwiderte Shilin.

Bykow überlegte. »Und was kann uns die Kontrollkombine nützen, wenn der Reflektor zerstört ist?«

»Vielleicht ist er gar nicht defekt?«, gab Shilin zurück.

Bykow sah ihn spöttisch lächelnd an. »Dass wir derart Karussell gefahren sind, lässt sich nur auf zwei Ursachen zurückführen: entweder – oder; entweder ist der Verbrennungspunkt des Plasmas aus dem Fokus gesprungen, oder es ist ein großes Stück vom Reflektor abgebrochen. Ich vermute, dass der Reflektor zerschlagen ist, weil weder der liebe Gott noch sonst jemand den Verbrennungspunkt verlagern kann. Aber mach dich trotz allem an die Arbeit! Schalte den Reservekomplex ein!« Er stand auf, legte den Kopf in den Nacken und musterte die Decke. »Die Lecks müssen noch ordentlich abgedichtet werden. Dort unten ist hoher Druck; den hält der Teerplast nicht aus. Na, das mache ich gleich selber.« Er wandte sich zur Tür, blieb stehen und fragte leise: »Hast du auch keine Angst, Junge?«

»Nein«, antwortete Shilin.

»Gut, dann an die Arbeit!« Bykow nickte. »Ich mache einen Rundgang durchs Schiff. Die Passagiere müssen aus den Druckkammern geholt werden.«

Shilin ließ seinen Blick schweigend über den breiten, gebeugten Rücken des Kommandanten gleiten und erblickte plötzlich dicht neben sich Waretschka. Sie hatte sich hoch aufgerichtet und blinzelte ihn mit ihren vorquellenden Augen an. Sie war ganz blau, ein wenig weiß gesprenkelt, und die Stacheln am Maul sträubten sich furchterregend. Das bedeutete, dass sie sehr gereizt war und sich nicht wohl fühlte. In dieser Verfassung hatte Shilin sie schon einmal gesehen, vor einem Monat auf dem Raketenstartplatz Mirza Tscharlé. Damals hatte Jurkowski viel über die erstaunliche Anpassungsfähigkeit der Marseidechse erzählt und Waretschka in eine Wanne mit kochendem Wasser getaucht, um einen Beweis dafür zu liefern …

Waretschka sperrte krampfhaft den riesigen grauen Rachen auf und schloss ihn wieder.

»Na, was hast du?«, fragte Shilin leise. Von der Decke löste sich ein großer Tropfen und platschte auf das zertrümmerte Gehäuse der Kombine. Shilin sah zur Decke hinauf … Auf dem Jupiter herrscht hoher Druck, dachte er … Ja, dort beträgt der Druck Zehntausende, Hunderttausende Atmosphären. Klar, der sprengt die Teerplastpfropfen aus den Lecks.

Waretschka bewegte sich und sperrte erneut den Rachen auf. Shilin kramte in der Hosentasche, fand einen Zwieback und warf ihn in den aufgesperrten Rachen. Waretschka verschluckte ihn langsam und starrte ihn mit ihren glasigen Augen an. Shilin seufzte.

»Ach, du Unglücksrabe«, sagte er leise.

2. *Die Planetologen schweigen schuldbewusst, und der Funkoptiker singt ein Liedchen von Schwalben*

Als die »Tachmasib« aufhörte, Purzelbäume zu schlagen, ließ Dauge das Verschlussstück los, an dem er sich festgehalten hatte, und zog Jurkowskis schlaffen Körper unter den Trümmern der Apparatur hervor. Er konnte zunächst nicht feststellen, was zerstört und was unversehrt geblieben war. Er sah nur, dass vieles zertrümmert war; die Stellage mit den Ladestreifen stand schief, und die Ladestreifen waren auf das Armaturenbrett des Radioteleskops gefallen. Im Observatorium war es schwül und roch nach Brand.

Dauge war verhältnismäßig gut davongekommen. Er hatte sich, als die Attacke anfing, mit aller Kraft so fest an die Ladekammer geklammert, dass seine Fingernägel nun blutunterlaufen waren. Außerdem hatte er heftige Kopfschmerzen. Jurkowski sah totenbleich aus, und seine Lider schimmerten violett. Dauge fächelte ihm Luft zu, rüttelte ihn an der Schulter und klopfte ihm auf die Wangen. Kraftlos rollte Jurkowskis Kopf hin und her; er kam nicht zu sich. Dauge trug ihn zum Sanitätsraum; im Flur war es furchtbar kalt, und an den Wänden glitzerte Reif. Dauge legte Jurkowskis Kopf auf seine Knie, kratzte etwas Raureif von der Wand und hielt die kalten, feuchten Finger an seine Schläfen. Da begann jäh die Überbelastung. Es war der Augenblick, in dem Bykow anfing, die »Tachmasib« abzubremsen. Dauge legte sich auf den Rücken, aber ihm wurde so übel, dass er sich auf den Bauch drehte und das Gesicht auf den bereiften Fußboden presste. Als die Überbelastung überstanden war, blieb er noch eine Weile liegen; dann raffte er sich auf, griff Jurkowski unter den Achseln und schleifte ihn, rückwärts gehend, weiter. Als er merkte, dass er es nicht bis zum Sanitätsraum schaffen würde, schleppte er Jurkowski in den Mannschaftsraum, legte ihn auf die Couch und setzte sich keuchend daneben. Jurkowski röchelte furchtbar.

Als sich Dauge etwas von der Anstrengung erholt hatte, ging er zum Büfett, nahm eine Karaffe mit Wasser und trank. Das Wasser troff ihm übers Kinn und den Hals hinunter, aber das tat ihm gut. Dann ging er zu Jurkowski, goss ihm Wasser ins Gesicht und stellte die Karaffe auf den Fußboden. Als er Jurkowskis Jacke aufknöpfte, entdeckte er auf seiner Haut ein sonderbar verästeltes Muster, das sich von der einen Schulter bis zur anderen quer über die Brust zog. Das dunkelrote Muster auf der gebräunten Haut ähnelte dem Schattenbild wunderlicher Wasserpflanzen. Eine Zeit lang starrte Dauge das Muster an. Und auf einmal begriff er, dass es von einem starken elektrischen Schlag herrührte. Anscheinend war Jurkowski auf ungeschützte Kontakte gefallen, die unter hoher Spannung gestanden hatten. Die ganze Messapparatur der Planetologen arbeitete mit hoher Spannung. Dauge lief zum Sanitätsraum.

Erst nach vier Injektionen schlug Jurkowski die Augen auf. Sein Blick war trüb und ziemlich verstört, aber Dauge freute sich ungeheuer.

»Zum Kuckuck, Wolodja«, rief er erleichtert. »Ich habe schon sonst was gedacht. Na, wie fühlst du dich? Kannst du aufstehen?«

Jurkowski bewegte die Lippen, öffnete den Mund und röchelte. Seine Augen nahmen allmählich einen verständigen Ausdruck an, die Brauen zuckten.

»Lass gut sein, bleib lieber liegen!«, riet Dauge. »Du musst noch ein Weilchen ausruhen.«

Er drehte sich um und erblickte an der Tür Charles Mollard. Der Franzose hielt sich am Türpfosten fest und wankte ein wenig. Sein Gesicht war rot und aufgedunsen, er triefte vor Nässe und war mit seltsamen weißen Zapfen behängt. Dauge kam es sogar so vor, als ob er dampfte. Minutenlang maß Mollard die beiden Planetologen, die ihn verdutzt ansahen, mit traurigen Blicken. Jurkowski hörte auf zu röcheln. Schließlich taumelte Mollard nach vorn und trippelte mit kraftlosen Schritten zum nächsten Sessel. Klitschnass, wie er war, bot er einen bedauernswerten Anblick. Kaum hatte er sich gesetzt, breitete sich der appetitliche Duft von gekochtem Fleisch aus. Dauge hob schnuppernd die Nase. »Ist das die Suppe?«

»Oui, Monsieur«, antwortete Mollard bekümmert. »Faddennuddeln.«

»Und wie ist die Suppe?«, fragte Dauge. »Gu-ud?«

»Gu-ud«, bestätigte Mollard und las die Fadennudeln von seiner Kleidung.

»Ich esse sehr gern Suppe«, erklärte Dauge.

Mollard seufzte und lächelte. »Keine Suppe mehr da. Oh, warr das heiße, serr heiße Suppe. Das warr schon mehr als kochende Wasser!«

»Um Gottes willen!«, sagte Dauge und brach trotzdem in ein Gelächter aus. Auch Mollard musste lachen.

»Ja!«, rief er. »Das warr serr komisch, aber auch serr unangenehm! Ganze Suppe ist futsch.«

Jurkowski fing an zu röcheln. Sein Gesicht verzerrte sich und lief rot an. Beunruhigt beugte sich Dauge über ihn.

»Hat sich Woldemar schlimm gestoßen?« Mollard reckte den Hals und betrachtete Jurkowski mit ängstlicher Neugier.

»Woldemar hat einen elektrischen Schlag abbekommen«, antwortete Dauge. Er lächelte nicht mehr.

»Was ist eigentlisch passiert?«, wollte Mollard wissen. »Es war so unangenehme Schütterung.«

Jurkowski hörte auf zu röcheln, setzte sich auf und kramte mit einem fürchterlichen Zähnefletschen in der Brusttasche seiner Jacke.

»Was hast du, Wolodja?«, fragte Dauge verwirrt.

»Woldemar kann nicht sprechen«, vermutete Mollard leise.

Jurkowski nickte hastig, zog Druckstift und Notizbuch aus der Tasche und begann zu schreiben. Dabei zuckte sein Kopf.

»Keine Angst, Wolodja«, murmelte Dauge. »Das vergeht schnell wieder!«

»Das vergeht«, bestätigte Mollard. »Mit mir warr auch so. Warr ein serr großer Stromschlag, und dann alles vergeht.«

Jurkowski gab Dauge das Notizbuch, legte sich wieder hin und schloss die Augen.

»›Ich kann nicht sprechen‹«, entzifferte Dauge mühsam. »Reg dich nicht auf, Wolodja, das ist nur vorübergehend.« Jurkowski zappelte ungeduldig, und Dauge las weiter. »›Wie geht es Bykow und den Piloten? Was ist mit dem Raumschiff?‹ – Ich weiß es nicht«, sagte Dauge verlegen und warf einen Blick auf das Schott zur Steuerzentrale. »Verdammt, ich habe alles vergessen!«

Jurkowski schüttelte den Kopf und sah ebenfalls zu dem Schott hinüber.

»Ich erkundige«, erklärte Mollard. »Ich werde gleich alles erwissen!«

Als er aufstand, öffnete sich plötzlich das Schott. Hünenhaft, das Haar zerzaust, die Nase seltsam blaurot und die Stirn über der rechten Braue blau verquollen, trat der Kommandant ein. Er maß die Anwesenden mit zornigen Blicken, ging auf sie zu und stemmte die Fäuste auf den Tisch.

»Warum sind die Passagiere nicht in den Druckkammern?«

Das sagte er gar nicht laut, aber so, dass Charles Mollard augenblicklich sein vergnügtes Lächeln verlor. Bedrückendes Schweigen. Dauge lächelte schief und wich Bykows Blick aus. Jurkowski schloss erneut die Augen und dachte: halb so wild. Er kannte Bykow gut.

»Wann wird hier an Bord endlich Disziplin herrschen?«, fragte Bykow.

Die Passagiere schwiegen.

»Kindsköpfe«, stellte Bykow verdrossen fest und setzte sich. »Affenhaus … Was ist denn mit Ihnen los, Monsieur Mollard?«, fragte er müde.

»Das ist die Suppe«, antwortete Mollard bereitwillig. »Ich gehe sofort Anzug waschen.«

»Warten Sie, Monsieur Mollard!«

Jurkowski röchelte. »Wo … wo sind wir?«

»Wir sacken ab«, antwortete Bykow kurz.

Jurkowski zuckte zusammen und richtete sich auf. »Wo … wohin?« Obwohl er damit gerechnet hatte, versetzte ihm diese Nachricht einen Schock.

»Auf den Jupiter.« Bykow würdigte die Planetologen keines Blickes. Er sah Mollard an. Der Franzose tat ihm leid; für ihn war es die erste richtige Fahrt in den Kosmos, und er wurde auf der Amalthea ungeduldig erwartet. Mollard war ein berühmter Funkoptiker.

»Oh«, stieß Mollard aus. »Auf den Jupiter?«,

»So ist es.« Bykow verstummte und befühlte die blutunterlaufene Stelle auf der Stirn. »Der Reflektor ist zerstört. Die Kontrolle des Reflektors ist auch zerstört. In der Bordwand klaffen achtzehn Lecks.«

»Wird es zu einem Brand kommen?«, fragte Dauge hastig.

»Das weiß ich noch nicht. Michail sitzt am Rechner. Vielleicht kommen wir ungeschoren davon.«

Schweigen.

»Ich gehe mich saubermachen«, sagte Mollard.

»Warten Sie, Charles«, bat Bykow. »Genossen, haben Sie richtig verstanden, was ich gesagt habe? Wir stürzen auf den Jupiter.«

»Verstanden.« Dauge nickte.

»Jetzt fallen wir unser Leben lang auf den Jupiter«, sagte Mollard. Bykow maß ihn lange mit einem forschenden Blick.

»G-gut g-gesagt«, stammelte Jurkowski.

»C'est le mot.« Mollard lächelte. »Darf ich … Darf ich trotzdem gehen, mich saubermachen?«

»Ja, gehen Sie«, antwortete Bykow langsam.

Mollard drehte sich um und verließ den Raum. Alle blickten ihm nach und hörten ihn im Korridor mit schwacher, aber wohlklingender Stimme singen.

»Was singt er?«, fragte Bykow. Mollard hatte früher nie gesungen.

Dauge horchte und übersetzte: »›Zwei Schwalben küssen sich vorm Fenster meines Sternenschiffs im Weltraum … Wie sind sie nur hierhergekommen? Sie liebten einander so sehr, und da haben sie sich zum Himmel emporgeschwungen, um die Sterne von Nahem zu bewundern. Tra-la-la. Was wollt ihr von ihnen noch mehr?‹ – Na ja, so etwa in der Art.«

»Tra-la-la«, wiederholte Bykow nachdenklich. »Großartig.«

»D-du ü-über-bersetzt w-wie ein Co-computer«, sagte Jurkowski. »›Zum H-himmel emp-porgeschwungen‹ – m-meisterhaft!«

Bykow sah ihn erstaunt an.

»Was hast du, Wolodja?«, fragte er. »Was ist passiert?«

»St-stot-tern f-fürs ganze Leben«, antwortete Jurkowski lächelnd.

»Er hat einen elektrischen Schlag bekommen«, erklärte Dauge leise.

Bykow biss sich auf die Unterlippe. »Na schön. Wir sind nicht die Ersten, denen es so geht, und haben schon Schlimmeres erlebt.« Er wusste, dass sie noch nie Schlimmeres erlebt hatten, weder er noch die Planetologen. Das Schott der Steuerzentrale wurde geöffnet.

»Ljoscha, ich bin fertig!«, rief Krutikow.

»Komm her!«, forderte Bykow ihn auf.

Mit Schürfwunden übersät, kam der wohlbeleibte Steuermann aufgeregt hereingelaufen. Er hatte das Hemd ausgezogen, und sein Oberkörper glänzte von Schweiß. »Puh, wie kalt es bei euch ist!« Er legte die kurzen, fleischigen Arme um seine gut gepolsterte Brust. »In der Steuerzentrale ist es entsetzlich heiß!«

»Nun komm schon, Michail«, bat Bykow ungeduldig.

»Was ist denn mit Wolodja los?«, fragte der Steuermann erschrocken.

»Nun fang schon an!«, sagte Bykow noch einmal. »Er hat einen elektrischen Schlag abgekriegt.«

»Und wo ist Charles?«, wollte Krutikow wissen. Er setzte sich.

»Charles ist gesund und munter«, antwortete Bykow beherrscht. »Alle sind gesund und munter. Fang an!«

»Na, Gott sei Dank«, sagte der Steuermann erleichtert. »Also hört zu, Jungs. Ich habe ein bisschen gerechnet, und es ergibt sich folgendes Bild: Die ›Tachmasib‹ verliert ständig an Flughöhe, und wir haben nicht genug Treibstoff, um dem entgegenzuwirken.«

»Das sieht auch ein Blinder mit Krückstock«, warf Jurkowski fast ohne zu stottern ein.

»Also, der Treibstoff reicht nicht. Wir können uns höchstens mit dem Photonenreaktor von dem Sog in die Tiefe befreien, aber unser Reflektor scheint zerstört zu sein. Zum Bremsen langt der Treibstoff. Ich habe das entsprechende Programm berechnet. Wenn die allgemein anerkannte Theorie über den Aufbau des Jupiters stimmt, werden wir aber nicht verbrennen.«

Dauge wollte einwenden, es gäbe gar keine allgemein anerkannte Theorie über den Aufbau des Jupiters und hätte auch noch nie eine gegeben. Aber er schwieg.

»Wir bremsen jetzt schon recht ordentlich«, fuhr Krutikow fort, »sodass wir meiner Meinung nach gute Chancen haben. Mehr können wir nicht tun, Jungs.« Krutikow lächelte schuldbewusst. »Das heißt, wenn wir den Reflektor nicht reparieren können.«

»Auf dem Jupiter gibt es keine Reparaturstationen. Darin sind sich alle Theorien über den Jupiter einig.« Bykow wollte, dass alle begriffen, was ihnen bevorstand. Bis zur letzten

Konsequenz. Er hatte den Eindruck, dass sie sich darüber noch nicht wirklich im Klaren waren.

»Welche Theorie betrachtest du eigentlich als die allgemein anerkannte?«, fragte Dauge.

»Die Theorie von Cungreen«, antwortete Krutikow und zuckte mit den Achseln.

Bykow sah die Planetologen abwartend an.

»Na ja – Cungreen kann man gelten lassen«, sagte Dauge.

Jurkowski betrachtete schweigend die Decke.

»Hört mal, Planetologen …« Bykow konnte nicht länger schweigen. »Ihr seid doch Spezialisten. Was erwartet uns dort unten? Könnt ihr uns das sagen?«

»Natürlich«, sagte Dauge. »Bald.«

»Wann?« Bykow wurde lebhaft.

»Wenn wir dort unten sind.« Dauge lachte.

»Planetologen!« Bykow winkte ab. »Spe-zi-a-li-sten.«

»Das müssen wir berechnen«, erklärte Jurkowski, den Blick zur Decke gerichtet. Er sprach langsam und stotterte fast gar nicht mehr. »M-michail soll berechnen, in welcher Höhe unser R-raumschiff zu sinken aufhört und in der Schwebe bleibt.«

»Interessant«, sagte Krutikow.

»Laut Cungreen s-steigert sich der Druck auf dem Jupiter schnell. R-rechne es aus, Michail! Auch – wie tief wir in die Atmosphäre eintauchen und wie groß der Druck und die Schwerkraft in diesem Bereich sind!«

»Ja«, sagte Dauge. »Wie stark wird der Druck dort sein? Vielleicht werden wir einfach zerquetscht?«

»Das geht nicht so schnell«, brummte Bykow. »Zweihunderttausend Atmosphären halten wir aus. Sowohl der Photonenreaktor als auch die Raketenkörper. Sogar mehr.«

Jurkowski setzte sich auf und zog die Knie an. »Cungreens Th-theorie ist nicht schlechter als die anderen, sie gibt eine

Größenordnung vor.« Er sah den Steuermann an. »W-wir könnten es sogar selber b-berechnen, aber du hast schließlich den C-computer.«

»Natürlich«, erwiderte Krutikow. »Was gibt's da viel zu reden? Natürlich, Jungs.«

Bykow bat: »Michail, hol das Programm her, ich sehe es mir an, und dann gibst du es dem Autopiloten ein.«

»Das habe ich schon gemacht, Ljoscha«, gestand der Steuermann kleinlaut.

»Aha ... Auch gut.« Bykow stand auf. »Es ist also alles klar. Zerquetscht werden wir nicht, aber – lasst uns offen miteinander reden! – zurückkehren können wir von dort auch nicht. Nun, wir sind nicht die Ersten, die es trifft. Wir haben in Ehren gelebt, und wir werden auch in Ehren sterben ... Dennoch werden Shilin und ich versuchen, den Schaden am Reflektor zu beheben, das ist natürlich ... na ja ...« Er verzog das Gesicht und rümpfte die geschwollene Nase. »Und was gedenkt ihr zu tun?«

»B-beobachten«, antwortete Jurkowski hart. Dauge nickte.

»Sehr gut.« Bykow blickte sie finster an. »Ich habe eine Bitte an euch: Kümmert euch um Mollard!«

»Wird gemacht«, versicherte Krutikow.

»Er ist völlig unerfahren, und – es werden unschöne Dinge passieren ... Ihr wisst schon.«

»Alles klar, Ljoscha.« Dauge lächelte unbekümmert. »Mach dir keine Sorgen!«

Bykow räusperte sich. »Also, Mischa, geh in die Steuerzentrale und führ die Berechnungen durch! Ich gehe zum Sanitätsraum und verpasse mir eine Massage. Ich habe eine Prellung an der Seite.«

Als er hinausging, hörte er Dauge zu Jurkowski sagen: »In gewissem Sinne haben wir trotz allem Glück, Wolodja – wir werden etwas sehen, was noch keiner gesehen hat! Komm, wir gehen zum Reparieren.«

»G-gehen wir«, nickte Jurkowski. Mir könnt ihr nichts vormachen, dachte Bykow. Ihr habt trotz allem nichts begriffen. Ihr wiegt euch immer noch in Hoffnungen und denkt: Bykow hat uns aus dem schwarzen Sand der Golkonda und aus den modrigen Sümpfen herausgeholt, er wird uns auch aus dem Wasserstoffgrab retten. Dauge denkt bestimmt so. Und wenn ich sie nun doch heraushole? Vielleicht gelingt es mir trotz allem?

Im Sanitätsraum schmierte sich Mollard, vor Schmerz laut schniefend, mit dicker Tanninsalbe ein. Gesicht und Hände waren puterrot und glänzten. Als er Bykow erblickte, lächelte er freundlich und stimmte lauthals das Lied von den Schwalben an. Er war fast wieder ganz ruhig. Hätte er nicht gesungen, hätte Bykow glauben können, er sei wirklich ganz ruhig. Aber Mollard sang laut und hingebungsvoll, ächzte nur von Zeit zu Zeit vor Schmerzen.

3. *Der Bordingenieur gibt sich Erinnerungen hin, aber der Steuermann rät ihm davon ab*

Shilin reparierte die Kontrollkombine des Reflektors. In der Steuerzentrale war es heiß und schwül, die Klimaanlage des Raumschiffs hatte anscheinend Totalschaden erlitten. Aber man hatte weder Zeit noch Lust, sich damit zu beschäftigen. Shilin hatte zuerst die Jacke, dann den Overall ausgezogen und lief nun in Shorts und Hemd herum. Waretschka machte es sich sogleich in den Falten des Overalls gemütlich und war bald darin verschwunden. Nur von Zeit zu Zeit lugten für ein paar Sekunden ihre großen Glupschaugen hervor.

Shilin zog aus dem zerstörten Gehäuse der Kombine nacheinander die Plastmetallplatten der Schaltsysteme heraus. Dann klopfte er sie ab, um zu prüfen, ob sie einen Sprung hatten, legte die zerbrochenen beiseite und ersetzte sie durch Reserveplatten. Er ging methodisch vor und ließ sich Zeit bei der Montage, so als stünde eine Prüfungskommission hinter ihm; es lohnte auch nicht, sich zu beeilen, zumal die Reparatur aller Voraussicht nach ohnehin überflüssig war. Er versuchte, an nichts zu denken, und freute sich – darüber, dass er das Schaltschema noch so gut in Erinnerung hatte, dass er fast nicht in der Anleitung nachzulesen brauchte, dass er sich nur unbedeutend verletzt hatte und die Schrammen am Kopf allmählich verschorften und nicht mehr schmerzten. Hinter dem Photonenreaktor summte der Rechner. Krutikow raschelte mit Papier und trällerte etwas Unmusikalisches vor sich hin. Er trällerte immer vor sich hin, wenn er arbeitete.

Woran er jetzt wohl arbeitet?, fragte sich Shilin. Vielleicht will er sich einfach nur ablenken? Sehr gut, wenn man das in solchen Augenblicken kann. Die Planetologen arbeiten sicherlich auch und werfen Sondenbomben ab. Nun habe ich doch nicht zu sehen bekommen, wie ein Satz davon explodiert. Vieles habe ich noch nicht zu sehen bekommen. Zum Beispiel soll der Anblick des Jupiters von der Amalthea aus sehr schön sein. An einer interstellaren Expedition oder an einer Expedition von Fährtensuchern, von Gelehrten, die auf anderen Planeten nach Spuren von Lebewesen aus unbekannten Welten forschen, hätte ich auch gern einmal teilgenommen. Außerdem soll es auf den J-Stationen fantastische Mädchen geben. Ach, sie kennenlernen und dann Pepe Junt davon vorschwärmen! … Junt, der zu den Mondrouten abkommandiert worden war und sich darüber sogar noch gefreut hatte, dieser komische Kauz … Drollig, Krutikow singt so falsch, als täte er es mit Absicht. Er hat eine Frau und zwei, nein, drei Kinder, und die älteste Tochter ist sechzehn. Er versprach immer, sie uns einmal vorzustellen, und zwinkerte jedes Mal wie ein Schwerenöter, aber das wird ja nun nicht mehr möglich sein … Vieles geht jetzt nicht mehr. Vater wird es sehr treffen … schrecklich! Wie dumm, dass es so kommen musste, gleich auf der ersten Fahrt nach dem Examen! … Gut, dass wir uns damals entzweit haben, sie und ich!, dachte er plötzlich. Das macht alles einfacher, es hätte sonst sehr schwierig werden können. Krutikow ist bedeutend schlechter dran als ich. Auch der Kommandant hat es schwerer. Bykow hat eine Frau – eine sehr schöne, fröhliche Frau, die obendrein auch noch sehr klug zu sein scheint. Beim Abschied vor dem Start hat sie an so etwas sicher nicht gedacht. Oder vielleicht doch? Aber sie hat sich nichts anmerken lassen. Wahrscheinlich hat sie sich schon daran gewöhnt. Der Mensch kann sich an alles gewöhnen. Ich zum Beispiel habe mich an die Überbelastung beim Flug gewöhnt, obwohl mir das am Anfang sehr schwergefallen ist und ich sogar damit gerechnet hatte, man würde mich deshalb zur Fakultät für Fernsteuerung versetzen. An der Hochschule hieß das »Versetzung zu den Mädchen«, weil dort viele Mädchen studierten, ungewöhnliche, sympathische Mädchen, in deren Gesellschaft man immer Spaß und Abwechslung hatte. Trotzdem galt eine »Versetzung zu den Mädchen« als etwas Peinliches. Völlig unverständlich, warum. Die Mädchen kamen nach dem Studium auf verschiedene Stationen und zu Stützpunkten auf fernen Planeten und arbeiteten nicht schlechter als ihre männlichen Kollegen. Teilweise sogar besser … Egal, dachte Shilin, jedenfalls ist es sehr gut, dass unsere Freundschaft damals in die Brüche gegangen ist! Wie wäre ihr jetzt zumute? … Gedankenverloren betrachtete er die geborstene Platte der Druckschaltung, die er in den Händen hielt … Als ich sie nach Hause brachte, küssten wir uns im Großen Park und dann auf der Uferpromenade vor den weißen Statuen. An der Haustür küssten wir uns noch lange, und immer wieder kamen Leute, obwohl es schon spät war. Sie hatte Angst, ihre Mutter könne auftauchen und fragen: »Was tust du hier, Walja, und wer ist dieser junge Mann?« Das war im Sommer, in den weißen Nächten. In den Winterferien kam ich wieder, und wir trafen uns; alles war wie davor, nur dass im Park nun Schnee lag und sich über uns, vor dem Grau des Himmels, kahle Zweige im Wind regten. Der Wind frischte auf und ließ Pulverschnee auf uns herabrieseln, wir wurden steif vor Kälte und liefen zu einem Café in der Interplanetarstraße, um uns aufzuwärmen. Wir freuten uns, dass dort keine Gäste waren, saßen am Fenster und sahen auf der Straße die Autos vorüberfahren. Ich wettete, alle Autotypen zu kennen, und verlor: Wir sahen ein elegantes, niedriges Auto, und ich wusste nicht, was für ein Typ es war. Ich lief hinaus, um mich zu erkundigen, und erfuhr, dass es sich um einen »Goldenen Drachen«, einen neuen chinesischen Atom-Pkw, handelte. Wir stritten uns um drei Wünsche. All das schien damals das Wichtigste im Leben zu sein, das ewig so bleiben würde, im Sommer wie im Winter, auf der Uferpromenade vor den weißen Statuen und im Großen Park. Wunderschön sah sie im Theater aus in ihrem schwarzen Kleid mit dem weißen Kragen; während der Vorstellung stieß sie mich immer wieder mit dem Ellbogen an, damit ich nicht so laut lachte. Jedoch eines Tages kam sie nicht zu unserem Treffen. Ich verabredete mich über Videofon noch einmal mit ihr, aber sie kam wieder nicht. Auch schickte sie mir, als ich nach den Ferien wieder zur Hochschule gefahren war, keine Briefe mehr. Ich konnte es einfach nicht glauben und schrieb ihr törichte, lange Briefe – dass sie töricht waren, wusste ich damals noch nicht. Nach einem Jahr sah ich sie in unserem Klub. Sie war in Begleitung eines anderen Mädchens und erkannte mich nicht. Damals war mir zumute, als bräche alles zusammen … Es war gegen Ende des fünften Kurses. Unbegreiflich, warum mir das alles jetzt einfällt. Sicher, weil jetzt sowieso alles egal ist. Ich sollte eigentlich nicht daran denken, aber da sowieso alles egal ist …

Krachend fiel das Schott ins Schloss. Bykow kam. »Na, was ist, Michail?«

»Wir beenden die erste Umkreisung, Ljoscha. Die Flughöhe beträgt nur noch fünfhundert Kilometer.«

»Verstehe ...« Irgendwo knirschten Plastscherben. »Eine Verbindung mit der Amalthea haben wir nicht?«

»Der Empfänger funktioniert nicht«, antwortete Krutikow seufzend. »Der Sender geht, aber hier toben so heftige Funkstürme ...«

»Wie weit bist du mit den Berechnungen?«

»Fast fertig, Ljoscha. Sie ergeben, dass wir bis auf sechs, sieben Megameter absinken und dort hängenbleiben werden – schwimmen, wie Wolodja sagt. Der Druck ist ungeheuer groß, aber er kann uns nicht zermalmen, so viel ist klar. Aber es wird sehr ungemütlich; die Schwerkraft beträgt dort zwei bis zweieinhalb g.«

»Ach du meine Güte ...« Bykow überlegte eine Weile. »Hast du irgendeine Idee?«

»Was?«

»Ich frage, ob du eine Idee hast, wie wir uns hier heraushauen können.«

»Aber, Ljoscha, was für Ideen könnte ich denn da haben?«, meinte der Steuermann sanft und fast übertrieben höflich. »Das ist der Jupiter. Ich habe noch nie gehört, dass von dort welche ... zurückgekommen sind.«

Langes Schweigen trat ein. Shilin arbeitete weiter, schnell und geräuschlos.

»Denk nicht an sie, Ljoscha«, riet Krutikow unvermittelt. »Am besten wirfst du deine Erinnerungen über Bord, sonst wird dir hundeelend zumute und ...«

»Ich gebe mich gar nicht mit Erinnerungen ab«, antwortete Bykow unangenehm berührt. »Und dir, Steuermann, rate ich es auch nicht.« Er unterbrach sich. »Wanja!«

»Ja?«, antwortete Shilin eifrig.

»Bist du noch nicht fertig?«

»Sofort!«

Plastscherben knirschten; der Kommandant ging auf ihn zu.

»Dreckzeug«, murmelte er vor sich hin. »Narrenhaus, verflixtes.« Er trat hinter das Gehäuse und hockte sich neben Shilin.

»Ich bin gleich fertig«, versicherte Shilin noch einmal.

»Du trödelst, Bordingenieur«, sagte Bykow unwirsch.

Schnaufend zog er die Reserveblöcke aus dem Futteral. Shilin rückte etwas zur Seite, um ihm Platz zu machen. Beide hatten breite Schultern und waren stämmig, sodass es für sie vor der Kombine ziemlich eng wurde. Während sie rasch und schweigend arbeiteten, hörten sie, wie der Steuermann den Rechner wieder einschaltete und vor sich hin trällerte.

Als die Montage beendet war, rief Bykow: »Michail, komm doch mal her!« Er richtete sich auf und wischte sich den Schweiß von der Stirn. Dann schob er mit dem Fuß die zersprungenen Platten zur Seite und schaltete das Kontrollgerät ab. Auf dem Bildschirm der Kombine erschien das dreidimensionale Schema des Reflektors, es drehte sich langsam.

»Hoppla!«, entfuhr es Michail Antonowitsch.

Tickend stieß der Rechner den blauen Papierstreifen aus.

»Nur ganz wenige Mikroschäden«, sagte Shilin leise.

»Ach die Mikroschäden …« Bykow beugte sich über den Bildschirm. »Hier … hier ist die größte Sauerei.«

Das Schaltbild des Reflektors war bläulich gefärbt, und auf dem Blau sah man ausgefranste weiße Flecke. An diesen Stellen waren entweder die Schichten des Mesomaterials aufgerissen oder das System der Kontrollzellen zerstört. Es wimmelte von weißen Flecken. Am Rand des Reflektors flossen sie zu einem ungleichmäßigen großen Fleck zusammen, der fast ein Achtel der Oberfläche des Paraboloids einnahm.

Krutikow winkte ab und kehrte zu seinem Rechner zurück.

»Mit so einem Reflektor kann man allenfalls Petarden loslassen«, murmelte Shilin.

Er bückte sich nach seinem Overall, schüttelte Waretschka heraus und zog sich an, weil ihm wieder kühl wurde. Bykow stand immer noch vorm Bildschirm und kaute auf den Fingernägeln. Dann ergriff er den blauen Papierstreifen, den der Rechner ausgestoßen hatte, und überflog die Zahlenkolonnen.

»Shilin«, sagte er plötzlich. »Nimm dir zwei Sigmatester, kontrolliere die Ladung und komm in die Schleuse! Ich warte dort auf dich. Michail, lass alles stehen und liegen und dichte die Lecks ab! … Lass alles stehen und liegen, habe ich gesagt!«

»Wo willst du hin?«, fragte der Steuermann verdutzt.

»Raus«, antwortete Bykow und verließ den Raum.

»Aber wozu denn?« Michail Antonowitsch drehte sich zu Shilin um.

Shilin antwortete mit einem Achselzucken. Er wusste auch nicht, wozu. Hier im Weltraum, während des Fluges, ohne Mesochemiker, ohne supergroße Kristallisatoren und Reaktoröfen den Spiegel reparieren zu wollen, erschien ihm undenkbar. Genauso gut hätte man versuchen können, mit bloßen Händen den Mond zur Erde zu befördern. In diesem Zustand, mit dem abgefetzten Rand, würde der Reflektor die »Tachmasib« höchstens in kreisförmige Bewegung versetzen können, wie auch schon während der Katastrophe.

»Keine Ahnung, was das soll«, sagte Shilin unschlüssig.

Er sah Krutikow an, und der sah ihn an. Sie schwiegen, doch plötzlich hatten es beide furchtbar eilig. Krutikow raffte seine Papiere zusammen und sagte hastig: »Los, geh schon, geh, Wanja! Nimm die Beine in die Hand!«

In der Schleuse zogen Bykow und Shilin die Vakuumskaphander an und zwängten sich mit einiger Mühe in den Lift. An dem gigantischen Rohr des Photonenreaktors entlang, von dem die Leitungen zu allen Knotenpunkten des Schiffes abzweigten, von der Wohngondel bis zum parabolischen Reflektor, jagte der Fahrstuhl rasend schnell in die Tiefe.

»Gut«, sagte Bykow.

»Was ist gut?«, fragte Shilin.

Der Lift stoppte.

»Dass der Lift funktioniert«, antwortete Bykow.

»Verstehe.« Shilin seufzte enttäuscht.

»Es hätte auch sein können, dass er nicht funktioniert«, erklärte Bykow schroff. »Dann hätten wir die zweihundert Meter hin- und zurücklaufen müssen.«

Sie traten aus dem Liftschacht auf der oberen Plattform des Paraboloids hinaus. Unter ihnen wölbte sich sanft die gerippte Kuppel des Reflektors. Der Reflektor war riesig, siebenhundertfünfzig Meter lang und seitlich einen halben Kilometer breit ausladend. Der Rand war von hier aus nicht zu sehen. Über ihnen hing das gewaltige silbrige Ellipsoid der Frachtsektion. Rechts und links davon ruhten auf weit vorgebauten Konsolen die Wasserstoffraketen, aus deren Schlünden geräuschlos hellblaue Flammen züngelten. Ringsum flimmerte seltsam eine ungewöhnliche, unheilschwangere Welt.

Zur Linken erhob sich eine rotbraune Nebelwand, die sich in unvorstellbarer Tiefe langsam auflöste, in Schichten von dicken, dräuenden Wolkenfeldern, zwischen denen tiefschwarze Lichtungen klafften. In noch größerer Entfernung und noch größerer Tiefe verschmolzen die Wolken zu einem festen zimtbraunen Massiv. Zur Rechten breitete sich weithin rosiger Schimmer aus, und dort erblickte Shilin plötzlich die Sonne, einen kleinen grellrosa gleißenden Ball.

»Fangen wir an!«, kommandierte Bykow und hielt Shilin eine aufgewickelte dünne Trosse hin. »Befestige sie im Schacht!«

Das andere Ende schlang er sich um den Gurt. Dann hängte er sich die beiden Tester um den Hals und stieg über das Geländer.

»Die Trosse langsam herunterlassen«, befahl er. »Ich gehe jetzt!«

Die Trosse in den Händen, trat Shilin an das Geländer und beobachtete, wie sich die dicke, plumpe Gestalt in der blinkenden Rüstung langsam auf der Wölbung der Kuppel vorwärtsbewegte. Die Rüstung glänzte im Widerschein der rosigen Dunstwand, und auf der gerippten schwarzen Kuppel lagen hier und da regungslos Bahnen von fahlem Rosa.

»Schneller herunterlassen!«

Obwohl ihn der Befehl über Funk erreichte, hörte Shilin heraus, dass Bykow verärgert war.

Die Gestalt in der Rüstung verschwand, und auf der gerippten Fläche wippte nur noch die straff gespannte blinkende Trosse. Shilin betrachtete die Sonne. Manchmal ließ der rötliche Ball Nebel aufziehen; dann blendete er noch mehr und wurde ganz rot. Als er vor sich hin auf die Plattform sah, erblickte er seinen verschwommenen rosafarbenen Schatten.

»Sieh mal, Wanja!«, hörte er Bykow sagen. »Nach unten, sieh nach unten!«

Shilin spähte in die Tiefe. Aus dem zimtbraunen Massiv wuchs gespenstisch, wie ein ungeheurer Giftpilz, ein riesiger weißer Hügel empor. Langsam schwoll er in die Breite, und man konnte auf seiner Oberfläche ein unaufhörlich fließendes Muster erkennen, das wie ein Knäuel sich windender Schlangen aussah.

»Eine exosphärische Protuberanz«, erklärte Bykow. »Eine sehr seltene Erscheinung, wie ich meine. Verdammt, das müssten wir den Jungs zeigen!« Damit meinte er die Planetologen.

Der bauchige Hügel erstrahlte plötzlich von innen her in vibrierendem fliederfarbenem Licht.

»Fantastisch!«, entfuhr es Shilin.

»Herunterlassen!«, mahnte Bykow.

Ohne den Blick von der Protuberanz zu wenden, ließ Shilin die dünne Trosse weiter abrollen. Anfangs hatte er den Eindruck, die »Tachmasib« flöge geradewegs auf die Protuberanz zu. Aber dann erkannte er, dass das Schiff in großer Entfernung links an ihr vorüberfliegen würde. Die Protuberanz löste sich von dem zimtbraunen Massiv und segelte mit einem scheinbar klebrigen Schwanz gelber Fäden in das prangende Rosa hinein. In den Fäden erstrahlte noch einmal das fliederfarbene Licht, und die Protuberanz zerschmolz im rosafarbenen Meer ringsum.

Bykow arbeitete lange. Zwischendurch kam er mehrmals zur Plattform herauf und ruhte sich ein wenig aus. Wenn er wieder hinabstieg, schlug er jedes Mal eine andere Richtung ein. Als er zum dritten Mal zur Plattform kletterte, hatte er nur noch einen Tester bei sich. »Den anderen habe ich verloren«, erklärte er knapp.

Ein Bein gegen das Geländer gestemmt, ließ Shilin geduldig die Trosse herab. In dieser Stellung fühlte er sich sicher und konnte nach allen Seiten Ausschau halten. Doch er entdeckte keine weiteren Veränderungen. Erst als der Kommandant das sechste Mal zur Plattform zurückkam und brummte: »Schluss, gehen wir!«, fiel Shilin plötzlich auf, dass die rotbraune Nebelwand zur Linken, die bewölkte Oberfläche des Jupiters, merklich näher gerückt war.

Die Steuerzentrale war aufgeräumt. Krutikow hatte die Splitter zusammengefegt und saß, die Pelzweste über dem Overall, auf seinem gewohnten Platz. Aus seinem Mund kamen Dampfwolken – es war kalt in der Steuerzentrale.

Bykow setzte sich in einen Sessel, rieb sich die Knie und blickte den Steuermann, dann Shilin unverwandt an. Die beiden warteten.

»Hast du die Lecks abgedichtet?«, fragte Bykow den Steuermann.

Krutikow nickte mehrmals.

»Also: Wir haben eine Chance«, sagte Bykow. Krutikow richtete sich auf, und man hörte ihn tief einatmen. Shilin schluckte heftig vor Erregung.

»Wir haben eine Chance«, wiederholte Bykow. »Aber sie ist sehr klein. Ganz und gar unrealistisch.«

»Nun red schon, Ljoscha!«, bat der Steuermann leise.

»Ihr werdet es gleich erfahren ...« Bykow räusperte sich. »Sechzehn Prozent des Reflektors sind defekt. Daraus ergibt sich die Frage: Können wir die restlichen vierundachtzig Prozent zum Funktionieren bringen? Es sind sogar noch weniger als vierundachtzig, weil etwa zehn Prozent infolge der Zerstörung des Systems der Kontrollzellen nicht kontrolliert werden.«

Der Steuermann und Shilin schwiegen.

»Wir können«, fuhr Bykow fort, »es auf jeden Fall versuchen. Der Verbrennungspunkt des Plasmas muss so verlagert werden, dass die Asymmetrie des defekten Reflektors dadurch kompensiert wird.«

»Klar«, sagte Shilin mit zitternder Stimme.

Bykow sah ihn an. »Das ist unsere einzige Chance. Wanja und ich werden die Magnettraps umorientieren. Wanja kann das. Du, Mischa, berechnest, wo der Verbrennungspunkt entsprechend dem Schema der Beschädigung jetzt sitzen muss. Das Schema bekommst du sofort. Das ist eine irrsinnige Arbeit, aber – unsere einzige Chance.«

Er sah den Steuermann an. Michail hob den Kopf und begegnete seinem Blick. Sie verstanden einander blind, und es bedurfte keiner weiteren Worte. Möglich, dass sie mit der

Arbeit nicht rechtzeitig fertig würden oder der Schiffsrumpf unter dem ungeheuren Druck von Korrosion zerfressen würde und sich wie ein Stück Würfelzucker in heißer Flüssigkeit auflöste, bevor die Arbeit beendet war. Sie wussten, dass an eine vollständige Kompensation der Asymmetrie nicht zu denken war und dass noch nie jemand ein Raumschiff mit einer derartigen Kompensation und obendrein mit einem erheblich geschwächten Antrieb zu fliegen versucht hatte.

Sehr laut wiederholte Bykow: »Es ist unsere einzige Chance.«

»Ich mache mich sofort daran, Ljoscha«, sagte Krutikow. »Den neuen Verbrennungspunkt zu berechnen ist nicht schwer. Das mache ich schon.«

»Das Schema der toten Abschnitte gebe ich dir sofort.« Bykow räusperte sich. »Wir müssen uns beeilen! Bald setzt die Überbelastung ein, und dann wird das Arbeiten sehr schwierig. Wenn wir sehr tief abfallen, wird es gefährlich, den Antrieb einzuschalten, weil es in dem komprimierten Wasserstoff zu einer Kettenreaktion kommen kann.« Nach einigem Überlegen fügte er hinzu: »Dann verwandeln wir uns in Gas.«

»Klar«, erwiderte Shilin. Er wollte sofort anfangen, auf der Stelle.

Krutikow streckte die kurzfingrige Hand aus und sagte mit belegter Stimme: »Das Schema, Ljoscha, das Schema!«

Auf dem Schaltbrett der Havarieanlage blinkten drei rote Lämpchen.

»Da haben wir's!«, sagte der Steuermann. »In den Havarieraketen geht der Treibstoff zu Ende.«

»Egal«, entgegnete Bykow und stand auf.

III

Menschen im Abgrund

1. Die Planetologen amüsieren sich, und der Steuermann wird des Schmuggelns überführt

»L-Laden!«, befahl Jurkowski.

Der Planetologe hing waagerecht am Periskop, das Gesicht fest an das wildledergepolsterte Okular gepresst. Arme und Ellbogen hatte er zur Seite gespreizt, und neben ihm schwebten sein dickes Tagebuch, in das er die Beobachtungen eintrug, und sein Druckstift. Mollard klappte energisch den Deckel der Ladekammer auf, zog einen Ladestreifen Sondenbomben aus der Stellage und führte ihn mühsam in die rechteckige Öffnung der Ladekammer ein, wobei er ihm bald von unten, bald von oben einen Stoß versetzen musste. Der Ladestreifen glitt geräuschlos in die Kammer. Mollard schloss den Deckel, ließ den Verschluss einrasten und sagte: »Fertig, Woldemar.«

Mollard wurde mit der Schwerelosigkeit ausgezeichnet fertig. Manchmal machte er allerdings unbesonnene, heftige Bewegungen, sodass er plötzlich unter der Decke hing und heruntergezogen werden musste; manchmal wurde ihm auch etwas übel. Aber für einen Neuling, der die Schwerelosigkeit zum ersten Mal erlebte, hielt er sich wacker.

»Fertig«, sagte Dauge vom Exosphärenspektrografen aus.

»S-salve!«, kommandierte Jurkowski.

Dauge drückte auf den Auslöser. In dichter Folge wummerte es mehrmals hintereinander, und im selben Augenblick begann der Verschluss des Spektrografen zu schnurren. Jurkowski sah durch das Periskop, wie weiße Flammenwölkchen eins nach dem anderen aufloderten und schnell im orangefarbenen Nebel, durch den sich die »Tachmasib« auf den Jupiter zubewegte, emporstiegen. Zwanzig Detonationen. Zwanzig detonierende Bombensonden, die Mesonenstrahler mit sich führten.

»G-großartig«, freute sich Jurkowski halblaut.

Außenbords nahm der Druck zu – die Bombensonden krepierten in immer kürzerer Entfernung, weil sie allzu schnell abgebremst wurden.

Den Blick auf das Messgerät des Spektroanalysators geheftet, sagte Dauge laut ins Diktafon: »Molekularwasserstoff – einundachtzig und fünfunddreißig, Helium – sieben und elf, Methan – vier und sechzehn, Ammoniak – eins null eins ... Die nicht identifizierbare Linie verstärkt sich ... Ach, ich habe doch von Anfang an gesagt: Stellt einen Rechner auf, so haut das nicht hin!«

»W-wir sinken«, stellte Jurkowski fest. »Und w-wie! Methan nur noch vier.«

Dauge warf sich geschickt in der Luft herum und angelte die Rechenstreifen von den Geräten. »Vorläufig behält Cungreen recht. Da – der Bathymeter versagt schon. Über dreihundert Atmosphären Druck. Mehr können wir nicht messen.«

»Also gut ... L-laden«, verlangte Jurkowski.

»Lohnt sich das noch?«, fragte Dauge. »Das Bathymeter versagt, die Synchronisation wird gestört sein.«

»Wir probieren es!«, entgegnete Jurkowski. »L-laden!«

Er drehte sich zu Mollard um. Der Funkoptiker schwebte schaukelnd unter der Decke und lächelte traurig.

»Hol ihn runter, Grigori!«, bat Jurkowski.

Dauge reckte den Oberkörper hoch, ergriff Mollard an einem Bein und zog ihn herab. Dann sagte er ungeduldig: »Charles, bewegen Sie sich nicht so ruckartig! Hier ... halten Sie sich mit der Fußspitze fest!«

Mollard seufzte tief und öffnete den Verschlussdeckel. Der leere Ladestreifen wurde aus der Ladekammer ausgestoßen und prallte ihm gegen die Brust, sodass er langsam zu Jurkowski segelte. Jurkowski drehte sich zu ihm um.

»Oh, schon wieder!«, entschuldigte sich Mollard. »Verzeihen Sie, Wolodja! Ach, dieser Schwerelosigkeit!«

»L-laden, laden!«, gebot Jurkowski.

Plötzlich rief Dauge: »Die Sonne!«

Jurkowski ruderte zum Periskop. In dem orangefarbenen Nebel tauchte sekundenlang ein verschwommener rötlicher Ball auf.

»Das ist das letzte Mal.« Dauge räusperte sich.

»Sie haben schon dreimal gesagt: letzte Mal!«, stellte Mollard fest, während er den Verschlussdeckel zuklappte. Er beugte sich vor und prüfte den Verschluss. »Lebe wohl, Sonne – wie Kapitan Nemo sagte. Aber es war nicht das letzte Mal ... Woldemar, ich fertig.«

»Auch fertig«, meldete Dauge. »Vielleicht hören wir doch lieber auf?«

Auf dem Fußboden klirrten die Metallsohlen von Magnetschuhen – Bykow trat ins Observatorium.

»Stellt die Arbeit ein!«, sagte er mit düsterer Miene.

»W-warum?« Jurkowski drehte sich zu ihm um.

»Außenbords herrscht hoher Druck. Noch eine halbe Stunde, und eure Bomben krepieren gleich hier im Observatorium.«

»S-salve!«, kommandierte Jurkowski hastig. Dauge zögerte ein wenig, betätigte aber doch den Abzug. Bykow hörte das dumpfe Blubbern der startenden Sonden und sagte: »So, und nun ist es genug. Alle Teststartvorrichtungen dichtmachen! Das Ding«, er zeigte auf das Verschlussstück, »verkeilen! Aber tüchtig!«

»D-dürfen wir die Periskopbeobachtungen f-fortsetzen?«, fragte Jurkowski.

»Genehmigt.« Bykow nickte. »Amüsiert euch!«

Er wandte sich ab und ging hinaus. Dauge sagte: »Ich hab's doch gewusst, nichts und wieder nichts ist dabei herausgekommen. Keine Synchronisation.« Er stellte die Geräte ab und nahm die Spule aus dem Diktafon.

»J-johannytsch, meiner Meinung nach hat sich Bykow etwas einfallen l-lassen. Hast du nicht auch den Eindruck?«

Dauge sah ihn zweifelnd an. »Ich weiß nicht. Wie kommst du darauf?«

»Er hat so eine komische M-miene aufgesetzt. Ich k-kenne ihn doch …«

Eine Zeit lang schwiegen alle. Man hörte nur Mollard seufzen, ihm wurde wieder schlecht. Schließlich sagte Dauge: »Ich möchte etwas essen. Wo ist nur die Suppe, Charles? Sie haben sie verschüttet, und wir müssen jetzt hungern. Wer hat heute Küchendienst, Charles?«

»Ich«, hauchte er. Bei dem Gedanken an Essen wurde ihm noch übler, doch er riss sich zusammen. »Ich gehe neue Suppe kochen.«

»Die Sonne!«, rief Jurkowski.

Dauge hielt das geschwollene Auge ans Okular des Videosuchers.

»Na also«, frohlockte Mollard. »Sehen Sie: Da ist die Sonne wieder!«

»Das ist gar nicht die Sonne«, widersprach Dauge.

»J-ja, anscheinend w-wirklich nicht.«

Das ferne Lichtknäuel verblasste aufquellend im hellbraunen Dunst, löste sich in graue Flecke auf und verschwand. Jurkowski starrte dorthin und biss die Zähne so fest zusammen, dass die Kiefergelenke knackten. Leb wohl, Sonne, dachte er, leb wohl!

»Ich will etwas essen«, sagte Dauge unwirsch. »Kommen Sie, Charles, wir gehen in die Kombüse!«

Geschickt stieß er sich von der Wand ab, schwebte zur Tür und öffnete sie. Mollard stieß sich ebenfalls ab, schwebte aber mit dem Kopf gegen den Türrahmen. Dauge zog ihn an der Hand in den Korridor. Jurkowski hörte noch, wie Dauge fragte: »Na, wie geht's, gu-ud?« Mollard antwortete: »Gu-ud, aber so ist sehr unbequem.« – »Halb so schlimm«, erwiderte Dauge forsch. »Sie werden sich bald daran gewöhnen.«

Alles halb so schlimm, dachte Jurkowski, bald ist es vorbei. Er blickte wieder durchs Periskop, sah, wie sich der braune Nebel weiter oben, also dort, woher das Raumschiff gekommen war, verdichtete, und unten aus unergründlichen Tiefen, dem unermesslichen Wasserstoffabgrund, ein seltsamer rosiger Lichtschimmer zu dämmern begann. Jurkowski schloss die Augen. Leben, dachte er, lange leben, ewig leben ... Er fuhr sich mit beiden Händen durch die Haare und kniff die Augen zusammen. Erblinden, taub werden und stumm, nur – leben! Sonne und Wind auf der Haut spüren und einen Freund an der Seite haben. Schmerz, Ohnmacht, Trauer. Wie jetzt. Ach ... Heftig raufte er sich die Haare. Mag es getrost so bleiben wie jetzt – aber ewig. Plötzlich hörte er sich laut schniefen und besann sich. Wie weggeblasen waren plötzlich das unerträglich lähmende Entsetzen und die Verzweiflung. So ähnlich war es ihm schon mehrmals ergangen, vor zwölf Jahren auf dem Mars, vor zehn Jahren auf der Golkonda und vor zwei Jahren wieder auf dem Mars. Ein dumpfes, jäh aufwallendes Verlangen, so alt wie das Protoplasma selbst, das Verlangen, unbedingt zu leben. Wie eine kurze Ohnmacht befiel es ihn. Aber es vergeht, dachte er. Wie einen Schmerz muss man es ertragen und sich sogleich mit etwas beschäftigen. Ljoscha hat angeordnet, die Abschussvorrichtungen für die Sonden abzudichten ... Er nahm die Hände vom Gesicht, schlug die Augen auf und sah, dass er auf dem Fußboden saß. Der Sturz der »Tachmasib« war abgefangen, die Gegenstände bekamen wieder Gewicht.

Jurkowski reckte sich zu dem kleinen Pult vor und dichtete die Mündungen der Abschussvorrichtungen ab – »Schießscharten« in der robusten Außenhaut der Wohngondel, in die die Rezeptoren der Geräte eingesetzt werden. Dann dichtete er sorgfältig den Verschluss des Bombenwurfgerätes ab, las die umherliegenden Ladestreifen der Sonden auf und legte sie ordentlich ins Regal. Er warf einen Blick durchs Periskop und hatte den Eindruck – oder war es wirklich so? –, dass sich die Finsternis oben verdichtete und das rosige Leuchten unten verstärkte. Ihm fiel ein, dass außer Serjosha Petruschewski – Ehre seinem Andenken! – bisher noch niemand so dicht an den Jupiter herangekommen war. Bei Petruschewski war ebenfalls der Reflektor geborsten, aber sein Schiff war wahrscheinlich schon eher explodiert.

Jurkowski verließ das Observatorium und begab sich zur Gemeinschaftskajüte. Unterwegs warf er noch einen Blick in die anderen Kajüten. Die »Tachmasib« sank immer noch, allerdings von Minute zu Minute langsamer. Jurkowski ging auf Zehenspitzen, wie unter Wasser, balancierte mit den Armen und vollführte trotzdem von Zeit zu Zeit gegen seinen Willen kleine Sprünge.

Plötzlich hallte durch den menschenleeren Korridor ein gedämpfter freudiger Ausruf Mollards. »Wie ist Leben, Grégoire, gu-ud?« Anscheinend war es Dauge gelungen, dem Funkoptiker wieder zu seiner gewohnten Stimmung zu verhelfen. Grégoires Antwort konnte Jurkowski nicht verstehen. »Gu-ud!«, murmelte er vor sich hin und merkte gar nicht, dass er nicht mehr stotterte. Ja, so etwas ist gut.

Er lugte in Krutikows Kajüte. Darin war es dunkel und roch seltsam würzig. Jurkowski trat ein und schaltete das Licht an. Mitten in der Kajüte lag ein Koffer, dessen Inhalt um und um durchwühlt war. Noch nie hatte Jurkowski so ein Durcheinander in einem Koffer gesehen. So kann ein

Koffer eigentlich nur aussehen, wenn eine Sondenbombe darin detoniert ist, dachte er bei sich. Die gepolsterte Decke und die Wände der Kajüte waren mit braunen, anscheinend glitschigen Klecksen bespritzt. Sie strömten diesen appetitlichen würzigen Geruch aus. Mollusken in Gewürzaufguss, stellte Jurkowski fest. Die aß er sehr gern, aber zu seinem Leidwesen waren sie zur Verpflegung der Sternenfahrer nicht zugelassen. Er sah sich um und entdeckte über der Tür einen glänzenden schwarzen Fleck, ein Leck von einem Meteoritentreffer. Alle Abteilungen der Wohngondeln waren hermetisch abgeschlossen. Wenn ein derartiges Leck entstand, stellte sich automatisch die Luftzufuhr ab, bis der Teerplast, das zähe, widerstandsfähige Zwischenwandfutter des Schiffskörpers, das Leck wieder geschlossen hatte. Das dauerte im Ganzen eine, maximal zwei Sekunden. Trotzdem konnte in dieser Zeit der Druck in der betreffenden Abteilung erheblich sinken. Für die Menschen war das nicht gefährlich – für eingeschmuggelte Konserven aber tödlich. Die Konservendosen explodieren einfach. Besonders solche mit Gewürztunken. Schmuggler, dachte Jurkowski. Dieser alte Vielfraß! Na, dafür kriegt er vom Kommandanten was zu hören! Bykow duldet keinen Schmuggel.

Jurkowski sah sich noch einmal in der Kajüte um, da fiel ihm auf, dass das schwarze Leck silbrig schimmerte. Aha, dachte er, da hat jemand die Lecks schon metallisiert. Richtig so. Andernfalls werden die Teerplastpfropfen von dem großen Außendruck einfach ins Schiffsinnere gepresst. Er schaltete das Licht aus und trat auf den Korridor. Plötzlich war er schrecklich müde und spürte bleierne Schwere in den Gliedern. Verdammt, bin ich schlapp, dachte er und hatte das Gefühl, das Trageband des Mikrofons schnitte ihm in den Hals. Da begriff er, was los war: Der Flug war zu Ende. Innerhalb weniger Minuten würde sich die Schwere verdoppeln; dann würde sich über dem Schiff zehntausend Kilometer hoch komprimierter Wasserstoff ballen und auch bis in sechzigtausend Kilometer Tiefe unter dem Schiff nichts als hochkomprimierter flüssiger, fester Wasserstoff sein. Jedes Kilogramm seines Körpers würde zwei Kilogramm oder mehr wiegen. Armer Charles, dachte Jurkowski. Armer Mischa.

»Woldemar!«, rief Mollard hinter ihm. »Woldemar, helfen Sie uns die Suppe fahren. Das ist sehr schwere Suppe!«

Jurkowski drehte sich um. Ganz rot im Gesicht und schwitzend schoben Dauge und Mollard einen bedrohlich schwankenden Servierwagen aus der Kombüse, auf dem drei kleine dampfende Kasserollen standen. Jurkowski ging ihnen entgegen und merkte auf einmal, wie schwer ihm das Gehen fiel. Mollard stöhnte leise und setzte sich auf den Fußboden. Die »Tachmasib« war zum Stillstand gekommen und hatte mit ihrer Besatzung, ihren Passagieren und ihrer Fracht die allerletzte Station erreicht.

2. Die Planetologen stellen den Steuermann auf die Probe, und der Funkoptiker stellt die Planetologen auf die Probe

»Wer hat dieses Mittagessen gekocht?«. fragte Bykow.

Er sah einen nach dem anderen an und heftete den Blick dann wieder auf die Kasserollen. Krutikow lehnte mit der Brust halb über dem Tisch; sein Atem ging schwer, beinahe keuchte er. Sein Gesicht war purpurrot und aufgequollen.

»Ich«, antwortete Mollard betreten.

»Was ist eigentlich los?«, fragte Dauge.

Alle sprachen mit heiserer Stimme, brachten die Worte nur mühsam hervor. Mollard lächelte schief und legte sich auf die Couch. Ihm war übel. Die »Tachmasib« sank nicht mehr, und die Schwerkraft wurde unerträglich. Bykow sah Mollard an.

»Das Mittagessen wird euch umbringen«, sagte er. »Wenn ihr das esst, steht ihr nicht mehr auf. Es würde euch von innen zerreißen, versteht ihr?«

»Oje«, meinte Dauge verdrossen. »Ich hatte gar nicht an die Schwerkraft gedacht.«

Mollard lag mit geschlossenen Augen da und atmete schwer. Sein Unterkiefer hing herab.

»Wir werden nur die Bouillon essen«, befahl Bykow. »Und damit hat sich's. Nichts Festes.« Er warf einen Blick auf den Steuermann und lächelte grimmig. »Sonst nichts!«, wiederholte er.

Jurkowski ergriff eine Schöpfkelle und füllte Bouillon in die Teller. »Das ist ein schweres Mittagessen.«

»Es riecht gut«, stellte Krutikow fest. »Vielleicht kannst du mir noch ein ganz klein wenig mehr geben, Wolodja?«

»Das genügt«, entgegnete Bykow hart. Den Löffel wie ein Kind in der mit Grafitfett beschmierten Faust, schlürfte er langsam die Bouillon.

Schweigend begannen sie zu essen. Mollard richtete sich mühsam auf und – legte sich wieder hin. »Ich kann nicht. Pardon, ich kann nicht.«

Bykow legte den Löffel hin und stand auf. »Ich empfehle allen Passagieren, sich nachher in die Druckkammern zu begeben.« Dauge schüttelte ablehnend mit dem Kopf. »Na schön, wie ihr wollt. Aber legt Mollard unbedingt hinein!«

»Gut«, antwortete Jurkowski.

Dauge ging mit einem Teller zu Mollard, setzte sich auf die Couch und fütterte ihn wie einen Kranken mit dem Löffel. Mollard schluckte hörbar, ohne die Augen aufzuschlagen.

»Und wo ist Wanja?«, fragte Jurkowski.

»Auf Posten«, antwortete Bykow. Er ergriff die Kasserolle mit dem Rest Suppe und ging festen Schrittes und mit durchgedrückten Knien auf das Schott zu. Jurkowski presste die Lippen aufeinander und folgte mit seinem Blick dem gebeugten Rücken.

»Das war's, Jungs«, jammerte Krutikow. »Ich beginne abzumagern. So geht es wirklich nicht. Im Augenblick wiege ich nur etwas über zweihundert Kilo. Man stelle sich das vor – schrecklich! Und es wird noch schlimmer kommen. Wir sinken immer noch etwas.«

Er lehnte sich im Sessel zurück und faltete die geschwollenen Hände vor dem Bauch. Dann rutschte er ein wenig hin und her, legte die Hände auf die Armlehne, und im selben Augenblick war er eingeschlafen.

Dauge drehte sich zu ihm um. »Er schläft, der Schmerbauch. Das Schiff ist untergegangen, und der Steuermann schläft ... Na, Charles, noch ein Löffelchen! Für Papa! So ist's recht. Und nun für die Mama!«

»Ich kann nicht, Pardon!«, stammelte Mollard. »Ich kann nicht. Liegen muss!« Er streckte sich aus und fing an, französisch zu plappern.

Dauge stellte den Teller auf den Tisch.

»Michail«, rief er leise. »Mischa!«

Der Steuermann schnarchte dröhnend.

»Ich w-werde ihn wecken«, erklärte Jurkowski. »Michail«, rief er mit sanfter Stimme. »M-mollusken! Mollusken in G-gewürzaufguss!«

Da zuckte Krutikow zusammen und wachte auf. »Wie? Was?«, murmelte er. »Was ist los?«

»Das schlechte G-gewissen«, bemerkte Jurkowski.

Vorwurfsvoll sah Dauge den Steuermann an. »Was treibt ihr eigentlich dort oben in der Steuerzentrale?«

Krutikow blinzelte heftig mit seinen roten Lidern, rutschte unruhig auf dem Sessel hin und her, sagte kaum hörbar »Ach, hab ich ganz vergessen ...« und versuchte aufzustehen.

»Sitzen bleiben!«, herrschte ihn Dauge an.

»W-was treibt ihr dort?«

»Ja, was zum Teufel?«

»Nichts Besonderes«, antwortete Michail Antonowitsch und drehte sich zu dem Schott der Steuerzentrale um. »Wirklich, nichts, Jungs. Bloß so …«

»M-mischa!«, drohte Jurkowski. »W-wir sehen doch, dass ihr uns w-was verh-heimlicht.«

»Rede, Dicker!«, verlangte Dauge grimmig.

Der Steuermann versuchte abermals aufzustehen.

»B-bleib sitzen«, gebot Jurkowski erbarmungslos. »Mollusken. In Gewürzaufguss. Also rede!«

Krutikow wurde rot wie Klatschmohn.

»Wir sind keine kleinen Kinder mehr«, erklärte Dauge. »Wir stehen mit dem Tod auf du und du. Was zum Teufel habt ihr für Heimlichkeiten?«

»Es gibt eine Chance«, murmelte der Steuermann kaum hörbar.

»Eine Chance gibt es immer«, entgegnete Dauge. »Konkreter!«

»Eine winzige Chance«, sagte Krutikow. »Jungs, ich muss jetzt wirklich in die Zentrale.«

»Was machen Ljoscha und Wanja dort?«, wollte Dauge wissen. »Woran arbeiten sie?«

Krutikow blickte wehmütig zum eisernen Schott.

»Er will es euch nicht sagen«, flüsterte er. »Er will euch keine vergeblichen Hoffnungen machen. Ja, Bykow hofft, wir könnten uns hier wieder rauslavieren. Sie sind dabei, das System der Magnettraps umzustrukturieren … Aber nun lasst mich bitte gehen!«, rief er mit dünner, durchdringender Stimme, erhob sich und schleppte sich zur Steuerzentrale.

»Mon dieu«, raunte Mollard und streckte sich wieder aus.

»Ach, das ist doch alles Blödsinn, Gequatsche«, meinte Dauge. »Bykow kann bloß nicht stillsitzen und die Hände in den Schoß legen, wenn uns der Knochenmann an der Kehle packt … Also los, kommen Sie, Charles, wir bringen Sie zur Druckkammer. Befehl des Kommandanten.«

Sie fassten Mollard von beiden Seiten unter und führten ihn in den Korridor. Mollard war so schwach, dass er den Kopf kraftlos hängenließ.

»Mon dieu«, murmelte er. »Entschuldigen Sie, ich bin schlechter Interplanetarier, ich bin nichts weiter als Funkoptiker.«

Selber zu laufen und obendrein Mollard halb zu tragen war schwierig. Trotzdem erreichten sie schließlich seine Kajüte und legten ihn in die Druckkammer. Völlig außer Atem und mit blau angelaufenem Gesicht, bemitleidenswert, lag Mollard in der für ihn viel zu großen Kammer.

»Jetzt wird es Ihnen gleich besser gehen, Charles«, sagte Dauge.

Jurkowski nickte schweigend. Im selben Augenblick verzog er vor Schmerzen das Gesicht, die Halswirbel taten furchtbar weh. »B-bleiben Sie schön liegen, und ruhen S-sie sich aus!«

»Gu-ud«, sagte Mollard. »Danke, Genossen!«

Dauge schloss den Deckel und klopfte noch einmal. Mollard antwortete mit einem Klopfen.

»In Ordnung«, sagte Dauge. »Und wir sollten uns jetzt die Überbelastungsanzüge anziehen.«

Jurkowski ging zur Tür. An Bord des Raumschiffs gab es nur drei solche Raumanzüge – für die Besatzung. Die Passagiere mussten in Überbelastungsphasen die Druckkammern aufsuchen.

Sie gingen durch die Kajüten und sammelten alle Decken und Kissen ein. Dann begaben sie sich ins Observatorium zu den Periskopen, mummten sich mit den Decken und Kissen von allen Seiten ein und legten sich hin. Geraume Zeit lagen sie schweigend da und ruhten sich aus. Das Atmen fiel schwer. Es war, als laste ein zentnerschweres Gewicht auf dem Brustkorb.

»Ich w-weiß noch, auf der Hochschule haben sie uns probeweise manchmal s-starker Überbelastung ausgesetzt«, erinnerte sich Jurkowski.

»Stimmt«, sagte Dauge. »Das hatte ich schon vergessen ... Was sollte vorhin eigentlich diese alberne Anspielung auf Mollusken in Gewürzaufguss?«

»Eine schmackhafte Delikatesse, nicht wahr? Unser S-Steuermann hat heimlich, ohne Wissen des Kommandanten, mehrere Büchsen m-mitgenommen, und sie sind in seinem K-koffer explodiert.«

»Er hat sich schon wieder so etwas erlaubt?« Dauge konnte es nicht fassen. »So ein Lukullus! Schmuggler! Sein Glück, dass Bykow jetzt keine Zeit für so etwas hat!«

»B-bykow weiß es wahrscheinlich noch gar nicht.« Er wird es auch nie erfahren, dachte Jurkowski. Sie schwiegen eine Weile, dann ergriff Dauge die Tagebücher und las die Aufzeichnungen, die sie nach den Beobachtungen eingetragen hatten.

Sie tauschten ihre Meinungen darüber aus, dann stritten sie sich über die Meteoritenattacken. Dauge meinte, es sei ein zufällig dort kreisender Schwarm gewesen. Jurkowski hingegen hielt es für einen Ring. »Ein Ring um den Jupiter?«, meinte Dauge verächtlich. »Ja«, war Jurkowski überzeugt. »Das habe ich lange vermutet und jetzt bestätigt gefunden.« – »Nein, das ist kein Ring«, widersprach Dauge. »Allenfalls ein halber.« – »Meinetwegen nur ein halber«, pflichtete Jurkowski ihm bei. »Cungreen weiß jedenfalls, wovon er redet«, sagte Dauge. »Seine Berechnungen sind einfach bestechend genau.« – »Nicht ganz«, erwiderte Jurkowski. – »Inwiefern?« – »Weil die Temperatur bedeutend langsamer ansteigt«, erklärte Jurkowski. »Das ist das innere Leuchten nichtklassischen Typs«, sagte Dauge. »Ganz recht, nichtklassisch.« – »Das hat Cungreen nicht einkalkulieren können«, gab Dauge zu bedenken. »Das hätte er aber einkalkulieren müssen«, erwiderte Jurkowski. »Darüber streiten sich die Gelehrten schon hundert Jahre, er hätte es einkalkulieren müssen.« – »Du schämst dich«, erwiderte Dauge. »Weil du dich nämlich in Dublin mit Cungreen gestritten hast, und jetzt ist es dir peinlich.« – »Du bist ein Trottel, ich habe die nichtklassischen Effekte berechnet.« – »Das weiß ich.« – »Wenn du's weißt, dann rede kein dummes Zeug!« – »Schrei mich nicht an«, ärgerte sich Dauge. »Das ist kein dummes Zeug. Du hast die nichtklassischen Effekte berechnet, aber was uns das nützt, siehst du ja selbst.« – »Wie kannst du darüber urteilen?« Jurkowski wurde böse. »Meinen letzten Artikel hast du doch immer noch nicht gelesen.« – »Zugegeben, aber reg dich nicht auf!«, bat Dauge. »Übrigens – mein Rücken ist angeschwollen.« – »Meiner auch«, erwiderte Jurkowski. Er drehte sich auf den Bauch und wollte sich auf allen vieren hochstemmen. Aber das dauerte eine Weile. Dann hangelte er sich zu einem der Periskope und sah hindurch.

»D-du ... S-sieh doch nur!«

Da stemmte sich auch Dauge hoch. Gebannt blickten sie beide durch ihre Periskope. Die »Tachmasib« schwebte in einem Raum, einer Einöde, die mit rosigem Licht erfüllt war. Nichts war zu sehen, was sich bewegt hätte, kein einziger Gegenstand, auf dem der Blick hätte verweilen können. Weit und breit nur rosiges Licht. Fast glaubte man, einen phosphoreszierenden Bildschirm vor Augen zu haben. Nach langem Schweigen sagte Jurkowski: »Das ist langweilig.«

Er rückte die Kissen zurecht und legte sich wieder hin.

»Das hat noch nie ein Mensch gesehen«, erwiderte Dauge. »Das ist das Leuchten von metallischem Wasserstoff.«

»D-diese Beobachtungen sind keinen Pf-pfifferling wert ... Vielleicht stellen wir noch einen Spektografen an ein Periskop?«

»Unsinn …« Dauge kroch ebenfalls auf die Kissen und legte sich auf den Rücken. »Noch kein Mensch hat das jemals zu sehen bekommen … ein Jammer.«

»D-dagegen kannst du v-verdammt wenig tun …«

Plötzlich stemmte Dauge sich auf die Ellbogen und legte horchend den Kopf zur Seite.

»Was hast du?«, fragte Jurkowski.

»Sei still! Hörst du nichts?«

Jurkowski horchte. Es war ein kaum vernehmliches dumpfes Brummen, das wellenweise anschwoll und wieder abflaute wie das Summen einer überdimensionalen Hummel. Der Brummton schwoll an, wurde heller und verstummte.

»Was mag das sein?«, fragte Dauge.

»Keine Ahnung«, antwortete Jurkowski halb flüsternd und setzte sich gleichfalls auf. »Vielleicht das Triebwerk?«

»Nein, es kam von dort.« Dauge wies in die Richtung der Periskope. »Also … das ist doch …« Er lauschte abermals, und erneut war ein anschwellendes Dröhnen zu hören.

»Lass uns nachsehen, was es ist!«, schlug Dauge vor. Die überdimensionale Hummel verstummte, aber eine Sekunde später summte sie schon wieder. Auf Knien rutschte Dauge an sein Periskop. Kaum hatte er hindurchgesehen, rief er: »Sieh dir das an, schnell!«

Jurkowski rutschte an sein Periskop, und Dauge rief begeistert: »Sich doch nur, wie herrlich!«

Aus dem gelbrosa Abgrund stiegen riesige grün, blau und rot schillernde Kugeln auf, die an Seifenblasen erinnerten. Ein Schauspiel von einmaliger Schönheit, wenn auch völlig unerklärlich. Die schillernden Kugeln stiegen mit Bassgeigengebrumm aus dem Abgrund empor, jagten ungestüm vorüber und verschwanden aus dem Blickfeld. Sie waren unterschiedlich groß, und Dauge griff schnell nach der gezahnten Trommel des Entfernungsmessers. Eine besonders große Kugel zog, sachte schaukelnd, nah an ihnen vorüber –

das Observatorium hallte sekundenlang von dem tiefen, markerschütternden Dröhnen wider, und das Raumschiff fing leicht an zu schlingern.

»Hallo, Observatorium«, rief Bykow durch die Sprechanlage. »Was ist das außenbords?«

»Ph-phänomene«, antwortete Jurkowski, das Ohr am Mikrofon.

»Was?«

»Irgendwelche B-blasen …«

»Das sehe ich selber«, knurrte Bykow und verstummte.

»Jedenfalls ist das kein metallischer Wasserstoff«, erklärte Jurkowski, beinahe ohne zu stottern.

Die bunten Blasen verschwanden.

»Hier die Durchmesser«, begann Dauge. »Fünfhundert, neunhundert und dreitausenddreihundert Meter – sofern die Perspektive nicht verzerrt war. Mehr habe ich nicht messen können … Was kann das nur sein?«

Durch das öde unendliche Rosa preschten noch zwei Blasen. Das durchdringende Bassdröhnen schwoll an und verstummte wieder abrupt.

»D-die Maschinerie des P-planeten arbeitet«, sagte Jurkowski nachdenklich. »Was dort vorgeht, werden wir nie erfahren.«

»Die Blasen sind mit Gas gefüllt. Aber was für ein Gas mag das sein? Es hat eine Dichte wie Benzin …« Dauge drehte sich um. Auf der Schwelle der offenen Tür saß, die Schläfe an den Türrahmen gelehnt, Mollard. Die Haut seines Gesichtes war durch die Schwerkraft bis zum Kinn gerutscht. Die Stirn schimmerte weiß und sein Hals kirschrot.

»Ich bin's«, piepste Mollard.

Er ließ sich vornübersinken und kroch zu seinem Platz an der Ladekammer des Sondenwerfers. Die Planetologen betrachteten ihn schweigend. Schließlich stand Dauge auf, ergriff zwei Kissen (eins von seinem Platz und eins von Jurkowskis) und richtete Mollard eine bequeme Lagerstatt her.

»Serr traurik«, sagte Mollard nach einer Weile. »Allein kann ich nicht sein. Man möchte sich unterhalten und …« Er betonte die Worte auf äußerst eigenwillige Art und Weise.

»Wir freuen uns, dass Sie gekommen sind, Charles.« Dauge nickte. Er meinte es ehrlich. »Uns geht es auch nicht gut, und so reden wir fortwährend miteinander.«

Mollard versuchte, sich aufzurichten, legte sich aber schwer atmend sogleich wieder hin und sah zur Decke.

»W-wie geht es dir, Charles?«, fragte Jurkowski interessiert.

»Oh, gu-ud …« Mollard lächelte schwach. »Nur zu kurz.«

Dauge legte sich hin und blickte ebenfalls an die Decke. Ja, zu kurz, dachte er. Viel kürzer, als man möchte … Halblaut schimpfte er auf Lettisch vor sich hin.

»Was?«, fragte Mollard.

»Er flucht«, erklärte Jurkowski.

Plötzlich setzte Mollard mit hoher Stimme an: »Meine Freunde …«

Im selben Augenblick drehten sich die Planetologen zu ihm um.

»Was soll ich tun, meine Freunde?«, fuhr Mollard fort. »Sie sind erfahrene Sternenfahrer. Große Männer und Helden, ja, Helden. Mon Dieu, Sie haben öfter dem Tod gesehen in Auge als ich Mettchen …« Mit bitterer Miene schüttelte er den Kopf. »Ich habe nicht Erfahrung, überhaupt nicht. Mir ist schrecklich, ach, so viel möchte ich sagen, aber jetzt ist Ende schon nah, und ich weiß nicht, wie. Ja … Wie muss man jetzt sprechen?«

Er sah Dauge und Jurkowski mit glänzenden Augen an. Dauge murmelte einen Fluch vor sich hin und maß Jurkowski mit einem Seitenblick; der lag, die Hände im Nacken verschränkt, da und sah Mollard mit gerunzelter Stirn an.

»Verdammt, ich hab's vergessen«, sagte Dauge.

»Ich k-kann erzählen, wie mir einmal ein B-bein amputiert werden sollte«, schlug Jurkowski vor.

»Das passt gut!«, freute sich Dauge. »Charles, und dann erzählen Sie auch etwas Lustiges …«

»Ach, Sie immer nur scherzen«, entgegnete Mollard.

»Und dann könnten wir was singen!«, fuhr Dauge fort. »Davon habe ich mal gelesen … Singen Sie uns was vor, Charles?«

Mollard schüttelte den Kopf. »Ich bin ganz geschafft.«

»Keineswegs«, widersprach Dauge. »Sie halten sich großartig, Charles, und das ist die Hauptsache … Nicht wahr, Wolodja, unser Charles hält sich großartig …«

»K-klarer Fall! G-großartig!«

»Der Kapitän schläft jedenfalls nicht«, fuhr Dauge in zuversichtlichem Ton fort. »Haben Sie das bemerkt, Charles? Er hat was herausgefunden, unser Käpt'n …«

»Ja, o ja, unser Kommandant ist gros-ses Hoffnung!«

»O ja! Natürlich«, stimmte Dauge zu. »Sie ahnen gar nicht, wie groß …«

»Einen M-meter f-fünfundneunzig!«, warf Jurkowski ein.

Mollard lachte auf. »Sie immer scherzen!«

»Fürs Erste legen wir ein Plauder- und Beobachtungsstündchen ein«, schlug Dauge vor. »Wollen Sie mal durchs Periskop sehen, Charles? Ein schöner Anblick. Den hat noch niemand zuvor genießen dürfen.« Dauge richtete sich auf und sah durchs Periskop. Plötzlich reckte er den Hals vor, als wollte er geradewegs hineinkriechen. »Donnerwetter! Ein Raumschiff!«

In der rosig schimmernden Einöde zeichneten sich tatsächlich die Konturen eines Raumschiffs ab. Es war deutlich und in allen Einzelheiten zu erkennen und etwa drei Kilometer von der »Tachmasib« entfernt: ein Photonenfrachter erster Klasse mit einem parabolischen Reflektor, der an einen aufgeschürzten Rock erinnerte, mit einer kugelförmigen Wohngondel, einer ellipsoiden Frachtabteilung und drei zigarrenförmigen Havarieraketen auf weit vorgebauten Konsolen. Das Raumschiff hing senkrecht und rührte sich nicht vom Fleck. Es sah grau aus, wie auf einer Leinwand bei einem Schwarz-Weiß-Film.

»Wer – ist denn das?«, murmelte Dauge. »Etwa Petruschewski?«

»Sieh m-mal den Reflektor an!«

Der Reflektor des Raumschiffs war von außen her eingerissen.

»Die haben auch kein Glück gehabt«, stellte Dauge fest.

»Oh – da ist noch eine«, sagte Mollard.

Das zweite Raumschiff, ein Flugkörper gleichen Typs, war etwas weiter entfernt und hing tiefer.

»Dessen Reflektor ist ebenfalls geborsten«, stellte Dauge fest.

Plötzlich stieß Jurkowski hervor: »Ich w-weiß jetzt – das ist unsere ›Tachmasib‹! Eine Spiegelung! Eine F-fata Morgana!«

Es war eine doppelte Spiegelung. Mehrere in allen Regenbogenfarben schillernde Blasen schnellten aus der Tiefe empor, und die Spiegelbilder der »Tachmasib« verzerrten sich, erbebten und verflüchtigten sich. Dann erschienen rechts und ein Stück weiter oben noch drei solche Trugbilder.

»Was für wunderschöne Blasen«, wunderte sich Mollard. »Sie singen.« Er streckte sich wieder aus und bekam Nasenbluten. Verstohlen hielt er das Taschentuch unter die Nase und sah ängstlich die Planetologen an, ob sie es etwa bemerkten. Sie bemerkten es natürlich nicht.

»Sieh mal, und du sagst, es wäre hier langweilig!«, bemerkte Dauge.

»Das s-sage ich gar nicht!«

»Du sagst es vielleicht nicht, aber du quengelst herum, als wäre dir langweilig.«

Die beiden versuchten, Mollard nicht anzusehen. Das Nasenbluten zu stillen war unmöglich, es würde irgendwann von selber aufhören. Eigentlich hätten sie den Funkoptiker in die Druckkammer bringen müssen, aber ... Halb so schlimm, es würde schon bald aufhören. Mollard schnäuzte sich behutsam.

»Da – noch eine Fata Morgana«, rief Dauge. »Aber das ist kein Schiff.«

Jurkowski spähte durchs Periskop. Das kann nicht sein, dachte er, das kann einfach nicht sein, weder hier noch auf dem Jupiter ... Unter der »Tachmasib« zog langsam der Gipfel eines gewaltigen grauen Felsens dahin. Der Fuß des Berges verlor sich in rauchigem Rosa. Daneben erhob sich ein zweiter Gipfel, kahl, abschüssig, von tiefen geraden Rissen durchzogen. Abermals ein Stück weiter reckte sich eine ganze Kette ebensolcher bizarrer Gipfel. Und in die Stille des Observatoriums drangen Rauschen, Knarren sowie ein kaum vernehmliches Dröhnen – wie ein Echo ferner Gebirgsschluchten.

»Das ist kein T-trugbild«, sagte Jurkowski. »Das könnte der Kern sein.«

»Papperlapapp.«

»Jupiter könnte doch trotz allem einen Kern haben.«

»So ein Unsinn!«, widersprach Dauge ungehalten.

Die Bergkette, die unter der »Tachmasib« dahinzog, nahm kein Ende.

»Mann, und was ist das?!«, entfuhr es Dauge.

Noch höher als die bizarren Felsen ragte eine verschwommene dunkle Silhouette empor; sie wuchs, je näher sie heranrückte, verwandelte sich schließlich in einen Felsblock aus schwarzem Gestein und verschwand wieder. Sekunden später folgten ihm ein zweiter, ein dritter, und in der Ferne zeichnete sich, kaum erkennbar, als fahler Fleck ein rundes graues Massiv ab. Der Bergrücken versank allmählich in der

Tiefe und verschwand. Ohne vom Periskop aufzublicken, hob Jurkowski das Mikrofon an den Mund. Man hörte seine Kiefergelenke knacken.

»Bykow«, rief er. »Ljoscha!«

»Ljoscha ist nicht hier, Wolodja«, antwortete der Steuermann durch die Sprechanlage. Seine Stimme klang gepresst, wie halb erstickt. »Er ist am Triebwerk.«

»Michail, wir fliegen über Felsen«, sagte Jurkowski.

»Über was für Felsen?«, fragte Krutikow bestürzt.

In der Ferne kam eine verblüffend glatte, anscheinend polierte Fläche in Sicht, eine schier unermessliche Ebene, die von mäßig hohen, runden Hügeln eingefasst war. Sie zog unter ihnen dahin und versank wieder in dem fahlen Rosa.

»D-das können wir uns noch nicht richtig erklären«, gestand Jurkowski.

»Ich sehe mir das gleich mal an, Wolodja«, versprach Krutikow.

Vor dem Periskop zog noch eine Berglandschaft vorüber. Sie schwebte hoch oben, und ihre Gipfel waren nach unten gekehrt. Ein fantastischer, absolut widersinniger Anblick. Jurkowski hielt es zuerst wieder für ein Trugbild. Aber es war keins. Und dann begriff er. »Das ist nicht der Kern, Johannytsch, das ist ein Friedhof!«

Dauge verstand nicht.

»Das ist ein Friedhof von Welten«, erläuterte Jurkowski. »Jupiter hat sie verschlungen.«

Nach langem Schweigen murmelte Dauge: »Toll, was wir hier alles entdecken! Einen Ring, rosafarbene Strahlung, einen Weltenfriedhof … ein Jammer … Ist das schade!« Er drehte sich um und rief Mollard etwas zu. Aber der gab keine Antwort, er lag bäuchlings auf dem Fußboden.

Sie trugen Mollard in die Druckkammer und brachten ihn wieder zu Bewusstsein. Aufgedunsen und erschöpft, wie er war, schlief er sofort ein, als fiele er in eine Ohnmacht.

Die beiden kehrten zum Observatorium zurück und setzten ihre Beobachtungen an den Periskopen fort. Unter der »Tachmasib«, neben ihr und manchmal auch über ihr zogen in Strömen komprimierten Wasserstoffs langsam Trümmer unerschaffener Welten vorüber: Felsen, Berge, ungeheure geborstene Brocken, durchsichtige graue Staubwolken.

Nach einiger Zeit wurde die »Tachmasib« in eine andere Richtung getrieben, und vor den Periskopen breitete sich wieder nichts als fahlrosa Einöde aus.

»Ich bin hundemüde«, erklärte Dauge und ließ sich zur Seite sinken; seine Knochen knackten. »Hörst du?«

»Ja«, antwortete Jurkowski. »Komm, wir beobachten weiter!«

»Meinetwegen.«

»Ich hatte gedacht, es wäre der Kern.«

»Das wäre ein Wunder gewesen«, meinte Dauge.

Jurkowski rieb sich mit beiden Händen das Gesicht. »Das behauptest du … Los, beobachte weiter!«

Sie sahen und hörten noch vieles, oder sie glaubten, noch vieles zu sehen und zu hören, denn sie waren beide schrecklich müde. Manchmal wurde ihnen schwarz vor den Augen; dann schienen sich die Wände des Observatoriums in Luft aufzulösen, und es gab weit und breit nichts als das fahle Rosa. Sie erblickten breite, zickzackförmige Blitze, die sich nach oben in die Finsternis und nach unten in das unergründliche Rosa bohrten, hörten, wie darin mit eisernem Donnergetöse violette Entladungen pulsierten. Sie erblickten seltsame wallende Schleier, die mit merkwürdigem Pfeifen ganz nah vorüberrauschten. In dem fahlen Dunst geisterten gespenstische Schatten, und Dauge behauptete steif und fest, es handle sich um kompakte Schatten. Jurkowski aber hielt das für ein Hirngespinst. Sie hörten Heulen, Fiepen und Gepolter, eigenartige Laute, die an Stimmen erinnerten. Dauge schlug vor, die Laute mit dem Diktafon aufzuzeichnen, als er sah, dass Jurkowski auf dem Bauch lag und schlief. Dauge drehte ihn auf den Rücken und ging wieder an sein Periskop.

Durch die offen stehende Tür kroch, blau gesprenkelt, Waretschka ins Observatorium; ihr Bauch schleifte über die Erde. Sie kroch zu Jurkowski und legte sich auf seine Beine. Dauge wollte sie verjagen, aber er hatte keine Kraft mehr und konnte nicht einmal den Kopf heben. Waretschka blinzelte träge. Die Borsten an ihrem Maul waren gesträubt. Krampfhaft zuckte der schon halb tote Schwanz im Takt ihres pfeifenden Atems.

3. *Es muss Abschied genommen werden, aber der Funkoptiker weiß nicht, wie*

Es war schwer, unvorstellbar schwer, unter derartigen Bedingungen zu arbeiten. Shilin verlor mehrmals das Bewusstsein. Das Herz setzte aus, und vor seinen Augen flimmerte es rot. Im Mund hatte er die ganze Zeit den süßlichen Beigeschmack von Blut. Er empfand es als beschämend, dass Bykow unverdrossen und präzise wie ein Uhrwerk weiterarbeitete. Der Kommandant war völlig verschwitzt, auch ihm fiel das Arbeiten unglaublich schwer, aber er konnte sich, wie es schien, trotz allem dazu zwingen, bei Bewusstsein zu bleiben. Nach zwei Stunden war Shilin völlig entfallen, welchem Zweck seine Arbeit eigentlich diente. Er besaß keine Hoffnung und keinen Lebenswillen mehr. Doch jedes Mal, wenn er wieder zu sich kam, setzte er die unterbrochene Arbeit fort, weil Bykow in der Nähe war. Als er schließlich zum soundsovielten Mal aus der Ohnmacht erwachte und Bykow nirgends entdecken konnte, fing er an zu weinen. Aber Bykow kehrte wenig später zurück, stellte eine Kasserolle mit Suppe neben ihn und sagte: »Iss!« Shilin aß und nahm danach seine Arbeit wieder auf. Bykow war aschfahl im Gesicht, sein seltsam erschlaffter Hals dunkelrot. Er atmete schwer und hastig, aber er sagte kein Wort. Shilin dachte: Wenn wir hier herauskommen, beteilige ich mich an keiner interstellaren Expedition mehr, auch nicht an der Pluto-Expedition, ich gehe nirgendwohin, bevor ich nicht so bin wie Bykow. Ebenso beherrscht und – unter normalen Umständen – sogar langweilig. Ebenso finster und ein wenig seltsam. Ein Mensch, dem man die Legende von der Golkonda, von der Kallisto und all die anderen Legenden fast nicht zutraut, wenn man ihn sieht. Shilin erinnerte sich, dass sich junge Interplanetarier manchmal heimlich über den »rothaarigen Einsiedler« lustig machten. (Wie er wohl zu diesem sonderbaren Spitznamen gekommen ist?) Aber er hatte nie erlebt, dass sich auch nur ein einziger Pilot oder Wissenschaftler älteren Jahrgangs verächtlich über Bykow geäußert hätte … Wenn ich hier herauskomme, muss ich so werden wie Bykow! Und wenn ich nicht herauskomme, muss ich wie Bykow sterben. Shilin verlor abermals das Bewusstsein, und da führte Bykow statt seiner wortlos die Arbeit zu Ende. Als er wieder zu sich kam, kehrte der Kommandant ebenso schweigend zu seinem Platz zurück.

Nach einer Weile bat Bykow: »Komm!« Sie verließen die Kammer des Magnetsystems. Shilin verschwamm alles vor den Augen. Am liebsten hätte er sich irgendwo hingelegt, das Gesicht in etwas Weichem vergraben und wäre liegen geblieben, bis man ihn aufgestöbert hätte. Er schleppte sich als Zweiter aus der Kammer, blieb irgendwo hängen und fiel vornüber auf den Fußboden, aber er kam rasch wieder zu sich und erblickte dicht neben seinem Gesicht Bykows Schuh. Der Kommandant wippte ungeduldig mit der Schuhspitze. Shilin raffte sich auf, zwängte sich durch das Luk und kauerte sich hin, um das Schott sorgfältig zu schließen. Das Schloss wollte nicht einrasten, Shilin rüttelte daran mit seinen zerschundenen Händen. Wie ein Antennenmast stand der Kommandant daneben und beobachtete ihn, ohne mit der Wimper zu zucken.

»Gleich!«, sagte Shilin hastig. »Sofort!«

Endlich rastete das Schloss ein.

»Fertig.« Shilin richtete sich auf, ihm zitterten die Knie.

»Gehen wir«, sagte Bykow.

Sie kehrten zur Steuerzentrale zurück. Krutikow saß vor dem Rechner in seinem Sessel und schlief laut schnarchend. Der Rechner war eingeschaltet. Bykow ergriff das Mikrofon der Sprechanlage und sagte: »Alle Passagiere in die Gemeinschaftskajüte!«

»Was?«, fragte Krutikow und fuhr auf. »Was denn – jetzt schon?«

»Jetzt schon«, antwortete Bykow. »Kommt mit!«

Doch er blieb noch stehen und beobachtete nachdenklich, wie sich Krutikow stöhnend und mit schmerzverzerrtem Gesicht aus dem Sessel erhob. Dann sagte er, als besänne er sich plötzlich: »Gehen wir!«

Im Mannschaftsraum schleppte sich Michail Antonowitsch sogleich zu einer Couch, setzte sich und verschränkte die Hände vor dem Bauch. Shilin setzte sich ebenfalls, damit ihm die Knie nicht mehr zitterten, und blickte vor sich auf den Tisch. Dort stand noch der Stoß Teller, die nicht abgewaschen worden waren. Dann öffnete sich die Tür zum Korridor, und die Passagiere kamen herein. Mollard wurde von den Planetologen halb getragen; er hatte ihnen die Arme um die Schultern gelegt, und seine Beine schleiften über den Fußboden. In der rechten Hand knüllte er sein Taschentuch, das voller roter Flecke war.

Schweigend ließen Dauge und Jurkowski Mollard auf die Couch nieder und setzten sich neben ihn. Shilin musterte sie und dachte: Um Gottes willen, habe ich etwa auch so eine Visage? Verstohlen befühlte er sein Gesicht. Seine Wangen schienen knochig und das Kinn sehr dick zu sein – wie bei Krutikow. Im ganzen Gesicht hatte er so ein Gefühl wie in den Beinen, wenn sie eingeschlafen waren. Hm, die Visage ist eingeschlafen, dachte er.

»Folgendes«, begann Bykow. Er hatte in der Ecke auf einem Stuhl gesessen und stand jetzt auf, trat an den Tisch und stützte sich mit beiden Armen darauf. Da zwinkerte Mollard auf einmal Shilin zu und bedeckte sein Gesicht mit dem fleckigen Taschentuch. Der Kommandant maß ihn mit einem eisigen Blick, dann sah er zur Wand.

»Folgendes … Wir haben eine Umrüstung der ›Tachmasib‹ vorgenommen, und wir haben die Umrüstung abgeschlossen.« Obwohl es ihm Schwierigkeiten bereitete, das Wort auszusprechen, gebrauchte er es zweimal und sprach es silbenweise. »Jetzt können wir das Photonentriebwerk wieder benutzen, und ich habe beschlossen, es zu benutzen. Vorher aber möchte ich Sie über die möglichen Folgen in Kenntnis setzen. Ausdrücklich mache ich darauf aufmerksam: Der Beschluss ist gefasst, und ich habe nicht die Absicht, mich mit Ihnen zu beraten und Sie nach Ihrer Meinung zu fragen …«

»Mach's kurz, Ljoscha«, bat Dauge.

»Der Beschluss ist also gefasst«, erklärte Bykow. »Aber ich bin der Ansicht, dass Sie ein Recht darauf haben zu erfahren, was jetzt geschehen kann. Erstens kann das Einschalten des Photonenreaktors in dem komprimierten Wasserstoff, der uns umgibt, eine Detonation auslösen; dadurch würde die ›Tachmasib‹ total zerstört. Zweitens kann das erste Aufflammen des Plasmas den Reaktor vernichten; die äußere Oberfläche des Spiegels ist möglicherweise durch Korrosion dünner geworden. Dann müssten wir hierbleiben und … Das dürfte im Allgemeinen verständlich sein. Drittens könnte sich die ›Tachmasib‹ wohlbehalten vom Jupiter lösen, und ...«

»Klar.« Dauge winkte ab.

»... und der Proviant wird zur Amalthea geliefert«, schloss Bykow.

»Und der P-proviant wird B-bykow bis in alle Ewigkeit dankbar s-sein«, ergänzte Jurkowski.

Krutikow lächelte zaghaft. Ihm war nicht nach Lachen zumute.

Bykow sah zur Wand. »Ich habe vor, sofort zu starten. Den Passagieren empfehle ich, die Druckkammern aufzusuchen. Alle gehen in die Druckkammern! Und verkneift euch eure Extravaganzen!« Er streifte die Planetologen mit einem flüchtigen Blick. »Die Überbelastung wird mindestens das Achtfache betragen. Deshalb bitte ich, diese Anweisung zu befolgen. Bordingenieur Shilin, kontrollieren Sie das und erstatten mir darüber Meldung!« Stirnrunzelnd sah er einen nach dem anderen an, machte kehrt und ging mit durchgedrückten Knien in die Steuerzentrale zurück.

»Mon Dieu«, stieß Mollard hervor. »Ist das Lebben.« Seine Nase fing wieder an zu bluten, er schnäuzte sich behutsam.

Dauge sah sich um. »Wir könnten einen Glückspilz gebrauchen. Ist kein Sonntagskind unter uns? Unbedingt brauchen wir jetzt einen Glückspilz.«

Shilin stand auf. »Es wird Zeit, Genossen.« Er wünschte sich, dass alles schnell zu Ende ginge. Wie gerne hätte er es hinter sich gehabt! Aber alle blieben sitzen. Verstört sagte er noch einmal: »Es wird Zeit, Genossen!«

»Z-zehn Prozent W-wahrscheinlichkeit, dass wir hier davonkommen«, sagte Jurkowski nachdenklich und rieb sich die Wangen.

Ächzend erhob sich Krutikow von der Couch. »Jungs, mir scheint, wir müssen voneinander Abschied nehmen. Für alle

Fälle, meine ich … Es kann ja alles Mögliche passieren …« Er lächelte bekümmert.

»Hm, Abschied nehmen …«, meinte Dauge. »Also gut, nehmen wir Abschied.«

»Ich weiß wieder nicht, wie«, klagte Mollard.

Jurkowski stand auf. »Jetzt h-hört mal zu … Ab in die D-druckkammern! Gleich kommt B-bykow – d-da verbrenne ich l-lieber … Er hat eine harte H-hand, die werde ich nie v-vergessen. Daran muss ich nach z-zehn Jahren noch denken.«

»Ja, kommt, Jungs, gehen wir«, drängte der Steuermann. »Erlaubt, dass ich euch zum Abschied küsse.« Er küsste Dauge und Jurkowski, dann wandte er sich an Mollard. Ihn küsste er auf die Stirn.

»Und wohin gehst du, Mischa?«, wollte Dauge wissen.

Krutikow küsste Shilin und sagte aufschluchzend: »In die Druckkammer, wie alle.«

»Und du, Wanja?«

»Ich auch«, antwortete Shilin und legte Mollard den Arm um die Schultern.

»Und der Kommandant?«

Sie gingen in den Korridor; dort blieben sie noch einmal stehen. Sie hatten nur noch wenige Schritte zu gehen.

»Bykow hat gesagt, er traue der Automatik auf dem Jupiter nicht«, erklärte Shilin. »Er wird das Schiff selbst steuern.«

»Bykow ist eben Bykow.« Jurkowski lächelte schief. »Alle Schwachen l-lädt er sich auf die Schultern.«

Schluchzend ging Krutikow in seine Kajüte.

»Monsieur Mollard, ich helfe Ihnen«, bot Shilin an.

»Das ist sehr freundlich.« Folgsam hielt sich Mollard an seiner Schulter fest.

»Ich wünsche Erfolg und ruhiges Plasma«, verabschiedete sich Jurkowski.

Dauge nickte, und sie verschwanden in ihren Kajüten. Shilin führte Mollard in die seine und bettete ihn in die Druckkammer.

»Wie ist Lebben, Wanja?«, erkundigte sich Mollard melancholisch. »Gu-ud?«

»Gu-ud, Monsieur Mollard«, antwortete Shilin.

»Und wie sind die Mettchen?«

»Sehr gut«, antwortete Shilin. »Auf der Amalthea sind wunderbare Mädchen.« Er schloss den Deckel der Druckkammer mit einem höflichen Lächeln, das sich aber sogleich verlor, als Mollard ihn nicht mehr sehen konnte. Wenn nur alles erst vorbei wäre!, dachte er.

Er ging durch den Korridor, der ihm plötzlich furchtbar öde vorkam, klopfte bei jeder Druckkammer an den Deckel und wartete, bis ihm mit einem Klopfen geantwortet wurde. Dann kehrte er in die Steuerzentrale zurück.

Bykow saß auf dem Platz des Chefpiloten. Er trug einen Überbelastungsanzug, der dem Kokon eines Seidenspinners ähnelte. Nur sein Kopf mit dem zerzausten roten Schopf sah daraus hervor. Er verhielt sich wie immer, nur dass er sehr grimmig war und wohl auch sehr müde.

»Alles bereit, Alexej Petrowitsch«, meldete Shilin.

»Gut.« Bykow maß ihn mit einem scheelen Blick. »Hast du keine Angst, mein Junge?«

»Nein«, antwortete Shilin.

Er hatte keine Angst, nur den Wunsch, es möge alles so bald wie möglich vorbei sein. Außerdem wünschte er sich auf einmal sehr, seinen Vater zu sehen, wie er, vierschrötig, schnurrbärtig und mit seinem Hut in der Hand, aus einem Stratoplan stieg – ja, und seinen Vater mit Bykow bekannt zu machen.

»Schwirr ab, Wanja!«, befahl Bykow. »Zehn Minuten hast du noch Zeit.«

»Ruhiges Plasma, Alexej Petrowitsch!«, wünschte Shilin.

»Danke.« Bykow nickte. »Geh jetzt.«

Das muss man aushalten!, dachte Shilin. Verdammt, halte ich es etwa nicht aus? Als er vor der Tür zu seiner Kajüte stand, erblickte er plötzlich Waretschka. An die Wand geschmiegt, kroch sie mühsam dahin und zog ihren an den Seiten aufgeblähten Schwanz hinter sich her. Als sie Shilin erblickte, hob sie das dreieckige Maul und blinzelte matt.

»Ach, du Arme«, sagte Shilin. Er packte sie an ihrer schlaffen Haut, zog sie in die Kajüte, öffnete den Deckel der Druckkammer und sah auf die Uhr. Dann warf er Waretschka – sie war sehr schwer und zuckte heftig in seinen Händen – in die Druckkammer und kroch dann selbst hinein. Im Dunkeln liegend, hörte er leise das Amortisationsgemisch rauschen, und sein Körper wurde immer leichter. Das tat sehr gut. Aber Waretschka zappelte fortwährend und stach ihm mit den Borsten in den Arm. Das muss ich aushalten, dachte er. Genauso, wie er es aushält.

In der Steuerzentrale drückte Alexej Petrowitsch Bykow mit dem Zeigefinger auf die gerippte Startertaste.

Epilog

Amalthea, J-Station

Der Direktor der J-Station betrachtet nicht den Jupiteruntergang, und Waretschka wird am Schwanz gezogen

Der Untergang des Jupiters ist ebenfalls ein sehr schöner Anblick. Ganz allmählich erlischt der gelbgrüne Strahlenglanz der Exosphäre, und nacheinander leuchten die Sterne auf wie Diamantbroschen auf schwarzem Samt.

Doch der Direktor der J-Station sah weder die Sterne noch das gelbgrüne Leuchten über den nahen Felsen. Sein Blick war auf das Eisfeld des Raketenstartplatzes gerichtet. So langsam, dass es mit bloßem Auge kaum zu erkennen war, sank der gigantische Turm der »Tachmasib« auf das Eisfeld herab. Die »Tachmasib«, ein Photonenfrachter erster Klasse, war ein Raumschiff von gewaltigen Ausmaßen. Es war so groß, dass man es hier auf dem blaugrün schimmernden Start- und Landeplatz mit den runden schwarzen Einsprengseln mit nichts vergleichen konnte. Von der Spektrolitkuppel aus hätte man glauben können, die »Tachmasib« lande selbstständig. In Wirklichkeit aber wurde sie mit fremder Hilfe auf das Eisfeld gesetzt: Im Schatten der Felsen und am anderen Ende der Ebene zogen mächtige Seilwinden sie an Trossen herunter; bisweilen blitzten diese in den Strahlen der Sonne silbrig auf. Das Raumschiff wurde grell von der Sonne beschienen, und man konnte es deutlich erkennen –

von der riesigen Schale des Reflektors bis hin zur kugelförmigen Wohngondel.

Ein so schwer beschädigtes Raumschiff war auf der Amalthea noch nie gelandet. Der Rand des Reflektors war halb aufgestülpt, und in die riesige Schale fiel ein tiefer, gezackter Schatten. Das zweihundert Meter lange Rohr des Photonenreaktors war fleckig und wie von eitrigem Grind zerfressen. Die Havarieraketen spreizten sich auf verbogenen Konsolen unschön nach allen Seiten, die Frachtabteilung hatte sich verzogen, und ein Sektor war völlig zermalmt. Die ursprünglich ellipsoide Frachtabteilung ähnelte jetzt einer flachen, runden Konservendose, die von einem Bleistiefel platt getreten wurde. Ein Teil der Lebensmittel wird bestimmt verdorben sein, dachte der Direktor der Station und ärgerte sich, dass ihm jetzt ausgerechnet so etwas einfiel. War das nicht völlig gleichgültig? Jedenfalls würde die »Tachmasib« vorläufig nicht wieder starten können.

»Die Hühnersuppe kommt uns ziemlich teuer zu stehen«, sagte Onkel Walnoga.

»Hühnersuppe«, brummte der Direktor. »Lassen wir das, Walnoga. Denken Sie jetzt nicht darüber nach! Was kümmert uns jetzt Hühnersuppe?«

»Immerhin brauchen die Jungs ordentliche Verpflegung«, entgegnete Walnoga.

Das Raumschiff sank auf die Ebene und tauchte im Schatten unter. Jetzt erkannte man nur noch einen matten grünlichen Schimmer an den Titanbordwänden. Dann flammten Scheinwerfer auf, und man sah kleine, dunkle Gestalten hin und her laufen. Der zottige Buckel des Jupiters verschwand hinter den Felsen, und die Felsen, unversehens schwarz, schienen zu wachsen. Flüchtig leuchtete hier und da eine Felsenschlucht auf und wurden die Gitterkonstruktionen der Antennen sichtbar.

In der Jackentasche des Direktors summte leise das Radiofon. Er zog das glatte handliche Gehäuse heraus und drückte auf den Empfangsknopf. »Ich höre.«

Kreuzfidel und ohne jeden Respekt sprudelte es aus dem diensthabenden Dispatcher mit heller Stimme heraus: »Genosse Direktor, Kommandant Bykow ist mit seiner Besatzung und den Passagieren in der Station eingetroffen und erwartet Sie in Ihrem Zimmer!«

»Ich komme«, erwiderte der Direktor.

Gemeinsam mit Onkel Walnoga fuhr er mit dem Lift hinunter und begab sich in sein Büro. Die Tür stand weit offen. Im Zimmer drängten sich viele Menschen, und alle redeten und lachten laut. Aus dem Stimmengewirr hörte der Direktor schon von Weitem den freudigen Ausruf: »Wie ist Lebben – gu-ud? Wie geht euch, Jungen, gu-ud?«

Der Direktor zögerte einzutreten, verharrte sekundenlang auf der Schwelle und sah sich unter den Ankömmlingen suchend um. Heiß spürte er Walnogas Atem im Nacken und ahnte, dass der Alte über das ganze Gesicht strahlte. Sie entdeckten Mollard; die Haare noch nass vom Duschen, gestikulierte er wild mit den Händen und lachte immer wieder laut auf. Alle Mädchen der Amalthea, Sojka, Galina, Nadenka, Jane und Juriko, umringten ihn und stimmten in sein Gelächter ein. Schon immer hatte Mollard es verstanden, die Mädchen um sich zu scharen. Dann sah der Direktor Jurkowski, genauer gesagt, seinen Kopf, der alle überragte, und – auf seiner Schulter – ein furchterregendes Ungeheuer. Die Bestie drehte die Schnauze hin und her und gähnte von Zeit zu Zeit schrecklich. Waretschka wurde am Schwanz gezogen. Dauge konnte der Direktor nicht entdecken, dafür hörte man ihn aber nicht weniger als Mollard; er jammerte: »Doch nicht alle auf einmal! Hört auf, Leute! Oh, oje!« Ein wenig abseits stand ein großer, kräftiger Mann, den er noch nicht kannte; er war gut aussehend, wirkte neben den anderen, die von der Sonne gebräunt waren, aber ein wenig blass. Mit ihm unterhielten sich lebhaft mehrere Raumpiloten der Amalthea. Der Steuermann, Michail Antonowitsch Krutikow, saß in einem Sessel vor dem Schreibtisch des Direktors. Er erzählte gerade etwas und schlug dabei mehrmals die Hände zusammen und betupfte sich verstohlen mit einem zusammengeknüllten Taschentuch die Augen.

Den Kommandanten erkannte der Direktor zuletzt. Bykow war weiß, beinahe bläulich im Gesicht, und sein Haar wirkte ganz kupferfarben; unter seinen Augen hingen, wie immer nach langen, schweren Überbelastungen, blaue Säcke. Er redete so leise, dass der Direktor nichts verstehen konnte; er bemerkte nur, dass Bykow sehr langsam sprach und die Lippen mühsam bewegte. Neben Bykow standen die Leiter der Abteilungen und der Chef des Raketenstartplatzes; es war die stillste Gruppe im Raum. Schließlich hob Bykow den Kopf und blickte den Direktor an. Er stand auf, und durch den Raum ging gedämpftes Flüstern. Alle verstummten.

Sie gingen aufeinander zu, wobei die Magnetschuhe laut auf den metallischen Fußboden donnerten. Mitten im Zimmer gaben sie einander die Hand und verharrten eine Weile schweigend. Dann trat Bykow einen Schritt zurück und meldete: »Genosse Cungreen, Raumschiff ›Tachmasib‹ mit Fracht gelandet.«

DIE GIERIGEN DINGE DES JAHRHUNDERTS

Es gibt nur ein Problem in der Welt,
ein einziges – den Menschen
geistigen Inhalt wiederzugeben, geistige Sorgen.

Antoine de Saint-Exupéry

1

Der Zöllner hatte ein glattes, rundes Gesicht, das Herzenswärme und Güte ausstrahlte. Er war ehrerbietig freundlich und voller Wohlwollen.

»Herzlich willkommen«, sagte er halblaut. »Wie gefällt Ihnen unsere Sonne?« Er schaute auf den Pass in meiner Hand. »Ein schöner Morgen, nicht wahr?«

Ich reichte ihm den Pass und stellte den Koffer auf die weiße Absperrung. Mit langen, vorsichtigen Fingern blätterte der Zöllner rasch die Seiten durch. Seine weiße Uniform hatte silberne Knöpfe, an den Schultern hingen Silberschnüre. Er legte den Pass hin und tippte auf den Koffer.

»Sonderbar«, sagte er. »Der Überzug ist noch nicht trocken. Kaum zu glauben, dass irgendwo schlechtes Wetter ist.«

»Ja, bei uns ist schon Herbst«, sagte ich seufzend, während ich den Koffer öffnete.

Der Zöllner lächelte mitfühlend und blickte zerstreut in den Koffer.

»Unter unserer Sonne kann man sich den Herbst gar nicht vorstellen«, sagte er. »Danke, das genügt … Regen, nasse Dächer, Wind …«

»Und wenn nun unter der Wäsche etwas versteckt wäre?«, fragte ich. »Ich kann Gespräche über das Wetter nicht ausstehen.«

Er lachte herzlich. »Floskeln«, sagte er. »Tradition. Ein bedingter Reflex aller Zöllner, wenn Sie so wollen.« Er reichte mir ein Blatt festes Papier. »Und hier noch ein bedingter Reflex: Lesen Sie, das ist recht ungewöhnlich, und dann bitte unterschreiben, wenn es Ihnen nichts ausmacht.«

Ich las. Es war das Einwanderungsgesetz, viersprachig in feinem Kursiv gedruckt. Einwanderung war kategorisch verboten.

Der Zöllner sah mich an. »Interessant, nicht?«

»Jedenfalls macht es neugierig«, antwortete ich, während ich den Füller zückte. »Wo soll ich unterschreiben?«

»Wo und wie es Ihnen beliebt«, sagte der Zöllner. »Meinetwegen quer darüber.«

Ich unterschrieb den russischen Text quer über der Zeile: »Das Einwanderungsgesetz habe ich zur Kenntnis genommen«.

»Danke«, sagte der Zöllner und verstaute das Blatt im Schreibtisch. »Praktisch kennen Sie nun alle unsere Gesetze. Und während Ihres Aufenthaltes … Wie lange wollen Sie bleiben?«

Ich zuckte mit den Schultern. »Das ist im Augenblick schwer zu sagen. Es hängt davon ab, wie die Arbeit vorangeht.«

»Einen Monat vielleicht?«

»Ja, wahrscheinlich. Meinetwegen einen Monat.«

»Und während dieses Monats …« Er beugte sich vor, vermerkte etwas in meinem Pass. »Während dieses Monats brauchen Sie ansonsten keine Gesetze mehr.« Er reichte mir den Pass. »Selbstverständlich können Sie Ihren Aufenthalt bei uns um jedwede Frist verlängern, wenn sich diese in einem vernünftigen Rahmen bewegt. Einstweilen also dreißig Tage. Wenn Sie länger bleiben möchten, gehen Sie am sechzehnten Mai zur Polizei, zahlen einen Dollar … Sie haben doch Dollars?«

»Ja.«

»Schön. Wobei es nicht unbedingt ein Dollar sein muss. Wir nehmen jede Währung an. Rubel, Pfund, Cruzeiro …«

»Cruzeiros habe ich nicht«, sagte ich. »Nur Dollars, Rubel und ein paar englische Pfund. Ist Ihnen damit gedient?«

»Durchaus. Apropos, damit ich es nicht vergesse: Bitte zahlen Sie neunzig Dollar, zweiundsiebzig Cent.«

»Sehr gern«, sagte ich. »Und wozu?«

»Das ist so üblich. Um ein Minimum an Versorgung zu gewährleisten. Zu uns ist noch niemand gekommen, der nicht irgendwelche Bedürfnisse gehabt hätte.«

Ich blätterte ihm einundneunzig Dollar hin, und er stellte, ohne sich zu setzen, eine Quittung aus. Durch die unbequeme Haltung lief sein Hals himbeerfarben an. Ich schaute mich um. Die weiße Absperrung zog sich quer durch den ganzen Pavillon. Dahinter standen Zöllner, die freundlich lächelten, lachten oder vertrauensvoll etwas erklärten. Davor trippelten ungeduldig die bunt zusammengewürfelten Ankömmlinge, ließen Kofferschlösser schnappen und äugten aufgeregt um sich. Auf der Reise hatten sie noch fieberhaft in Reklameprospekten geblättert, lauthals Pläne geschmiedet, still oder unverhohlen in Vorfreude geschwelgt, und nun brannten sie darauf, die weiße Schranke hinter sich zu lassen – schwärmerische Londoner Kontoristen mit sportlich aussehenden Bräuten, einfache Farmer aus Oklahoma in knalligen Hemden über breiten Shorts und mit Sandalen an den nackten Füßen, Turiner Arbeiter mit rotwangigen Ehefrauen und vielen Kindern, kleine Parteibosse aus Argentinien, finnische Holzfäller mit vorsorglich gelöschten Tabakspfeifen zwischen den Zähnen, italienische Basketballer, iranische Studenten, Gewerkschafter aus Sambia …

Der Zöllner reichte mir die Quittung und achtundzwanzig Cent Wechselgeld.

»Damit wären auch schon sämtliche Formalitäten erledigt. Hoffentlich habe ich Sie nicht über Gebühr beansprucht. Ich wünsche Ihnen einen angenehmen Aufenthalt.«

»Danke«, sagte ich und ergriff den Koffer.

Der Zöllner sah mich lächelnd an, den Kopf leicht geneigt. »Durch dieses Drehkreuz, bitte. Auf Wiedersehen. Erlauben Sie, Ihnen nochmals alles Gute zu wünschen.«

Hinter einem italienischen Paar mit vier Kindern und zwei automatischen Gepäckträgern trat ich auf den Platz.

Die Sonne stand hoch über den graublauen Bergen. Auf dem Platz war alles glänzend, hell und bunt. Ein wenig zu hell und zu bunt, wie es für Kurorte typisch ist. Glänzende orangefarbene und rote Busse mit drängelnden Touristen davor. Das glänzende, künstlich wirkende Grün der Anlagen, und darauf weiße, blaue, gelbe und goldene Pavillons, Sonnendächer und Kioske. Spiegelflächen, vertikal, horizontal und geneigt, auf denen Sonnenreflexe blitzten. Unter den Füßen und Rädern glatte, stumpfe Sechsecke in Rot, Schwarz und Grau, die kaum merklich federten und die Schritte dämpften. Ich stellte den Koffer ab und setzte mir die Sonnenbrille auf die Nase.

Von allen sonnigen Städten, die ich bisher kennengelernt hatte, war diese die sonnigste. Und das völlig umsonst ... Es wäre mir leichter gefallen, wenn sie düster, schmutzig und voller Schlamm gewesen wäre, der Pavillon grau, mit Wänden aus Zement, und jemand hätte in die noch feuchten Wände eine Zote geritzt, etwas Trostloses und Sinnloses – aus bloßer Langeweile. Dann hätte ich mich sicher sofort in die Arbeit stürzen wollen. Bestimmt sogar, weil einen so etwas ärgert und zu Taten herausfordert ... Obwohl es schwer ist, sich daran zu gewöhnen, dass das Elend auch reich sein kann ... Daher spürte ich nicht den üblichen Elan und hatte keine Lust, unverzüglich loszulegen; lieber wäre ich in einen der Busse gestiegen, in den rot-blauen zum Beispiel, um an den Strand zu fahren, mit dem Tauchgerät unter Wasser zu schwimmen, in der Sonne zu liegen und mit anderen Ball zu spielen. Oder ich hätte Pek ausfindig gemacht, mich neben ihn in einem kühlen Zimmer auf den Fußboden gelegt und an schöne Momente zurückgedacht. Er hätte mich nach Bykow gefragt, dem Transpluto, neuen Raumschiffen (mit denen ich mich jetzt selber schlecht auskannte, aber dennoch besser als er). Dann hätte er sich an den Aufruhr erinnert und mit seinen Narben und seiner guten Stellung angeben. Es wäre gut, wenn Pek hier einen hohen Posten hätte, zum Beispiel Bürgermeister …

Ein braungebrannter dicker Mann kam langsam auf mich zu; er war weiß angezogen, trug eine runde weiße Mütze, die er schief aufgesetzt hatte, und wischte sich mit einem Taschentuch über die Lippen. Die Mütze hatte einen durchsichtigen grünen Schirm und ein grünes Band mit der Aufschrift: »Herzlich willkommen«. Am rechten Ohrläppchen blinkte ein Ring – ein Empfänger.

»Gratuliere zur Ankunft«, sagte der Mann.

»Guten Tag«, erwiderte ich.

»Herzlich willkommen. Ich heiße Amad.«

»Und ich Iwan. Erfreut, Sie kennenzulernen.«

Wir nickten einander zu und beobachteten dann, wie sich die Touristen auf die Busse verteilten. Sie schwatzten fröhlich, und der warme Wind trieb Zigarettenstummel und zerknülltes Bonbonpapier vor ihnen her über den Platz. Amads Gesicht war von dem Schirm grün beschattet.

»Badegäste«, erklärte er. »Laut und unbekümmert. Man karrt sie jetzt zu den Hotels, und dann rennen sie gleich zum Strand.«

»Mit Freuden würde ich Wasserski laufen«, bemerkte ich.

»Tatsächlich? Also, das hätte ich nicht gedacht. Wie ein Badegast sehen Sie am allerwenigsten aus.«

»Das ist gut«, sagte ich. »Ich bin nämlich zum Arbeiten hier.«

»Zum Arbeiten? Nun, warum nicht, auch dazu kommt man her. Vor zwei Jahren war Jonathan Krice hier und hat ein Bild gemalt.« Er lachte. »In Rom machte dann der päpstliche Nuntius, den Namen habe ich vergessen, Kleinholz aus ihm.«

»Des Bildes wegen?«

»Kaum. Er ist ja nie fertig geworden, hat Tag und Nacht im Kasino gehockt. Kommen Sie, wir trinken etwas.«

»Gern«, sagte ich. »Und Sie werden mich beraten.«

»Es ist mir eine angenehme Pflicht, Ihnen mit Rat und Tat zur Seite zu stehen«, sagte Amad.

Wir bückten uns beide hinunter und langten nach dem Koffergriff.

»Bemühen Sie sich nicht, ich kann selbst …«

»Nein«, entgegnete Amad. »Sie sind der Gast. Gehen wir in die Bar dort drüben. Die ist jetzt leer.«

Wir traten unter ein blaues Sonnendach. Amad ließ mich an einem Tischchen Platz nehmen, stellte den Koffer auf einen Stuhl und ging zur Theke. Hier war es angenehm frisch. Von der Kühltheke her hörte man knackende Geräusche. Auf einem Tablett brachte Amad zwei hohe Gläser und zwei flache Tellerchen, auf denen ölig glänzende Scheibchen lagen.

»Nichts Starkes«, sagte Amad. »Dafür aber kalt.«

»Morgens mag ich auch nichts Starkes.«

Ich nahm mir ein Glas und trank einen Schluck. Es schmeckte sehr gut.

»Einen Schluck, dann ein Scheibchen«, empfahl Amad. »Einen Schluck – ein Scheibchen. So.«

Die Scheibchen knirschten und zergingen im Mund. Doch meiner Meinung nach waren sie überflüssig. Eine Weile blickten wir schweigend auf den Platz. Leise brummend bogen die Busse einer nach dem anderen in die Parkalleen ein. Sie wirkten riesig, entbehrten jedoch nicht einer gewissen Eleganz.

»Dort ist es ziemlich laut«, meinte Amad. »Herrliche Landhäuser gibt es da und Frauen für jeden Geschmack, das Meer ist vor der Tür, aber man hat keine Ruhe. Ich denke, das ist nichts für Sie.«

»Ja«, stimmte ich zu. »Lärm würde mich stören. Auch ich mag keine Badegäste, Amad. Es ist mir ein Gräuel, wenn sich die Leute lautstark amüsieren.«

Amad nickte und legte sich vorsichtig das nächste ölige Scheibchen in den Mund. Ich sah zu, wie er kaute. In seinen Kaubewegungen lag etwas Professionelles, Konzentriertes. Er schluckte und sagte: »Nein, ein synthetisches Produkt ist nie mit einem Naturprodukt zu vergleichen. Es hat einfach nicht diese Geschmacksfülle.« Er verzog die Lippen, schnalzte leise und fuhr fort: »Es gibt zwei vorzügliche Hotels im Stadtzentrum, aber meiner Ansicht nach ...«

»Ja, das ist auch nichts«, sagte ich. »Hotel verpflichtet. Und ich habe noch nie gehört, dass jemand im Hotel etwas Vernünftiges geschrieben hätte.«

»Nun, ganz so ist es nicht«, entgegnete Amad. Kritisch betrachtete er das letzte Scheibchen. »Ich habe mal ein Buch gelesen, und darin stand, dass es in einem Hotel verfasst worden sei. Hotel ›Florida‹.«

»Ja«, sagte ich. »Sie haben recht. Aber Ihre Stadt wird doch nicht von Kanonen beschossen.«

»Von Kanonen? Selbstverständlich nicht. Jedenfalls nicht in der Regel.«

»Das habe ich mir gedacht. Es heißt nämlich, dass sich Gutes nur in einem unter Beschuss stehenden Hotel schreiben lässt.«

Amad nahm sich das letzte Scheibchen. »Das ist schwer einzurichten«, sagte er. »Wo soll man heutzutage eine Kanone auftreiben? Außerdem würde das eine Menge Geld kosten. Und das Hotel könnte seine Gäste verlieren.«

»Auch das Hotel ›Florida‹ verlor seinerzeit die Gäste. Hemingway wohnte allein dort.«

»Wer?«

»Hemingway.«

»Aha. Aber das ist doch unendlich lange her! Das war unter den Faschisten! Die Zeiten haben sich geändert, Iwan.«

»Ja«, stimmte ich zu. »In unserer Zeit ist es daher sinnlos, in Hotels zu schreiben.«

»Lassen wir es mit den Hotels gut sein«, schlug Amad vor. »Ich weiß, was Sie brauchen. Sie brauchen eine Pension.« Er holte ein Notizbuch hervor. »Nennen Sie mir Ihre Wünsche, und dann versuchen wir, etwas Passendes zu finden.«

»Eine Pension?«, fragte ich. »Ich weiß nicht. Ich glaube nicht, Amad. Verstehen Sie, ich möchte niemanden kennenlernen, an dessen Bekanntschaft mir nichts liegt. Das ist das eine. Und zum anderen: Wer wohnt in einer Privatpension? Badegäste, denen die Mittel für ein eigenes Ferienhaus fehlen. Auch sie amüsieren sich prächtig, veranstalten Picknicks, Partys und singen lauthals. Nachts spielen sie Banjo. Außerdem schnappen sie sich jeden greifbaren Menschen und zwingen ihn, an einem Wettbewerb für den längsten Kuss teilzunehmen. Und die Hauptsache: Es sind Fremde. Doch mich interessiert Ihr Land, Amad, Ihre Stadt. Ihre Bürger. Ich will Ihnen sagen, was ich brauche: Ich brauche ein behagliches Häuschen mit Garten. Nicht zu weit vom Zentrum entfernt. Eine nicht zu temperamentvolle Familie, eine ehrbare Wirtin zum Beispiel, sehr gerne mit einer jungen Tochter. Verstehen Sie, Amad?«

Amad ging mit den leeren Gläsern zur Theke und kam mit zwei vollen zurück. Sie enthielten nun eine farblose

Flüssigkeit, und auf den Tellerchen lagen mikroskopisch kleine, in mehreren Schichten belegte Brote.

»So ein behagliches Häuschen kenne ich«, erklärte Amad. »Die Witwe ist fünfundvierzig, die Tochter zwanzig, der Sohn elf. Trinken wir aus und fahren hin. Ich denke, es wird Ihnen gefallen. Die Miete hält sich im Rahmen, obwohl sie natürlich höher als in einer Pension ist. Bleiben Sie lange?«

»Einen Monat.«

»Du lieber Himmel! Bloß?!«

»Je nachdem, wie schnell ich vorankomme. Vielleicht muss ich länger bleiben.«

»Bestimmt werden Sie länger bleiben«, versicherte Amad. »Offenbar haben Sie keine Vorstellung, wohin Sie gekommen sind. Sie ahnen nicht, wie lustig es bei uns ist und dass man hier über nichts nachzudenken braucht.«

Wir tranken aus, erhoben uns und gingen in der heißen Sonne hinüber zum Parkplatz. Amad ging schnell und watschelte ein bisschen. Aus dem Zollpavillon quoll eine neue Portion Touristen.

»Wollen Sie wirklich?«, fragte Amad plötzlich.

»Ich will«, antwortete ich. Was hätte ich sonst sagen sollen? Vierzig Jahre war ich nun auf der Welt, hatte aber noch immer nicht gelernt, mich solch einer unangenehmen Frage höflich zu entziehen.

»Sie werden hier keine Zeile schreiben«, warnte Amad. »Es ist schwer, bei uns zu schreiben.«

»Schreiben ist immer schwer«, erwiderte ich. Gut, dass ich kein Schriftsteller war.

»Das glaube ich gern. Aber bei uns ist es geradezu unmöglich. Zumindest für einen Fremden.«

»Sie erschrecken mich.«

»Haben Sie keine Angst. Sie werden einfach keine Lust haben, hier zu arbeiten. Es wird Sie nicht an der Schreibmaschine halten und Ihnen leidtun dort zu sitzen. Wissen Sie, was Lebensfreude ist?«

»Hm …«

»Sie wissen gar nichts, Iwan. Vorläufig wissen Sie noch gar nichts darüber. Ihnen steht bevor, die zwölf Kreise des Paradieses zu durchlaufen. Es ist sicher komisch, aber ich beneide Sie …«

Wir blieben vor einem langen offenen Wagen stehen. Amad warf den Koffer auf den Rücksitz und machte mir die Tür auf.

»Bitte«, sagte er.

»Sie haben sie also schon durchlaufen?«, erkundigte ich mich, als ich einstieg.

Er setzte sich ans Lenkrad und startete. »Was?«

»Die zwölf Kreise des Paradieses.«

»Ich habe mir längst meinen Lieblingskreis ausgesucht, Iwan«, sagte Amad. Geräuschlos rollte der Wagen über den Platz. »Die übrigen existieren nicht mehr für mich. Leider. Das ist wie das Alter. Mit all seinen Vor- und Nachteilen.«

Das Auto sauste durch den Park und schoss dann eine schnurgerade schattige Straße entlang. Interessiert schaute ich mich um, doch ich erkannte nichts wieder. Es war dumm von mir zu hoffen, irgendetwas Bekanntes zu entdecken … Damals waren wir in der Nacht an Land gesetzt worden, im Regen; siebentausend erschöpfte Badegäste standen auf den Piers und starrten auf das ausbrennende Passagierschiff. Die Stadt sahen wir nicht; dort, wo sie sein musste, war nichts als nasse schwarze Leere, in der es rot aufblitzte. Es krachte, donnerte und knirschte ohrenbetäubend. »Bei dieser Dunkelheit knallen sie uns ab wie Kaninchen«, sagte Robert, und ich jagte ihn auf die Fähre zurück, um den Panzerspähwagen herunterzuholen. Das Fallreep brach, und der Panzerspähwagen fiel ins Wasser. Robert musste von Pek herausgezogen werden; blau vor Kälte kam er zu mir und zischte zähneklappernd: »Meine Rede, dass es zu dunkel ist …«

Amad sagte plötzlich: »Als ich ein Junge war, wohnte ich am Hafen, und wir kamen her, um die Werkskinder zu verhauen. Von denen hatten viele Schlagringe, und mir schlugen sie damit die Nase ein. Mein halbes Leben lief ich mit einer schiefen Nase herum, bis man sie mir im vorigen Jahr richtete … Als Junge habe ich mich gern gerauft. Ich hatte ein Stück Bleirohr und musste einmal sechs Monate absitzen. Geholfen hat es nicht.« Er verstummte und grinste.

Ich wartete eine Weile und sagte: »Ein gutes Bleirohr ist nicht mehr zu bekommen. Jetzt sind Gummiknüppel modern – die kauft man von Polizisten.«

»Richtig«, sagte Amad. »Oder man besorgt sich Hanteln, sägt eine Kugel ab und benutzt die. Aber die Jugend von heute ist ganz anders. Auf so etwas steht jetzt Verbannung.«

»Stimmt«, sagte ich. »Und wofür haben Sie sich als Junge noch interessiert?«

»Und Sie?«

»Ich wollte Sternenfahrer werden und habe Überlastung trainiert. Und dann haben wir noch ›Wer taucht tiefer‹ gespielt.«

»Wir auch«, sagte Amad. »Auf zehn Meter nach Maschinenpistolen und Whisky. Dort hinter den Piers lagen sie kistenweise. Mir blutete vom Tauchen sogar die Nase. Als dann der Aufstand losging, fanden wir Leichen mit Eisenbahnschienen am Hals. Da hörten wir auf.«

»Kein angenehmer Anblick, eine Unterwasserleiche«, sagte ich. »Besonders bei Strömung.«

Amad schmunzelte. »Ich habe schon ganz anderes gesehen. Ich musste nämlich bei der Polizei arbeiten.«

»Nach dem Aufstand?«

»Nein, viel später. Als das Gesetz über die Gangster verabschiedet wurde.«

»Hier nannte man sie ebenfalls Gangster?«

»Wie denn sonst? Räuber? ›Räuber, bewaffnet mit Flammenwerfern und Tränengasbomben, belagerten die Stadtverwaltung‹«, deklamierte er. »Das klingt nicht gut, oder? Räuber – das ist Axt, Morgenstern, Schnurrbart bis an die Ohren, Säbel …«

»Bleirohr«, schlug ich vor.

Amad lachte laut. »Was machen Sie heute Abend?«, fragte er.

»Spazierengehen.«

»Haben Sie Bekannte hier?«

»Ja. Warum fragen Sie?«

»Dann liegt die Sache anders.«

»Wieso?«

»Ich wollte Ihnen etwas vorschlagen, aber wenn Sie Bekannte haben …«

»Apropos«, sagte ich. »Wie heißt der hiesige Bürgermeister?«

»Bürgermeister? Mist, ich erinnere mich nicht. Sie haben einen gewählt …«

»Vielleicht Pek Senai?«

»Keine Ahnung«, bedauerte Amad. »Ich müsste lügen.«

»Haben Sie nie von ihm gehört?«

»Senai … Pek Senai … Nein. Nie gehört. Wieso, ist er Ihr Freund?«

»Ja. Ein alter Freund. Ich habe noch mehr Freunde, aber sie sind alle nicht von hier.«

»Lassen Sie uns so verbleiben«, schlug Amad vor. »Wenn Sie sich langweilen oder ins Grübeln geraten, dann kommen Sie zu mir. Ich sitze jeden Abend ab sieben Uhr im ›Leckermaul‹. Essen Sie gerne gut?«

»Und ob«, sagte ich.

»Ihr Magen ist in Ordnung?«

»Könnte nicht besser sein.«

»Dann müssen Sie vorbeikommen. Es ist lustig dort, und man braucht an nichts zu denken.«

Amad bremste und bog vorsichtig zu einem Gittertor ab, das sich geräuschlos öffnete. Das Auto rollte in einen Hof.

»Da wären wir«, erklärte Amad. »Das ist es.«

Das Haus war zweistöckig, weiß und blau gestrichen. Die Gardinen hinter den Fenstern waren zugezogen. Der saubere kleine Hof war leer, mit bunten Platten ausgelegt und von einem Obstgarten umgeben; die Zweige der Apfelbäume schrammten an den Hauswänden.

»Und wo ist die Witwe?«, fragte ich.

»Gehen wir ins Haus«, sagte Amad. Er stieg die Außentreppe hinauf und blätterte dabei in seinem Notizbuch. Ich folgte ihm und blickte mich um. Das Gärtchen gefiel mir. Amad hatte die Seite in seinem Notizbuch gefunden. Er wählte auf der kleinen Scheibe neben der Klingel die Ziffernkombination, und die Tür sprang auf. Kühle wehte uns entgegen. Im Haus war es dunkel, aber kaum waren wir in der Diele, flammte Licht auf.

Amad steckte das Notizbuch ein und sagte: »Rechts sind die Räume der Wirtin, links – Ihre. Bitte … Hier ist der Salon. Da die Bar, gleich trinken wir etwas. Bitte weiterzugehen. Das Arbeitszimmer! Haben Sie einen Fonor?«

»Nein.«

»Brauchen Sie auch nicht. Es ist alles da. Kommen Sie. Das Schlafzimmer. Das Bedienungspult für akustischen Schutz. Können Sie damit umgehen?«

»Ich werde mich schon zurechtfinden.«

»Gut. Ein Dreischichtschutz – Sie können sich hier nach Belieben ein Grab oder ein Bordell einrichten. Dort ist die Steuerung der Klimaanlage. Ziemlich unbequem, finde ich. Sie lässt sich nur vom Schlafzimmer aus regeln …«

»Ich werde schon klarkommen«, sagte ich.

»Wie? Ach so ... Drüben sind Badezimmer und Toilette.«

»Mich interessiert die Witwe«, sagte ich. »Und die Tochter.«

»Die laufen Ihnen nicht weg. Soll ich die Stores aufziehen?«

»Wozu?«

»Richtig, wozu. Gehen wir was trinken.«

Wir kehrten in den Salon zurück, und Amad verschwand bis zur Hüfte in der Hausbar.

»Möchten Sie etwas Hochprozentiges?«

»Im Gegenteil.«

»Rührei, Sandwiches?«

»Bitte nichts.«

»Doch«, sagte Amad. »Rührei. Mit Tomaten.« Er kramte in der Bar. »Ich weiß nicht, wie es kommt, aber der Automat bereitet wunderbares Rührei mit Tomaten. Ich werde auch einen Happen essen.«

Er zog ein Tablett aus der Bar und stellte es auf das niedrige Tischchen vor der halbrunden Liege. Wir setzten uns.

»Und die Witwe?«, mahnte ich. »Ich würde mich gern vorstellen.«

»Gefallen Ihnen die Räumlichkeiten?«

»Ja.«

»Und die Witwe wird Ihnen auch gefallen. Ebenso die Tochter.« Er nahm ein flaches Lederetui aus der Seitentasche. Darin steckten, wie Patronen im Gurt, Ampullen mit verschiedenfarbigen Flüssigkeiten. Amad sah sie durch, schnupperte aufmerksam am Rührei, zögerte kurz und wählte dann eine Ampulle mit etwas Grünem. Nachdem er sie vorsichtig aufgeknickt hatte, tröpfelte er den Inhalt auf die Tomaten. Der Geruch, der sich im Salon ausbreitete, war nicht unangenehm, hatte aber meiner Meinung nach nichts mit

Essen zu tun. »Jetzt schlafen sie noch«, erklärte Amad mit versonnenem Blick. »Sie schlafen und träumen ...«

Ich sah auf die Uhr. »Um diese Zeit?«

Amad begann zu essen.

»Es ist halb elf«, sagte ich.

Amad aß. Er hatte die Mütze in den Nacken geschoben, und der grüne Schirm ragte wie der Kamm eines gereizten Mimikrodons senkrecht in die Höhe. Seine Augen waren halb geschlossen. Ich beobachtete ihn.

Nachdem er die letzte Tomatenscheibe hinuntergeschluckt hatte, wischte er die Pfanne sorgfältig mit einem Stück Weißbrot aus. Sein Blick klärte sich.

»Was sagten Sie?«, fragte er. »Halb elf? Morgen werden Sie ebenfalls um halb elf aufstehen. Oder sogar erst um zwölf. Ich zum Beispiel stehe um zwölf auf.«

Er stand auf und räkelte sich, dass die Gelenke knackten. »Puh«, sagte er. »Endlich kann ich heimfahren. Hier haben Sie meine Karte, Iwan. Legen Sie sie auf den Schreibtisch und werfen Sie sie bis zu Ihrer Abreise nicht weg.« Er trat an ein flaches Kästchen neben der Bar und schob eine andere Karte in den Schlitz. Es klickte. »Und das«, sagte er, während er die Karte gegen das Licht hielt, »geben Sie der Witwe mit meinen besten Wünschen.«

»Und dann?«, fragte ich.

»Dann kriegen Sie Geld. Sie sind doch hoffentlich kein Freund des Feilschens, Iwan? Die Witwe wird Ihnen eine Zahl nennen, und Sie sollten nicht feilschen. Das ist hier nicht üblich.«

»Ich werde mir Mühe geben«, sagte ich. »Obwohl der Versuch sicher interessant wäre.«

Amad zog die Brauen hoch. »Na, wenn Sie es so gern möchten, dann probieren Sie es aus! Machen Sie immer nur das, was Sie möchten, und Sie werden eine ausgezeichnete Verdauung haben. Ich hole jetzt Ihren Koffer.«

»Ich brauche Prospekte«, bat ich. »Reiseführer. Ich bin Schriftsteller, Amad. Ich benötige Broschüren über die ökonomische Lage der Bevölkerung, statistische Handbücher. Wo kann ich das alles bekommen? Und wann?«

»Einen Reiseführer gebe ich Ihnen«, sagte Amad. »Er enthält Statistiken, Adressen, Telefonnummern und dergleichen. Und was die Bevölkerung betrifft – so etwas wird bei uns meiner Ansicht nach gar nicht veröffentlicht. Man könnte es natürlich bei der UNESCO bestellen, aber wozu? Sie werden selbst sehen ... Moment, ich hole Ihnen den Koffer und den Reiseführer!«

Er ging hinaus und kam rasch mit dem Koffer in der einen und einem dicken blauen Buch in der anderen Hand wieder.

Ich stand auf.

»Ihrer Miene nach zu urteilen«, sagte er lächelnd, »überlegen Sie, ob Sie mir Trinkgeld geben sollen oder nicht.«

»Ehrlich gesagt, ja«, gestand ich.

»Na und? Wollen Sie?«

»Ehrlich gesagt, nein«, antwortete ich.

»Sie haben eine gesunde, robuste Natur«, sagte Amad wohlwollend. »Geben Sie kein Trinkgeld. Niemandem. Da könnten Sie eins auf die Schnauze kriegen, besonders von Mädchen. Aber feilschen Sie auch nie. Da würde Ihnen dasselbe blühen. Obwohl das alles Unsinn ist. Wer weiß, vielleicht sind Sie ja wie jener Jonathan Krice gerade darauf aus, eins auf die Schnauze zu kriegen? Nun, alles Gute, Iwan. Amüsieren Sie sich gut. Und kommen Sie ins ›Leckermaul‹. Jeden Abend ab sieben Uhr. Und vor allem – denken Sie an nichts.«

Er winkte noch einmal und ging. Ich setzte mich, nahm das Glas mit dem Mixgetränk und schlug den Reiseführer auf.

2

Der Reiseführer war auf Kreidepapier mit Goldschnitt gedruckt. Und er enthielt neben interessanten Angaben auch prachtvolle Fotos. In der Stadt lebten fünfzigtausend Menschen, anderthalbtausend Katzen, zwanzigtausend Tauben und zweitausend Hunde (darunter siebenhundert preisgekrönte). Es gab fünfzehntausend Pkws, fünfhundert Hubschrauber, tausend Taxis (mit Fahrer und ohne), neunhundert automatische Müllwägen, vierhundert Bars, Cafés und Imbisshallen, elf Restaurants, vier Interhotels und eine Kureinrichtung, in der alljährlich bis zu hunderttausend Personen betreut wurden. Die Stadt verfügte über sechzigtausend Stereovisorgeräte, fünfzig Kinos, acht Vergnügungsparks, zwei Gute-Laune- und sechzehn Schönheitssalons, vierzig Bibliotheken und hundertachtzig Friseurautomaten. Achtzig Prozent der Einwohner waren im Dienstleistungssektor beschäftigt, die übrigen arbeiteten in zwei privaten Kombinaten für synthetische Konditoreiwaren und einer staatlichen Schiffsreparaturwerft. Die Stadt hatte sechs Schulen und eine Universität, die in dem alten Schloss des Kreuzritters Ulrich de Casa untergebracht war. Es gab acht bürgerliche Vereine, darunter die »Gesellschaft der eifrigen Degustatoren«, die »Gesellschaft der Kenner und Sachverständigen« und ein Verein namens »Für die gute alte Heimat, gegen schädliche Einflüsse«. Außerdem gehörten anderthalbtausend Personen siebenhundertundeins Zirkeln an, wo man sang, Sketche spielte und lernte, Möbel aufzustellen, Kindern die Brust zu geben oder Katzen zu kurieren. Im Verbrauch alkoholischer Getränke, natürlichen Fleischs und flüssigen Sauerstoffs nahm die Stadt pro Kopf den sechsten, den zwölften und den dreizehnten Platz in Europa ein. Es gab sieben Männer- und fünf Frauenklubs sowie die Sportklubs »Stiere« und »Nashörner«. Zum Bürgermeister der Stadt war ein gewisser Flim Gao gewählt worden (mit einer Mehrheit von sechsundvierzig Stimmen). Auch unter den Mitgliedern der Stadtverwaltung fand ich Pek nicht …

Ich legte den Reiseführer beiseite, zog mir die Jacke aus und machte mich an die eingehende Besichtigung meiner Räume. Der Salon gefiel mir. Er war in Blautönen gehalten, und ich liebe diese Farbe. Die Bar war mit Flaschen und gekühlten Speisen gefüllt, sodass ich sofort ein Dutzend ausgehungerte Gäste hätte empfangen können.

Im Arbeitszimmer standen ein großer Tisch und ein bequemer Sessel vor dem Fenster. Die Regale an den Wänden waren mit gesammelten Werken vollgestopft. Die sauberen vielfarbigen Buchrücken bildeten eine angenehme Farbskala, so kunstvoll waren sie geordnet. Das obere Brett wurde von einem fünfzigbändigen enzyklopädischen Wörterbuch eingenommen, herausgegeben von der UNESCO, auf dem unteren schimmerten die bunten Glanzpapierumschläge von Kriminalromanen.

Auf dem Tisch bemerkte ich als Erstes das Telefon. Ich hob den Hörer ab, setzte mich auf die Armlehne des Sessels und wählte Riemaiers Nummer. Ich hörte ein langgezogenes Tuten. Während ich wartete, drehte ich das kleine Diktiergerät hin und her, das jemand stehen gelassen hatte. Riemaier meldete sich nicht. Ich legte den Hörer auf und untersuchte das Gerät. Das Band war zur Hälfte benutzt, ich spulte es um und schaltete auf Hören.

»Willkommen, willkommen und nochmals willkommen!«, sagte eine fröhliche Männerstimme. »Ich drücke dir fest die Hand oder küsse dir das Wänglein, je nachdem, welchen Geschlechts und wie alt du bist. Ich habe hier zwei Monate gewohnt und mich sehr wohl gefühlt. Erlaube mir ein paar Ratschläge. Das beste Etablissement der Stadt ist das ›Hoity-Toity‹ im Park der Träume. Das beste Mädchen in der Stadt ist Bassja aus dem Haus der Modelle. Der beste Junge in der Stadt bin ich, aber ich bin schon abgereist. Im Stereovisor sieh dir das neunte Programm an, alles andere kann man vergessen. Lass dich nicht mit den Intels ein, und hüte dich vor den ›Nashörnern‹. Kauf nichts auf Kredit – du kannst dich sonst vor Scherereien nicht retten! Die Witwe ist gutherzig, aber redet gern, und überhaupt … Wusi habe ich nicht getroffen, sie war zur Oma ins Ausland gereist. Ich glaube, sie ist ein hübsches Ding, die Witwe hatte ein Foto von ihr im Album, das habe ich mir genommen. Und noch eins: Ich komme nächstes Jahr im März wieder, bitte sei so nett und such dir eine andere Zeit, falls du das Gleiche vorhast. Nun, sei …« Musik begann zu dudeln. Ich hörte ein Weilchen zu und schaltete das Gerät aus. Von den Werkausgaben ließ sich kein einziger Band herausziehen, so fest steckten sie oder waren sogar zusammengeklebt. Weiter hatte das Arbeitszimmer nichts Interessantes zu bieten, und ich ging ins Schlafzimmer.

Dort war es besonders kühl und gemütlich. So ein Schlafzimmer hatte ich mir schon immer gewünscht, aber nie war ich dazu gekommen, es mir einzurichten. Das Bett war groß und niedrig. Auf dem Nachttisch standen ein eleganter Fonor und eine Fernbedienung für den Stereovisor. Der Bildschirm hing über dem hohen Fußende des Bettes. Über dem Kopfende hatte die Witwe ein Bild aufgehängt, das natürlich wirkende frische Feldblumen in einer Kristallvase zeigte. Das Bild war mit Leuchtfarben gemalt, und die Tautropfen auf den Blütenblättern glänzten im Dämmerlicht.

Auf gut Glück schaltete ich den Stereovisor ein und ließ mich aufs Bett fallen. Es war weich und prall zugleich. Das Gerät brüllte los. Aus dem Bildschirm sprang ein Betrunkener, durchbrach ein Geländer und stürzte in einen riesigen dampfenden Kübel. Es plätscherte laut, und der Fonor verbreitete Gerüche. Der Mann verschwand in der brodelnden Flüssigkeit, tauchte auf und hielt eine Art zerkochten Schuh zwischen den Zähnen. Die unsichtbare Zuhörerschaft brach in Gelächter aus. Es wurde abgeblendet. Leise lyrische Musik erklang. Aus einem grünen Wald kam ein weißes Pferd auf mich zugerannt, das vor eine Kutsche gespannt war. In der Kutsche saß ein hübsches Mädchen im Bikini. Ich schaltete den Stereovisor aus, stand auf und schaute ins Badezimmer.

Dort duftete es nach Fichtennadeln, antibakterielle Lampen blinkten. Ich zog mich aus, warf die Wäsche in den Utilisator und stellte mich unter die Dusche. Dann kleidete ich mich in aller Ruhe vor dem Spiegel an, kämmte mich und begann mich zu rasieren. Auf dem Bord standen Reihen von Flakons, lagen Schächtelchen mit hygienischen Saugern und Sterilisatoren, Tuben mit Pasten und Salben. Auf dem Rand lagen stapelweise flache Packungen mit bunten Etiketten, auf denen »Dewon« stand. Ich schaltete den Rasierer aus und nahm eines zur Hand. Im Spiegel blinkte ein antibakterielles Röhrchen – und genauso hatte es auch damals geblinkt … Ich hatte genau so vor einem Spiegel gestanden und ein solches Schächtelchen betrachtet, weil ich nicht ins Schlafzimmer gehen wollte, wo sich Rafka Rejsman mit dem Arzt zankte. In der Wanne schwappte noch sacht das grüne ölige Wasser, darüber erhob sich Dampf, und aus dem Empfänger, der am Handtuchhalter aus Porzellan hing, grölte es, winselte und schnarrte, bis Rafka ihn gereizt ausschaltete … Das war in Wien gewesen, und dort hatte es mich genauso wie hier gewundert, im Badezimmer »Dewon« zu finden, ein bekanntes Repellent, das Mücken, Moskitos und sonstige Blutsauger wirksam abschreckte, obwohl man diese sowohl in Wien als auch hier, in diesem Kurort am Meer, längst vergessen hatte. Nur, dass man in Wien noch Angst hatte …

Die Packung in meiner Hand war fast leer. Sie enthielt nur eine einzige Tablette. Die anderen waren noch nicht angebrochen. Nach dem Rasieren ging ich ins Schlafzimmer zurück. Ich wollte erneut versuchen, Riemaier anzurufen, aber plötzlich regte sich etwas im Haus. Pfeifend öffneten sich die gaufrierten Stores, die Fensterscheiben glitten zur Seite, und aus dem Garten strömte warme, nach Äpfeln duftende Luft herein. Irgendwo wurde gesprochen, über mir hörte ich leichte Schritte, und eine strenge Frauenstimme sagte: »Wusi! Iss wenigstens ein Pastetchen, hörst du?« Ich gab meiner Kleidung rasch eine lässige Note, wie sie der jetzigen Mode entsprach, strich mir die Schläfenhaare glatt, steckte mir im Salon Amads Karte ein und trat in die Diele. Die Witwe war eine jugendlich aussehende runde Frau, ein wenig matt, doch mit frischem sympathischem Gesicht.

»Wie nett!«, sagte sie, als sie mich erblickte. »Sie sind schon auf? Guten Tag. Ich heiße Waina Tuur. Sie dürfen mich schlicht Waina nennen.«

»Angenehm«, erwiderte ich smart. »Ich heiße Iwan.«

»Wie nett!«, sagte Waina. »Was für ein origineller, charmanter Name! Haben Sie schon gefrühstückt, Iwan?«

»Ich hatte vor, in der Stadt zu frühstücken, wenn Sie erlauben«, sagte ich und reichte ihr die Karte.

»Ach«, sagte Waina und hielt sie gegen das Licht. »Der nette Amad ... Wenn Sie wüssten, was für ein zuverlässiger, netter Mann das ist! Aber Sie haben noch nicht gefrühstückt! Sie können in der Stadt lunchen, doch vorher serviere ich Ihnen meine Toasts. Generaloberst Tuur sagte immer, nirgends auf der Welt bekäme man solche Toasts.«

»Mit Vergnügen«, sagte ich abermals smart.

Die Tür hinter Waina öffnete sich, und mit klappernden Absätzen kam ein bildhübsches Mädchen in kurzem blauem Rock und offener weißer Bluse in die Diele. In der Hand hielt sie ein Stück Pastete und summte kauend einen Schlager. Als sie mich erblickte, blieb sie stehen, warf sich flink eine kleine Tasche mit langem Riemen über die Schulter, beugte den Kopf und schluckte.

»Wusi«, sagte Waina und presste die Lippen aufeinander. »Das ist Iwan.«

»Sehr schön!«, rief Wusi. »Ich grüße Sie!«

»Wusi!«, sagte Waina vorwurfsvoll.

»Sind Sie mit Ihrer Frau hier?«, erkundigte sich Wusi, als sie mir die Hand reichte.

»Nein«, sagte ich. Ihre Finger waren kühl und weich. »Ich bin allein hier.«

»Ich werde Ihnen alles zeigen«, schlug sie vor. »Bis heute Abend. Jetzt muss ich mich sputen. Aber heute Abend gehen wir aus.«

»Wusi!«, sagte Waina noch einmal vorwurfsvoll.

»Unbedingt«, sagte ich.

Wusi schob sich den Rest der Pastete in den Mund, gab der Mutter einen Kuss auf die Wange und lief zur Tür. Sie hatte braungebrannte lange Beine, die Haare trug sie kinnlang.

»Ach, Iwan«, seufzte Waina, die ihr ebenfalls nachblickte. »Heutzutage hat man's schwer mit den jungen Mädchen! So früh entwickeln sie sich, so schnell verlassen sie uns. Seit sie in dem Salon ist …«

»Ist sie Schneiderin?«, fragte ich.

»O nein! Sie arbeitet in einem Gute-Laune-Salon, in der Abteilung für ältere Frauen. Und wissen Sie, man schätzt sie dort. Im vorigen Jahr kam sie einmal zu spät, und nun muss sie sehr vorsichtig sein. Sie sehen ja, sie konnte gar nicht richtig mit Ihnen sprechen. Es ist durchaus möglich, dass schon eine Kundin auf sie wartet. Sie hat nämlich schon, ob Sie es glauben oder nicht, einen festen Kundinnenkreis. Warum stehen wir eigentlich hier herum, die Toasts werden ja kalt.«

Wir gingen in ihre Wohnung. Ich war eifrig bemüht, mich zu benehmen, wie es sich gehörte, obwohl ich im Grunde nur eine vage Vorstellung davon hatte, was sich gehörte und was nicht. Waina nötigte mich an ein Tischchen, entschuldigte sich und eilte hinaus. Ich sah mich um. Es war die genaue Kopie meines Salons, nur waren die Wände nicht blau, sondern rosa, und hinter der Veranda war nicht das Meer, sondern ein niedriger Zaun zu sehen, der den Hof von der Straße trennte. Waina kehrte mit einem Tablett zurück und stellte eine Tasse mit Sahne und einen Teller mit Toasts vor mich hin.

»Ich werde auch ein Häppchen essen«, sagte sie. »Mein Arzt empfiehlt mir zwar, auf das Frühstück zu verzichten, wenigstens auf die Sahne, aber wir sind es so gewohnt … Es war das Lieblingsfrühstück des Generalobersten. Und wissen Sie, ich vermiete möglichst nur an Männer, der nette Amad versteht mich da voll und ganz. Er weiß, wie ich es brauche, hin und wieder bei einer Tasse Sahne zu sitzen … wie wir beide jetzt.«

»Ihre Sahne ist wunderbar«, bemerkte ich sogar ziemlich aufrichtig.

»Ach, Iwan!« Waina stellte die Tasse ab und klatschte in die Hände. »Sie sagen das fast so wie der Generaloberst. Merkwürdig, Sie ähneln ihm sogar. Sein Gesicht war nur ein wenig schmaler, und er frühstückte stets in Uniform.«

»Tja«, sagte ich bedauernd. »Eine Uniform habe ich nicht.«

»Aber Sie hatten mal eine!«, erwiderte sie und drohte mir schelmisch mit dem Finger. »Das sehe ich auf den ersten Blick. Ach, wie sinnlos das ist, dass sich die Leute heute ihrer militärischen Vergangenheit schämen müssen. Dumm, nicht wahr? Aber die Haltung verrät sie, diese ganz spezielle männliche Haltung. Das lässt sich nicht verbergen, Iwan.«

Ich machte eine umständliche, schwer zu deutende Geste, sagte »Hm, ja« und nahm mir einen Toast.

»Absurd, nicht wahr?«, fuhr Waina lebhaft fort. »Wie kann man so verschiedene Begriffe wie Krieg und Armee durcheinanderbringen? Wir alle hassen den Krieg. Krieg ist furchtbar. Meine Mutter – sie war damals ein kleines Mädchen, erinnert sich aber noch genau – hat mir einmal erzählt: Da kommen plötzlich Soldaten, grobe, fremde Soldaten, sprechen eine fremde Sprache, rülpsen, und die Offiziere sind so rücksichtslos und unkultiviert, dass sie sich vor Lachen biegen und die Stubenmädchen beleidigen, sie riechen, entschuldigen Sie, und diese sinnlose Sperrstunde … Aber so ist der Krieg! Er ist es wert, in Bausch und Bogen verurteilt zu werden! Ganz anders dagegen die Armee. Wissen Sie, Iwan, Sie müssen sich das bildlich vorstellen: Truppen, bataillonsweise angetreten in Reih und Glied, männliche Gesichter unter Helmen, glänzende Waffen, glitzernde Achselschnüre, und dann fährt der Befehlshaber in einem besonderen Militärfahrzeug die Front ab, grüßt, und die Bataillone antworten wie ein Mann – knapp und gehorsam!«

»Zweifellos«, sagte ich. »Zweifellos hat das auf viele Eindruck gemacht.«

»Ja, auf außerordentlich viele! Bei uns hat es immer geheißen, wir müssten abrüsten, aber darf man eine Armee vernichten? Diese letzte Zuflucht des Muts und der Tapferkeit in unserer Zeit des Sittenverfalls! Das ist ungehörig und lächerlich – ein Staat ohne Armee …«

»Lächerlich«, stimmte ich zu. »Es mag unglaublich klingen, aber seit dem Augenblick, da der Pakt unterzeichnet wurde, kann ich nur noch lächeln.«

»Ich verstehe Sie«, sagte Waina. »Was blieb uns auch anderes übrig, als sarkastisch zu lächeln? Generaloberst Tuur«, sie holte ein Tüchlein hervor, »ist denn auch mit einem sarkastischen Lächeln auf den Lippen verschieden.« Sie führte das Tüchlein an die Augen. »Er sagte: ›Freunde, ich hoffe, noch den Tag zu erleben, an dem alles zusammenbricht.‹ Er war verzweifelt und sah keinen Sinn mehr in seiner Existenz. Die Leere im Herzen ertrug er nicht ...« Plötzlich sprang sie auf. »Sie werden sehen, Iwan ...«

Sie lief ins Nebenzimmer und brachte ein altmodisches schweres Fotoalbum. Ich schaute auf die Uhr, doch Waina schenkte dem keine Beachtung. Sie setzte sich neben mich und schlug das Album auf der ersten Seite auf.

»Das ist der Generaloberst.«

Der Generaloberst war ein Adler: Er war groß, hatte ein schmales, knochiges Gesicht und klare Augen. Seine Uniform war mit Orden übersät. Der größte, ein vielzackiger lorbeerumkränzter Stern, funkelte in der Blinddarmgegend. In der Linken hielt er seine Handschuhe, die Rechte ruhte auf dem Griff des Dolches. Ein hoher Kragen mit Goldstickerei stützte den Unterkiefer.

»Und das ist der Generaloberst im Manöver.«

Auch hier war der Generaloberst ein Adler: Er stand vor seinen Offizieren, die, über die Vorderfront eines gigantischen Panzers gebeugt, eine entfaltete Karte studierten, und gab ihnen Anweisungen. An der Form der Kettenglieder und den abgeleckten Umrissen des Turms erkannte ich den schweren Sturmpanzer »Mammut«, der dazu bestimmt gewesen war, die Zone von Atomschlägen zu überwinden. Heute wurde er erfolgreich von Tiefseetauchern benutzt.

»Und das ist der Generaloberst an seinem fünfzigsten Geburtstag.«

Auch hier war der Generaloberst ein Adler: Er stand mit erhobenem Pokal an der Festtafel und lauschte einem Trinkspruch, der ihm zu Ehren ausgebracht wurde. Die linke untere Ecke des Fotos nahm eine im Lampenlicht glänzende Glatze ein; neben dem General saß eine sehr junge und sehr hübsche Waina und schaute schwärmerisch zu ihm auf. Verstohlen versuchte ich zu ertasten, wie dick das Album war.

»Und das ist der Generaloberst im Urlaub.«

Selbst im Urlaub blieb der Generaloberst ein Adler: Die Beine weit gespreizt, stand er in gestreifter Badehose am Strand und betrachtete durch einen Feldstecher den dunstigen Horizont. Zu seinen Füßen spielte ein nacktes Kind von drei oder vier Jahren. Der General war sehnig und muskulös, die Toasts und die Sahne hatten seiner Figur nicht geschadet. Ich zog meine Uhr geräuschvoll auf.

»Und das ist …«, begann Waina und schlug die Seite um. Doch da trat, ohne anzuklopfen, ein mittelgroßer runder Mann ein, der mir, vor allem seiner Kleidung wegen, sehr bekannt vorkam.

»Guten Morgen«, sagte er, das glatte, lächelnde Gesicht seitwärts geneigt.

Es war der Zöllner, immer noch in seiner weißen Uniform mit den silbernen Knöpfen und den silbernen Schnüren an den Schultern.

»Ach, Peti!«, rief Waina. »Du kommst schon? Darf ich vorstellen? Das ist Iwan … Iwan, das ist Peti, ein Freund unseres Hauses.«

Der Zöllner, der mich nicht erkannte, verbeugte sich kurz vor mir und schlug die Absätze zusammen.

Waina legte mir das Album auf die Knie und erhob sich. »Setz dich, Peti«, sagte sie. »Ich hole dir Sahne.«

Peti schlug abermals die Absätze zusammen und setzte sich neben mich.

»Interessieren Sie sich dafür?«, erkundigte ich mich sogleich und verlagerte das Album von meinen Knien auf die seinen. »Das ist Generaloberst Tuur. Hier ganz normal.« (In den Augen des Zöllners erschien ein merkwürdiger Ausdruck.) »Und hier ist der Generaloberst im Manöver. Sehen Sie? Und hier …«

»Danke«, sagte der Zöllner abrupt. »Sie brauchen sich nicht zu bemühen, weil …«

Waina kehrte mit Toasts und Sahne zurück. Schon an der Schwelle sagte sie: »Welch schöner Anblick, ein Mann in Uniform. Nicht wahr, Iwan?« Sie stellte das Tablett auf das Tischchen. »Peti, du bist heute schon früh da. Ist etwas passiert? Herrliches Wetter, die Sonne …«

Waina servierte Peti die Sahne in einer besonderen Tasse, auf der das Monogramm »T« prangte, umgeben von vier Sternchen.

»Nachts hat es geregnet, ich bin aufgewacht, folglich waren Wolken da«, fuhr Waina fort. »Doch jetzt, schauen Sie, strahlend blauer Himmel … Noch ein Tässchen, Iwan?«

Ich stand auf. »Vielen Dank, ich habe genug. Erlauben Sie, dass ich mich empfehle. Ich habe eine geschäftliche Verabredung.«

Als ich vorsichtig die Tür hinter mir geschlossen hatte, hörte ich die Witwe sagen: »Findest du nicht, dass er Stabsmajor Paul erstaunlich ähnelt?«

Im Schlafzimmer packte ich den Koffer aus, verstaute die Sachen im Wandschrank und wählte erneut Riemaiers Nummer. Wieder meldete sich niemand. Ich setzte mich an den Tisch im Arbeitszimmer und untersuchte die Schubfächer. In einem entdeckte ich eine Reiseschreibmaschine, in einem anderen Briefpapier und eine leere Flasche, die Abschmiermittel für arhythmische Motoren enthalten hatte. Die übrigen Fächer waren leer, wenn man die vielen zerknüllten Quittungen, kaputten Füller und mit Fratzen bemalten, schief gefalteten Blätter nicht mitrechnete. Ich entfaltete ein Blatt. Offenbar war es ein Telegrammentwurf. »Grin bei Fischern gestorben Leichnam Ankunft Sonntag Beileid Huger Martha Jungen«. Ich las den Text zweimal, drehte das Blatt um, studierte die Fratzen und las ihn zum dritten Mal. Anscheinend kam es Huger und Martha gar nicht in den Sinn, dass normale Menschen, die einen Todesfall bekanntgeben, in erster Linie mitteilen, woran oder wie der Betreffende gestorben ist, nicht aber, bei wem. Ich hätte telegrafiert: »Grin bei Fischfang ertrunken«. Wahrscheinlich in angeheitertem Zustand. Übrigens, wie lautete meine Adresse?

Ich ging in die Diele. Vor der Tür zu den Räumen der Wirtin hockte ein magerer Junge in kurzer Hose. Unter den Arm hatte er sich ein langes silbriges Rohr geklemmt, schnaufend und keuchend wickelte er hastig einen Bindfaden von einem Knäuel ab.

Ich trat zu ihm und sagte: »Hallo!«

Mein Reaktionsvermögen ist nicht mehr, was es einmal war, dennoch wich ich rechtzeitig aus. Ein schwarzer Strahl schoss dicht an meinem Ohr vorbei und klatschte gegen die Wand. Verdutzt sah ich den Jungen an, und er hielt meinem Blick stand. Er hatte sich auf die Seite gelegt und das Rohr vor sich gestellt. Sein Gesicht war nass, der Mund offen und verzerrt. Ich schaute auf die Wand. Ein Rinnsal sickerte daran herunter. Wieder blickte ich den Jungen an. Langsam stand er auf. Das Rohr ließ er nicht los.

»Du scheinst nervös zu sein, Kleiner«, sagte ich.

»Bleiben Sie stehen, wo Sie sind«, sagte der Junge heiser. »Ich habe Ihren Namen noch nicht genannt.«

»Woher auch«, sagte ich. »Hast ja auch deinen nicht genannt, beschießt mich aber wie eine Vogelscheuche.«

»Bleiben Sie stehen, wo Sie sind«, wiederholte der Junge. »Und bewegen Sie sich nicht.« Er wich zurück und murmelte plötzlich zungenbrecherisch schnell: »Hebe dich fort von meinem Haar, hebe dich fort von meinen Knochen, hebe dich fort von meinem Fleisch …«

»Kann ich nicht«, sagte ich, während ich versuchte zu verstehen, ob er spielte oder tatsächlich Angst vor mir hatte.

»Warum nicht?«, fragte der Junge verwirrt. »Ich sage doch alles, wie es gesagt werden muss!«

»Ich kann mich nicht entfernen, ohne mich zu bewegen«, erklärte ich. »Stehend, wo ich stehe.«

Sein Mund öffnete sich wieder. »Huger«, sagte er unsicher. »Ich rate dir, Huger: Verschwinde!«

»Warum Huger?«, erkundigte ich mich verwundert. »Du verwechselst mich mit jemandem. Ich bin nicht Huger, sondern Iwan.«

Da schloss der Junge die Augen, senkte den Kopf und ging auf mich los, das Rohr vorgestreckt.

»Ich ergebe mich«, erklärte ich. »Vorsicht, nicht schießen!«

Kaum hatte sich das Rohr mir in den Bauch gebohrt, ließ er es fallen. Die Arme sanken ihm herab, und er wurde ganz schlaff. Ich bückte mich und schaute ihm ins Gesicht. Es war rot. Ich hob das Rohr auf. Es war eine Art Spielzeug-Maschinenpistole – mit einem bequemen, geriffelten Griff und einem flachen, rechteckigen Ballon, der unten wie ein Magazin befestigt war.

»Was ist das für ein Ding?«, fragte ich.

»Eine Musspritze«, sagte er finster. »Geben Sie sie her.«

Ich gab ihm das Spielzeug. »Eine Musspritze«, sagte ich. »Mit der spritzt man also. Und wenn du mich getroffen hättest?« Ich schaute auf die Wand. »War das denn nötig? Das geht nie mehr ab. Da muss die Wand ausgewechselt werden.«

Der Junge musterte mich misstrauisch. »Das ist doch bloß Mus«, sagte er.

»So? Und ich dachte – Limonade.«

Sein Gesicht hatte wieder die normale Farbe und zeigte eine gewisse Ähnlichkeit mit den tapferen Zügen des Generalobersten Tuur.

»Nein, nein«, sagte er. »Mus.«

»Und?«

»Das trocknet.«

»Und dann ist alles futsch?«

»Aber nein. Es bleibt nichts zurück.«

»Hm«, sagte ich zweifelnd. »Du musst es ja wissen. Hoffen wir das Beste. Trotzdem bin ich heilfroh, dass an der Wand nichts zurückbleibt und auch nicht in meinem Gesicht. Wie heißt du?«

»Siegfried«, antwortete der Junge.

»Und richtig?«

Er sah mich an. »Luzifer.«

»Wie?«

»Luzifer.«

»Luzifer«, sagte ich. »Belial. Astaroth. Beelzebub und Asriel. Was Kürzeres hast du nicht zu bieten? Es ist unbequem, jemanden zu Hilfe zu rufen, der Luzifer heißt.«

»Die Türen sind doch zu«, erwiderte er und trat einen Schritt zurück. Er war wieder blass.

»Und?«

Wortlos zog er sich weiter zurück, an die Wand gepresst, seitwärts, ohne mich aus den Augen zu lassen. Ich begriff endlich, dass er mich entweder für einen Dieb oder einen Mörder hielt und ausreißen wollte, aber seltsamerweise rief er nicht um Hilfe und lief auch nicht zu seiner Mutter, sondern stahl sich an ihrer Tür vorbei zum Ausgang ins Freie.

»Siegfried«, sagte ich. »Siegfried-Luzifer, du bist ein entsetzlicher Feigling. Für wen hältst du mich?« Ich rührte mich nicht von der Stelle, sondern drehte mich bloß nach ihm um. »Ich bin euer neuer Mieter, deine Mutter hat mir Sahne zu trinken und Toasts zu essen gegeben, du aber hättest mich beinahe bespritzt und jetzt hast du Angst vor mir. Dabei müsste ich doch Angst vor dir haben.«

All das erinnerte mich an eine Szene im Anjudiner Internat, als man einen Jungen zu mir brachte, der fast wie dieser war, der Sohn eines Stutzers. Verdammt, glich ich denn einem Gangster?

»Du gleichst der Moschusratte Tschutschandra«, sagte ich, »die ihr Leben lang weinte, weil ihr der Mut fehlte, in die Zimmermitte zu laufen. Vor Angst hast du eine blaue Nase, deine Ohren sind kalt und deine Hosen nass, und du lässt ein Bächlein hinter dir …«

In solchen Fällen ist es absolut gleichgültig, was man sagt. Man muss nur ruhig sprechen und darf keine abrupten Bewegungen machen. Seine Miene änderte sich nicht, doch als ich das von dem Bächlein sagte, schielte er kurz nach unten. Ganz kurz. Dann war er mit einem Satz an der Haustür, zerrte am Riegel und rannte auf den Hof, dass die schmutzigen Sohlen seiner Sandalen nur so flogen. Ich folgte ihm.

Er stand in den Fliederbüschen, und ich sah lediglich sein blasses Gesicht. Wie eine fliehende Katze war er stehen geblieben, um über die Schulter zurück zu blicken.

»Na schön«, sagte ich. »Erkläre mir bitte, was ich tun muss. Ich möchte meinen Leuten schreiben und ihnen meine neue Adresse mitteilen. Die Adresse dieses Hauses, in dem ich jetzt wohne.« Er schaute mich schweigend an. »Es ist mir peinlich, zu deiner Mutter zu gehen. Erstens hat sie Besuch, und zweitens …«

»Zweite Vorortstraße achtundsiebzig«, sagte er.

Ich setzte mich gemächlich auf die Treppe. Zwischen uns lagen ungefähr zehn Meter.

»Hast du aber eine Stimme!«, sagte ich vertraulich. »Wie ein Bekannter von mir, ein Barmann.«

»Wann sind Sie angekommen?«, fragte er.

»Tja …« Ich sah auf die Uhr. »Vor anderthalb Stunden etwa.«

»Hier hat vor Ihnen einer gewohnt«, sagte er und wandte den Blick ab. »Ein Lump. Schenkte mir gestreifte Badehosen, und als ich damit baden ging, lösten sie sich im Wasser auf.«

»Ach du Schreck!«, rief ich. »Das ist kein Mensch, sondern ein Ungeheuer! Der hätte in Mus ertränkt werden müssen!«

»Das hatte ich vor«, gestand der Junge. »Aber da war er schon abgereist.«

»Besagter Huger?«, fragte ich. »Mit Martha und den Jungen?«

»Nein. Wie kommen Sie darauf? Huger hat erst nach ihm hier gewohnt.«

»Auch ein Lump?«

Er antwortete nicht. Ich lehnte mich an die Wand und schaute auf die Straße. Aus dem Tor gegenüber schob sich ruckweise ein Auto; um zu wenden, fuhr es hin und her und brauste dann mit aufheulendem Motor davon. Ihm nach jagte ein zweites, das genauso aussah. Aromatischer Benzingeruch stieg mir in die Nase. Dann flitzten Pkws in dichter Folge vorbei, es begann mir schon vor den Augen zu flimmern. Am Himmel tauchten Hubschrauber auf, sogenannte lautlose Hubschrauber. Sie flogen ziemlich tief, sodass man sich schlecht unterhalten konnte. Doch der Junge hatte offenbar gar nicht die Absicht, etwas zu sagen. Ebenso wenig schien er herauskommen zu wollen. Er hantierte im Gebüsch mit seiner Musspritze und warf mir hin und wieder einen Blick zu. Hoffentlich spritzt er nicht auf mich, dachte ich. Die Hubschrauber flogen und flogen, die Autos fuhren und fuhren; es war, als strömten alle fünfzehntausend Pkws in die Zweite Vorortstraße und als schwebten alle fünfhundert Hubschrauber über dem Haus mit der Nummer achtundsiebzig. Das dauerte ungefähr zehn Minuten. Der Junge beachtete mich inzwischen überhaupt nicht mehr, und ich saß und überlegte, welche Fragen ich Riemaier stellen musste. Dann trat Stille ein. Die

Straße leerte sich, der Benzingeruch verflog, der Himmel klärte sich.

»Wo sind sie denn auf einmal alle hin?«, wunderte ich mich.

Der Junge raschelte im Gebüsch. »Wissen Sie das nicht?«

»Woher denn?«

»Weiß ich auch nicht. Aber Huger kennen Sie irgendwoher …«

»Huger …«, sagte ich. »Huger kenne ich rein zufällig. Aber über euch weiß ich nichts. Wie ihr so lebt, womit ihr euch beschäftigt … Was machst du denn gerade zum Beispiel?«

»Die Sicherung ist kaputt.«

»Gib mal her, ich repariere das. Warum hast du eigentlich Angst vor mir? Sehe ich etwa aus wie ein Lump?«

»Sie sind alle zur Arbeit gefahren«, sagte der Junge.

»Spät fängt bei euch die Arbeit an. Es ist Zeit, zu Mittag zu essen, und ihr geht erst zur Arbeit. Weißt du, wo das Hotel ›Olympic‹ ist?«

»Selbstverständlich.«

»Bringst du mich hin?«

Der Junge zögerte. »Nein«, sagte er.

»Warum nicht?«

»Gleich ist die Schule aus. Ich muss dann heim.«

»Ach, so ist das!«, sagte ich. »Du schwänzt, wie wir das nannten. Und in welcher Klasse bist du?«

»In der dritten.«

»Ich war auch mal in der dritten.«

Er schaute aus dem Gesträuch heraus. »Und dann?«

»Dann war ich in der vierten.« Ich stand auf. »Also gut. Reden willst du nicht mit mir, begleiten willst du mich auch nicht, deine Hosen sind nass, und ich gehe jetzt in meine Wohnung. Na, was guckst du? Willst mir ja nicht mal sagen, wie du heißt …«

Schweigend schaute er mich an und atmete durch den Mund. Ich ging ins Haus. Die cremefarbene Diele war, so schien mir, unwiderruflich verschandelt. Der große kohlschwarze Fleck an der Wand dachte gar nicht daran zu trocknen. Da wird einer heute noch eine Abreibung kriegen, dachte ich. Das Bindfadenknäuel geriet mir zwischen die Füße. Ich hob es auf. Das Strippenende war am Drücker der Tür zu den Räumen meiner Wirtin befestigt. Aha, dachte ich, auf so was verstehen wir uns auch! Ich band die Strippe ab und steckte mir das Knäuel in die Tasche.

Im Arbeitszimmer nahm ich mir ein sauberes Blatt Papier aus dem Schreibtisch und setzte ein Telegramm an Maria auf. »Gut angekommen Zweite Vorortstraße achtundsiebzig Kuss Iwan«. Im Reiseführer fand ich die Telefonnummer des Servicebüros, gab das Telegramm durch und wählte erneut Riemaiers Nummer. Wieder meldete er sich nicht. Da zog ich die Jacke an, besah mich im Spiegel, zählte mein Geld und wollte eben gehen, als ich bemerkte, dass die Tür zum Salon einen Spalt offen stand und dadurch ein Auge spähte. Selbstverständlich hatte ich nichts bemerkt. Kritisch musterte ich meinen Anzug von vorn, begab mich ins Badezimmer und machte ihn, vor mich hinpfeifend, mit dem Staubsauger sauber. Als ich ins Arbeitszimmer zurückkehrte, verschwand der Kopf mit den abstehenden Ohren augenblicklich – nur das silberne Rohr des Spritzgewehrs ragte weiter durch die halboffene Tür. Ich setzte mich in den Sessel, öffnete und schloss der Reihe nach alle zwölf Schubfächer des Schreibtisches, einschließlich der Geheimfächer, und schaute erst danach wieder zur Tür. Der Junge stand auf der Schwelle.

»Ich heiße Len«, teilte er mir mit.

»Willkommen, Len«, sagte ich zerstreut. »Ich heiße Iwan. Komm rein. Ich hatte allerdings gerade vor, zu Mittag essen zu gehen. Hast du schon gegessen?«

»Nein.«

»Das trifft sich gut. Lauf zu deiner Mutter, bitte sie um Erlaubnis und komm mit.«

Len schwieg, den Blick gesenkt. »Es ist noch zu früh«, sagte er.

»Was ist zu früh? Mittag zu essen?«

»Nein, reinzugehen ... zu ihr. Die Schule ist erst in zwanzig Minuten aus.« Wieder schwieg er. »Und dann ist da noch dieser Dickwanst mit den Silberschnüren.«

»Ein Lump?«, fragte ich.

»Ja«, antwortete Len. »Gehen Sie wirklich gleich?«

»Ja«, erwiderte ich und zog das Bindfadenknäuel aus der Tasche. »Da, nimm. Und wenn deine Mutter als Erste herausgekommen wäre?«

Er zuckte mit den Schultern. »Wenn Sie wirklich gehen«, sagte er, »darf ich dann ein Weilchen hier sitzen?«

»Selbstverständlich.«

»Ist sonst keiner da?«

»Nein.«

Dennoch kam er nicht zu mir, um sich das Knäuel zu holen. Er ließ aber zu, dass ich zu ihm trat und sogar dass ich ihn am Ohr tätschelte. Das Ohr war tatsächlich kalt. Ich zog ihn behutsam daran, schob ihn zum Tisch und sagte: »Bleib, so lange du willst. Ich komme nicht so bald wieder.«

»Ich werde ein bisschen schlafen«, sagte Len.

3

Das Hotel »Olympic« hatte fünfzehn Etagen und war schwarzrot gestrichen. Den Platz davor nahmen zur Hälfte parkende Autos ein, in der Mitte ragte in einem kleinen Blumengarten ein Monument auf, das einen Mann mit stolz erhobenem Haupt darstellte. Ich umrundete es einmal und begriff plötzlich, dass ich den Mann kannte. Überrascht blieb ich stehen und betrachtete ihn genauer. Ohne Zweifel. Dort, auf dem Platz vor dem Hotel »Olympic«, stand, in einem ulkigen altmodischen Anzug, die Hand auf einen merkwürdigen Apparat gestützt, den ich zunächst für die Fortsetzung des abstrakten Postaments hielt, Wladimir Sergejewitsch Jurkowski und richtete die zusammengekniffenen Augen verächtlich in die Unendlichkeit. Auf dem Postament war mit Goldbuchstaben eingemeißelt: »Wladimir Jurkowski, 5. Dezember, Jahr der Waage«.

Ich glaubte es nicht, denn das war völlig unmöglich. Jurkowski und seinesgleichen wurden keine Denkmäler errichtet. Solange sie lebten, gab man ihnen mehr oder weniger verantwortungsvolle Posten, ehrte sie bei Jubiläen und wählte sie in Akademien. Sie empfingen Orden und internationale Preise. Und wenn sie starben – oder umkamen –, schrieb man Bücher über sie, zitierte sie, bezog sich auf ihre Arbeiten, doch je länger es zurücklag, desto seltener geschah es, und schließlich waren sie vergessen. Sie schwanden aus dem Gedächtnis und blieben nur in Büchern zurück. Jurkowski war ein General der Wissenschaft und ein wunderbarer Mensch gewesen. Doch es war unmöglich, sämtlichen Generälen und wunderbaren Menschen Denkmäler zu setzen, noch dazu in Ländern, zu denen sie keine unmittelbare Beziehung gehabt hatten, und in Städten, die sie höchstens auf der Durchreise besucht hatten. Und in diesem Jahr der Waage war Jurkowski nicht einmal General gewesen: Im März hatte er gemeinsam mit Dauge die Erforschung des Amorphen Flecks auf dem Uranus beendet, und in unserem Arbeitsraum war eine Bombensonde explodiert; alle trugen Verletzungen davon, und als wir im September auf den Planeten zurückkehrten, war Jurkowski von fliederfarbenen Flecken übersät. Grimmig hatte er angekündigt, er werde tüchtig schwimmen, in der Sonne liegen und sich dann an eine neue Bombensonde machen, weil die alte Mist gewesen sei … Ich schaute mich nach dem Hotel um. Mir blieb nur die Schlussfolgerung, dass sich das Leben der Stadt in mysteriöser und anscheinend starker Abhängigkeit von dem Amorphen Fleck auf dem Uranus befand. Oder befunden hatte … Jurkowski lächelte hochmütig. Im Großen und Ganzen war die Skulptur gelungen, doch war mir unklar, worauf sich Jurkowski da stützte. Mit einer Bombensonde hatte der Apparat jedenfalls keine Ähnlichkeit.

Etwas zischte. Ich wandte den Kopf und trat unwillkürlich beiseite. Neben mir stand ein hochgewachsener hagerer Mann, der stumpfsinnig auf das Postament starrte; er war von den Füßen bis zum Hals grau geschuppt und trug einen plumpen kubischen Helm auf dem Kopf. Vor dem Gesicht hatte er ein durchsichtiges Visier mit Löchern, und aus den Löchern traten im Takt seines Atems Dampfstrahlen. Das Gesicht hinter dem Visier sah erschöpft aus, war schweißüberströmt, die Wangen zuckten. Zunächst hielt ich ihn für einen Fremden, dann dachte ich, er sei ein Kurgast, dem spezielle Heilverfahren verordnet worden wären, und erst allmählich dämmerte mir, dass ich einen Artik vor mir hatte – einen Künstlichkeitsfan.

»Verzeihung«, sagte ich. »Können Sie mir vielleicht sagen, was das für ein Denkmal ist?«

Das schweißnasse Gesicht hatte sich zur Grimasse verzerrt. »Was?«, drang es dumpf aus dem Helm.

Ich beugte mich vor. »Ich frage, was das für ein Denkmal ist!«

Der Mann starrte wieder das Postament an. Dichterer Dampf entquoll den Löchern. Das Zischen wurde intensiver.

»Wladimir Jurkowski«, las er vor. »Fünfter Dezember, Jahr der Waage … Aha … Dezember … Dann ist das ein Deutscher.«

»Und wer hat das Denkmal errichtet?«

»Keine Ahnung«, sagte der Mann. »Das steht nicht da. Warum wollen Sie das wissen?«

»Er ist ein Bekannter von mir«, erklärte ich.

»Warum fragen Sie dann mich? Fragen Sie doch ihn!«

»Er ist tot.«

»Ach so … Vielleicht ist er hier beerdigt?«

»Nein«, sagte ich. »Er ist weit weg von hier beerdigt.«

»Und wo?«

»Weit weg! Und was ist das, worauf er sich da stützt?«

»Das da? Das ist ein Eroul.«

»Was?«

»Na, ein Eroul. Ein elektronisches Roulette.«

Ich machte große Augen. »Was hat ein Roulette hier zu suchen?«

»Wo?«

»Na, hier, auf dem Denkmal.«

»Keine Ahnung«, erwiderte der Mann nach kurzem Überlegen. »Vielleicht hat Ihr Freund es erfunden?«

»Bestimmt nicht«, sagte ich. »Er hat auf einem anderen Gebiet gearbeitet.«

»Auf welchem?«

»Er war Planetologe und Sternenflieger.«

»Ach so. Nun, falls er es doch erfunden hat, war er ein Ass. Nützliche Sache. Sollte man sich merken: Jurkowski, Wladimir. Ein Deutscher mit Köpfchen …«

»Bestimmt hat er es nicht erfunden«, sagte ich. »Ich habe doch gesagt: Er war Sternenflieger.«

Der Mann sah mich unverwandt an. »Warum steht er dann damit herum, wenn er es nicht erfunden hat, he?«

»Das ist es ja, worüber ich mich wundere«, erklärte ich.

»Red keinen Unsinn«, sagte der Mann plötzlich. »Du lügst und weißt selber nicht warum. So früh am Morgen, und hat schon einen sitzen. Saufbold!« Er drehte sich um und ging davon, wobei er laut zischte und mit den dünnen Beinen über den Boden schlurfte.

Ich zuckte mit den Schultern, blickte ein letztes Mal auf Wladimir Sergejewitsch und schritt über den ausladenden Platz zum Hotel.

Der Portier, ein echter Hüne, riss vor mir die Tür auf und rief: »Willkommen!«

Ich blieb stehen. »Ach, wissen Sie zufällig, was das für ein Denkmal ist?«, fragte ich.

Der Portier blickte über meinen Kopf hinweg auf den Platz. In seinen Zügen war Verwirrung zu erkennen. »Steht das nicht dran?«

»Doch«, sagte ich. »Aber wer hat das Denkmal errichtet? Und warum?«

Der Portier trat von einem Fuß auf den anderen. »Ich bitte um Verzeihung«, sagte er kleinlaut. »Die Frage kann ich Ihnen beim besten Willen nicht beantworten. Es steht schon lange da, und ich bin erst seit Kurzem im Hotel. Ich möchte Sie nicht falsch informieren. Vielleicht kann der Empfangschef ...«

Ich seufzte. »Schon gut, vergessen Sie's. Wo ist hier ein Telefon?«

»Dort rechts, wenn ich bitten darf«, antwortete der Portier erleichtert.

Der Empfangschef wollte mir entgegeneilen, doch ich schüttelte den Kopf, nahm den Hörer und wählte Riemaiers Nummer. Diesmal war die Leitung besetzt. Ich ging zum Lift und fuhr ins achte Stockwerk hinauf.

Riemaier empfing mich im Bademantel, unter welchem Hosen und Schuhe hervorsahen; sein Gesicht war ungewöhnlich schlaff, die Bewegungen schwerfällig. Im Zimmer roch es nach abgestandenem Tabakrauch, der Aschenbecher auf dem Tisch war voller Stummel. Überhaupt herrschte eine fürchterliche Unordnung. Ein Sessel war umgekippt, auf dem Sofa lag ein zusammengeknülltes Hemd, offensichtlich von einer Frau, unter dem Fensterbrett und unter dem Tisch lagen haufenweise leere Flaschen.

»Womit kann ich dienen?«, erkundigte sich Riemaier unfreundlich und blickte auf mein Kinn. Er schien eben aus der Wanne gestiegen zu sein, denn die spärlichen hellen Haare auf seinem langen Schädel waren feucht.

Ich reichte ihm meine Karte. Riemaier las sie aufmerksam, schob sie in die Tasche seines Bademantels und sagte, wobei er wieder auf mein Kinn sah: »Nehmen Sie Platz.«

Ich setzte mich.

»Sie kommen ungünstig«, sagte er. »Ich habe schrecklich viel zu tun und nicht eine Minute Zeit.«

»Ich habe heute mehrere Male versucht, Sie anzurufen«, sagte ich.

»Eben bin ich zur Tür herein … Wie heißen Sie?«

»Iwan.«

»Und mit Nachnamen?«

»Shilin.«

»Sehen Sie, Shilin … Um es kurz zu machen: Ich muss weg, sobald ich mich angezogen habe …« Er rieb sich die welken Wangen. »Ja, damit wäre eigentlich alles gesagt … Aber wenn Sie wollen, können Sie hier auf mich warten. Sollte ich in einer Stunde nicht zurück sein, kommen Sie morgen um zwölf wieder. Ja, und schreiben Sie mir Ihre Adresse und Ihre Telefonnummer auf, am besten gleich auf den Tisch ...« Er warf den Bademantel ab und ging, ihn hinter sich herschleifend, ins Nebenzimmer. »Schauen Sie sich einstweilen die Stadt an. Ein schlimmes Städtchen ... Mit der müssen Sie sich ohnehin befassen. Mich kotzt sie mittlerweile an.« Er kam zurück und band sich den Schlips. Seine Hände zitterten, das Gesicht war welk und grau. Ich spürte plötzlich, dass ich ihm nicht traute, und sein Anblick war mir so unangenehm, als sei er ein verwahrloster, kranker Mann.

»Sie sehen schlecht aus«, sagte ich. »Sie haben sich sehr verändert.«

Riemaier blickte mir zum ersten Mal in die Augen. »Woher wissen Sie, wie ich früher war?«

»Ich habe Sie bei Maria gesehen. Sie rauchen zu viel, Riemaier, und der Tabak ist jetzt durchweg voll mit Dreck.«

»Ach was, Tabak«, sagte er plötzlich gereizt. »Hier ist alles voller Dreck. Ansonsten haben Sie recht, ich müsste wirklich aufhören.« Nachdenklich zog er sich die Jacke an. »Ja, ich müsste aufhören«, wiederholte er. »Ich hätte gar nicht anfangen sollen.«

»Wie geht die Arbeit voran?«

»Lief schon mal schlechter. Eine überaus interessante Arbeit.« Er grinste unangenehm. »Nun, ich muss mich auf den Weg machen. Ich werde erwartet und möchte mich nicht verspäten. Also, entweder in einer Stunde oder morgen um zwölf.«

Er nickte kurz mit dem Kopf und ging hinaus.

Ich schrieb meine Adresse und Telefonnummer auf das Tischchen, und als mein Fuß gegen einen Haufen Flaschen stieß, dachte ich, die Arbeit müsse tatsächlich interessant sein. Ich rief den Empfangschef an und orderte eine Putzfrau. Eine ausnehmend höfliche Stimme antwortete, der Bewohner des Zimmers habe dem Personal kategorisch verboten, den Raum in seiner Abwesenheit zu betreten, und er habe das Verbot noch einmal erneuert, bevor er das Hotel verließ. »Ach so«, sagte ich und hängte den Hörer auf. Mir gefiel das nicht. Ich erteile nie solche Anordnungen und verheimliche auch nie etwas, nicht einmal mein Notizbuch. Es ist dumm, einen falschen Eindruck zu erwecken, man sollte lieber weniger trinken. Ich richtete den umgekippten Sessel auf und setzte mich hinein, um auf Riemaier zu warten; ich bemühte mich, Gefühle der Unzufriedenheit und Enttäuschung niederzuhalten.

Ich brauchte nicht lange zu warten. Nach fünf Minuten wurde die Tür einen Spaltbreit geöffnet, und ein hübsches Gesicht zeigte sich.

»He!«, sagte das hübsche Gesicht mit etwas rauer Stimme. »Ist Riemaier nicht da?«

»Nein«, antwortete ich. »Aber kommen Sie doch herein.«

Zögernd betrachtete sie mich. Allem Anschein nach hatte sie nur im Vorbeigehen kurz hereinschauen wollen.

»Kommen Sie schon«, forderte ich sie auf. »Sonst langweile ich mich so allein.«

Sie kam tänzelnd näher und blieb vor mir stehen, die Arme in die Seiten gestemmt. Sie hatte eine Stupsnase und eine strubbelige Jungenfrisur. Das Haar war rotblond, und ihre Shorts waren leuchtend rot; die kragenlose Bluse, die sie über der Hose trug, war eigelb. Eine farbenfrohe Erscheinung, noch dazu eine sehr angenehme. Ich schätzte die junge Frau auf fünfundzwanzig Jahre.

»Sie warten?«, fragte sie.

Ihre Augen glänzten. Sie roch nach Wein, Tabak und Parfüm.

»Ja, ich warte«, bestätigte ich. »Setzen Sie sich, warten wir gemeinsam.«

Sie ließ sich mir gegenüber auf die Liege fallen und legte die Füße auf das Telefontischchen.

»Werfen Sie einem arbeitenden Menschen eine Zigarette herüber«, bat sie. »Fünf Stunden hab ich keinen Zug getan.«

»Ich bin Nichtraucher. Soll ich anrufen, dass man welche bringt?«

»Himmel, noch so ein Trauerkloß. Lassen Sie das Telefon, sonst kommt wieder dieses Weibsbild angelaufen. Kramen Sie mal im Aschenbecher, vielleicht findet sich ein längerer Zigarettenstummel!«

Der Aschenbecher war voll mit langen Zigarettenstummeln.

»Sie sind alle mit Lippenstift beschmiert«, sagte ich.

»Geben Sie einen her, das sind meine. Wie heißen Sie?«

»Iwan.«

Sie knipste mit dem Feuerzeug und zündete sich die Zigarette an. »Und ich – Ilina. Sind Sie Ausländer? Ihr Ausländer breitet euch ganz schön aus. Was tun Sie hier?«

»Ich warte auf Riemaier.«

»Aber nein. Was führt Sie zu uns? Bringen Sie sich vor Ihrer Frau in Sicherheit?«

»Ich bin nicht verheiratet«, sagte ich bescheiden. »Ich bin hier, um ein Buch zu schreiben.«

»Ein Buch? Interessant, was Riemaier für Bekannte hat ... Ist hier, um ein Buch zu schreiben! Über das Geschlechtsproblem bei impotenten Sportlern, was? Wie steht's denn bei Ihnen mit dem Geschlechtsproblem?«

»Das ist für mich kein Problem«, sagte ich wieder bescheiden. »Und für Sie?«

Sie nahm die Beine vom Tischchen. »Na, na ... Immer sachte. Sie sind hier nicht in Paris. Stutz dir erst mal die langen Haare. Sitzt da wie einer von den Gammlern ...«

»Wie wer?« Ich war sehr geduldig, denn ich hatte ja noch fünfundvierzig Minuten zu warten.

»Wie einer von den Gammlern. Weißt du, es gibt da solche ...« Sie wedelte mit den Händen an den Ohren.

»Weiß nicht«, sagte ich. »Ich bin noch nicht lange hier. Ich weiß eigentlich gar nichts. Erzählen Sie, es interessiert mich.«

»Nichts da! Bei uns wird nicht gequatscht. Und ich schon gar nicht. Wir machen es kurz – bring her, räum weg, zeig die Zähne, schweig. Berufsgeheimnis. Schon mal was davon gehört?«

»Hab ich«, sagte ich. »Und wo ist das, ›bei uns‹? In einer Artzpraxis?«

Sie schien das ungeheuer komisch zu finden. »In einer Arztpraxis! Ausgerechnet …«, antwortete sie lachend. »Aber du bist kein übler Typ, bist schlagfertig. Bei uns im Büro haben wir auch so einen. Sobald er den Mund aufmacht, biegen sich alle vor Lachen. Wenn wir Fischer zu bedienen haben, wird er eingesetzt. Fischer sind gerne lustig.«

»Trifft das nicht auf jeden zu?«, fragte ich.

»Keineswegs. Die Intels zum Beispiel haben ihn fortgejagt. ›Schafft uns den Dummkopf vom Hals‹, haben sie gesagt … Oder heute, bei den schwangeren Kerlen …«

»Bei wem?«

»Na, bei den Trauerklößen. Hör mal, ich glaube, du kapierst gar nichts. Wo kommst du eigentlich her?«

»Aus Wien«, sagte ich.

»Und? Gibt es bei euch keine Trauerklöße?«

»Sie können sich gar nicht vorstellen, was es in Wien alles gibt – oder nicht gibt!«

»Habt ihr etwa auch keine irregulären Versammlungen?«

»Bei uns sind alle Versammlungen regulär. Wie Buslinien.«

Sie amüsierte sich. »Und Kellnerinnen?«

»Die gibt es. Da gibt es sogar regelrechte Prachtexemplare. Sie sind denn Kellnerin?«

Sie sprang auf. »Nein, mein Lieber, so geht das nicht!«, schrie sie. »Genug Trauerklöße für heute! Du wirst jetzt schön brav mit mir Brüderschaft trinken.« Sie stieß unter dem Fensterbrett eine Flasche nach der anderen um. »Ihr Schufte, alles leer. Trinkst du womöglich nichts? Aha, da ist noch ein bisschen Wermut. Willst du Wermut? Oder soll ich Whisky bestellen?«

»Fangen wir mit Wermut an«, schlug ich vor.

Sie knallte die Flasche aufs Tischchen und nahm zwei Gläser vom Fensterbrett.

»Die muss ich ausspülen, Moment, alles dreckig!« Sie verschwand im Badezimmer und sprach von dort weiter: »Wenn du jetzt auch noch ein Nichttrinker gewesen wärst, ich weiß nicht, was ich mit dir gemacht hätte ... Gott, was für ein Saustall im Badezimmer, wie ich das liebe! Wo hast du dich einquartiert, auch hier?«

»Nein, in der Stadt«, antwortete ich. »In der Zweiten Vorortstraße.«

Sie kehrte mit den Gläsern zurück.

»Mit Wasser oder pur?«

»Bitte pur.«

»Alle Ausländer trinken pur. Bei uns trinkt man komischerweise mit Wasser.« Sie setzte sich auf die Armlehne meines Sessels und legte den Arm um mich. Sie hatte eine starke Fahne. »Na dann, auf ›du‹ ...«

Wir tranken und küssten uns völlig lustlos. Ihre Lippen waren stark geschminkt, die Lider schwer vor Müdigkeit; anscheinend hatte sie die letzte Nacht nicht geschlafen. Sie stellte das Glas ab, suchte sich im Aschenbecher noch eine Kippe und ging hinüber zur Liege.

»Wo dieser Riemaier bleibt!«, beschwerte sie sich. »Sollen wir hier ewig warten? Kennst du ihn schon lange?«

»Nein, nicht sehr lange.«

»Er ist ein Aas«, sagte sie überraschend gehässig. »Erst hat er alles ausgekundschaftet, und jetzt versteckt er sich. Er macht nie auf, der Hund, und nimmt auch nicht den Hörer ab. Was meinst du, ist er ein Spitzel?«

»Was für ein Spitzel?«

»Ach, davon gibt es viele ... Aasgeier ... aus der ›Gesellschaft der Enthaltsamen‹, alles Moralprediger ... Diese ›Kenner‹ oder ›Sachverständigen‹ sind auch ganz schöne Dreckskerle ...«

»Nein. Riemaier ist ein anständiger Mensch«, sagte ich mit einiger Mühe.

»Anständig ... Ihr seid alle anständig. Am Anfang. Riemaier war auch anständig, spielte den Gutmütigen und Lustigen ... Und jetzt? Zieht er ein Gesicht wie ein Krokodil!«

»Der Arme«, sagte ich. »Gewiss ist ihm seine Familie wieder eingefallen, und nun schämt er sich.«

»Er hat gar keine Familie. Und überhaupt. Ach, zum Teufel mit ihm! Soll ich dir noch einen einschenken?«

Wir tranken erneut.

Sie legte sich hin und verschränkte die Arme unter dem Kopf. Dann sagte sie: »Lass dir nicht die Laune verderben. Pfeif drauf. Wein haben wir genug, wir werden tanzen, zum Bibberlein gehen ... Morgen ist Fußball, da setzen wir auf die ›Stiere‹ ...«

»Ich lass mir nicht die Laune verderben. Wenn auf die ›Stiere‹, dann eben auf die ›Stiere‹.«

»Ach, diese ›Stiere‹! Das sind Jungs! Ich kann mich an ihnen nicht sattsehen ... Arme wie aus Eisen, schmiegst du dich an sie, ist dir, als wäre es ein Baum, Ehrenwort ...«

Es wurde an die Tür geklopft.

»Herein!«, brüllte Ilina.

Ein großer, knochiger Mann mittleren Alters mit hellem Schnurrbart und hellen, vorstehenden Augen trat ein.

»Entschuldigung«, sagte er. »Ich wollte zu Riemaier.«

»Hier wollen alle zu Riemaier«, erklärte Ilina. »Nehmen Sie Platz, wir werden zusammen warten.«

Der Unbekannte nickte, setzte sich an den Tisch und schlug die Beine übereinander.

Wahrscheinlich war er nicht zum ersten Mal hier. Er blickte, ohne auch nur den Kopf zu wenden, auf die Wand vor sich. Vielleicht war er aber auch nicht neugierig. Jedenfalls interessierte er sich weder für mich noch für Ilina. Das kam mir sehr merkwürdig vor. Meiner Meinung nach musste ein Paar wie Ilina und ich jeden normalen Menschen interessieren. Ilina stützte sich auf den Ellbogen und musterte den Unbekannten.

»Irgendwo habe ich Sie schon einmal gesehen«, erklärte sie.

»Tatsächlich?«, fragte der Unbekannte kühl.

»Wie heißen Sie?«

»Oscar. Ich bin ein Freund von Riemaier.«

»Na, wunderbar«, rief Ilina. Die Gleichgültigkeit des Unbekannten reizte sie offensichtlich, aber einstweilen beherrschte sie sich. »Das hier ist auch ein Freund von Riemaier«, sie wies auf mich. »Kennen Sie sich?«

»Nein«, erwiderte Oscar und sah nach wie vor auf die Wand.

»Ich heiße Iwan«, sagte ich. »Und das ist Riemaiers Freundin. Sie heißt Ilina. Wir beide haben soeben Brüderschaft getrunken.«

Oscar blickte Ilina gleichmütig an und verbeugte sich höflich.

Ohne Oscar aus den Augen zu lassen, nahm Ilina die Flasche. »Hier ist noch ein kleiner Rest«, sagte sie. »Wollen Sie etwas trinken, Oscar?«

»Nein, danke«, antwortete er kühl.

»Brüderschaft!«, rief Ilina. »Sie wollen nicht? Sollten Sie aber.«

Sie schenkte mir den Wein ein, goss die letzten Tropfen in ihr Glas und trank sofort aus.

»Hätte ich nie gedacht, dass Riemaier Freunde hat, die nicht trinken«, wunderte sie sich. »Und doch habe ich Sie schon einmal irgendwo gesehen!«

Oscar zuckte mit den Schultern. »Wohl kaum«, sagte er.

Ilina geriet zusehends in Wut. »Noch so ein Aas«, teilte sie mir laut mit. »Hallo, Oscar, sind Sie vielleicht ein Intel?«

»Nein.«

»Wie – nein?«, empörte sie sich. »Klar sind Sie ein Intel. Sie haben sich im ›Wiesel‹ mit dem glatzköpfigen Lejs geprügelt, den Spiegel zertrümmert, und dann hat Modi Ihnen eine runtergeknallt …«

Oscars versteinertes Gesicht färbte sich zartrosa. »Ich versichere Ihnen«, sagte er ausgesucht höflich, »ich bin kein Intel, und ich bin nie im ›Wiesel‹ gewesen.«

»Wollen Sie damit sagen, dass ich lüge?«, fragte Ilina.

Für alle Fälle nahm ich die Flasche vom Tisch und stellte sie unter den Sessel.

»Ich bin nicht von hier«, erklärte Oscar. »Ich bin Tourist.«

»Sind Sie schon lange hier?«, erkundigte ich mich, um die Situation zu beruhigen.

»Nein, erst seit Kurzem«, antwortete Oscar. Er blickte nach wie vor auf die Wand. Ein Mensch mit eiserner Selbstbeherrschung.

»Ah!«, rief Ilina plötzlich. »Ich hab's. Das war vorhin ein Irrtum.« Sie lachte laut. »Natürlich sind Sie kein Intel. Sie waren vorgestern bei uns im Büro. Sie sind ein Handlungsreisender, stimmt's? Sie haben unserem Chef irgendeinen Plunder angeboten … ›Djugon‹ oder ›Djupon‹ …«

»Dewon«, soufflierte ich. »Das ist ein Repellent.«

Oscar lächelte zum ersten Mal. »Richtig«, sagte er. »Aber ich bin natürlich kein Handlungsreisender. Ich habe lediglich im Auftrag eines Verwandten gehandelt.«

»Das ist eine andere Sache.« Ilina sprang auf. »Das hätten Sie sagen sollen. Iwan, wir drei müssen Brüderschaft trinken. Ich rufe an … Nein, besser, ich laufe schnell selbst hinunter. Und Sie plaudern hier inzwischen. Ich bin gleich zurück …«

Sie rannte hinaus und knallte die Tür hinter sich zu.

»Ein munteres Weibsbild«, sagte ich.

»Ja, sehr. Sind Sie von hier?«

»Nein, ich bin ebenfalls neu hier ... Seltsam, diese Bitte Ihres Verwandten!«

»Wie meinen Sie das?«

»Wer braucht ›Dewon‹ in einem Kurort?«

Oscar zuckte die Schultern. »Ich kann das schwer beurteilen, ich bin kein Chemiker. Aber Sie werden mir sicher zustimmen, dass es nicht immer einfach ist, das Verhalten seiner nächsten Verwandten zu verstehen, von ihren Fantasien ganz zu schweigen ... Also ist ›Dewon‹, wie nannten Sie es, ein Reze...«

»Ein Repellent«, sagte ich.

»Für Mücken?«

»Nicht so sehr für als vielmehr gegen sie.«

»Sie kennen sich aus, wie ich sehe«, sagte Oscar.

»Ich musste es schon einmal anwenden.«

»Ach, so ist das ...«

Was soll das?, dachte ich. Was will er damit sagen? Er blickte nicht mehr auf die Wand. Er blickte mir jetzt direkt in die Augen und lächelte. Aber wenn er etwas hatte sagen wollen, dann hatte er es schon gesagt. Er stand auf.

»Ich möchte nicht länger warten«, erklärte er. »Wenn ich recht verstehe, will man mich dazu nötigen, Brüderschaft zu trinken. Doch ich bin nicht hergekommen, um zu trinken. Ich bin hergekommen, um gesund zu werden. Bestellen Sie Riemaier bitte, dass ich ihn heute Abend anrufe. Sie werden es doch nicht vergessen?«

»Nein«, sagte ich. »Ich werde es nicht vergessen. Weiß er, um wen es sich handelt, wenn ich sage, dass Oscar hier war?«

»Gewiss, das ist mein richtiger Name.«

Er verbeugte sich und ging, ohne sich noch einmal umzusehen, stocksteif und ein wenig unnatürlich hinaus. Ich stöberte im Aschenbecher, nahm eine Kippe ohne Lippenstift heraus und rauchte ein paar tiefe Züge. Der Tabak war nicht nach meinem Geschmack; ich drückte die Kippe aus. Oscar war ebenfalls nicht nach meinem Geschmack. Auch Ilina nicht. Das Gleiche galt für Riemaier. Ich hob die Flaschen eine nach der anderen hoch. Sie waren alle leer.

4

Ich wartete nicht, bis Riemaier kam. Ilina ließ sich auch nicht mehr blicken. Ich hatte keine Lust, noch länger in dem vollgerauchten Zimmer zu sitzen, und fuhr ins Vestibül hinunter. Ich wollte zu Mittag essen, blieb stehen und sah mich nach dem Restaurant um.

Im selben Moment tauchte der Empfangschef vor mir auf. »Zu Ihren Diensten«, säuselte er. »Suchen Sie ein Auto? Restaurant? Bar? Salon?«

»Was für ein Salon?«, fragte ich.

»Der Frisiersalon.« Höflich betrachtete er meine Frisur. »Heute empfängt Meister Gaoej. Den kann ich wärmstens empfehlen.«

Ich glaubte mich zu erinnern, dass Ilina mich einen langhaarigen Gammler genannt hatte, und sagte: »Gut, meinetwegen.«

»Wenn Sie mir bitte folgen wollen«, sagte der Empfangschef.

Wir querten das Vestibül. Der Empfangschef öffnete eine breite, niedrige Tür und sagte in die Leere des großen Raumes hinein: »Verzeihen Sie, Meister, ein Kunde für Sie.«

»Bitte«, sagte eine ruhige Stimme.

Ich trat ein. Im Salon war es hell und duftete. Glänzendes Nickel, glänzende Spiegel, glänzendes altertümliches Parkett. Von der Decke hingen an glänzenden Stangen glänzende Halbkugeln herunter. Mitten im Saal stand ein großer weißer Sessel. Der Meister kam mir entgegen. Er hatte scharfe, reglose Augen, eine Hakennase und einen grauen Spitzbart. Er erinnerte mich an einen alten, erfahrenen Chirurgen. Schüchtern grüßte ich. Er nickte und ging, mich von Kopf bis Fuß musternd, einmal um mich herum. Mir wurde unbehaglich.

»Bringen Sie mich in Einklang mit der jetzigen Mode«, sagte ich, bemüht, ihn nicht aus dem Blickfeld zu verlieren. Doch er hielt mich sanft am Ärmel fest, atmete ein paar Sekunden lang hinter mir und murmelte: »Zweifellos … Ganz ohne Zweifel …« Dann spürte ich, wie er meine Schulter berührte.

»Gehen Sie bitte ein Stückchen«, bat er streng. »Fünf, sechs Schritte, dann bleiben Sie stehen und drehen sich um.«

Ich gehorchte. Nachdenklich betrachtete er mich und zupfte sich dabei am Bart. Ich hatte den Eindruck, als zögere er.

»Übrigens«, sagte er unvermittelt. »Sie können sich setzen.«

»Wohin?«, fragte ich.

»In den Sessel, in den Sessel«, antwortete er.

Ich setzte mich, und er kam langsam näher. Auf seinem intelligenten Gesicht erschien plötzlich ein Ausdruck von großem Ärger.

»Wie kann man nur?«, sagte er. »Das ist doch wirklich grauenhaft!«

Ich wusste nicht, was ich antworten sollte.

»Primitiv … disharmonisch …«, murmelte er. »Abscheulich!«

»Ist es tatsächlich so schlimm?«, wollte ich wissen.

»Ich begreife nicht, was Sie bei mir wollen«, sagte er. »Sie messen Ihrem Äußeren doch keinerlei Bedeutung bei!«

»Vom heutigen Tag an werde ich es tun«, versprach ich.

Er winkte ab. »Ach, lassen Sie! Ich werde mich mit Ihnen beschäftigen, aber ...« Er schüttelte den Kopf, wandte sich geschwind um und ging zu einem hohen Tisch voller blitzender Instrumente. Die Sessellehne senkte sich allmählich, und ich geriet in eine halb liegende Position. Eine große, wärmestrahlende Halbkugel schwebte herab, und sogleich stachen mich Hunderte von winzigen Nadeln ins Genick. Ich empfand – ein merkwürdiges Gefühl – Schmerz und Wohlbehagen zugleich.

»Ist es vorbei?«, fragte der Meister, ohne sich umzuwenden.

Die Empfindung war vorüber.

»Ja, es ist vorbei«, antwortete ich.

»Sie haben eine gute Haut«, knurrte der Meister mit einem Beiklang von Zufriedenheit.

Er brachte einen Satz ungewöhnlicher Instrumente und machte sich daran, meine Wangen abzutasten. »Und trotzdem hat Mirosa ihn geheiratet«, sagte er plötzlich. »Ich hatte alles erwartet, nur das nicht. Nachdem Lewant so viel für sie getan hatte ... Erinnern Sie sich an den Moment, als sie bei der sterbenden Pini weinten? Man wäre jede Wette eingegangen, dass sie für immer zusammenbleiben. Und nun heiratet sie diesen Literaten, stellen Sie sich das vor.«

Ich habe einen Grundsatz: jedes Gespräch aufzugreifen. Wenn man nicht weiß, worum es sich dreht, ist es besonders interessant.

»Das wird nicht von Dauer sein«, sagte ich überzeugt. »Literaten sind unbeständig, kann ich Ihnen versichern. Ich bin selbst einer.«

Seine Finger erstarben sekundenlang an meinen Schläfen. »Darauf wäre ich nicht gekommen«, bekannte er. »Dennoch ist es eine Ehe, wenn sie auch nur auf dem Standesamt geschlossen wurde. Ich muss unbedingt meine Frau anrufen. Sie war sehr niedergeschlagen.«

»Begreiflich«, sagte ich. »Obwohl ich immer den Eindruck hatte, als sei Lewant zunächst in diese ... Pini verliebt gewesen.«

»Verliebt?«, rief der Meister, während er von der anderen Seite anrückte. »Zweifellos hat er sie geliebt! Wahnsinnig sogar! So wie nur ein einsamer, von allen verschmähter Mann lieben kann!«

»Und deshalb ist es ganz natürlich, dass er nach Pinis Tod bei ihrer besten Freundin Trost suchte ...«

»Bei ihrer Freundin ... ja«, sagte der Meister beifällig, während er mich hinter dem Ohr kitzelte. »Pini ging Mirosa über alles. Freundin ... Ja, das ist ein sehr treffendes Wort! Man spürt sofort, dass Sie Literat sind. Und Mirosa ging Pini über alles.«

»Sehen Sie«, griff ich den Faden auf. »Pini hat doch von Anfang an geahnt, dass Lewant etwas für Mirosa übrighatte.«

»Oh, gewiss. Für dergleichen sind sie ungeheuer feinfühlig. Das war jedem klar, meiner Frau fiel das sofort auf. Ich erinnere mich, dass sie mich jedes Mal anstieß, wenn Pini sich auf Mirosas Lockenköpfchen setzte und Lewant dann so verschmitzt, wissen Sie, so abwartend anblickte.«

Diesmal gab ich keine Antwort.

»Überhaupt bin ich zutiefst überzeugt«, fuhr er fort, »dass Vögel nicht weniger feinfühlig sind als Menschen.«

Aha, dachte ich und sagte: »Ich weiß nicht, wie Vögel im Allgemeinen sind, aber Pini war sicher bedeutend feinfühliger als Sie und ich.«

Etwas summte kurz über meinem Scheitel, leise klirrte Metall.

»Sie sprechen haargenau wie meine Frau«, bemerkte der Meister. »Bestimmt gefällt Ihnen Dan. Ich war erschüttert, als er es schaffte, dieser japanischen Herzogin, mir ist ihr Name entfallen, den Bunkin zu machen. Denn niemand, keine Menschenseele, hatte Dan geglaubt. Selbst der japanische König …«

»Verzeihen Sie«, sagte ich. »Bunkin?«

»Richtig, Sie sind ja nicht vom Fach. Nun, Sie erinnern sich doch an den Augenblick, als die japanische Herzogin aus der Folterkammer tritt. Ihr Haar, ein hoher Wall hellblonden Haares, ist mit kostbaren Kämmen geschmückt …«

»Ah …«, erriet ich. »Eine Frisur.«

»Ja, sie kam im vergangenen Jahr sogar vorübergehend in Mode. Obwohl bei uns nur wenige einen richtigen Bunkin zustande brachten, wie auch einen richtigen Chignon, nebenbei bemerkt. Und selbstverständlich wollte niemand glauben, dass Dan mit verbrannten Händen, halb blind … Sie erinnern sich, wie er erblindete?«

»Das war erschütternd«, sagte ich.

»Oh, Dan war ein wirklicher Meister. Einen Bunkin ohne Elektrobearbeitung zu machen, ohne Bioabtastung … Wissen Sie«, fuhr er fort, und in seiner Stimme war Bewegung zu vernehmen. »Mir ist gerade in den Sinn gekommen, dass Mirosa, falls sie sich von diesem Literaten trennt, nicht Lewant, sondern Dan heiraten muss. Sie wird ihn im Sessel auf die Terrasse fahren, und sie werden im Mondschein dem Gesang der Nachtigallen lauschen … Gemeinsam, zu zweit …«

»Und vor Glück still weinen«, sagte ich.

»Ja …« Dem Meister versagte die Stimme. »Das wäre nur gerecht. Sonst weiß ich einfach nicht … begreife ich nicht, wozu unser ganzer Kampf … Nein, wir müssen Forderungen stellen. Gleich heute werde ich zur Gewerkschaft gehen.«

Wieder blieb ich stumm. Der Meister atmete stoßweise an meinem Ohr.

»Sollen sie sich doch von den Automaten rasieren lassen«, sagte er plötzlich rachsüchtig. »Sollen sie doch wie gerupfte Gänse herumlaufen. Wir haben sie einmal ausprobieren lassen, wie das ist, und dann wollen wir jetzt mal sehen, ob es ihnen gefallen hat.«

»Ich fürchte, das wird nicht einfach sein«, sagte ich vorsichtig, weil ich keine Ahnung hatte, worum es ging.

»Wir Meister sind Schwierigkeiten gewohnt. Jawohl! Wenn bei Ihnen eine fette Vogelscheuche auftaucht, verschwitzt und scheußlich, und Sie aus ihr einen Menschen machen sollen oder zumindest etwas, was sich im Alltagsleben nicht von einem Menschen unterscheidet, was ist denn das – etwa einfach? Erinnern Sie sich noch, was Dan sagte? ›Eine Frau bringt einmal in neun Monaten einen Menschen zur Welt, wir Meister machen das jeden Tag.‹ Sind das nicht herrliche Worte?«

»Dan sprach von den Friseuren?«, fragte ich für alle Fälle.

»Dan sprach von den Meistern! ›Mit uns steht und fällt die Schönheit der Welt‹, sagte er. Und dann noch, erinnern Sie sich? ›Um aus dem Affen einen Menschen zu machen, musste Darwin ein ausgezeichneter Meister sein.‹«

Ich beschloss zu passen und bekannte: »Daran erinnere ich mich nun nicht.«

»Sehen Sie sich ›Die Rose des Salons‹ schon lange an?«

»Ich bin ja erst seit Kurzem hier.«

»Ach so. Dann haben Sie eine Menge versäumt. Meine Frau und ich sehen sie uns schon das siebte Jahr an, jeden Dienstag. Nur einmal haben wir ausgesetzt. Ich hatte einen Anfall gehabt und das Bewusstsein verloren. Aber in der ganzen Stadt gibt es nur einen, der keine Folge ausgelassen hat – Meister Mil aus dem Zentralsalon.«

Er trat ein paar Schritte zurück, schaltete verschiedenfarbige Soffitten ein und aus und hantierte dann weiter.

»Das siebte Jahr«, wiederholte er. »Und nun stellen Sie sich vor: Im vorvorigen Jahr ermorden sie plötzlich Mirosa, werfen Lewant auf Lebenszeit in die japanischen Folterkammern, und Dan verbrennen sie auf dem Scheiterhaufen. Können Sie sich das vorstellen?«

»Unmöglich«, sagte ich. »Dan? Auf dem Scheiterhaufen? Giordano Bruno wurde freilich ebenfalls auf dem Scheiterhaufen verbrannt.«

»Möglich«, sagte der Meister ungeduldig. »Jedenfalls wurde uns klar, dass sie die Serie auf schnellstem Wege absetzen wollten. Aber das haben wir nicht geduldet. Wir riefen einen Streik aus und kämpften drei Wochen lang. Mil und ich standen vor den Friseurautomaten Streikposten. Und ich muss Ihnen sagen, ein bedeutender Teil der Einwohner sympathisierte mit uns.«

»Wäre ja auch gelacht«, sagte ich. »Und dann? Haben Sie gesiegt?«

»Wie Sie sehen. Jetzt wissen die im Telezentrum, mit wem sie es zu tun haben. Wir sind keinen Schritt zurückgewichen und werden auch nicht zurückweichen, wenn's drauf ankommt. Jedenfalls spannen wir seitdem wie in alten Zeiten jeden Dienstag richtig aus.«

»Und an den übrigen Tagen?«

»An denen warten wir auf den Dienstag und rätseln, womit ihr Literaten uns erfreuen werdet, streiten und schließen Wetten ab. Übrigens, so viel Muße haben wir Meister gar nicht.«

»Viel Kundschaft?«

»Nein, das ist es nicht. Ich denke an die Arbeit zu Hause. Meister zu werden ist nicht schwer, es ist schwer, Meister zu bleiben. Eine Unmenge an Literatur, neuen Methoden, neuen Verfahren, und alles muss man verfolgen, muss unaufhörlich experimentieren, forschen und die Grenzgebiete beobachten – die Bionik, die plastische Medizin, die Organik. Dann, wissen Sie, sammelt sich Erfahrung an und wächst das Bedürfnis, sich mitzuteilen. So schreiben Mil und ich nun bereits das zweite Buch, und buchstäblich jeden Monat müssen wir im Manuskript Verbesserungen vornehmen. Es veraltet mit jedem Tag. Jetzt beende ich gerade einen Artikel über eine wenig bekannte Eigenschaft des nichtplastischen, von Geburt an geraden Haares, und wissen Sie, ich habe praktisch keine Chance, der Erste zu sein. Allein in unserem Land kenne ich drei Meister, die sich mit demselben Problem beschäftigen. Und das ist nicht verwunderlich: Das nichtplastische, von Geburt an gerade Haar ist ein höchst aktuelles Problem. Denn es gilt als absolut nichtästhetisierbar. Aber das wird Sie sicher nicht interessieren. Literat sind Sie?«

»Ja«, antwortete ich.

»Wissen Sie, während des Streiks habe ich flüchtig einen Roman gelesen. Ob der von Ihnen war?«

»Keine Ahnung«, sagte ich. »Worum ging es denn?«

»Nun, ich kann es Ihnen nicht mehr ganz genau sagen. Der Sohn verkrachte sich mit dem Vater und hatte einen Freund, einen unsympathischen Menschen mit merkwürdigem Nachnamen … Er schlachtete Frösche …«

»Ich kann mich nicht erinnern«, log ich. Armer Iwan Sergejewitsch!

»Ich kann mich auch nicht erinnern. Irgendein Quatsch. Ich habe einen Sohn, aber der verkracht sich nie mit mir. Und nie quält er Tiere, höchstens als Kind …«

Wieder trat er zurück und ging, mich betrachtend, langsam um mich herum. Seine Augen glänzten; er schien sehr zufrieden zu sein.

»Dabei können wir es wohl bewenden lassen«, meinte er.

Ich kletterte aus dem Sessel.

»Nicht übel«, murmelte der Meister. »Wirklich, gar nicht übel.«

Ich stellte mich vor den Spiegel, und er schaltete die Lampen ein. Sie strahlten mich von allen Seiten an, sodass auf meinem Gesicht kein Schatten lag. Zunächst fiel mir nichts auf. Ich war, wie ich war. Dann merkte ich, dass das nicht ganz stimmte: Das war besser als ich. Viel besser als ich. Schöner. Herzlicher. Bedeutender. Und ich schämte mich, als hätte ich mich vorsätzlich für jemanden ausgegeben, dem ich nicht das Wasser reichen konnte.

»Wie haben Sie das fertiggebracht?«, fragte ich halblaut.

»Das war eine Kleinigkeit«, antwortete der Meister und lächelte sonderbar. »Sie haben sich, obwohl gründlich vernachlässigt, als recht unkomplizierter Kunde entpuppt.«

Wie Narziss stand ich vor dem Spiegel und konnte mich nicht losreißen. Dann wurde mir plötzlich unheimlich. Der Meister war ein Zauberer, ein böser Zauberer, wenngleich er das selber gar nicht ahnte. Im Spiegel stand, von Scheinwerfern angestrahlt, ungewöhnlich attraktiv und das Auge erfreuend, eine Lüge. Eine kluge, schöne, bedeutende Leere. Nein, natürlich keine Leere – so eine niedrige Meinung hatte ich nicht von mir, aber der Kontrast war allzu groß. Meine ganze innere Welt, alles, was ich sonst so an mir schätzte – das brauchte ich jetzt nicht mehr. Es war überflüssig. Ich blickte den Meister an. Er lächelte.

»Haben Sie viele Kunden?«, erkundigte ich mich.

Er begriff meine Frage nicht, und ich wollte auch gar nicht, dass er sie begriff.

»Seien Sie unbesorgt«, antwortete er. »An Ihnen werde ich stets mit Vergnügen arbeiten. Hochwertiges Rohmaterial.«

»Danke«, sagte ich gesenkten Blicks, um sein Lächeln nicht sehen zu müssen. »Danke. Ich darf mich verabschieden.«

»Vergessen Sie nicht zu bezahlen«, sagte er gutmütig. »Wir Meister schätzen unsere Arbeit sehr.«

»Ja, natürlich«, besann ich mich. »Selbstredend. Wie viel bin ich Ihnen schuldig?«

Er nannte den Preis.

»Wie?«, fragte ich und kam zu mir.

Er wiederholte es vergnügt.

»Das ist Wahnsinn«, sagte ich ehrlich.

»Das ist der Preis der Schönheit«, erklärte er. »Sie sind als gewöhnlicher Tourist gekommen und gehen als König der Natur. Ist es nicht so?«

»Als falscher Demetrius gehe ich«, murmelte ich, während ich das Geld hervorholte.

»Na, na, warum so verbittert?«, meinte er schmeichelnd. »Selbst ich weiß das nicht sicher. Und auch Sie sind nicht überzeugt. Noch zwei Dollar, bitte … Ich danke Ihnen. Hier sind fünfzig Cent zurück. Sie haben doch nichts gegen Cents?«

Ich hatte nichts gegen Cents. Ich wollte möglichst rasch weg.

Ich stand eine Weile im Vestibül, um mich zu fassen, und schaute durch die Glaswand auf den Jurkowski aus Metall. Im Grunde war das alles gar nicht so neu. Im Grunde waren Millionen Menschen keineswegs das, wofür sie sich ausgaben. Aber dieser verfluchte Meister hatte einen Empiriokritizisten aus mir gemacht. Die Realität tarnte sich mit schönen Hieroglyphen. Ich glaubte plötzlich nicht mehr, was ich in dieser Stadt sah. Der aus Stereoplast gegossene Platz war in Wirklichkeit gar nicht so schön. Unter den eleganten Umrissen der Automobile schienen sich unheilvolle, abscheuliche Formen zu verbergen. Und die reizende Frau dort war in Wirklichkeit eine ekelhaft stinkende Hyäne, ein geiles, stumpfsinniges Schweinchen. Ich schloss die Augen und schüttelte den Kopf. In der Nähe blieben zwei geschniegelte Greise stehen und stritten voll Eifer, ob geschmortem oder in Federn gebackenem Fasan der Vorzug zu geben sei. Sabbernd, schmatzend und keuchend zankten sie sich und schnipsten sich gegenseitig mit knochigen Fingern unter der Nase. Diesen beiden hätte kein Meister helfen können. Sie waren selber Meister und verhehlten es nicht. Jedenfalls machten sie wieder einen Materialisten aus mir … Ich rief den Empfangschef und fragte ihn, wo das Restaurant sei.

»Genau vor Ihnen«, antwortete er und blickte lächelnd auf die streitenden Greise. »Jede Küche der Welt.«

Den Eingang zum Restaurant hatte ich für das Tor zu einem botanischen Garten gehalten. Ich ging in den Garten hinein, schob mit den Händen die Zweige der exotischen Bäume auseinander und trat bald auf weichen Rasen, bald auf unebene Muschelkalkplatten. In dem üppigen, kühlen Grün zwitscherten unsichtbare Vögel. Gedämpfte Stimmen waren zu hören, das Klirren von Besteck, Lachen. Ein goldfarbener kleiner Vogel flog dicht an mir vorbei; nur mit Mühe hielt er das Kaviarschnittchen, das er im Schnabel trug, fest.

»Zu Ihren Diensten«, sagte eine tiefe, weiche Stimme. Aus dem Dickicht war ein großer, stattlicher Mann mit Hängebacken getreten. »Mittagessen«, sagte ich kurz. Oberkellner mag ich nicht.

»Mittagessen …«, wiederholte er bedeutsam. »Mittagessen in Gesellschaft? Oder ein Einzeltisch?«

»Ein Einzeltisch. Wenngleich …«

Schon hatte er ein Notizbuch in der Hand. »Mrs. und Miss Hamilton-Ray wünschen sich einen Herrn Ihres Alters an ihrem Tisch …«

»Weiter«, bat ich.

»Vater Geoffroi …«

»Ich würde einen Einheimischen vorziehen«, sagte ich.

Er wandte das Blatt um. »Eben hat Doktor der Philosophie Opir Platz genommen.«

»Bitte«, sagte ich.

Er steckte das Notizbuch ein und führte mich den mit Sandsteinplatten belegten Gang entlang. Ringsum wurde gesprochen und gegessen, zischten Siphons, im Laubwerk huschten Kolibris wie farbenprächtige Bienen umher. Der Oberkellner erkundigte sich höflich: »Wie darf ich Sie vorstellen?«

»Iwan. Tourist und Literat.«

Doktor Opir war etwa fünfzig Jahre alt. Er gefiel mir auf Anhieb, weil er sogleich den Oberkellner losscheuchte, um uns einen Kellner zu schicken. Er war dick, hatte ein rotes Gesicht und redete und bewegte sich unaufhörlich und mit großem Vergnügen.

»Sparen Sie sich die Mühe«, sagte er, als ich nach der Speisekarte griff. »Kennen wir alles. Wodka, Anchovis mit Ei – bei uns nennt man das Pazifik-Schnittchen –, Kartoffelsuppe ›Like‹ ...«

»Mit saurer Sahne«, ergänzte ich.

»Selbstverständlich! Gedünsteter Stör nach Astrachaner Art, ein Scheibchen Kalbfleisch ...«

»Ich möchte Fasan. In Federn gebacken.«

»Nicht doch. Jetzt ist nicht die Saison dafür. Ein Scheibchen Rindfleisch, Aal in süßer Marinade ...«

»Kaffee«, sagte ich.

»Kognak«, versetzte er.

»Kaffee mit Kognak.«

»Gut. Kognak und Kaffee mit Kognak. Ein blasser Wein zum Fisch und eine gute natürliche Zigarre ...«

Es erwies sich als sehr angenehm, mit dem Doktor der Philosophie Opir zu speisen. Man konnte essen, trinken und zuhören. Man brauchte aber auch nicht zuzuhören. Doktor Opir bedurfte keines Gesprächspartners. Er bedurfte eines Zuhörers. Ich war unbeteiligt, gab keine Replik von mir, während Doktor Opir genüsslich Reden schwang, fast ohne zu stocken. Dabei fuchtelte er mit der Gabel, doch die Teller und Schalen wurden dennoch mit geradezu mysteriöser Geschwindigkeit leer. Nie war mir jemand begegnet, der kauend und mit vollgestopftem Mund so kunstfertig gesprochen hätte!

»Die Wissenschaft! Ihre Majestät die Wissenschaft!«, rief er. »Sie ist lange und unter Qualen gereift, aber ihre Früchte sind üppig und süß. Verweile, Augenblick, du bist so schön! Hunderte von Generationen wurden geboren, litten und starben, und nie wollte jemand diese Beschwörungsformel aussprechen. Wir haben außerordentliches Glück. Wir sind in der größten aller Epochen geboren – in der Epoche der Erfüllung unserer Wünsche. Kann sein, dass noch nicht jeder das versteht, aber neunundneunzig Prozent meiner Mitbürger leben schon jetzt in einer Welt, in der dem Menschen praktisch alles erreichbar ist. O Wissenschaft! Endlich hast du die Menschheit befreit! Du hast gegeben, gibst und wirst uns von nun an alles geben … Speise – vorzügliche Speise! –, Kleidung – vorzügliche Kleidung, für jeden Geschmack und in jeder Menge! –, Wohnung – vorzügliche Wohnung! Liebe, Freude, Zufriedenheit, und für diejenigen, die des Glückes müde sind – süße Tränen, kleine rettende Kümmernisse, wohltuende tröstliche Sorgen, die uns in den eigenen Augen Bedeutung verleihen. Ja, wir Philosophen haben die Wissenschaft viel und boshaft gescholten. Wir riefen die Ludditen auf, die Maschinen zu zerstören, wir verfluchten Einstein, der unser Weltall verriet, wir brandmarkten Wiener, der einen Anschlag auf unser göttliches Wesen verübte. Nun wohl, dieses göttliche Wesen haben wir tatsächlich eingebüßt. Die Wissenschaft raubte es uns. Aber als Entgelt! Als Entgelt brachte sie die Menschheit an die üppigen Festtafeln des Olymps … Aha, da ist ja schon die Kartoffelsuppe, die göttliche ›Like‹! Nein, nein, machen Sie es wie ich. Nehmen Sie das Löffelchen da. Ein klein wenig Essig und ein bisschen pfeffern. Mit dem anderen Löffelchen, diesem da, schöpfen Sie saure Sahne. Nein, nein, langsam, rühren Sie ganz langsam. Das ist auch eine Wissenschaft, eine der ältesten, jedenfalls älter als unsere Universalsynthese. Apropos, besuchen Sie unbedingt unsere Synthetisatoren ›Horn der Amalthea AK‹. Sie sind ja kein Chemiker? Richtig, Sie sind Literat! Darüber muss man schreiben, das ist das größte Geheimnis des heutigen Tages, Beefsteaks aus Luft, Spargel aus Lehm, Trüffel aus Sägespänen. Schade, dass Malthus tot ist! Die ganze Welt würde ihn jetzt auslachen. Selbstverständlich hatte er Gründe für seinen Pessimismus. Bereitwillig stimme ich denen zu, die ihn sogar für genial halten. Aber er war unwissend und übersah die Perspektiven der Naturwissenschaften. Er gehörte zu den unglückseligen Genies, die gesellschaftliche Entwicklungsgesetze just in dem Moment entdecken, da sie unwirksam werden. Er tut mir aufrichtig leid. Denn die Menschheit war für ihn eine Milliarde gierig aufgerissener Münder. Er fuhr nachts vor Entsetzen aus dem Schlaf auf. Wahrhaftig ein ungeheuerlicher Albtraum: eine Milliarde aufgerissener Rachen und kein einziger Kopf! Ich blicke zurück und stelle voll Bitterkeit fest, wie blind sie waren – die Erschütterer der Gemüter und Herrscher über das Denken der nicht fernen Vergangenheit. Ihr Bewusstsein war von unablässigem Schrecken überschattet. Soziale Darwinisten! Sie sahen nur den ständigen Existenzkampf. Menschenmassen, rasend vor Hunger, die einander für einen Platz an der Sonne zerfetzten, als wäre er einzig, dieser Platz, als würde die Sonne nicht für alle reichen! Und Nietzsche … Vielleicht taugte er für die hungrigen Sklaven der Pharaonenzeiten mit seiner unheilvollen Propagierung der Herrenrasse, mit seinen Übermenschen jenseits von Gut und Böse. Wer wünscht heute noch jenseits zu sein? Auch diesseits ist es nicht übel, habe ich recht? Es gab natürlich Marx und Freud. Marx zum

Beispiel begriff als Erster, dass es auf die Ökonomie ankommt. Er begriff: Das Fundament des Goldenen Zeitalters zu legen bedeutet, die Ökonomie den Händen der gierigen Dummköpfe und Fetischisten zu entreißen, sie zu verstaatlichen und unbeschränkt zu entwickeln. Und Freud zeigte, wozu wir dieses Goldene Zeitalter eigentlich brauchen. Erinnern Sie sich an die Ursache für alle Missgeschicke des Menschengeschlechts – die unbefriedigten Instinkte, die unerwiderte Liebe und der ungestillte Hunger? Aber da erscheint Ihre Majestät die Wissenschaft und schenkt uns Befriedigung. Und wie schnell das ging! Noch sind die Namen der finsteren Propheten nicht vergessen, und schon … Wie finden Sie den Stör? Ich glaube, die Soße ist synthetisch. Diese rosa Färbung … Ja, synthetisch. Im Restaurant sollten wir mit natürlicher Soße rechnen dürfen … Ober! Ach, geschenkt, wir wollen nicht nörgeln … Gehen Sie, gehen Sie! … Wo war ich stehengeblieben? Ach ja! Hunger und Liebe. Befriedigen Sie die Liebe und den Hunger, und Sie werden einen glücklichen Menschen vor sich haben. Unter der Bedingung natürlich, dass unser Mensch fest an den morgigen Tag glaubt. Alle Utopien aller Zeiten basieren auf dieser höchst einfachen Überlegung. Befreien Sie den Menschen von den Sorgen um das tägliche Brot und den morgigen Tag, und er wird wahrhaft frei und glücklich sein. Ich bin zutiefst überzeugt, dass die Kinder, ja, die Kinder, das Ideal der Menschheit sind. Ich sehe einen tiefen Sinn in der verblüffenden Ähnlichkeit zwischen einem Kind und einem sorglosen Menschen, dem Objekt der Utopie. Sorglos bedeutet glücklich. Wie nahe wir diesem Ideal doch sind! Noch ein paar Jahrzehnte, vielleicht auch nur ein paar Jahre, und wir haben den automatischen Überfluss erreicht, werfen die Wissenschaft über Bord wie ein Geheilter die Krücken, und die Menschheit wird eine große, glückliche Kinderfamilie sein. Die Erwachsenen werden sich von den

Kindern nur durch ihre Liebesfähigkeit unterscheiden, und diese Fähigkeit wird – wiederum mithilfe der Wissenschaft – die Quelle neuer, nie dagewesener Freuden und Wonnen. Verzeihung, wie heißen Sie? Iwan? Dann sind Sie, sollte man meinen, aus Russland. Kommunist? Aha. Nun ja, bei Ihnen dort ist alles anders, ich weiß. Da ist auch schon der Kaffee. Hmmm, kein schlechter Kaffee! Aber wo bleibt der Kognak? Aha, ich danke Ihnen. Übrigens hörte ich, der Große Degustator ziehe sich von den Geschäften zurück. Auf dem letzten Brüsseler Kognakwettbewerb gab es einen Skandal, der nur mit großer Mühe vertuscht werden konnte. Den Grand Prix erhielt der ›Weiße Zentaur‹. Die Jury war begeistert. Das hatte es noch nie gegeben. Ein Feuerwerk der Sinne. Man las den Begleittext und – o Schreck! – Synthetik! Der Große Degustator wurde weiß wie Papier und musste sich übergeben! Ich hatte, nebenbei bemerkt, Gelegenheit, diesen Kognak zu probieren, er ist vorzüglich, aber er wird aus Masut gebrannt und hat nicht einmal eine eigene Bezeichnung. A-x-achtzehn geteilt durch Naphthen, und er ist billiger als Spiritus. Nehmen Sie diese Zigarre. Unsinn, was heißt, Sie rauchen nicht? Nach solch einem Essen muss man rauchen. Ich liebe dieses Restaurant. Wenn ich herkomme, um an der hiesigen Universität Vorlesungen zu halten, speise ich stets im ›Olympic‹. Und bevor ich nach Hause fahre, kehre ich auf jeden Fall in der ›Taverne‹ ein. Zwar haben sie dort nicht dieses Grün, diese Paradiesvögelchen, und es ist ein bisschen zu heiß dort, ein bisschen zu schwül und riecht nach Rauch, aber die Küche ist einmalig. Die ›Eifrigen Degustatoren‹ geben sich dort ein Stelldichein. Entweder in der ›Taverne‹ oder im ›Leckermaul‹. In beiden Lokalen isst man; dort kann man nicht plaudern, nicht lachen. Es ist völlig sinnlos, mit einer Frau hinzugehen, man isst dort bloß! Still, in sich gekehrt …«

Doktor Opir lehnte sich schließlich im Sessel zurück und tat einige genussvoll tiefe Züge. Ich lutschte an der mächtigen Zigarre und sah ihn an. Ich durchschaute ihn, diesen Doktor der Philosophie. Immer und zu allen Zeiten gab es Menschen wie ihn. Menschen, die vollkommen zufrieden waren mit ihrer Stellung in der Gesellschaft und deshalb auch vollkommen zufrieden mit der Gesellschaft. Ein vortreffliches Mundwerk und eine gewandte Feder, prächtige Zähne und kerngesunde Organe, tadellos funktionierende Geschlechtsteile.

»Die Welt ist also schön?«, fragte ich.

»Ja«, erwiderte Doktor Opir gefühlvoll. »Endlich ist sie schön.«

»Sie sind ein großer Optimist«, sagte ich.

»Unsere Zeit ist die Zeit der Optimisten. Der Pessimist geht in den Gute-Laune-Salon, pumpt sich die Galle aus dem Unterbewusstsein und wird Optimist. Die Zeit der Pessimisten ist vorbei, wie die Zeit der Tuberkulosekranken, der sexuell Besessenen und der Militärs. Der Pessimismus als Geisteshaltung wird von eben derselben Wissenschaft ausgerottet. Und nicht nur indirekt, indem Überfluss geschaffen wird, sondern auch unmittelbar, indem man geradewegs in die dunkle Welt des subkortikalen Abschnitts einbricht. Nehmen wir die Traumgeneratoren, die derzeit modernste Volksbelustigung. Absolut unschädlich, ungewöhnlich massenwirksam und einfach zu konstruieren. Oder die Neurostimulatoren.«

»Und scheint Ihnen nicht, dass die Wissenschaft gerade auf diesem Gebiet – etwa der pharmazeutischen Chemie – manchmal des Guten zu viel tut?«, gab ich zu bedenken.

Doktor Opir lächelte nachsichtig, während er seine Zigarre beschnupperte. »Die Wissenschaft verfuhr stets nach der Methode ›trial and error‹«, erklärte er. »Und ich neige zu der Annahme, dass die sogenannten Fehler immer ein Ergebnis verbrecherischer Nutzung sind. Das Goldene Zeitalter haben wir noch nicht, wir treten gerade erst ein, und einstweilen treiben sich zwischen unseren Füßen alle möglichen Outlaws, Hooligans oder einfach Schurken umher. Es gibt Drogen, die die Gesundheit zerstören; wie Sie wissen, wurden sie zu edelsten Zwecken geschaffen, denken Sie an die Aromatika oder dieses, das man bei Tisch nicht nennt …« Er kicherte reichlich obszön. »Sie erraten bestimmt, worauf ich hinauswill, wir sind ja keine Kinder mehr … Nun, all dies darf uns nicht stören. Es geht vorbei, so wie auch die Atombomben passé sind.«

»Ich wollte nur unterstreichen«, warf ich ein, »dass es nach wie vor Alkohol- und Drogenprobleme gibt.«

Doktor Opirs Interesse an unserer Unterhaltung erlosch zusehends. Offenbar hatte er den Eindruck, ich wollte seine These anfechten, die Wissenschaft sei ein Segen für die Menschheit. Einen Streit auf diesem Niveau zu führen langweilte ihn natürlich, so als behauptete er, das Baden im Meer sei nützlich, während ich dagegenhielt, ich sei im vergangenen Jahr fast ertrunken. »Ja, gewiss«, murmelte er und schaute auf die Uhr. »Nicht alles auf einmal. Immerhin werden Sie mir beipflichten, dass die Grundtendenz das Wichtigste ist … Kellner!«

Doktor Opir hatte schmackhaft gespeist, gut gesprochen – im Namen der fortschrittlichen Philosophie –, und er fühlte sich vollauf befriedigt. Ich beschloss also, mich nicht weiter einzumischen, zumal mir seine »fortschrittliche Philosophie« reichlich egal war und er mir zu dem, was mich am meisten interessierte, wohl ohnehin nichts Konkretes sagen konnte.

Wir zahlten und verließen das Restaurant.

»Wissen Sie vielleicht, Doktor, was das für ein Denkmal ist? Da drüben, auf dem Platz …«, fragte ich.

Doktor Opir blickte zerstreut hin. »In der Tat, ein Denkmal«, sagte er. »Ich hab es noch nie bemerkt. Soll ich Sie irgendwohin fahren?«

»Danke, ich gehe lieber zu Fuß.«

»Dann auf Wiedersehen. Hat mich gefreut, Ihre Bekanntschaft zu machen. Sich der Hoffnung hinzugeben, Sie zu überzeugen, fällt natürlich schwer.« Er verzog das Gesicht, polkte mit dem Zahnstocher im Mund. »Aber ein Versuch wäre interessant. Wollen Sie nicht zu meiner Vorlesung kommen? Ich beginne morgen um zehn.«

»Ich danke Ihnen«, sagte ich. »Welches Thema behandeln Sie?«

»Die Philosophie des Neooptimismus. Ich werde bestimmt eine Reihe der Fragen berühren, die Sie und ich heute so tiefgründig erörtert haben.«

»Vielen Dank«, sagte ich noch einmal. »Unbedingt.«

Ich beobachtete, wie er zu seinem langen Automobil ging, auf den Sitz plumpste, an der Selbstfahrautomatik fummelte, sich zurücklehnte und offenbar sofort einschlummerte. Das Automobil rollte vorsichtig über den Platz, wurde dann schneller und verschwand im schattigen Grün einer Seitenstraße.

Neooptimismus … Neohedonismus und Neokretinismus … Jedes Übel hat auch sein Gutes, sagte die Füchsin, dafür bist du in das Land der Dummköpfe geraten. Die, die von Geburt an Dummköpfe sind, ändern sich auch mit der Zeit nicht. Fragt sich, was mit den Dummköpfen aus Überzeugung wird! Wer mag ihm den Doktortitel verliehen haben? Er ist ja nicht der Einzige seiner Art. Sicher hat eine Schar von Doktoren dem Neooptimisten Opir den Titel feierlich verliehen. Übrigens, das gibt es nicht nur unter Philosophen.

Ich sah Riemaier ins Vestibül kommen, und der Doktor war sofort vergessen. Der Anzug hing wie ein Sack an Riemaier herunter, er machte einen krummen Rücken, sein Gesicht sah welk und schlaff aus. Meiner Ansicht nach taumelte er sogar. Am Lift holte ich ihn ein und fasste ihn beim Ärmel.

Riemaier zuckte und schnellte herum. »Was ist?«, fragte er. »Weshalb sind Sie noch hier?«

»Ich habe auf Sie gewartet.«

»Ich hatte Ihnen doch gesagt, kommen Sie morgen um zwölf.«

»Was macht das für einen Unterschied?«, sagte ich. »Wozu Zeit verlieren?«

Schwer atmend starrte er mich an. »Ich werde erwartet, verstehen Sie? In meinem Zimmer sitzt jemand und wartet auf mich. Und er darf Sie nicht bei mir sehen. Verstehen Sie das?«

»Schreien Sie nicht so«, bat ich. »Man wird auf uns aufmerksam.«

Riemaier sah sich mit geschwollenen Augen um. »Kommen Sie mit in den Lift«, schlug er vor.

Wir traten in die Kabine, und Riemaier drückte den Knopf für das vierzehnte Stockwerk.

»Sagen Sie rasch: Was wollen Sie?«

Die Frage war außerordentlich dumm. Sie verwirrte mich förmlich. »Wissen Sie denn nicht, warum ich hier bin?«

Er rieb sich die Stirn, dann sagte er: »Verdammt, alles ist so durcheinandergeraten. Hören Sie, ich habe vergessen, wie Sie heißen.«

»Shilin.«

»Hören Sie, Shilin, ich habe nichts Neues für Sie. Ich hatte keine Zeit, mich damit zu befassen. Das sind alles Hirngespinste, verstehen Sie? Maria hat sich das aus den Fingern gesogen. Die sitzen da, beschreiben Papier und saugen sich was aus den Fingern. Man müsste sie alle zum Teufel jagen.«

Wir erreichten das vierzehnte Stockwerk, und er drückte den Knopf für das Erdgeschoss.

»Mist«, sagte er. »Noch fünf Minuten, dann ist er weg … Eigentlich bin ich von einem überzeugt: So etwas existiert nicht. Jedenfalls nicht hier, in dieser Stadt.« Er warf mir einen verstohlenen Blick zu und sagte: »Folgendes sage ich Ihnen: Schauen Sie bei den Fischern vorbei. Nur, um Ihr Gewissen zu beruhigen.«

»Bei den Fischern? Bei was für Fischern?«

»Sie werden es herausfinden«, sagte er ungeduldig. »Und keine Marotten! Tun Sie, was man Ihnen befiehlt.« Dann sagte er, als wollte er sich rechtfertigen: »Ich möchte keine Voreingenommenheit, verstehen Sie?«

Der Lift hielt im Erdgeschoss, und er drückte den Knopf für das achte Stockwerk.

»Das wär's«, sagte er. »Wir treffen uns danach und unterhalten uns ausführlicher. Vielleicht morgen um zwölf?«

»Gut«, stimmte ich zögernd zu. Ihm war anzumerken, dass er nicht mit mir sprechen wollte. Möglicherweise traute er mir nicht. Was soll's, das kommt vor. »Nebenbei bemerkt«, sagte ich, »ein gewisser Oscar war bei Ihnen im Zimmer.«

Mir war, als zuckte er zusammen. »Hat er Sie gesehen?«

»Selbstverständlich. Er ruft Sie heute Abend an, lässt er Ihnen ausrichten.«

»Das ist schlecht, verdammt, das ist schlecht«, murmelte Riemaier. »Mist, wie war doch Ihr Name?«

»Shilin.«

Der Lift hielt.

»Hören Sie, Shilin, es ist sehr schlecht, dass er Sie gesehen hat. Aber egal … Ich gehe jetzt.« Er öffnete die Kabinentür. »Morgen sprechen wir, einverstanden? Morgen … Und Sie schauen bei den Fischern vorbei, ja?«

Mit voller Wucht schlug er die Tür zu.

»Und wo soll ich die Fischer suchen?«, fragte ich.

Eine Weile sah ich ihm nach. Mit nervösen Schritten entfernte er sich im Korridor. Beinahe rannte er.

5

Ich ging langsam und hielt mich im Schatten der Bäume. Hin und wieder sauste ein Auto vorbei. Eins davon hielt an, der Fahrer öffnete die Tür, beugte sich heraus und übergab sich. Er war schon etwas älter, hatte ein rotes Gesicht und trug ein buntes Hemd auf dem bloßen Körper. Er fluchte leise, wischte sich mit der Hand über den Mund, schlug die Tür wieder zu und fuhr weiter. Riemaier war bestimmt ein Trinker. Das kam oft vor: Jemand gab sich Mühe, arbeitete, galt als wertvoller Mitarbeiter, man hörte auf ihn und stellte ihn als Beispiel hin, aber genau in dem Augenblick, da man ihn für eine bestimmte Aufgabe brauchte, stellte sich heraus, dass er schlapp war und aufgeschwemmt, leichte Mädchen ihn besuchten und er schon morgens eine Fahne hatte. Die konkrete Aufgabe interessierte ihn nicht, zugleich tat er schrecklich beschäftigt, traf sich ständig mit jemandem, redete unklar und verworren und war überhaupt keine Hilfe. Ehe man sich's versah, steckte er in der Entziehungskur oder im Irrenhaus, oder er war in ein Gerichtsverfahren verwickelt. Oder er heiratete plötzlich – ebenso merkwürdig wie sinnlos –, und diese Heirat stank nach Erpressung. Da blieb nur zu sagen: Arzt, hilf dir selber …

Es wäre trotz allem gut, Pek ausfindig zu machen. Pek war ein harter, ehrlicher Mensch, der immer Bescheid wusste. Noch ehe man mit der technischen Kontrolle fertig war und das Raumschiff verlassen hatte, duzte er sich mit dem diensthabenden Koch der Basis, beteiligte sich mit großer Sachkenntnis an der Beilegung eines Konflikts zwischen dem Kommandeur der Fährtensucher und dem Chefingenieur, die einen Troser nicht geteilt hatten, gaben die Techniker ihm zu Ehren eine Party und nahm ihn der stellvertretende Direktor beiseite, um seinen Rat einzuholen. Unschätzbarer Pek! In dieser Stadt war er geboren worden, hier hatte er ein Drittel seines Lebens verbracht.

Aus einer Telefonzelle rief ich das Servicebüro an und erkundigte mich nach der Adresse und der Rufnummer von Pek Senai. Man bat mich zu warten. In der Zelle roch es wie üblich nach Katzen. Das Plastiktischchen war mit Telefonnummern, Fratzen und unanständigen Zeichnungen vollgekritzelt. Jemand hatte, offenbar mit einem Messer, in Druckbuchstaben das mir unbekannte Wort »SLEG« eingeritzt. Ich öffnete ein wenig die Tür, weil es mir zu schwül war, und bemerkte auf der gegenüberliegenden, schattigen Straßenseite einen Barmann in weißer Jacke mit aufgekrempelten Ärmeln, der vor seinem Lokal rauchte. Man teilte mir mit, Pek Senai wohne laut Angaben vom Ersten des Jahres in der Straße der Freiheit einunddreißig, Telefon 11-331. Ich dankte und wählte sofort die Nummer. Eine fremde Stimme erklärte mir, ich sei an den Falschen geraten. Telefonnummer und Adresse seien zwar richtig, aber Pek Senai wohne hier nicht, und wenn er früher hier gewohnt habe, so sei unbekannt, wann und wohin er verzogen sei. Ich legte den Hörer auf und wechselte zur anderen Straßenseite, in den Schatten.

Als der Barmann meinen Blick auffing, regte er sich und sagte schon von Weitem: »Bitte einzutreten!«

»Ich möchte eigentlich nicht«, sagte ich.

»Will das Luder nicht?«, erkundigte sich der Barmann teilnahmsvoll. »Immer herein, was soll's, dann quatschen wir eben ein bisschen. Ist ja so langweilig.«

Ich blieb stehen. »Morgen früh um zehn«, sagte ich, »findet in der Universität eine Vorlesung zur Philosophie des Neooptimismus statt. Es spricht der berühmte Doktor der Philosophie Opir aus der Hauptstadt.«

Der Barmann lauschte begierig und hielt sogar im Rauchen inne. »Muss das sein!«, rief er, als ich geendet hatte. »Ach, wie tief sind sie gesunken! Vorgestern haben sie die Mädchen aus dem Nachtklub geworfen, und jetzt halten sie Vorlesungen. Wir müssen es ihnen zeigen!«

»Höchste Zeit«, sagte ich.

»Die kommen mir nicht über die Schwelle«, fuhr der Barmann fort und wurde immer lebhafter. »Ich habe ein scharfes Auge. Braucht nur einer an der Tür aufzutauchen, da weiß ich schon: Intel. Jungs, sage ich, ein Intel! Unsere Jungs sind auf Draht, wissen Sie, selbst Dod sitzt jeden Abend nach dem Training bei mir. Na, und dann steht er auf, fängt den Intel an der Tür ab, und, ich weiß wirklich nicht, was sie da reden, jedenfalls komplimentiert er ihn wieder hinaus. Manchmal lungern sie in ganzen Gruppen herum. Dann verriegeln wir eben die Tür, damit's keinen Skandal gibt. Sollen sie doch klopfen, habe ich recht?«

»Sollen sie«, sagte ich. Er langweilte mich schon. Manche Leute langweilen einen ungewöhnlich schnell.

»Was genau?«

»Na klopfen. An jede Tür.«

Der Barmann musterte mich.

»Los, hauen Sie ab«, sagte er plötzlich.

»Wollen wir nicht was trinken?«, schlug ich vor.

»Hauen Sie ab, hauen Sie ab«, wiederholte er. »Hier werden Sie nicht bedient.«

Eine Weile schauten wir uns an. Dann knurrte er etwas, tat einen Schritt zurück und schob die Glastür zu.

»Ich bin kein Intel«, sagte ich. »Ich bin ein armer Tourist. Nein, ein reicher Tourist!«

Er starrte mich an, die Nase an der Scheibe. Ich machte eine Bewegung, als kippte ich ein Glas. Er sagte etwas und verzog sich dann nach hinten ins Lokal. Ziellos wanderte er zwischen den leeren Tischchen herum. Sein Etablissement nannte sich »Lächeln«. Lächelnd ging ich weiter.

Ich gelangte auf eine breite Magistrale. Am Straßenrand stand ein großer, mit verlockenden Reklamen beklebter Lastwagen. Die hintere Wand war herabgelassen, und darauf lag wie auf einem Ladentisch ein Haufen verschiedener Dinge: Konserven, Flaschen, Spielzeug sowie Zellophanpakete mit Wäsche und Kleidung. Zwei Mädchen probierten plappernd Blusen an. »Die steht dir«, piepste die eine. Die andere, die gerade eine Bluse vor sich hielt, antwortete: »Ach, Quatsch, die ist blöd.« – »Am Hals aber nicht.« – »Quatsch!« – »Aber das Kreuz schillert nicht …« Der Fahrer des Lastwagens, ein magerer Mann im Overall und mit schwarzer, klobiger Brille, saß auf der Bordkante, den Rücken gegen eine Reklamesäule gelehnt. Seine Augen waren nicht zu sehen; dem herabhängenden Unterkiefer und der schweißbeperlten Nase nach zu schließen schlief er. Ich trat an den Verkaufstisch. Die Mädchen verstummten und starrten mich mit offen stehendem Mund an. Sie waren etwa sechzehn Jahre alt und hatten Augen wie junge Katzen – blau und leer.

»Quatsch«, sagte ich fest. »Die ist blöd und schillert.«

»Und am Hals?«, fragte die, die sie gerade anprobierte.

»Am Hals ist sie eine Meisterleistung.«

»Quatsch«, entgegnete das zweite Mädchen unschlüssig.

»Los, sehen wir uns eine andere an«, schlug die erste friedfertig vor. »Die da.«

»Die silberne ist besser. Die ist sexy.«

Ich entdeckte Bücher. Prachtvolle Bücher. Strogow mit herrlichen Illustrationen. Die »Änderung eines Traums« mit einem Vorwort von Saragon. Drei Bände Walter Minz, die auch seine Briefe enthielten. Fast der gesamte Faulkner, die »Neue Politik« von Weber, »Der Pol der Schönheit« von Ignatowa, »Der unveröffentlichte Sjan Schikuj«, »Die Geschichte des Faschismus« in »Das Gedächtnis der Menschheit« … Die neuesten Zeitschriften und Almanache, Taschenbücher über den Louvre, die Ermitage, den Vatikan. Alles. »Die fetzt …« – »Ist aber zu sexy!« – »Quatsch …« Ich griff nach dem Minz, klemmte mir zwei Bände unter den Arm und schlug den dritten auf. Nie war mir ein vollständiger Minz begegnet. Selbst die Briefe aus der Emigration fehlten nicht.

»Was habe ich zu bezahlen?«, rief ich.

Die Mädchen starrten mich wieder an. Der Fahrer kaute an seinen Lippen und setzte sich gerade hin.

»Wofür?«, fragte er ein wenig heiser.

»Sind Sie hier der Chef?«, wollte ich wissen. Er stand auf und trat zu mir. »Sie wünschen?«

»Ich möchte diesen Minz. Was kostet er?«

Die Mädchen kicherten.

Schweigend sah er mich an, dann nahm er die Brille ab. »Sie sind Ausländer?«

»Ja, ich bin Tourist.«

»Das ist der vollständige Minz.«

»Das sehe ich«, sagte ich. »Ich war bass erstaunt, als ich ihn sah.«

»Ich auch«, sagte er. »Als ich sah, was Sie brauchen.«

»Er ist ein Tourist«, piepste das eine Mädchen. »Er versteht das nicht.«

»Das ist alles kostenlos«, erklärte der Fahrer. »Persönlicher Fonds. Zur Sicherung persönlicher Bedürfnisse.«

Ich schaute nach dem Regal mit den Büchern.

»Haben Sie ›Änderung eines Traums‹ gesehen?«, fragte der Fahrer.

»Ja, danke, das habe ich schon.«

»Nach Strogow frage ich erst gar nicht. Und die ›Geschichte des Faschismus‹?«

»Vorzügliche Ausgabe.«

Die Mädchen kicherten wieder.

Der Fahrer riss die Augen auf. »Haut ab, ihr Rotznasen!«, bellte er.

Die Mädchen schreckten zurück. Dann griff sich die eine mit diebischer Geste mehrere Pakete mit Blusen, sie rannten auf die andere Straßenseite und beobachteten uns von dort.

»Sexy!«, sagte der Fahrer. Seine dünnen Lippen zuckten. »Man sollte dieses ganze Vorhaben abblasen. Wo wohnen Sie?«

»Zweite Vorortstraße.«

»Ach, mitten im Sumpf. Kommen Sie, ich fahre Ihnen alles nach Hause. Ich habe den vollständigen Stschedrin im Wagen; ich lege ihn gar nicht erst aus. Die gesamte Bibliothek der Klassik, die gesamte ›Goldene Bibliothek‹, die vollständigen ›Schätze des philosophischen Denkens‹ …«

»Einschließlich Doktor Opir?«

»Hundsgedärm«, sagte der Fahrer. »Lustmolch. Amöbe. Pfui. Kennen Sie Slij?«

»Wenig«, sagte ich. »Ich mag ihn nicht. Neoindividualismus, würde Doktor Opir sagen.«

»Doktor Opir ist ein Stinker«, sagte der Fahrer. »Aber Slij ist richtig. Natürlich – Individualismus. Aber zumindest sagt er, was er denkt, und tut, was er sagt. Ich besorge Ihnen Slij. Hören Sie, haben Sie das schon gesehen? Und das?«

Er schob die Arme bis zu den Ellbogen zwischen die Bücher. Zärtlich streichelte er sie, blätterte darin, und auf seinem Gesicht zeigte sich Rührung. »Und das?«, fragte er. »Das ist mal ein Cervantes, was?«

Eine nicht mehr junge, doch stattliche Frau trat dazu, wühlte eine Weile zwischen den Konserven und sagte verdrossen: »Wieder kein dänisches Mixed Pickles? Ich hatte Sie doch darum gebeten!«

»Scheren Sie sich zum Teufel«, sagte der Fahrer zerstreut.

Die Frau blieb wie angewurzelt stehen; langsam rötete sich ihr Gesicht. »Wie können Sie es wagen?«, zischte sie.

Der Fahrer sah sie drohend an. »Haben Sie nicht gehört? Sie sollen sich zum Teufel scheren!«

»Unterstehen Sie sich!«, sagte die Frau. »Ihre Nummer?«

»Dreiundneunzig«, antwortete der Fahrer. »Dreiundneunzig, klar? Ich pfeif auf Sie alle! Klar? Noch Fragen?«

»Welch rohes Benehmen!«, sagte die Frau würdevoll. Sie nahm zwei Büchsen mit konservierten Leckereien, blickte auf dem Verkaufstisch suchend umher und riss säuberlich den Umschlag von der Zeitschrift *Der kosmische Mensch.* »Sie werde ich mir merken, Nummer dreiundneunzig! Die Zeiten haben sich geändert, sollten Sie wissen!« Sie wickelte die Büchsen in den Umschlag. »Wir sehen uns in der Stadtverwaltung wieder!«

Ich packte den Fahrer am Arm. Der steinharte Muskel wurde unter meinen Fingern schlaff.

»Grobian«, zischte die Dame von oben herab und ging.

Sie schritt das Trottoir entlang, den schönen Kopf mit der hohen zylindrischen Frisur stolz erhoben. An der Ecke blieb sie stehen, öffnete die eine Büchse, zog mit eleganten Fingern rosa Scheibchen heraus und aß sie vorsichtig. Ich ließ den Arm des Fahrers los.

»Abknallen müsste man sie alle«, sagte er plötzlich. »Erwürgen, anstatt Bücher an sie zu verteilen.« Gequält blickte er mich an. »Soll ich Ihnen jetzt die Bücher bringen?«

»Nein, nein«, sagte ich. »Wo soll ich hin damit?«

»Dann mach, dass du verschwindest«, blaffte der Fahrer. »Hast du den Minz? Also geh und wickle deine dreckigen Unterhosen rein.«

Er kletterte in die Kabine. Etwas knackte, und die hintere Bordwand begann sich zu heben. Aus dem Wagen drang Poltern und Rollen, und Bücher, glänzende Pakete, Schachteln und Konservenbüchsen purzelten auf die Straße. Noch bevor die hintere Bordwand geschlossen war, schmetterte der Fahrer die Tür zu und raste davon.

Die Mädchen waren verschwunden. Ich stand allein mit den Minz-Bänden in den Händen da, während ein sachter Wind träge die Seiten der »Geschichte des Faschismus« zu meinen Füßen umblätterte. Dann tauchten Jungs in kurzen gestreiften Hosen auf. Wortlos gingen sie vorbei, die Hände in den Taschen. Einer sprang auf die Fahrbahn und stieß eine Büchse Ananaskompott mit glänzendem, schönem Etikett wie einen Fußball vor sich her.

6

Auf dem Weg nach Hause geriet ich in den Schichtwechsel. Die Straßen füllten sich mit Autos, über den Kreuzungen schwebten Hubschrauber, die den Verkehr regelten. Schweißgebadete Polizisten brüllten in ihre Megafone und sprengten die jeden Augenblick neu entstehenden Staus. Die Autos fuhren im Schritttempo; die Fahrer streckten die Köpfe heraus, plauderten miteinander, rissen Witze, grölten, gaben sich gegenseitig Feuer und hupten fürchterlich. Die Stoßstangen schepperten. Alle waren ebenso lustig wie freundlich und strahlten nur so vor Begeisterung. Es war, als sei der Stadt gerade eine schwere Last genommen worden, als schwelge jedermann in beneidenswerter Vorfreude. Auf mich und die anderen Fußgänger wies man mit Fingern. An den Kreuzungen schubsten mich Mädchen einfach so, zum

Spaß, mit den Stoßstangen an. Eines davon fuhr lange neben mir her, am Trottoir entlang, und wir machten uns miteinander bekannt. Dann zogen auf dem Seitenstreifen Demonstranten mit mageren Gesichtern vorbei. Sie trugen Plakate, die dazu aufriefen, dem städtischen Laienensemble »Lieder des Vaterlands« beizutreten, den städtischen Zirkeln für kulinarische Kunst oder sich für Schnellkurse in Mutter- und Säuglingsschutz einzuschreiben. Den Plakatträgern versetzte man mit besonderem Vergnügen einen Schubs mit der Stoßstange. Man warf Zigarettenstummel nach ihnen, abgenagte Äpfel und Klümpchen gekauten Papiers. »Gleich trage ich mich ein, ich zieh mir bloß noch die Galoschen an!«, schrie man ihnen zu. – »Aber ich bin doch steril!« – »Onkelchen, sag mir, wie man Mutter wird!« Ungerührt, opferbereit, mit dem traurigen Hochmut von Kamelen vor sich hinblickend, setzten die Demonstranten ihren Marsch zwischen den zwei Autoströmen fort.

Nicht weit von meiner Unterkunft entfernt fiel eine Schar Mädchen über mich her, und als ich mich schließlich in der Zweiten Vorortstraße wiederfand, hatte ich eine prächtige weiße Aster im Knopfloch, auf meinen Wangen trockneten Küsse, und mir war, als hätte ich die Hälfte aller Mädchen der Stadt kennengelernt. War das ein Friseur! Was für ein Meister!

In meinem Arbeitszimmer saß Wusi im Sessel. Sie trug eine leuchtend orangefarbene Jacke. Ihre langen Beine mit den spitznasigen Schuhen lagen auf dem Tisch, und zwischen ihren langen Fingern hielt sie eine dünne, lange Zigarette. Sie hatte den Kopf zurückgelehnt und ließ lange, dichte Rauchschwaden durch die Nase zur Decke steigen.

»Na endlich!«, rief sie, als sie mich erblickte. »Wo haben Sie denn gesteckt? Ich warte hier auf Sie, sehen Sie das nicht?«

»Ich wurde aufgehalten«, sagte ich und versuchte, mich zu erinnern, ob ich mit ihr verabredet war.

»Wischen Sie sich den Lippenstift ab«, befahl sie. »Sie sehen idiotisch aus. Und was haben Sie da? Bücher? Was wollen Sie damit?«

»Was ich damit will?«

»Es ist wirklich furchtbar mit Ihnen. Sie kommen zu spät, schleppen irgendwelche Bücher an. Oder sind das Pornos?«

»Das ist Minz«, sagte ich.

»Zeigen Sie mal.« Sie sprang auf und riss mir die Bücher aus den Händen. »Mein Gott, so ein Blödsinn! Drei gleiche Bücher. Und was ist das? ›Geschichte des Faschismus‹, sind Sie etwa Faschist?«

»Aber, Wusi!«, mahnte ich.

»Was wollen Sie dann damit? Etwa lesen?«

»Von Neuem lesen.«

»Ich verstehe gar nichts«, rief sie beleidigt. »Anfangs gefielen Sie mir so gut. Mama meinte, Sie seien Literat, und ich gab wie eine dumme Gans mit Ihnen an, und nun stellt sich heraus, dass Sie beinahe ein Intel sind!«

»Wie können Sie so etwas behaupten, Wusi!«, erwiderte ich vorwurfsvoll. Ich hatte schon begriffen, dass man nicht zulassen durfte, als Intel angesehen zu werden. »Diese Wälzer benötige ich als Literat, das ist alles.«

»Wälzer!« Sie lachte auf. »Wälzer … Schauen Sie mal, was ich kann!« Sie warf den Kopf zurück und blies zwei dicke Rauchschwaden aus den Nasenlöchern. »Gleich beim zweiten Mal hat's geklappt. Prima, was?«

»Sie sind außerordentlich begabt!«, bemerkte ich.

»Spotten Sie nicht, versuchen Sie es selber. Eine Dame hat mir das heute im Salon beigebracht. Hat mich allerdings ganz vollgesabbert, die blöde Kuh. Wollen Sie's mal versuchen?«

»Wieso hat sie Sie vollgesabbert?«

»Wer?«

»Die Kuh.«

»Die war nicht ganz normal. Vielleicht auch so ein Trauerkloß. Wie heißen Sie doch gleich?«

»Iwan.«

»Ulkiger Name. Erinnern Sie mich später noch mal … Tunguse sind Sie nicht?«

»Ich denke, nein.«

»Oh … Und ich habe überall herumerzählt, Sie wären Tunguse. Schade. Hören Sie, warum trinken wir eigentlich nichts?«

»Das lässt sich ändern.«

»Ich muss mir heute einen Rausch antrinken, um die sabbernde Kuh zu vergessen.«

Sie lief in den Salon und kehrte mit einem Tablett zurück. Wir tranken einen Brandy, schauten einander an, wussten nicht, was wir sagen sollten, und tranken erneut einen Brandy. Ich fühlte mich irgendwie gehemmt. Ich weiß nicht warum, aber sie gefiel mir. Ich glaubte, an ihr etwas zu finden, ohne genau zu wissen, was es war. Etwas unterschied sie von den anderen langbeinigen, glatthäutigen Schönheiten, die nur fürs Bett taugten. Und auch sie schien an mir etwas zu finden.

»Schönes Wetter heute«, sagte sie und wandte ihren Blick ab.

»Ein bisschen zu heiß«, bemerkte ich.

Sie trank einen Schluck, ich ebenfalls. Das Schweigen dauerte an.

»Was tun Sie am liebsten?«, fragte sie.

»Kommt darauf an, und Sie?«

»Kommt auch darauf an. Im Allgemeinen mag ich es, wenn es lustig ist und man an nichts denken muss.«

»Ich auch«, sagte ich. »Zumindest jetzt.«

Sie lebte sichtlich auf. Und ich begriff plötzlich, was los war: Ich hatte den ganzen Tag keinen einzigen Menschen getroffen, der mir wirklich sympathisch gewesen wäre, und das reichte mir allmählich. Sie hatte gar nichts Besonderes an sich …

»Gehen wir irgendwohin«, schlug sie vor.

»Meinetwegen«, willigte ich ein, obwohl ich nur ein bisschen im Kühlen sitzen wollte.

»Große Lust scheinen Sie nicht zu haben«, sagte sie.

»Offen gestanden, würde ich es vorziehen, noch ein Weilchen sitzen zu bleiben.«

»Dann sorgen Sie dafür, dass es lustig ist.«

Ich überlegte und erzählte den Witz von dem Handlungsreisenden auf dem oberen Schlafwagenplatz. Er gefiel ihr, obwohl sie die Pointe offenbar gar nicht verstanden hatte. Ich stellte die Sache richtig und erzählte dann den Witz von dem Präsidenten und der alten Jungfer. Vor Lachen strampelte sie mit ihren wundervollen langen Beinen. Ich kippte einen Brandy und erzählte den Witz von der Witwe, bei der Pilze an den Wänden wuchsen. Sie rutschte auf den Fußboden und hätte beinahe das Tablett mit heruntergerissen. Ich fasste sie unter den Achseln, hob sie in den Sessel und gab die Geschichte von dem betrunkenen Interplanetarier und dem Collegemädchen zum Besten. Da stürzte Mutter Waina herein und fragte erschrocken, was mit Wusi los sei, ob ich sie etwa kitzele. Ich schenkte Waina Brandy ein und erzählte ihr den Witz von dem Iren, der gern Gärtner geworden wäre. Wusi konnte nicht mehr; Mutter Waina hingegen lächelte wehmütig und meinte, dass auch Generaloberst Tuur diese Geschichte oft zum Besten gegeben habe, wenn er guter Laune gewesen war, nur war es bei ihm wohl kein Ire, sondern ein Schwarzer gewesen, und der hatte sich nicht um den Posten eines Gärtners beworben, sondern um den eines Klavierstimmers. »Und wissen Sie was, Iwan, bei uns hatte die Geschichte einen etwas anderen Schluss«, fügte sie nach kurzem Nachdenken hinzu. In diesem Augenblick sah ich Len in der Tür stehen. Ich winkte ihm lächelnd zu. Da er es nicht zu bemerken schien, zwinkerte ich und lockte ihn mit dem Finger.

»Wem zwinkern Sie zu?«, wollte Wusi wissen. Vom vielen Lachen klang ihre Stimme ganz brüchig.

»Len ist da«, sagte ich. Es bereitete mir Vergnügen, sie anzuschauen; ich mag es, wenn Leute lachen, besonders solche wie Wusi, die schön sind und fast noch Kinder.

»Wo?«, fragte sie verwundert.

Len war verschwunden.

»Len ist nicht zu Hause«, sagte Mutter Waina, die zufrieden an ihrem Gläschen mit dem Brandy schnupperte und nichts mitbekommen hatte. »Er ist bei den Siroks zum Geburtstag. Wenn Sie ahnten, Iwan …«

»Warum sagt er dann, Len wäre da?«, wunderte sich Wusi und drehte sich erneut zur Tür um.

»Len war hier«, erklärte ich. »Er ist weggelaufen, als ich ihm zuwinkte. Er kommt mir ein bisschen scheu vor.«

»Ach, er ist ein sehr nervöses Kind«, sagte Mutter Waina. »Er wurde in einer schweren Zeit geboren, und in den Schulen versteht man es heute überhaupt nicht, mit nervösen Kindern umzugehen. Vorhin habe ich ihm erlaubt, jemanden zu besuchen.«

»Wir gehen jetzt auch«, sagte Wusi. »Und Sie werden mich ausführen. Ich muss nur rasch mein Make-up erneuern, das Ihretwegen ganz verschmiert ist. Und Sie ziehen sich inzwischen etwas Anständiges an!«

Waina wäre nicht abgeneigt gewesen dazubleiben, um noch zu plaudern und vielleicht sogar Lens Fotoalbum zu zeigen, aber Wusi zog sie hinter sich her, und ich hörte sie draußen die Mutter fragen: »Wie heißt er? Ich kann mir den Namen einfach nicht merken … Ein lustiger Typ, nicht?« – »Wusi!«, flüsterte Mutter Waina vorwurfsvoll.

Ich breitete meine gesamte Garderobe auf dem Bett aus und überlegte, wie Wusi sich einen anständig angezogenen Mann vorstellte. Bisher war ich der Meinung gewesen, ich sei durchaus anständig gekleidet. Ich hörte Wusis klappernde Absätze schon ungeduldig im Arbeitszimmer hin und her tänzeln. Dann rief ich sie, weil ich mit meiner Weisheit am Ende war.

»Ist das alles, was Sie haben?«, fragte sie und kräuselte die Nase.

»Ist das denn nicht gut genug?«

»Na ja, es geht. Ziehen Sie die Jacke aus und probieren Sie das Hawaii-Hemd an. Oder besser das da … Himmel, wie man bei Ihnen in Tungusien herumläuft. Nun machen Sie schon. Nein, nein, das Unterhemd müssen Sie auch ausziehen!«

»Was denn, auf den nackten Körper?«

»Und doch sind Sie ein Tunguse. Wo wollen Sie denn hin? Zum Nordpol? Auf den Mars? Was haben Sie da an der Schulter?«

»Eine Biene hat mich gestochen«, sagte ich, während ich mir hastig das Hawaii-Hemd überstreifte. »Gehen wir.«

Draußen war es schon dunkel. Die Neonlampen schimmerten tot im schwarzen Blattwerk.

»Wohin gehen wir?«, erkundigte ich mich.

»Ins Zentrum, natürlich. Fassen Sie mich nicht unter, es ist zu heiß. Sind Sie wenigstens in der Lage, sich ordentlich zu prügeln?«

»O ja.«

»Das ist gut, ich sehe nämlich sehr gern dabei zu.«

»Ich auch …«

Die Straßen waren belebter als am Tag. Überall, unter den Bäumen, zwischen den Sträuchern und in den Toreingängen standen kleine Grüppchen von Menschen, die unruhig hin und her trippelten. Sie rauchten eine knisternde synthetische Zigarette nach der anderen, lachten laut, spuckten abfällig aus und redeten mit groben, lauten Stimmen. Über jeder Gruppe plärrte ein Radio. Unter einer Laterne schepperte ein Banjo, zu dem zwei Halbwüchsige mit vielen Verrenkungen den modernen Flag tanzten und schrille Schreie ausstießen. Ein schöner Tanz, wenn man ihn beherrscht – und die Halbwüchsigen beherrschten ihn. Die ringsum Stehenden stießen ebenfalls schrille Schreie aus und klatschten rhythmisch in die Hände.

»Wollen wir tanzen?«, fragte ich Wusi.

»Auf keinen Fall«, zischte sie, fasste mich am Arm und ging schneller.

»Warum nicht? Können Sie keinen Flag?«

»Ich tanze lieber mit Krokodilen als mit denen da.«

»Wieso«, sagte ich. »Das sind doch ganz normale Jungs.«

»Jeder für sich genommen schon«, erklärte Wusi und lachte nervös. »Tagsüber.«

Sie lungerten an den Kreuzungen, drängten sich unter den Laternen, sie waren plump, stanken nach Tabak und hinterließen Halden von Kippen, Spucke und Bonbonpapier. Sie verzogen ebenso nervös wie melancholisch das Gesicht und blickten mit krummem Rücken begehrlich um sich. Sie wollten auf keinen Fall der übrigen Welt gleichen und ahmten doch einander krampfhaft nach sowie zwei, drei populäre Filmhelden. Es waren gar nicht so viele, aber sie fielen auf, und ich hatte ständig den Eindruck, als wäre jede Stadt und die ganze Welt voll von ihnen – vielleicht deshalb, weil jede Stadt und die ganze Welt ihnen mit Fug und Recht gehörte. Sie schienen mir von einem dunklen Geheimnis umwittert. Ich hatte ja einst selbst so mit Freunden die Abende zugebracht, bis sich kluge Menschen fanden, die uns von der Straße wegholten, und dann hatte ich noch viele, viele

Male solche Scharen in allen Städten der Welt gesehen, wo es an diesen klugen Leuten fehlte. Dennoch hatte ich nie ganz begreifen können, was diese Jungs von den guten Büchern fernhielt, die es reichlich gab, von den Turnhallen, die in dieser Stadt zur Verfügung standen, oder von ganz normalen Stereovisoren, und was sie mit einer Zigarette zwischen den Zähnen und einem Transistor im Ohr auf die abendlichen Straßen trieb – nur um da zu stehen, zu spucken (möglichst weit), grölend zu lachen (möglichst abstoßend) und nichts zu tun. Offenbar ist mit fünfzehn Jahren von allem, was die Welt bietet, nur eines attraktiv: die eigene Wichtigkeit zu spüren, in der Lage zu sein, andere zu begeistern oder zumindest aufzufallen. Ansonsten finden sie alles unerträglich öde und langweilig, unter anderem – vielleicht auch ganz besonders – den Weg, den die müde, gereizte Welt der Erwachsenen vorschlägt, um Gewünschtes zu erreichen.

»Hier wohnt der alte Ruen«, bemerkte Wusi. »Er hat jeden Abend eine andere. Der alte Bock hat es geschafft, dass sie von selbst zu ihm kommen. Während des Aufstands wurde ihm ein Bein weggeschossen … Aha, bei ihm brennt kein Licht, also hören sie Musik. Und dabei ist er hässlich wie die Nacht!«

»Glücklich ist, wer nur ein Bein hat«, sagte ich zerstreut.

Sie kicherte und fuhr fort: »Und hier wohnt Sus. Er ist Fischer. Das ist ein Kerl!«

»Fischer?«, fragte ich. »Und was macht der Fischer Sus so?«

»Er fischt. Was machen Fischer denn? Sie fischen! Oder fragen Sie, wo er arbeitet?«

»Nein, ich frage, wo er fischt.«

»In der Metro …« Sie stockte. »Hören Sie, sind Sie vielleicht selbst ein Fischer?«

»Ich? Warum – merkt man das?«

»Sie haben so etwas an sich, das habe ich gleich gemerkt. Die Bienchen kennen wir, die in den Rücken stechen.«

»Wirklich?«, fragte ich.

Sie fasste mich unter. »Erzählen Sie«, sagte sie schmeichelnd. »Ich hatte noch nie einen Fischer unter meinen Bekannten. Sie erzählen mir doch etwas?«

»Selbstverständlich. Vom Piloten und der Kuh?«

Sie zupfte mich am Arm. »Nein, wirklich …«

»Ein heißer Abend ist es«, sagte ich. »Gut, dass Sie mir die Jacke ausgeredet haben.«

»Es wissen sowieso alle. Sus erzählt davon, und andere auch.«

»So?«, fragte ich interessiert. »Und was erzählt Sus?«

Sie ließ meinen Arm los. »Ich bin nicht dabei gewesen. Ich hab's von den Mädchen.«

»Und was erzählen die Mädchen?«

»Nun … alles Mögliche … Vielleicht lügen sie auch. Vielleicht hat Sus gar nichts damit zu tun …«

»Hm«, sagte ich.

»Denk nicht schlecht von Sus, er ist ein guter Junge und sehr verschwiegen.«

»Weswegen sollte ich denn von Sus schlecht denken?«, beruhigte ich sie. »Ich habe ihn ja noch nie zu Gesicht bekommen!«

Erneut fasste sie mich unter und meinte begeistert, wir wollten nun trinken.

»Höchste Zeit, dass du mit mir anstößt«, sagte sie.

Sie war also schon per Du mit mir. Wir bogen um die Ecke und kamen auf die Magistrale. Hier war es heller als tagsüber. Die Lampen strahlten, die Wände leuchteten, bunte Lichter erhellten die Schaufenster. Wahrscheinlich war das einer der Kreise von Amads Paradies. Doch ich hatte mir alles anders vorgestellt. Ich hatte laute Orchester erwartet, sich verrenkende Paare, halbnackte und nackte Menschen.

Stattdessen war es ziemlich ruhig. Die vielen Leute, die unterwegs waren, schienen mir allesamt betrunken, aber sie waren tadellos und abwechslungsreich gekleidet und ausnahmslos fröhlich. Fast alle rauchten. Kein Lüftchen regte sich, und die graublauen Tabakrauchschwaden waberten wie in einem vollgequalmten Zimmer um die Lampen und Laternen. Wusi zerrte mich in ein Lokal, entdeckte sogleich Bekannte und empfahl sich mit dem Versprechen, später zurückzukommen. Das Lokal war hoffnungslos überfüllt. Ich wurde zur Theke gedrängt, und ehe ich mich's versah, hatte ich schon einen Schnaps getrunken. Ein kaffeebrauner Kerl mit gelben Augäpfeln grölte mir ins Gesicht: »Ruen hat sein Bein verloren, nicht? Brosch ist Artik geworden und zu nichts mehr zu gebrauchen. Das sind schon drei, oder? Und rechts von ihnen steht keiner; da ist bloß Finni, rechts von ihnen, aber das ist schlimmer als keiner, ein Kellner – fertig. Nicht?«

»Was trinken Sie?«, fragte ich.

»Ich trinke nie«, antwortete der Kaffeebraune würdevoll, dessen Atem nach Fusel roch. »Ich habe die Gelbsucht. Schon mal von der gehört?«

Hinter mir kippte jemand vom Hocker. Bald verebbte der Lärm, bald schwoll er an. Der Kaffeebraune erzählte röhrend und mit sich überschlagender Stimme die Geschichte von irgendeinem Kerl, der bei der Arbeit einen Schlauch beschädigt hatte und um ein Haar an frischer Luft gestorben wäre. Ich verstand nur die Hälfte, weil alle ringsum laut brüllten und ebensolche Geschichten erzählten.

»... Der Ochse beruhigte sich und ging, und sie bestellte ein Frachttaxi, lud seinen Krempel auf und befahl, das Ganze vor die Stadt zu fahren und dort wegzukippen ...«

»... Deinen Stereovisor würde ich mir nicht mal aufs Klo hängen. Etwas Besseres als den ›Omega‹ gibt es ohnehin nicht. Ich habe einen Nachbarn, der ist Ingenieur und hat das wortwörtlich gesagt: Etwas Besseres als den ›Omega‹ gibt es nicht …«

»… Und so endete ihre Hochzeitsreise. Sie kehrten heim, sein Vater lockte ihn in die Garage – der Vater ist Boxer – und peitschte ihn dort aus, bis er das Bewusstsein verlor, sie mussten den Arzt rufen …«

»… Na schön, wir nahmen für drei … Sie haben folgende Regel, weißt du: Nimm alles, was du willst, aber schluck auch alles, was du nimmst. Doch er war schon in Fahrt. Nehmen wir noch, sagte er … Aber sie liefen schon nebenher und guckten … Na, denke ich, es langt, höchste Zeit, die Krallen einzuziehen …«

»… Kindchen, mit deinem Busen würde ich keine Trübsal blasen, so einen Busen trifft man einmal unter tausend, denk nicht, dass ich dir Komplimente mache, das ist nicht meine Art …«

Auf den leer gewordenen Hocker neben mir kletterte ein mageres Mädchen mit einem Pony bis zur Nasenspitze, trommelte mit den Fäusten auf die Theke und schrie: »Barmann! He, Barmann! Trinken!« Der Lärm war wieder abgeebbt, und ich hörte, wie sich hinter mir zwei Kerle in unheilvollem Flüsterton unterhielten: »Und wo hast du das her?« – »Von Buba. Kennst du Buba? Der Ingenieur …« – »Und das ist das Richtige?« – »Grausig, man kann dran krepieren!« – »Da braucht man noch irgendwelche Tabletten …« – »Nicht so laut, du …« – »Schon gut, wer soll uns denn hören. Hast du's?« – »Buba hat mir ein Päckchen gegeben, er sagt, in jeder Apotheke kriegt man das haufenweise. Schau …« Pause. »De… Dewon … Was ist das?« – »Irgendein Medikament, woher soll ich das wissen …« Ich drehte mich um. Der eine war rotwangig, hatte sein Hemd bis zum Nabel aufgeknöpft, und man sah seine behaarte Brust. Der andere wirkte ausgemergelt und hatte eine großporige Nase. Beide starrten mich an.

»Trinken wir einen?«, schlug ich vor.

»Ein Alkoholiker«, meinte der mit der großporigen Nase.

»Nicht doch, Pet, nicht doch«, bat der Rotwangige. »Leg dich nicht mit ihm an.«

»Falls Sie ›Dewon‹ brauchen, kann ich helfen«, sagte ich laut.

Sie taten einen Schritt zurück. Die großporige Nase sah sich vorsichtig um. Aus den Augenwinkeln bemerkte ich, dass sich einige Gäste uns zugewandt hatten und still abwarteten.

»Komm, Pet«, bat der Rotwangige leise. »Komm, soll ihn doch der Kuckuck holen.«

Jemand legte mir die Hand auf die Schulter. Ich fuhr herum und erblickte einen sonnengebräunten, gut aussehenden Mann mit starken Muskeln.

»Ja?«, sagte ich.

»Freund«, begann er wohlwollend. »Lass die Finger davon. Lass die Finger davon, ehe es zu spät ist. Bist du ein Nashorn?«

»Ich bin ein Nilpferd«, witzelte ich.

»Nicht doch, ich meine es ernst. Hat man dich geschlagen?«

»Grün und blau.«

»Mach dir nichts draus. Heute dich, morgen du … Aber ›Dewon‹ und alles Übrige, das ist Dreck, glaub mir das. Es gibt eine Menge Dreck auf der Welt, doch das ist der größte, verstanden?«

Das Mädchen mit dem Pony riet mir: »Hau ihm eins in die Fresse, was mischt er sich ein … gemeiner Spitzel …«

»Du bist besoffen, dumme Gans«, sagte der Sonnengebräunte ruhig und drehte uns den breiten Rücken zu: Von einem halb durchsichtigen Hemd umspannt, reihte sich darunter Muskelpaket an Muskelpaket …

»Das geht dich überhaupt nichts an«, kreischte ihm das Mädchen nach. Dann sagte sie zu mir: »Hör mal, Freund, ruf den Barmann, mit meinem Geschrei bring ich ihn nicht her.«

Ich gab ihr mein Glas und fragte: »Was könnte man jetzt noch unternehmen?«

»Wir gehen jetzt alle«, antwortete das Mädchen. Als sie meinen Schnaps ausgetrunken hatte, wurde sie schläfrig. »Unternehmen – das hängt davon ab, ob man Glück hat. Hat man keins, kommt man sowieso nirgendwo rein. Oder man braucht Geld, wenn man zu den Mäzenen will. Du bist wohl nicht von hier? Bei uns trinkt keiner dieses bittere Zeug. Wie ist es bei euch, erzähl mal ... Ich geh heute nirgends mehr hin, ich muss in den Salon. Meine Laune ist miserabel, nichts hilft. Mutter sagt: Schaff dir ein Kind an. Aber das ist doch auch langweilig, was soll ich denn mit einem Kind ...«

Sie schloss die Augen und legte das Kinn auf die verschränkten Finger. Sie wirkte frech und gekränkt zugleich. Ich versuchte sie aufzumuntern, aber sie beachtete mich nicht mehr und schrie plötzlich wieder: »Barmann! Trinken! He, Barmann!« Ich hielt nach Wusi Ausschau. Sie war nirgends zu sehen. Das Café leerte sich. Alle eilten fort. Ich kletterte vom Hocker und ging ebenfalls hinaus. Ströme von Menschen zogen in einer Richtung die Straße entlang, und wenig später wurde ich auf einen Platz gedrängt. Er war groß und schlecht beleuchtet – ein weiter, dunkler Raum, gesäumt von einem Lichtring aus Laternen und Schaufenstern.

Die Menschen standen hier dicht an dicht; Männer und Frauen, Halbwüchsige, Burschen und Mädchen traten von einem Fuß auf den anderen. Hier und da glühten Zigaretten auf, und man sah kurzzeitig zusammengepresste Lippen und eingezogene Wangen. Stille trat ein. Dann schlug eine

Uhr, und über dem Platz flammten drei gigantische grelle Leuchten auf, eine rote, eine blaue und eine grüne; ihre Form war unregelmäßig, wie abgerundete Dreiecke. Die Menge wogte und erstarrte. Zigaretten wurden ausgedrückt. Die Leuchten erloschen und begannen gleich darauf wieder abwechselnd aufzuflammen und zu erlöschen: rot – blau – grün, rot – blau – grün … Eine Welle heißer Luft strich mir über das Gesicht, mir wurde schwindlig. Bewegung ging durch die Menge. Ich stellte mich auf die Zehenspitzen. In der Mitte des Platzes standen die Menschen regungslos; ich hatte den Eindruck, als wären sie nur deshalb wie versteinert und könnten nicht fallen, weil sie von der Menge fest umschlossen waren. Rot – blau – grün, rot – blau – grün … Aufwärts gerichtete starre Gesichter, weit aufgerissene schwarze Münder, reglose offene Augen. Sie blinzelten nicht einmal unter den Leuchten. Es war totenstill geworden, und ich zuckte zusammen, als eine schrille Frauenstimme »Bibberlein!« schrie. Dutzende Stimmen antworteten: »Bibberlein! Bibberlein!« Die Leute auf den Gehsteigen rund um den Platz klatschten im Takt zum Aufflammen der Leuchten in die Hände und riefen gleichförmig: »Bibber-lein! Bibber-lein! Bibber-lein!« Jemand bohrte mir seinen spitzen Ellbogen in den Rücken. Man warf sich auf mich, schob mich vorwärts bis zur Mitte des Platzes, direkt unter die Leuchten. Ich machte einen Schritt, einen zweiten und hastete weiter, mir rücksichtslos einen Weg bahnend. Zwei Halbwüchsige, starr wie Eiszapfen, schlugen plötzlich wie rasend aufeinander ein, packten sich krampfhaft, kratzten und schüttelten einer den andern, während ihre ausdruckslosen Gesichter zum aufflammenden Himmel gerichtet blieben … Rot – blau – grün, rot – blau – grün. Und ebenso unvermittelt erstarrten die Halbwüchsigen wieder. Da begriff ich endlich, dass das Ganze ungeheuer lustig war. Schallend wurde gelacht. Meine Brust weitete sich, Musik erschallte. Ich schnappte mir ein hübsches Mädchen, und wir tanzten los, wie früher, so wie es sein musste, wie vor langer, langer Zeit, wie immer, unbeschwert, dass einem schwindelte, dass alle uns bewunderten, doch wir traten beiseite, ich ließ ihre Hände nicht los, Worte waren überflüssig, und sie gab mir recht, dass der Fahrer ein höchst merkwürdiger Bursche sei. Ich kann Alkoholiker nicht leiden, sagte Riemaier, diese großporige Nase ist ein regelrechter Alkoholiker, und wie ist es mit »Dewon«, fragte ich, wie soll es ohne »Dewon« gehen, da wir einen wunderbaren zoologischen Garten haben, die Stiere liegen gern im Morast, und aus dem Morast fliegen ständig Schnaken auf, Rom, sagte ich, irgendwelche Dummköpfe sagen, du wärest fünfzig Jahre alt, ist das ein Unsinn, auf mehr als fünfundzwanzig schätze ich dich nicht, und das ist Wusi, ich habe ihr von dir erzählt, ich störe Sie sehr, sagte Riemaier, uns kann niemand stören, sagte Wusi, das ist Sus, der beste Fischer, er nahm eine Musspritze und traf den Rochen genau ins Auge, und Huger rutschte aus und fiel ins Wasser, fehlt bloß, dass du ertrinkst, sagte Huger, sieh mal, deine Badehose hat sich aufgelöst, wie ulkig Sie sind, sagte Len, das ist doch so ein Spiel, Gangster und Junge, erinnern Sie sich, Sie haben es mit Maria gespielt … Ach, wie wohl mir war, warum war mir noch nie im Leben so wohl, schade, denn es hätte jeden Tag so schön sein können. Wusi, sagte ich, was sind wir doch für wunderbare Menschen, Wusi, die Leute hatten nie eine so wichtige Aufgabe, Wusi, und wir haben sie gelöst, es gab nur ein Problem, ein einziges in der Welt, den Menschen den geistigen Sinn wiederzugeben, geistige Unruhe, nein, Sus, sagte Wusi, ich liebe dich sehr, Oscar, du bist nett, aber verzeih mir, ich möchte, dass es Iwan ist, ich umarmte sie und erriet, dass ich sie küssen durfte, und ich sagte, ich liebe dich …

Peng! Peng! Peng! Etwas barst am Nachthimmel, und scharfe tönende Splitter regneten herab. Sofort wurde es kalt und unangenehm. Das waren Garben aus Maschinengewehren. Die Garben ratterten. »Leg dich hin, Wusi!«, brüllte ich, obwohl ich nichts begriff, warf mich über sie, um sie vor den Kugeln zu beschützen, und wurde ins Gesicht geschlagen …

Tra-ta-ta-ta-ta … Rings um mich ragten versteinerte Menschen wie ein Pfahlzaun. Manche kamen zu sich und sahen benommen um sich. Ich lag halb auf der behaarten Brust eines Mannes; dicht vor meinen Augen sah ich seinen Rachen und das bespeichelte Kinn … Blau – grün, blau – grün, blau – grün … Etwas fehlte. Gellend wurde geschrien, geflucht, jemand schlug um sich und kreischte hysterisch. Anschwellendes mechanisches Brummen war über dem Platz. Mühsam hob ich den Kopf. Die Leuchten waren genau über mir, die blaue und die grüne flammten gleichmäßig auf, die rote war erloschen, von ihr rasselte Glasschutt herab. Tra-ta-ta-ta-ta … Die grüne Leuchte barst und erlosch. Im Licht der blauen segelten ausgebreitete Schwingen vorbei, von denen sich rötliche Blitze lösten – Schüsse.

Wieder versuchte ich, mich auf die Erde zu werfen. Doch es war unmöglich, weil die Menschen da standen wie Säulen. Etwas zersprang gar nicht weit von mir, gelbgrüne Rauchkegel entfalteten sich und verbreiteten widerlichen Gestank! Pok! Pok! Noch zwei Rauchkegel hingen über dem Platz. Die Menge heulte auf. Der gelbe Rauch war beißend wie Senf, mir tränten die Augen, mein Mund füllte sich mit Speichel, ich weinte und hustete, die Menschen neben mir weinten und husteten ebenfalls und schrien heiser: »Lumpen! Rowdys! Schlagt die Intels!« Wieder näherte sich das Motorengebrumm. Das Flugzeug kehrte zurück. »Legt euch doch hin, ihr Idioten!«, brüllte ich. Die Leute fielen übereinander. Tra-ta-ta-ta-ta-ta … Diesmal schoss der MG-Schütze daneben, der Feuerstoß fuhr in das Haus gegenüber, dafür trafen die Gasbomben genau. Die Lichter um den Platz erloschen, die blaue Leuchte ebenfalls, und in der undurchdringlichen Finsternis begann eine Schlägerei.

7

Ich weiß nicht, wie ich zu dem Springbrunnen gekommen war. Wahrscheinlich habe ich einen guten Instinkt, und gewöhnliches kaltes Wasser war jetzt genau das Richtige für mich. Ich stieg mit allen Kleidern ins Becken und legte mich hin. Mir wurde sofort leichter. Ich lag auf dem Rücken, Spritzer klatschten mir aufs Gesicht, und es war herrlich. Stockdunkel war es hier, blasse Sterne schimmerten durch Wasser und Gezweig, und es herrschte tiefe Stille. Eine Weile beobachtete ich einen hellen Stern, der langsam über den Himmel zog, bis mir klarwurde, dass es sich um den Retranslationssputnik »Europa« handelte. Wie fern er ist, dachte ich, und wie sinnlos und ärgerlich das grässliche Tohuwabohu auf dem Platz war, das ekelhafte Fluchen und Kreischen, das Platzen der Tränengasbomben und der faule Gestank, von dem sich einem der Magen umdrehte. Dadurch, dass sie unter Freiheit nur Steigerung und schnelle Befriedigung ihrer Bedürfnisse verstehen, erinnerte ich mich, verderben sie ihre Natur, weil sie in sich viele sinnlose, dumme Wünsche und Gewohnheiten und törichte Einfälle wecken. Wenn der unschätzbare Pek händereibend um den gedeckten Tisch herumging, liebte er es, den Starez Sossima zu zitieren. Damals waren wir rotznasige Kursteilnehmer und glaubten wirklich, solche Sprüche taugten in unserer Zeit nur dazu, glänzende Bildung und Humorgefühl zu beweisen ... Da plumpste ungefähr zehn Schritt von mir entfernt jemand geräuschvoll ins Wasser. Zunächst hustete er, dann räusperte und schnäuzte er sich so ausgiebig, dass ich schleunigst aus dem Becken kletterte. Ich hörte Plantschen, es wurde ein Weilchen still, dann ließ er plötzlich wüste Flüche los.

»Schamlose Schmarotzer«, knurrte er. »Prostituierte … Schweinehunde … Auf lebendige Menschen! Stinkende Hyänen seid ihr, widerliche Dreckskerle … Gebildete Slegisten, Scheusale …« Wieder räusperte er sich und spuckte aus. »Es ärgert sie, wenn sich die Leute amüsieren … Haben mir ins Gesicht getreten, die Schweine …« Er stöhnte unnatürlich durch die Nase. »Sollen mir den Buckel runterrutschen mit ihrem Bibberlein, ich geh jedenfalls nicht mehr hin …«

Er stöhnte erneut und stand auf. Ich hörte, wie das Wasser von ihm heruntertroff. Undeutlich sah ich seine schwankenden Umrisse in der Dunkelheit. Er bemerkte mich ebenfalls.

»He, Freund, hast du was zu rauchen?«, rief er.

»Hatte ich«, antwortete ich.

»Scheusale«, sagte er. »Ich habe auch nicht dran gedacht, sie herauszunehmen. Bin mit allen Klamotten reingeplumpst.« Er kam zu mir gepatscht und setzte sich neben mich. »Irgendein Dummkopf ist mir auf die Backe getreten«, teilte er mit.

»Mir haben sie auch übel mitgespielt«, sagte ich mitfühlend. »Die waren ja alle regelrecht verrückt.«

»Nun erklär mir mal, wo sie das Tränengas herbekommen«, sagte er. »Und die Maschinengewehre.«

»Und die Flugzeuge«, fügte ich hinzu.

»Ach was, die Flugzeuge«, entgegnete er. »Ein Flugzeug habe ich auch. Hab ich spottbillig gekauft, für ganze siebenhundert Kronen … Was wollen die eigentlich? Ich kapier das nicht!«

»Rowdys«, sagte ich. »Man müsste ihnen mal gehörig das Maul stopfen, das ist alles ...«

Er lachte bitter. »Das soll mal einer probiert haben, aber die richten dich so zu ... Denkst du, man hätte es nicht versucht? Und wie! Aber offenbar noch zu wenig. Man hätte sie in die Erde stampfen sollen, mitsamt ihrer Brut. Leider haben wir das verschlafen. Und jetzt gehen sie auf uns los. Das Volk ist verweichlicht, das lass dir von mir gesagt sein. Denen ist alles egal. Malochen ihre vier Stunden, trinken sich einen an und – ab zum Bibberlein!, auch wenn du mit Kanonen auf sie ballerst.« Verzweifelt schlug er sich auf die nassen Schenkel. »Und es soll Zeiten gegeben haben«, plärrte er, »da wagten sie sich nicht zu mucksen! Gab einer mal einen Ton von sich – kamen sie nachts in weißen Kitteln oder schwarzen Hemden, knallten ihm eine, dass es krachte, und ab ins Lager, dann war Ruhe ... In der Schule, erzählt mein Sohn, beschimpfen alle die Faschisten: Die haben die Schwarzen beleidigt, die Gelehrten verfolgt ... Ach, die Lager, ach, die Diktatur! Nein, man hätte sie nicht verfolgen sollen, sondern in die Erde stampfen, sie ausrotten!« Er wischte sich mit der Hand die Nase ab, dass es gluckste. »Morgen früh muss ich zur Arbeit, dabei ist meine Fresse ganz schief. Komm, heben wir einen, sonst erkälten wir uns womöglich.«

Wir krochen durchs Gebüsch und erreichten die Straße.

»Gleich an der Ecke ist das ›Wiesel‹«, erklärte er.

Im »Wiesel« wimmelte es von nasshaarigen halbnackten Menschen. Sie wirkten alle deprimiert, verstört, und missmutig prahlten sie voreinander mit ihren blauen Flecken und Schrammen. Ein paar Mädchen, die nur noch Höschen anhatten, drängten sich um den Elektrokamin und trockneten ihre Röcke – ab und an versetzte man ihnen rein platonisch einen Klaps auf die nackte Haut. Mein Gefährte mischte sich sofort unter die Menge und forderte lauthals, »die Schweine in die Erde zu stampfen«. Dabei fuchtelte er und schnäuzte sich mit zwei Fingern. Träge pflichtete man ihm bei.

Ich verlangte russischen Wodka, und als die Mädchen beiseitegingen und sich wieder anzogen, streifte ich das Hawaii-Hemd ab und setzte mich an den Kamin. Der Barmann stellte mir ein Glas hin und kehrte hinter die Theke zu einer dicken Zeitschrift zurück, um ein Kreuzworträtsel zu lösen. Die Gäste unterhielten sich.

»Wozu diese Schießerei? Haben sie noch nicht genug geballert? Wie die Kinder, wahrhaftig … Sie verderben bloß das Gute.«

»Banditen, schlimmer als die Gangster, aber was wollen Sie? Dieses Bibberlein ist genauso ekelhaft …«

»Stimmt. Neulich sagt meine Kleine: ›Ich habe dich gesehen, Papa, du warst blau wie ein Toter, Papa, zum Fürchten‹, und sie ist doch erst zehn Jahre alt, wie konnte ich ihr noch in die Augen blicken, hm?«

»He, hört mal her«, rief der Barmann, ohne den Kopf zu heben. »Ein Amüsement mit drei Buchstaben, was kann das sein?«

»Na gut. Und wer hat sich das alles ausgedacht? Dieses Bibberlein und die Aromatika? Das ist es doch …«

»Wenn du bis auf die Haut nass bist, ist Brandy das Beste.«

»… Wir haben auf der Brücke auf ihn gewartet. Da sehen wir einen mit Brille kommen, der so ein Rohr mit Gläsern trug. Wir schnappten ihn uns und – runter von der Brücke. Mit Brille und Rohr, er strampelte bloß so … Da kommt doch Nasenloch angerannt – man hatte ihn also wieder zu sich gebracht – und sah, wie der andere abgluckerte. Leute, sagt er, seid ihr besoffen, das ist der Falsche! Den, sagt er, seh ich zum ersten Mal …«

»Meiner Ansicht nach müsste ein Gesetz erlassen werden: Wenn du Familienvater bist, hast du auf dem Bibberlein nichts verloren …«

»He, hört mal her«, rief der Barmann. »Ein literarisches Werk aus sieben Buchstaben? Wälzer, oder?«

»... Also ich hatte damals vier Intels in meinem Zug, MG-Schützen. Die kämpften wie die Teufel, alles, was recht ist. Ich erinnere mich noch: Wir türmten aus den Lagerhäusern – da wird jetzt eine Fabrik gebaut, wisst ihr –, und zwei von ihnen blieben zurück, um uns zu decken. Keiner hat sie darum gebeten, sie haben sich von selbst gemeldet. Als wir zurückkehrten, hingen sie nebeneinander am Brückenkran, nackt, und alles hatte man ihnen mit glühenden Zangen herausgerupft. So war das, klar? Und jetzt denke ich manchmal: Wo mögen die anderen beiden geblieben sein – heute, zum Beispiel? Vielleicht haben sie mich ja mit Tränengas traktiert, das brächten die fertig ...«

»Wen haben sie nicht alles aufgehängt ... Uns hat man auch an verschiedensten Körperteilen aufgehängt ...«

»In die Erde stampfen, bis an die Nase, sonst nichts!«

»Ich gehe. Was soll ich hier sitzen ... Ich krieg schon Sodbrennen. Sie haben dort bestimmt schon wieder alles repariert ...«

»He, Barmann, Mädchen! Auf ein Letztes!«

Mein Hawaii-Hemd war trocken. Ich zog es an, und als sich das Café leerte, siedelte ich an ein Tischchen um und beobachtete zwei ältere, gediegen gekleidete Männer, die in der Ecke saßen und ihren Cocktail mit einem Strohhalm tranken. Sie fielen stark auf – beide trugen in dieser schwülen Nacht einen strengen schwarzen Anzug und eine schwarze Krawatte. Sie unterhielten sich nicht, der eine schaute nur immer wieder auf die Uhr. Dann hing ich meinen Gedanken nach. Nun, Doktor Opir, welchen Eindruck hatten Sie von dem Bibberlein? Waren Sie auf dem Platz? Aber nein, selbstverständlich nicht. Wären Sie doch nur hingegangen! Ich wüsste gern, was Sie darüber denken. Ach, hol Sie der Teufel! Was kümmert mich, was Doktor Opir denkt! Was ich selbst denke? Was denkst du selbst darüber – hochwertiges Rohmaterial für Friseure? Ich muss mich so schnell wie möglich akklimatisieren. Stopft mir nicht den Kopf mit Induktion, Deduktion und technischen Verfahren voll. Die Hauptsache ist, sich so schnell wie möglich zu akklimatisieren. Sich unter ihnen wie einer von ihnen zu fühlen … Da sind sie nun wieder auf den Platz gerannt. Ungeachtet dessen, was vorgefallen ist. Und ich habe keine, aber auch gar keine Lust, ebenfalls hinzugehen. Am liebsten würde ich nach Hause zurückkehren und mein neues Bett ausprobieren. Und wann gehe ich zu den Fischern? Intels, »Dewon« und die Fischer … Intels – das ist anscheinend die hiesige goldene Jugend? »Dewon« – muss ich im Auge behalten. Samt Oscar. Und jetzt die Fischer …

»… Trotzdem, Fischer, das ist ein wenig vulgär«, sagte der eine im schwarzen Anzug leise, aber keineswegs flüsternd.

»Es kommt auf das Temperament an«, sagte der andere. »Ich persönlich verurteile Karagan nicht im Geringsten.«

»Ich auch nicht. Ich bin nur ein wenig schockiert, dass er seinen Anteil genommen hat. Ein Gentleman hätte nicht so gehandelt.«

»Verzeihen Sie, Karagan ist kein Gentleman. Er ist lediglich der geschäftsführende Direktor. Daher seine Kleinlichkeit, sein Geiz und diese, ich würde sagen, Ungeschliffenheit …«

»Wir wollen nicht allzu streng sein. Die Fischer sind interessant. Und ich sehe ehrlich gesagt keinen Grund, warum wir uns nicht damit befassen sollten. Die Alte Metro ist durchaus respektabel. Wilde ist eleganter als Nivelle, aber deswegen lehnen wir doch Nivelle nicht ab …«

»Und Sie sind wirklich bereit?«

»Meinetwegen sofort … Es ist übrigens fünf vor zwei. Gehen wir?« Sie erhoben sich, verabschiedeten sich liebenswürdig von dem Barmann und gingen zum Ausgang – elegant, ruhig, herablassend hochmütig.

So etwas konnte man Glück nennen. Ich gähnte laut und sagte: »Na dann, auf zum Platz …«, schob die Hocker beiseite und folgte ihnen. Die Straße war kaum beleuchtet, aber ich sah die beiden sofort. Sie hatten es nicht eilig. Der, der rechts ging, war ein bisschen kleiner, und im Schein einer Laterne sah ich, dass er weiches, spärliches Haar hatte. Sie schienen sich nicht mehr zu unterhalten.

Hinter einer Grünanlage schwenkten sie in eine dunkle Gasse ab, prallten vor einem Betrunkenen zurück, der sie angesprochen hatte, und liefen plötzlich, ohne sich noch einmal umzusehen, in den Garten vor einem großen finsteren Haus. Ich hörte eine schwere Tür dumpf zuschlagen. Es war zwei Minuten vor zwei.

Ich schob den Betrunkenen beiseite, ging in den Garten und setzte mich auf eine silbern gestrichene Bank im Fliedergebüsch. Die Bank war aus Holz, der Weg durch den Garten mit Sand bestreut. Das Portal des Hauses wurde von einer blauen Glühlampe beleuchtet, und ich erkannte zwei Karyatiden, die den Balkon über der Tür hielten. Mit einem Metroeingang hatte das keine Ähnlichkeit, aber was hieß das schon? Ich beschloss zu warten.

Es dauerte nicht lange, da hörte ich Schritte, und auf dem Weg erschien eine dunkle Gestalt in einem Umhang. Es war eine Frau. Ich begriff nicht gleich, warum mir der stolz erhobene Kopf mit der hohen zylindrischen Frisur, in der unter den Sternen große Steine funkelten, so bekannt vorkam. Ich stand auf, schritt ihr entgegen und sagte, um einen spöttisch ehrerbietigen Tonfall bemüht: »Sie kommen spät, Gnädigste, es ist schon nach zwei.«

Sie erschrak kein bisschen. »Was sagen Sie da?«, rief sie. »Sollte meine Uhr stehengeblieben sein?«

Das war die Frau, die mit dem Fahrer des Lastwagens Streit gehabt hatte. Doch selbstverständlich erkannte sie mich nicht. Frauen, deren Unterlippe angewidert herabgezogen ist, erinnern sich nie an Leute, denen sie zufällig begegnet sind. Ich fasste sie unter, und wir stiegen die breiten Steinstufen hinauf. Die Tür war so wuchtig und schwer wie ein Reaktordeckel. Das Vestibül war leer. Ohne sich umzudrehen, warf mir die Frau ihren Umhang zu und ging weiter; ich blieb ein wenig zurück, um mich noch kurz in einem großen Spiegel zu betrachten … Meister Gaoej war wirklich erstklassig … Dennoch hielt ich es für ratsam, mich im Schatten zu halten. Wir traten in einen Saal.

Nein, das war alles – nur keine Metro. Der Saal war groß und altmodisch, die Wände mit Ebenholz getäfelt, in einer Höhe von fünf Metern befand sich eine Galerie mit einer Balustrade. Von der pompösen Decke lächelten traurig rosige blonde Engel. Fast den ganzen Saal nahmen Ledersessel ein, die sehr massiv wirkten. In den Sesseln räkelten sich elegante Leute, zum größten Teil ältere Männer. Sie blickten dorthin, wo ein von unten her beleuchtetes Bild vor dunklem Samt strahlte.

Niemand drehte sich um, als wir eintraten. Die Dame rauschte nach vorn, und ich setzte mich in einen Sessel nahe der Tür. Ich war überzeugt, dass ich umsonst hergekommen war. Die Leute im Saal schwiegen, hier und da hüstelte einer, von den dicken Zigarren kräuselte sich friedlich bläulicher Rauch, die zahlreichen Glatzen glänzten still unter dem elektrischen Lüster. Ich betrachtete das Bild. Von Malerei verstehe ich nicht viel, aber ich hielt es für einen Raffael, und wenn es kein echter war, so handelte es sich um eine sehr gelungene Kopie.

Ein Kupfergong ertönte, und im selben Augenblick stand neben dem Bild ein hagerer Mann mit schwarzer Maske auf, der vom Hals bis zu den Zehen in schwarzes Trikot gezwängt war. Ihm folgte hinkend ein buckliger Zwerg in rotem Kittel. In den ausgestreckten Händchen hielt er ein matt schimmerndes unheildrohendes Schwert. Er verharrte rechts vom Bild, während der maskierte Mann vortrat und leise sagte: »In Übereinstimmung mit den Gesetzen und Statuten der edlen Gesellschaft der Mäzene, im Namen der heiligen einzigartigen Kunst und in Ausübung der mir von Ihnen verliehenen Macht habe ich Geschichte und Wert dieses Bildes geprüft, und …«

»Ich bitte um Unterbrechung!«, erklang hinter mir eine schneidende Stimme.

Alle drehten sich um. Ich tat es ebenfalls und sah, dass mich drei junge starke Männer in dunklen, altmodischen Anzügen anstarrten. Der eine trug ein blitzendes Monokel im rechten Auge. Sekundenlang musterten wir einander, dann zuckte er mit der Wange, und das Monokel fiel herab. Ich stand sofort auf. Sie rückten gegen mich vor, auf leisen Sohlen, wie Katzen. Ich griff nach dem Sessel – er war zu schwer. Sie stürzten sich gleichzeitig auf mich. Ich wehrte mich, so gut ich konnte, und zunächst ging alles gut, aber dann zückten sie Schlagringe, und ich schaffte es kaum, ihnen auszuweichen. Ich presste mich mit dem Rücken an die Wand und sah meine Gegner an, während sie wiederum – keuchend – mich ansahen. Es waren nur noch zwei. Im Saal wurde gehüstelt. Von der Galerie kamen noch vier herunter, die Stufen der Holztreppe knarrten und quietschten unter ihren Sprüngen. Das ist schlecht, dachte ich und stürmte vor, um durchzubrechen.

Das war Schwerstarbeit, wie in Manila, aber dort waren wir zu zweit gewesen. Leider schossen sie nicht, ich hätte sonst einem von ihnen die Pistole abgenommen. Alle sechs empfingen mich mit Schlagringen und Gummiknüppeln. Zum Glück war es eng. Meinen linken Arm konnte ich nicht mehr gebrauchen. Plötzlich sprangen vier von ihnen zurück, während mir der fünfte aus einem flachen, glänzenden Gefäß kalten Unflat überschüttete.

Das Licht erlosch.

Derlei Scherze kannte ich. Jetzt sahen sie mich, sie hingegen waren für mich unsichtbar. Bestimmt wäre es um mich geschehen gewesen, hätte nicht irgendein Esel die Tür aufgemacht und mit tiefem Bass gerufen: »Verzeihung, ich habe mich schrecklich verspätet, es tut mir unendlich leid …« Ich stürzte über fallende Körper zum Licht, rannte den Neuankömmling um, raste durchs Vestibül, stieß die Paradetür auf und lief, die linke Hand mit der rechten haltend, den Sandweg entlang. Niemand verfolgte mich, dennoch rannte ich durch zwei Straßen, bevor es mir einfiel stehen zu bleiben.

Ich sank zu Boden, lag lange auf dem hartem Gras und atmete gierig die Treibhausluft ein. Sogleich sammelten sich Neugierige. Sie standen im Halbkreis um mich herum und gafften stumm. »Haut ab!«, sagte ich schließlich und stand auf. Eilig entfernten sie sich. Ich versuchte, mir klarzuwerden, wo ich mich befand, dann machte ich mich auf den Heimweg. Für heute hatte ich genug. Ich begriff nichts, dennoch reichte es mir vollauf. Wer immer sie auch sein mochten, diese Mitglieder der edlen Gesellschaft der Mäzene – heimliche Kunstliebhaber, nicht geschlagene aristokratische Verschwörer oder sonst wer –, sie hatten schonungslos und schmerzhaft zugeschlagen, und der größte Dummkopf im Saal war offensichtlich ich gewesen.

Ich kam am Platz vorbei, wo die bunten Leuchten wieder gleichmäßig aufflammten und Hunderte von hysterischen Kehlen »Bibberlein! Bibberlein!« brüllten. Auch davon hatte ich genug. Angenehme Träume sind freilich besser als die unangenehme Wirklichkeit, aber wir leben nun einmal nicht im Traum … In dem Lokal, in das Wusi mich geführt hatte, trank ich eine Flasche eiskaltes Mineralwasser, stierte, verschnaufend, auf die an der Theke lungernde Polizeistreife, dann marschierte ich in meine Vorortstraße. Hinter dem linken Ohr schwoll mir eine Beule von der Größe eines Tennisballs. Ich taumelte und hielt mich möglichst nah am Zaun. Dann hörte ich Stimmen hinter mir und das Klappern von Absätzen.

»... Dein Platz war im Museum, nicht in der Kneipe!«

»Nichts da ... Ich bin nicht betrunken. W-warum begreift ihr nicht, bloß eine Flasche M-mosel ...«

»Unverschämtheit! Lässt sich vollaufen und gabelt sich eine Hure auf ...«

»Was heißt hier Hure? Das war ein Aktmodell ...«

»Fängt wegen der Hure eine Schlägerei an und reißt uns mit rein ...«

»W-warum, zum Teufel, glaubt ihr ihnen und nicht mir?«

»Weil du betrunken bist! Du bist genauso verkommen wie die, noch schlimmer ...«

»Nichts da! Den Sch-schurken mit dem A-armband hab ich mir gemerkt ... Lasst mich! Ich kann alleine gehn!«

»Gar nichts hast du dir gemerkt, Freundchen. Die Brille hatten sie dir im Handumdrehen runtergeschlagen, und ohne Brille bist du kein Mensch, sondern ein blindes Huhn. Sei nicht so störrisch, sonst landest du im Springbrunnen.«

»Ich warne dich, noch so ein Streich, und du fliegst raus. Ein betrunkener Kulturträger – Unverschämtheit!«

»Haltet ihm keine Moralpredigten, soll der Mann erst mal seinen Rausch ausschlafen ...«

»Jungs! D-da ist er, der Sch-schurke!«

Die Straße war leer, und der Schurke war offensichtlich ich. Mein linker Arm ließ sich schon wieder beugen und strecken, aber er schmerzte noch sehr, und ich blieb stehen, um sie vorbeizulassen. Es waren drei Burschen mit gleichen, in die Stirn geschobenen Schirmmützen. Der eine war stämmig und muskulös und amüsierte sich offensichtlich.

Er hatte einen anderen untergefasst, der lang war wie eine Bohnenstange, sich schlenkernd bewegte und immer wieder unvermittelt aufbegehrte. Der dritte, groß und mager, mit schmalem, dunklem Gesicht, ging allein, die Hände auf dem Rücken. Als sie bei mir anlangten, bremste die Bohnenstange plötzlich. Der Stämmige versuchte, ihn weiterzuschieben – vergebens. Der Magere blieb nach ein paar Schritten ebenfalls stehen. Ungeduldig wandte er sich um.

»Hab ich dich, du Aas!«, brüllte der Betrunkene und wollte mir mit seiner freien Hand an den Kragen.

Ich wich zurück und sagte zu dem Stämmigen: »Ich hab Ihnen nichts getan.«

»Hör auf zu randalieren!«, rief der Lange schroff.

»D-dich hab ich mir genau gemerkt«, brüllte der Betrunkene. »D-du entwischst mir nicht! Mit d-dir rechne ich ab!«

Ruckweise kam er auf mich zu, den Untersetzten hinter sich herziehend, der wie eine Polizei-Bulldogge an ihm hing.

»Das ist er doch gar nicht!«, sagte der Stämmige eindringlich, der das Ganze anscheinend sehr lustig fand. »Der, den du meinst, ist zum Bibberlein gegangen. Der da ist nüchtern …«

»M-mich täuschst du nicht …«

»Ich warne dich zum letzten Mal, wir schmeißen dich raus!«

»Hat Angst bekommen, der Sch-schurke, und das Armband abgenommen!«

»Ohne Brille siehst du ihn doch gar nicht, du Dummkopf!«

»Und w-wie ich ihn sehe! Selbst wenn er es nicht ist …«

»Hör endlich auf!«

Der Lange kam schließlich zurück und packte den Betrunkenen auf der anderen Seite.

»So gehen Sie doch weiter!«, sagte er gereizt zu mir. »Warum sind Sie überhaupt stehen geblieben? Haben Sie noch keinen Betrunkenen gesehen?«

»Nein, d-du entwischst mir nicht!«

Ich setzte meinen Weg fort. Ich hatte es nicht mehr weit bis nach Hause, und das Grüppchen trottete mir krakeelend hinterher.

»W-wenn's gewünscht wird, durchschaue ich ihn ganz und gar! Herrscher der Natur ... H-hat sich vollaufen lassen, bis es ihm h-hochkam, hat einem die Sch-schnauze poliert und selbst gehörig was abbekommen, mehr braucht er nicht ... Lasst mich, ich h-hau ihm in die Fresse ...«

»Was ist aus dir geworden! Wir führen dich ab wie einen Gangster ...«

»F-führt mich doch nicht ... Ich hasse sie! Bibberlein ... Wodka ... Weiber ... Schwachkopf ...«

»Ja, selbstverständlich, beruhige dich ... Fall nur nicht hin.«

»Schluss mit den V-vorwürfen! Ihr ödet mich an mit euerm Pharisäertum ... euerm Puritanertum ... Man m-muss sie alle in die Luft sprengen! Totschießen! Vom A-antlitz der Erde radieren!«

»Nein, ist der blau! Und ich dachte schon, er wäre wieder nüchtern.«

»Ich bin n-nüchtern! Ich erinnere mich an alles. Am Achtundzwanzigsten ... Na, stimmt's?«

»Halt den Mund, Dummkopf!«

»Schsch! Richtig! Der F-feind schläft nicht, Jungs, hier irgendwo war doch ein Spitzel. Ich hab mit ihm gesprochen. Das A-armband hat er weggesteckt, der Lump. Aber ich werde ihn noch vor dem Achtundzwanzigsten ...«

»So schweig doch endlich!«

»Schschsch! Kein Wort mehr ... Und seid unbesorgt, die Granatwerfer stehn hinter mir ...«

»Ich mach ihn kalt, den Ganoven ...«

»Wider die Feinde der Z-zivilisation … Anderthalbtausend Meter Tränengas … ich persönlich … Sechs Sektoren … Hicks!«

Ich war bereits am Tor meines Hauses. Als ich mich umblickte, lag die betrunkene Bohnenstange bäuchlings da, und der Stämmige hockte neben ihm. Der Lange, der etwas abseits stand, rieb sich mit der linken Hand die Kante der rechten.

»Warum hast du das getan?«, fragte der Stämmige. »Hast ihn ja zum Krüppel geschlagen!«

»Schluss mit dem Geschwätz«, zischte der Lange wütend. »Wir können es uns einfach nicht abgewöhnen, das Quatschen. Wir können es uns einfach nicht abgewöhnen, Wodka zu saufen. Schluss damit.«

Wir werden wie Kinder sein, Doktor Opir, dachte ich und versuchte möglichst geräuschlos in den Hof zu schlüpfen. Ich hielt die Torflügel fest, damit sie beim Schließen nicht schepperten.

»Wo ist er geblieben?«, fragte der Lange, die Stimme senkend.

»Wer?«

»Der Typ, der vor uns ging …«

»Abgebogen …«

»Hast du nicht bemerkt, wo?«

»Hör mal, ich hab andere Sorgen!«

»Schade. Na gut, fass an. Gehen wir!«

Aus dem Schatten der Apfelbäume beobachtete ich, wie sie den Betrunkenen am Tor vorbeischleppten. Er röchelte fürchterlich.

Im Haus war es still. Ich ging in mein Apartment, zog mich aus und duschte heiß. Das Hawaii-Hemd und die Shorts rochen nach Tränengas und waren voller Fettflecken, die die Leuchtflüssigkeit hinterlassen hatte. Ich warf die Sachen in den Utilisator. Dann musterte ich mich im Spiegel und wunderte mich, dass ich so glimpflich davongekommen war – eine Beule am Ohr, ein hübscher blauer Fleck an der linken Schulter und ein paar Schrammen an den Rippen. Und zerschundene Fäuste.

Auf dem Nachttisch entdeckte ich einen Zettel mit dem ehrerbietigen Ersuchen, die Miete für die ersten dreißig Tage zu entrichten. Die Summe war hoch, aber erträglich. Ich zählte ein paar Banknoten ab und steckte sie in den bereitgelegten Umschlag. Dann streckte ich mich auf dem Bett aus. Den gesunden Arm schob ich unter den Kopf. Die kühlen Laken raschelten, durch das offene Fenster strömte leicht salzige Meeresluft herein. Neben dem Ohr schnaufte gemütlich der Fonor. Vor dem Einschlafen wollte ich noch ein wenig nachdenken, doch ich war zu erschöpft und schlief rasch ein.

Etwas weckte mich. Ich öffnete die Augen und lauschte gespannt. Irgendwo in der Nähe schien ein Kind zu weinen oder zu singen. Ich stand leise auf und beugte mich aus dem Fenster. Das Stimmchen murmelte: »… Hat man in den Gräbern kurze Zeit gelegen, erhebt man sich und lebt gleich Lebenden unter Lebenden …« Ich vernahm Schluchzen. Wie Mückengesumm klang es aus der Ferne: »Bibberlein! Bibberlein!« Die klägliche Stimme sagte: »… Blut mit Erde vermischt, wird nicht gegessen …« Ich nahm an, die betrunkene Wusi weine und jammere oben in ihrem Zimmer, und rief halblaut: »Wusi!« Niemand antwortete. Das Stimmchen schrie: »Hebe dich fort von meinem Haar, hebe dich fort von meinem Fleisch, hebe dich fort von meinen Knochen!« Da begriff ich, wer das war. Ich kletterte über das Fensterbrett, sprang ins Gras und ging in den Garten, auf das Schluchzen zu. Zwischen den Bäumen zeigte sich Licht, und bald darauf stieß ich auf die Garage. Das Tor war halb geöffnet, und ich blickte hinein. Dort stand ein großer glänzender Opel. Auf dem Montagetisch brannten zwei Kerzen. Es roch nach aromatischem Benzin und heißem Wachs.

Im Kerzenschein saß Len in einem knöchellangen weißen Hemd auf einer Bank. Er war barfuß und hielt ein zerfleddertes Buch auf den Knien. Mit weit aufgerissenen Augen starrte er mich an. Sein Gesicht war schneeweiß und vor Entsetzen wie versteinert.

»Was machst du hier?«, fragte ich und trat ein.

Er begann zu zittern. Ich hörte seine Zähne klappern.

»Len, Menschenskind«, sagte ich. »Erkennst du mich nicht? Ich bin's, Iwan!«

Er ließ das Buch fallen und verbarg die Hände unter den Achseln. Seine Stirn bedeckte sich mit Schweiß wie am Morgen. Ich setzte mich neben ihn und legte den Arm um ihn. Kraftlos lehnte er sich an mich. Es schüttelte ihn. Ich schaute auf das Buch. Ein gewisser Doktor Nef beglückte die Menschheit mit einer »Einführung in die Lehre von den nekrotischen Erscheinungen«. Ich beförderte das Buch mit einem Fußtritt unter den Tisch.

»Wessen Wagen ist das?«, fragte ich.

»Mamas.«

»Ein prima Ford.«

»Kein Ford. Ein Opel.«

»Richtig, ein Opel … Wahrscheinlich zweihundert Meilen?«

»Ja.«

»Und wo hast du die Kerzen her?«

»Die hab ich gekauft.«

»So? Ich wusste gar nicht, dass heutzutage noch Kerzen verkauft werden. Ist die Glühlampe durchgebrannt? Verstehst du, ich ging in den Garten, um mir einen Apfel zu pflücken, da sah ich Licht in der Garage.«

Er schmiegte sich an mich und flüsterte: »Sie … Bleiben Sie noch ein bisschen.«

»Schön. Aber vielleicht löschen wir die Kerzen und gehen zu mir?«

»Nein, dahin kann ich nicht.«

»Wohin kannst du nicht?«

»Zu Ihnen. Ins Haus.« Er klang sehr überzeugt. »Noch lange nicht. Erst wenn alle eingeschlafen sind.«

»Wer?«

»Sie.«

»Wer sind sie?«

»Sie. Hören Sie nicht?«

Ich lauschte. Ich hörte nur, wie die Bäume im Wind rauschten und in der Ferne »Bibberlein! Bibberlein!« gebrüllt wurde.

»Ich höre nichts Besonderes«, sagte ich.

»Das ist, weil Sie nichts wissen. Sie sind ein Neuling hier, und Neulinge tasten sie nicht an.«

»Wer ist das denn eigentlich – sie?«

»Sie alle. Haben Sie den Gauner mit den Silberknöpfen gesehen?«

»Peti? Ja, den hab ich gesehen. Warum ist er ein Gauner? Meiner Ansicht nach ist er ein durchaus anständiger Mensch …«

Len sprang auf. »Kommen Sie«, wisperte er. »Ich zeige es Ihnen. Aber seien Sie leise.«

Wir verließen die Garage, tappten zum Haus und schlichen um die Ecke. Lens Hand war kalt und feucht und ruhte die ganze Zeit in meiner.

»Da!«, sagte er.

Der Anblick war tatsächlich schrecklich. Auf der Terrasse der Wirtin lag, den Kopf zwischen den Geländerstäben unnatürlich verdreht, der Zöllner. Von der Straße her fiel quecksilbernes Licht auf sein Gesicht, das blau war, aufgedunsen und mit dunklen Rinnsalen bedeckt. Die trüben Augen unter den halb offenen Lidern schielten zur Nasenwurzel. »Sie wandeln unter den Lebenden gleich Lebenden im Tageslicht«, murmelte Len, der sich mit beiden Händen an mir festhielt. »Sie nicken und lächeln, doch in der Nacht sind ihre Gesichter weiß, und Blut tritt darauf hervor …« Ich ging zur Terrasse. Der Zöllner war im Pyjama. Er atmete heiser und roch nach Kognak. Sein Gesicht war blutig, als sei er mit der Nase in Glasscherben gefallen.

»Er ist bloß betrunken«, sagte ich laut. »Ein Betrunkener. Er schnarcht. Widerlich.«

Len schüttelte den Kopf. »Sie sind ein Neuling«, flüsterte er. »Sie sehen das nicht. Doch ich habe gesehen …« Wieder zitterte er. »Es kamen viele von ihnen. Sie war's, die sie herbrachte. Und sie trugen sie. Der Mond schien. Sie sägten ihr das Schädeldach ab. Sie schrie, sie schrie so sehr. Und dann fingen sie an zu löffeln. Auch sie aß, und alle lachten, weil sie schrie und um sich schlug …«

»Wer? Wen?«

»Dann schichteten sie Holz auf und zündeten es an. Und tanzten am Feuer. Und dann vergruben sie alles im Garten. Und sie fuhr mit dem Auto, um einen Spaten zu holen. Ich habe alles gesehen. Soll ich Ihnen zeigen, wo sie es vergraben haben?«

»Weißt du was, mein Freund«, sagte ich. »Wir gehen zu mir.«

»Weshalb?«

»Um zu schlafen, deshalb. Alle schlafen schon längst, nur wir beide schwatzen hier.«

»Niemand schläft. Sie sind ein ahnungsloser Neuling. Niemand schläft. Jetzt kann man nicht schlafen …«

»Los, komm«, sagte ich. »Komm mit zu mir.«

»Nein, ich komme nicht mit«, entgegnete er. »Rühren Sie mich nicht an. Ich habe Ihren Namen nicht genannt.«

»Und ich nehme gleich den Riemen«, sagte ich drohend, »und gerb dir den Hintern!«

Anscheinend beruhigte ihn das ein bisschen. Er klammerte sich wieder an meinen Arm und schwieg.

»Komm, Junge, wir gehen«, sagte ich. »Du wirst schlafen, und ich werde bei dir sitzen. Und wenn etwas passiert, wecke ich dich sofort.«

Wir stiegen durchs Fenster in mein Schlafzimmer (er weigerte sich entschieden, durch die Tür ins Haus zu gehen), und ich legte ihn ins Bett. Ich wollte ihm ein Märchen erzählen, aber er schlief sofort ein. Er sah gequält aus, und im Schlaf zuckte er ständig. Ich schob einen Sessel ans Fenster, wickelte mich in eine Decke und rauchte eine Zigarette, um mich zu beruhigen. Ich versuchte, an Riemaier zu denken, an die Fischer, bei denen ich nun doch nicht gewesen war, an den Achtundzwanzigsten, an dem etwas passieren sollte, an die Mäzene, aber ich konnte mich nicht konzentrieren, und das machte mich wütend. Es machte mich wütend, dass ich mich nicht zwingen konnte, meine Angelegenheiten mit dem nötigen Ernst zu bedenken. Meine Gedanken schwirrten auseinander, Empfindungen drängten sich auf, ich fühlte mehr, als dass ich dachte. Ich spürte, dass ich nicht vergebens hergekommen war – obwohl ganz und gar nicht deswegen, weswegen ich hätte kommen sollen.

Len schlief. Er wachte selbst dann nicht auf, als am Tor ein Motor knatterte, Autotüren knallten, jemand brüllte, lachte und in allen Tonarten losheulte. Man hätte meinen können, vor dem Haus werde ein Verbrechen verübt, aber es war nur Wusi, die heimkehrte … Trällernd begann sie sich schon im Garten auszuziehen; Rock, Bluse und alles andere hängte sie achtlos in die Apfelbäume. Mich bemerkte sie nicht. Sie ging ins Haus, polterte noch ein Weilchen oben in ihrem Zimmer, ließ etwas Schweres herunterfallen, dann wurde es schließlich still. Es war gegen fünf Uhr. Über dem Meer flammte das Morgenrot auf.

8

Als ich aufwachte, war Len nicht mehr da. Die Schulter tat so weh, dass ich den Schmerz bis zum Scheitel spürte, und ich schwor mir, den Tag über »vorsichtig zu wandeln«. Obwohl ich mich krank und elend fühlte, machte ich ächzend meine Morgengymnastik, wusch mich schlecht und recht, nahm den Umschlag mit dem Geld und schob mich seitwärts durch die Tür, um zu Waina zu gehen. In der Diele blieb ich unschlüssig stehen. Ich war mir nicht sicher, ob die Wirtin schon aufgestanden war. Doch da öffnete sich ihre Tür, und Zöllner Peti betrat die Diele. Soso, dachte ich. Nachts hatte Peti noch ausgesehen wie eine mit Alkohol vollgetankte Wasserleiche. Jetzt, bei Tageslicht, konnte man meinen, er sei von Rowdys überfallen worden. Der untere Teil seines Gesichts war blutüberströmt. Das frische Blut glänzte wie Lack an seinem Kinn, und er hielt das Taschentuch darunter, damit die schneeweiße Uniform nicht beschmutzt wurde. Sein Gesicht war angespannt, die Augen schielten, ansonsten wirkte er erstaunlich ruhig, so als sei es für ihn nichts Besonderes, mit der Nase in Glasscherben zu fallen. Ein unangenehmer kleiner Zwischenfall, wem passiert so etwas nicht, achten Sie bitte nicht darauf, gleich ist alles wieder in bester Ordnung …

»Guten Morgen«, murmelte ich.

»Guten Morgen«, näselte er freundlich und bewegte behutsam das Kinn.

»Was ist mit Ihnen? Kann ich helfen?«

»Nicht der Rede wert«, sagte er. »Der Stuhl ist umgekippt …« Höflich verneigte er sich, ging an mir vorbei und verließ ohne Hast das Haus.

Mit einem unguten Gefühl blickte ich ihm nach. Als ich mich umwandte, stand Waina in der Tür, graziös an den Pfosten gelehnt, adrett, rosig, duftend, und schaute mich an, als sei ich Generaloberst Tuur oder zumindest Stabsmajor Paul.

»Guten Morgen, Sie früher Vogel«, gurrte sie. »Ich lausche und denke, wer spricht denn da schon so zeitig?«

»Ich wagte nicht, Sie zu stören«, sagte ich sehr smart, zuckte leicht und heulte im Stillen auf vor Schmerz in der Schulter. »Guten Morgen, und erlauben Sie, Ihnen dies zu überreichen.«

»Wie nett! Man sieht doch gleich, dass Sie ein Gentleman sind. Generaloberst Tuur pflegte zu sagen, ein Gentleman lässt nie jemanden warten. Nie.«

Da bemerkte ich, dass sie mich langsam, aber hartnäckig von ihrer Tür wegdrängte. In ihrem Salon war es dunkel, die Stores waren offenbar noch geschlossen, und in die Diele drang süßlicher Geruch.

»Sie hätten sich wirklich nicht zu beeilen brauchen.« Endlich hatte sie eine günstige Position erreicht und schloss mit einer lässigen Bewegung die Tür. »Aber seien Sie versichert, dass ich Ihre Zuvorkommenheit zu schätzen weiß. Wusi schläft noch, doch für mich ist es Zeit, Len für die Schule fertig zu machen, Sie müssen also verzeihen. Übrigens, die neuesten Zeitungen liegen auf Ihrer Terrasse.«

»Ich danke Ihnen«, sagte ich und trat zurück.

»Wenn Sie sich ein Stündchen gedulden wollen, bitte ich Sie zu einer Tasse Sahne.«

»Leider muss ich weg«, sagte ich und verabschiedete mich mit einer Verbeugung.

Ich fand sechs Zeitungen vor. Zwei örtliche, illustrierte, dick wie Almanache, eine hauptstädtische, zwei prächtige Wochenzeitschriften und merkwürdigerweise die arabische *El Gunija*. Die *El Gunija* legte ich beiseite, die übrigen sah ich durch, wobei ich Sandwiches aß und heißen Kakao trank.

In Bolivien hatten die Regierungstruppen nach hartnäckigen Kämpfen die Stadt Reyes eingenommen, die Rebellen waren nun hinter den Fluss Beni zurückgedrängt. Auf dem Internationalen Kongress der Kernforscher in Moskau hatten Haggerton und Solowjow das Projekt einer Industrieanlage zur Gewinnung von Antimaterie vorgestellt. Die Tretjakow-Galerie war in Leopoldville eingetroffen, die offizielle Eröffnung würde morgen stattfinden. Von der Basis »Alter Osten« (Pluto) war eine neue Serie unbemannter Einheiten in die Zone des absolut freien Flugs entsendet worden; zu zwei der vier Einheiten war die Verbindung vorläufig abgebrochen. Der Generalsekretär der Vereinten Nationen hatte Generalissimus Oreljanos ein offizielles Schreiben gesandt, in dem er drohte, die Vereinten Nationen würden Polizeikräfte einsetzen, falls die Extremisten in Eldorado erneut Atomgranaten anwendeten. Im Quellgebiet des Flusses Cuando (Zentralangola) hatte eine archäologische Expedition der Akademie der Wissenschaften der Vereinigten Arabischen Republik Reste von Zyklopenanlagen entdeckt, die, wie man annahm, lange vor der Eiszeit errichtet worden waren. Eine Spezialistentruppe des Vereinten Zentrums für die Erforschung subelektronischer (ritrinitiver) Strukturen schätzte, dass die der Menschheit zur Verfügung stehenden Energiereserven für drei Milliarden Jahre ausreichten. Die Kosmische Abteilung der UNESCO gab bekannt, dass sich der relative Bevölkerungszuwachs auf den außerirdischen Basen und Stützpunkten dem Bevölkerungszuwachs auf der Erde annäherte. Der Leiter der englischen Delegation bei den Vereinten Nationen hatte im Namen der Großmächte einen Plan zur vollständigen (notfalls gewaltsamen) Entmilitarisierung der noch militarisierten Gebiete des Erdballs vorgelegt.

Die Meldungen, wer wie viel Kilogramm gehoben und wer wie viele Bälle in wessen Tor geschossen hatte, übersprang ich. Von den lokalen Nachrichten interessierten mich drei.

Die Stadtzeitung *Lebensfreude* schrieb: »In der vergangenen Nacht ist eine Gruppe von Attentätern erneut mit einem Privatflugzeug einen Überfall auf den Sternplatz geflogen, der voller Erholung suchender Bürger war. Die Rowdys feuerten mehrere MG-Garben ab und warfen elf Tränengasbomben. In der ausgebrochenen Panik wurden mehrere Männer und Frauen schwer verletzt. Die Erholung Hunderter anständiger Menschen wurde durch ein nichtswürdiges Grüppchen von, mit Verlaub gesagt, intellektuellen Banditen unter offenkundiger Duldung der Polizei zunichtegemacht. Der Vorsitzende der Gesellschaft ›Für die gute alte Heimat, gegen schädliche Einflüsse‹ erklärte unserem Korrespondenten, die Gesellschaft beabsichtige, den Schutz der Erholung suchenden Bürger in die eigenen Hände zu nehmen. Der Vorsitzende gab unmissverständlich zu verstehen, wen das Volk als Quelle der schädlichen Seuche, des Banditen- und militarisierten Rowdytums betrachtet …«

Auf der neunzehnten Seite hatte die Zeitung dem »hervorragenden Vertreter der neuesten Philosophie, Träger von Literaturpreisen, Doktor Opir«, eine Kolumne zur Verfügung gestellt. Sein Artikel hieß »Eine Welt ohne Sorgen«. Mit schönen Worten begründete Doktor Opir ungemein überzeugend die Allmacht der Wissenschaft. Er rief zu Optimismus auf, brandmarkte die verdrießlichen Skeptiker und Schwarzmaler und forderte, »wie die Kinder zu sein«. Eine besondere Rolle bei der Formierung der Psyche des modernen (das heißt sorglosen) Menschen maß er den Methoden der Psychowellentechnik zu. »Man rufe sich ins Gedächtnis zurück, welch herrlichen Schuss Munterkeit und guter Laune ein lichter, glücklicher, freudvoller Traum verleiht!«, rief der Vertreter der neuesten Philosophie aus. »Nicht ohne Grund ist der Traum als Mittel zur Heilung vieler psychischer Erkrankungen bekannt, und das schon seit mehr als hundert Jahren. Wir aber sind alle ein bisschen krank. Krank durch unsere Sorgen, zermürbt von den Kleinigkeiten des Alltags, gereizt von der gewiss seltenen, aber hier und da noch anzutreffenden Unordnung, den unvermeidlichen Reibungen zwischen Individualitäten, dem ganz normalen sexuellen Unbefriedigtsein und der Unzufriedenheit mit sich selbst, die jedem Bürger in hohem Maße eigen ist. Wie das aromatische Badusan den Straßenstaub vom müden Körper wäscht, so spült und reinigt ein freudvoller Traum die ermattete Seele. Vor Sorgen und Unordnung ist uns nicht mehr bange. Wir wissen: Die Stunde kommt, da die unsichtbare Strahlung des Traumgenerators, den ich gemeinsam mit dem Publikum zärtlich ›Bibberlein‹ nenne, uns heilt, mit Optimismus erfüllt und uns das Dasein wieder freudig empfinden lässt.« Weiter erklärte Doktor Opir, dass das Bibberlein physisch und psychisch absolut unschädlich sei. Die Angriffe von missgünstigen Gegnern, die im Bibberlein eine Ähnlichkeit zu Drogen sähen und demagogisch von einer »dösenden Menschheit« schwatzten, würden höchstens Befremden auslösen und dazu führen, höhere und für sie, die missgünstigen Gegner, bedrohliche staatsbürgerliche Gefühle zu wecken. Zum Schluss erklärte Doktor Opir, dass ein glücklicher Traum die beste Art der Erholung sei, und ließ durchblicken, dass er das Bibberlein für das wirksamste Mittel gegen Alkoholismus und Rauschgiftsucht halte. Nachdrücklich empfahl er, das Bibberlein nicht mit anderen, von der Medizin nicht geprüften Methoden der Wellenbeeinflussung zu verwechseln.

Die Wochenzeitschrift *Goldene Tage* berichtete, dass aus der Staatlichen Bildergalerie ein wertvolles Gemälde gestohlen worden sei, nach Meinung der Experten ein Werk Raffaels. Sie wies die zuständigen Organe darauf hin, dass das Verbrechen bereits das dritte innerhalb der vergangenen vier Monate gewesen und keines der geraubten Kunstwerke wiedergefunden worden sei.

Ansonsten enthielten die Wochenzeitschriften nichts Interessantes. Ich sah sie flüchtig durch, und zurück blieb ein überaus unangenehmer Eindruck. Sie waren angefüllt mit jämmerlichen Witzen und stümperhaften Karikaturen, unter denen die Serie »Ohne Worte« durch besondere Blödheit auffiel; es gab Biografien farbloser Leute, rührselige Skizzen aus dem Leben verschiedener Bevölkerungsschichten, grässliche Fotozyklen wie »Ihr Mann im Dienst und daheim«, endlose »nützliche Ratschläge«, wie man seine Hände betätigt, ohne dabei, Gott behüte, seinen Kopf anzustrengen, idiotische Angriffe auf Alkoholismus, Rowdytum und Unzucht sowie die mir bereits bekannten Aufrufe, in Zirkel und Chöre einzutreten. Zudem beinhalteten sie Erinnerungen von Teilnehmern des »Aufstandes« und des Kampfes gegen die Gangster – literarisch bearbeitet von Eseln, die weder ein Gewissen noch literarischen Geschmack besaßen; weiterhin fanden sich belletristische Übungen von Schreibwütigen mit vielen Tränen, Qualen und Heldentaten, einer großen Vergangenheit und einer wonnevollen Zukunft, dann endlose Kreuzworträtsel, Scharaden, Rebusse und Vexierbilder …

Ich schleuderte den Haufen Schund in die Ecke. Was für ein Trauerspiel! Den Dummkopf hätschelte man, den Dummkopf düngte man. Der Dummkopf war zur Norm geworden; es fehlte nicht mehr viel, dann wurde er zum Ideal, und die Doktoren der Philosophie tanzten begeistert Ringelreihen um ihn. Die Zeitungen tanzten jetzt schon Ringelreihen. Ach, Dummkopf, wie bist du nett! Ach, wie bist du gesund und munter! Ach, wie optimistisch du bist, Dummkopf, und wie klug! Was für ein feines Humorgefühl du hast, und wie geschickt du die Kreuzworträtsel löst! Lass dich nur nicht aus der Ruhe bringen, Dummkopf. Alles ist gut, alles ist wunderbar, die Wissenschaft steht dir zu Diensten, auch die Literatur, damit du vergnügt bist, Dummkopf, und überhaupt nicht zu denken brauchst. Und all die Rowdys und Skeptiker, die schädlichen Einfluss ausüben, fegen wir gemeinsam hinweg, Dummkopf (ohne dich geht's nicht!). Was wollen die eigentlich? Brauchen sie mehr als andere? Stumpfsinn, Stumpfsinn … Ein Fluch lag auf diesen Menschen, ein unheimliches Erbe von Bedrohung und Gefahr. Imperialismus, Faschismus … viele Millionen von zugrunde gerichteten Leben, verstümmelten Schicksalen … darunter Millionen von getöteten Dummköpfen, bösen und guten, schuldigen und unschuldigen. Die letzten Zusammenstöße, die letzten Putsche. Sie waren besonders schonungslos gewesen, weil sie die letzten waren. Vom Müßiggang verrohte, kriminelle Offiziere, alle möglichen Schurken der ehemaligen Geheimdienste und Abwehrorgane, angeödet von der Eintönigkeit der Wirtschaftsspionage, machthungrig. Man hatte aus dem Kosmos zurückkehren, Werke und Laboratorien verlassen und die Soldaten reaktivieren müssen. Schön, man hatte es geschafft … Ein leichter Wind blätterte die Seiten der »Geschichte des Faschismus« zu meinen Füßen um … Kaum hatte man sich über die wolkenlosen Horizonte gefreut, kamen aus denselben schmutzigen Torbögen der Geschichte die noch nicht völlig Geschlagenen mit MPs und selbstgemachten Quantenpistolen herausgekrochen – Gangster, Gangsterbanden, Gangsterkorporationen, Gangsterimperien. »Eine geringfügige, hier und da noch anzutreffende Unordnung« mahnten und besänftigten die Doktoren Opir, und in die Fenster der Universitäten flogen Flaschen mit Napalm, die Städte wurden von Rowdybanden erobert, die Museen brannten wie Kerzen. Schön. Und die Doktoren Opir wurden mit dem Ellbogen weggedrängt. Erneut kehrte man aus dem Kosmos zurück, verließ die Werke und Laboratorien, die Soldaten wurden reaktiviert – und man schaffte es. Wieder waren die Horizonte wolkenlos. Wieder kamen die Opire hervorgekrochen, wieder quoll aus eben denselben Torbögen der Eiter. Tonnen von Heroin, Zisternen voller Opium, Meere von Alkohol. Und noch etwas, wofür es bislang noch nicht einmal einen Namen gab … Und abermals hängt alles an einem seidenen Faden, doch die Dummköpfe lösen Kreuzworträtsel, tanzen Flag und wünschen sich eins: vergnügt zu sein. Währenddessen verliert irgendwo einer den Verstand, werden schwachsinnige Kinder zur Welt gebracht, stirbt jemand unter merkwürdigen Umständen im Badezimmer, stirbt ein anderer unter nicht weniger merkwürdigen Umständen bei den Fischern, während die Mäzene ihre Leidenschaft für die Kunst mit Schlagringen schützen. Und die Wochenzeitschriften sind bemüht, diesen stinkenden Sumpf mit einem zuckersüßen, wie Baiser spröden Krüstchen glückseligen Gewäschs zu verdecken. Der diplomierte Dummkopf preist wonnevolle Träume, und Tausende nichtdiplomierter Dummköpfe überlassen sich mit Freuden (um vergnügt zu sein und nicht zu denken) den Träumen wie der Trunksucht. Und wieder überzeugt man die Dummköpfe, dass alles gut sei, dass der Kosmos in nie dagewesenem Tempo erschlossen werde (das stimmt), dass die Energie Milliarden Jahre reicht (auch das stimmt), dass das Leben immer interessanter und abwechslungsreicher werde (zweifellos, aber nicht für die Dummköpfe), aber dass die schwarzmalenden Demagogen, denen die Interessen des Volkes fremd waren, jedweden Tadel verdienten (wobei man mit Demagogen Menschen meinte, die der Ansicht sind, dass in unserer Zeit jeder Eitertropfen fähig ist, die gesamte Menschheit zu infizieren, so wie die Bierputsche einst zu einer Bedrohung für die ganze Welt ausarteten). Dummköpfe und Verbrecher … Verbrecherische Dummköpfe …

»Arbeit tut not«, sagte ich laut. »Zum Teufel mit der Melancholie. Wir werden es euch Skeptikern zeigen!«

Es war Zeit, zu Riemaier zu gehen. Freilich, die Fischer … Ach, die Fischer konnte ich auch später aufsuchen. Ich hatte es satt, im Dunkeln zu tappen. Ich ging auf den Hof und hörte, wie Waina auf der Terrasse Len das Frühstück reichte.

»Ich mag nicht, Mama!«

»Iss, mein Junge. Man muss essen. Du bist so blass.«

»Ich mag aber nicht! Diese ekligen Klümpchen …«

»Wo sind denn Klümpchen? Na warte, ich esse sie selber. Hmm! Das schmeckt! Koste mal, du wirst sehen, wie gut das schmeckt.«

»Aber wenn ich nicht mag! Ich bin krank, und ich gehe nicht in die Schule.«

»Len, was soll das! Du hast ohnehin eine Menge versäumt.«

»Und wenn schon …«

»Wie kannst du das sagen? Der Direktor hat mich schon zweimal zu sich bestellt. Man wird uns bestrafen!«

»Sollen sie doch!«

»Iss, iss, mein Junge. Vielleicht hast du nicht ausgeschlafen?«

»Ich habe nicht ausgeschlafen! Und der Bauch tut mir weh. Und der Kopf. Und der Zahn. Guck mal, der …«

Lens Stimme klang launisch, und ich stellte mir seine schmollenden Lippen vor, den baumelnden Fuß in der Socke. Ich trat aus dem Tor. Der Tag war wieder hell und sonnig, die Vögel zwitscherten. Es war noch früh, und auf dem Weg zum »Olympic« begegneten mir nur zwei Männer. Sie gingen nebeneinander am Rand des Bürgersteigs und sahen scheußlich aus in dieser heiteren Welt des frischen Grüns unter klarem Himmel. Der eine war hellrot angemalt, der andere hellblau. Sie schwitzten. Mühsam atmeten sie mit weit offenen Mündern. Ihre Augen waren blutunterlaufen. Unwillkürlich knöpfte ich mein Hemd auf und seufzte erleichtert, als das merkwürdige Paar vorbei war.

Im Hotel fuhr ich sogleich in das achte Stockwerk hinauf. Ich war entschlossen gestimmt. Riemaier würde mir, ob er wollte oder nicht, alles erzählen müssen, was mich interessierte. Doch ich brauchte ihn jetzt nicht nur deswegen – ich brauchte ihn als Zuhörer, denn in diesem sonnigen Narrenhaus konnte ich bislang nur mit ihm offen sprechen. Zwar war er nicht der Riemaier, mit dem ich ursprünglich gerechnet hatte, aber das würde ich auch noch zur Sprache bringen.

Vor Riemaiers Tür stand der rothaarige Oscar; bei seinem Anblick verlangsamte ich den Schritt. Den Kopf in den Nacken gelegt, zog er nachdenklich den Schlips zurecht. Er sah besorgt aus.

»Hallo!«, sagte ich, um mit irgendetwas anzufangen.

Er zuckte mit den Augenbrauen, blickte mich an, und ich sah, dass er sich an mich erinnerte. Langsam brachte er hervor: »Guten Tag.«

»Wollen Sie auch zu Riemaier?«, fragte ich.

»Riemaier fühlt sich nicht gut«, erwiderte er. Offenbar hatte er nicht die Absicht, mich durchzulassen.

»Wie bedauerlich«, sagte ich und rückte näher. »Was hat er denn?«

»Ihm ist nicht wohl.«

»Ach, ach, ach«, sagte ich. »Da müsste man sich ihn mal ansehen …« Ich trat dicht an Oscar heran, der sich nicht von der Stelle rührte, und sofort begann mir die Schulter weh zu tun.

»Ich bin nicht sicher, ob das wirklich sein muss«, sagte er gallig.

»Was sagen Sie da? Steht es denn so schlecht um ihn?«

»Richtig. Sehr schlecht. Und Sie dürfen ihn nicht beunruhigen. Weder heute noch an anderen Tagen.«

Ich bin anscheinend noch rechtzeitig gekommen, dachte ich. Hoffentlich ist es nicht zu spät.

»Sie sind ein Verwandter von ihm?«, fragte ich überaus friedfertig.

Er grinste. »Ich bin sein Freund. Der beste, den er in dieser Stadt hat. Sozusagen ein Freund aus der Kindheit.«

»Rührend«, sagte ich. »Und ich bin mit ihm verwandt. Eine Art Bruder. Lassen Sie uns hineingehen und sehen, was Freund und Bruder für den armen Teufel Riemaier tun können.«

»Vielleicht hat der Bruder schon genug für Riemaier getan?«

»Na hören Sie mal, ich bin doch erst gestern angekommen.«

»Haben Sie zufällig noch andere Brüder hier?«

»Jedenfalls nicht unter Ihren Freunden«, parierte ich. »Mit Ausnahme von Riemaier natürlich ...«

Während wir so schwatzten, musterte ich ihn. Flink und wendig schien er nicht zu sein, selbst wenn man meine kranke Schulter in Betracht zog. Aber er behielt ständig die Hände in den Taschen. Und obwohl ich beinahe überzeugt war, dass er im Hotel nicht schießen würde, hatte ich keine Lust, ein Risiko einzugehen. Umso weniger, als ich gelegentlich von Quantenpistolen mit begrenzter Wirkung gehört hatte.

Man hatte mir schon oft vorgeworfen, meine Absichten ließen sich deutlich vom Gesicht ablesen. Und Oscar war, wie es schien, recht scharfblickend. Doch hatte er anscheinend nichts Brauchbares in seinen Taschen und behielt die Hände einfach so darin.

Er trat von der Tür zurück und sagte: »Bitte.«

Wir traten ein. Riemaier ging es tatsächlich schlecht. Er lag auf der Liege, war mit einem zerrissenen Vorhang zugedeckt und redete im Fieber. Ich verstand ihn nicht. Der Tisch war umgekippt, in einer Alkohollache schwamm eine zerschlagene Flasche, überall waren zerknitterte, feuchte

Kleidungsstücke verstreut. Ich setzte mich zu Riemaier, doch so, dass ich Oscar, der mit dem Rücken zum Fenster stand, nicht aus den Augen verlor.

»Riemaier!«, rief ich und beugte mich über ihn. »Ich bin es, Iwan. Erkennen Sie mich?«

Er starrte mich stumpf an. Am Kinn hatte er eine frische Schramme unter den Bartstoppeln. »Warst du schon …«, murmelte er. »Fischer … damit's lange … vorbei ist … Nicht böse sein. Es störte … Ich ertrag es nicht …«

Das war Fieberwahn. Ich blickte Oscar an. Er hörte begierig zu, den Hals gereckt.

»Es ist gut aufzuwachen …«, murmelte Riemaier. »Keiner soll … aufwachen … Fängt man an … soll man nicht aufwachen …«

Oscar gefiel mir immer weniger. Mir gefiel nicht, dass er Riemaier fantasieren hörte. Mir gefiel nicht, dass er vor mir hier gewesen war. Und außerdem gefiel mir die Schramme an Riemaiers Kinn nicht, die noch ganz frisch war. Rotfresse, dachte ich, als ich Oscar ansah, wie werde ich dich los?

»Er braucht einen Arzt«, sagte ich. »Warum haben Sie keinen Arzt gerufen, Oscar? Meiner Ansicht nach ist das Delirium tremens …«

Sogleich bedauerte ich meine Worte. Riemaier roch zu meiner Überraschung überhaupt nicht nach Alkohol, und Oscar wusste das offensichtlich sehr gut. Er gab ein Grunzen von sich und fragte: »Delirium tremens? Sind Sie sicher?«

»Wir müssen unverzüglich einen Arzt rufen«, wiederholte ich. »Und eine Krankenpflegerin.«

Ich griff nach dem Telefonhörer. Im Nu war er bei mir und legte seine Hand auf meine.

»Warum Sie?«, fragte er. »Lassen Sie mich den Arzt rufen. Sie sind neu hier, und ich kenne einen sehr guten.«

»Was soll das für ein Arzt sein«, entgegnete ich und blickte auf die Schramme an seinen Fingerknöcheln. Sie war ebenfalls frisch.

»Ein sehr guter Arzt. Und zufällig Spezialist für Säuferwahn.«

»Bitte«, erwiderte ich. »Aber vielleicht leidet Riemaier gar nicht an Säuferwahn.«

Plötzlich sagte Riemaier: »Ich habe es befohlen … Also sprach Riemaier … Allein mit der Welt …«

Wir wandten uns um. Er sprach hochmütig, doch seine Augen waren geschlossen, und sein graues, faltiges Gesicht sah jämmerlich aus. Oscar, du Lump, dachte ich, du hast die Stirn, hier herumzustehen … Mir kam plötzlich ein wilder Gedanke, der mir in dem Moment sehr brauchbar schien: Ich würde Oscar durch einen Schlag auf den Solarplexus zu Boden werfen, fesseln und zwingen mir zu sagen, was er wusste. Er wusste sicherlich eine Menge. Vielleicht sogar alles. Er schaute mich an, und in seinen fahlen Augen lagen Angst und Hass.

»Gut«, sagte ich. »Soll der Empfangschef einen Arzt rufen.«

Er nahm die Hand weg, und ich telefonierte mit dem Empfangschef. Dann setzte ich mich neben Riemaier, um auf den Arzt zu warten, während Oscar von einer Ecke in die andere ging und immer einen großen Schritt über die Alkohollache machte. Ich beobachtete ihn verstohlen. Plötzlich bückte er sich und hob etwas vom Fußboden auf. Etwas Kleines, Buntes.

»Was ist das?«, fragte ich gleichgültig.

Er zögerte ein wenig, dann warf er mir ein flaches Schächtelchen mit einem bunten Etikett zu.

»Ach«, sagte ich. »Dewon?«

»Dewon«, antwortete er. »Merkwürdig, dass es hier liegt und nicht im Badezimmer, nicht wahr?«

Mist, verfluchter, dachte ich. Ich war wohl zu unerfahren, um mich mit ihm messen zu können. Ich wusste noch zu wenig.

»Gar nicht merkwürdig«, sagte ich aufs Geratewohl. »Vertreiben Sie nicht dieses Repellent? Sicherlich ist Ihnen ein Muster aus der Tasche gefallen.«

»Mir aus der Tasche?« Er wunderte sich. »Ach, Sie meinen, dass ich … Oh, ich habe längst alle Aufträge erledigt und erhole mich nur noch. Aber falls Sie Interesse haben, kann ich Ihnen weiterhelfen.«

»Ich finde es sehr interessant«, sagte ich. »Und möchte mich gern beraten …«

Leider wurde in dem Augenblick die Tür geöffnet, und der Arzt trat ein, begleitet von zwei Schwestern.

Er erwies sich als ein resoluter Mann. Mit einer Handbewegung scheuchte er mich von der Liege und warf den Vorhang beiseite, mit dem Riemaier zugedeckt war. Riemaier lag völlig nackt da.

»Natürlich …«, sagte der Arzt. »Schon wieder …« Er hob Riemaiers Lider, zog ihm die Unterlippe herab, fühlte den Puls. »Schwester, Cordein … Und rufen Sie die Zimmerfrauen, die sollen hier mal aufräumen.« Er richtete sich auf und fragte uns: »Sind Sie Verwandte von ihm?«

»Ja«, sagte ich. Oscar schwieg.

»Haben Sie ihn bewusstlos vorgefunden?«

»Er lag da und fantasierte«, sagte Oscar.

»Haben Sie ihn hierhergetragen?«

Oscar zögerte. »Ich habe ihn nur mit dem Vorhang zugedeckt. Als ich kam, lag er so wie jetzt da. Ich wollte nicht, dass er sich erkältet.«

Der Arzt schaute ihn eine Weile an, dann sagte er: »Macht nichts. Sie können gehen. Beide. Die Krankenpflegerin bleibt bei ihm. Rufen Sie heute Abend an. Alles Gute.«

»Und was hat er, Doktor?«, fragte ich.

Der Arzt zuckte mit den Schultern. »Nichts Besonderes. Überanstrengung, nervöse Erschöpfung … Außerdem raucht er zu viel, wie es scheint. Morgen wird er transportfähig sein, dann können Sie ihn nach Hause schaffen. Hierzubleiben schadet ihm. Es ist zu lustig bei uns. Auf Wiedersehen.«

Wir verließen das Zimmer.

»Kommen Sie, wir trinken etwas«, schlug ich Oscar im Korridor vor.

»Sie haben vergessen, dass ich nichts trinke«, bemerkte er.

»Schade. Diese Geschichte hat mich derart mitgenommen, dass ich etwas trinken muss. Riemaier strotzte doch immer vor Gesundheit …«

»In der letzten Zeit ging es mit ihm mächtig bergab«, meinte Oscar vorsichtig.

»Ja, ich habe ihn gestern kaum wiedererkannt.«

»Ich hatte ebenfalls Mühe …«, sagte Oscar. Er glaubte mir kein einziges Wort. Ich ihm auch nicht.

»Wo haben Sie sich einquartiert?«, erkundigte ich mich.

»Hier«, sagte Oscar. »Ein Stockwerk tiefer, Zimmer achthundertsiebzehn.«

»Schade, dass Sie nichts trinken. Wir könnten bei Ihnen sitzen und nett plaudern.«

»Ja, das wäre nicht schlecht. Leider bin ich in Eile.« Er überlegte. »Wissen Sie, geben Sie mir Ihre Adresse, ich komme morgen früh zurück und schaue dann bei Ihnen vorbei. Gegen zehn Uhr – wäre Ihnen das recht? Wenn nicht, rufen Sie mich an …«

»Wieso denn …«, sagte ich und gab ihm meine Adresse. »›Dewon‹ interessiert mich, ehrlich gesagt, sehr.«

»Wir werden uns schon treffen«, meinte Oscar. »Bis morgen.«

Er lief die Treppe hinunter; anscheinend hatte er es tatsächlich eilig. Ich fuhr mit dem Lift ins Vestibül und gab ein Telegramm an Maria auf: »Zustand meines Bruders schlecht fühle mich einsam nehme mich zusammen Iwan«. Ich fühlte mich wirklich einsam. Riemaier war erneut aus dem Spiel, zumindest für vierundzwanzig Stunden. Der einzige Wink, den er mir gegeben hatte, war sein Rat hinsichtlich der Fischer. Ich hatte aber nichts Greifbares. Da gab es Fischer, die irgendwo in der Alten Metro hausten; da war »Dewon«, das vielleicht meinen Auftrag in irgendeiner Weise berührte, aber ebenso gut nichts damit zu tun haben brauchte; da war Oscar, der sowohl mit »Dewon« als auch mit Riemaier in Beziehung stand – eine unangenehme, unheilvolle Figur, aber zweifellos nur eine von vielen unangenehmen, unheilvollen am hiesigen wolkenlosen Horizont. Dann war da noch ein gewisser Buba, der die großporige Nase mit »Dewon« versorgt hatte. Schließlich und endlich bin ich ja erst vierundzwanzig Stunden hier, dachte ich. Zeit habe ich. Mit Riemaier ist unter Umständen auch noch zu rechnen, und vielleicht gelingt es mir sogar, Pek zu finden. Plötzlich fiel mir die gestrige Nacht ein, und ich gab ein Telegramm an Siegmund auf: »Laienkonzert am Achtundzwanzigsten Einzelheiten unbekannt Iwan«. Dann winkte ich dem Empfangschef und fragte ihn, wie man am schnellsten zur Alten Metro käme.

9

»Wären Sie doch am Abend gekommen, es ist noch viel zu früh.«

»Ich möchte aber jetzt hinein.«

»Sie wollen also unbedingt. Haben Sie sich auch nicht in der Adresse geirrt?«

»Nein, nein, bestimmt nicht.«

»Und es muss unbedingt jetzt sein?«

»Unbedingt jetzt, nicht später.«

Der Mann schnalzte und zupfte sich an der Unterlippe. Er war stämmig und hatte einen kugelrunden, glattrasierten Kopf. Beim Sprechen bewegte er kaum die Zunge, müde verdrehte er die Augen. Offenbar hatte er nicht genug geschlafen. Sein Freund, der hinter der Barriere in einem Sessel saß, schien ebenfalls nicht genug geschlafen zu haben. Er sprach kein Wort und blickte nicht einmal in meine Richtung. Der Raum war düster und muffig, die Wandverkleidung hatte sich gewellt und gelöst. Von der Decke hing eine staubige Glühbirne an einer schmutzigen Schnur.

»Könnten Sie nicht doch später kommen?«, lallte der Dicke mit dem runden Kopf. »Wenn alle kommen …«

»Aber ich wollte jetzt«, sagte ich bescheiden.

»Wollen …« Er stöberte im Tischkasten. »Ich habe tatsächlich kein Formular mehr. El, hast du eins?«

El bückte sich und zog unter der Barriere ein zerknittertes Blatt Papier hervor.

Der Mann mit dem runden Kopf sagte gähnend: »Da kommen Sie vor Tau und Tag. Und hier ist doch überhaupt nichts los, Mädchen sind auch nicht da, die schlafen noch. Kein bisschen Spaß.« Er reichte mir das Formular. »Füllen Sie das bitte aus und unterschreiben Sie«, verlangte er. »El und ich unterschreiben als Zeugen. Ihr Geld lassen Sie hier … Keine Sorge, bei uns geht es ehrlich zu. Haben Sie irgendwelche Papiere bei sich?«

»Nein.«

»Auch gut.«

Ich las das Formular. »Hiermit bitte ich, der Unterzeichnende … dringend, mich den Aufnahmeprüfungen zur Erlangung der Mitgliedschaft in der DOZ-Gesellschaft zu unterziehen. Unterschrift des Antragstellers. Unterschriften der Zeugen«.

»Was ist DOZ?«, fragte ich.

»So sind wir registriert«, antwortete der mit dem runden Kopf. Er zählte das Geld.

»DOZ lässt sich doch bestimmt irgendwie entschlüsseln?«

»Was weiß ich ... Das war schon vor meiner Zeit so. DOZ und DOZ ... Hast du eine Ahnung, El?«

El schüttelte träge den Kopf.

»Kann Ihnen das denn nicht egal sein?«

»Absolut«, sagte ich, setzte meinen Namen ein und unterschrieb. Der Rundköpfige sah es sich an, setzte ebenfalls seinen Namen ein und unterschrieb. Dann reichte er das Formular El. »Sie sind Ausländer?«, fragte er.

»Ja.«

»Dann schreiben Sie Ihre Heimatanschrift auf. Haben Sie Verwandte?«

»Nein.«

»Dann ist es nicht nötig. Fertig, El? Leg's in die Mappe ... Nun, gehen wir?«

Er klappte die Barriere hoch und führte mich zu einer massiven quadratischen Tür, die sicher noch aus der Zeit stammte, als die Metro zum Atombunker ausgebaut worden war.

»Wir haben ja doch keine Wahl«, sagte er, als wolle er sich rechtfertigen. Er schob die Riegel zurück und drehte mit Anstrengung den rostigen Griff. »Immer geradeaus den Korridor entlang«, sagte er. »Dann sehen Sie es schon.«

Mir war, als kicherte El hinter uns. Ich wandte mich um. In die Barriere vor El war ein kleiner Bildschirm eingelassen. Darauf bewegte sich etwas Undefinierbares. Der Mann mit dem runden Kopf legte sich mit seinem ganzen Gewicht auf den Griff und schob die Tür beiseite. Ein staubiger Gang tat sich auf. Ein paar Sekunden lang lauschte der Rundköpfige, dann wiederholte er: »Geradeaus den Korridor entlang.«

»Und was erwartet mich dort?«, fragte ich.

»Sie werden bekommen, was Sie wollten. Oder haben Sie es sich anders überlegt?«

All dies war offensichtlich nicht das, was ich suchte, aber bekanntlich geht Probieren über Studieren. So überschritt ich die hohe Schwelle, und die Tür schloss sich schmatzend hinter mir. Die Riegel schepperten.

Der Korridor wurde von ein paar heil gebliebenen Lampen erhellt. Es war feucht, an den Zementwänden blühte Schimmel. Außer einem spärlichen Tropfen war nichts zu hören. Vorsichtig bewegte ich mich vorwärts. Unter meinen Füßen knirschten Zementkrümel. Der Korridor mündete in einen gewölbten Betontunnel, der kaum beleuchtet war. Als sich meine Augen an das Dunkel gewöhnt hatten, erkannte ich ein Schienengleis. Die Schienen waren verrostet, schwarze Wasserpfützen standen zwischen ihnen. Unter dem Gewölbe baumelten Leitungen. Die Feuchtigkeit, die hier herrschte, drang durch Mark und Bein, der Gestank – halb nach Aas, halb nach defekter Kanalisation – nahm einem den Atem. Nein, das war keineswegs das, was ich suchte. Schade um die Zeit. Am besten ging ich gleich zurück und sagte, ich käme ein andermal wieder. Doch zunächst wollte ich aus reiner Neugier noch ein wenig den Tunnel entlangwandern. Rechter Hand blinkten in der Ferne Lampen. Ich hielt auf sie zu, sprang über Pfützen, stolperte über verfaulte Schwellen und verhedderte mich in zerrissenen Kabeln. Bei den Lampen blieb ich stehen.

Die Schienen waren abmontiert, die Schwellen lagen längs der Wände. Im leeren Gleisbett gähnten Löcher, die voller Wasser standen. Dann entdeckte ich die Schienen. Nie zuvor hatte ich Schienen in solch einem Zustand gesehen. Einige waren spiralförmig zusammengedreht und glichen blankgeputzten großen Bohrern. Andere waren mit ungeheurer Gewalt ins Gleisbett und in die Tunnelwände gerammt. Wieder andere bildeten Knoten. Mich fröstelte bei dem Anblick. Einfache Knoten, Knoten mit einer Schleife, Knoten mit zwei Schleifen, wie Schnürsenkel an Schuhen … Blaugrau vom Abbrand.

Aus der Tiefe des Tunnels stank es nach faulendem Aas; trübe gelbe Lampen zwinkerten dort, als würden sie von etwas, das im Zugwind schaukelte, verdeckt und wieder freigegeben. Das war zu viel für meine Nerven, obwohl ich spürte, dass es nicht mehr als ein dummer Scherz war. Ich hockte mich hin und fand, was ich suchte: eine kurze Eisenstange. Ich klemmte sie unter die Achsel und ging weiter. Das Eisen war kalt, feucht und rau vom Rost.

Das zwinkernde Licht der fernen Lampen beleuchtete glitschige, glänzende Wände. Sie wiesen seltsame abgerundete Spuren auf. Zwei Reihen solcher Spuren zogen sich, so weit das Auge reichte, die Wand entlang. Sie waren durch Intervalle von einem Meter Breite getrennt. Man konnte meinen, ein Elefant sei kürzlich dort entlanggelaufen. Am Rand einer solchen Spur regte sich schwach ein zerdrückter weißer Tausendfüßler. Genug, dachte ich, es ist Zeit umzukehren. Unter den Lampen erkannte ich jetzt deutlich schwarze schwankende Girlanden. Ich fasste die Stange fester und schritt dicht an der Wand entlang weiter.

Auch das war eindrucksvoll. Unter dem Tunnelgewölbe baumelten Kabel, und an ihnen schaukelten, mit den Schwänzen festgebunden und zu schweren, borstigen Trauben vereint, Hunderte von toten Ratten in der Zugluft. Unheimlich glänzten die kleinen gebleckten Zähne, steif ragten die Beinchen hervor. Die scheußlichen Girlanden verschwanden im Dunkel. Durchdringender, Brechreiz erregender Gestank füllte vom Gewölbe her den Tunnel, wabernd und dick, wie Mehlbrei …

Schrill kreischend sprang mir eine große Ratte vor die Füße. Dann noch eine. Und noch eine. Ich prallte zurück. Sie kamen von dort, wo es keine Lampen gab. Plötzlich schlugen mir warme Luftstöße entgegen. Ich ertastete mit dem Ellbogen eine Nische in der Wand und zwängte mich hinein. Unter den Absätzen quiekte und zuckte etwas Lebendes – ohne hinzusehen, wehrte ich es mit der Stange ab. Die Ratten waren mir gleichgültig, denn ich hörte, wie jemand durch die Pfützen patschte und weich und schwer durch den Tunnel lief. Ich hätte mich nicht darauf einlassen sollen, dachte ich. Die Eisenstange kam mir so leicht und nichtig vor im Vergleich zu den verknoteten Schienen ... Das war kein fliegender Engel. Kein Dinosaurier aus dem Kongo ... Bloß kein Gigantopithecus, mag es sein, was es will, bloß kein Gigantopithecus. Diese Esel wären imstande, einen Gigantopithecus einzufangen und in den Tunnel zu sperren. Ich konnte nicht denken ... Ohne jeden Zusammenhang fiel mir Riemaier ein. Warum hatte er mich hierhergeschickt? War er nicht bei Trost? Bloß kein Gigantopithecus.

Es jagte so schnell vorbei, dass ich nicht erkennen konnte, was es war. Der Tunnel dröhnte von seinem Galopp. Dann quiekte in der Nähe eine gefangene Ratte, und Stille trat ein. Vorsichtig blickte ich hinaus. Er stand zehn Schritt von mir entfernt, genau unter einer Lampe. Die Knie wurden mir weich, so ungeheuer erleichtert war ich.

»Schlauköpfe«, sagte ich und weinte fast. »Witzbolde, autodidaktische. Auf so was muss man erst mal kommen! Echte Naturtalente ...«

Er hörte meine Stimme, hob die Heckbeine und sagte: »Wir werden ein Temperatürchen von zwei Metern und dreizehn Zoll haben, Feuchtigkeit ist nicht vorhanden, was nicht ist, das ist nicht.«

»Wiederhole deinen Auftrag«, sagte ich und trat zu ihm.

Er ließ pfeifend Druckluft aus den Saugvorrichtungen entweichen, zuckte mit den Beinen und lief zur Decke hinauf.

»Komm herunter«, befahl ich streng. »Und beantworte meine Frage!«

Er hing über mir zwischen den verschimmelten Leitungen, ein längst veralteter Kyber, der für Arbeiten auf den Asteroiden vorgesehen war, erbärmlich und unsinnig, verrottet von der Karbonkorrosion und mit schwarzem Schlamm bekleckst.

»Komm herunter!«, brüllte ich.

Er schleuderte eine krepierte Ratte nach mir und jagte ins Dunkel davon.

»Basalte! Granite!«, heulte er in allen Tonarten. »Pseudometamorphe Arten! Ich bin über Berlin! Wie hört ihr mich? Zeit zum Schlafen!«

Ich warf die Stange hin und folgte ihm. Bei der nächsten Lampe stieg er herunter und scharrte geschwind wie ein Hund mit den Manipulatoren auf dem Beton. Der arme Kerl, selbst in seinen besten Zeiten funktionierte sein Gehirn nur bei einer Schwere von einem Hundertstel der irdischen, jetzt war er völlig unzurechnungsfähig. Ich bückte mich und tastete unter seinem Panzer nach den Reglern. »Dreckskerle«, sagte ich laut. Die Regler waren plattgedrückt, als hätte man mit einem Vorschlaghammer darauf gehauen. Er hörte auf zu scharren und packte mein Bein.

»Stopp!«, schrie ich. »Loslassen!«

Er legte sich auf die Seite und teilte in tiefem Bass mit: »Er hat mich zu Tode gelangweilt, El. Einen Brandy müsste man jetzt trinken …«

In seinem Inneren knackten Kontakte, und Musik ertönte. Kratzend und quietschend spielte er den »Jägermarsch«. Ich sah ihn an und dachte, wie dumm und widerwärtig das doch alles war, wie lächerlich und schrecklich zugleich. Wäre ich kein Sternenfahrer gewesen – ich hätte in panischer Angst Reißaus genommen. Und wäre mit hoher Wahrscheinlichkeit von ihm umgebracht worden. Aber hier wusste doch niemand, dass ich Interplanetarier war … Niemand. Kein Mensch. Auch Riemaier nicht.

»Steh auf«, sagte ich.

Er summte und begann, in der Wand zu stochern. Da drehte ich mich um und ging. Während ich den Korridor zurück bis zur Eingangstür lief, hörte ich ihn in dem Haufen verbogener Schienen rasseln und klappern, mit dem Elektroschweißer fauchen und zweistimmig Unsinn plappern.

Die Atomschutztür war schon geöffnet. Ich stieg über die Schwelle und knallte sie hinter mir zu.

»Na, wie war's?«, fragte der Rundköpfige.

»Blöd«, sagte ich.

»Ich wusste ja nicht, dass Sie Interplanetarier sind. Sie haben im Kosmos gearbeitet?«

»Ja, habe ich. Trotzdem ist es blöd. Das ist was für Dummköpfe. Für analphabetische, exaltierte Dummköpfe.«

»Was für welche?«

»Exaltierte.«

»Aha … Nun, das dürfen Sie nicht glauben. Vielen gefällt es. Und ich habe Ihnen ja gleich gesagt, Sie hätten am Abend kommen sollen. Für Einzelgänger haben wir überhaupt wenig Zerstreuung hier …« Er schenkte Whisky ein und fügte Sodawasser aus einem Siphon hinzu. »Wollen Sie?«

Ich nahm das Glas und stützte mich mit dem Ellbogen auf die Barriere. El, dem eine Zigarette an der Lippe klebte, starrte mürrisch auf den Bildschirm. Glitschige Tunnelwände huschten darüber, verdrehte Schienen, schwarze Pfützen; die Funken des Elektroschweißers sprühten.

»Das ist nichts für mich«, erklärte ich. »Sollen sich die Buchhalter und Friseure damit abgeben. Ich habe natürlich nichts gegen die, aber ich suche etwas, was mir noch nie im Leben begegnet ist.«

»Sie wissen also selbst nicht, was Sie wollen«, stellte der Rundköpfige fest. »Ein schwieriger Fall. Verzeihung, sind Sie ein Intel?«

»Wieso?«

»Nun, denken Sie bloß nichts Schlimmes, vor dem Knochenmann sind wir ja alle gleich. Was ich sagen will, ist, dass die Intels die anspruchsvollsten Kunden sind, weiter nichts. Stimmt's, El? Wenn zum Beispiel ein Buchhalter kommt oder ein Friseur, weiß er genau, was er will. Er will sein Blut in Wallung bringen, um sich zu beweisen, um stolz auf sich zu sein. Er will, dass die Mädchen kreischen, will allen die Narben an seinem Körper zeigen. Das sind einfache Burschen, und jeder möchte sich als Mann fühlen. Wer ist er denn, unser Kunde? Besondere Fähigkeiten hat er nicht, braucht er auch gar nicht zu haben ... Ja, früher waren sie wenigstens neidisch aufeinander, das hab ich mal in einem Buch gelesen. Der Nachbar, sagt der eine, lebt wie die Made im Speck, und ich kann mir nicht mal einen Kühlschrank leisten – ist denn das auszuhalten? Natürlich klammerten sie sich mit den Zähnen an ihren Trödel, ans Geld, an die einträgliche Stellung ... Opferten ihr Leben dafür! Wer die stärkere Faust oder den gescheiteren Kopf hatte, der war oben ... Jetzt ist das Leben fett, still, und überall herrscht Wohlstand. An was sich messen? Ich bin doch keine Karausche, ich bin ein Mensch, und ich langweile mich, aber ich selbst kann mir nichts ausdenken. Da muss man schon besondere Fähigkeiten haben, um sich was auszudenken! Muss einen Haufen Bücher lesen, aber versuch das mal, wenn du Lesen hasst ... Weltberühmt zu werden oder so etwas erfinden wie ein Auto – auf die Idee komme ich gar nicht ohne Weiteres, und wenn ich draufkäme – was würde das bringen? Im Großen und Ganzen, wenn man sich's richtig überlegt, wirst du von niemandem gebraucht, nicht mal von deiner Frau und von deinen Kindern, stimmt's, El? Und du selbst brauchst auch niemanden. Nun denken sich also kluge Leute für dich irgendetwas aus, mal sind es Aromatika, mal das Bibberlein, mal ein neuer Tanz. Jetzt ist es ein neuer Drink, ›Iltis‹ heißt er. Soll ich Ihnen einen mixen? … Man gießt sich den ›Iltis‹ hinter die Binde, verdreht die Augen und ist zufrieden. Aber solange man nicht die Augen verdreht, ist das Leben wie Regenwasser … Da kommt immer ein Intel zu uns und jammert: Das Leben ist so fade, Jungs … Aber wenn ich hier rausgehe, bin ich ein Held! Nach einem Spielchen ›Peng-peng‹ oder ›Einer gegen zwölf‹ fühle ich mich wie neugeboren. Stimmt's, El? Alles schmeckt mir wieder – die Weiber, das Fressen, der Wein …«

»Ja«, sagte ich teilnahmsvoll. »Ich verstehe Sie gut. Aber für mich ist auch das alles fad.«

»Sleg braucht er«, sagte El plötzlich mit tiefer Stimme.

»Was, was?«, fragte ich.

»Sleg, sage ich.«

Der Rundköpfige runzelte die Stirn. »Lass das, El. Was ist heute mit dir los?«

»Husten wollte ich auf ihn«, sagte El. »Ich kann sie nicht ausstehen, diese … Alles ist ihnen fade, nichts ist ihnen recht.«

»Hören Sie nicht auf ihn«, riet der Rundköpfige. »Er hat die Nacht nicht geschlafen, ist übermüdet …«

»Aber warum denn?«, entgegnete ich. »Es ist sehr interessant. Was ist das – Sleg?«

Der Rundköpfige runzelte die Stirn. »Das ist unanständig, verstehen Sie?«, erklärte er. »Hören Sie nicht auf El, er ist ein guter, einfacher Kerl, und einen Menschen runterzuputzen macht ihm nichts aus. Das ist kein schönes Wort. Manche haben sich angewöhnt, es überall an die Wände zu schmieren. Das ist Rowdytum, nicht? Die Rotznasen wissen ja gar nicht, was es bedeutet, schmieren es aber überall hin.

Sehen Sie, als wir die Barriere neu behobelt haben, hat irgendein Lump das Wort eingeschnitzt; hätte ich den erwischt, ich hätte ihm das Fell über die Ohren gezogen. Es kommen doch auch Frauen her.«

»Sag ihm«, meldete sich El, »er soll sich Sleg besorgen und Ruhe geben. Er kann sich an Buba wenden.«

»Halt's Maul, El!«, sagte der Rundköpfige ärgerlich. »Hören Sie nicht auf ihn …«

Als Bubas Name fiel, goss ich mir das Glas noch einmal voll und stellte mich bequemer hin. »Was ist denn das nun eigentlich«, sagte ich. »Ein heimliches Laster?«

»Heimlich!«, wiederholte El mit tiefer Stimme und lachte verächtlich.

Der Rundköpfige lachte ebenfalls. »Bei uns kann es nichts Heimliches geben«, sagte er. »Was soll es für Geheimnisse geben, wenn das Volk schon mit fünfzehn säuft? Die Intels, diese Dummköpfe, treten sämtliche Geheimnisse breit … Wollen am Achtundzwanzigsten einen Aufstand veranstalten, tuscheln und tuscheln, haben neulich Granatwerfer aus der Stadt geschafft, um sie zu verstecken, also wirklich, wie die Kinder! Stimmt's, El?«

»Sag ihm«, entgegnete der einfache Bursche El stur, »sag ihm, er soll zur Hölle fahren. Halt du ihm nicht noch die Stange. Sag ihm, er soll zu Buba in die ›Oase‹ gehen, und damit Schluss.«

Er warf meine Brieftasche und das Formular auf die Barriere. Ich trank den Whisky aus.

Der Rundköpfige sagte ernst: »Wie Sie wollen, es ist Ihre Sache, selbstverständlich, aber ich rate Ihnen, sich von diesen Dingen fernzuhalten. Vielleicht kommen wir alle mal dahin, aber je später, desto besser. Ich kann Ihnen das nicht erklären, ich habe nur das Gefühl, dass es wie ein Begräbnis ist – nie zu spät, immer zu früh.«

»Danke«, sagte ich.

»Er bedankt sich auch noch!« El brach wieder in Gelächter aus. »Hast du so was schon erlebt? Er bedankt sich auch noch!«

»Drei Rubel haben wir einbehalten«, sagte der Rundköpfige. »Und das Formular zerreißen Sie. Nein, geben Sie her, ich zerreiße es selbst. Sonst stößt Ihnen womöglich was zu, und dann haben wir die Polizei am Hals.«

»Trotz allem«, sagte ich, während ich die Brieftasche wegsteckte, »ist mir unklar, warum man Ihren Laden nicht zumacht.«

»Aber bei uns ist doch alles ehrlich und aufrichtig«, sagte der Rundköpfige. »Wenn du nicht willst, zwingt dich auch niemand. Und wenn was passiert, bist du selbst schuld.«

»Die Rauschgiftsüchtigen zwingt ja auch keiner«, entgegnete ich.

»Das kann man nicht vergleichen! Bei Drogen geht es um Geld, um Gier …«

»Na schön, auf Wiedersehen«, verabschiedete ich mich. »Besten Dank, Jungs. Wo soll ich Buba suchen, meinten Sie?«

»›Oase‹«, brummte El. »Ein Café. Und jetzt hau ab.«

»Wie höflich du bist, mein Freund«, sagte ich. »Mir ist richtig schwer ums Herz.«

»Hau ab, hau ab«, wiederholte El. »Stinkiger Intel.«

»Reg dich nicht auf, mein Guter«, sagte ich. »Sonst kriegst du noch ein Magengeschwür. Schone deinen Magen lieber, etwas Wertvolleres besitzt du nicht. Habe ich recht?«

El schob sich langsam hinter der Barriere hervor, und ich trat den Rückzug an. Wieder begann mir die Schulter zu schmerzen.

Draußen regnete es große, warme Tropfen. Die Blätter der Bäume glänzten nass und fröhlich. Es duftete nach Frische, nach Ozon und Gewitter.

Ich hielt ein Taxi an und nannte die »Oase«. Die Straße entlang flossen kleine Bächlein, und die Stadt war so schön und idyllisch, dass allein der Gedanke an die verschimmelte, stinkende, verfallene Metro unangenehm war.

Als ich aus dem Wagen sprang, goss es in Strömen. Ich hastete über den Bürgersteig und trat ins Café »Oase«. Es waren ziemlich viele Gäste da, fast alle aßen – sogar der Barmann hinter der Theke löffelte Suppe; der Teller stand zwischen den Schnapsgläsern. Die Gäste, die bereits gegessen hatten, rauchten und schauten zerstreut durch das nasse Schaufenster auf die Straße. Ich trat an die Theke und fragte halblaut nach Buba. Der Barmann legte den Löffel hin und blickte suchend in den Saal.

»Er ist nicht da«, sagte er. »Aber essen Sie einstweilen, er wird bald kommen.«

»Wie bald?«

»In zwanzig bis dreißig Minuten.«

»Aha«, sagte ich. »Dann esse ich zu Mittag, melde mich nachher bei Ihnen, und Sie zeigen ihn mir.«

»Hmhm«, murmelte der Barmann und wandte sich wieder seiner Suppe zu.

Ich nahm ein Tablett, stellte mir etwas zu essen darauf und setzte mich ans Fenster, weitab von den anderen Gästen; ich wollte nachdenken. Ich spürte, dass ich genug Material beisammen hatte, um mir die Sache durch den Kopf gehen zu lassen. Es gab da einen Zusammenhang: die Schächtelchen mit dem »Dewon« im Badezimmer; die großporige Nase sprach von Buba und »Dewon« (im Flüsterton); der biedere Bursche El sprach von Buba und von Sleg; unverkennbar eine Kette: Badewanne – »Dewon« – Buba – Sleg. Mehr noch. Der braungebrannte muskulöse Bursche hatte gewarnt, »Dewon« und so weiter wären der schlimmste Dreck, und der rundköpfige Adept des sozialen Masochismus sah keinen Unterschied zwischen Sleg und Begräbnis. Anscheinend passte alles zusammen. Anscheinend war es das, wonach wir suchten. Und wenn es so war, dann hatte

Riemaier mich zu Recht zu den Fischern geschickt. Riemaier, dachte ich, warum hast du mich zu den Fischern geschickt? Du hast mir noch eingeschärft, nicht störrisch zu sein und zu tun, was man mir sagt. Du wusstest doch gar nicht, dass ich Sternenfahrer bin. Und selbst wenn du es gewusst hättest, so gibt es dort nicht nur den verrückt gewordenen Kyber, sondern auch die Spielchen »Peng-peng« und »Einer gegen zwölf«. Irgendwie habe ich dir sehr missfallen, Riemaier. Irgendwie habe ich dich gestört ... Aber nein, sagte ich mir, das kann nicht sein. Es ist einfach so, dass du mir nicht recht getraut hast, Riemaier, und ich irgendetwas noch nicht weiß. Zum Beispiel weiß ich nicht, wer Oscar ist. Er handelt in einem Kurort mit »Dewon« und ist mit dir liiert. Bestimmt hattest du dich vor unserem Gespräch im Lift noch mit ihm getroffen ... Aber ich will nicht daran denken. Er liegt wie ein Toter da, kann sich nicht rechtfertigen, und ich denke solche Sachen über ihn. Mir wurde plötzlich unangenehm kalt in der Brust. Na schön, wir werden die Bande schon kriegen. Und was ändert sich dann? Das Bibberlein bleibt, Len mit den abstehenden Ohren wird nach wie vor nachts nicht schlafen können, Wusi wird sinnlos betrunken nach Hause kommen, und Zöllner Peti wird, warum auch immer, andauernd mit der Nase in Glasscherben fallen. Und allen wird das »Wohl des Volkes« am Herzen liegen. Die einen wird man mit Tränengas überschütten, die anderen bis zu den Ohren in die Erde rammen, wiederum andere aus Affen in etwas verwandeln, was durchaus als Mensch gelten kann ... Später, wenn das Bibberlein aus der Mode kommt, schenkt man dem Volk ein Superbibberlein, und den abgeschafften Sleg ersetzt man durch einen Supersleg. Alles zum Wohle des Volkes. Amüsiere dich, Land der Dummköpfe, und denke an nichts!

Am Nachbartischchen ließen sich mit Tabletts zwei Männer in Umhängen nieder. Der eine kam mir bekannt vor. Er hatte ein rassiges, hochmütiges Gesicht, und hätte er nicht ein dickes weißes Pflaster auf dem linken Wangenknochen gehabt, hätte ich ihn sicher sofort erkannt – jedenfalls meinte ich das. Der zweite Mann war rotwangig, hatte eine große Glatze und bewegte sich geschäftig. Sie unterhielten sich halblaut, doch gewiss nicht aus Heimlichtuerei, denn von meinem Platz aus konnte ich sie gut verstehen.

»Verstehen Sie mich recht«, sagte der Rotwangige eindringlich, während er hastig sein Schnitzel verzehrte. »Ich bin durchaus nicht gegen Theater und Museen. Aber die bereitgestellten Mittel für das Stadttheater wurden letztes Jahr nicht ausgeschöpft, und in die Museen gehen bloß Touristen …«

»Und Gemälderäuber«, ergänzte der Mann mit dem Pflaster.

»Lassen Sie das, bitte. Wir haben keine Bilder, die es zu rauben lohnte. Gott sei Dank weiß man die ›Sixtinischen Madonnen‹ noch nicht aus Sägespänen synthetisch herzustellen. Ich möchte Ihre Aufmerksamkeit darauf lenken, dass die Verbreitung von Kultur heutzutage auf völlig anderem Wege erfolgen sollte. Die Kultur darf nicht ins Volk gehen, sondern muss aus dem Volk kommen. Volkschöre, Laienzirkel, Massenspiele – das ist es, was unser Publikum braucht.«

»Unser Publikum braucht eine gute Besatzungsarmee«, sagte der Mann mit dem Pflaster.

»Ach, hören Sie auf, Sie denken doch gar nicht so. Die Erfassung in Zirkeln ist auf einem empörend niedrigen Niveau. Boela klagte mir gestern, zu ihren Lesungen komme immer nur ein Mann, und der offenbar mit Heiratsabsichten. Wir müssen das Volk vom Bibberlein abbringen, vom Alkohol, vom Sex. Wir müssen den Geist heben …«

Der Mann mit dem Pflaster unterbrach ihn: »Was wollen Sie eigentlich? Dass ich heute Ihr Projekt gegen diesen Esel, unseren verehrten Bürgermeister, unterstütze? Mir ist alles absolut egal. Aber wenn Sie meine Meinung über den Geist hören wollen: Den gibt es nicht, mein Lieber! Der Geist ist längst tot! Er ist im Bauchspeck erstickt. Und an Ihrer Stelle würde ich nur das in Betracht ziehen, nur das!«

Der Rotwangige schien niedergeschmettert. Eine Weile schwieg er, dann stöhnte er auf: »Mein Gott, womit wir uns hier beschäftigen müssen! Aber hören Sie: Irgendwo fliegen doch Menschen zu den Sternen! Werden Mesonenreaktoren gebaut! Wird eine neue Pädagogik geschaffen! Mein Gott, erst vor Kurzem habe ich begriffen, dass das hier nicht nur Provinz ist, sondern ein Schonrevier! In den Augen der Menschheit sind wir ein Hort der Dummheit, der Unwissenheit und Pornokratie. Stellen Sie sich vor, in unserer Stadt hält sich bereits das zweite Jahr Professor Rubinstein auf. Sozialpsychologe, weltbekannt. Er studiert uns wie Tiere. ›Instinktive Soziologie verfallender ökonomischer Formationen‹ nennt er seine Arbeit. Ihn interessiert der Mensch als Träger von Urinstinkten, und er erzählte mir, wie schwierig es war, in Ländern Material zu sammeln, in denen instinktives Handeln vom System der Pädagogik entstellt und unterdrückt worden ist. Bei uns dagegen schwelgt er in Seligkeit! Seinen Worten zufolge gibt es bei uns außer der instinktiven überhaupt keine Tätigkeit. Ich war beleidigt, schämte mich, aber mein Gott, was konnte ich ihm entgegnen? Sie verstehen. Sie sind klug, mein Freund, kalt, ich weiß, aber ich kann nicht glauben, dass Ihnen das alles in solchem Maße gleichgültig ist.«

Der Mann mit dem Pflaster blickte ihn hochmütig an und zuckte plötzlich mit der Wange. Da erkannte ich ihn. Es war der Kerl mit dem Monokel, der mich bei den Mäzenen so geschickt mit leuchtendem Unflat begossen hatte. Du Aas, dachte ich, du Dieb! Eine Besatzungsarmee braucht er! Der Geist, sehen Sie, ist im Speck erstickt …

»Verzeihen Sie, Rat«, sagte der Mann mit dem Pflaster angewidert. »Ich begreife das alles, und eben deshalb ist mir völlig klar, dass rings um uns nichts als Verfall herrscht. Die letzten Zuckungen. Euphorie.«

Ich stand auf und trat an ihr Tischchen. »Gestatten Sie«, bat ich.

Erstaunt starrten sie mich an. Ich setzte mich.

»Verzeihen Sie mir, bitte«, sagte ich. »Eigentlich bin ich Tourist und noch nicht lange hier, während Sie offensichtlich Einheimische sind und gewisse Beziehungen zur Stadtverwaltung haben. Deshalb entschloss ich mich, Sie zu behelligen. Ich höre immer Mäzene, Mäzene ... Aber was das ist, weiß niemand so recht.«

Der Mann mit dem Pflaster zuckte wieder mit der Wange. Seine Augen weiteten sich – er hatte mich erkannt.

»Mäzene?«, fragte der rotwangige Rat höflich. »O ja, es gibt so eine barbarische Organisation bei uns. Das ist traurig, aber wahr.« Ich nickte und betrachtete das Pflaster. Mein Bekannter hatte sich bereits gefasst und aß hochmütig wie zuvor Gelee. »Im Grunde sind das moderne Vandalen. Es fällt mir schwer, ein anderes Wort dafür zu finden. Sie kaufen von ihren Beiträgen gestohlene Bilder auf, Skulpturen, Manuskripte unveröffentlichter Bücher, Patente, und vernichten sie. Stellen Sie sich vor, wie abscheulich das ist! Es bereitet ihnen einen gewissen pathologischen Genuss, Objekte der Weltkultur zu vernichten. Sie versammeln sich, eine große, gut gekleidete Menge, und vernichten seelenruhig, wohlüberlegt, wolllüstig ...«

»Oh, oh, oh!«, rief ich, ohne die Augen vom Pflaster zu lassen. »Solche Leute müsste man doch an den Beinen aufhängen.«

»Wir verfolgen sie!«, rief der rotwangige Rat. »Wir verfolgen sie laut Gesetz. Mit den Artiks und den Gammlern können wir das leider nicht machen, weil sie im Grunde gegen kein geschriebenes Gesetz verstoßen. Wenn es sich aber um Mäzene handelt ...«

»Sind Sie fertig, Rat?«, fragte der Mann mit dem Pflaster. Mich ignorierte er.

Der Rotwangige fuhr auf. »Ja, ja, wir müssen gehen. Sie entschuldigen uns«, sagte er, an mich gewandt. »Wir haben eine Sitzung in der Stadtverwaltung …«

»Barmann!«, rief der Mann mit dem Pflaster. Seine Stimme klang wie Metall. »Bitte ein Taxi für uns!«

»Sind Sie schon lange hier?«, fragte der Rotwangige.

»Den zweiten Tag«, antwortete ich.

»Und gefällt es Ihnen?«

»Eine schöne Stadt.«

»O ja«, bestätigte der Rotwangige.

Der Mann mit dem Pflaster klemmte sich frech das Monokel ins Auge und nahm sich eine Zigarre.

»Tut er weh?«, erkundigte ich mich mitfühlend.

»Wer?«, fragte er arrogant.

»Der Wangenknochen«, sagte ich. »Auch die Leber müsste Ihnen weh tun.«

»Mir tut nie etwas weh«, antwortete er und blitzte mit dem Monokel.

»Kennen Sie sich?«, fragte der Rotwangige verwundert.

»Ein bisschen«, sagte ich. »Wir hatten einen Streit über Kunst.«

Der Barmann rief, das Taxi sei da. Der Mann mit dem Pflaster erhob sich sogleich.

»Kommen Sie, Rat«, sagte er.

Der Rotwangige lächelte mir verlegen zu und erhob sich ebenfalls. Sie begaben sich zum Ausgang. Ich sah ihnen nach und ging dann zur Theke.

»Brandy?«, fragte der Barmann.

»Bitte«, sagte ich, vor Wut zitternd. »Wer sind die Männer, mit denen ich eben gesprochen habe?«

»Der Glatzköpfige ist Rat bei der Stadtverwaltung und mit der Kultur befasst. Der mit dem Monokel ist städtischer Kassenverwalter.«

»Kassenverwalter«, sagte ich. »Ein Lump ist das und kein Kassenverwalter.«

»Tatsächlich?«, fragte der Barmann interessiert.

»Und ob. Ist Buba schon da?«

»Noch nicht ... Aber der Kassenverwalter, was ist der?«

»Ein Lump«, sagte ich. »Und ein Dieb.«

Der Barmann überlegte. »Da haben Sie womöglich recht«, meinte er. »Eigentlich ist er ja Baron. Ehemaliger, versteht sich. Aber er verhält sich wirklich wie ein Lump. Schade, dass ich nicht wählen gegangen bin, sonst hätte ich gegen ihn gestimmt. Was hat er Ihnen getan?«

»Er hat Ihnen etwas getan«, antwortete ich. »Und ich habe ihm etwas getan. Und ich werde noch dies und das tun. So sieht's aus.«

Der Barmann, der nichts begriff, nickte nur und fragte: »Noch mal das Gleiche?«

»Bitte«, sagte ich.

Er goss mir Brandy ein und teilte mit: »Da kommt Buba.«

Ich drehte mich um und hätte beinahe das Glas fallen lassen. Ich erkannte Buba.

10

Er stand an der Tür und schaute mit einer Miene um sich, als versuche er sich zu erinnern, wohin er gekommen sei und warum. Er sah anders aus als sonst, dennoch erkannte ich ihn sofort, weil wir vier Jahre lang in den Hörsälen nebeneinander gesessen und uns auch danach noch fast täglich getroffen hatten.

»Hören Sie«, sagte ich zum Barmann. »Das ist Buba?«

»Hmhm«, murmelte er.

»Ist das ein Spitzname?«

»Woher soll ich das wissen? Alle nennen ihn so.«

»Pek!«, schrie ich.

Die Leute drehten sich nach mir um. Er suchte mit den Augen den, der ihn gerufen hatte. Doch mir schenkte er keine Beachtung. Als sei ihm etwas eingefallen, schüttelte er plötzlich mit ruckartigen Bewegungen das Wasser vom Mantel, schlurfte zur Theke und kletterte mühsam auf den Hocker neben mir.

»Das Übliche«, bat er den Barmann. Seine Stimme klang dumpf und gepresst, als habe man ihn an der Gurgel gepackt.

»Sie werden erwartet«, sagte der Barmann und stellte ein Glas Schnaps und einen tiefen Teller mit Zucker vor ihn hin.

Zögernd blickte er mich an und fragte: »Was wünschen Sie?«

Seine halb gesenkten Lider waren entzündet, die Augenwinkel voller Schleim. Er atmete durch den Mund, als leide er an einer Schwellung der Mandeln.

»Pek Senai«, sagte ich leise. »Kursteilnehmer Pek Senai, kehren Sie bitte von der Erde in den Himmel zurück.«

Er blickte mich weiter wie blind an. Dann leckte er sich die Lippen und sagte: »Wohl ein Kurskollege?«

Mir wurde unheimlich. Er nahm sein Glas, schüttete den Alkohol in sich hinein und aß, von Ekel gewürgt, mit einem Esslöffel den Zucker nach. Der Barmann schenkte ihm erneut ein.

»Pek«, sagte ich. »Alter Freund, erinnerst du dich nicht an mich?«

Er betrachtete mich. »Nein. Aber bestimmt habe ich Sie schon mal gesehen …«

»Mal gesehen!«, sagte ich verzweifelt. »Ich bin Iwan Shilin, hast du mich denn völlig vergessen?«

Seine Hand mit dem Glas begann kaum merklich zu zittern, das war alles. »Nein, mein Freund«, sagte er. »Ich bitte um Entschuldigung, gewiss, aber ich erinnere mich nicht an Sie.«

»Auch nicht an die ›Tachmasib‹, auch nicht an Iowa Smith?«

»Ich habe heute schreckliches Sodbrennen«, teilte er dem Barmann mit. »Geben Sie mir Soda, Kon.«

Der Barmann, der neugierig zugehört hatte, goss ihm Sodawasser ein.

»Ein elender Tag ist das heute«, klagte Buba. »Zwei Automaten haben gestreikt, stellen Sie sich das mal vor, Kon!«

Der Barmann schüttelte den Kopf und seufzte.

»Der Direktor tobt«, fuhr Buba fort. »Er hat mich zu sich zitiert und angeblafft. Ich gehe weg von da. Ich habe ihm ein paar Grobheiten gesagt, und dann hat er mich entlassen.«

»Wenden Sie sich doch an die Gewerkschaft«, riet der Barmann.

»Ach, die«, winkte Buba ab. Er trank das Sodawasser und wischte sich mit der Hand über den Mund. Mich beachtete er nicht.

Ich saß wie angespuckt da und hatte völlig vergessen, wozu ich Buba brauchte. Und ich brauchte Buba – nicht Pek. Das heißt, Pek brauchte ich auch, aber nicht den da … Denn das war nicht Pek; es war der mir fremde, unsympathische Buba, und entsetzt sah ich, wie er das zweite Glas Alkohol in sich hineinkippte und wieder löffelweise Zucker nachstopfte. Sein Gesicht bedeckte sich mit roten Flecken, würgend hörte er dem Barmann zu, der ihm begeistert vom Fußball erzählte. Ich hätte schreien mögen: Pek, was ist mit dir geschehen? Du hast doch all das immer gehasst! – Ich legte ihm die Hand auf die Schulter und sagte bittend: »Pek, Lieber, hör mich an.«

Er machte sich los. »Was ist, mein Freund?« Seine Augen sahen mich nicht. »Ich bin nicht Pek, ich heiße Buba, klar? Sie verwechseln mich mit jemandem. Hier gibt es keinen Pek … Und was war dann mit den ›Nashörnern‹, Kon?«

Mir fiel ein, wo ich mich befand, und ich begriff, dass es Pek hier tatsächlich nicht mehr gab. Hier gab es Buba, Agent einer Verbrecherorganisation, und das war die Realität, während Pek Senai eine Fata Morgana war. Erinnerung. Ich musste ihn schnellstens vergessen, falls ich die Absicht hatte zu arbeiten. Also gut, dachte ich und biss die Zähne zusammen. Wie Sie wünschen.

»Hallo, Buba«, sagte ich. »Ich habe ein Anliegen an dich.«

Er war schon betrunken. »Über Anliegen rede ich nicht an der Theke«, erklärte er. »Und überhaupt habe ich die Arbeit an den Nagel gehängt. Aus. Anliegen gehen mich nichts mehr an. Wende dich an die Stadtverwaltung, mein Freund. Dort wird man dir helfen.«

»Ich wende mich an dich, nicht an die Stadtverwaltung«, beharrte ich. »Wirst du mich anhören?«

»Das tue ich schon die ganze Zeit und ruiniere mir die Gesundheit.«

»Ich habe nur ein kleines Anliegen«, sagte ich. »Ich brauche Sleg.«

Er zuckte heftig zusammen. »Du hast wohl den Verstand verloren, was?«

»Sie sollten sich schämen«, schimpfte der Barmann. »Vor allen Leuten … Haben Sie kein Gewissen?«

»Halt's Maul«, sagte ich.

»Immer sachte«, meinte der Barmann drohend. »Du warst wohl schon lange nicht auf der Polizei? Nimm dich in Acht, sonst wirst du … ausgewiesen!«

»Auf die Ausweisung pfeif ich«, sagte ich frech. »Misch dich nicht in fremde Angelegenheiten.«

»Stinkender Slegist«, fluchte der Barmann. Obwohl er vor Wut kochte, sprach er leise. »Sleg will er! Ich rufe gleich den Sergeanten, der wird dir Sleg geben.«

Buba rutschte von seinem Hocker und humpelte eilig zum Ausgang. Ich ließ den Barmann stehen und lief hinterher. Buba sprang in den Regen hinaus, ohne die Kapuze hochzuschlagen, und hielt nach einem Taxi Ausschau.

Ich holte ihn ein und fasste ihn beim Ärmel.

»Was willst du?«, fragte er gelangweilt. »Ich rufe die Polizei.«

»Pek«, sagte ich. »Komm zu dir, Pek, ich bin's, Iwan Shilin, du erinnerst dich doch an mich?«

Er schaute immerfort umher und wischte sich dabei das Wasser ab, das ihm über das Gesicht lief. Er sah kläglich aus, abgehetzt. Ich bemühte mich, keine Wut aufkommen zu lassen, und sagte mir immerzu, dass das Pek sei, der unschätzbare Pek, der unersetzliche Pek, der gute, kluge, lustige Pek … Ich versuchte mir ins Gedächtnis zu rufen, wie er am Pult des »Gladiators« gestanden hatte, und vermochte es nicht, weil es unmöglich war, ihn sich irgendwo anders als in dieser Bar vorzustellen, mit einem Glas Alkohol.

»Taxi!«, schrie er, doch der Wagen war besetzt und raste vorbei.

»Pek«, sagte ich. »Fahren wir zu mir. Ich werde dir alles erklären.«

»Lassen Sie mich in Frieden«, sagte er zähneklappernd. »Ich fahre mit Ihnen nirgendwohin. Lass mich! Ich habe dich nicht behelligt, ich habe dir nichts getan, also lass mich, verdammt noch mal!«

»Gut«, sagte ich. »Ich lasse dich. Aber du musst mir Sleg und deine Adresse geben.«

»Ich kenne kein Sleg«, stöhnte er. »Herrgott, was ist das heute für ein Tag!«

Mit dem linken Bein hinkend, schleppte er sich davon und kehrte dann unvermittelt in ein Kellergewölbe mit schlichtem, schönem Aushängeschild ein. Ich folgte ihm. Wir setzten uns an ein Tischchen, und sofort wurden uns heißes Fleisch und Bier gebracht, obwohl wir gar nichts bestellt hatten. Buba zitterte, sein nasses Gesicht nahm eine bläuliche Färbung an. Voller Abscheu stieß er den Teller zurück. Das Bier trank er in großen Zügen, wobei er den Krug mit beiden Händen festhielt. Der kleine Keller war still und leer, über dem funkelnden Büfett hing ein weißes Schild mit der goldenen Aufschrift: »Bei uns wird gezahlt«.

Buba stellte den Krug ab und sagte wehmütig: »Soll ich gehen, Iwan? Ich kann nicht ... Wozu das Gerede? Lass mich, bitte ...«

Ich nahm seine Hand. »Pek, was ist mit dir? Ich habe dich gesucht, deine Adresse war nirgendwo aufzutreiben. Ich treffe dich rein zufällig und verstehe gar nichts. Wie bist du in diese Geschichte geraten? Kann ich dir irgendwie helfen, vielleicht ...«

Wutschäumend riss er seine Hand los. »Henker«, zischte er. »Die reinste Gestapo. Der Teufel muss mich geritten haben, in die ›Oase‹ zu gehen. Dummes Geschwätz, Rotz. Ich habe kein Sleg, klar? Ich habe bloß einen, aber den gebe ich dir nicht! Denn was fange ich dann an? Ich bin schließlich nicht Archimedes! Hast du ein Gewissen? Dann lass mich in Ruhe und quäl mich nicht.«

»Ich kann dich nicht lassen«, sagte ich, »bevor ich den Sleg nicht habe. Und deine Adresse. Wir müssen miteinander reden.«

»Ich möchte nicht mit dir reden, begreifst du das denn nicht? Ich möchte mit niemandem über etwas reden. Ich will nach Hause. Und meinen Sleg kriegst du nicht. Was bin ich denn für euch, eine Fabrik? Soll ich's dir geben und dann einen Umweg durch die ganze Stadt machen?«

Ich schwieg. Es war klar, dass er mich jetzt hasste. Dass er mich umbringen und seines Weges gehen würde, wenn er die Kraft dazu hätte. Aber er wusste, dass er sie nicht hatte, diese Kraft.

»Lump«, sagte er wütend. »Kannst du's dir nicht selber kaufen? Hast du kein Geld? Da, nimm! Da!« Krampfhaft wühlte er in den Taschen und warf Kupfermünzen und zerknittertes Papiergeld auf den Tisch. »Da, das reicht!«

»Was kaufen? Bei wem?«

»Verfluchter Esel ... Na dieses ... Wie heißt es doch ... Hm ... Wie heißt es doch ... Ach, zum Henker mit dir!«, schrie er. Er schob die Finger in die Brusttasche und holte ein flaches Plastiketui hervor. Darin war ein glänzendes Metallröhrchen, das wie ein Invariant-Überlagerer für Taschenempfänger aussah. »Da! Friss!« Er reichte mir das Röhrchen. Es war klein, nicht länger als ein Zoll und einen Millimeter dick.

»Danke«, sagte ich. »Und wie benutzt man das?«

Pek riss die Augen auf. Ich glaube, er lächelte sogar. »Herrgott!«, sagte er beinahe zärtlich. »Weißt du tatsächlich nichts?«

»Nein, ich weiß nichts«, sagte ich.

»Das hättest du gleich sagen sollen. Und ich denke, warum quält er mich wie ein Folterknecht? Hast du einen Empfänger? Setz den Sleg an die Stelle des Überlagerers, häng ihn dann im Bad auf, oder stell ihn dort hin, das ist egal, und los!«

»Im Bad?«

»Ja.«

»Unbedingt im Bad?«

»Ja! Der Körper muss sich unbedingt im Wasser befinden. In heißem Wasser. Ach, du Kalb ...«

»Und ›Dewon‹?«

»›Dewon‹ schüttest du ins Wasser. Ungefähr fünf Tabletten. Eine steckst du in den Mund. Der Geschmack ist widerlich, aber du wirst es nachher nicht bereuen. Misch auf jeden Fall aromatische Salze hinzu. Und trink ein paar Gläschen Hochprozentigen, unmittelbar bevor du anfängst. Das ist wichtig, um … nun, um sich zu lockern, ja …«

»Aha«, sagte ich. »Klar. Jetzt ist mir alles klar.« Ich wickelte den Sleg in eine Papierserviette und steckte ihn in die Tasche. »Also Psychowellentechnik?«

»Herrgott, was geht dich das an?« Er war schon aufgestanden und zog sich die Kapuze über.

»Gar nichts«, sagte ich. »Wie viel bin ich dir schuldig?«

»Unsinn, nicht der Rede wert! Komm schnell … Wozu Zeit verlieren?«

Wir stiegen die Treppe zur Straße hinauf.

»Du hast richtig entschieden«, sagte Pek. »Ist das etwa die Welt? Können wir in so einer Welt Menschen sein? Dreck ist das, aber keine Welt … Taxi!«, brüllte er. »He, Taxi!« Er zitterte vor Aufregung. »Wäre ich bloß nicht in die ›Oase‹ gegangen! Nein, ich gehe nirgendwo mehr hin, nirgendwo …«

»Gib mir deine Adresse«, sagte ich.

»Wozu?«

Ein Taxi rollte heran, Buba riss die Tür auf.

»Die Adresse!«, rief ich und packte ihn bei der Schulter.

»Dummkopf«, sagte Buba. »Sonnenstraße elf … Was für ein Dummkopf«, wiederholte er und setzte sich.

»Morgen besuche ich dich«, sagte ich.

Er beachtete mich nicht mehr. »Sonnenstraße!«, schrie er dem Fahrer zu. »Durchs Zentrum! Und möglichst schnell, bitte!«

Wie einfach, dachte ich, als ich dem Wagen nachsah. Wie einfach es doch gewesen ist! Und es stimmte alles überein. Da waren die Wanne und das »Dewon«. Die brüllenden Empfänger, die uns so ärgerten, und die wir nie in Betracht gezogen hatten. Wir hatten sie einfach ausgeschaltet. Ich nahm ein Taxi und fuhr nach Hause.

Vielleicht hat er mich übers Ohr gehauen, um mich abzuschütteln?, dachte ich. Aber das werde ich bald erfahren. Er sieht gar nicht aus wie ein Vertriebsagent. Er ist doch Pek. Nein, ist er nicht. Armer Pek. Du bist nicht Agent, du bist Opfer. Du weißt, wo man das Zeug kaufen kann, aber du bist nichts als ein Opfer. Aufgepasst, ich will Pek nicht verhören, ich will ihn nicht piesacken wie irgendeinen Ganoven. Freilich ist er nicht mehr Pek. Unsinn, was heißt, nicht Pek? Er ist Pek. Und dennoch … Ich muss … Psychowellentechnik. Das Bibberlein ist ja auch Psychowellentechnik. Es hat sich alles zu einfach aufgeklärt, dachte ich. Ich bin noch keine zwei Tage hier. Aber Riemaier lebt seit dem Aufruhr hier. Er wurde damals eingeschleust, hat sich akklimatisiert, und alle waren mit ihm zufrieden. Obwohl er in den letzten Berichten schrieb, dass es hier nichts gebe, was dem, was wir suchen, gleiche. Aber er leidet an nervöser Erschöpfung … und das »Dewon« auf dem Fußboden. Und Oscar. Er hat mich nicht gebeten, ihn in Ruhe zu lassen, sondern mich kurzerhand zu den Fischern geschickt …

Ich begegnete niemandem, weder auf dem Hof noch in der Diele. Es war schon gegen fünf. Ich ging in mein Arbeitszimmer und rief bei Riemaier an. Eine leise Frauenstimme meldete sich.

»Wie geht es dem Kranken?«, fragte ich.

»Er schläft und darf nicht gestört werden.«

»Ich will ihn nicht stören. Geht es ihm besser?«

»Ich habe Ihnen doch gesagt, dass er schläft. Und rufen Sie bitte nicht so oft an. Ihre Anrufe beunruhigen ihn.«

»Bleiben Sie bei ihm?«

»Auf jeden Fall bis zum Morgen. Wenn Sie noch einmal anrufen, schalte ich das Telefon ab!«

»Vielen Dank«, sagte ich. »Bleiben Sie ruhig bis zum Morgen bei ihm. Ich werde Sie nicht mehr behelligen.«

Ich hängte ein. Nachdenklich saß ich eine Weile in dem bequemen, weichen Sessel vor dem großen Tisch. Dann zog ich den Sleg aus der Tasche und legte ihn vor mich hin. Ein unauffälliges glänzendes Röhrchen, harmlos, wie ein gewöhnliches Radiobauelement. Dergleichen lässt sich millionenfach herstellen. Es ist billig und leicht zu transportieren.

»Was haben Sie da?«, fragte Len dicht an meinem Ohr. Er stand neben mir.

»Kennst du das nicht?«, fragte ich.

»Doch, das ist aus einem Empfänger«, sagte er. »In meinem ist auch so ein Ding. Es geht dauernd kaputt.«

Ich holte meinen Empfänger hervor, nahm den Überlagerer heraus und legte ihn neben den Sleg. Der Überlagerer sah wie ein Sleg aus, war aber keiner.

»Nein, das ist doch was anderes«, gab Len zu. »Jedenfalls habe ich so was auch schon gesehen.«

»Was hast du gesehen?«

»So was, was Sie da haben.« Er runzelte plötzlich die Stirn.

»Ist es dir eingefallen?«, fragte ich.

»Nein«, antwortete er finster. »Gar nichts ist mir eingefallen.«

»Na schön«, sagte ich, nahm den Sleg und setzte ihn statt des Überlagerers in den Empfänger ein.

Len ergriff meine Hand. »Tun Sie das nicht«, bat er.

»Warum nicht?«

Er gab keine Antwort. Gespannt blickte er auf den Empfänger.

»Hast du Angst?«, fragte ich.

»Ich habe keine Angst, wie kommen Sie darauf …«

»Schau dich mal im Spiegel an«, sagte ich und steckte den Empfänger in die Tasche. »Du siehst aus, als hättest du Angst um mich.«

»Um Sie?«, wunderte er sich.

»Klar, um mich. Doch wohl nicht um dich … Zwar hast du Angst vor diesen … diesen nekrotischen Erscheinungen …«

Er wandte den Blick ab. »Wie kommen Sie darauf?«, fragte er. »Das ist bloß ein Spiel.«

Ich schnaubte verächtlich. »Solche Spiele kenne ich! Nur eins weiß ich nicht: Wie kann es heutzutage nekrotische Erscheinungen geben?«

Er blickte scheu um sich und wich einen Schritt zurück. »Ich gehe«, sagte er.

»Nicht doch«, hielt ich ihn zurück. »Lass uns zu Ende reden, wo wir schon einmal angefangen haben. Wie Männer. Von diesen nekrotischen Erscheinungen verstehe ich auch einiges, was denkst denn du!«

»Was verstehen Sie davon?« Er war schon an der Tür und sprach sehr leise.

»Mehr als du«, sagte ich streng. »Aber ich denke nicht daran, es so laut auszuposaunen, dass das ganze Haus mithört. Komm her, wenn du reden willst. Ich bin ja schließlich keine nekrotische Erscheinung … Komm her zu mir und setz dich.«

Zögernd schaute er mich von unten herauf an. Alles, was er befürchtete, alles, worauf er hoffte, erschien auf seinem Gesicht und verschwand wieder. Schließlich sagte er:

»Ich mache erst die Tür zu.«

Er lief in den Salon, schloss die Tür zur Diele, kam zurück, schloss die Tür zum Salon und trat langsam näher. Die Hände steckten in den Taschen, sein Gesicht war blass, die abstehenden Ohren rot und kalt.

»Dummkopf«, sagte ich, nachdem ich ihn zu mir gezogen und zwischen meine Knie gestellt hatte. »Es war einmal ein kleiner Junge, der so verschüchtert war, dass seine kleinen Hosen selbst am Strand nicht trockneten, und seine Ohren waren vor Angst so kalt, als legte er sie zur Nacht in den

Kühlschrank. Dieser Junge zitterte andauernd, und er zitterte so heftig, dass er, als er groß war, Korkenzieherbeine hatte und seine Haut aussah wie die eines gerupften Gänserichs.«

Ich hoffte, er werde wenigstens einmal lächeln, doch er hörte nur ernst zu und fragte: »Und wovor fürchtete er sich?«

»Er hatte einen älteren Bruder, der war ein netter Kerl, trank aber gern über den Durst. Und wie das oft so ist: Der betrunkene Bruder hatte überhaupt keine Ähnlichkeit mit dem nüchternen. Er sah dann immer sehr wild aus. Und wenn er besonders viel getrunken hatte, sah er aus wie ein Toter. Und der kleine Junge …«

Len lächelte verächtlich. »Das war aber was zum Fürchten! Es ist genau umgekehrt: Wenn sie getrunken haben, sind sie nett.«

»Wer – sie?«, fragte ich. »Deine Mutter? Wusi?«

»Nun ja. Wenn Mama morgens aufsteht, ist sie immer böse. Dann trinkt sie einen Wermut, noch einen, und dann geht's. Und gegen Abend ist sie die Güte selbst, weil es bald Nacht wird.«

»Und in der Nacht?«

»In der Nacht kommt dieser widerliche Kerl«, sagte Len widerstrebend.

»Der Kerl kann uns egal sein«, sagte ich sachlich. »Du flüchtest ja nicht vor ihm in die Garage!«

»Ich flüchte überhaupt nicht«, widersprach er trotzig. »Das ist bloß so ein Spiel.«

»Ich weiß nicht, ich weiß nicht«, zweifelte ich. »Es gibt natürlich Dinge auf der Welt, vor denen sogar ich Angst habe. Zum Beispiel, wenn ein Junge weint und zittert. Ich kann so etwas nicht sehen, da tut mir das Herz weh. Oder wenn man Zahnschmerzen hat, aber aus bestimmten Gründen lächeln muss – das ist schrecklich, wirklich. Und dann diese Dummheit. Wenn sich zum Beispiel Dummköpfe aus Langeweile oder weil sie der Hafer sticht am Hirn eines lebendigen Äffchens delektieren. Das ist nicht nur schrecklich, das ist abstoßend, umso mehr, als sie nicht selbst daraufgekommen sind. Das haben sich schon vor tausend Jahren – ebenfalls vom Hafer gestochen – dicke Tyrannen im Fernen Osten ausgedacht. Die heutigen Dummköpfe hörten davon und freuten sich. Man muss sie also bedauern und darf keine Angst vor ihnen haben …«

»Bedauern …«, sagte Len. »Sie aber bedauern niemanden und machen, was sie wollen. Ihnen ist alles egal, warum verstehen Sie das nicht … Wenn sie Langeweile haben, dann ist ihnen egal, wem sie den Kopf absägen. Dummköpfe … Bei Tage sind es vielleicht Dummköpfe, Sie verstehen das alles bloß nicht, doch in der Nacht nicht, da sind sie verflucht …«

»Wie das?«

»Von der ganzen Welt sind sie verflucht. Sie finden keine Ruhe und werden sie nicht finden. Aber Sie wissen ja nichts. Was kümmert Sie das. Sie sind gekommen und fahren wieder weg … In der Nacht sind es Lebende, am Tag Tote … Leichen …«

Ich holte ihm ein Glas Wasser aus dem Salon.

Er trank es aus und fragte: »Fahren Sie bald weg?«

»Nein, wo denkst du hin«, sagte ich und gab ihm einen Klaps auf die Schulter. »Ich bin ja gerade erst angekommen.«

»Darf ich bei Ihnen übernachten?«

»Selbstverständlich.«

»Ich hatte mal ein Schloss, um die Tür zu verriegeln, aber das hat sie mir weggenommen. Warum – das sagt sie nicht …«

»Gut«, sagte ich. »Du kannst bei mir im Salon schlafen. Einverstanden?«

»Ja.«

»Schließ dich dort ein und schlaf, solange du willst. Ich werde durchs Fenster ins Schlafzimmer steigen.«

Er hob den Kopf und sah mich unverwandt an. »Meinen Sie, Ihre Türen ließen sich abschließen? Ich weiß Bescheid. Auch Ihre Türen lassen sich nicht abschließen.«

»Eure lassen sich vielleicht nicht abschließen«, sagte ich bewusst abfällig. »Meine aber werden sich abschließen lassen. Das ist höchstens eine halbe Stunde Arbeit.«

Er lachte unangenehm, wie ein Erwachsener. »Sie haben ja selber Angst. Na gut, das sollte ein Scherz sein. Ihre lassen sich also abschließen, und Sie haben keine Angst.«

»Du bist ein ganz großer Dummkopf«, sagte ich. »Ich habe dir doch gesagt, dass ich dergleichen nicht fürchte.« Er blickte mich forschend an. »Und das Schloss im Salon will ich für dich reparieren, damit du ruhig schlafen kannst, wo du nun mal so furchtsam bist. Ich schlafe immer bei offenem Fenster.«

»Ich sagte doch«, entgegnete er, »es war ein Scherz.«

Wir schwiegen eine Weile.

»Len«, begann ich, »was willst du werden, wenn du groß bist?«

»Wieso?«, fragte er überrascht. »Ist das nicht egal?«

»Wieso – egal? Ist es dir gleichgültig, ob du Chemiker wirst oder Barmann?«

»Ich habe Ihnen doch gesagt: Wir sind alle verflucht. Dem Fluch entgeht man nicht. Warum können Sie das nicht verstehen? Das weiß doch jeder.«

»Ach was«, entgegnete ich. »Auch früher gab es verfluchte Völker. Aber dann wurden Kinder geboren, die heranwuchsen und den Fluch aufhoben.«

»Wie?«

»Es würde zu lange dauern, das zu erklären, mein Freund.« Ich stand auf. »Aber ich erzähle es dir bestimmt noch. Nun lauf spielen. Wenigstens am Tag spielst du doch? Na, lauf! Und wenn die Sonne untergeht, kommst du, und ich mache dir dein Bett.«

Er steckte die Hände in die Taschen und schlenderte zur Tür. Dort blieb er stehen und sagte über die Schulter: »Dieses Ding da nehmen Sie lieber aus dem Empfänger heraus. Was meinen Sie wohl, was das ist?«

»Ein Überlagerer«, sagte ich.

»Aber nein. Nehmen Sie es heraus, sonst ergeht es Ihnen schlecht.«

»Warum sollte es mir schlecht ergehen?«, fragte ich.

»Nehmen Sie es heraus«, bat er. »Sie würden nur alle hassen. Jetzt sind Sie noch nicht verflucht, dann würden Sie es sein. Wer hat es Ihnen gegeben? Wusi?«

»Nein.«

Flehend blickte er mich an. »Iwan, nehmen Sie es heraus!«

»Gut«, sagte ich. »Ich nehme es heraus. Lauf spielen. Und hab niemals Angst vor mir, hörst du?«

Wortlos ging er hinaus. Ich blieb im Sessel sitzen, die Arme auf dem Tisch, und bald darauf hörte ich ihn im Fliedergebüsch unter den Fenstern. Er raschelte, trampelte, murmelte etwas und schrie im Selbstgespräch leise auf. »… Bringt die Flaggen und pflanzt sie hier auf, und hier und hier … Da … da … da … Und dann bin ich ins Flugzeug gestiegen und in die Berge geflogen …« Wann mag er schlafen gehen?, dachte ich. Hoffentlich um acht oder wenigstens um neun … Ach, ich hätte das alles gar nicht anfangen sollen, dann würde ich mich jetzt im Badezimmer einschließen, und in zwei Stunden wüsste ich über alles Bescheid, aber nein, ich konnte es ihm nicht abschlagen … Versetz dich mal in seine Lage … Obwohl, das ist keine Methode, ich bin zu nachsichtig gegen seine Ängste, ich hätte überlegen und mir etwas Probateres ausdenken sollen, aber versuch das mal, das ist hier schließlich nicht das Internat von Anjudin … Und wie es nicht das Internat von Anjudin ist, aber was steht mir jetzt bevor, welcher Kreis des Paradieses? Kitzeln darf man mich allerdings nicht, das halte ich nicht aus. Und die Fischer sind vielleicht auch ein Kreis des Paradieses, sicherlich ein Mäzenatentum für Aristokraten des Geistes, während es die Alte Metro für all diejenigen gibt, die ein bisschen einfältig sind, die Intels sind zwar ebenfalls Aristokraten des Geistes, aber die saufen wie die Löcher und sind zu nichts mehr zu gebrauchen, zu viel Hass, zu wenig Liebe, Hass ist leicht zu lernen, Liebe – schwer … Außerdem hat man die Liebe zu sehr strapaziert und begeifert, sie ist passiv, merkwürdigerweise ist sie immer passiv, der Hass dagegen ist aktiv und deshalb so attraktiv. Man sagt auch, dass der Hass von der Natur kommt, die Liebe aber vom Geist, von viel Geist, dennoch wäre es nicht schlecht, mal mit den Intels zu reden, sie sind ja wohl nicht alle Dummköpfe und Hysteriker, womöglich gelänge es, dort den Menschen zu finden … Was ist eigentlich von Natur aus gut am Menschen? Ein Pfund der grauen Substanz, aber auch das ist nicht immer gut … So muss der Mensch stets auf kahler Stelle anfangen, schön wäre es, wenn man soziale Eigenschaften einfach erben würde; dann wäre Len allerdings ein kleiner Generaloberst, nein, lieber nicht, lieber auf kahler Stelle, selbstverständlich würde er vor nichts Angst haben, dafür würde er den anderen Angst machen, die nicht Generaloberst sind …

Ich zuckte zusammen, weil ich auf dem Apfelbaum gegenüber Len sitzen sah. Er starrte mich an und war im nächsten Augenblick verschwunden, die Zweige knackten, und es regnete Äpfel herab. Nie und nimmer glaubt er mir, dachte ich. Niemandem glaubt er. Glaube ich denn jemandem in dieser Stadt? Ich ging alle durch, die mir einfielen. Nein, ich glaubte keinem. Ich nahm den Hörer ab, rief im

»Olympic« an und bat, mich mit Zimmer achthundertsiebzehn zu verbinden.

»Ja, bitte«, sagte Oscars Stimme.

Ich schwieg, die Muschel hatte ich mit den Fingern bedeckt.

»Hallo!«, sagte Oscar ärgerlich. »Das ist schon das zweite Mal«, sagte er zu jemandem. »Hallo! – Aber nein, was soll ich hier für Frauen haben!« Er hängte auf.

Ich nahm einen Band von Minz, legte mich im Salon auf die Liege und las, bis es dämmerte. Ich liebe Minz sehr, aber ich wusste danach überhaupt nicht, was ich gelesen hatte. Lärmend fuhr die Abendschicht vorbei. Waina gab Len zu essen, stopfte ihn mit Milchbrei aus Hafermehl voll. Len bockte, jammerte, doch sie redete ihm freundlich und geduldig zu. Zöllner Peti sagte in Kommandoton, aber durchaus gutmütig: »Man muss essen, man muss essen, wenn die Mama das sagt – man muss essen, basta ...« Zwei den Stimmen nach aufgekratzte junge Männer erschienen, fragten nach Wusi und scherzten mit Waina. Offenbar waren sie betrunken. Es wurde rasch dunkel. Um acht klingelte im Arbeitszimmer das Telefon. Ich lief barfuß hin und nahm den Hörer ab. Niemand meldete sich. Aha, wie man in den Wald hineinruft ... Um zehn nach acht wurde an die Tür geklopft. Ich freute mich, weil ich dachte, es sei Len, doch es war Wusi.

»Warum lassen Sie sich nicht blicken?«, fragte sie empört noch an der Schwelle. Sie trug Shorts, auf denen ein zwinkerndes Gesicht dargestellt war, eine enge, ärmellose Weste, die den Nabel freiließ, und einen langen, durchsichtigen Schal um den Hals. Sie war so frisch und prall wie ein noch nicht ganz reifer Apfel. Zum Reinbeißen.

»Ich warte und warte den ganzen Tag auf ihn, und er liegt hier herum. Tut Ihnen was weh?«

Ich stand auf und schlüpfte in die Schuhe. »Setzen Sie sich, Wusi.« Ich klopfte neben mir auf die Liege.

»Ich setze mich nicht zu Ihnen«, erwiderte sie. »Aha, er liest also. Wenn er mir wenigstens was zu trinken anbieten würde.«

»Da ist die Bar«, sagte ich. »Was macht die sabbernde Kuh?«

»Heute war sie Gott sei Dank nicht da«, antwortete Wusi und sah in die Bar. »Dafür hatte ich die Bürgermeisterin auf dem Hals. Die ist vielleicht blöd! Also, warum liebt sie keiner? Ja, weswegen soll man sie denn lieben? ... Wollen Sie mit Soda? ... Weiße Augen, rote Fresse und ein Hintern wie ein Sofa – der reinste Frosch, wahrhaftig ... Hören Sie, machen wir einen ›Iltis‹. Jetzt trinken alle ›Iltis‹.«

»Ich will nicht machen, was alle machen.«

»Das sehe ich. Alle gehen spazieren, er aber liegt hier herum. Und liest obendrein!«

»Er ist müde«, sagte ich.

»Ach so? Dann kann ich mich ja empfehlen!«

»Ich lasse Sie aber nicht gehen«, entgegnete ich, ergriff sie beim Schal und zog sie neben mich. »Wusi, Mädchen, sind Sie nur Spezialistin für die gute Laune von Damen oder auch ganz allgemein? Können Sie nicht einen einsamen Mann, den keiner liebt, in gute Laune versetzen?«

»Weshalb soll man Sie lieben?« Sie musterte mich. »Rote Augen, Kartoffelnase ...«

»Ein richtiges Krokodil.«

»Ein richtiger Köter. Keine Umarmungen, ich erlaube das nicht. Warum sind Sie nicht zu mir gekommen?«

»Und warum haben Sie mich gestern im Stich gelassen?«

»Prost Mahlzeit, ich hab ihn im Stich gelassen!«

»Allein, in einer fremden Stadt ...«

»Ich hätte ihn im Stich gelassen! Ich habe Sie doch überall gesucht! Und jedem erzählt, Sie wären Tunguse. Aber Sie waren spurlos verschwunden – das war nicht schön von

Ihnen. Nein, das erlaube ich nicht! Wo sind Sie gestern gewesen? Sicherlich haben Sie gefischt? Und heute erzählen Sie wieder nichts.«

»Wieso erzähle ich nichts?«, widersprach ich. Dann erzählte ich ihr von der Alten Metro. Sofort spürte ich, dass die Wahrheit nicht genügte, und erzählte von Menschen mit Metallmasken, von einem unheimlichen Schwur, von einer bluttriefenden Wand, von einem schluchzenden Skelett – allerlei tischte ich ihr auf und ließ sie die Beule hinterm Ohr befühlen. Das alles gefiel ihr sehr.

»Nun kommen Sie endlich«, forderte sie.

»Um keinen Preis«, sagte ich und legte mich hin.

»Was sind das für Manieren? Stehen Sie sofort auf, und dann gehen wir! Mir glaubt nämlich keiner! Sie werden Ihr Horn vorzeigen, und dann ist alles in Ordnung.«

»Und nachher gehen wir zum Bibberlein?«, erkundigte ich mich.

»Ja, ja! Wissen Sie, das soll sogar gut für die Gesundheit sein!«

»Und werden wir Brandy trinken?«

»Brandy, Wermut, ›Iltis‹ und auch Whisky …«

»Genug, genug … Und dann werden wir in einem Auto bei Tempo hundertfünfzig knutschen? … Hören Sie, Wusi, was soll das?«

Sie begriff schließlich und lächelte verwirrt.

»Ist das denn schlecht? Die Fischer gehn doch auch hin.«

»Nein, es ist nicht schlecht«, sagte ich. »Aber was ist gut daran?«

»Weiß ich nicht. Alle machen das. Manchmal ist es sehr lustig. Auch das Bibberlein. Beim Bibberlein erfüllt sich immer alles.«

»Alles?«

»Nun, nicht alles, natürlich. Aber woran man denkt, was man gerade möchte, das erfüllt sich oft. Wie im Traum.«

»Dann sollte man sich vielleicht besser schlafen legen?«

»Na ja!«, sagte sie ärgerlich. »In einem richtigen Traum kommt alles Mögliche vor. Als wüssten Sie das nicht! Doch beim Bibberlein kommt nur das, was man möchte!«

»Und was möchten Sie?«

»Nun ... so allerlei ...«

»Und vor allem? Lassen Sie mich ein Zauberer sein! Und ich sage Ihnen: Denken Sie sich drei Wünsche aus. Beliebige, was Sie wollen. Die märchenhaftesten. Ich werde sie Ihnen erfüllen. Einverstanden?«

Sie überlegte so angestrengt, dass sogar ihre Schultern nach unten sackten. Dann leuchtete ihr Gesicht auf.

»Dass ich niemals alt werde!«, erklärte sie.

»Ausgezeichnet«, sagte ich. »Erstens.«

»Dass ich ...«, begann sie begeistert und verstummte.

Ich liebte es, meinen Bekannten diese Frage zu stellen, und tat es bei jeder Gelegenheit. Einige Male hatte ich sogar meine Kinder Aufsätze zum Thema »Drei Wünsche« schreiben lassen. Und ich fand es immer sehr interessant, dass es von tausend Männern und Frauen, Greisen und Kindern höchstens einer Handvoll, sagen wir zwanzig bis dreißig Leuten, einfiel, nicht nur für sich persönlich oder für ihre Nächsten etwas zu wünschen, sondern auch für die große Welt, für die Menschheit insgesamt. Nein, es war kein Beweis für die Unausrottbarkeit des menschlichen Egoismus, die Wünsche waren auch keineswegs immer egoistisch, und die meisten der Befragten besannen sich später eines anderen, wenn ich ihnen die versäumten Möglichkeiten und die großen menschlichen Probleme vor Augen hielt; dann ärgerten sie sich ehrlich und aufrichtig und warfen mir vor, dass ich sie nicht gleich darauf hingewiesen hatte. Wie dem auch sei, sie alle begannen ihre Antwort ungefähr so: »Dass ich ...« Hier äußerte sich die jahrhundertealte unterbewusste Überzeugung, dass persönliche Wünsche in der großen Welt nichts ändern könnten – gleichgültig, ob man einen Zauberstab hatte oder nicht …

»Dass ich …«, setzte Wusi wieder an. Ich beobachtete sie verstohlen. Sie bemerkte das, lächelte strahlend, winkte ab und sagte: »Also wirklich … Sind Sie ein Quatschkopf!«

»Nein, nein!«, wehrte ich ab. »Auf diese Frage muss man vorbereitet sein. Ein Bekannter von mir stellte jedem diese Frage, später jammerte er: ›Ach, warum bin ich nicht selbst darauf gekommen … So eine Gelegenheit zu verpatzen!‹ Und das war völlig ernst. Ihr erster Wunsch lautet also: niemals alt werden. Und weiter?«

»Was weiter? Ach so, ja, einen hübschen Burschen müsste man haben, dem alle nachlaufen, aber er müsste nur für mich da sein. Immer.«

»Vorzüglich«, sagte ich. »Das wäre Wunsch zwei. Und zum Schluss?«

Ihrer Miene war anzusehen, dass das Spiel sie bereits langweilte und sie gleich mit etwas herausplatzen würde … Und sie platzte mit etwas heraus, dass ich nur so mit den Augen klapperte.

»Ja«, sagte ich. »Selbstverständlich. Aber das geht auch ohne Zauberei.«

»Wie man's nimmt«, entgegnete sie und begann, ihren Gedanken weiterzuentwickeln, wobei sie sich auf die Missgeschicke ihrer Kundinnen stützte. All das war sehr lustig und unterhaltsam für sie, während ich, schmählich um meine Selbstsicherheit gebracht, Brandy mit Zitronensaft trank und verlegen kicherte. Ich fühlte mich wie ein Mauerblümchen. Tja, wäre das in einer Kneipe passiert, hätte ich gewusst, wie ich mich zu verhalten hatte. Also, nein … so was. Nette Sachen trieben sie in den Gute-Laune-Salons. Immer munter drauflos, diese Alten …

»Pfui«, sagte ich schließlich. »Wusi, Sie bringen mich in Verlegenheit. Und außerdem habe ich schon verstanden.

Ohne Zauberei scheint das tatsächlich nicht zu gehen. Gut, dass ich kein Zauberer bin!«

»Jetzt hab ich's Ihnen aber gegeben!«, rief Wusi vergnügt. »Was würden Sie sich denn wünschen?«

Da beschloss ich, ebenfalls ein bisschen zu scherzen. »Ich brauche so etwas nicht«, antwortete ich. »Gar nichts dergleichen. Ich würde eher einen richtig guten Sleg wollen.«

Sie lächelte fröhlich.

»Drei Wünsche brauche ich nicht«, erklärte ich. »Mir genügt einer.«

Sie lächelte immer noch, aber ihr Lächeln wirkte auf einmal verwirrt, dann wurde es schief und schließlich verschwand es. »Was?«, stammelte sie mit weinerlicher Stimme.

»Wusi!«, rief ich und stand auf. »Wusi!«

Es war, als sei sie völlig ratlos. Sie sprang auf, setzte sich, sprang erneut auf. Das Tischchen mit den Flaschen kippte um. Sie hatte Tränen in den Augen und sah aus wie ein Kind, das man unverschämt, grausam und höhnisch betrogen hat. Plötzlich biss sie sich auf die Lippe und schlug mir mit ganzer Kraft ins Gesicht – einmal und noch einmal. Während ich nur zwinkerte, stieß sie, jetzt schon weinend, das Tischchen beiseite und rannte hinaus. Ich saß mit offenem Mund da. Im dunklen Garten jaulte ein Motor auf, Scheinwerfer flammten auf, das Motorengeräusch flog über den Hof, die Straße entlang und verstummte in der Ferne.

Ich betastete mein Gesicht. Netter Scherz! Nie im Leben hatte ich so effektvoll gescherzt. Alter Esel … Da hast du deinen Sleg …

»Darf ich?«, fragte Len. Er stand in der Tür, und er war nicht allein. Neben ihm stand ein mürrischer, kahlgeschorener Junge mit Sommersprossen. »Das ist Rjug«, stellte Len ihn vor. »Kann er auch hier übernachten?«

»Rjug«, sagte ich nachdenklich und strich mir über die Wange. »Rjug, also … Nun ja, natürlich, von mir aus auch zwei Rjugs. Hör mal, Len, warum bist du nicht zehn Minuten eher gekommen?«

»Wusi war doch hier«, erklärte Len. »Wir haben durchs Fenster geguckt und gewartet, bis sie ging.«

»Ach ja?«, sagte ich. »Interessant. Rjug, mein Kleiner, was werden deine Eltern sagen?«

Rjug antwortete nicht. Len sagte: »Er hat keine Eltern.«

»Na dann«, sagte ich und fühlte mich etwas müde. »Werdet ihr euch auch keine Kissenschlacht liefern?«

»Nein«, antwortete Len, ohne zu lächeln. »Wir werden schlafen.«

»In Ordnung«, erwiderte ich. »Während ich euch die Betten mache, räumt ihr hier schnell auf.«

Ich machte ihnen auf der Liege und auf den Sesseln Platz zum Schlafen, und sie zogen sich sofort aus und legten sich hin. Ich schloss die Tür zur Diele ab, löschte das Licht, ging in mein Schlafzimmer hinüber und saß eine Weile am Fenster. Ich hörte, wie sie tuschelten, sich herumwälzten und die Möbel verrückten. Dann waren sie still. Gegen elf Uhr klirrte im Haus splitterndes Glas. Waina stimmte ein Marschlied an, wieder klirrte Glas. Anscheinend war der unermüdliche Peti erneut mit der Nase hineingefallen. Aus der Stadt schallte »Bibberlein – Bibberlein!« herüber, und auf der Straße erbrach sich jemand.

Ich schloss das Fenster und zog die Stores zu. Die Tür zwischen Arbeitszimmer und Schlafzimmer verschloss ich ebenfalls. Dann ging ich ins Badezimmer und ließ heißes Wasser in die Wanne laufen. Ich machte alles nach Vorschrift: stellte den Empfänger auf das kleine Seifenbord, warf ein paar »Dewon«-Tabletten und Kristalle aromatischen Salzes ins Wasser und wollte eben eine Tablette schlucken, als mir einfiel, dass ich mich noch »lockern« musste. Ich wollte die Jungen nicht stören, brauchte ich auch nicht, denn ich fand eine angebrochene Flasche Brandy im Toilettenschränkchen. Ich trank ein paar Schluck aus der Flasche, nahm die Tablette, zog mich nackt aus, stieg in die Wanne und schaltete den Empfänger ein.

11

Den Temperaturregler hatte ich absichtlich nicht eingeschaltet, und als das Wasser kalt wurde, wachte ich auf. Der Empfänger heulte, der Schein des hellen Lichts auf den weißen Wänden stach mir in die Augen. Ich fror entsetzlich und hatte Gänsehaut. Nachdem ich den Empfänger ausgeknipst hatte, drehte ich den Heißwasserhahn auf und genoss die zunehmende Wärme und die sehr seltsame, gänzlich neue Empfindung vollständiger, geradezu kosmischer Leere. Den erwarteten Katzenjammer hatte ich nicht. Ich fühlte mich einfach wohl. Und mir kamen viele Erinnerungen. Es ließ sich sehr gut denken, wie nach einer langen Erholung in den Bergen …

Mitte des vergangenen Jahrhunderts hatten sich Olds und Milner mit Experimenten zur Gehirnstimulation beschäftigt und weißen Ratten Elektroden ins Gehirn gepflanzt. Ihre Technik und ihre Methodologie waren barbarisch, aber sie machten im Rattengehirn die Glückszentren ausfindig und erreichten, dass die Tiere stundenlang den kleinen Hebel drückten, der den Strom durch die Elektroden leitete, wobei sie bis zu achttausend Selbstreizungen in der Stunde hervorriefen. Die Ratten benötigten nichts Reales. Außer von dem Hebel wollten sie von nichts etwas wissen. Sie ignorierten nicht nur Nahrung, Wasser und Gefahr, sondern auch Weibchen, und nichts in der Welt interessierte sie – außer dem Stimulatorhebel. Später wurden die Versuche an Affen vorgenommen und ergaben die gleichen Resultate. Es ging das Gerücht um, jemand habe derartige Experimente auch an Verbrechern angestellt, die zum Tode verurteilt gewesen seien …

Es war eine schwere Zeit damals für die Menschheit, eine Zeit des Kampfes gegen die atomare Vernichtung, eine Zeit ununterbrochener kleiner Kriege auf dem gesamten Erdball, eine Zeit, in der die Mehrheit der Menschen hungerte. Aber selbst damals schrieb der englische Schriftsteller und Kritiker Kingsley Amis, als er von den Versuchen mit den Ratten erfuhr: »Ich kann nicht behaupten, dass mich das mehr ängstigt als irgend eine Krise um Berlin oder Taiwan; es sollte mich aber, wie ich meine, stärker ängstigen.« Er fürchtete die Zukunft, dieser scharfzüngige, geistreiche Verfasser der »Neuen Karten der Hölle«, und insbesondere sah er voraus, dass es möglich sein werde, das Gehirn zu stimulieren, um ein illusorisches Dasein zu schaffen, das ebenso prägnant oder noch prägnanter wäre als das reale.

Ende des Jahrhunderts, als sich die ersten Triumphe der Psychowellentechnik abzeichneten und sich die psychiatrischen Kliniken zu leeren begannen, klang im Chor des Begeisterungsgeschreis der wissenschaftlichen Kommentatoren die kleine Broschüre von Krinizki und Milowanowitsch wie eine störende Dissonanz. In ihrem kurzen Schlusskapitel schrieben die beiden sowjetischen Pädagogen ungefähr dies: In den meisten Ländern der Welt wird die junge Generation auf dem Niveau des 18. und 19. Jahrhunderts erzogen. Dieses althergebrachte Erziehungssystem hatte und hat zum Ziel, für die Gesellschaft qualifizierte, aber verdummte Teilnehmer am Produktionsprozess auszubilden. An allen anderen Fähigkeiten des menschlichen Gehirns ist dieses System nicht interessiert, und deshalb bleibt der Mensch außerhalb des Produktionsprozesses psychologisch vorwiegend ein Höhlenmensch bzw. ein ›unerzogener

Mensch‹. Die Nichtausnutzung dieser Fähigkeiten hat das Unvermögen des Individuums zum Ergebnis, unsere komplizierte Welt in all ihren Widersprüchen zu erkennen, das Unvermögen, psychologisch unvereinbare Begriffe und Erscheinungen zu verknüpfen, sowie das Unvermögen, Vergnügen an der Untersuchung von Kausalitäten und Gesetzmäßigkeiten zu haben, sofern sie nicht die unmittelbare Befriedigung der primitivsten sozialen Instinkte berühren. Anders ausgedrückt, ist dieses Erziehungssystem praktisch nicht in der Lage, im Menschen Eigenschaften zu wecken wie eine klare Vorstellungskraft, Fantasie und – als Folge davon – Humorgefühl. Der ›unerzogene Mensch‹ fasst die Welt als einen dem Wesen nach trivialen, schematischen und traditionell einfachen Prozess auf, aus dem man nur um den Preis großer Anstrengungen Vergnügen ziehen kann, wobei aber auch das letztlich schematisch und traditionell ist. Die nicht genutzten Fähigkeiten bleiben jedoch allem Anschein nach eine verborgene Realität des menschlichen Gehirns. Die Aufgabe der wissenschaftlichen Pädagogik besteht nun gerade darin, diese Fähigkeiten zu stimulieren, dem Menschen Fantasie näherzubringen und die Vielfalt und Verschiedenartigkeit der potenziellen Kausalitäten der menschlichen Psyche in qualitative und quantitative Übereinstimmung mit der Vielfalt und Verschiedenartigkeit der Kausalitäten der realen Welt zu bringen. Diese Aufgabe soll bekanntlich die Hauptaufgabe der Menschheit für die nächste Epoche werden. Aber vorläufig ist sie nicht gelöst; es bestehen Gründe zu der Annahme und die Befürchtung, dass die Erfolge der Psychotechnik zu Methoden der Wellenstimulation des Gehirns führen, die dem Menschen ein illusorisches Dasein schenken, das in Prägnanz und Abwechslung das reale Dasein übertrifft. Wir erinnern uns, dass die Fantasie dem Menschen erlaubt, einerseits ein vernunftbegabtes Wesen und andererseits ein genießendes Tier zu sein. Wenn man dieser Tatsache hinzufügt, dass das psychische Material zur Schaffung eines herrlichen illusorischen Daseins beim ›unerzogenen Menschen‹ von den dunkelsten, ursprünglichsten Reflexen geliefert wird, fällt es nicht schwer sich vorzustellen, wie unheimlich verführerisch solche Möglichkeiten sind …

Na bitte – der Sleg.

Jetzt ist klar, warum sie das Wort »Sleg« an die Zäune schreiben.

Jetzt ist alles klar. Schlimm, dass es mir klar ist. Besser wäre es, ich verstünde nichts, besser wäre es, ich kletterte nach dem Aufwachen mit einem Schulterzucken aus der Wanne. Hätten es auch Strogow, Einstein und Petrarca verstanden? Die Fantasie ist eine kostbare Sache, doch man darf sie nicht nach innen lenken. Nur nach außen. Da hat ein Lump einen äußerst schmackhaften Wurm an der Angel ins stille Wasser geworfen! Und wie gut die Zeit gewählt ist … Ja, wenn ich Wells' Marsmenschen befehligte, brauchte ich mich nicht mit dreibeinigen Kampfmaschinen, Hitzstrahl und sonstigem Unsinn zu befassen. Das illusorische Dasein … Nein, das ist keine Droge, wirklich nicht. Es ist genau das, was sein soll – hier, jetzt. Jeder Zeit das Ihre. Mohnkörner und Hanf, Reich der wonnevollen dunklen Schatten und der Ruhe – für die Bettler, die Ausgehungerten, die Eingeschüchterten … Doch hier braucht niemand Ruhe, hier wird niemand unterdrückt oder stirbt vor Hunger, hier ist es einfach langweilig. Man ist satt, man hat es warm, man ist betrunken, und man langweilt sich. Die Welt ist keineswegs schlecht, nein, sie ist langweilig. Eine Welt ohne Perspektiven, eine Welt ohne Verheißungen … Aber er ist doch keine Karausche, sagt er, er ist trotz allem ein Mensch. Ja, das ist kein Reich der Schatten, es ist das Dasein, das wirkliche, echte Dasein, ohne Abstriche, ohne Traumgewirr. Der Sleg rückt gegen diese Welt an, und die Welt wird nicht abgeneigt sein, sich ihm zu unterwerfen.

Für den Bruchteil eines Augenblicks spürte ich, dass ich gestorben war. Und ich fand es gemütlich, gestorben zu sein … Zum Glück wurde ich wütend. Plätschernd und spritzend stieg ich aus der Wanne, schimpfte und schürte die Wut in mir, zog, obwohl ich nass war, Unterhose und Hemd an und griff nach der Uhr. Es war drei Uhr – aber das konnte drei Uhr nachmittags sein oder auch drei Uhr nachts oder drei Uhr hundert Jahre später. Dummkopf, dachte ich, während ich mir die Hose überstreifte. Hast dich breitschlagen und Buba gehen lassen, dabei war er drauf und dran, dir die Adresse dieser Spelunke zu geben. Die Einsatzgruppe wäre schon da, und wir hätten dieses ganze verfluchte Nest überrumpelt. Dieses Wanzennest. Diese widerliche Kloake … Da ging mir wie ein Lichtfleck ein ruhiger Gedanke durch den Sinn. Doch ich erhaschte ihn nicht.

In der Hausapotheke fand ich »Potomak« – das stärkste stimulierende Mittel, das dort vorhanden war. Ich wandte mich zum Salon, aber da schliefen die Jungs, daher kletterte ich durch das Fenster. Die Stadt amüsierte sich, wie konnte es anders sein: In der Vorortstraße lungerten unter den Laternen lauthals lachende Jugendliche, in den vom Licht überfluteten Straßen flanierten Grüppchen lärmender Menschen. Man grölte Lieder, brüllte »Bibberlein!« und zertrümmerte Gläser. Ich hielt ein Taxi ohne Fahrer an, fand den Index der Sonnenstraße und gab sie ins Steuerpult ein. Der Wagen kurvte durch die Stadt. In der Kabine stank es sauer, zu meinen Füßen kollerten Flaschen. Auf einer Kreuzung wäre ich beinahe in einen Reigen heulender Menschen gefahren, auf einer anderen brannten und erloschen rhythmisch bunte Lichter – offenbar ließ sich Bibberlein nicht nur auf dem Platz veranstalten. Die Leute spannten aus, hemmungslos – all die gütigen Beichtväter aus den

Gute-Laune-Salons, die höflichen Zöllner, die kunstfertigen Friseure, die zärtlichen Mütter und mutigen Väter, die unschuldigen Jünglinge und Mädchen. Alle hatten ihr Gesicht bei Tage mit dem der Nacht vertauscht, alle gaben sich Mühe, vergnügt zu sein und an nichts zu denken. Ich bremste. An derselben Stelle. Mir war sogar, als rieche es brandig.

... Pek schoss mit der »Donnerbüchse« einen Schützenpanzerwagen kampfunfähig. Der Panzerwagen drehte sich auf einer Gleiskette und kippte auf einen Haufen zertrümmerter Ziegel. Sogleich sprangen zwei Faschisten in offenen Tarnhemden heraus, schleuderten jeder eine Handgranate auf uns und rannten in den Schatten. Sie handelten schnell und geschickt, und es war klar, dass sie keine Rotzbengel des Königlichen Gymnasiums und keine Kriminellen aus der Goldenen Brigade waren, sondern richtige, ausgekochte Panzeroffiziere. Doch Robert streckte sie aus nächster Nähe mit einer MG-Garbe nieder. Der Schützenpanzer war mit Kisten voller Bierkonserven beladen. Wir erinnerten uns plötzlich, dass wir schon seit zwei Tagen schrecklichen Durst hatten. Iowa Smith kletterte auf die Ladefläche und reichte uns die Büchsen herunter. Pek öffnete sie mit dem Messer. Robert, der das MG an die Bordwand gelehnt hatte, trieb mit einem Schlag gegen einen spitzen Vorsprung an der Panzerung Löcher in die Büchsen. Der Lehrer verhedderte sich in den Riemen der »Donnerbüchse«, als er den Kneifer zurechtrückte, und murmelte: »Warten Sie, Smith, Sie sehen doch, dass ich keine Hand frei habe ...« Am Ende der Straße stand ein fünfstöckiger Bau in Flammen, es roch intensiv nach Brand und heißem Metall, gierig schluckten wir das warme Bier, wir waren schweißnass von der Hitze, die toten Offiziere lagen auf den zerschmetterten Ziegeln, die Beine in den kurzen schwarzen Hosen ausgestreckt; ihre tarnfarbenen Hemden waren bis zum Nacken hochgerutscht, und die Rücken glänzten immer noch vom Schweiß. »Das sind Offiziere«, sagte der Lehrer. »Gott sei Dank. Ich kann die toten Jüngelchen schon nicht mehr sehen. Verfluchte Politik, ihretwegen vergessen die Menschen den lieben Gott.« – »Was für einen Gott?«, fragte Iowa Smith von der Ladefläche. »Das höre ich zum ersten Mal.« – »Damit scherzt man nicht, Smith«, sagte der Lehrer. »All das wird bald zu Ende sein, und zukünftig wird niemandem mehr erlaubt sein, die Seelen der Menschen mit Eitlem und Vergänglichem zu vergiften.« – »Aber wie werden sie sich dann vermehren?«, fragte Iowa Smith. Er bückte sich wieder nach dem Bier, und wir sahen die Brandlöcher in seiner Hose. »Ich rede von der Politik«, erklärte der Lehrer kurz. »Die Faschisten müssen vernichtet werden, sie sind Bestien, aber das genügt nicht. Es gibt noch viele andere politische Parteien, und für sie und ihre Propaganda ist kein Platz in unserem Land.« Der Lehrer kam aus dieser Stadt und wohnte zwei Viertel von unserem Posten entfernt. »Sozialanarchisten, Technokraten, Kommunisten, natürlich ...« – »Ich bin Kommunist«, erklärte Iowa Smith. »Jedenfalls meinen Überzeugungen nach. Und ich bin für die Kommune.« Der Lehrer blickte ihn verwirrt an. »Und ich bin Atheist«, fügte Iowa Smith hinzu. »Einen Gott gibt es nicht, Lehrer, tut mir leid.« Und da erklärten wir alle, dass wir Atheisten seien, und Pek sagte, dass er außerdem für die Technokratie sei, während Robert mitteilte, sein Vater sei Sozialanarchist, und auch sein Großvater sei Sozialanarchist gewesen, und er, Robert, werde wohl nicht umhinkönnen, es ebenfalls zu werden, obgleich er gar nicht genau wisse, was das sei. »Wenn das Bier eiskalt wäre, würde ich mit Vergnügen an Gott glauben«, sagte Pek nachdenklich. Der Lehrer lächelte betreten und putzte sich den Kneifer. Er war ein guter Mensch, wir machten uns immer lustig über ihn, und er war niemals beleidigt. Gleich in der ersten Nacht hatte ich bemerkt, dass er nicht sonderlich tapfer war, aber ohne Befehl wich er nicht zurück. Während wir alle noch witzelten und quatschten, donnerte und krachte es plötzlich, und die Wand des brennenden Hauses stürzte ein. Aus dem wirbelnden Feuer, aus einer Wolke von Funken und Rauch schwamm, etwa einen Meter über dem Boden, ein Sturmpanzer heraus, ein »Mammut«, direkt auf unsere Straße. So etwas Schreckliches hatten wir noch nicht gesehen. Als er sich mitten auf dem Fahrdamm befand, schwenkte er den Werfer, als blicke er um sich, setzte das Luftkissen aus und rückte polternd und knirschend in unsere Richtung vor. Ich kam erst wieder in einem Torbogen zu mir. Der Panzer war bereits nah herangerückt, und zunächst konnte ich keinen von unseren Leuten entdecken. Dann richtete sich oben auf dem Schützenpanzerwagen Iowa Smith auf, hielt die »Donnerbüchse« vor sich und zielte – das Verschlussstück gegen den Bauch gestemmt. Ich sah, wie er durch den Rückstoß in der Körpermitte einknickte und wie über die schwarze Stirn des Panzers ein Feuerstrich prasselte; dann war die Straße von flammendem Tosen erfüllt … Als ich mühsam die versengten Lider öffnete, war Rauch ringsum, und nur der Panzer war zu sehen. Weder den Schützenpanzerwagen noch den Ziegelhaufen noch den schiefen Kiosk am Nachbarhaus sah ich, nur der Panzer stand noch dort, wo er gestanden hatte. Er schien nun erwacht zu sein und spie Kaskaden von Feuer. Vor meinen Augen hörte die Straße auf, eine Straße zu sein, und verwandelte sich in einen Platz. Pek schlug mich heftig ins Genick, und dicht vor mir sah ich seine glasigen Augen. Wir hatten keine Zeit mehr, zum Schützengraben zu laufen und die Ladeschale zu wenden. Zu zweit packten wir eine Granate und rannten dem Panzer entgegen. Ich erinnere mich nur noch, wie ich unablässig auf Peks Hinterkopf blickte und keuchend meine Schritte zählte. Plötzlich flog Peks Helm weg, und er stürzte; um ein Haar hätte ich die schwere Granate losgelassen und wäre auf ihn gefallen. Den Panzer jagten dann Robert und der Lehrer in die Luft. Ich weiß nicht, wie und wann sie das taten – wahrscheinlich waren sie mit einer anderen Granate hinter uns hergelaufen. Ich saß bis zum Morgen mitten auf dem Fahrdamm, hielt Peks verbundenen Kopf auf dem Schoß und starrte auf die riesigen Gleisketten des Panzers, die aus dem Asphaltsee ragten. Am selben Morgen war alles zu Ende. Sun Padana ergab sich mit seinem Stab und wurde, bereits gefangen genommen, von einer wahnsinnigen Frau auf der Straße erschossen …

Und genau hier war diese Stelle. Ich glaubte, Brand und glühendes Metall zu riechen, an der Ecke stand der Kiosk, und er war sogar ein wenig schief – im Stil der neuen Architektur. Der Teil der Straße, den der Panzer in einen Platz verwandelt hatte, war ein Platz geblieben, eine Grünanlage hatte den Asphaltsee ersetzt; dort bezog gerade jemand Prügel. Iowa Smith war Meliorationsingenieur aus Iowa, Vereinigte Staaten, gewesen, Robert Swieticki Filmregisseur aus Krakow, Polen, der Lehrer ein Lehrer aus dieser Stadt. Niemand hatte sie je wiedergesehen, nicht einmal tot. Doch Pek war Pek, jetzt Buba. Ich schaltete den Motor ein.

Buba wohnte in genauso einer Villa wie ich. Die Haustür stand weit offen. Niemand meldete sich, als ich klopfte, niemand kam mir entgegen. Ich trat in die dunkle Diele. Das Licht ging nicht an. Die Tür zur rechten Seite war abgeschlossen, und ich öffnete die linke. Im Salon schlief auf einer zerfetzten Liege ein bärtiger Mann. Er trug keine Hose, nur eine Jacke. Jemandes Beine ragten unter dem umgekippten Tisch hervor. Es roch nach Kognak, Tabakrauch und etwas Süßem, wie neulich aus Wainas Salon. An der Tür zum Arbeitszimmer stieß ich mit einer Frau zusammen; sie war schön, üppig und wunderte sich kein bisschen, als sie mich sah.

»Guten Abend«, grüßte ich. »Verzeihen Sie, wohnt Buba hier?«

»Ja«, antwortete sie, während sie mich mit ihren glänzenden Augen musterte.

»Darf ich zu ihm?«

»Warum nicht? So lange Sie wollen.«

»Wo ist er?«

»Na, Sie sind mir einer!« Sie lachte. »Wo kann Buba wohl sein?«

Ich vermutete, wo, sagte aber: »Ich weiß es nicht. Vielleicht im Schlafzimmer?«

»Warm«, sagte sie.

»Wieso warm?«

»So ein Esel, und noch nüchtern. Willst du was trinken?«

»Nein«, sagte ich ärgerlich. »Wo ist Buba? Ich suche ihn dringend.«

»Schlimm, schlimm«, sagte sie fröhlich. »Na dann such ihn, such, ich gehe.«

Sie tätschelte meine Wange und entfernte sich.

Im Arbeitszimmer war niemand. Auf dem Tisch stand eine große Kristallvase mit rötlichem Zeug, das so widerlich süß roch, dass mir übel wurde. Im Schlafzimmer war ebenfalls niemand, das Bettzeug war zerwühlt. Auf die Badezimmertür war offensichtlich geschossen worden – von innen, den Durchschüssen nach zu urteilen. Ich zögerte kurz, dann drückte ich die Klinke herunter. Die Tür war verschlossen.

Nur mit Mühe öffnete ich sie. Buba lag in der Wanne, bis zum Hals in grünlichem dampfendem Wasser. Auf dem Wannenrand krächzte und heulte der Empfänger. Ich stand da und blickte Buba an, den ehemaligen Forschungskosmonauten Pek Senai. Den ehemaligen schlanken, muskulösen jungen Mann, der mit achtzehn Jahren seine schöne warme Stadt am warmen Meer verlassen hatte, um zum Ruhm der Menschheit in den Kosmos zu fliegen, und mit dreißig Jahren in die Heimat zurückkehrte, um gegen die letzten Faschisten zu kämpfen. Dann blieb er für immer. Der Gedanke, vor knapp einer Stunde dasselbe getan zu haben wie er, war mir unangenehm. Ich berührte sein Gesicht, zog ihn an den spärlichen feuchten Haaren. Er regte sich nicht. Da beugte ich mich über ihn, um ihn »Potomak« schnuppern zu lassen, und begriff plötzlich, dass er tot war.

Ich warf den Empfänger auf den Fußboden und zerstampfte ihn mit dem Absatz. Eine Pistole lag da. Aber Pek hatte sich nicht erschossen, wahrscheinlich hatte man ihn gestört, und er hatte auf die Tür gefeuert, damit man ihn in Ruhe ließe. Ich tauchte die Hände in das heiße Wasser, hob ihn heraus und trug ihn ins Schlafzimmer auf das Bett. Dort lag er, schlaff, und mit den tief eingesunkenen Augen schrecklich anzusehen. Wäre er nicht mein Freund gewesen … Wäre er nicht ein so wunderbarer Mensch gewesen, ein so wunderbarer Mitstreiter …

Telefonisch rief ich die »Erste Hilfe« und setzte mich neben Pek. Ich bemühte mich, nicht an ihn, sondern an die Sache zu denken, und hart und kalt zu sein, weil mir wieder ein kleiner Lichtfleck durch den Sinn glitt, und diesmal erfasste ich, was es für ein Gedanke war. Als der Arzt kam, wusste ich, was ich zu tun hatte. Ich würde El aufsuchen und ihm jede beliebige Summe zahlen. Vielleicht würde ich ihn schlagen. Notfalls würde ich ihn foltern. Er würde mir sagen, woher diese Seuche auf die Welt gekrochen kam. Er würde mir Adresse und Namen nennen. Er würde mir alles sagen. Und wir würden diese Leute aufspüren. Wir würden ihre geheimen Werkstätten zertrümmern und verbrennen, und die Leute so weit fortschaffen, dass sie nie mehr zurückkehrten. Wer sie auch waren – wir würden sie alle fangen, alle, die irgendwann einmal einen Sleg genommen hatten, und sie isolieren. Wer sie auch waren. Dann würde ich verlangen, dass man auch mich isolierte, weil ich wusste, was Sleg ist. Weil ich begriffen hatte, was das für eine Idee war, weil ich sozial gefährlich war, wie sie alle. Und das wäre nur der Anfang, der allererste Schritt. Das Entscheidende stünde noch bevor: sicherzustellen, dass nie wieder ein Mensch erfahren wollte, was Sleg war. Gewiss würde das roh sein. Gewiss würden viele sagen, es sei zu roh, zu hart, zu dumm, aber wir mussten es tun, wenn wir wollten, dass die Menschheit nicht stagnierte.

Der Arzt, ein grauhaariger alter Mann, stellte die weiße Reisetasche ab, beugte sich über Buba, untersuchte ihn und sagte gleichgültig: »Hoffnungslos.«

»Rufen Sie die Polizei«, verlangte ich.

Langsam verstaute er die Instrumente. »Dazu besteht keine Notwendigkeit«, sagte er. »Der Tatbestand eines Verbrechens liegt nicht vor. Ein Neurostimulator …«

»Ja, ich weiß.«

»Na bitte. Der zweite Fall in dieser Nacht. Sie kennen kein Maß.«

»Geht das schon lange so?«

»Nein … Seit ein paar Monaten erst.«

»Warum schweigen Sie dann, zum Teufel?«

»Schweigen? Ich verstehe nicht. Das ist bei mir der sechste Anruf in dieser Nacht, junger Mann. Der zweite Fall von nervöser Erschöpfung, vier Fälle von Säuferwahn. Sind Sie mit ihm verwandt?«

»Nein.«

»Na, macht nichts. Ich schicke Leute.« Er stand ein Weilchen da und blickte auf Pek. »Treten Sie einem Chor bei«, sagte er. »Schreiben Sie sich bei der ›Liga der reuigen Dirnen‹ ein …«

Er murmelte im Weggehen noch etwas, dieser gleichgültige, gebeugte alte Mann. Ich breitete ein Laken über Pek, zog die Stores zu und ging in den Salon. Die Betrunkenen schnarchten abscheulich und verbreiteten Fuselgestank. Ich packte sie bei den Beinen, schleifte sie auf den Hof und warf sie in die Pfütze beim Springbrunnen. Wieder dämmerte ein Morgen, und die Sterne erloschen am fahlen Himmel. Ich stieg in ein Taxi und wählte den Index der Alten Metro.

Dort wimmelte es von Menschen. In der Anmeldung war kein Durchkommen, dabei füllten, schien mir, nur zwei oder drei Personen Formulare aus, während die übrigen zusahen, die Hälse gierig gereckt. Weder der Rundköpfige noch El waren hinter der Barriere, und niemand wusste, wie man sie finden konnte. Unten, in den Durchgängen und Tunneln, drängelten und schrien betrunkene, halb wahnsinnige Männer und hysterische Frauen. Bald gedämpft, bald deutlich waren Schüsse zu hören, zitterte der Beton unter den Füßen von Explosionen, stank es nach Brandy, Pulver, Schweiß, Benzin, Parfüm und Wodka. Beifall klatschende, kreischende Mädchen stürmten auf einen bluttriefenden Burschen mit bleichem triumphierendem Gesicht zu, irgendwo brüllten beängstigend wilde Tiere. In den Sälen tobte das Publikum vor den riesigen Bildschirmen, auf denen jemand mit verbundenen Augen aus einer MP feuerte, den Kolben an den Bauch gedrückt, ein anderer bis an die Brust in schwarzer dicker Flüssigkeit saß, ganz blau, und dabei eine dicke knisternde Zigarre rauchte; ein dritter hing in einem Spinnennetz mit straff gespannten Fäden, das Gesicht vor Anstrengung verzerrt und versteinert.

Dann machte ich mich auf die Suche nach El. Vor einem schmutzigen, mit Sandsäcken abgesperrten Raum entdeckte ich den Rundköpfigen. Regungslos stand er in der Tür, rußbeschmiert; er roch nach verbranntem Pulver, und seine Pupillen waren stark vergrößert. Alle fünf Sekunden bückte er sich und putzte sich die Knie ab. Er hörte mich nicht, und ich musste ihn heftig schütteln, damit er mich beachtete.

»El gibt's nicht mehr!«, schrie er. »Aus, verstehst du? Bloß noch Rauch, klar? Zwanzig Kilovolt, hundert Ampere, klar? Der Sprung war nicht weit genug!«

Er stieß mich beiseite, drehte sich um und machte einen Satz über die Sandsäcke in den schmutzigen Raum, wo er sich zwischen den Neugierigen hindurch zu einer niedrigen Eisentür durcharbeitete.

»Aufmachen!«, winselte er. »Los, ich bin's wieder! Aller guten Dinge sind drei …«

Die Tür schlug hallend hinter ihm zu, und die Leute schreckten zurück, stolperten und fielen hin. Ich wartete nicht, bis er wieder herauskam. Oder nicht herauskam. Ich brauchte ihn nicht mehr. Blieb nur noch Riemaier. Blieb auch noch Wusi, aber auf sie verließ ich mich nicht. Also nur Riemaier. Ich würde ihn nicht wecken, ich würde vor der Tür auf ihn warten.

Die Sonne war schon aufgegangen, die besudelten Straßen waren leer. Aus unterirdischen Standplätzen kamen Reinigungskyber und machten sich an die Arbeit. Sie kannten nur die Arbeit, sie hatten keine Fähigkeiten, die es zu entwickeln lohnte, dafür hatten sie auch keine angeborenen Reflexe. Am »Olympic« musste ich warten: Vor mir zog eine lange Kolonne vorbei von rot und grün angemalten Menschen sowie Menschen in qualmenden Schuppenpanzern; mit schleppenden Schritten zogen sie von einer Straße in die nächste und hinterließen einen Geruch nach Schweiß und Farbe. Ich wartete, bis sie vorüber waren. Die Sonne beschien schon den Hotelkoloss und blitzte fröhlich auf das Metallgesicht Wladimir Sergejewitsch Jurkowskis, der wie schon zu Lebzeiten über alle hinwegblickte. Dann war die Kolonne vorüber, und ich ging ins Hotel. Der Empfangschef schlummerte in seiner Loge. Er wachte auf, lächelte devot und fragte mit frischer Stimme: »Wünschen Sie ein Zimmer?«

»Nein«, sagte ich. »Ich möchte Riemaier besuchen.«

»Riemaier? Verzeihen Sie … Zimmer neunhundertzwei?«

Ich blieb stehen. »Ja, ich glaube. Wieso?«

»Ich bitte um Verzeihung, aber Riemaier ist nicht da.«

»Nicht da?«

»Er ist weggefahren.«

»Das kann nicht sein, er ist krank. Irren Sie sich nicht? Zimmer neunhundertzwei.«

»Völlig richtig, neunhundertzwei. Riemaier. Unser ständiger Gast. Vor anderthalb Stunden ist er weggefahren. Genauer, abgeflogen. Freunde haben ihm geholfen herunterzukommen und in den Hubschrauber zu steigen.«

»Was für Freunde?«, fragte ich hoffnungslos.

»Habe ich Freunde gesagt? Ich bitte um Verzeihung, vielleicht waren es auch Bekannte. Es waren drei, zwei davon kannte ich nicht. Es waren junge, sportlich aussehende Männer. Mr. Pablebridge hingegen kenne ich, er ist unser ständiger Gast, hat sich aber bereits abgemeldet.«

»Pablebridge?«

»Jawohl. In der letzten Zeit traf er sich oft mit Herrn Riemaier, woraus ich schließe, dass sie gute Bekannte sind. Er hatte Zimmer achthundertsiebzehn. Ein stattlicher Mann, nicht mehr ganz jung, mit rötlichen Haaren …«

»Oscar.«

»Richtig. Oscar Pablebridge.«

»Klar«, sagte ich und gab mir Mühe, mich zu beherrschen. »Sie meinen also, man habe ihm geholfen?«

»Ja. Denn er war sehr krank, gestern musste sogar ein Arzt gerufen werden. Er war schrecklich schwach, die jungen Leute hatten ihn untergefasst und trugen ihn beinah.«

»Und die Pflegerin? Er hatte eine Pflegerin.«

»Hatte er. Sie ist gleich nach ihnen weggegangen. Man hatte sie entlassen.«

»Wie heißen Sie?«, fragte ich.

»Wail, zu Ihren Diensten.«

»Hören Sie, Wail«, sagte ich. »Hatten Sie vielleicht den Eindruck, dass Riemaier gewaltsam weggeschafft wurde?«

Ich ließ ihn nicht aus den Augen. Verwirrt zwinkerte er.

»N-nein«, antwortete er. »Aber jetzt, wo Sie das sagen ...«

»Gut«, unterbrach ich ihn. »Geben Sie mir den Schlüssel zu seinem Zimmer, und kommen Sie mit!«

Empfangschefs sind in der Regel gewitzt. Jedenfalls haben sie für bestimmte Dinge eine Nase. Offensichtlich hatte er erraten, wer ich war, vielleicht sogar – woher ich war. Ich rief den Portier, flüsterte ihm etwas zu, und wir fuhren mit dem Lift ins achte Stockwerk.

»In welcher Währung hat er bezahlt?«, fragte ich.

»Wer? Pablebridge?«

»Ja.«

»Ich glaube ... Ja, in Mark. Deutscher Mark.«

»Und wann kam er zu Ihnen?«

»Augenblick ... Ich überlege ... Sechzehn Mark ... Genau vor vier Tagen.«

»Wusste er, dass Riemaier bei Ihnen wohnt?«

»Verzeihung, das entzieht sich meiner Kenntnis. Aber vorgestern haben sie zusammen Mittag gegessen. Und gestern unterhielten sie sich lange im Vestibül. Früh am Morgen, als noch niemand schlief.«

Riemaiers Zimmer war ungewöhnlich sauber und aufgeräumt. Ich sah mich um. Im Wandschrank standen Koffer. Das Bett war nicht gemacht, wies aber keinerlei Kampfspuren auf. Das Badezimmer war ebenfalls sauber und aufgeräumt. Auf der Konsole lagen »Dewon«-Schachteln.

»Was meinen Sie, soll ich die Polizei rufen?«, fragte der Empfangschef.

»Ich weiß nicht«, antwortete ich. »Beraten Sie sich mit der Administration.«

»Verstehen Sie, ich fange wieder an zu zweifeln. Zwar hat er sich nicht von mir verabschiedet, aber das Ganze sah völlig harmlos aus. Er hätte mir ja ein Zeichen geben können, ich hätte ihn verstanden, wir kennen uns schon lange. Doch er bat Mr. Pablebridge nur: ›Den Empfänger, vergessen Sie den Empfänger nicht …‹«

Der Empfänger lag unter dem Spiegel, von einem achtlos hingeworfenen Handtuch verdeckt.

»Ja?«, sagte ich. »Und was antwortete Mr. Pablebridge?«

»Mr. Pablebridge beruhigte ihn mit den Worten: ›Unbedingt, unbedingt, seien Sie unbesorgt …‹«

Ich nahm den Empfänger und setzte mich im Zimmer an den Schreibtisch. Der Empfangschef blickte bald auf mich, bald auf den Empfänger. So, dachte ich, jetzt ist ihm klar, weshalb ich gekommen bin. Ich schaltete den Empfänger ein. Er krächzte und heulte. Sie wissen alle vom Sleg. Ich brauche weder El noch Riemaier, ich kann jeden Beliebigen nehmen, den Erstbesten, der mir begegnet. Diesen Empfangschef zum Beispiel. Meinetwegen gleich. Ich knipste den Empfänger aus und sagte: »Seien Sie so gut, schalten Sie die Anlage ein.«

Mit kleinen Schritten lief der Empfangschef zur Anlage, schaltete sie ein und schaute mich fragend an.

»Lassen Sie die Frequenz«, sagte ich. »Ein wenig leiser, bitte. Ich danke Ihnen.«

»Sie raten mir also nicht, die Polizei zu rufen?«, wollte der Empfangschef wissen.

»Wie es Ihnen beliebt.«

»Mir kam es so vor, als hätten Sie an etwas ganz Bestimmtes gedacht, als Sie mich fragten.«

»Das kam Ihnen nur so vor«, erwiderte ich kühl. »Ich mag Mr. Pablebridge einfach nicht. Sie betrifft das nicht.«

Der Empfangschef verneigte sich.

»Ich bleibe einstweilen hier, Wail«, teilte ich ihm mit. »Vermutlich kommt Mr. Pablebridge zurück. Sie brauchen ihm nicht zu sagen, wo ich bin. Sie sind einstweilen frei.«

»Zu Befehl«, sagte der Empfangschef.

Als er weg war, rief ich das Servicebüro an und diktierte ein Telegramm an Maria: »Sinn des Lebens gefunden aber einsamer Bruder plötzlich ausgeschieden komm bitte sofort Iwan«. Dann schaltete ich wieder den Empfänger ein, und er krächzte und heulte los. Ich nahm den Deckel ab und zog den Überlagerer heraus, der kein Überlagerer war, sondern ein Sleg. Ein sauberes schönes Bauteil, offensichtlich fabrikmäßig hergestellt, und je länger ich es betrachtete, desto mehr wollte mir scheinen, dass ich irgendwann irgendwo – lange vor meiner Ankunft hier – solche Bauteile schon in einem anderen, weit verbreiteten Gerät gesehen hatte. Ich versuchte mich zu erinnern und erinnerte mich stattdessen des Empfangschefs, seines Gesichts, seines Grinsens, des verständnisvollen, mitfühlenden Blicks. Sie alle waren infiziert. Nein, sie hatten noch keinen Sleg probiert, Gott bewahre! Sie hatten ihn noch nicht einmal gesehen. Ist ja unanständig so was! Der schlimmste Dreck. Still, meine Liebe, wie kannst du vor dem Jungen? Aber man hat mir erzählt, es sei ungewöhnlich … Ich? Wie kommst du darauf, mein Freund! Du hast aber eine schlechte Meinung von mir … Ich weiß nicht, man sagt, in der »Oase«, bei Buba, ich selbst habe keine Ahnung … Warum eigentlich nicht? Ich bin ein maßvoller Mensch, wenn ich spüre, dass es einen Haken gibt, höre ich auf … Geben Sie fünf Päckchen »Dewon«, wir wollen (hi, hi) zum Fischen … Fünfzigtausend Einwohner. Und deren Bekannte in anderen Städten. Sowie hunderttausend Touristen jährlich. Es drehte sich gar nicht um diese Bande. Gott mit ihr, dieser Bande, es kostete uns ein Lächeln, sie zu sprengen. Nein, das Problem war, dass sie alle dazu bereit waren, danach lechzten, und es gab nicht die geringste Chance, ihnen zu beweisen, dass das schrecklich war, tödlich, erbärmlich.

Ich hielt den Sleg in der Faust fest, stützte den Kopf darauf und starrte auf die Spange mit den Ordensbändern an Riemaiers Jackett, die über der Stuhllehne hing. So wie ich gerade hatte wohl auch Riemaier vor einigen Monaten im Sessel gesessen und zum zweiten Mal einen Sleg und einen Empfänger in Händen gehalten. Und auch ihm war der kleine Lichtfleck durch den Sinn gewandert … Du brauchst dir um nichts Sorgen zu machen, jetzt ist Licht in jeder Finsternis, Süße in jeder Bitternis, Freude in jeder Qual …

Na siehst du, sagte Riemaier. Jetzt hast du es verstanden. Man muss nur ehrlich zu sich selbst sein. Anfangs ist es ein bisschen peinlich, dann begreifst du allmählich, wie viel Zeit du vertan hast …

Riemaier, sagte ich. Ich habe die Zeit nicht für mich vertan. Das darf man nicht, man darf es einfach nicht, das ist der Untergang für alle, man darf das Leben nicht durch Träume ersetzen …

Shilin, sagte Riemaier. Wenn der Mensch etwas tut, dann tut er es für sich. Vielleicht existieren auf der Welt vollendete Egoisten – vollendete Altruisten gibt es jedenfalls nicht. Und was den Tod im Badezimmer betrifft, so sind wir, erstens, in der realen Welt ohnehin alle sterblich, und, zweitens, hat uns die Wissenschaft den Sleg gegeben; deshalb wird sie auch dafür sorgen, dass er auf Dauer nicht schädlich ist. Einstweilen ist lediglich Mäßigkeit vonnöten. Und sag mir nicht, die Träume wären ein Ersatz für die Wirklichkeit. Du bist kein Neuling und weißt sehr gut, dass die Träume ebenfalls Wirklichkeit sind. Sie sind eine heile Welt. Warum nennst du die Erlangung dieser Welt den Untergang?

Riemaier, sagte ich, weil diese Welt trotz allem illusorisch ist, sie ist ganz in dir, nicht aber außerhalb deiner, und alles, was du in ihr tust, bleibt in dir. Sie ist der realen Welt entgegengesetzt, sie ist ihr feindlich. Menschen, die sich in die illusorische Welt begeben haben, sind für die reale Welt verloren. Das ist, als würden sie sterben. Und wenn alle in die illusorische Welt gehen – und du weißt, dass es so enden kann –, hört die Geschichte der Menschheit auf …

Shilin, sagte Riemaier, die Geschichte ist die Geschichte der Menschen. Keiner möchte sein Leben umsonst leben, und der Sleg bietet dir solch ein Leben … Ja, ich weiß, du meinst, dass du auch ohne ihn nicht umsonst lebst, aber gib zu, niemals hast du so intensiv und leidenschaftlich gelebt wie heute in der Wanne. Die Erinnerung ist dir ein wenig peinlich, du würdest es nicht wagen, anderen davon zu erzählen. Das ist auch gar nicht nötig. Sie haben ihr Leben, du hast deins …

Riemaier, sagte ich, all das ist richtig. Aber die Vergangenheit! Der Kosmos, die Schulen, der Kampf gegen die Faschisten, gegen die Gangster – soll das alles umsonst gewesen sein? Habe ich vierzig Jahre lang umsonst gelebt? Und die anderen? Auch umsonst?

Shilin, antwortete Riemaier, in der Geschichte ist nichts umsonst. Die einen haben gekämpft und den Sleg nicht erlebt. Du aber hast gekämpft und ihn erlebt …

Riemaier, gab ich zurück, ich habe Angst um die Menschheit. Das ist doch das Ende. Das Ende des Wechselspiels zwischen Mensch und Natur, zwischen Persönlichkeit und Gesellschaft, das Ende der Beziehungen zwischen Menschen, das Ende des Fortschritts. Milliarden Menschen in Badewannen, in heißem Wasser, in sich selbst versenkt. Nur in sich selbst …

Shilin, wandte Riemaier ein, das ist schrecklich, weil es ungewöhnlich ist. Und was das Ende betrifft, so kommt es nur für die reale Gesellschaft, für den realen Fortschritt. Der Einzelne verliert nichts, er gewinnt nur, denn seine Welt wird unvergleichlich intensiv, seine Beziehung zur Natur – der illusorischen selbstverständlich – wird vielfältiger und das Verhältnis zur Gesellschaft – ebenfalls der illusorischen, aber davon wird er ja nichts wissen – stärker und fruchtbarer. Und über das Ende des Fortschritts brauchst du dich nicht zu grämen. Du weißt, alles hat ein Ende. Und so endet auch der Fortschritt der realen Welt. Früher wussten wir nicht, wie er enden wird. Jetzt wissen wir es. Wir kamen nicht dazu, die potenzielle Intensität des realen Seins zu erkennen, vielleicht hätten wir diese Erkenntnis in hundert Jahren gewonnen, doch jetzt ist sie in unseren Händen. Durch den Sleg siehst du die fernsten Nachkommen und die fernsten Vorfahren, Eindrücke, die du im realen Leben nie gewinnen würdest. Du bist einfach in einem alten Ideal gefangen, aber denk logisch: Das Ideal, das dir der Sleg anbietet, ist genauso schön … Du hast doch immer von einem Menschen mit Fantasie und großer Vorstellungskraft geträumt …

Riemaier, sagte ich. Wenn du wüsstest, wie müde ich bin. Ich habe das Streiten satt. Mein Leben lang streite ich mit mir und mit anderen Menschen. Ich habe immer gern gestritten, weil das Leben sonst kein Leben ist. Aber ich bin jetzt gerade müde, und gerade über den Sleg möchte ich nicht streiten …

Dann geh, Iwan, sagte Riemaier.

Ich steckte den Sleg in den Empfänger. Wie auch Riemaier vor wenigen Monaten. Ich stand auf. Wie er. Ich hatte aufgehört, an etwas zu denken, und war nicht mehr von dieser Welt, aber ich hörte noch, wie er sagte: Vergiss nicht, die Tür abzuschließen, damit man dich nicht stört … Und da setzte ich mich.

Aha, Riemaier!, sagte ich. So war das also! Du hast kapituliert. Hast die Tür fest verschlossen und dann in verlogenen Berichten an deine Freunde geschrieben, es gäbe kein

Sleg. Und dann hast du mich, damit ich dich nicht störe, in den Tod geschickt, nur einen Augenblick hast du gezögert, mehr nicht. Dein Ideal ist Dreck, Riemaier. Wenn im Namen eines Ideals anderen Menschen Leid zugefügt wird, ist dieses Ideal einen Dreck wert. So ist das, Riemaier. Genau so. Ich könnte dir noch viel sagen, du Slegist. Ich könnte noch lange davon sprechen, dass es nicht so einfach ist, dem Menschen das angeborene Streben, gegen die Stagnation zu kämpfen, gegen den Tod, die Ruhe und den Rückschritt, aus dem Leib zu reißen. Dein Sleg ist wie eine Atombombe – nur mit verzögerter Wirkung und nur für die Satten. Aber darüber will ich mich nicht weiter verbreiten. Ich sage dir nur eins: Wenn der Mensch im Namen eines Ideals niederträchtig handeln muss, dann ist dieses Ideal einen Dreck wert …

Ich schaute auf die Uhr und steckte den Empfänger in die Tasche. Ich hatte es satt, auf Oscar zu warten, und wollte etwas essen. Mir war, als hätte ich in dieser Stadt endlich etwas Nützliches getan. Ich hinterließ beim Empfangschef meine Telefonnummer – für den Fall, dass Oscar oder Riemaier zurückkamen – und ging auf den Platz hinaus. Ich glaubte nicht, dass Riemaier zurückkommen würde, ja ich glaubte nicht einmal, dass ich ihn jemals wiedersähe. Aber Oscar konnte sein Versprechen noch halten, obwohl man ihn sicher würde suchen müssen. Ich würde es aber nicht mehr sein, der ihn suchte. Und wahrscheinlich auch nicht hier …

12

Im Automaten-Café war nur ein Gast. An einem mit gefüllten Tellern und Flaschen bestellten Ecktisch saß ein dunkelhäutiger und prächtig, wenn auch merkwürdig gekleideter Mann orientalischen Typs. Ich nahm mir Sauermilch und Quarkpfannkuchen mit saurer Sahne, und während ich aß, betrachtete ich ihn von Zeit zu Zeit. Er aß und trank viel und gierig, sein Gesicht glänzte vor Schweiß; ihm war heiß in seinem närrischen glänzenden Frack. Schnaufend lehnte er sich zurück und lockerte den breiten Hosengürtel. Dabei blitzte in der Sonne eine lange gelbe Revolvertasche auf, die unter seinem Frackschoß hing. Ich hatte bereits den letzten Quarkpfannkuchen verzehrt, als er mich ansprach.

»Hallo!«, sagte er. »Sind Sie von hier?«

»Nein«, antwortete ich. »Ich bin Tourist.«

»Ah, dann verstehen Sie also auch nichts …«

Ich ging zur Theke, mixte mir einen Cocktail aus Säften und trat zu ihm.

»Warum ist es hier so leer?«, fuhr er fort. Er hatte ein lebhaftes, mageres Gesicht und einen grimmigen Blick. »Wo sind die Einwohner? Warum ist alles geschlossen? Alle schlafen, niemand ist zu erreichen …«

»Sind Sie eben erst angekommen?«

»Ja.« Er schob den leeren Teller beiseite, zog einen vollen heran und trank schlürfend helles Bier.

»Woher kommen Sie?«, fragte ich. Er warf mir einen grimmigen Blick zu, und ich fügte eilig hinzu: »Falls das kein Geheimnis ist, natürlich …«

»Ist es nicht«, erwiderte er. »Es ist kein Geheimnis …«, und schlang weiter.

Ich trank den Saft und wollte gehen, aber er hielt mich auf:

»Prima leben sie, die Hunde. Herrliches Essen, so viel man will, und alles unentgeltlich.«

»Nun, ganz unentgeltlich wohl doch nicht«, entgegnete ich.

»Neunzig Dollar! Lächerlich! Ich esse in drei Tagen für neunzig Dollar.« Seine Augen wurden plötzlich starr. »Hunde«, murmelte er und beugte sich wieder über den Teller.

Ich kannte solche Leute. Sie kamen aus winzigen, bis zur völligen Verelendung ausgeplünderten Königreichen und Fürstentümern, aßen und tranken gierig, wobei sie an die sonnendurchglühten staubigen Straßen ihrer Heimatstädte dachten, wo im kärglichen Schatten sterbende nackte Männer und Frauen lagen, während Kinder mit aufgetriebenen Bäuchen in den Müllgruben der ausländischen Konsulate wühlten. Sie waren voller Hass und brauchten nur zwei Dinge: Brot und eine Waffe. Das Brot für ihre Bande, die sich in der Opposition befand, die Waffe gegen die andere Bande, die an der Macht war. Es waren verbissene Patrioten, leidenschaftlich und weitschweifig redeten sie von der Liebe zum Volk, aber Hilfe von außen wiesen sie entschieden zurück, weil sie nichts als die Macht liebten und niemanden als sich selbst. Sie waren bereit, zum Ruhm des Volkes und des Triumphs ihrer Prinzipien ihr Volk zu Tode zu quälen – notfalls bis zum letzten Mann – durch Hunger und Maschinengewehre. Kleine Hitler.

»Waffe? Brot?«, fragte ich.

Er horchte auf. »Ja«, sagte er. »Waffe und Brot. Aber ohne blödsinnige Bedingungen. Und möglichst umsonst. Echte Patrioten haben niemals Geld. Während die herrschende Clique in Luxus schwimmt …«

»Hunger?«, fragte ich.

»Was Sie wollen. Die aber schwimmen hier im Luxus.« Voller Hass blickte er mich an. »Die ganze Welt schwimmt im Luxus, nur wir hungern. Aber eure Hoffnungen sind vergebens. Die Revolution ist nicht aufzuhalten!«

»Ja«, sagte ich. »Revolution gegen wen?«

»Wir kämpfen gegen Badschahs Blutsauger. Gegen die Korruption und Verkommenheit der herrschenden Oberschicht, für Freiheit und wahre Demokratie … Das Volk ist mit uns, aber man muss dem Volk zu essen geben. Doch sie erklären uns: Brot geben wir euch erst nach der Entwaffnung. Und drohen mit Intervention … Welch niederträchtige und verlogene Demagogie! Welch Betrug an den revolutionären Massen! Vor den Blutsaugern die Waffen niederzulegen bedeutet, allen wahren Kämpfern die Schlinge um den Hals zu legen! Wir antworten: Nein! Sie werden das Volk nicht hinters Licht führen! Mögen Badschah und seine Totschläger die Waffen niederlegen. Dann werden wir sehen, was zu tun ist.«

»Ja«, sagte ich. »Aber Badschah will wahrscheinlich auch nicht, dass man ihm die Schlinge um den Hals legt.«

Brüsk stellte er das Glas mit dem Bier ab, und seine Hand fuhr gewohnheitsmäßig zur Pistolentasche. Doch besann er sich rasch.

»Hab ich doch gewusst, dass Sie nicht die Bohne kapieren«, herrschte er mich an. »Ihr Satten seid ja schon verblödet vor lauter Sattheit, Ihr seid zu aufgeblasen, um uns zu verstehen. Im Dschungel würden Sie es nicht wagen, so mit mir zu reden!«

Im Dschungel würde ich ganz anders mit dir reden, du Bandit, dachte ich und sagte: »Ich verstehe tatsächlich vieles nicht. Zum Beispiel verstehe ich nicht, was geschieht, wenn Sie den Sieg errungen haben. Nehmen wir an, Sie haben gesiegt, haben Badschah gehenkt, falls er nicht ausgerückt ist, um wie Sie Brot und Waffen zu besorgen …«

»Der rückt nicht aus. Der bekommt, was er verdient. Das revolutionäre Volk wird ihn in Stücke reißen! Und dann machen wir uns an die Arbeit. Wir bauen chemische Fabriken und geben dem Land Essen und Kleidung. Wir holen die Gebiete zurück, die die satten Nachbarn uns weggenommen haben, und erfüllen das gesamte Programm, von dem der verlogene Badschah schwafelt, um das Volk zu betrügen. Und dann, erst dann, werden wir die Waffen niederlegen. Ihre Hilfe werden wir dann schon nicht mehr brauchen, verstehen Sie? Wir werden uns nicht deshalb entwaffnen, weil ihr uns das diktiert, sondern weil wir keine Waffen mehr brauchen. Und dann …«

Er schloss die Augen, stöhnte auf vor Wonne und wackelte mit dem Kopf.

»Und dann werden Sie es sein, der satt ist, in Luxus schwimmt und bis mittags schläft?«

Er lächelte. »Ich habe das verdient. Das Volk hat das verdient. Niemand wird wagen, uns einen Vorwurf daraus zu machen. Wir werden nach Herzenslust essen und trinken, wir werden in richtigen Häusern wohnen und dem Volk sagen: Jetzt seid ihr frei, amüsiert euch!«

»Und denkt an nichts«, fügte ich hinzu. »Haben Sie nicht den Eindruck, dass das alles schlecht für Sie enden kann?«

»Lassen Sie«, sagte er gutmütig. »Das ist Demagogie. Sie sind ein Demagoge. Und Dogmatiker. Bei uns gibt es auch solche Dogmatiker wie Sie. Der Mensch, sagen sie, wird den Sinn des Lebens verlieren. Nein, antworten wir, der Mensch verliert gar nichts. Der Mensch wird gewinnen, nicht verlieren. Man muss das Volk spüren, man muss selbst aus dem Volk sein, das Volk mag die Schlauköpfe nicht! Weshalb, zum Teufel, werfe ich mich wohl den Holzegeln zum Fraß vor und fresse Würmer?« Er grinste plötzlich gutmütig. »Sie sind mir bestimmt ein bisschen böse, weil ich Sie satt und so weiter genannt habe … Nicht nötig, seien Sie nicht böse. Überfluss ist schlecht, wenn du ihn nicht hast – dein Nachbar hingegen schon. Der erreichte Überfluss ist eine gute Sache! Dafür lohnt es zu kämpfen. Alle haben dafür gekämpft. Man soll ihn mit der Waffe in der Hand erringen, nicht aber gegen Freiheit und Demokratie eintauschen.«

»Also ist Ihr Endziel trotz allem der Überfluss? Nur der Überfluss?«

»Klar! Das Endziel ist immer der Überfluss. Vergessen Sie aber nicht, dass wir in den Mitteln wählerisch sind.«

»Das vergesse ich nicht. Und der Mensch?«

»Was heißt – der Mensch?«

Ich sah ein, dass Streiten zwecklos war. »Sie sind vorher noch nie hier gewesen?«, erkundigte ich mich.

»Wieso?«

»Schauen Sie sich um«, sagte ich. »Diese Stadt bietet ausgezeichneten Anschauungsunterricht zum Thema Überfluss.«

Er zuckte mit den Schultern. »Einstweilen gefällt es mir hier.« Er schob abermals einen leeren Teller beiseite und zog einen vollen heran. »Unbekannte Gerichte. Schmackhaft und billig. Beneidenswert.« Er verschlang ein paar Löffel Salat und murmelte: »Wir wissen, dass alle großen Revolutionäre für den Überfluss gekämpft haben. Wir haben keine Zeit, selbst zu theoretisieren, dazu besteht zudem keine Notwendigkeit. Auch ohne uns gibt es Theorien genug. Und noch droht uns kein Überfluss. Noch lange nicht. Es gibt weit dringlichere Aufgaben.«

»Badschah aufzuhängen«, sagte ich.

»Ja, für den Anfang. Und dann müssen wir die Dogmatiker ausrotten; das sehe ich schon voraus. Dann die Durchsetzung unserer legitimen Ansprüche. Dann wird sich noch das eine oder andere zeigen. Und erst dann tritt der Überfluss ein. Ich bin Optimist, doch ich glaube nicht, dass ich das noch erlebe. Und seien Sie unbesorgt, wir werden das schaffen. Wenn wir mit dem Hunger fertigwerden, dann werden wir es mit dem Überfluss erst recht. Die Dogmatiker schwatzen, der Überfluss wäre nicht das Ziel, sondern das Mittel. Wir aber antworten ihnen: Jedes Mittel war irgendwann einmal das Ziel. Heute ist der Überfluss das Ziel. Erst morgen wird er vielleicht zum Mittel.«

Ich stand auf. »Morgen kann es zu spät sein«, sagte ich.

Er sah mich an wie einen Schwachsinnigen. Ich ging hinaus.

Von draußen blickte ich noch einmal durch das Fenster und sah ihn mit dem Rücken zur Straße dasitzen; er war wieder am Essen, die Ellbogen weit abgespreizt.

Als ich nach Hause kam, war der Salon schon leer. Die Laken und die Kissen der Jungen lagen auf einem Haufen in der Ecke. Unter dem Telefon auf dem Schreibtisch fand ich einen Zettel. Mit krakeliger Kinderschrift war darauf geschrieben: »Sehen Sie sich vor. Sie plant etwas. Sie hat sich im Schlafzimmer zu schaffen gemacht.« Ich seufzte und setzte mich in den Sessel.

Bis zum Treffen mit Oscar (wenn es überhaupt stattfand) blieb noch rund eine Stunde. Es hatte keinen Sinn, sich schlafen zu legen, außerdem war es nicht ungefährlich – Oscar kam vielleicht nicht allein, und vorzeitig, und nicht durch die Tür. Ich holte die Pistole aus dem Koffer, setzte einen Ladestreifen ein und schob sie in die Seitentasche. Dann ging ich zur Bar, braute mir einen Kaffee und kehrte ins Arbeitszimmer zurück.

Ich nahm die Slegs aus meinem und aus Riemaiers Empfänger, legte sie vor mich auf den Tisch und überlegte erneut, wo ich solche Bauteile schon gesehen hatte und warum mir schien, ich hätte sie sogar wiederholt gesehen ... Ich erinnerte mich. Ich holte den Fonor aus dem Schlafzimmer, nahm das Gehäuse ab – ich benötigte keinen Schraubenzieher dazu –, steckte den Zeigefinger unter den Odoratortrichter, hakte mit dem Fingernagel und zog den Vakuum-Tubusoid FX-92-U heraus, einen Vierfachentlader mit statischem Feld,

Kapazität zwei. Wird in den Kaufhäusern für Elektronik des täglichen Bedarfs zu fünfzig Cent das Stück verkauft. Im hiesigen Jargon – Sleg.

Tja, so ist das, dachte ich. Das Geschwätz von einer neuen Droge, einer neuen, entsetzlichen Erfindung führte uns andauernd in die Irre … Wir hatten uns schon mehrfach verrannt. Als sich Mchagana und Buris etwa bei den Vereinten Nationen beklagten, die Separatisten verwendeten eine neue Waffenart – vereisende Bomben –, suchten wir fieberhaft nach illegalen Rüstungsfabriken und verhafteten sogar zwei echte illegale Erfinder (einen von sechzehn und einen von sechsundneunzig Jahren). Dann stellte sich heraus, dass diese Erfinder gar nichts mit der Sache zu tun hatten. Die furchtbaren vereisenden Bomben waren von den Separatisten in einem Münchner Großhandelslager für Gefrieranlagen erworben worden und entpuppten sich als Superfreezer-Ausschuss. Allerdings war die Wirkung dieser Superfreezer tatsächlich entsetzlich. Kombiniert mit Molekulardetonatoren (gern verwendet von den Unterwasser-Archäologen am Amazonas zum Verscheuchen von Piranhas und Kaimanen), waren die Superfreezer in der Lage, die Temperatur in einem Radius von zwanzig Metern blitzschnell auf hundertfünfzig Grad minus zu senken. Danach haben wir uns geschworen, nie zu vergessen und stets im Auge zu behalten, dass jeden Monat eine Unmenge technischer Neuheiten friedlicher Bestimmung (und mit den überraschendsten Nebeneigenschaften) erschien. Diese Eigenschaften waren oft so beschaffen, dass sich Verstöße gegen das Gesetz über das Verbot der Produktion von Waffen und Munition nicht ahnden ließen. Wir wurden äußerst vorsichtig mit neuen Waffenarten, die von Extremisten verwendet wurden, fielen aber bereits ein Jahr später wieder herein, als wir nach den Erfindern einer geheimnisvollen Apparatur fahndeten, mit deren Hilfe Wilderer die Pterodaktylen weit über die Grenzen des Wildreservats in Uganda hinauslockten; es handelte sich um eine raffinierte Bastelei aus einem Kinderspielzeug und einem weit verbreiteten medizinischen Gerät. Und nun waren wir auf den Sleg gestoßen – eine Kombination aus einem Standardempfänger, einem Standardtubusoid, Standardchemikalien und heißem Leitungswasser.

Kurzum, geheime Fabriken brauchen wir nicht mehr zu suchen, dachte ich – was gut ist. Dafür müssen wir nach raffinierten, prinzipienlosen Spekulanten suchen, die genau wissen, dass sie in einem Land der Dummköpfe leben. Wie Trichinen in einer Schweinelende. Fünf, sechs Habgierige mit Unternehmungsgeist. Eine harmlose Villa irgendwo im Randgebiet. Sie gehen ins Warenhaus, kaufen für fünfzig Cent einen Vakuumtubusoid, nehmen ihn aus der Zellophanverpackung und verstauen ihn in einer eleganten Box mit Glaswatte. Dann verkaufen sie ihn für fünfzig Dollar (»Nur Ihnen, und weil wir uns so gut kennen«). Zwar spielt da auch der Erfinder noch eine Rolle, und es gab bestimmt nicht nur einen. Aber sie werden kaum am Leben geblieben sein. Hier geht es schließlich nicht um eine Lockflöte für Pterodaktylen … Aber ging es überhaupt um die Spekulanten? Mochten sie vierzig Slegs verkaufen oder sogar hundert – selbst in einer Stadt der Dummköpfe würde man einmal dahinterkommen, was gespielt wurde. Und dann würde der Sleg wie ein Feuerbrand um sich greifen, wofür die Moralisten aus der »Lebensfreude« Sorge tragen würden. Und auch Doktor Opir würde erscheinen und erklären, dass der Sleg, wissenschaftlichen Untersuchungen zufolge, der Klarheit des Denkens förderlich und im Kampf gegen Alkoholismus und schlechte Laune unentbehrlich sei. Das Ideal der Zukunft sei ein riesiger Trog mit heißem Wasser, und man würde aufhören, das Wort »Sleg« an die Zäune zu schreiben … Wenn wir überhaupt jemanden bei der Gurgel packen, dachte ich, dann ihn. Schlimm sind nicht die Spekulanten, denn sie spekulieren nur mit Waren, nach denen es eine Nachfrage gibt. Maria wird trotzdem von uns verlangen, die Spekulanten aus dem Verkehr zu ziehen, dachte ich niedergeschlagen …

Es klopfte an der Tür. Oscar erschien, und er war tatsächlich nicht allein. Mit ihm kam Maria – stämmig, grauhaarig und wie immer mit Sonnenbrille und dickem Spazierstock, wie ein Veteran, der sein Augenlicht verloren hat. Oscar lächelte sehr zufrieden.

»Guten Tag, Iwan«, grüßte Maria. »Darf ich vorstellen? Ihr Doppel Oscar Pablebridge. Aus der Süd-West-Abteilung.«

Wir drückten einander die Hand. Was mir nie gefallen hatte an unserem Sicherheitsrat, war die Vielzahl verstaubter Traditionen. Und von allen Traditionen regte mich das idiotische System der sich gegenseitig überschneidenden Konspiration am meisten auf, deretwegen wir ständig einander die Agenten wegschnappten, einander in die Fresse schlugen, uns auf Schritt und Tritt beschossen, und zwar ziemlich treffsicher. Das war keine Arbeit, sondern ein Räuber-und-Gendarm-Spiel. Ach, man müsste sie alle …

»Ich hatte vor, Sie heute festzunehmen«, teilte Oscar mit. »Nie im Leben ist mir ein verdächtigeres Subjekt begegnet …«

Schweigend zog ich die Pistole aus der Tasche, sicherte sie und warf sie in die Tischschublade. Oscar beobachtete mich beifällig. Ich wandte mich an Maria: »Ich vermute, die Fahndung wäre, noch bevor sie begonnen hätte, gescheitert, wenn ich von Oscar gewusst hätte. Ich darf jedoch mitteilen, dass ich ihn gestern beinahe zum Krüppel gemacht hätte.«

»So hatte ich Sie verstanden«, sagte Oscar selbstzufrieden.

Maria setzte sich ächzend in den Sessel. »Ich kann mich keines Falles erinnern«, sagte er, »da Iwan vollauf zufrieden gewesen wäre. Dabei ist Konspiration die Grundlage unserer Arbeit. Nehmen Sie sich einen Stuhl und setzen Sie sich. Sie, Oscar, hatten kein Recht, sich zum Krüppel machen zu lassen, und Sie, Iwan, hatten kein Recht, sich festnehmen zu lassen. So muss man die Dinge sehen … Was haben Sie da?«, fragte er und blickte, die Sonnenbrille absetzend, auf die Slegs. »Haben Sie sich nebenbei mit Radiotechnik befasst? Löblich, sehr löblich.«

Mir wurde klar, dass sie nichts wussten. Oscar blätterte in seinem Notizbuch, wo er alles in einem persönlichen Kode chiffriert hatte, und bereitete sich offensichtlich darauf vor, Bericht zu erstatten, während Maria die fleischige Nase über die Slegs beugte. Die Brille hielt er in der erhobenen Hand. In diesem Schauspiel lag etwas Symbolisches.

»Agent Shilin füllt seine Mußestunden also mit Radiotechnik«, stellte Maria fest, setzte die Brille wieder auf und lehnte sich im Sessel zurück. »Er hat viele Mußestunden, denn er ist zum Vierstundentag übergegangen. Und wie verhält es sich mit dem Sinn des Lebens, Agent Shilin? Anscheinend haben Sie ihn gefunden? Ich hoffe, man braucht Sie nicht ebenso wie den Agenten Riemaier fortzuschaffen?«

»Braucht man nicht«, antwortete ich. »Mir fehlte die Zeit, um mich einzuleben. Hat Riemaier Ihnen etwas erzählt?«

»Nein, was denken Sie!«, rief Maria ungeheuer sarkastisch. »Wozu? Man hatte ihm befohlen, eine Droge aufzuspüren; das hat er getan, nutzte sie selbst und nimmt nun offenbar an, er hätte seine Pflicht getan. Er ist süchtig, verstehen Sie?«, erklärte Maria. »Er schweigt! Er hat sich mit dem Giftzeug bis an die Ohren vollgestopft, und es ist sinnlos, mit ihm zu reden! Er habe Sie umgebracht, fantasiert er, und dauernd verlangt er einen Rundfunkempfänger.« Maria stockte und blickte auf die Empfänger. »Merkwürdig«, sagte er und sah mich an. »Übrigens, ich liebe eine gewisse Ordnung. Oscar war als Erster hier, hat mit gewissen Überlegungen aufzuwarten, sowohl zur Mixtur als auch zur Operation. Fangen wir mit ihm an.«

Ich musterte Oscar. »Zu welcher Operation?«

»Weiß der Teufel«, erwiderte Maria.

»Die Einnahme des Zentrums«, erklärte Oscar. »Sind Sie noch nicht auf das Zentrum gestoßen?«

Die Hatz beginnt, dachte ich und sagte: »Nein, bin ich nicht. Auf das Zentrum bin ich nicht gestoßen. Aber …«

»Immer der Reihe nach«, mahnte Maria streng und schlug mit der Hand auf den Tisch. »Fangen Sie an, Oscar, und Sie, Iwan, hören aufmerksam zu und bereiten Ihre Überlegungen vor. Sofern Sie noch fähig sind, Überlegungen anzustellen.«

Oscar fing an. Allem Anschein nach war er ein guter Mitarbeiter. Er hatte schnell, energisch und zielstrebig gehandelt. Riemaier freilich hatte ihn ebenso wie mich um den Finger gewickelt. Dennoch war ihm manches geglückt. Er hatte rasch begriffen, dass die gesuchte »Mixtur« Sleg genannt wurde, dass zwischen Sleg und »Dewon« ein Zusammenhang bestand und weder die Fischer noch die Gammler noch die Trauerklöße in irgendeiner Weise damit zu tun hatten. Er hatte sich überzeugt, dass es in dieser Stadt praktisch unmöglich war, ein Geheimnis zu bewahren. Es war ihm sogar gelungen, sich bei den Intels einzuschleichen, und hatte herausgefunden, dass es in der Stadt nur zwei wirklich geheime Organisationen gab: die Mäzene und die Intels. Und da die Mäzene nicht infrage kamen, blieben nur die Intels.

»Diese Erkenntnis deckt sich zudem mit meiner bereits zuvor gefassten Überzeugung«, sagte Oscar, »dass die einzigen Leute, die in dieser Stadt wissenschaftliche oder quasiwissenschaftliche Forschungen betreiben können und Zutritt zu Laboratorien haben, die Studenten und Dozenten der Universität sind. Auch die Fabriken haben Laboratorien. Davon gibt es insgesamt vier, und ich habe sie alle überprüft. Sie sind hochspezialisiert und mit laufender Arbeit vollständig ausgelastet. Da sie rund um die Uhr arbeiten, ist daher nicht anzunehmen, dass ihre Laboratorien zur Sleg-Herstellung genutzt werden. Von den sieben Laboratorien der Universität sind zwei recht geheimnisumwittert. An was man dort arbeitet, vermochte ich nicht zu klären. Aber ich habe drei Studenten notiert, die, wie mir scheint, informiert sein müssten …«

Ich hörte ihm aufmerksam zu und staunte, wie viel er geschafft hatte, aber mir war bereits klar, wo sein Fehler lag: Er war einer falschen Fährte gefolgt. Zugleich schwante mir ein noch bedeutenderer Fehler, ein Kardinalfehler sozusagen, und der lag im Rat selbst begründet …

»Ich bin zu der Auffassung gelangt«, fuhr Oscar fort, »dass eine halbmafiöse Organisation vertikalen Typs existiert, in der die Funktionen der einzelnen Gruppen genau aufgeteilt sind. Die Produktionsgruppe beschäftigt sich mit der Herstellung und Vervollkommnung des Slegs. Ich gehe davon aus, dass der Sleg – was er auch sein mag – vervollkommnet wird: Es ist mir nämlich gelungen festzustellen, dass ›Dewon‹ zu Anfang noch nicht verwendet wurde … Weiter: Die kommerzielle Gruppe beschäftigt sich mit dem Vertrieb des Slegs, während die Kampfgruppe die Bevölkerung terrorisiert und aufkommende Gespräche über den Sleg unterbindet. Die Einschüchterung der Bürger …«

Da fiel es mir wie Schuppen von den Augen. »Moment«, sagte ich. »Oscar, sind Sie ganz sicher, dass in der Stadt nur zwei geheime Organisationen existieren?«

»Ja«, sagte Oscar. »Die Mäzene und die Intels.«

»Fahren Sie fort, Oscar«, sagte Maria unzufrieden. »Iwan, ich möchte bitten, ihn nicht zu unterbrechen.«

»Entschuldigung«, sagte ich.

Oscar sprach weiter, doch ich hörte ihm nicht mehr zu. Es war, als sei in meinem Gehirn etwas aufgeflammt. Das traditionelle Schema all unserer Maßnahmen mit dem unverrückbaren Axiom, dass eine verzweigte Organisation von Missetätern existiere, war plötzlich zu Staub zerfallen, und ich wunderte mich, wieso ich nicht eher darauf gekommen war, dass es für dieses einfache Land viel zu kompliziert war. Es gab keine geheimen Laboratorien, die von grimmigen Individuen mit Schlagringen bewacht wurden, es gab keine vorsichtigen Geschäftsleute ohne Prinzipien, es gab keine Handlungsreisenden mit doppelten Kragen voller Schmuggelware, und völlig umsonst entwarf Oscar dieses schöne Schema aus Kreisen und Quadraten, mit Linien verbunden und den Aufschriften »Zentrum«, »Stab« sowie zahlreichen Fragezeichen. Es gab nichts zu zerstören und zu verbrennen, es war niemand festzunehmen und auf die Baffin-Insel zu verbannen. Es gab eine moderne Industrie für Haushaltsgeräte, es gab stattliche Kaufhäuser, wo die Slegs für fünfzig Cent das Stück verkauft wurden, und es gab findige Leute – zunächst zwei oder drei –, die vor Nichtstun vergingen und nach neuen Eindrücken lechzten, und es gab ein mittelgroßes Land, wo der Überfluss einst Ziel gewesen, aber nicht Mittel geworden war. Das genügte vollauf.

Jemand hatte irrtümlich einen Sleg statt eines Überlagerers in seinen Empfänger eingesetzt, sich in die Wanne gelegt, um sich zu erholen, gute Musik zu hören oder die letzten Neuigkeiten zu erfahren – und damit fing es an … Gerüchte begannen zu kursieren, die Überbleibsel von Fonoren flogen in die Müllschlucker, bis jemand darauf kam, dass man die Slegs nicht aus den Fonoren zu nehmen brauchte, sondern in Kaufhäusern erwerben konnte. Wieder einem anderen fiel ein, aromatische Salze zu verwenden, und wieder einer nutzte »Dewon« … Die Menschen starben in der Badewanne an nervöser Erschöpfung; die statistische Abteilung des Sicherheitsrates reichte beim Präsidium einen streng geheimen Bericht ein, und sogleich wurde entdeckt, dass sich alle Todesfälle mit Touristen zugetragen hatten, die sich in dem Land aufhielten, und dass es dort mehr solche Todesfälle gab als an jedem anderen Ort des Planeten. Und wie so oft wurde dann auf gut geprüften Fakten eine falsche Theorie aufgebaut; man schickte uns, streng konspirativ, nacheinander hierher, um die geheime Bande aufzuspüren, die mit der unbekannten Droge handelte. Wir kamen hierher, einer nach dem anderen, und machten Dummheiten. Und wie so oft – keine Arbeit ist umsonst –, wenn man einen Schuldigen sucht, sind alle schuldig, vom Bürgermeister bis zu Riemaier, und wenn es alle sind, dann keiner, und jetzt …

»Iwan«, sagte Maria gereizt. »Schlafen Sie?«

Sie blickten mich beide an. Oscar reichte mir das Notizbuch mit der Zeichnung. Ich nahm es und warf es auf den Tisch.

»Hören Sie«, sagte ich. »Oscar hat hervorragende Arbeit geleistet, aber wir sind auf dem Holzweg … Oscar, Sie haben viel gesehen und doch nichts begriffen. Wenn es in diesem Land Menschen gibt, die den Sleg hassen, dann sind es die Intels. Die Intels sind keine Gangster, es sind Verzweifelte, Patrioten. Sie haben sich eine Aufgabe gesetzt – diesen Sumpf aufzuwühlen. Mit allen Mitteln. Dieser Stadt ein Ziel zu geben, sie zu zwingen, sich vom Trog loszureißen … Sie opfern sich, verstehen Sie? Sie lenken das Feuer auf sich und versuchen, in der Stadt eine allen gemeinsame Emotion zu wecken, wenigstens das, und sei es Hass … Haben Sie nicht von dem Tränengas gehört, von den Feuerüberfällen auf das Bibberlein? In den Laboratorien stellen sie keine Slegs her, sondern Bomben, Tränengas – und verstoßen damit gegen das Gesetz zur Kriegstechnik. Für den Achtundzwanzigsten bereiten sie einen Putsch vor. Der Sleg hingegen … da!«

Ich schob jedem einen Sleg hin und erläuterte, was ich darüber dachte.

Zunächst hörten sie mir misstrauisch zu. Dann starrten sie auf die Slegs und wandten kein Auge mehr davon ab, bis ich fertig war, und als ich fertig war, schwiegen sie lange. Maria hielt den Sleg in der Hand wie einen Laufkäfer. Sein Gesicht ließ Missmut erkennen.

Oscar sagte: »Vakuumtubusoid … Hm … Tatsächlich … Und die Empfänger … Da ist was dran …«

Maria steckte den Sleg in die Brusttasche und sagte entschlossen: »Da ist gar nichts dran. Das heißt, ich bin selbstverständlich mit Ihnen zufrieden, Iwan, Sie haben gefunden, was zu finden war, aber Sie sollten nicht beim Rat, sondern bei der Kommission für Weltprobleme arbeiten. Die philosophieren da leidenschaftlich gern und haben bis zum heutigen Tag noch nichts Nützliches vollbracht. Sie arbeiten nun schon zehn Jahre bei uns, aber bis heute haben Sie diese einfache Binsenwahrheit noch nicht verstanden: Wo es ein Verbrechen gibt, gibt es auch Verbrecher …«

»Das stimmt nicht«, widersprach ich.

»Es stimmt doch«, parierte Maria. »Suchen Sie keinen Streit mit mir, ewig müssen Sie streiten! … Seien Sie still, Oscar, jetzt spreche ich. Und ich frage Sie, Iwan: Was für einen Sinn hätte Ihre Version? Was für Maßnahmen würden Sie vorschlagen? Konkret, meine ich. Konkret!«

»Konkret …«, murmelte ich.

Ja, meine Version gefiel ihnen nicht. Wahrscheinlich betrachteten sie sie nicht einmal als Version. Für sie war das Philosophie. Sie waren Männer der Tat, Helden entschlossener Sofortmaßnahmen. Sie ließen nichts durchgehen. Sie zerhieben Knoten und holten Damoklesschwerter herunter.

Entscheidungen trafen sie rasch, und nachdem sie sie getroffen hatten, zweifelten sie nicht mehr daran. Sie konnten nicht anders. So war ihre Weltanschauung, und ich allein glaubte, dass ihre Zeit vorbei sei. Geduld, dachte ich, ich brauche viel Geduld. Plötzlich wurde mir bewusst, dass die Logik des Lebens mich wieder einmal von meinen besten Kameraden schied – und dass es mir nun sehr schlecht ergehen würde. Denn lange würde es dauern, sehr lange, bis dieser Streit entschieden war … Sie blickten mich an.

»Konkret …«, wiederholte ich. »Konkret schlage ich vor, einen hundertjährigen Plan zu erstellen zur Wiederherstellung und Entwicklung einer menschlichen Weltanschauung in diesem Land.«

Oscar runzelte feindselig die Stirn, Maria sagte gallig: »Ha, ha! Aber ich habe es ernst gemeint.«

»Ich auch. Weder Spitzel noch Einsatzgruppen mit Maschinenpistolen werden hier gebraucht.«

»Gebraucht wird eine Entscheidung!«, sagte Maria. »Nicht Geschwätz – eine Entscheidung!«

»Genau die schlage ich vor«, erwiderte ich.

Maria wurde puterrot. »Die Menschen müssen gerettet werden«, erklärte er. »Die Seelen werden wir dann retten, wenn wir die Menschen gerettet haben. Reizen Sie mich nicht, Iwan!«

»Bis Sie die Weltanschauung wiederhergestellt haben«, sagte Oscar, »sind die Leute gestorben oder verblödet.«

Ich wollte nicht streiten, trotzdem sagte ich: »Solange die menschliche Weltanschauung nicht wiederhergestellt ist, werden die Menschen sterben und verblöden, da helfen keine Einsatztruppen. Denken Sie an Riemaier«, sagte ich.

»Riemaier vergaß seine Pflicht«, sagte Maria wütend.

»Eben«, sagte ich.

Maria klappte den Mund zu, riss sich die Brille herunter und rollte schweigend mit den Augen. Er war ein Mensch mit eisernem Willen. Man konnte nun förmlich beobachten, wie er seine Wut vertrieb … in die Gallenblase, wie es schien … Wenig später war er wieder völlig ruhig und lächelte friedlich.

»Tja«, sagte er. »Ich komme anscheinend nicht umhin zuzugeben, dass die Aufklärung als eine öffentliche Institution endgültig degradiert. Offenbar haben wir die letzten wahren Aufklärer während der Putsche umgebracht. ›Messer‹ – Danziger, ›Bambus‹ – Sawada, ›Puppe‹ – Grower, ›Zicklein‹ – Boas … Ja, sie haben sich verkauft und ließen sich kaufen, sie hatten keine Heimat, waren Abschaum, Lumpen, aber sie haben gearbeitet! ›Sirius‹ – Charam … Er war für vier Geheimdienste im Einsatz, er war ein Schurke. Ein Schwein. Doch wenn er eine Information gab, dann war das eine echte Information – exakt, klar und zum richtigen Zeitpunkt. Ich habe den Befehl erteilt, ihn aufzuhängen, und habe kein Mitleid empfunden, wie ich mich erinnere. Aber wenn ich meine heutigen Mitarbeiter ansehe, verstehe ich, was das für ein Verlust war. Nun gut, ein Mensch hat versagt, ist rauschgiftsüchtig geworden. Doch wozu all die erlogenen Meldungen? Schreib sie nicht, sondern kündige und entschuldige dich. Ich reiste mit der tiefen Überzeugung in diese Stadt, dass ich sie sehr gut kenne, weil ich hier schon zehn Jahre einen erfahrenen, bewährten Residenten sitzen habe. Und plötzlich stelle ich fest, dass ich rein gar nichts weiß. Jedem einheimischen Knirps ist bekannt, wer die Fischer sind. Ich weiß es nicht! Ich weiß nur, dass die Organisation ›KWS‹, die in etwa dasselbe getrieben hat wie die Fischer heute, vor drei Jahren aufgelöst und verboten wurde. Ich weiß das aus den Meldungen meines Residenten. Und die hiesige Polizei teilt mir mit, dass vor zwei Jahren die Gesellschaft ›DOZ‹ entstanden ist, und das habe ich aus den Meldungen meines Residenten nicht erfahren. Ein simples Beispiel – letztlich sind mir die Fischer gleichgültig, aber das wird allmählich zum Arbeitsstil! Die Meldungen verzögern sich, desinformieren oder sind gelogen. Schließlich werden Meldungen einfach erfunden! Der eine gibt seine Arbeit für den Rat eigenmächtig auf und hält es nicht einmal für nötig, seinem Chef das mitzuteilen ... Er hatte es, sehen Sie, satt, er hatte es ja immer mitteilen wollen, aber irgendwie nicht die Zeit gefunden. Der andere wird drogenabhängig, anstatt die Drogen zu bekämpfen! Und der dritte philosophiert!«

Er nickte mir traurig zu. »Verstehen Sie mich richtig, Iwan«, fuhr er fort. »Ich habe nichts gegen das Philosophieren. Doch die Philosophie ist eins und unsere Arbeit etwas anderes. Bitte urteilen Sie selbst, Iwan: Wenn es kein geheimes Zentrum gibt und es sich um spontane, zufällige Eigeninitiativen handelt – warum dann diese Geheimhaltung? Diese Konspiration? Warum ist der Sleg so geheimnisumwittert? Ich räume ein, dass Riemaier schweigt, weil ihn Gewissensbisse plagen, insbesondere Ihretwegen. Aber die anderen? Der Sleg ist nicht gesetzlich verboten, über den Sleg wissen alle Bescheid, aber alle machen ein Geheimnis daraus. Oscar zum Beispiel philosophiert nicht, er nimmt an, dass die Bürger regelrecht eingeschüchtert sind. Das verstehe ich. Was meinen Sie, Iwan?«

»In Ihrer Tasche«, sagte ich, »liegt ein Sleg. Gehen Sie ins Badezimmer. ›Dewon‹ finden Sie auf der Konsole – eine Tablette in den Mund, vier ins Wasser. Wodka steht im Schränkchen. Oscar und ich warten hier. Nachher schildern Sie uns, Ihren Arbeitskollegen und Unterstellten, laut und deutlich Ihre Empfindungen und Erlebnisse! Und wir, genauer gesagt Oscar, wird Ihnen zuhören. Ich gehe, schlage ich vor, in der Zwischenzeit nach draußen.«

Maria setzte sich die Brille auf und sah mich unverwandt an. »Glauben Sie, ich werde nichts erzählen? Glauben Sie, ich werde ebenfalls meine dienstliche Pflicht missachten?«

»Das, was Sie erfahren werden, wird keinerlei Beziehung zu Ihrer dienstlichen Pflicht haben. Die dienstliche Pflicht werden Sie vielleicht später verletzen. Wie Riemaier. Das ist der Sleg, Kollegen – ein Mechanismus, der die Fantasie weckt und dorthin lenkt, wohin Sie sie selbst unbewusst – ich betone: unbewusst – lenken möchten. Je weiter Sie vom Tier entfernt sind, desto harmloser ist der Sleg, je näher Sie dem Tier sind, desto mehr möchten Sie die Konspiration wahren. Die Tiere selbst ziehen es ja überhaupt vor zu schweigen. Sie drücken bloß still vergnügt den Hebel.«

»Was für einen Hebel?«

Ich berichtete ihnen von den Ratten.

»Haben Sie es selbst auch probiert?«, wollte Maria wissen.

»Ja.«

»Und?«

»Ich schweige, wie Sie sehen«, sagte ich.

Eine Weile atmete Maria laut. Dann sagte er: »Nun, ich stehe dem Tier nicht näher als Sie. Wie steckt man das Ding hinein?«

Ich setzte den Sleg ein und reichte ihm den Empfänger. Oscar beobachtete uns interessiert.

»Mit Gott«, sagte Maria. »Wo ist das Badezimmer? Nach der Reise muss ich mich ohnehin waschen.«

Er schloss sich im Badezimmer ein, und man hörte, wie er dort alles fallenließ.

»Merkwürdige Sache«, meinte Oscar.

»Das ist keine Sache«, entgegnete ich. »Das ist ein Stück Geschichte. Und Sie wollen es in eine Aktenmappe stecken! Hier geht es nicht um Gangster, das ist sogar einem Igel klar, wie Jurkowski zu sagen pflegte.«

»Wer?«

»Wladimir Sergejewitsch Jurkowski, ein bekannter Planetologe, mit dem ich mal zusammengearbeitet habe.«

»Verstehe«, sagte Oscar. »Übrigens steht auf dem Platz gegenüber dem ›Olympic‹ ein Denkmal für einen Jurkowski.«

»Das ist derselbe.«

»Tatsächlich?«, fragte Oscar. »Ah ja, das ist durchaus möglich ... Nur, das Denkmal hat man ihm nicht errichtet, weil er ein bekannter Planetologe gewesen wäre, sondern weil er zum ersten Mal in der Geschichte der Stadt beim elektronischen Roulette die Bank gesprengt hat. Daraufhin wurde beschlossen, diese Großtat zu verewigen.«

»Ich hatte etwas in der Art erwartet«, murmelte ich traurig.

Im Badezimmer begann die Dusche zu rauschen, und dann hörten wir Maria plötzlich fürchterlich brüllen. Zunächst dachte ich, er hätte eiskaltes statt warmes Wasser laufen lassen, aber er brüllte ohne Unterlass und fluchte schrecklich. Oscar und ich blickten uns an. Oscar war im Großen und Ganzen ruhig; er nahm wohl an, dass sich die Wirkung des Slegs auf diese Weise äußerte, und machte ein mitfühlendes Gesicht. Laut schepperte der Riegel, die Badezimmertür krachte auf, man hörte, wie nackte Füße durch das Schlafzimmer patschten, und der nackte Maria stürzte ins Arbeitszimmer.

»Sagen Sie mal, sind Sie noch ganz bei Trost?«, schrie er mich an. »Was sind das für dreckige Witze?«

Ich erstarrte. Maria sah aus wie ein Zebra. Sein wohlgenährter Körper war bedeckt von giftgrünen vertikalen Rinnsalen. Er brüllte und stampfte, und smaragdene Spritzer flogen umher. Als wir uns gefasst hatten und den Tatort untersuchten, fanden wir heraus, dass in den Duschkegel ein mit grünem Lack getränkter Schwamm gestopft war. Mir fiel Lens Zettel ein, und ich begriff, dass das Wusi gewesen war. Der Vorfall wurde genauestens erörtert. Maria meinte, es handle sich um Spott und eine grobe Verletzung der Subordination. Oscar lachte laut auf. Ich rieb Maria mit der Bürste ab und erklärte ihm die Sache. Dann verkündete er, dass er nun niemandem mehr traue und den Sleg zu Hause ausprobieren werde. Er zog sich an und besprach mit Oscar einen Plan zur Blockade der Stadt.

Ich säuberte die Wanne und sagte mir, dass meine Arbeit im Sicherheitsrat damit wohl beendet war. Jetzt würde es mir schlecht ergehen, und es ging mir auch schon schlecht … Etwas völlig Neues würde beginnen, und ich wusste nicht, womit anfangen. Ich hätte mich gern in die Erörterung des Blockadeplans eingeschaltet, aber nicht, weil ich eine Blockade für unumgänglich hielt, sondern weil es so einfach war – viel einfacher, als den Menschen ihre von den Dingen aufgefressene Seele wiederzugeben und andere zu lehren, die Probleme der Welt wie die eigenen zu betrachten.

»… Diesen Eiterherd von der Welt isolieren, streng isolieren – das ist unsere ganze Philosophie«, erklärte Maria. Das war für mich bestimmt. Oder auch nicht nur für mich. Denn Maria war ein kluger Kopf. Sicherlich begriff er, dass Isolation stets Verteidigung bedeutet, während hier angegriffen werden musste. Doch Maria verstand nur mit Einsatzgruppen anzugreifen, und es war ihm wohl peinlich, das zuzugeben.

Retten. Wieder einmal retten. Wie lange wird man euch retten müssen? Werdet ihr irgendwann einmal lernen, euch selbst zu retten? Warum hört ihr ewig auf die Popen, faschistische Demagogen, blöde Opirs? Warum strengt ihr nicht eure Gehirne an? Warum wollt ihr auf keinen Fall denken? Wieso könnt ihr nicht begreifen, dass die Welt riesengroß, kompliziert und überaus fesselnd ist? Warum findet ihr alles simpel und langweilig? Wodurch unterscheiden sich eure Gehirne von denen eines Rabelais, eines Swift, Lenin oder Einstein, eines Makarenko, Hemingway und Strogow? Irgendwann werde ich müde davon, dachte ich. Irgendwann genügen meine Kraft und meine Zuversicht nicht mehr. Denn ich bin ja genau wie ihr! Nur will ich euch helfen, während ihr mir nicht helfen wollt …

Oben schrie Wusi gellend auf, und Len begann kläglich zu weinen. Ich hörte, wie Oscar im Arbeitszimmer etwas brummte, und wusste plötzlich, dass ich nicht mehr von hier fortgehen würde … Ich bin erst vor drei Tagen angekommen, dachte ich, und weiß nicht, wo ich anfangen und was ich tun soll, aber ich weiß, dass ich bleibe, solange das Einwanderungsgesetz es erlaubt. Und wenn es aufhört, es mir zu erlauben, dann breche ich es.

DIE ERPROBUNG DES SKYBEK

1

Es war eine klare, mondhelle Nacht. Kalt und still. Doch sie beachteten weder die Kälte noch die Stille oder das Mondlicht. Als Akimow bemerkte, dass Nina die Schultern hochzog und ihre Hände unter die Achseln steckte, legte er ihr seine Jacke über. Nina blieb stehen.

»Freust du dich, dass ich gekommen bin?«, fragte sie.

»Sehr. Und du?«

»Sehr! Sehr, mein Lieber!« Sie stellte sich auf die Zehenspitzen und küsste ihn. »Ich bin furchtbar glücklich. Einfach furchtbar.«

Akimow fasste sie an den Schultern und drehte sie, sodass sie beide über das Tal blickten.

»Schau«, sagte er. »Das Graue Sumpfland.«

Über dem Tal hingen weißgraue Nebelschwaden, die in der Ferne zu einer dichten silbrigen Wand verschwammen. Dahinter ragten – wie reglose Wellen – schwarze Hügel auf, und am Horizont schließlich erhoben sich unter dem trübblauen Himmel die blassen Gipfel des Bergrückens. Es war sehr still, und in der Luft lag der Geruch von Tau auf welkem Gras.

»Das Graue Sumpfland«, wiederholte Akimow. »Unser Versuchsgelände.«

»Du hast abgenommen«, stellte Nina fest. »Ist dir nicht kalt?«

»Nein.«

»Und du bist gewachsen.«

»Unmöglich«, erwiderte er. Er spitzte die Lippen und hauchte ein Dampfwölkchen ins Mondlicht hinaus. »Ich fühle mich prächtig, Kleines.«

Sie gingen weiter. Akimow hielt ihre Schultern noch immer umschlungen, und das war wunderbar, wenn auch etwas unbequem, denn er war um einiges größer als sie. Nina sah auf ihre Füße und versuchte, auf den breiten Schatten zu treten, der vor ihr über den Pfad glitt.

Es wird Zeit, dass wir wieder zusammen sind, dachte Akimow. Wir kennen uns schon zwei Jahre und sind doch nur wenige Wochen zusammen gewesen. Als wäre ich ein Sternenfahrer! Wir beginnen einander zu vergessen. Ich erinnere mich zum Beispiel gar nicht mehr daran, wie es ist, wenn sie wütend ist. Ich weiß nur noch, dass sie dann sehr komisch ist. Einfach herrlich. Morgen treibe ich die Skybeks ins Graue Sumpfland, und dann kehren wir nach Hause zurück.

Er blieb stehen und sagte feierlich: »Morgen kehren wir nach Hause zurück – zusammen und für immer.«

»Für immer zusammen …«, wiederholte sie genussvoll. »Ich kann's gar nicht glauben.«

Dann fügte sie hinzu: »Bykow dagegen …« – warum war ihr ausgerechnet Bykow eingefallen? –, »Bykow wird so bald nicht nach Hause zurückkehren.«

Er schwieg.

»Bykow wird viele Jahre fliegen. Tag für Tag, Monat für Monat. Und irgendwo weit entfernt funkelt ein Sternchen …« Sie blickte ihm in die Augen. »Würdest du auch fliegen?«

»Natürlich!«, antwortete er und musste sogar grinsen. »Aber mich würden sie nicht nehmen.«

»Warum?«

»Ich habe mich zu sehr spezialisiert. Für solche Expeditionen brauchen sie Leute mit zwei, drei Fachgebieten. Da kann ich nicht mithalten.«

»Egal«, sagte sie. »Du bist der Beste.«

Lächelnd schloss sie die Augen. Sie konnte mit geschlossenen Augen gehen. Er führte sie.

Morgen kehren wir nach Hause zurück, dachte sie. Bykow dagegen fliegt fort zu den Sternen. Warum muss ich ausgerechnet an ihn denken? Der große, ewig schlecht gelaunte Bykow … Als wir einander vorgestellt wurden, hat er mich irgendwie seltsam angesehen – als ob er auf mich zielte. Oder habe ich mir das nur eingebildet? Er hat kleine, kalte Augen und ein breites Gesicht, das, wie bei den meisten Interplanetariern, ganz fleckig ist von der Sonneneinstrahlung. Im Turboflieger hat er die ganze Zeit geschwiegen und Zeitschriften durchgeblättert …

Sie blickte Akimow von unten herauf an.

»Sag mal, deine … Skybeks, die sind wohl sehr wichtig für die Raumfahrer?«

»Wahrscheinlich.«

»Ja, sieht ganz so aus. Warum sonst wäre Bykow selbst hergekommen, um sie sich anzusehen, nicht wahr?«

»Da hast du recht.«

Ja wirklich, dachte Akimow, warum ist Bykow selbst gekommen?

»Hier sind Stufen.«

Sie hatte gar nicht bemerkt, dass sie einen Hügel hinaufgestiegen waren. Nun führten einige Steinstufen auf eine breite Betonplattform, in deren Mitte eine dunkle, flache Kuppel aus gewelltem Polymer zu sehen war. Die Kuppel war feucht vom Tau, und der Mond ließ glänzende Lichtreflexe darauf erscheinen.

»Was ist das?«, fragte Nina.

»Unsere Werkstatt«, antwortete Akimow. »Hier halten wir unsere Schäfchen. Willst du sie dir ansehen?«

»Natürlich.«

»Dabei kannst du dich auch ein wenig aufwärmen.«

Akimow führte sie zur Kuppel. Der breite Schatten glitt nun neben ihnen über den Beton. Auch der Beton war taufeucht und glänzte im Mondlicht. Sie gingen um die Kuppel herum. Akimow kramte in seiner Tasche, holte eine kleine, flache Pfeife heraus und setzte sie an die Lippen. Nina schaffte es nicht mehr, sich die Ohren zuzuhalten, und spürte einen unangenehmen Druck auf dem Trommelfell; ärgerlich zog sie die Brauen zusammen. Ein Segment der Kuppel fuhr mit leisem Surren beiseite und gab einen niedrigen, rechteckigen Durchgang frei.

»Ich kann Ultraschall nicht ausstehen!«, beklagte sich Nina. »Was ist so schlecht an einem normalen Schloss?«

»Dafür kann ich nichts«, sagte Akimow. »Das war Sermus' Idee. Hineinspaziert.«

Sie betraten die Kuppel. Sofort schloss sich hinter ihnen die Tür, und das Licht in der Werkstatt schaltete sich ein.

»Oh«, rief Nina überrascht, wich einen Schritt zurück und stieg Akimow auf den Fuß. Akimow hielt sie an den Schultern fest.

»Keine Angst, Kleines«, sagte er gut gelaunt.

Nur wenige Schritte vor ihnen stand eine seltsame Apparatur. Nina, die seit einigen Jahren als Automateneinrichterin arbeitete, hatte schon mit diversen skurrilen Maschinen zu tun gehabt, aber ein solches Ungetüm hatte sie noch nie gesehen. Äußerlich ähnelte es einer riesigen, aufrecht stehenden Ameise: Der flachgedrückte, ovale Rumpf ruhte auf sechs Gelenkhebeln, darüber erhob sich wie ein Ausrufezeichen eine Mischung aus Brust und Hals, gekrönt von einem schweren Kopf mit Hörnern und winzigen, trüben Augen. Vorn am Brustpanzer hingen, wie die Vorderpfoten eines Kängurus, starke, dreifach zusammengeklappte Greifwerkzeuge. Die Maschine war fliederfarben und etwa so groß wie ein einjähriges Kalb. Auf ihrem Rücken war deutlich eine schwarze Zwei zu erkennen.

Nina blickte sich um. Etwas abseits standen zwei weitere dieser Ungetüme, die auf der Rückseite mit einer Eins beziehungsweise einer Drei gekennzeichnet waren.

»Das sind die Skybeks?«

»Ja«, antwortete Akimow. »SKYBEK bedeutet ›System Kybernetischer Kundschafter‹. Das hier sind eigentlich die ›Kentauren‹. Sehen toll aus, nicht wahr?«

»So kann man es auch sagen«, flüsterte Nina. »Weißt du, woran sie mich erinnern? An Gottesanbeterinnen.«

»Gottesanbeterinnen?« Akimow betrachtete die Maschinen interessiert, als sähe er sie zum ersten Mal. »Stimmt, sie sehen wirklich wie Insekten aus. Aber wir haben sie nun mal Kentauren genannt. Passt doch auch, oder? Komm.«

Sie gingen zu einem Tisch im hinteren Bereich der Werkstatt. Wie auf ein Kommando wandten sich die Köpfe der gottesanbetenden Kentauren nach ihnen um. Es war irgendwie unwirklich. Überrascht blieb Nina stehen.

»Verfolgen sie uns?«, fragte sie leise.

»Nicht *uns*«, antwortete Akimow. »Dich. Mich kennen sie ja. Und außerdem heißt es nicht ›sie‹, sondern ›er‹.«

»Wer?«

»Er. Orang.«

Erst jetzt bemerkte Nina hinter den Kentauren eins und drei etwas, das aussah wie ein Tank, den man auf breite Antriebsketten gestellt hatte. Im oberen Teil des Tanks blinkten lebhaft einige bunte Lämpchen.

»Orang?«, wiederholte Nina. »Dann ist ja alles klar. Keine Fragen mehr.«

»Ich erkläre es dir.« Akimow führte Nina zu dem Tisch und setzte sie auf den einzigen Hocker, der dort stand. »Weißt du, SKYBEK ist ein System aus kybernetisch miteinander verbundenen Robotern. Orang ist das Steuerorgan dieses Systems, sein Großhirn sozusagen, und die Kentauren seine Effektoren, die ausführenden Organe. Orang und die drei

Kentauren sind also eigentlich ein Organismus, dessen Bestandteile allerdings nicht mechanisch miteinander verbunden sind. Orang steuert die Kentauren, wie wir unsere Arme und Beine steuern, oder unsere Augen. Er steuert sie aus der Ferne. Im Moment betrachtet er dich zum Beispiel mit den Augen seiner Kentauren.«

»Das soll er mal lieber bleiben lassen.« Demonstrativ drehte Nina den Robotern den Rücken zu, fragte dann aber doch: »Und das alles hast du erfunden?«

»Aber nein!«, entgegnete Akimow und musste unwillkürlich lachen. »Natürlich nicht. Ich bin nur der Programmierer. Das System ist von sechs werkeigenen Labors und zwei Instituten entwickelt worden. Sermus und ich hatten nur noch die Feinjustierung, also die Präzisionsprogrammierung zu erledigen. Allerdings …«

Nina blickte sich um: Kentaur Nummer drei kam auf sie zu. Ohne Hast bewegte er sich auf seinen sechs Beinen seitwärts und wackelte dabei leicht mit dem Kopf.

»Sie wünschen, Genosse?«, fragte Nina.

Der Kentaur blieb stehen.

»Siehst du, Orang will dich näher kennenlernen«, sagte Akimow. »Er ist nun mal sehr neugierig.«

»Danke, vielleicht ein andermal.«

Akimow lachte erneut und holte die Ultraschallpfeife aus der Tasche. Nina hielt sich die Ohren zu. Akimow pfiff, und der Kentaur zog sich gleichermaßen bedächtig wieder zurück. Nina folgte ihm mit neugierigem Blick.

»Seltsame Form für eine Maschine«, bemerkte sie. »Wirklich, wie eine Gottesanbeterin.«

Akimow erklärte: »Für einen Effektor finde ich diese Form sehr sinnvoll. Außerdem haben nicht wir sie erfunden.«

»Wer dann?«

»Orang.«

Nina kaute auf ihrer Lippe und blickte zu Orang hinüber. Der fliederfarbene Tank mit dem Kettenantrieb machte einen friedlichen Eindruck.

»Sag mal«, begann Nina. »Wie ist das ›Gehirn‹ dieses Systems eigentlich aufgebaut? Doch nicht aus Halbleitern, oder?«

Akimow lachte. »Also doch neugierig geworden? Ich sag's ja: einmal Ingenieur, immer Ingenieur.«

Doch Nina antwortete nicht.

Das SKYBEK war ein überaus komplexes System, das kontinuierlich die Umgebung sondierte und auf Veränderungen reagierte. Die Anforderungen an das Hauptprogramm bestanden folglich darin, die verschiedensten Informationen über die aktuelle Situation zu sammeln und zu übermitteln. Um ein solches System zu entwickeln, hatte man sich von den klassischen Formen kybernetischer Technik – von Halbleitern, porösen Polymer-Metall-Verbundwerkstoffen oder Hohlleiter-Anordnungen – verabschieden müssen. Ein grundsätzlich neuer Ansatz war nötig gewesen, und dieser bestand in der Verwendung komplexer quantenentarteter Kristalle, die, wenn man sie fast bis auf den absoluten Nullpunkt herabkühlte, je nach Eingangssignal bestimmte isomere Übergänge vollzogen. Außerdem hatte man Verfahren entwickelt, diese Übergänge zu erfassen und in Signale umzuwandeln, die an die Effektoren übertragen werden konnten.

Nina seufzte: »Nein, das ist mir zu kompliziert. Entartete Kristalle ... isomere Übergänge ...«

»Ich habe dir immer gesagt, dass du dich mit Theorie befassen sollst«, meinte Akimow belehrend.

»Und wann, bitte schön? Ich zeichne immerhin.«

»Ach ja, natürlich ... Das hatte ich ganz vergessen.«

Er beugte sich zu ihr herab, nahm ihre Hände und legte sie an seine Wangen, die heiß und stachlig waren.

»Du solltest dich mal wieder rasieren«, flüsterte sie.

»Mhm.«

Er war selig vor Glück. Für immer zusammen, dachte er. Für immer.

Die fliederfarbenen Ungetüme starrten sie ehrfürchtig an, und Orang blinkte melancholisch mit seinen bunten Lämpchen.

»Warum haben sie eigentlich diese Farbe?«, fragte Nina.

Akimow zuckte mit den Schultern. »Woher soll ich das wissen? Wären sie orange, würdest du fragen, warum sie orange sind. Das ist Orangs Entscheidung – heute Morgen waren sie gelb.«

Belustigt prustete Nina los, verschluckte sich und musste husten. Akimow klopfte ihr auf den Rücken.

»Ich meine das ganz ernst«, erklärte er. »Es ist ein sich selbst organisierendes System, dessen Parameter Orang festlegt. Welche Faktoren der jeweiligen Farbwahl zugrunde liegen, weiß nur er. Wir können darüber nur spekulieren. Vielleicht ist es ja wegen dir.«

»Was für ein dreister Kerl«, bemerkte Nina. »Was er damit wohl sagen will? Schließlich hätte er auch dich lila anmalen können. Oder gelb.«

Plötzlich musste sie wieder an Bykow denken und verstummte. Akimow saß mit geschlossenen Augen da und dachte an ihre weichen, warmen, starken Hände.

»Glaubst du denn«, fuhr Nina fort, »dass sie Bykow helfen werden? Glaubst du, er rechnet wirklich mit ihnen?«

»Davon gehe ich aus. Jedenfalls kommt er mit ihnen besser zurecht als ohne sie. Das Risiko ist kleiner. Zum Beispiel, wenn Bykow auf einem unbekannten Planeten landet. Man weiß ja im Voraus nichts darüber. Nicht einmal, ob er überhaupt existiert. Er landet also. Gut möglich, dass es dort Steine gibt, die explodieren, sobald man darauf tritt. Oder Ozeane aus Fluorwasserstoff. Oder elektrische Entladungen von Millionen Volt. Kurzum: Der Planet ist unbekannt und gefährlich. Also schickt Bykow erst einmal die Skybeks aus, zur Erkundung. Sie bringen alles in Erfahrung, erstatten Bericht und geben Empfehlungen ab, was die weiteren Schritte angeht. So stelle ich mir das vor.«

»Dann ist es natürlich sehr wichtig«, stellte Nina fest.

»Ja.«

Wenn Bykow sich überhaupt zur Landung entschließt, dachte Akimow. Wenn es dort überhaupt eine Möglichkeit gibt zu landen. Aber vor allem: Warum ist Bykow selbst gekommen? Warum nicht sein Kybernetiker?

»Ich fände es wirklich toll, wenn Bykow die Skybeks gefielen«, sagte Nina.

»Ich auch. Morgen wird er sie sich ansehen. Als eine Art Generalprobe schicken wir unsere Panurg'sche Herde durch das Graue Sumpfland. Zehn Kilometer voller Überraschungen und Abenteuer.«

»Was für Überraschungen?«

»Alle möglichen.« Er blickte auf die Uhr. »Kleines, wir haben noch ganze sechs Stunden! Gehen wir zu mir, ich mache dir einen Tee. Einen wunderbaren heißen Tee ...«

Sie verließen die Werkstatt (die fliederfarbenen Kentauren nickten ihnen hinterher, ohne sich von der Stelle zu rühren) und blieben am Rand der Betonplattform stehen.

Die Nacht neigte sich ihrem Ende zu. Der Nebel über dem Grauen Sumpfland wurde dichter, und der Himmel im Osten allmählich heller. Über den bleichen Schatten des fernen Gebirges hing ein heller Stern – der künstliche Satellit »Typhoeus«, von dem aus Bykows gigantisches photonengetriebenes Raumschiff in den interplanetaren Raum starten würde.

2

Am Morgen krochen von Süden schwere Wolken heran, und feiner Wasserstaub begann auf die Erde herabzurieseln. Der Nebel über dem Grauen Sumpfland hatte sich jedoch gelichtet. Büsche mit vergilbtem Laub waren zu sehen, bultenartige Erhebungen mit struppigem Gras und dunkle Moorpfützen.

Gegen elf Uhr hielt ein Geländefahrzeug mit Kugelrädern vor der Werkstatt. Ein großer Mann mit untersetzter Statur und einem dunklen, unbeweglichen Gesicht stieg schwerfällig aus dem Wagen: Es war Anton Bykow, der berühmte Sternenfahrer, Sohn und Enkel von Sternenfahrern, Kommandeur des photonengetriebenen Raumschiffs »Strahl«. Schweigend reichte er zunächst Akimow, dann Sermus die Hand und nickte auch Nina zu, die, eingehüllt in ihren violetten Mantel, etwas abseits stand.

»Guten Tag, Genosse Bykow. Können wir anfangen?«, fragte Akimow.

»Wir können«, antwortete Bykow. Seine Stimme klang dumpf und farblos.

Sermus, der einen sehr nervösen und deshalb ungewöhnlich fahrigen Eindruck machte, setzte seine kleine Pfeife an die Lippen und pfiff dreimal lautlos. Die Tür zur Werkstatt glitt zur Seite. Sermus pfiff noch einmal.

Zuerst stürzten die fliederfarbenen Kentauren wie Rennpferde aus dem Stall hervor, liefen im Gänsemarsch den Hang hinunter, machten komische Schwenkbewegungen mit ihren gehörnten Köpfen, als wollten sie sich umsehen, und verharrten dann reglos. Danach ertönte eine Art Zirpen, und Orang rollte aus der Werkstatt. Bykow räusperte sich, woraufhin sich Orang und die Kentauren wie von Zauberhand stahlgrau färbten.

Orang wälzte sich über den Rand der Plattform, kroch vorsichtig den Hügel hinab und kam neben den Kentauren zum Stehen.

»Sie gestatten: Unsere eiserne Kinderschar«, sagte Sermus.

Akimow musste grinsen. Zum einen enthielt diese »Kinderschar« nicht ein einziges Atom Eisen, denn sie bestand komplett aus siliziumorganischen Kunststoffen. Ihr Antrieb war biochemisch, und die Energie dafür entstand unmittelbar dort, wo sie gebraucht wurde, nämlich in den einzelnen Bauteilen selbst. Zum anderen wirkte Sermus' pathetische Ausdrucksweise unangemessen; Sermus war ein guter Kerl, neigte aber bisweilen zur Sentimentalität. Akimow schielte zu Bykow hinüber. Dieser nickte nur, ohne den Blick von den Robotern abzuwenden.

Akimow räusperte sich und erklärte: »Die Aufgabe besteht in der detaillierten Erkundung des Grauen Sumpflands auf einem fünfhundert Meter breiten Streifen, der exakt von Norden nach Süden verläuft. Die Länge der Strecke beträgt zehn Kilometer. Das Fortkommen wird durch verschiedene künstliche Hindernisse erschwert.«

Er hielt inne, da er meinte, Bykow werde sich nach den Hindernissen erkundigen. Dieser sagte jedoch nichts, sondern sah zu den Robotern hinüber und wischte sich von Zeit zu Zeit mit einem Tuch die Feuchtigkeit vom Gesicht.

Akimow fuhr fort: »Nach der Landung auf einem unbekannten Planeten ist es von Vorteil, die Skybeks zunächst in Form einer Spirale ausschwärmen zu lassen. Für die heutige Übung habe ich jedoch anders entschieden, da etwa sieben Kilometer nördlich von hier eine Landstraße vorbeiführt. Zu viel Verkehr.«

»Befürchten Sie, dass die Roboter auf der Landstraße etwas anstellen?«, fragte Bykow mit tonloser Stimme.

»Na ja …« Akimow warf Sermus einen Blick zu, drehte sich zu Nina um und lächelte. »Vor einem Jahr hat es einen kleinen Zwischenfall gegeben.«

Bykow wandte sich schließlich von den Robotern ab und starrte Akimow an. Er hatte kleine, blasse Augen ohne Wimpern und einen stechenden Blick.

»Und zwar?«, hakte er nach.

Vor einem Jahr hatten Akimow und Sermus – lange vor Abschluss der Feinjustierung – mit dem System einen ersten Probelauf gemacht. Damals sollten die Kentauren durch den Kiefernwald bis zur Landstraße vordringen, den Funkmast der dortigen Relaisstation erreichen, einen Baumstamm von dreißig Zentimetern Durchmesser absägen und wieder zurückkehren. Zuerst lief alles bestens. Die Kentauren durchquerten den Wald fast wie vorgesehen, sondierten kurz die Landstraße, erreichten den Mast – und sägten ihn ab.

»Den Funkmast?«, fragte Bykow verwundert.

»Ja. Woraufhin wir Probleme mit den Funkern bekamen.«

Bykow schüttelte den Kopf und sagte: »Hätte schlimmer kommen können. Stellen Sie sich vor, dort hätte statt des Mastes einer der Funker gestanden … zersägt in Ausübung seiner Dienstpflichten.«

Dieses plötzliche Aufflackern kosmonautischen Humors quittierte Akimow mit höflichem Lächeln. Sermus hingegen nahm wie immer alles ernst.

»O nein«, ereiferte er sich. »Das ist, mit Verlaub, absolut unmöglich. Niemals würden die Roboter einem Menschen Schaden zufügen.«

»Ein solcher Vorfall ist jetzt natürlich völlig ausgeschlossen«, bestätigte Akimow. »Aber wenden wir uns den positiven Dingen zu … Alles bereit, Sermus?«

»Jawohl.«

»Dann los.«

Sermus setzte die Pfeife an die Lippen, und die Erprobung des SKYBEK begann. Die Kentauren bewegten sich ohne Hast vorwärts. Sie gingen im Zickzack, trafen bald zusammen, bald gingen sie wieder auseinander, stapften durch Pfützen und zwängten sich durchs Gebüsch. Orang zuckelte im Abstand von etwa zwanzig Metern hinterher. Seine Lämpchen blinkten bunt, während er mit seinen Ketten über das nasse Riedgras walzte.

Akimow wandte sich Bykow zu. »In der Werkstatt gibt es verschiedene Monitore. Von dort aus können wir das System mit etwas Abstand oder mit den Augen der Kentauren beobachten, wie Sie wollen.«

»Ich würde ihnen lieber hinterherfahren.«

»Auch eine Möglichkeit«, erwiderte Akimow. »Orang überträgt die Erkundungsdaten aber auch in die Werkstatt.«

»Die Erkundungsdaten interessieren mich nicht«, sagte Bykow und ging auf das Geländefahrzeug zu.

»Aber das Verfahren der Informationsübertragung ...«, begann Sermus verwirrt.

»Das Verfahren der Informationsübertragung interessiert mich nicht«, unterbrach ihn Bykow, ohne sich umzudrehen.

Und was interessiert dich dann, du alte Schildkröte?, dachte Akimow. Am liebsten hätte er ihm eins mit der Faust auf den dicken braunen Hals gegeben. Bykow gefiel ihm nicht. Außerdem war ihm klargeworden, dass der Weltraumnavigator, dieser alte Planetenwolf, die grandiosen Eigenschaften der Skybeks gar nicht zu würdigen wusste. Er würde bestenfalls lustlos applaudieren und sich ein billigendes Lächeln abringen. Wenn er das überhaupt konnte. Hol ihn doch der Teufel! Doch da fiel Akimow wieder ein, dass die Erprobung in zwei bis drei Stunden beendet sein würde. Danach würden er und Nina nach Hause fahren, Bykow aber würde jahrelang, wenn nicht für immer, zu den Sternen fliegen. Akimow ließ Nina im Geländewagen Platz nehmen, setzte sich daneben und lehnte sich mit der Schulter an sie. Sie lächelte, aber irgendwie unsicher. Der Geländewagen setzte sich knurrend in Bewegung und fuhr langsam, über die Bulten hinweg, Orangs Lämpchen hinterher.

Es regnete noch immer, aber die Spektrolit-Haube des Geländefahrzeugs blieb sauber und durchsichtig. Etwa fünfzig Meter vor ihnen zeichneten sich die grauen Gestalten der Kentauren durch den Wasserschleier hindurch ab. Orang war weit zurückgefallen und kroch nun rechts neben dem Geländefahrzeug her. Mit seiner ungeschickten, gutmütigen Art ähnelte er auf erstaunliche Weise einem nassen, grauen Elefantenbaby.

Akimow, der hinter Bykow saß, sagte in dessen breiten Rücken: »Sollte es nötig sein, können sich die Kentauren von ihrem ›Gehirn‹ bis auf fünf, sechs, ja sogar acht Kilometer entfernen.«

Der breite Rücken regte sich nicht einmal. Akimow spürte, wie ihm das Blut in den Kopf stieg.

»Falls die Funkverbindung abbrechen sollte«, fuhr er fort, diesmal mit erhobener Stimme, »kehren die Kentauren von selbst um und machen sich auf die Suche nach ihrem ›Gehirn‹. Sie schalten dann auf optische und akustische Signalgebung um. Sie suchen also selbst«, wiederholte er noch einmal.

Nina legte ihre Finger auf die seinen. Sermus hüstelte verlegen in seine weiche, rundliche Hand. Als der Geländewagen einen bemoosten Baumstumpf umfuhr, neigte er sich steil zur Seite, und plötzlich blickte Akimow direkt in Bykows Augen. Er sah sie nur eine Sekunde lang im ovalen Rückspiegel des Fahrers. Sie musterten ihn mit einer seltsamen Anspannung. Dann richtete sich das Geländefahrzeug wieder auf, und das Spiegelbild zeigte erneut leicht angegraute Haare über einer braungebrannten Stirn, die im Rhythmus der Fahrt auf und ab hüpften.

Sermus räusperte sich erneut, beugte sich galant zu Nina hinüber und sagte: »Wahrhaft prachtvolle Maschinen, finden Sie nicht auch, Nina Iwanowna?«

Nina lächelte ihn an und sah dann zu Akimow hinüber. Dieser blickte finster und kaute auf seinen Lippen herum. Wenigstens war er nicht mehr wütend. Nina sagte: »Sie sind zu klug, Ihre Maschinen.«

Sermus strahlte und nickte mehrmals.

»Oh, das ist noch gar nichts, Nina Iwanowna. Das Interessanteste kommt noch.«

Etwa vierzig Minuten vergingen. Inzwischen hatten sie die Hälfte der Strecke zurückgelegt. Die Kentauren liefen geschäftig, ja ein wenig hastig hin und her, wie eine Koppel Jagdhunde, und blieben von Zeit zu Zeit stehen, um den Boden unter ihren Füßen zu inspizieren. Wenn sie liefen, schwankten ihre langen Brust-Hals-Segmente mit den gehörnten Köpfen gleichmäßig hin und her. Unermüdlich schlugen sie sich durch das dichte Gestrüpp, legten für Orang breite Schneisen frei, wateten ohne zu zögern durch Bäche und sumpfige Abschnitte und errichteten für Orang stabile Dämme aus Zweigen und trockenen Grasbündeln.

Dann erreichten sie das Ufer eines rötlichen Moorsees – die heikelste Stelle des Grauen Sumpflands. Die Kentauren zögerten, sprangen vor und zurück, wobei sie mitunter bis zum Bauch im Schlamm versanken. Dann aber warfen sie sich ins Wasser und schwammen los, sodass sich hinter ihnen gelber Schaum bildete. Orang hingegen nahm einen Umweg, zwängte sich zwischen dem See und dem Rand des Fünfhundert-Meter-Streifens hindurch und empfing die schlammverschmierten und mit glitschigen Algen behängten Kentauren am gegenüberliegenden Ufer.

Nina klatschte in die Hände. Sermus lächelte und sagte: »Er hat uns überlistet. Aber das ist noch gar nichts.«

Er blickte sich um, überlegte einen Augenblick und wandte sich an Akimow: »Wäre es jetzt nicht an der Zeit?«

Akimow nickte. Sermus holte aus seiner Brusttasche das schwarze Gehäuse eines Radiofons und drückte auf die Ruftaste.

»Archangelski hört«, ertönte eine schwache Stimme.

»Hier spricht Sermus. Es geht los, Kolja.«

»Zu Befehl, Ernest Karlowitsch!«

Sermus steckte das Radiofon wieder ein und streckte den Hals, um über den Fahrer hinweg nach vorne zu schauen.

Das Geländefahrzeug fuhr nahezu geräuschlos, sodass sie das abgehackte mechanische Aufheulen und das metallische Quietschen und Scheppern, das sich plötzlich erhob, sofort vernahmen. Noch wussten sie nicht, woher es kam. Nina spürte, wie ihr ein unangenehmes Schaudern den Rücken hinunterlief. Irgendwo tief in ihrem Innern weckten die Geräusche seltsame Bilder, die unheimlich und abscheulich waren. Wahrscheinlich war ihr Urgroßvater daran schuld, ein Artillerist, der laut Familienüberlieferung vier Jahre lang auf den rauchenden Feldern des Großen Krieges gegen faschistische Panzer gekämpft hatte.

Tatsächlich: Es war ein Panzer. Eine altertümliche Kriegsmaschine, breit und geduckt, übersät von grellorangefarbenen Rostflecken. Er war urplötzlich seitlich von ihnen auf dem höchsten Punkt des Hügels aufgetaucht und rollte nun schlammspritzend auf die Kentauren zu, die stehen geblieben waren.

»Imitation einer externen Bedrohung«, kommentierte Akimow. »Der Panzer wird von einem kybernetischen Fahrer gelenkt, der auf seine Steuerfrequenz eingestellt ist.«

»Wo habt ihr den ausgegraben?«, murmelte Bykow. »Ist der etwa gefechtsbereit?«

»Nein«, antwortete Akimow.

Wirklich, wo haben sie den ausgegraben?, dachte Nina. Die letzten Panzer waren vor Jahrzehnten in die Hochöfen gewandert. Dieses einmalige Exemplar aufzutreiben war bestimmt nicht einfach gewesen.

Die Kentauren warteten ab. Orang schob sich langsam näher an das Geländefahrzeug heran. Er schien zu schwanken, gleichsam unschlüssig, was zu unternehmen sei. Sein künstliches Gehirn arbeitete jetzt mit rasender Geschwindigkeit: Kristallgitter orientierten sich neu, ungeheuere, nie zuvor registrierte molekulare Verbindungen bildeten sich, um im nächsten Augenblick wieder zu zerfallen, elektronische Wirbelstürme entstanden und wurden von kaum merklichen Turbulenzen abgelöst ... Orang dachte nach, suchte nach Analogien, verglich und berechnete. Noch aber reichte die Datenmenge nicht aus. Nina musste an die echten, lebendigen Menschen denken, die vor langer Zeit zum ersten Mal einem Panzer gegenübergestanden hatten.

»Wird der Panzer sie überrollen?«, flüsterte sie.

»Dann wäre all unsere Arbeit umsonst gewesen«, antwortete Akimow. Er war aufgestanden, um besser sehen zu können, und hielt sich an einer Sitzlehne fest. »Na endlich!«

Die Kentauren formierten sich neu und stellten sich dem Panzer in einer Reihe entgegen. Dieser bewegte sich auf die Nummer eins zu, die ganz links stand. Der Regenschleier verzerrte die Perspektive; es schien, als befände sich der Panzer bereits mitten unter den Kentauren. Nina fand, dass sich die sechsbeinigen Roboter im Vergleich zu dieser plumpen, bösartigen Maschine mit erstaunlicher Leichtigkeit bewegten. Sie waren geradezu grazil und tänzelten auf der Stelle, wie ein Boxer vor dem Kampf.

Erst im letzten Augenblick, als die mit feuchter Erde beschmierten Ketten bereits über Kentaur Nummer eins zu hängen schienen, sprang dieser zur Seite. Der Panzer machte einen Satz über mehrere Meter, woraufhin sich eine Woge schmutzigen Wassers über den Kentauren ergoss. Dann stieß der Panzer eine blaugraue Rauchwolke aus und machte brüllend auf einer Kette kehrt.

Die Kentauren formierten sich wieder neu. Der »Einser« tänzelte noch immer an der gleichen Stelle, während Nummer zwei und drei die Position wechselten, um dem Panzer den Weg zu Orang abzuschneiden. Dieser zog sich inzwischen ohne Hast, ja beinahe träge, noch etwas weiter zurück, dann erloschen auf einmal die Lämpchen auf seinem Gehäuse. Der Panzer stürzte rasselnd und scheppernd los, blind vor Raserei wie ein großes Nashorn. Die Kentauren traten erneut ein wenig auseinander und warteten noch immer tänzelnd ab. Plötzlich blitzte an Orangs grauen Seitenwänden erneut ein kompliziertes Lichtmuster auf, und im selben Moment kam der Panzer zum Stehen. Er stand still, als hätte man ihn festgekettet, und das überdrehte Brüllen des Motors verstummte auf einen Schlag. Blitzschnell kletterten die drei Kentauren auf den Panzer und hantierten dort zielstrebig mit ihren Greifwerkzeugen herum. Orang stand daneben, surrte behaglich vor sich hin und blinkte vollkommen gleichmütig mit seinen bunten Lämpchen.

»Orang hat die Stellfrequenz geändert«, erklärte Akimow.

Nina holte tief Luft und sagte: »Ich dachte schon, dass Orang ihn vernichten wird.«

»Aber wozu denn?«, rief Sermus mit durchdringender Stimme. »Orang hat schlicht und einfach die Steuerung übernommen! Wozu zerstören, was man nutzen kann? Bravo, Orang! Ausgezeichnet!«

»Was kommt jetzt?«, fragte Bykow mit hölzerner Stimme.

»Warten wir's ab«, antwortete Akimow zurückhaltend.

»Wissen Sie das etwa nicht?«

»Ich nehme es an«, sagte Akimow.

Sogleich berührte Nina mit der Hand seinen Ärmel.

Die Kentauren ließen von dem Panzer ab, bildeten eine Kette und liefen weiter. Orang folgte ihnen, und auch der Panzer schüttelte sich plötzlich, machte unbeholfen auf seinen rasselnden Ketten kehrt und kroch ihnen hinterher. Traurig wankte er über die Bulten; an seinen rostigen Seiten lief das Regenwasser in Strömen herab. Er machte jetzt einen sehr friedfertigen, ja demütigen Eindruck.

»Wir verlieren den Anschluss«, warnte Bykow. »Weiter.«

Das Geländefahrzeug holte Orang ein und fuhr neben ihm her. Orangs Ketten patschten beflissen durch das nasse Gras (als wäre nichts passiert, dachte Nina). Etwas weiter links kroch der besiegte Panzer schlammspritzend vor sich hin und hinterließ eine lange Fahne blaugrauen Rauchs. Die Kentauren liefen etwa dreißig Meter voraus. Jetzt hatten sie sich smaragdgrün gefärbt.

Der Regen war etwas stärker geworden, als vor ihnen eine lange, hohe Mauer aus riesigen Granitblöcken auftauchte. Die Mauer verlief quer über den gesamten Erprobungsstreifen und machte einen sehr stabilen Eindruck. Sermus rieb sich eifrig die Hände und hüstelte spöttisch.

Die Kentauren schlichen sich langsam an die Mauer heran und tasteten sie mit ihren Greifwerkzeugen ab. Dann trennten sie sich plötzlich und liefen das steinerne Hindernis entlang – einer nach rechts, zwei nach links. Orang hatte sich seitlich zur Mauer in Stellung gebracht und schien abzuwarten.

»Gehen wir ein wenig auf Abstand«, bat Akimow den Fahrer. Das Geländefahrzeug setzte einige Meter zurück. »Gut, das reicht«, sagte er.

Die Kentauren liefen wieder zusammen und stellten sich vor der Mauer in einer Reihe auf. Orang fuhr gemächlich zu ihnen und stellte sich neben sie. Der verwaiste Panzer stand abseits, von allen verlassen und vergessen.

»Schützt eure Augen«, riet Akimow.

Auf einmal krachte es, dann glitt ein gleißend violetter Blitz über das graue Gestein. Die Mauer erbebte. Wumm! Wumm! Eine Fontäne aus grauem Staub und Granitgestein stob empor. Wumm! Wumm! Himbeerrote Flecken blitzten über den Granit, und man sah, wie zyklopische Felsblöcke in alle Richtungen flogen, bis die Mauer in sich zusammensank, durchzogen von breiten, hässlichen Rissen. Wumm! Krach! Die Kentauren und Orang beschossen das Hindernis der Reihe nach mit winzigen Ampullen, in denen sich zwischen Magnetringen kleine Mengen Deuteriumplasma befanden. Sie feuerten in aller Ruhe, gleichmütig, ohne Hast.

Nach einer Minute war alles vorbei. Der Beschuss hörte auf, und plötzlich war es so still, dass man das Zischen und Knacken des glühenden Gerölls hören konnte. Die Kentauren liefen in die breite Bresche hinein, die noch immer in eine graue Wolke aus Rauch und Staub gehüllt war. Orang wartete ab, ließ dem Panzer den Vortritt und tauchte dann ebenfalls in die heiße Wolke ein.

»Gut«, sagte Bykow kurz.

Akimow fing erneut seinen Blick im Spiegel ein: diesen seltsam angespannten Blick, als ob der Interplanetarier etwas sagen wollte, sich aber nicht dazu durchringen konnte. Etwas beunruhigte den berühmten Bykow, und diese Unruhe hing auf unerklärliche Weise mit ihm, Akimow, dem einfachen Programmingenieur, zusammen. Merkwürdig.

Nun passierte auch das Geländefahrzeug die Bresche. Einige Male schrammte es schwer über herumliegende Granitbrocken. Die Mauer war tatsächlich sehr dick: mindestens zwei Meter.

»Sehen Sie dort, Nina Iwanowna«, sagte Sermus triumphierend. »Dieser Pfahl markiert das Ende der Strecke. Zunächst aber wird sich noch etwas sehr Interessantes ereignen.«

Im selben Augenblick, als Nina den weißen Pfahl ausmachte, blieb Orang stehen. Die Kentauren liefen noch eine Weile weiter, dann hielten auch sie an und begannen sich wieder zurückzuziehen. Ganz vorsichtig gingen sie rückwärts, blieben neben Orang stehen und färbten sich allmählich rot.

»Schaut doch«, flüsterte Nina. »Sie sind rot geworden! Es ist ihnen peinlich …«

»Sollte er es wirklich gespürt haben?«, fragte Sermus ehrfürchtig.

»Was gespürt?«, wollte Nina wissen.

Offenbar hatte Orang eine Entscheidung getroffen. Der Panzer, der bis dahin demütig und still danebengestanden hatte, lebte plötzlich wieder auf. Sein Motor brummte los, Schlammklumpen flogen unter den Ketten hervor, dann stürzte er krachend und scheppernd auf den Pfahl zu, das lang ersehnte Ziel … Niemand schaffte es, auch nur ein Wort zu sagen, da ertönte schon ein Donnerschlag; unter den Antriebsketten des Panzers schoss ein orangefarbener Feuerfächer empor, das Monstrum machte einen Satz und verharrte dann reglos an Ort und Stelle, schief, rußgeschwärzt und schwer beschädigt. Dichter schwarzer Rauch drang daraus hervor und legte sich als fetter Rußfilm auf die Moorlandschaft.

»Er hat es tatsächlich erkannt!«, rief Sermus. »Jetzt wird er die Minenräumaktion einleiten!«

»Imitation einer x-Situation«, beeilte sich Akimow zu erläutern.

»Einer was?«, fragte Bykow.

»Einer x-Situation. Einer Situation, die sich nicht voraussehen lässt. Ein Minenfeld.«

»Das wird ja immer besser«, murmelte Bykow. »Ganz wie in den alten Filmen …«

»Orang hat Minen entdeckt?«, fragte Nina.

»Ja, ja«, antwortete Sermus ungeduldig. »Jetzt wird er sie räumen lassen.«

Doch Orang ließ sie nicht räumen. Jedenfalls nicht so, wie Sermus es erwartet hatte. Die Kentauren betraten nicht etwa das Feld, um die Minen auszugraben und ihre Zünder herauszuschrauben. Stattdessen stiegen alle drei auf den brennenden Panzer und eröffneten das Feuer. Noch bevor die geblendeten und vom Lärm fast tauben Beobachter wieder zu sich kamen, erstreckte sich über das gesamte Minenfeld bis hin zu dem weißen Pfahl – der nun nicht mehr weiß, sondern schwarz vor Ruß und Staub war – ein breiter Streifen umgepflügter Erde mit Pfützen aus kochend heißem Wasser. Die inzwischen blassblau gefärbten Kentauren näherten sich eilends dem Pfahl, beschnupperten ihn, nahmen wieder eine stahlgraue Farbe an und kehrten zu Orang zurück. Die Erprobung war abgeschlossen.

»Das war's«, sagte Akimow erschöpft. »Jetzt können wir nach Hause fahren.«

Nina lächelte glücklich.

»Für immer zusammen«, flüsterte sie.

Auf einmal drehte sich Bykow zu ihnen um.

»Ihre Roboter gefallen mir«, sagte er. »Wir werden sie brauchen. Und noch etwas …« Er schwieg eine Weile. »Ich muss mit Ihnen sprechen, Akimow. Wenn es Ihnen keine Umstände bereitet, kommen Sie bitte heute Nachmittag bei mir vorbei.«

3

Wahrscheinlich wusste Bykow einfach nicht, wie er anfangen sollte. Er blinzelte in den grauen Himmel hinter der durchsichtigen Wand, ächzte, strich sich über die Knie und trommelte mit seinen dicken, kräftigen Fingern auf die Armlehne des Sessels. Seine Finger waren braun mit ungleichmäßigen weißen Flecken, den Spuren kosmischer Verbrennungen. Wie lange wird er noch schweigen?, fragte sich Akimow. Dann fiel ihm plötzlich ein, dass der Turboflieger nach Nowosibirsk in zwei Stunden startete. Und dann, dass er in der Werkstatt Ninas Geschenk – einen Strauß »ewiger« Blumen – liegen gelassen hatte. Wahrscheinlich hatte Nina schon die Koffer gepackt und unterhielt sich gerade mit Sermus. Sermus würde noch eine Woche in der Werkstatt bleiben, wofür sich Akimow ihm gegenüber ein wenig schämte.

»Also«, begann Bykow mit farbloser Stimme. »Es geht um Folgendes …«

Wieder schwieg er eine Minute lang, knackte mit den Fingern und kaute auf seiner Unterlippe. Akimow rutschte ungeduldig in seinem Sessel hin und her.

»Es geht also um Folgendes …«, wiederholte Bykow. »Sagen Sie, Akimow … Sie haben doch ungefähr zwei Jahre an dem System gearbeitet, richtig?«

»Richtig«, bestätigte Akimow.

»Wie kompliziert ist diese Arbeit … diese Präzisionsprogrammierung?«

Die Programmierung dieses neuartigen »Gehirns« war nur an einem Ort möglich gewesen, der von äußeren Einflüssen vollkommen abgeschottet war. Deswegen hatten sie nicht im Forschungszentrum gearbeitet, sondern hier, weit weg von großen Betrieben, Starkstromleitungen, vom Lärm und Getöse der Großstadt, in isostatischen Räumen in einer Tiefe von fünfzig Metern unter einem Hügel mit einer Kunststoffhaube. Und deshalb hatte Akimow hier fast ohne Unterbrechung zwei Jahre in angespannter Präzisionsarbeit zugebracht.

Doch Bykow erzählte er davon nichts. Stattdessen sagte er nur: »Ja, ziemlich kompliziert.«

»Was haben Sie jetzt vor?«, fragte Bykow.

Unwillig antwortete Akimow: »Ich werde an der Universität Nowosibirsk arbeiten. Die Entwicklung eines neuen Systems sollte nicht jedes Mal zwei Jahre dauern. Sermus und ich haben da gewisse Ideen. Die Programmierung der Programmierung.«

Von diesen »gewissen Ideen« waren beide überaus begeistert: Sie würden kryotrone Kristallisatoren berechnen, ein fertiges, bereits programmiertes »Gehirn« züchten … Mathematiker, Physiker würden sie hinzuzuziehen, vor allem den genialen Kybernetiker Professor Sun Si-tao aus Kaifeng. Doch auch das erwähnte er mit keinem Wort.

Bykow fragte nicht nach. Er schwieg eine Weile, trommelte erneut mit den Fingern auf die Lehne und brachte schließlich mühsam hervor: »Eigentlich geht es darum, dass … Sehen Sie, vor zwei Wochen hat sich unser Kybernetiker das Rückgrat gebrochen. Ein Unfall beim Sport. Nun liegt er im Krankenhaus, und es heißt, dass er nie wieder wird fliegen können.«

Der Turboflieger startet in eineinhalb Stunden, dachte Akimow. Und plötzlich begriff er, was Bykow sagen wollte.

»Das Rückgrat gebrochen?«, fragte er. »Und er wird nie wieder fliegen können?«

Bykow nickte, ohne die Augen zu heben: »Nie wieder. Und wir starten in einer Woche.«

Auf einmal musste Akimow an die Nacht denken, an viele Nächte, an den hellen Satelliten »Typhoeus« am Horizont. Und an die kleine, zarte Nina, die so glücklich gewesen war, dass sie nun für immer zusammen sein würden.

»Ich verstehe«, sagte Akimow.

Bykow schwieg und schaute auf seine Knie.

»Ich verstehe«, wiederholte Akimow. »Ich bin auch Kybernetiker. Sie wollen, dass ich …«

»Ja, ja«, bestätigte Bykow. »Wir starten in einer Woche. Wir haben so gut wie keine Zeit mehr. Und natürlich weiß ich, wie schwer das ist. Sechs Jahre hin und sechs zurück … das große Risiko … Aber …« Verwirrt blickte er Akimow an. »Verstehen Sie, ohne Kybernetiker ist die Expedition unvorstellbar.«

Akimow erhob sich langsam.

»Was Ihre Arbeit angeht«, sagte Bykow hastig, »die können Sie während des Flugs weiterverfolgen: Bücher, Mikrofilme, Konsultationen … Wir haben hervorragende Mathematiker. Ich weiß, das ist ein schwacher Trost, aber …«

Nicht ein Jahr, nicht zwei, sondern zwölf. Zwölf Jahre ohne Nina.

Akimow wusste nicht, wie er es ihr sagen sollte. Er wusste nur, dass in seinem Blick nun der gleiche Ausdruck quälender Anspannung lag, den er heute in Bykows Augen gesehen hatte.

Er wandte sich um und ging zur Tür. An der Schwelle drehte er sich noch einmal um und sagte mit bitterer Genugtuung: »Sie sind also doch ein ganz normaler Mensch.«

Bykow blickte durch die gläserne Wand in den grauen Himmel und dachte: Dieser ewige Konflikt zwischen Pflichtgefühl und dem Streben nach Glück – wie oft ist schon darüber gesprochen und geschrieben worden. Aber was ist mit dem, der den anderen vor diese Wahl stellt: Wann hat man über ihn jemals gesprochen oder geschrieben?

DAS VERGESSENE EXPERIMENT

1

Der »Testudo« machte halt. Die Schranke war heruntergelassen, und darüber blinkte in regelmäßigen Abständen ein grellrotes Licht. Zu beiden Seiten sah man engmaschige Drahtzäune, die in die Dunkelheit führten.

»Hier ist die Biostation«, sagte Berkut. »Lasst uns aussteigen.«

Polessow schaltete den Motor ab. Als sie aus dem Fahrzeug geklettert waren, erlosch das Blinklicht über dem Schlagbaum, und unvermittelt setzte das schrille, anhaltende Heulen einer Sirene ein. Iwan Iwanowitsch vertrat sich die Beine und sagte: »Jetzt wird gleich jemand kommen und uns überreden, nur ja nicht Leben und Gesundheit aufs Spiel zu setzen. Warum haben wir überhaupt hier angehalten?«

Etwa dreißig Meter rechts von der Chaussee schimmerten die weißen Mauern der Häuschen. Durch das Gestrüpp hindurch führte ein schmaler Pfad. Eines der Fenster wurde plötzlich hell, man hörte den Rahmen knarren, und jemand erkundigte sich mit heiserer Stimme: »Hast du das Novokain mitgebracht?« Ohne eine Antwort abzuwarten, fügte er gereizt hinzu: »Hundertmal schon habe ich dir gesagt, park den Wagen weiter weg von hier, damit du die Leute nicht weckst!«

Der Rahmen knarrte abermals, dann wurde es still.

»Nun«, sagte Iwan Iwanowitsch und verzog das Gesicht. »Hast du das Novokain mitgebracht, Berkut?«

Vor dem Häuschen tauchte eine dunkle Silhouette auf, und die Stimme von vorhin rief: »Valentin!«

»Er verwechselt uns mit jemandem«, vermutete Iwan Iwanowitsch. »Na, was ist, wollen wir eine Pause einlegen oder lieber weiterfahren?«

Man hörte Schritte. Zwischen den Kiefernstämmen blitzte das Lichtpünktchen einer Zigarette auf, beschrieb verwickelte Kreise und zog in der Luft verlöschende Funken hinter sich her.

»Nein«, sagte Polessow. »Zuerst der Erkundungsgang.«

Der Mann mit der Zigarette hatte sich endlich durch das Gestrüpp gearbeitet, trat auf die Chaussee und schimpfte: »Diese verdammten Brennnesseln! Hast du das Novokain, Valentin? Wen hast du denn da bei dir?«

»Sehen Sie ...«, begann Iwan Iwanowitsch vorsichtig.

»Zum Teufel, das ist ja gar nicht Valentin!«, rief der Mann mit der Zigarette überrascht. »Wo steckt er bloß?«

»Keine Ahnung«, erwiderte Iwan Iwanowitsch. »Wir sind vom INM.«

»Vom ... ach so«, sagte der Unbekannte. »Sehr angenehm. Entschuldigen Sie bitte.« Er band sich den Morgenrock zu. »Ich bin noch nicht ganz angezogen. Mein Name ist Kruglis, ich bin Leiter der Biostation. Ich hatte angenommen, es wäre Valentin. Sie sind also Geologen?«

»Nein«, entgegnete Berkut leise. »Wir sind vom Institut für Nichtklassische Mechanik. Wir sind Physiker.«

»Physiker?« Der Biologe warf die Zigarette beiseite. »Habe ich richtig gehört ... Physiker? Und Sie wollen ins Epizentrum?«

»Ja«, antwortete Berkut. »Wenn Sie gestatten, wollen wir ins Epizentrum. Wir hatten gedacht, Sie wüssten Bescheid.«

Der Biologe sah zu dem massigen schwarzen »Testudo« hinüber. Dann ging er um Berkut herum auf das Fahrzeug zu und klopfte gegen die Panzerung.

»Teufel, Teufel«, rief er ebenso begeistert wie neidisch. »Ein Panzerwagen mit Superschutz, was? Verdammt, habt ihr Physiker ein Glück. Ich schlage mich nun schon das zweite Jahr mit Gott und der Welt herum, bekomme aber trotzdem keine Genehmigung für die Tiefenerkundung. Dabei bin ich darauf angewiesen. Ich würde dort … Hört mal, Genossen«, begann er niedergeschlagen, »könnt ihr mich nicht mitnehmen? Was macht es euch schon aus?«

»Nein«, antwortete Polessow prompt.

»Wir sind dazu nicht befugt«, erklärte Berkut. »Es tut uns wirklich leid …«

»Verstehe«, murmelte der Biologe und seufzte. »Ja, ich wurde darüber informiert, dass Sie kommen. Nur habe ich Sie nicht so früh erwartet.«

»Wir sind bis Lantanida geflogen«, erklärte Berkut.

Tiefe, verschlafene Stille breitete sich aus, und es schien, als sei es dadurch noch dunkler geworden. Dann ertönte nicht weit von ihnen ein Schrei, schauerlich und durchdringend. Im Dickicht des Waldes löste sich ein schwerer Tannenzapfen, streifte im Fallen die dichten Zweige und schlug dumpf auf dem Boden auf.

»Ein Uhu«, erklärte der Biologe.

»Klingt aber nicht so«, zweifelte Polessow.

Der Biologe schnaubte.

»Lieber Freund«, sagte er. »Haben Sie einen Uhu denn schon einmal schreien hören?«

»Mehr als einmal.«

»Und haben Sie schon mal gehört, wie ein Uhu von der anderen Seite schreit?«

»Wie – von der anderen Seite?«

»Jenseits des Kordons, meine ich. Hinter dem Schlagbaum.«

»Ich w-weiß nicht«, sagte Polessow unsicher.

»Na also«, resümierte der Biologe.

Die Männer verstummten, und in der Finsternis schrie abermals der seltsame Uhu. Der Biologe besann sich.

»Was stehen wir hier herum?«, sagte er. »Bis zum Morgen ist es noch eine Weile hin. Kommen Sie, ich zeige Ihnen, wo Sie schlafen können.«

»Vielleicht sollten wir doch ...«, begann Iwan Iwanowitsch.

»Nein«, unterbrach ihn Polessow. »Zuerst die Erkundung. Ich glaube, da vorn ist die Straße sehr schlecht ...«

»Nicht nur schlecht«, erklärte der Biologe. »Auf der anderen Seite gibt es überhaupt keine Straße mehr.«

»... und im Übrigen haben wir keine Ahnung«, fuhr Polessow fort, »was sich hier tut. Ich schicke die Erkundungskyber gleich auf einen nächtlichen Kontrollgang, damit sie Informationen sammeln. Am Morgen können wir dann aufbrechen.«

»Richtig«, stimmte der Biologe zu. »Das ist eine vernünftige Herangehensweise.«

Polessow kletterte in den Panzerwagen und schaltete die Scheinwerfer ein. Durch das blendend helle Licht verdichtete sich die Finsternis ringsum noch mehr, dafür aber traten die weißen Ringe auf dem Schlagbaum deutlicher hervor, und die Metallstäbe der Umzäunung blitzten hell auf. Sie vernahmen ein leichtes, pochendes Geräusch und sahen, wie in den Lichtkegel auf der Chaussee ulkig aussehende, silbrig schimmernde Gestalten sprangen, die mit ihren dünnen Beinen riesigen Grashüpfern ähnelten. Einige Sekunden lang verharrten sie reglos, dann tauchten sie unter dem Schlagbaum durch und verschwanden im hohen Gras auf der anderen Seite.

»Sind das die Erkundungskyber?«, fragte der Biologe anerkennend.

»Ja«, antwortete Berkut. »Pjotr!«, rief er leise zum Fahrzeug hin. »Wir gehen schon vor. Sie holen uns dann ein, nicht?«

»Sicher«, ließ sich Polessow vernehmen.

Das Häuschen des Biologen hatte drei Zimmer. Kruglis legte den Morgenmantel ab, zog Hose und Pullover an und ging in die Küche. Berkut und Iwan Iwanowitsch richteten sich auf dem Sofa ein, und Iwan Iwanowitsch nickte sofort ein.

»Sie wollen also ins Epizentrum«, wiederholte der Biologe aus der Küche heraus. »Nun, dort gibt es natürlich einiges zu sehen. Haben Sie vielleicht eine, wenn auch grobe, Vorstellung von dem, was dort vor sich geht?«

»Wir sind vage informiert«, antwortete Berkut. »Ein wenig haben die Flieger erzählt, aber es ist noch niemand nahe herangekommen.«

»Ich habe es gesehen, mit eigenen Augen. Das Flackern zum Beispiel ... Obwohl – das Flackern haben schon viele gesehen. Nicht aber die Blitze, die aus der Erde heraus zum Himmel schlagen, und den blauen Nebel ... Haben Sie schon einmal von dem blauen Nebel gehört?«

»Ja«, antwortete Berkut.

»Ich habe ihn zweimal vom Hubschrauber aus gesehen«, teilte Kruglis mit. »Vor einem Monat etwa. Noch vor dem Untergang der ›Galathea‹. Er entsteht im Epizentrum oder in der Nähe davon, breitet sich kreisförmig aus und löst sich etwa hundert Kilometer hinter dem Kordon auf. Was kann das nur sein, Genossen Physiker?«

»Ich weiß es nicht, Genosse Kruglis.«

»Dann weiß es niemand. Wir Biologen noch weniger. Klar ist nur, dass da etwas höchst Ungewöhnliches vor sich geht. Achtundvierzig Jahre sind seit der großen Explosion verstrichen, und die Strahlungsintensität hat sich bereits um ein Zehntel verringert. Es wurden Adhärenzen entwickelt, mit deren Hilfe der radioaktive Staub gebunden werden soll, was auch tatsächlich passiert, und plötzlich – Schluss. (Hier öffnete Iwan Iwanowitsch die Augen.) Auf einmal haben wir Funkenausbrüche, Brände, der Teufel ist los …« Der Biologe verstummte, klapperte mit dem Geschirr, und man hörte, wie der Teekessel langsam zu pfeifen begann. »Freilich«, fuhr Kruglis fort, »gibt es schon seit einiger Zeit keine Brände mehr. Wahrscheinlich ist bereits alles verbrannt, was brennbar war. Aber diese Explosionen … Die erste gab es vor vier Monaten, Anfang Mai. Die zweite im Juni. Jetzt aber wiederholen sie sich fast jede Woche. Es sind grelle, weiß bläuliche Eruptionen von unerhörter Intensität. Überlegen Sie selbst …«

Der Biologe erschien mit einem Tablett in der Tür.

»Überlegen Sie selbst«, wiederholte er, während er flink das Geschirr verteilte. »Vom Kordon bis zum Epizentrum sind es über zweihundert Kilometer, aber der halbe Himmel lodert davon. Und unmittelbar nach der Explosion breitet sich der hellblaue Nebel aus.«

»Ja, wir haben davon gehört«, sagte Berkut.

Der Biologe machte kehrt, wollte nochmals in die Küche gehen, blieb aber an der Türschwelle stehen.

»Ist Ihnen bekannt, dass der letzte Ausbruch gestern Nacht stattgefunden hat?«, fragte er.

»Ja, vielen Dank.«

»Irgendwer muss ja den Anfang machen«, brummte Iwan Iwanowitsch. »Aber, wo bleibt Polessow?«

Der Biologe zuckte mit den Achseln, verschwand in der Küche und kam gleich darauf mit dem summenden Teekessel wieder. »Kommen Sie, wir trinken Tee«, sagte er. »Geben Sie mir die Gläser.«

Iwan Iwanowitsch leerte bereits das zweite Glas, als die Tür aufgerissen wurde und Polessow eintrat. Er war kreidebleich und griff sich an die rechte Wange.

»Was haben Sie, Pjotr Wladimirowitsch?«, fragte Berkut.

»Mich hat etwas gebissen«, erwiderte Polessow.

»Wahrscheinlich eine Mücke.«

»Möglich.« Polessow verzog finster das Gesicht. »Nur hat diese Mücke anstatt eines Stachels ein Maschinengewehr!«

»Dann war es wohl eine Mücke von der anderen Seite«, erklärte der Biologe. »Setzen Sie sich, und trinken Sie einen Tee.«

»Und wer schreit da so jämmerlich in den Gräben? Ich dachte schon, da ertrinkt jemand.«

»Das sind Frösche. Auch von der anderen Seite.«

Iwan Iwanowitsch stellte das Glas mit einem Ruck auf der Untertasse ab, wischte sich über das krebsrote Gesicht und fragte: »Mutanten?«

»So ist es«, bestätigte der Biologe. »Wir haben hier ein regelrechtes Schutzrevier für Mutanten. Zur Zeit der Hauptexplosion und auch nachher, als das Strahlungsniveau noch sehr hoch war, haben die Tiere in der Zone entsetzlich gelitten. Verstehen Sie? Unmittelbar nach dem Ausbruch wurde das Gebiet abgeriegelt, und sie konnten es nicht mehr verlassen. Die erste Generation ist mittlerweile gestorben, sämtliche Nachkommen sind missgebildet. Wir beobachten die Tiere hier schon das achte Jahr – manchmal fangen wir welche, mitunter stellen wir auch Kameras mit Selbstauslöser auf. Leider ist es uns untersagt, tiefer als fünf Kilometer in das Gebiet einzudringen … Einer unserer Mitarbeiter hat es trotzdem riskiert; er hat Fotos und einige Tiere mitgebracht. Hinterher ist er erkrankt, Teufel, wie man uns da den Kopf gewaschen hat!«

Der Biologe zündete sich eine Zigarette an.

»Na, Sie werden ja selbst sehen, was dort los ist. Es sind völlig neue Arten entstanden, schauerlich missgestaltete … Trotz der Beschränkungen haben wir schon viel Material zusammengetragen. Viele Arten sind inzwischen ganz ausgestorben. Die Bären zum Beispiel. Andere passen sich an – sofern man hier von einer Anpassung sprechen kann. Genauer gesagt: Sie haben Mutanten hervorgebracht, die unter den Bedingungen erhöhter Radioaktivität lebensfähig sind. Aber das, wissen Sie, ist …«

»Und wie reagieren sie auf ihre Umwelt?«, wollte Iwan Iwanowitsch wissen. »Auf die Explosionen und alles andere?«

»Sie reagieren seltsam«, antwortete der Biologe. »Überaus seltsam. Ich fürchte, unser ›Schutzgebiet‹ wird nicht mehr lange existieren. Früher haben sich die Tiere nur äußerst selten bis zur Begrenzung vorgewagt. Große Tiere haben wir dort fast gar nicht zu Gesicht bekommen. Doch im vorigen Monat sind Hunderte der furchtbaren Missgeburten urplötzlich und am helllichten Tag direkt auf den Schlagbaum zugestürzt. Kein Anblick für Leute mit schwachen Nerven. Einige von ihnen haben wir gefangen, die anderen mithilfe von Raketen zurückgescheucht. Keine Ahnung, wovor sie geflüchtet waren. Ob vor den Explosionen, dem blauen Nebel oder sonst was … Wahrscheinlich vor dem blauen Nebel. Ich glaube, letzten Endes werden sie alle zugrunde gehen. Seit ein paar Monaten gibt es hier außerdem Schwärme von Mücken! Ganz zu schweigen von den Vögeln und Fröschen. Der Uhu von vorhin zum Beispiel …« Er drückte die Zigarette im Aschenbecher aus und schloss ganz unerwartet: »Also seien Sie vorsichtig dort.«

»Keine Bange«, beruhigte Polessow. »Immerhin haben wir ein Fahrzeug mit spezieller Schutzpanzerung.«

Der Biologe warf einen Blick auf dessen angeschwollene Wange und sagte: »Wissen Sie was? Ich verpasse Ihnen eine kleine Spritze. Sicher ist sicher …«

Polessow sah einen Augenblick unschlüssig zu Berkut hinüber und stand auf.

»Von mir aus«, brummte er.

2

Am Morgen wachte Berkut auf, weil etwas ganz in der Nähe schauerlich zu brüllen anfing. Er warf hastig die Laken ab und trat ans Fenster. Vor dem Nachbarhäuschen standen der Leiter der Biostation, Kruglis, und ein unbekannter Mann im weißen Kittel. Kruglis rauchte und zog die Stirn in Falten, während der Mann im Kittel redete und dabei heftig gestikulierte.

Der Morgen war sonnig. Zwischen den Kiefernstämmen zeichnete sich im rosafarbenen Dunstschleier dunkel die Silhouette des »Testudo« ab. Neben dem Fahrzeug machte sich Polessow zu schaffen. Offenbar sind die Erkundungskyber zurück, dachte Berkut. Er packte sorgsam das Bettzeug in eine Wandnische, nahm eine Dusche und frühstückte dann mit großem Appetit: zwei Gläser kalte Milch und zwei Butterbrote mit Schinken. Der Schinken war ausgezeichnet – mager, leicht rosa wie der Morgennebel und ebenso zart.

Auf der Vortreppe stieß Berkut beinahe mit Iwan Iwanowitsch zusammen.

»Guten Morgen«, begrüßte der ihn. »Ich wollte dich gerade wecken. Die Erkundungskyber sind zurück.«

»Etwas Interessantes?«

Iwan Iwanowitsch wollte schon antworten, da ertönte hinter dem Häuschen wieder das dumpfe langgezogene Brüllen. Berkut zuckte zusammen.

»Das ist ein wilder Eber«, erklärte Iwan Iwanowitsch. »Man hat ihn drüben auf der anderen Seite gefangen.«

»Und ich hielt es schon für einen Bären.«

»Aber nein«, erwiderte Iwan Iwanowitsch. »Die Bären sind bekanntlich ausgestorben.«

»Schon gut«, sagte Berkut. »Genug davon. Was haben die Kyber mitgebracht?«

»Wieder einmal eine Überraschung. Komm, lass uns zu Polessow gehen.«

Sie stapften über den Pfad; das vom Morgentau noch nasse Gestrüpp schlug ihnen gegen die Beine.

»Diese Brennnesseln hier«, beschwerte sich Iwan Iwanowitsch, »sind keine Brennnesseln, sondern eine Strafe.«

Polessow stand gegen das Fahrzeug gelehnt da und drehte zerstreut einen schmalen Filmstreifen in den Fingern. Seine rechte Wange war um einiges dicker als die linke.

»Guten Morgen, Genosse Berkut«, sagte Polessow und fasste sich dabei behutsam an die Backe.

»Tut's weh?«

Polessow seufzte und erwiderte: »Die Kyber sind zurück. Ich habe die Informationen durchgesehen – und sie gefallen mir gar nicht.«

»Wieso, gibt es keine Straße?«

»Keine Ahnung.« Polessow betastete abermals seine Wange. »Irgendwie ist das alles sehr seltsam. Hier, sehen Sie selbst ...« Er reichte Berkut den Filmstreifen.

Er war völlig schwarz.

»Belichtet?«, fragte Berkut.

»Natürlich. Und zwar von Anfang bis Ende. Sieht aus, als hätte man ihn die Nacht über im Reaktor aufbewahrt. Ich verstehe nicht, wie das passieren konnte. Dabei beträgt das maximale Strahlungsniveau, das die Kyber fixiert haben, gerade einmal fünfzehn Röntgen pro Stunde. Das ist wirklich kaum der Rede wert. Das Wichtigste aber ist: Die Kyber sind aus irgendeinem Grund gar nicht bis zum Epizentrum vorgestoßen.«

»Nicht vorgestoßen?«

»Ja, sie sind zurückgekommen, ohne den Auftrag auszuführen. Hundertzwanzig Kilometer haben sie nur zurückgelegt und dann kehrtgemacht, als hätten sie das Kommando

›Zurück‹ erhalten – oder als hätten sie sich erschrocken. Ehrlich gesagt, mir gefällt das nicht.«

Einige Zeit schwiegen alle und blickten in die Richtung des Schlagbaums. Dahinter gab es zwar eine Straße, aber der Beton war aufgerissen und von riesigen Kletten durchwachsen. Nicht weit von der Schranke entfernt schaukelte eine große rote Blüte auf einem langen Stängel; darüber kreiste ein Schmetterling mit weißen Flügeln. Dahinter hing über die Straße gebeugt eine ausgedörrte Espe, deren Wipfel sich in den benachbarten Bäumen verfangen hatte. Bizarr spreizte sie die nackten Äste auseinander.

»Das heißt«, stellte Berkut nachdenklich fest, »uns liegen so gut wie gar keine Informationen vor.«

Polessow wickelte den Film von der Spule und verstaute ihn in der Tasche seines Overalls.

»Wir könnten die Kyber ein zweites Mal losschicken«, schlug er vor.

»Wir haben auch so schon genug Zeit verloren«, erwiderte Iwan Iwanowitsch ungeduldig. »Brechen wir lieber auf. Wir werden uns an Ort und Stelle umsehen.«

»Wir können die Kyber auch unterwegs vorschicken«, sagte Polessow erneut. Er ließ nicht locker. Iwan Iwanowitsch blickte gleichfalls zu Berkut.

»Also gut«, stimmte er zu. »Wir machen uns auf den Weg. Pjotr Wladimirowitsch, gehen Sie bitte zu den Biologen und informieren Sie sie, dass wir jetzt losfahren. Und richten Sie ihnen bitte unseren Dank aus.«

»Zu Befehl, Genosse Berkut.«

Polessow ging in Richtung der Häuschen davon und kam eine Minute später mit Kruglis zurück.

»Wir brechen jetzt auf«, sagte Berkut. »Herzlichen Dank für die Gastfreundschaft.«

»Keine Ursache«, erwiderte der Biologe langsam. »Gute Reise.«

»Auf Wiedersehen«, verabschiedete sich Polessow. »Ich werde versuchen, einen Uhu für Sie zu fangen.«

Sie kletterten in den Panzer, die Luke klappte zu. Der Biologe winkte und trat dann von der Straße zurück. Langsam hob sich die automatische Schranke. Das schwere Fahrzeug ruckte an, begann zu rattern und fuhr los, wobei es breite Spuren im Gestrüpp hinterließ. Der Biologe sah dem Wagen nach. Schon war er bei der überhängenden Espe angelangt und streifte sie. Der Baum knackte, brach in der Mitte auseinander und stürzte mit einem dumpfen Aufprall quer über die Schneise, die irgendwann einmal eine Autobahn gewesen war.

3

Stark zur Seite geneigt, völlig geräuschlos und unbeweglich, stand der »Testudo« da. Nach sechzehn Stunden Lärm und Rumpeln erschien die Stille wie ein Trugbild, das jeden Augenblick verschwinden konnte. In ihren Ohren dröhnte es noch immer, die Zähne waren zusammengebissen, die Muskeln angespannt. Doch weder Polessow noch Berkut oder Iwan Iwanowitsch nahmen Notiz davon. Sie sahen schweigend auf das Armaturenbrett. Die Messinstrumente machten völlig falsche Angaben. Vor zwei Stunden, um Mitternacht, hatten die Funkpeilstationen die Koordinaten des Fahrzeugs an Polessow übermittelt: Der »Testudo« befand sich in einer engen Talsenke etwa siebzig Kilometer südöstlich vom Epizentrum. Um null Uhr fünfzehn war der Ruf von Lantanida erstmals ausgeblieben. Die Verbindung war unterbrochen. Um null Uhr siebenundvierzig kreischte dann im Lautsprecher plötzlich ein »… unverzüglich!« auf – allem

Anschein nach war es Lemings Stimme gewesen. Um ein Uhr zehn hatte starker Regen eingesetzt, und um ein Uhr achtzehn war der Infrarotprojektor erloschen. Polessow hatte sich an den Umschaltern zu schaffen gemacht, geflucht, die Scheinwerfer eingeschaltet und die Stirn gegen die Wildlederverkleidung des Periskops gepresst. Um ein Uhr fünfundfünfzig hatte er sich vom Sehrohr losgerissen, um einen Schluck Wasser zu trinken, abermals einen Blick auf die Instrumente geworfen, losgebrüllt und das Fahrzeug zum Stehen gebracht. Die Geräte logen gottlos.

Um sie her stand eine schwarze Septembernacht, es goss in Strömen, doch die Nadel des Hygrometers wies ungeniert auf Null. Und das Thermometer zeigte minus sieben Grad. Die Zeiger des Geigerzählers huschten fröhlich über die Skala und gaben an, dass die Radioaktivität des Bodens unter den Raupenketten sehr schnell und in großen Sprüngen wechselte. Wollte man überdies noch den Angaben der Manometer Glauben schenken, befand sich der Panzer auf dem Grund eines zwanzig Meter tiefen Wasserbehälters.

»Die Instrumente spielen verrückt«, stellte Berkut munter fest.

Niemand widersprach.

»Es muss sich um äußere Einflüsse handeln …«

»Ich möchte gerne wissen, um welche«, sagte Polessow und biss auf seiner Unterlippe herum.

Berkut sah ihn an – sein dunkles, längliches Gesicht und den roten Fleck auf der rechten Wange.

»Ach, das würde Ihnen auch nicht weiterhelfen!«, meldete sich Iwan Iwanowitsch.

»Doch, würde es«, widersprach Polessow.

Er hätte dann nämlich die Geräte korrigieren können, vor allem die Instrumente auf dem Steuerpult. Iwan Iwanowitsch konnte mit deren Angaben natürlich nicht das Geringste anfangen … Polessow stellte fest, dass die Instrumente ebenso falsche Daten lieferten wie alle übrigen Geräte. Das aber war nicht nur seltsam, sondern überaus gefährlich, denn die Steuerungsinstrumente galten durch die dreifache Schutzpanzerung des »Testudo« als vor allen äußeren Einflüssen gesichert. Die Insassen des Fahrzeugs waren vor äußeren Einwirkungen gleichfalls nur durch den Dreifachpanzer geschützt. Für den Bruchteil einer Sekunde verspürte Polessow ein widerliches Gefühl in der Magengrube. Er biss die Zähne zusammen und wiederholte: »Doch. Das würde uns sehr helfen.«

»Was ist draußen zu sehen?«, erkundigte sich Iwan Iwanowitsch.

»Nichts. Nur Regen und Nebel.«

Iwan Iwanowitsch stand auf, bat Polessow, ein wenig zur Seite zu rücken, beugte sich zum Periskop hinunter und sah durch. Er erblickte furchtbar verkrüppelte, zersplitterte Kiefernstämme, schwarze, förmlich verkohlte Äste und das dichte Gewirr zwei Meter hohen Grases. Und Nebel. Grauen, unbeweglichen Nebel, der, angestrahlt von den Scheinwerfern, unbeweglich über der nassen Vegetation hing. Einige Meter vom Panzer entfernt standen die Erkundungskyber. Sie drängten ängstlich zum Fahrzeug hin und sahen aus wie Hofhunde, die den Wolf wittern. Sie hatten nicht die geringste Lust, in den Nebel hinauszugehen. Genauer gesagt, sie konnten nicht.

Iwan Iwanowitsch ließ sich in den Sitz fallen.

»Der blaue Nebel«, sagte er heiser.

»Und?«, fragte Polessow. »Was hat es damit auf sich?«

Iwan Iwanowitsch gab keine Antwort. Berkut erhob sich und sah gleichfalls durch das Periskop. Dann setzte er sich wieder und knöpfte den Jackenkragen auf; anscheinend bekam er schwer Luft. Nach einer Weile richtete er sich steif auf und seufzte tief. Die Atemnot war vorüber.

»Was sollen wir tun?«, wollte Polessow wissen.

»Hört mal, Genossen«, sagte Berkut plötzlich. »Merkt ihr gar nichts?«

»Nein, nichts ...«, antwortete Iwan Iwanowitsch und starrte auf die Armaturen. Dann stockte er unvermittelt und sagte mit halblauter Stimme: »Nadelstiche.«

Erst jetzt spürte auch Polessow das unangenehme Kribbeln in den Fingerspitzen. Als würde er mit mikroskopisch dünnen Nadeln gestochen, mit winzigen Bienenstacheln. Und dann fiel auch ihm aus unerklärlichen Gründen das Atmen schwer. Die Finger wurden taub.

»Fast wie ... die Bergkrankheit«, brachte er mühsam heraus.

Iwan Iwanowitsch sprang auf, stieß Polessow beiseite und presste seine kahle Stirn erneut an das Periskop. Draußen sah man nichts als Nebel. Die Erkundungskyber waren verschwunden. Iwan Iwanowitsch rang schwer nach Luft und ließ sich wieder in seinen Sessel fallen. Seine aufgedunsenen Wangen glänzten vor Schweiß.

»Ihr ›Testudo‹, ha! Und Ihre Kyber!«, rief er sarkastisch. »Und so etwas soll ein Panzer mit Superschutz sein!«

»Mit so einem Panzer«, erwiderte Polessow gelassen, »habe ich voriges Jahr das Brennende Plateau auf dem Merkur hinter mich gebracht.«

»Und Ihre Kyber, was ist mit denen?« Iwan Iwanowitsch ließ nicht locker. »Sie kneifen. Das ist das erste Mal, dass ich Roboter sehe, die feige sind. Und Ihr ach so gelobter Superschutz?«

»Nicht doch, Iwan Iwanowitsch«, versuchte Berkut zu beschwichtigen.

Der Superschutz hilft hier nicht, dachte Polessow. Die verrücktspielenden Messinstrumente, die Atemnot und das Kribbeln sind noch halb so schlimm – schlimm wird es erst, wenn der Reaktor versagt oder die Magnetfelder, die das glühende Plasma im Ring zusammenhalten. Wenn die Magnetfelder auseinanderfallen, löst sich der »Testudo« mitsamt seinem Superschutz in Dampf auf. Das Beste wäre, so schnell wie möglich von hier abzuhauen …

»Wir müssen noch zurückfahren«, fuhr Iwan Iwanowitsch fort. »Und wir werden nichts erfahren, gar nichts, weil wir uns auf Ihren Panzer und Ihre Kyber verlassen haben. Wir hätten es doch riskieren sollen, mit dem Turboflugzeug durchzustoßen statt mit dem ›Testudo‹.«

Die Nadeln stachen bereits in Schultern und Hüften.

»Also gut«, sagte Polessow nach kurzem Überlegen. »Schnallen Sie sich an.«

Iwan Iwanowitsch verstummte. Die Physiker schnallten sich mit breiten, weichen Riemen an den Sesseln fest.

»Fertig?«, fragte Polessow.

»Fertig …«

Polessow schaltete das Licht aus und führte die Hände an die Steuerungshebel. Der Motor begann dumpf zu brummen, dann setzte sich der Panzer in Bewegung. Irgendetwas knirschte widerlich unter den Raupenketten. Vor ihnen war dichter, undurchdringlicher Nebel. Die kleinen Nadeln liefen jetzt hurtig über den Rücken – ein scheußliches Gefühl, und das Atmen fiel nach wie vor schwer. Der »Testudo« erhob sich dröhnend und bebend auf sein Heck und stieg höher, immer höher. Dann ein Stoß, und sie begannen, mit den Zähnen zu klappern. Vor ihnen der Nebel. Noch höher, direkt in den Himmel hinein. Das blinde Fahrzeug kletterte den Abhang eines endlos hohen Berges empor, auf dessen anderer Seite sich ein Abgrund auftat. Der ›Testudo‹ stieg immer weiter, während im Reaktor die violette Flamme des Plasmas den Magnetketten mit Geheul zu entfliehen suchte. Gleich, jetzt gleich würde es passieren …

Polessow riss den Blick vom Periskop und sah flüchtig auf die Instrumente. Wenn ihre Angaben stimmten, musste der Reaktor jeden Augenblick in die Luft fliegen. Doch auf die

Geräte war eben keinerlei Verlass. Die äußeren Einflüsse, die sich allmählich durch den Dreifachschutz des Panzers vorarbeiteten, hatten ihnen den Garaus gemacht. Der Panzer erreichte den Gipfel und begann sogleich mit dem Abstieg. Polessow fühlte, wie seine Hände abstarben; die Nadeln tanzten jetzt ganz nahe am Herzen. Sehr bald würde eine von ihnen zustechen – dann war Schluss. Und bald würde auch das Plasma an die Wände des Reaktors lecken – dann war ebenfalls Schluss. Neben sich sah Polessow Berkut, der willenlos wie eine Puppe in seinen Riemen baumelte …

Als Berkut wieder zu sich kam, fiel sein Blick auf den erleuchteten Bildschirm, der aussah wie ein Fenster, das von einem dunklen Zimmer auf eine Waldlichtung hinausführt. Der Nebel hatte sich gelichtet. Der Bildschirm funktionierte ausgezeichnet: Man sah die nassen Sträucher und das nasse Gras unter dem Regen und auch den Regen selbst, der ganz gerade und in großen Tropfen herabfiel. Der Himmel war nicht zu sehen. Auf der Lichtung erschien ein gewaltiges Tier und blieb stehen, es starrte den »Testudo« an. Berkut begriff nicht sofort, dass es ein Elch war. Das Tier hatte den Körper eines Elchs, doch nicht dessen stolze Haltung; die Beine waren verkrüppelt, und der Kopf wurde durch die ungeheure Last der geweihartigen Auswüchse schier zu Boden gedrückt. Elche besitzen an und für sich ein sehr schweres Geweih, doch bei dem hier wuchs geradezu ein Baum auf dem Kopf, und der Hals hielt dieser Last von mehreren Zentnern nicht stand.

»Was ist das?«, fragte Iwan Iwanowitsch, und seine Stimme klang ziemlich schwach bei diesen Worten. Berkut begriff, dass sein Kollege ebenfalls ohnmächtig gewesen sein musste.

»Ein Elch«, antwortete er und rief: »Pjotr Wladimirowitsch!«

»Zur Stelle, Genosse Berkut!«, meldete sich Polessow prompt, auch er eigenartig unsicher.

»Wie es scheint, sind wir durchgekommen?«

»Sieht ganz so aus«, bejahte Polessow, und dann: »Soll das etwa ein Elch sein?«

»Jawohl – ein Elch von der anderen Seite«, ahmte Iwan Iwanowitsch die Stimme des Biologen nach, was ihm vortrefflich gelang.

»Wie fühlen Sie sich, Kollegen?«, erkundigte sich Berkut.

»Ausgezeichnet«, sagte Iwan Iwanowitsch.

»Mir tut die Backe weh«, meinte Polessow. »Aber dafür sind die Geräte wieder in Ordnung.«

Der Elch war schwerfällig an sie herangekommen und stand ihnen nun gegenüber, witternd und mit bebenden Nüstern.

»Er hat gar keine Augen«, sagte plötzlich Polessow mit erschreckend ruhiger Stimme.

Tatsächlich: Anstelle der Augen schimmerte eine feuchte weißliche Schimmelschicht.

»Verjagen Sie ihn, Pjotr Wladimirowitsch«, flüsterte Berkut. »Bitte!«

Polessow schaltete die Sirene ein. Der Elch blieb erst witternd stehen, machte dann kehrt und trottete langsam, die Beine krampfhaft zuckend eins vor das andere setzend, davon. Sein Gang war quälend unsicher, ganz so, als würde er statt eines Schritts jedes Mal nur einen halben tun. Sein Kopf war zu Boden gedrückt, die eingefallenen Flanken glänzten feucht.

»Wie eine Schildkröte«, murmelte Iwan Iwanowitsch.

Die Männer sahen hinter dem Elch her, der sich durch das hohe nasse Gras davonschleppte. Schließlich war das Tier hinter den Bäumen verschwunden. Um abzulenken, sagte Berkut: »Pjotr Wladimirowitsch, Sie sind einfach ein Teufelskerl.«

»Warum?«, fragte Polessow verwundert.

»Sie haben uns aus dem Kessel herausgeholt …«

»Kleinigkeit«, erwiderte Polessow ruhig.

»Nein, im Ernst: Ich weiß wirklich nicht, wie Sie das geschafft haben. Ich zum Beispiel muss bewusstlos dagelegen haben wie ein unschuldiges Mädchen.«

Polessow schwieg. Er startete den Motor und ließ die Erkundungskyber hinaus. Die Kyber sprangen aus dem Fahrzeug, sahen sich nach allen Seiten um und drängten eilig vorwärts. Jetzt fürchteten sie sich nicht mehr. Der »Testudo« rollte dröhnend hinter ihnen her.

4

Am späten Morgen schleuderte der »Testudo« den letzten Erdhaufen beiseite, der noch im Weg stand, und arbeitete sich bis an den Rand des gigantischen Talkessels vor. Die Taiga lag hinter ihnen – dunkelgrün und nass nach dem nächtlichen Regen lag sie still unter der blendenden Sonne da. Dort, wo sich der Panzer Bahn gebrochen hatte, war eine breite Schneise zurückgeblieben, zu deren Seiten sich nun verkohlte, mit weißem Schimmel verkleisterte Stämme befanden.

Auf dem Grund des Kraters lagen die Überreste des Laboratoriums verstreut. Die Erde dort unten war nackt und schwarz, sie dampfte. Der Dampf verwischte die Umrisse; die schwarzen Trümmer zitterten und verschwammen in den erhitzten Luftschwaden.

»Großer Gott«, rief Iwan Iwanowitsch mit bebender Stimme. »Groß-ßer Gott!«

Obwohl seit seinem letzten Besuch schon ein halbes Jahrhundert vergangen war, erinnerte er sich noch sehr gut an diesen Ort. Auf einem weiträumigen weißbetonierten Platz hatte sich einmal, glänzend unter der Sonne, eine gigantische Anlage erstreckt: der ringförmige, zwei Kilometer lange Mesonengenerator, umgeben von gläsernen Türmen, welche die Steuerungsanlagen beherbergten. Und dann, an einem einzigen Tag, in dem Bruchteil einer Sekunde – die Katastrophe! All das Geschaffene hatte urplötzlich zu existieren aufgehört! Der rote Feuerschein war viele Hundert Kilometer weit zu sehen gewesen, sämtliche seismografischen Stationen Sibiriens hatten den Explosionsstoß registriert.

»Die Zerstörung ist nicht so groß, wie ich befürchtet habe«, ließ sich, gleichsam tröstend, Berkut vernehmen. »Ich dachte schon, es gäbe hier außer der nackten Erde gar nichts mehr.«

»Groß-ßer Gott«, seufzte Iwan Iwanowitsch abermals. Er strich sich mit den Fingern über das unrasierte Kinn, was wie ein Schaben klang, und fuhr nachdenklich fort: »Dort hinten stand die Relaisstation, die ich aufgebaut hatte. Das war Tscheboksarows Reich, Friede seiner Asche ... Nichts davon ist mehr geblieben.«

»Hören Sie«, sagte Polessow. »Ich habe keine Ahnung, wo und was Sie hier suchen, aber ich schicke jetzt die Kyber los. Sie brauchen so oder so Informationen.«

»Ach ja, natürlich, Information«, bestätigte Iwan Iwanowitsch.

»Gut«, willigte Berkut ein. »Und wir werden inzwischen frühstücken.«

Iwan Iwanowitsch rutschte unruhig auf seinem Sitz hin und her und sah auf den Bildschirm; seine Augen glänzten. Polessow machte sich an den Umschaltern zu schaffen. Auf dem Bildschirm war zu sehen, wie die Erkundungskyber das Fahrzeug verließen, auf den Boden sprangen, den Abhang des Kraters hinunterliefen und in den Trümmern verschwanden. Dann brachte Polessow Brot und Konserven in strahlengeschützter Verpackung. Die drei Männer begannen zu essen und tranken heißen Kaffee aus Thermosbehältern dazu.

»Wo haben Sie sich zum Zeitpunkt der Explosion eigentlich aufgehalten, Iwan Iwanowitsch?«, erkundigte sich Berkut.

»In Lantanida.«

»Da haben Sie ja Glück gehabt.«

»Ja, und Gott sei Dank nicht nur ich allein«, erwiderte Iwan Iwanowitsch. »Hier gab es fast gar keine Menschen, denn das Laboratorium funktionierte telemechanisch ... Sieh mal da, unser Fahrer ...«

Berkut drehte sich um. Polessow schlief, den Kopf auf das Steuerpult gelegt und die Thermosflasche mit dem Kaffee zwischen die Knie geklemmt.

»Der Ärmste ist völlig erschöpft«, stellte Iwan Iwanowitsch fest. Im selben Moment wachte Polessow auf, räumte das Geschirr ab, setzte sich dann wieder in seinen Sessel und war gleich darauf erneut eingeschlafen. Doch der freudige Ausruf Iwan Iwanowitschs: »Die Kyber kommen zurück!«, brachte ihn augenblicklich wieder zu sich.

Zwischen den verglimmten Trümmern konnte man glitzernde bewegliche Pünktchen ausmachen. Polessow rieb sich die Augen, reckte knackend die steifen Glieder und beugte sich über das Steuerpult. Er begann, die übermittelte Information zu dechiffrieren.

»Strahlung nicht übermäßig intensiv – zwanzig bis fünfundzwanzig Röntgen. Temperatur ... Druck ... Feuchtigkeit ... Alles im normalen Bereich. Eiweiß, Bakterien ...«

»Ausgezeichnet, dass es Bakterien gibt«, sagte Iwan Iwanowitsch. »Weiter!«

»Weiter steht hier ... Hm, erneut ein unzugängliches Gebiet. Ausdehnung – etwa einen Hektar. Die Kyber haben das Gebiet umkreist und wieder kehrtgemacht. Hier ist der Film – und, wie könnte es anders sein? – belichtet!«

»Was hat das zu bedeuten? Ist das der blaue Nebel?«

»Nein. Das heißt, ich kann es nicht mit Gewissheit sagen. Es handelt sich wohl um eine, warum auch immer, verbotene Zone.«

»Geben Sie uns die Koordinaten, Pjotr Wladimirowitsch«, bat Berkut und sah zu Iwan Iwanowitsch. Der holte hastig einen Plan aus der Tasche und breitete ihn auf den Knien aus.

Polessow begann zu diktieren.

»Genau«, bestätigte Iwan Iwanowitsch. »Das ist die Stelle. Von dem Turm mit dem Mehrphasengenerator aus südlich gesehen. Dort hat früher ein kleines betoniertes Haus gestanden. Ein besserer Schuppen. Ganz genau …«

Eine Zeit lang blickten sich Iwan Iwanowitsch und Berkut schweigend an. Polessow beobachtete, wie Iwan Iwanowitschs zitternde Hände das feste Papier mit dem Plan zusammenpressten und wieder glattstrichen. Schließlich fragte Berkut: »Gehen wir hin?«

Iwan Iwanowitsch erhob sich, stieß mit dem Scheitel gegen das niedrige Kabinendach, schüttelte unschlüssig den Kopf und machte sich dann an dem Schrank zu schaffen, in dem die Schutzanzüge aufbewahrt wurden.

»Halt, du willst doch nicht etwa alleine gehen?«, fragte Berkut. Und zu Polessow: »Pjotr Wladimirowitsch, würden Sie den Wagen bitte an … an diese verbotene Zone heranfahren?«

»An die verbotene Zone?«, fragte Polessow gedehnt zurück. Er sah auf den Bildschirm. Überall lagen verstreut Trümmer herum – zwar im Schein der schon hoch am Himmel stehenden Sonne, und doch schwarz und bedrohlich schweigend. Der gegenüberliegende Rand des Kraters tanzte förmlich in der heiß flirrenden Luft. Keinerlei Anzeichen für Leben waren zu erkennen, keinerlei Hinweise auf etwas, das sich bewegte, weit und breit nur die unsichtbaren Ströme erhitzter Luft. Plötzlich erinnerte sich Polessow an den glitschig weißen Schimmel auf den Augen des Elchs.

»Irgendwer muss den Anfang machen«, drängte Berkut. »Warum also nicht wir?«

Eine Stunde später machte der »Testudo« hundert Meter südlich von dem ehemaligen Turm halt – jetzt freilich stand hier statt des Bauwerks nur noch ein Berg verglühten Gesteins, aus dem die stählernen Pfeiler der Fundamente herausragten. Der Bildschirm funktionierte ausgezeichnet. Auf der verbrannten Erde war jedes Staubkorn zu erkennen. Der Boden bildete hier einen niedrigen Wall, der das bloßgelegte Gewölbe einer unterirdischen Anlage einfasste. Die Höhlung war grau, sehr rau, und in der Mitte gähnte eine schwarze runde Öffnung.

»Hier?«, fragte Berkut.

»Ja«, bestätigte Iwan Iwanowitsch mit heiserer Stimme.

Hastig legten sie die Schutzanzüge an. Bevor sie den Helm aufsetzten, der sie vor der Sonne schützen sollte, wandte sich Berkut an Polessow: »Sie bleiben im Fahrzeug und halten Funkverbindung mit uns. Sollte diese unterbrochen sein, verfallen Sie nicht in Panik. Vor allen Dingen folgen Sie uns nicht.«

Er hatte das sehr bestimmt gesagt, direkt ungewohnt. Polessow hatte Berkut bisher für einen weichen, unentschlossenen Menschen gehalten, doch jetzt musste er zugeben, dass der Kollege seine Anweisungen zielsicher traf.

»Noch etwas. Sollte es Ihnen doch noch gelingen, mit Leming Verbindung aufzunehmen, unterrichten Sie ihn bitte über unsere Lage. Sagen Sie ihm, dass alles zur Zufriedenheit verläuft. Bis dann.«

Die beiden Männer kletterten aus dem Panzer, voran Berkut, hinter ihm Iwan Iwanowitsch mit einer Seilrolle über der Schulter. Polessow beobachtete, wie sie den Erdwall hinter sich brachten, über die betonierte Fläche gingen und dann vor der schwarzen Öffnung stehen blieben. In ihren gelben, faltigen Spezialausrüstungen und den großen Helmen sahen sie aus wie Taucher. Iwan Iwanowitsch warf das Seil hinunter und schlug den an seinem Ende befestigten Eisenhaken in den Beton.

»Pjotr Wladimirowitsch, hören Sie mich?«, fragte Berkut.

Polessow bestätigte, er höre ihn sehr gut.

»Machen Sie sich, wie gesagt, keine Sorgen. Es wird alles klappen. Wir besichtigen nur die Räumlichkeiten dort unten und kommen dann sofort zurück.«

»Gehen wir, gehen wir«, trieb Iwan Iwanowitsch ihn ungeduldig an.

Er stieg als Erster hinunter, und Polessow konnte hören, wie er ächzte und halblaut vor sich hin murmelte. Berkut blieb noch oben stehen, über die Öffnung gebeugt und die Hände auf die Knie gestemmt.

»In Ordnung«, sagte Iwan Iwanowitsch. »Ich bin unten. Du kannst nachkommen.«

Berkut winkte noch einmal zu Polessow hinüber und verschwand gleichfalls in der Höhlung. Etwa fünf Minuten lang blieb alles still.

Als Erster brach Berkut das Schweigen.

»Was ist das?«

»Ein Transformator«, antwortete Iwan Iwanowitsch. »Wenn auch ein sehr alter.«

»Der sieht aus, als hätte ihn jemand zerkaut …«

Die Physiker schwiegen erneut. Polessow schien, als atme jemand schwer ins Mikrofon. Er drehte an den Knöpfen: Jemand zog pfeifend, wie ein Asthmatiker, in gleichmäßigem Rhythmus die Luft ein und stieß sie zischend wieder aus.

»Wie sieht's aus?«, erkundigte sich Polessow sicherheitshalber.

Dumpf, als läge ein Kissen dazwischen, drang Berkuts Stimme an sein Ohr: »Alles in Ordnung, Pjotr Wladimirowitsch. Wir setzen unseren Weg fort.«

Im Empfänger knackte es, dann wurde es still. Polessow holte ein Röhrchen mit Sporamin aus der Tasche, schluckte eine Tablette und warf einen Blick auf den Bildschirm. Jenseits des Erdwalls, nicht weit vom Waldrand, lagen unzählige Trümmer und geborstene Teile aus Metallplast umher; sie glänzten grell in der Sonne. Es waren die Überreste der »Galathea« – eines automatischen Turbofliegers, der vor einem Monat zu einem Erkundungsflug ins Epizentrum ausgeschickt worden war. Die »Galathea« war mitten über der gefährlichen Zone explodiert – die Gründe waren unbekannt. Seitdem hatte Leming sämtliche Erkundungen untersagt, die auf dem Luftweg erfolgen sollten. Polessow fragte ins Mikrofon: »Genosse Berkut, hören Sie mich? Iwan Iwanowitsch!«

Er erhielt keine Antwort und sagte sich, dass es nun wohl doch an der Zeit sei, das Fahrzeug zu verlassen. Vorher aber wollte er noch einmal versuchen, Kontakt mit dem Stützpunkt in Lantanida zu bekommen. Er betätigte die Taste. Unvermittelt wurde die Stille unterbrochen.

»Testudo! Testudo!«, brüllte jemand. »Testudo, antworten!«

»Testudo hört«, meldete sich Polessow gereizt.

»Ist dort Testudo? Hier Leming. Wo seid ihr bloß abgeblieben? Warum habt ihr nicht geantwortet?«

Polessow erklärte, dass sie keine Verbindung hatten herstellen können.

»Wo haltet ihr euch jetzt auf?«

»Im Epizentrum.« Es folgte eine kurze Pause, dann erkundigte sich Leming, nun schon bedeutend ruhiger: »Habt ihr es gefunden?«

»Was – gefunden?«, fragte Polessow seinerseits.

»Was heißt hier – was? Den ›Zeitmotor‹ natürlich. Bist du's, Berkut?«

Polessow erklärte, dass sich besagter Berkut und Iwan Iwanowitsch in ein unterirdisches Gewölbe aufgemacht hätten und er nicht im Geringsten verstünde, von welchem ›Zeitmotor‹ hier die Rede sei.

»Nicht so wichtig«, unterbrach ihn Leming ungeduldig. »Also sind sie doch hinuntergestiegen, diese Halunken. Na, mit denen werde ich noch ein Wörtchen reden! Hör zu, Genosse, fahr den Panzer unverzüglich etwas weiter von diesem … Gewölbe weg und warte dort. Hast du verstanden? Zur Seite fahren und warten.«

»Verstanden«, wiederholte Polessow. »Zur Seite fahren und warten.«

»Na los, mach schon. Hast du Verbindung mit Berkut?«

Polessow überlegte einen Augenblick und schaltete dann das Gerät ab.

»Soso, ein Zeitmotor«, sagte er laut vor sich hin. »Auch gut.«

Er stand auf, streifte sich den Schutzanzug über und verließ das Fahrzeug. Die Füße versanken bis zu den Knöcheln in schwarzer Asche. Schließlich erreichte er die Betonkuppel und sah in die Krateröffnung. Das Seil verlor sich in undurchdringlicher Finsternis. Polessow blickte sich um: Der »Testudo« stand in einiger Entfernung vom Erdwall und verfolgte seine Bewegungen mit blitzenden, vorgewölbten Scheinwerferaugen. Polessow hockte sich auf die Erde und begann, die Muskeln bis zum Äußersten gespannt, den Abstieg.

Unten war es stockdunkel. Er schaltete die Laterne ein, die am Helm befestigt war. Der Lichtschein huschte über geborstene Wände und Überreste zertrümmerter Apparaturen, über den Boden, der von einer hauchdünnen, wie gepuderten, Staubschicht bedeckt war. Dann entdeckte Polessow Fußspuren im Staub und folgte ihnen hastig. Dabei musste er häufig im Weg liegende Trümmerhaufen umgehen und blieb nicht selten an zerrissenen Drähten hängen. Und wieder vernahm er durchs Radiofon ein gleichmäßiges ächzendes Schnaufen.

Da … eine Biegung. Dann ein enger Korridor. Noch eine Biegung – und Polessow stürzte Hals über Kopf eine Eisenleiter hinab. In den Fingerspitzen verspürte er plötzlich das bekannte Kribbeln: Hunderte winziger Nadeln schienen sich ihm in die Haut zu bohren. Polessow begann zu laufen. Noch eine Leiter, ein zweiter Korridor. Das rhythmische Atmen im Kopfhörer schwoll zu einem gewaltigen, wilden Brüllen an »O-oh, A-ah, O-oh, A-ah«.

Schweiß rann Polessow in die Augen, und die Brust schmerzte. Die feinen Nadeln stachen in Ellbogen und Knien. Schon wieder eine Biegung. Jäh blieb Polessow stehen: Ein greller blauer Lichtschein hatte ihn geblendet. Kurz darauf konnte er zwei schwarze Schatten ausmachen. Er erkannte Berkut, der sich über Iwan Iwanowitsch beugte; dieser kauerte im Schneidersitz auf der Erde und hatte die Hände gegen den bläulich verfärbten Fußboden gestemmt.

Polessow stürzte zu ihnen und ergriff Iwan Iwanowitsch unter den Achseln. Der Physiker war ungeheuer schwer. Seine Beine schleiften willenlos hinterher, von Zeit zu Zeit glitt er Polessow aus den Händen. Dennoch gelang es ihm, Iwan Iwanowitsch zur Tür zu schleppen, wo er ihn sich auf den Rücken hievte. Während er sich in den angrenzenden Korridor zwängte, drehte er sich zu Berkut um. Der ging, halb betäubt, hinter ihm her; seine Arme baumelten wie die leeren Ärmel eines Mantels herab, den man achtlos übergeworfen hat. Im Hintergrund erblickte Polessow zwei durchsichtige Säulen, und dazwischen schlug, langsam pulsierend, eine blaue Flamme. Das Brüllen im Radiofon pulsierte im selben Rhythmus …

5

Erhitzt und zufrieden nach einem guten Glas Kognak, sagte Iwan Iwanowitsch: »Eine herrliche Erkundung, kann ich Ihnen sagen.«

»Noch ein Gläschen?«, fragte Polessow.

»Nein, das reicht.«

»Und Sie, Genosse Berkut?«

Berkut lächelte.

»Nein, Pjotr Wladimirowitsch, vielen Dank. Aber würde es Ihnen etwas ausmachen, mich mit Leming zu verbinden?«

Polessow schraubte die Flasche zu und setzte sich an den Sender. Berkut lehnte sich in seinem Sitz zurück und lächelte noch immer. Er fühlte sich leicht und erfrischt, keine Spur mehr von der quälenden Schwäche, die ihn auf dem Rückweg aus den unterirdischen Gängen befallen hatte. Iwan Iwanowitsch atmete ruhig und strich sich selig über den Bauch. Er schien ebenfalls sehr zufrieden zu sein.

»Die Verbindung ist hergestellt«, meldete Polessow.

»Hallo, Leming«, sprach der Physiker ins Mikrofon. »Hier spricht Berkut.«

»Berkut?«, fragte Leming ungewöhnlich leise zurück. »Warum bist du ein solches Risiko eingegangen?«

»Immer mit der Ruhe, Leming«, erwiderte Berkut, noch immer lächelnd. »Wir sind heil und unversehrt. Und wir haben uns nicht geirrt. Hörst du, Leming? Der ›Zeitmotor‹ ist heil geblieben und arbeitet mit voller Kraft. Er funktioniert noch, verstehst du?«

Nach einer kurzen Pause antwortete Leming: »Ja, ich verstehe.«

»Hör zu«, fuhr Berkut fort. »Schick uns sofort eine Anlage zur Energieabsorption. So schnell wie möglich! Millionen Kilowatt strömen in die Umgebung und verseuchen sie, hörst du?«

»Jawohl, ich höre. Aber ihr werdet trotzdem sofort aufbrechen und zurückkommen.«

»Langsam, Leming! Aufbrechen können wir nicht. Schick uns lieber Leute. So viele du entbehren kannst. Schick vor allem Kusmin, die Jessjolowa und Akopjan her. Akopjan unbedingt. Und beeil dich, Leming, wir müssen der nächsten Explosion zuvorkommen. Allerdings kommt ihr durch den blauen Nebel mit Geländewagen nicht durch. Fordere vom Interplanetaren Institut noch ein paar Panzer mit Superschutz an. Sie bieten zwar ebenfalls keine Garantie, aber immerhin …«

»Stell dir vor, daran hatte ich selbst schon gedacht«, unterbrach ihn Leming ungewohnt scharf. (Iwan Iwanowitsch machte große Augen und hob seinen Zeigefinger.) »Die entsprechend ausgerüsteten Panzerfahrzeuge sind bereits auf dem Weg zu euch und werden morgen früh eintreffen. Die Leute werden in etwa einer Viertelstunde bei dir sein. Ich habe drei Turboflieger losgeschickt.«

»Das ist nicht so gut …« Berkut schielte zum Bildschirm, auf dem der Waldrand zu sehen war – und die Überreste der »Galathea«. »Wir haben hier schon einen Turboflieger.«

»Keine Bange. Sie werden im Tiefflug entlang der früheren Autobahn fliegen. Es wird ihnen nichts passieren.« Leming hüstelte, dann erkundigte er sich mit betont gleichmütiger Stimme, ob Berkut vielleicht schon Vermutungen betreffs dieses … na, wie hieß er doch gleich … dieses blauen Nebels hätte.

Iwan Iwanowitsch schüttelte sich bereits vor Lachen und sperrte seinen Mund so weit auf, dass seine gelben Zähne zu sehen waren.

»Jawohl«, erwiderte Berkut. »Ich habe gewisse Vermutungen. Es ist nicht ausgeschlossen, dass es sich um deine quantenlose Protomaterie handelt. Genauer gesagt, um das Produkt ihres Aufeinandertreffens mit Luft oder Wasserdampf.«

»Das dachte ich mir schon«, sagte Leming. »Also gut. Wartet ab und seid vorsichtig. Bis bald.«

Nachdem er das Mikrofon abgeschaltet hatte, lachte Berkut ebenfalls los. Nur Polessow blieb ernst. Er sah blass aus und hatte vor Erschöpfung hohle Wangen. Doch nach zwei Tabletten Sporamin wollte er noch nicht schlafen. Er fühlte sich ziemlich elend. Hinzu kam, dass er zum ersten Mal nicht begriff, was um ihn herum vorging, und das quälte und ärgerte ihn. Er zürnte dem selbstzufriedenen Iwan Iwanowitsch, ja selbst dem sanften Berkut, obwohl er wusste, dass das völlig absurd war. Schließlich überwand er sich und fragte ohne Umschweife: »Was ist das eigentlich – der ›Zeitmotor‹?«

Die Physiker sahen verblüfft erst ihn, dann einander an. Polessow fügte hinzu: »Wenn es kein Geheimnis ist, natürlich.«

Berkut errötete so heftig, dass er einem direkt leidtat. »Wir haben ganz vergessen … Entschuldigen Sie, Pjotr Wladimirowitsch …«, stotterte er. »Zuerst waren wir uns unserer Sache nicht sicher, und dann dieser Erfolg … Es kam so unerwartet … Wie peinlich! Seien Sie uns bitte nicht böse, es war nicht so gemeint …«

»Nun, der ›Zeitmotor‹«, begann Iwan Iwanowitsch mit einem Lächeln, »ist nichts anderes als ein immerfort laufender Motor, ein Perpetuum mobile sozusagen.«

»Warten Sie, Iwan«, unterbrach ihn Berkut. »Ich werde Ihnen gleich alles erklären Pjotr Wladimirowitsch. Aber seien Sie uns bitte nicht mehr böse. Kennen Sie sich ein wenig in der T-Mechanik aus?«

Polessow schüttelte finster den Kopf. Er war noch immer wütend, fand Berkuts Reaktion aber auch diesmal sympathisch.

»Nun, dann ist es ein bisschen komplizierter. Aber das macht nichts, ich werde trotzdem versuchen, es Ihnen begreiflich zu machen.«

Er bemühte sich, es zu erklären, und Polessow gab sich Mühe, es zu begreifen. Es ging um die Eigenschaften der Zeit und um die Zeit als physikalischen Prozess. Nach Berkuts Worten handelte es sich dabei um ein ungewöhnlich kompliziertes Problem. Viele Jahre zuvor hatte man bei der Erforschung der Energiequellen von Sternen erstmals eine – noch nicht verifizierte – Theorie der Zeit entwickelt: die Zeit als physikalischer, mit Energie verbundener Prozess. Grundlegend für diese Theorie waren Postulate, die die Zeit als einen materiellen Prozess betrachteten, der eine bestimmte Energie trägt. Später fanden sich (zunächst theoretisch, dann auch experimentell) zahlreiche spezifische Bedingungen für die Freisetzung von Energie, die mit der Zeit in Verbindung stand. Damit war die Mechanik der »physikalischen Zeit« geboren – die Tau- bzw. T-Mechanik.

Eines der wichtigsten Ergebnisse der T-Mechanik war, wie Berkut weiter berichtete, die Schlussfolgerung, dass es prinzipiell möglich sei, den Gang der Zeit für die Gewinnung von Energie zu nutzen. Man hatte erste Apparaturen entwickelt, die es erlaubten, dies in die Praxis umzusetzen. Leider war die Produktivität dieser Vorrichtungen minimal gewesen. So hatten sie lediglich eine allgemeine, experimentelle Bestätigung der Grundtheorie gebracht, konnten als Energiequelle jedoch nicht genutzt werden. Es waren noch keine ›Zeitmotoren‹. In praktischer Hinsicht hatte das Problem erst gelöst werden können, als man die T-Elektrodynamik entwickelte. Und selbst diese neuartigen Apparaturen hatten Jahrzehnte benötigt, ehe ein positiver und halbwegs ergiebiger Energieausstoß erzielt worden war.

Vor siebzig Jahren, so erklärte Berkut weiter, waren auf Beschluss des Internationalen Wissenschaftlichen Rates vier solche Vorrichtungen konstruiert und versuchsweise in

Betrieb genommen worden; es handelte sich um die sogenannten Zeitmotoren. Einer davon befand sich hier, in der Taiga, der zweite am Amazonas, der dritte in der Antarktis und der vierte auf dem Mond, im Tycho-Krater. Anschließend hatte man unweit der Apparatur in der Taiga ein telemechanisches Laboratorium zur Erforschung der Mesonen errichtet. Und dann, vor achtundvierzig Jahren, war eine Explosion erfolgt. Das Laboratorium stand nicht in unmittelbarem Zusammenhang mit dem »Zeitmotor«, und doch glaubte man auch diesen vernichtet, da das Ausmaß der Zerstörung verheerend gewesen war. Das Gelände nach der Explosion zu betreten war unmöglich, doch bestand auch lange Zeit keine Notwendigkeit dazu. Die Aufmerksamkeit der Wissenschaftler konzentrierte sich deshalb auf die noch verbliebenen drei Einrichtungen, und das Experiment in der Taiga geriet nach und nach in Vergessenheit. Seit einiger Zeit gab es jedoch die Vermutung, der »Zeitmotor« sei heil geblieben. Eine Annahme, die sich nun bestätigt hatte. Der »Zeitmotor« hatte seine Tätigkeit fortgesetzt und Energie aus Zeit gewonnen, sie gespeichert und nun, vor vier Monaten, zum ersten Mal freigesetzt.

»Das ist im Grunde auch schon alles.« Berkut lächelte unschlüssig. »Verstehen Sie jetzt, worum es geht?«

»Ja, danke«, antwortete Polessow.

»Und lesen Sie bei Gelegenheit Leming«, empfahl der Physiker. »Es gibt eine ausgezeichnete Arbeit von ihm: ›Die T-Elektrodynamik‹.«

Polessow hüstelte.

»Bei den durchsichtigen Säulen in dem unterirdischen Gewölbe«, fuhr Berkut fort, »handelt es sich übrigens um besagte Energiespeicher. Der Motor selbst befindet sich eine Etage tiefer. Die Energie strömt in die Säulen, sammelt sich dort an und wird von Zeit zu Zeit freigesetzt. Wie das konkret vor sich geht, weiß bisher niemand genau.«

»Leming weiß es«, bemerkte Iwan Iwanowitsch.

Berkut warf ihm einen Blick zu und sagte: »Ja. Leming nimmt an, dass die Energie in Form von Protomaterie ausgestoßen wird – der Grundlage sämtlicher quantenloser Elementarteilchen und Felder. Anschließend bildet sich die Protomaterie spontan in Quantenmaterie um – und zwar zum einen in Teilchen und Antiteilchen, zum anderen in elektromagnetische Felder. Zu einem gewissen Teil verbindet sie sich aber auch mit dem Medium, das sie umgibt. Auf diese Weise entsteht möglicherweise der seltsame blaue Nebel. Die Protomaterie verschafft sich überallhin Zugang, für sie gibt es keine Hindernisse, sie wirkt sowohl auf die Instrumente und Kyber als auch auf unseren Organismus. Aber wahrscheinlich erkläre ich das alles ziemlich unverständlich?«

»Aber nein, warum denn?«, entgegnete Polessow. Er erinnerte sich, wie hektisch die Zeiger der Instrumente geflattert hatten, die die Magnetfelder überwachten. »Wieso denn?«, wiederholte er. »Vielen Dank. Und was machen die anderen ›Zeitmotoren‹?«

»Die anderen drei haben sich bisher nicht gerührt«, antwortete Berkut. »Ein Glück, denn wir haben mit diesem hier genug zu tun.«

»Wir werden hier ein Riesenlabor errichten, eine ganze Stadt«, ließ sich Iwan Iwanowitsch vernehmen und starrte immer noch wie gebannt auf den Bildschirm. »Wir bauen neue, bessere ›Zeitmotoren‹. Ich werde es noch erleben, dass wir die ersten Schiffe in den Kosmos schicken, die allein mit der Energiequelle ›Zeit‹ fliegen.« Dann wandte er sich unvermittelt zu Polessow um und sagte: »Und was die T-Mechanik angeht, junger Mann: Die muss man kennen. Die Grundlagen der T-Mechanik werden bereits in der Schule gelehrt.«

»Das stimmt nicht«, widersprach Polessow.

»Doch, es stimmt. Mein Enkel hat es mir erzählt. Aber lassen wir das … Ich möchte Ihnen ein Angebot machen, Polessow: Wir brauchen hier einen Fahrer mit sehr guten Nerven.«

»Hm, daraus wird nichts«, antwortete Polessow und schüttelte den Kopf. »Ich muss zurück auf den Merkur. Dort werden ebenfalls Fahrer mit sehr guten Nerven gebraucht.«

Iwan Iwanowitsch zog die Brauen zusammen und brummte: »Na, Sie müssen's ja wissen …«

»Da sind sie!«, rief Berkut plötzlich und zeigte zum Bildschirm.

Aus der Taiga tauchten lautlos einer nach dem anderen silbern glänzende Vögel auf. Sie glitten tief über der schwarzen Erde hin und landeten schließlich mit angelegten Flügeln. Die Luken öffneten sich, und mehrere Menschen in gelben Schutzanzügen und großen Helmen sprangen heraus.

»Da ist ja auch Akopjan«, freute sich Berkut. »Lasst uns gehen und sie willkommen heißen.«

SPEZIELLE VORAUSSETZUNGEN

1

Der Dichter Alexander Kudrjaschow

Walja Petrow war zu mir gekommen, um mich persönlich davon in Kenntnis zu setzen. Er nahm die Baskenmütze vom Kopf, strich sich die Haare glatt und sagte: »Also, Sanja, jetzt ist es beschlossene Sache.«

Dann setzte er sich in den niedrigen Sessel und streckte seine langen Beine aus. Als er mich anblickte, lächelte er.

»Wann?«, fragte ich.

»In zehn Tagen.« Bei diesen Worten faltete er seine Mütze in der Mitte zusammen und strich sie auf den Knien glatt. »Nun ist die Wahl doch noch auf mich gefallen«, fuhr er fort. »Ich hatte schon alle Hoffnung aufgegeben.«

»Nein, wieso denn?«, erwiderte ich. »Schließlich bist du ein erfahrener Sternenfahrer.«

Ich holte Zitronensaft und Honig aus dem Kühlschrank, wir mixten es zusammen und tranken jeder ein Glas.

»Wir werden von der ›Tsifei‹ aus starten«, bemerkte er.

»Wo ist das?«, fragte ich.

»Eine außerterrestrische Station, ein künstlicher Mondtrabant. Tsifei ist chinesisch und bedeutet ›Start‹. Die Station dient als Startplatz für Photonenraumschiffe.«

Er stellte das Glas auf den Tisch und setzte sich die Baskenmütze wieder auf. Dann erhob er sich und gab mir die Hand.

»So«, sagte er. »Dann gehe ich jetzt.«

»Und was ist mit Růžena?«, fragte ich. »Weiß sie es schon?«

»Nein«, antwortete er. »Ich habe noch nicht mit ihr gesprochen.«

Er setzte sich wieder in den Sessel. Wir schwiegen.

»Für lange?«, erkundigte ich mich. Aber ich wusste, dass es für immer war.

»Nein, nicht so lange«, antwortete er. »Wir rechnen damit, in zweihundert Jahren wieder zurück zu sein. Vielleicht auch erst in zweihundertfünfzig. Nach euren, das heißt, nach Erdenjahren berechnet, versteht sich. Wir fliegen sehr schnell. Fast mit Lichtgeschwindigkeit ... So, jetzt muss ich aber gehen.« Doch er blieb sitzen.

»Komm, lass uns noch ein Glas Wein trinken«, schlug ich vor.

»Einverstanden.«

Wir stießen an und tranken jeder ein Glas goldenen Jawawein.

»Weißt du«, fuhr er fort. »Ich kann es kaum glauben. Obwohl – vor uns ist schon Gorbowski geflogen und als Erster Bykow. Ich bin der Dritte. Die zwei nächsten Expeditionen sind schon in Vorbereitung, weitere werden gewiss folgen. Ist ja keine große Sache für uns – zehn Jahre Flug, wenn's hochkommt, fünfzehn.«

»Ja«, sagte ich. »Natürlich. Die Einstein'sche Zeitdilatation und so weiter.«

Schließlich stand er doch auf.

»Ich gehe jetzt ... Begleitest du mich, Sanja?«, fragte er.

Ich nickte. Er rückte seine Mütze zurecht und ging zur Tür. Dort blieb er noch einmal stehen.

»Danke«, sagte er.

Ich gab keine Antwort. Ich brachte kein Wort über die Lippen.

Außer Petrow flogen noch fünf Mann auf der »Muromez«. Drei von ihnen kannte ich: Larry Larsen, Sergej Sawjalow und Saburo Mikimi. Mit Larsen war ich sogar befreundet, wenn auch nicht so eng wie mit Walja. Etwa zehn Leute waren gekommen, um die Raumflieger zu verabschieden. Als es nur noch eine Stunde bis zum Start war, versammelten sich alle in der Mannschaftskajüte. Auf der »Tsifei« herrschte Schwerelosigkeit, deshalb trugen wir Schuhe mit Magnetabsätzen.

Růžena und Walja hielten sich an den Händen. Růžena hatte sich in der letzten Zeit sehr verändert. Sie war schmäler geworden, ihre Augen schienen noch größer als sonst, und sie biss sich immerzu auf die untere Lippe. Aber sie war nach wie vor sehr hübsch … unglaublich hübsch. Walja hielt ihre Hand und lächelte. Doch mir schien, als rase er in Gedanken bereits mit Lichtgeschwindigkeit zu fernen Sternen. Er und Růžena schwiegen. Ein einziges Mal nur sagte sie mit leiser Stimme ein paar Worte zu ihm, und dann streichelte er ihre Hand.

Alle anderen schwiegen ebenfalls. Ein junges Mädchen in einem orangefarbenen Pullover, das einen mir unbekannten Raumfahrer begleitete, schluchzte von Zeit zu Zeit leise auf, worauf er errötete und ihr leicht mit der Hand auf die Schulter klopfte. Ich begleitete nicht zum ersten Mal Kosmonauten zum Start. Die anderen wahrscheinlich auch nicht, aber heute war alles anders: Von diesen sechs Männern verabschiedeten wir uns für immer. Sie würden erst wieder zurückkehren, wenn von uns schon niemand mehr am Leben war – weder ich noch Růžena noch das Mädchen mit dem orangefarbenen Pullover. Die sechs würden von unseren Nachkommen begrüßt werden. Vielleicht sogar von ihren eigenen. Nach Jahrhunderten wird Walja einmal ein Mädchen kennenlernen, dessen Familienname ebenfalls Petrow ist. »Ich kannte mal einen Petrow«, wird er sagen. »Der kommandierte die ›Dritte Sternenexpedition‹. Wir kannten uns von Kindesbeinen an. Sind Sie vielleicht seine

Enkelin?« – »Ja«, wird das Mädchen antworten. »Fast. Ich bin seine Ur-, Ur-, Ur-, Ur- …«

»Sei nicht traurig«, sagte Walja laut.

»Das bin ich ja gar nicht«, antwortete Růžena.

»Es ist sehr wichtig.«

»Ja, ich verstehe.«

»Nein, Růženka«, entgegnete Petrow. »Du verstehst es nicht. Gar nichts verstehst du. Ebenso wenig wie Sanja das versteht. Der sitzt da und denkt: ›Warum macht er das bloß?‹ Stimmt's, Sanja?«

Er lachte … Nein, er hatte nicht erraten, woran ich dachte. Walja und ich kannten uns bereits als Kinder, und ich mochte ihn sehr. Auch wenn wir grundverschieden waren. Ich hatte immer das Gefühl, dass er sich über mich lustig machte. Er war ein ganz anderer Typ als ich – draufgängerisch, ein Prahlhans und ungeheuer kühn. Es gab wenige, die wagten, es ihm gleichzutun, und die, die es wagten, machten später einen Rückzieher, oder sie kamen um. Er aber hatte bei allem Glück. Selbst über einen Abgrund konnte er mit einem Lächeln spazieren. Offenbar gefiel er sich so, wie er war – lustig, leichtsinnig und unverwundbar. Den anderen gefiel er auch. Und Růženka liebte ihn. Und er? Er würde auch in zweihundert Jahren noch so sein wie jetzt und sich fröhlich lächelnd mit einem Stock, den er von Gott weiß was für einem Planeten mitgebracht hatte, gegen den abgewetzten Schuh klopfen.

In der Mannschaftskajüte erschien nun ein blonder, braungebrannter Bursche und sagte: »Es wird Zeit, Genossen.«

Wir erhoben uns. Das Mädchen im orangen Pullover schluchzte laut auf. Ich sah zu Růžena und Petrow hinüber. Sie umarmten sich, und er vergrub seine Nase in ihrem Haar.

»Leb wohl, Wieselchen«, sagte er.

Růženka schwieg.

»Und gräm dich nicht.«

Sie löste sich von ihm und machte sich an ihrer Frisur zu schaffen. Doch die Haare gehorchten nicht.

»Geh jetzt«, sagte sie. »Nun geh schon. Ich kann nicht mehr. Bitte, geh.« Ihre Stimme klang tief und ungewöhnlich ruhig. »Leb wohl!«

Er küsste sie noch einmal und ging dann, Schritt für Schritt und ohne den Blick von ihr zu wenden, rückwärts zum Ausgang. Seine Magnetschuhe scharrten über den Fußboden, er blickte Růženka unverwandt an, so als fürchte er, sie könnte ihm sonst in den Rücken schießen. Sein Gesicht war, ebenso wie seine Lippen, kreideweiß, aber er lächelte. An der Luke wurde er von dem breitschultrigen Larry Larsen eingeholt; dann folgte der Unbekannte, der in Begleitung des jungen Mädchens gekommen war, ein weiterer Unbekannter und schließlich Serjosha Sawjalow.

»Auf Wiedersehen, Růženka«, rief da noch einmal Petrow.

Erst später fiel mir auf, dass er »Auf Wiedersehen!« gerufen hatte, und glaubte, er habe sich versprochen.

Als sich die Luke hinter den Männern geschlossen hatte, betätigte der blonde Bursche mehrere Knöpfe in der Wand. Es stellte sich heraus, dass die gewölbte Decke der Mannschaftskajüte als eine Art Stereobildschirm diente. Wir erblickten die »Muromez«. Sie war ein erstklassiges Raumschiff mit Photonenstauantrieb auf Annihilationsbasis. Kosmischer Staub, Gase und alles, was sich sonst im All befand, wurden vom Schiff aufgefangen und als Treibstoff im Reaktor verbrannt. Die »Muromez« verfügte daher über eine unbegrenzte Reichweite und konnte jedwede Geschwindigkeit erreichen – innerhalb der Lichtbarriere, versteht sich. Das Schiff hatte gewaltige Ausmaße und war rund fünfhundert Meter lang. Uns freilich kam es in diesem Augenblick so vor, als sei es ein silbern glänzendes Spielzeug, das zwischen Tausenden von Sternen in der Mitte des Bildschirms hing.

Wie gebannt starrten wir darauf. Dann hörte man ein lautes Schnäuzen, anscheinend das Mädchen in dem orangefarbenen Pullover. Plötzlich flammte der Bildschirm auf. Der Lichtschein war grell und bläulich weiß wie ein Blitz. Ich war geblendet, und als die bunten Pünktchen vor meinen Pupillen wieder verschwunden waren, sah ich auf dem Schirm nur noch die Sterne.

»Sie sind gestartet«, sagte der Blonde. Ich glaube, er beneidete sie.

»Er ist weg«, flüsterte Růžena.

Sie kam auf mich zu, setzte dabei die Füße in den schweren Schuhen ungelenk voreinander und legte ihre Hand auf meinen Arm. Ihre Finger zitterten. »Mir ist ganz elend, Sanja«, sagte sie. »Ich habe Angst.«

»Wenn du erlaubst, bleibe ich noch eine Weile bei dir«, erwiderte ich.

Sie wollte nicht. Wieder nach Nowosibirsk zurückgekehrt, verabschiedeten wir uns. Ich begann an einem Gedicht zu schreiben. Es sollte lang werden und von Menschen handeln, die zu den Sternen flogen, und von einer Frau, die auf der wunderschönen, grünen Erde zurückblieb. Davon, wie diese Frau vor dem geliebten Mann stand, der ins All fliegen sollte, und mit tiefer, ruhiger Stimme sagte: »Geh jetzt. Geh. Ich kann nicht mehr. Bitte, geh.« Und wie der Mann mit bleichen Lippen lächelte …

Ein halbes Jahr später rief Růžena mich frühmorgens an. Sie war ebenso blass und großäugig wie damals auf der »Tsifei«, was ich allerdings dem bläulichen Farbstich zuschrieb, den die Videoschirme manchmal haben.

»Sanja«, sagte Růžena aufgeregt. »Ich erwarte dich auf dem Aerodrom, Stratoplan LT-347. Komm, so schnell du kannst.«

Ich begriff überhaupt nichts und fragte, was los sei. Sie aber wiederholte nur: »Ich erwarte dich auf dem Aerodrom«, und legte auf. Ich setzte mich also in den Wagen und raste los. Der Morgen war klar und kühl, das beruhigte mich ein wenig. Auf dem Aerodrom angekommen, wurde ich zu einer großen Passagiermaschine begleitet, die bereits startklar war. Der Stratoplan stieg auf, kaum dass ich in die Kabine geklettert war. Ich stieß schmerzhaft mit der Brust gegen irgendeinen Rahmen. Dann entdeckte ich Růžena und setzte mich neben sie. Sie sah in der Tat sehr blass aus und biss sich auf die Unterlippe.

»Wohin fliegen wir?«, fragte ich.

»Zum nördlichen Raketodrom«, antwortete Růžena. Sie schwieg einige Zeit, dann sagte sie unvermittelt: »Walja kommt zurück.«

»Was sagst du da?«

Was hätte ich sonst sagen sollen? Wir flogen etwa zwei Stunden und wechselten in der ganzen Zeit kein Wort. Dafür unterhielten sich die anderen Passagiere umso lebhafter. Sie waren alle sehr aufgeregt und, wie mir schien, misstrauisch. Niemand wusste, warum die »Muromez« zurückkehrte. Den Gesprächen entnahm ich, dass tags zuvor ein Funkspruch von Petrow angekommen war. Darin hatte der Kommandant der Dritten Sternenexpedition mitgeteilt, dass auf der »Muromez« Apparaturen beschädigt worden seien und er unverzüglich auf dem Raketodrom landen müsse, ohne vorher die außerterrestrischen Stationen anzusteuern.

»Petrow hat einfach Angst bekommen«, ließ sich ein bejahrter, dicker Mann vernehmen, der hinter uns saß. »Das kommt vor im Weltraum.«

Ich blickte zu Růžena und bemerkte, dass ihr Kinn zu zittern begann. Aber sie drehte sich nicht um. Es lohnte sich nicht. Sie wusste, dass Walja niemals Angst hatte, ja er wusste gar nicht, was das war.

»So ist es auch Kong ergangen«, begann ein anderer.

»Und der Parallelempfang?«, unterbrach ihn ein junger Sternenflieger, der ein furchtbar entstelltes Gesicht und böse Augen hatte.

Sofort begannen Erörterungen zum Parallelempfang, und es stellte sich heraus, dass sowohl vor als auch nach Petrows Funkspruch Signale von der »Muromez« eingegangen waren, die noch aus der ersten Woche nach dem Abflug stammten. Die Funksignale waren furchtbar verzerrt angekommen, doch jedes enthielt das übliche »WT« – »Alles in Ordnung«. Als die Diskussion sich dem Höhepunkt näherte, setzte der Stratoplan zur Landung an.

Wir kamen zu spät. Die »Muromez« war bereits gelandet, und der Stratoplan drehte zwei Runden über dem Raumschiff. Ich konnte jede Einzelheit erkennen, und es sah jetzt ganz und gar nicht aus wie ein kleines silbernes Spielzeug. Unter dem blauen Himmel der Tundra stand ein gigantischer Flugkörper – stark zur Seite geneigt, durch unerklärliche Kräfte deformiert und von seltsamen Flecken übersät. Rosafarbener Dampf stieg von ihm auf.

»Sieht das nach Angst aus?«, meldete sich der Sternenflieger mit dem entstellten Gesicht.

Unsere Maschine setzte ungefähr zehn Kilometer von der »Muromez« entfernt auf – näher durfte sie an das Schiff nicht herankommen, um eine Kontamination zu vermeiden. Wir stiegen aus. Der obere Teil des Schiffs hing wie ein schwarzer Schatten über dem Horizont. Von der Erde stieg feuchte Wärme auf, und die Zeit verging unendlich langsam. Unmittelbar nach uns landeten einige weitere Flieger. Wir warteten. Endlich vernahmen wir ein Motorengeräusch, und bald darauf flog ein Hubschrauber dicht über unsere Köpfe hinweg. Er landete etwa hundert Schritt von uns entfernt.

Dann geschah das Wunder.

Aus dem Hubschrauber stiegen drei Männer und kamen langsam auf uns zu. Voran schritt ein hochgewachsener, hagerer Mann in einem abgenutzten Overall. Beim Gehen klopfte er sich mit einem smaragdgrünen Stock gegen das Bein. Der zweite Mann war untersetzt und hatte einen dichten roten Bart, der dritte sah ausgemergelt aus und ging stark gebeugt. Wir schwiegen. Wir glaubten noch nicht, was wir sahen. Die drei kamen näher, und da schrie Růžena plötzlich auf: »Walja!«

Der Mann im abgenutzten Overall blieb für einen Augenblick stehen, schleuderte dann den Stock beiseite und stürzte fast im Laufschritt auf uns zu. Sein Gesicht sah merkwürdig aus, ohne Lippen – entweder war es zu rot, sodass sich die Lippen nicht davon abhoben, oder die Lippen waren, umgekehrt, zu blass. Trotzdem erkannte ich in ihm sofort Petrow. Wer anders außer ihm sollte mit der »Muromez« zurückgekommen sein? Dennoch war der Mann wesentlich älter, und ihm fehlte der linke Arm; der leere Ärmel steckte im Gürtel seines Overalls. Nein, es war kein anderer als Petrow. Růžena lief auf ihn zu, und sie fielen sich in die Arme. Die zwei anderen Kosmonauten blieben gleichfalls stehen. Es waren Larry Larsen und der Pilot – der mir unbekannte Raumfahrer, den damals das Mädchen im orangefarbenen Pullover begleitet hatte.

Schweigend umringten wir die Männer und starrten sie an wie hypnotisiert. Schließlich rief Petrow feierlich:

»Ich grüße euch, Freunde. Ihr müsst entschuldigen, wenn ich einige von euch nicht gleich wiedererkannt habe, aber seit wir uns das letzte Mal sahen, sind immerhin siebzehn Jahre vergangen ...«

Niemand sagte auch nur ein Wort.

»Wer ist der Leiter des Raketodroms?«, erkundigte sich Petrow.

»Ich«, meldete sich der Leiter des nördlichen Raketodroms.

»Ich habe unterwegs die Ladeautomatik verloren«, sagte Petrow. »Seien Sie so freundlich, und lassen Sie das Schiff ausladen. Wir haben viel interessantes Material an Bord.«

Der Leiter des nördlichen Raketodroms betrachtete ihn voller Schrecken – und Bewunderung.

»Nur Segment sechs rühren Sie bitte nicht an, in Ordnung? Dort befinden sich zwei unserer Kameraden: Sergej Sawjalow und Saburo Mikimi. Wir haben sie mit zurückgebracht, um sie auf der Erde zu begraben. Fünf Jahre haben wir sie bei uns gehabt, nicht wahr, Larry?«

»Ja«, bestätigte Larsen. »Sergej Sawjalow fünf Jahre, Mikimi vier. Und Porta mussten wir ganz dort lassen.« Er lächelte, sein Bart begann zu zittern, und er fing an zu weinen.

Petrow beugte sich hastig zu Růžena hinunter.

»Komm, Růženka. Lass uns gehen. Wir sind zurückgekehrt und haben der Erde ferne Welten zum Geschenk mitgebracht. Du siehst, ich bin zurückgekommen.«

Sie sah ihn an mit einem Blick, wie ihn mir noch nie eine Frau geschenkt hat oder je schenken wird.

»Ja«, sagte sie. »Du bist zurückgekehrt.«

Dabei blinzelte sie und schüttelte den Kopf. Sie gingen Arm in Arm mitten durch die Menge, und wir machten ihnen bereitwillig Platz.

Auf der »Tsifei« hatte sie sich für immer von ihm verabschiedet. Doch nach einem halben Jahr sah sie ihn wieder. Er war für zweihundert Jahre fortgegangen und kehrte nach siebzehn Jahren zurück. Ihm gelang das. Ihm war immer alles gelungen. Aber wie?

Ich kann es nicht erklären und weiß nicht, ob man es je erklären kann. Ich bin nur ein Dichter, kein Physiker.

2

Die Sängerin Růžena Nasková

»Es sieht nach Regen aus«, sagte Walja.

Wir saßen auf dem Sofa vor dem Balkon und schauten in den tief hängenden Himmel über den fahlen Dächern der Stadt.

»Regen«, wiederholte er. »Ich habe schon lange keinen Regen mehr gesehen. Dort hat es nie geregnet.«

»Wieso?«, fragte ich.

»Keine Ahnung. Aber der Regen hat mir gefehlt.«

Obwohl es schon dunkel wurde, schalteten wir das Licht nicht ein. Ich legte Walja den Arm um die Schulter.

»Nicht, Růženka«, sagte er leise.

»Was ist?« Unter meiner Hand spürte ich seinen leeren Ärmel.

»Das ist doch sicher unangenehm.«

»Red keinen Unsinn«, erwiderte ich. »Sag lieber nichts.«

»Wir schweigen doch sowieso die meiste Zeit.«

Ein Windstoß wölbte die Gardine, und auf dem Tisch raschelte Papier.

»Dieser Wind – herrlich!«, freute sich Walja und schloss die Augen.

»Hat dir der Wind dort auch gefehlt?« Ich legte meinen Kopf an seine Schulter.

»Du hast mir gefehlt«, murmelte er.

In der Stadt gingen die Lichter an. Die dunklen Wolken verfärbten sich rötlich und sanken noch tiefer herab. Schlagartig setzte heftiger Regen ein und prasselte gegen die Fensterscheiben.

»Soll ich die Balkontür schließen?«, fragte ich.

»Nein. Bleib sitzen!«, bat er und drückte meine Hand so fest, dass es wehtat.

»Walja!«, rief ich.

Er ließ meine Hand los.

»Entschuldige, Růženka, das wollte ich nicht.«

Ich sah ihm in die Augen.

»Du bist ein richtiger Kraftprotz geworden«, sagte ich. »Hart wie ein Brett und furchtbar stark.«

»Kein Wunder«, erwiderte er mit ironischem Lächeln. »Ich bin geradezu absurd stark geworden. Alle Krüppel sind stark.«

»Unsinn! Das hat doch nichts damit zu tun.«

»Du hast recht«, pflichtete er mir bei. »Es kommt von der hohen Überbelastung, die …«

»Sprich nicht weiter«, bat ich. »Du kannst später erzählen. Nicht jetzt.«

Abermals legte ich den Kopf an seine Schulter. Es regnete immer noch. Vor der Balkontür hatte sich eine Lache gebildet, und ein schwarzes Rinnsal kroch ins Zimmer herein. Ich schaute zu Walja auf. Mit versteinerter Miene starrte er das schwarze Rinnsal an.

»Nicht zurückdenken«, flüsterte ich. »Versuch, nicht an die Vergangenheit zu denken. Nicht heute.«

»Es tut mir so leid um Sergej«, fuhr er nach kurzem Zögern fort.

»Ja. Er war so liebenswert …«

»Er war ein wunderbarer Mensch«, sagte Walja.

Noch vor einem Jahr war Sergej regelmäßig zu uns zu Besuch gekommen. Er und andere Sternenfahrer. Nächtelang hatten sie in ihrem grauenhaften Fachchinesisch hitzige Debatten geführt. Sie sprachen über Gravitationstheorie, Tau- oder T-Mechanik und Spezialgebiete der Mathematik. Ich habe damals gar nicht versucht, etwas zu verstehen, schließlich ging es um die Pläne für dieses bizarre Experiment.

Nein, man vergisst nichts. Ich werde nie vergessen, wie dieser widerwärtige Dickwanst sagte: »Petrow hat einfach

Angst bekommen. Das kommt vor im Weltraum.« Oder wie Sanja Kudrjaschow am Abend oft zu Besuch kam und zusammengekauert an meinem Tisch saß. Armselig, hässlich. Ich hatte erwartet, dass er kommen würde und dass es furchtbar sein würde, mit ihm zusammenzusitzen. Schicksal, habe ich mir damals gedacht. Aber eines Abends sagte Sanja zu mir: »Er hätte auch so umkommen können, Růžena, bei einem ganz normalen Flug.« Er hat das gesagt, um mich zu trösten, aber ich kann es ihm bis heute nicht verzeihen. Ich wollte nur noch allein sein, während um mich herum das Leben tobte. Meine Freunde studierten, verliebten sich und feierten, aber ich konnte nicht mit ihnen zusammen sein. Ich hatte aufgehört zu singen, ging nicht mehr aus und sprach mit niemandem mehr. Ich beneidete die anderen. Vielleicht gab ich mich aber auch einfach Hoffnungen hin, denn im Grunde meines Herzens hatte ich wohl von Anfang an gehofft, Walja könnte das Unmögliche wahr machen. Und nun war er tatsächlich zurückgekehrt.

Walja stand auf und schloss die Balkontür.

»Wollen wir Tee trinken?«, fragte ich.

»Ja. Sehr gern.«

Er ging durchs Zimmer, schaltete das Licht ein und schaute sich um.

»Es hat sich nichts verändert«, stellte er fest. »Als wären diese siebzehn Jahre spurlos vorübergegangen.«

»Es waren nur hundertsiebenundachtzig Tage«, verbesserte ich. »Plus sieben Stunden.«

»Ja, natürlich …«

Er bekam leuchtende Augen. Jetzt glich er wieder dem früheren Walentin Petrow, den ich vor vielen Jahren in Dao-Rao bei der Unterwasserjagd kennengelernt hatte. Fische hatten wir damals keine gefangen und mit unseren elektrischen Gewehren nur auf Wasserpflanzen geschossen. Doch danach hatten wir lange am Strand zusammengesessen und uns unterhalten. Er war fröhlich gewesen, temperamentvoll und hatte ständig Witze gemacht. Obwohl er sich sichtlich Mühe gab, einen guten Eindruck zu machen, fand ich ihn anfangs nicht sonderlich sympathisch. Er gefiel mir erst, als er aufhörte, Witze zu reißen.

Ich brachte die Teekanne, deckte den Tisch und goss ihm Tee in seine Lieblingstasse aus schwarzem Porzellan. Dann setzte ich mich ihm gegenüber und sah zu, wie er trank.

»Der Tee schmeckt fabelhaft«, lobte er. »Niemand bereitet ihn besser zu als du.«

»Ich kann überhaupt nicht Tee kochen«, entgegnete ich. »Ich verstehe nichts davon.«

»Porta hat grandiosen Kaffee gekocht«, bemerkte Walja und begann zu erzählen, wie sie zu sechst aus den winzigen Tassen tranken, die Porta auf allen Expeditionen dabeihatte. »Der Kaffee war heiß und schwarz. Wir haben ihn genossen und in kleinen Schlucken getrunken; dazu aßen wir Zwetschgenmarmelade. Porta war todunglücklich, dass man auf dem Schiff nicht rauchen durfte. Seiner Meinung nach gehört eine Zigarette genauso zum Kaffee wie Marmelade. Doch niemand hatte sonderlich Mitleid mit ihm, denn er war der einzige Raucher unter uns. Sobald er eine Zigarette zückte, hat ihn der Wachhabende ins Bad verjagt und unter den Luftabzug gestellt. Dort saß er dann ganz allein und schmollte. Doch ihm blieb nichts anderes übrig – so waren die Vorschriften. Später, während der starken Überbelastung …«

Er verstummte und starrte in seine Tasse.

»Was war später?«, wollte ich wissen.

»Später hat er nicht mehr geschmollt«, fuhr Walja fort. »Schenk mir bitte noch Tee nach.«

»Jetzt erzähl schon«, bat ich. »Du hast noch überhaupt nichts erzählt. Wie war das mit der starken Überbelastung?«

Walja beobachtete meine Hände, während ich ihm Tee nachschenkte.

»Du hast mir schon ewig keinen Tee mehr gekocht.«

»Erzähl von der Überbelastung«, drängte ich. »War sie sehr hoch?«

»Die g-Kräfte waren … enorm«, antwortete er. »Wie soll man das erklären? Man muss es am eigenen Leib spüren.«

»Enorm – eine höchst interessante und präzise Antwort. Bedeutet ›enorm‹ die drei- bis vierfache Erdbeschleunigung?«

»Ja«, bestätigte er. Er saß gebeugt und blickte aufs Tischtuch.«

»Walja!«

Er reagierte nicht sofort. Wahrscheinlich hatte er etwas vor Augen, das ich nie zu sehen bekommen würde. Der offene Hemdkragen ließ seinen hageren Oberkörper frei, an dem die Schlüsselbeine hervorstanden.

»Wir haben das großartig hinbekommen«, sagte er gedankenverloren. »Wir sind echte Sternenfahrer.«

»Walja, wie habt ihr es geschafft, so bald zurückzukehren?«

Er hob den Kopf und lächelte. Wieder bekam er leuchtende Augen.

»Ich habe es unbedingt gewollt, Růženka«, erwiderte er. »Ich liebe dich sehr. Deshalb bin ich so schnell zurückgekehrt. Ein bisschen Physik war natürlich auch im Spiel.«

»Die Physik ist genau das, was mich interessiert«, sagte ich ungeduldig.

»Was glaubst *du* denn, wie es funktioniert hat?«

Nach der Schule hatte ich mich nie mehr mit Physik beschäftigt. Trotzdem gab ich mir alle Mühe, mein altes Schulwissen auszugraben.

»Du hast gesagt, dass die lokale Flugzeit siebzehn Jahre betrug?«

»Ja.«

»Auf die Erde bezogen, wart ihr nur sechs Monate unterwegs«, fuhr ich unsicher fort. »Und eure Fluggeschwindigkeit bewegte sich im Grenzbereich der Lichtgeschwindigkeit. Die relativistischen Effekte waren also groß … Aber nach der speziellen Relativitätstheorie hätte doch genau das Gegenteil eintreten müssen. Auf der Erde hätte mehr Zeit vergehen müssen als auf eurem Schiff. Und außerdem … Moment mal, eigentlich ist die spezielle Relativitätstheorie hier gar nicht anwendbar. Ihr wart doch hohen g-Kräften ausgesetzt, also stets mit großer Beschleunigung unterwegs. Demnach befandet ihr euch ständig in einem Gravitationsfeld, richtig?«

»Kluges Kind«, erwiderte er zärtlich. »Du hast den Nagel auf den Kopf getroffen.«

Er lehnte sich über den Tisch, um mir die Hand zu küssen und warf dabei die Tasse um. Die Tasse rollte über das Tischtuch und hinterließ eine braune Teespur. Als Walja die Tasse wieder hinstellte, fiel sein Stuhl um.

»Zum Henker damit«, fluchte er und trat mit dem Fuß dagegen. »Du hast den Kern der Sache erfasst, Růženka. Mehr brauche ich dir nicht zu erklären. Du würdest es ohnehin nicht verstehen, arme Musenprinzessin.«

Er hob den Stuhl nun doch wieder auf, setzte sich verkehrt herum darauf und stützte die Arme auf die Lehne.

»Nur eines noch: Wie sich die Zeit in beschleunigt bewegten Systemen verhält, wusste vor uns kein Mensch. Es gab nur verschiedene Sonderfälle. Weißt du, wenn es heißt: ›Unter ganz bestimmten, speziellen Voraussetzungen in Bezug auf das Kraftfeld …‹ und so weiter. Wir dagegen wissen nun und haben empirisch bewiesen, dass man bei großen Beschleunigungen im Grenzbereich der Lichtgeschwindigkeit die Zeit steuern kann. Man kann es so einrichten, dass die Kosmonauten eines Raumschiffs, das nach hundert Jahren zur Erde zurückkehrt, während dieser Zeit nur um ein Jahr altern. So wird es Bykow und Gorbowski ergehen. Sie werden als junge Männer zurückkehren, während ihre Epoche auf der Erde längst Geschichte sein wird. Sie fliegen mit sehr geringer Beschleunigung. Wenn man dagegen so fliegt wie wir, ergibt sich der umgekehrte Effekt. Ein gealterter Raumfahrer kehrt zu seiner unverändert jungen Ehefrau zurück. Habe ich das nicht gut erklärt?«

»Sehr gut«, bestätigte ich.

»Bin ich nicht großartig?«

»Und wie!«

Jetzt war er wieder ganz der alte Walja Petrow. Er lachte vergnügt und war sehr stolz auf sich.

»Bin ich nicht das Familienoberhaupt?«

»Selbstverständlich!«, stimmte ich ihm zu.

»Ist dir klar, wie fantastisch das alles ist?«

Natürlich war mir das klar. Walja würde mich nie mehr für lange Zeit verlassen. Von seinen Expeditionen würde er zwar gealtert und hart wie ein Brett zurückkehren, aber dafür bald. Auch in Zukunft würden Myriaden von Welten, aber nie wieder Jahre zwischen uns liegen.

»Morgen wird viel Besuch kommen«, fiel Walja plötzlich ein und streckte sich. Es war merkwürdig und ungewohnt zu sehen, wie er sich mit nur einem Arm streckte. »Außerdem muss ich zur Raumfahrtbehörde fliegen. Und einen Vortrag vorbereiten.«

»Habt ihr viel Material mitgebracht?«, erkundigte ich mich.

»Jede Menge. Zum Beispiel einen Film mit dem Titel ›Der Planet Růžena, auf dem es nie regnet‹.«

»Regnet es dort wirklich nie?«, fragte ich. Ich fühlte mich sehr geschmeichelt.

»Einmal haben wir ein kleines Wölkchen gesehen«, erwiderte er. »Aus diesem Anlass hat Porta Kaffee gekocht. Im

Übrigen ist die Růžena ein ressourcenreicher Planet. Und die Sonne ist dort ein weißer Stern. Kein Vergleich mit unserer Kupferschüssel.«

Er sprang auf, lief aus dem Zimmer und kam mit dem smaragdgrünen Stock zurück.

»Schau«, sagte er. »Grünes Holz. Organisches Pflanzenmaterial. Aber Porta hat dort auch anorganische Lebensformen gefunden.«

Ich lehnte den Stock gegen den Tisch.

»Was ist mit Porta geschehen?«, fragte ich leise.

Walja antwortete nicht. Mir fiel ein, dass er auf solche Fragen nie eine Antwort gab.

»Wir haben neunzehn Kulturen verschiedener Mikroben mitgebracht«, berichtete er. »An die dreißig herbarisierte Pflanzenkollektionen, dieses grüne Holz und eine ganze Batterie von Spirituspräparaten diverser Organismen. Außerdem haben wir eine riesige Mineraliensammlung angelegt. Ich könnte dir sofort zwanzig Leute nennen, die sich die Finger danach abschlecken werden. Zumindest Konstantin Robertowitsch Tschentschik.«

Tschentschik war der Vorsitzende des Komitees für extraterrestrische Ressourcen.

»Wirst du wieder hinfliegen?«, fragte ich in möglichst beiläufigem Ton. Doch Walja durchschaute mich und lachte.

»Natürlich nicht. Andere werden hinfliegen und einen Stützpunkt aufbauen. Die Růžena eignet sich hervorragend als Raumfahrtstützpunkt. Von dort werden wir zum System WK 902 aufbrechen, und von dort weiter zum Roten Riesen WK 1335. Das ist sehr weit.«

Er schien sich plötzlich an etwas zu erinnern und legte die Stirn in Falten.

»Růženka, du weißt nicht zufällig, was es mit diesem glänzenden Turm am Weltraumbahnhof auf sich hat?«

Ich hatte keine Ahnung, von welchem Turm er sprach.

»Er muss während des letzten halben Jahres neu gebaut worden sein«, vermutete Walja. Er lachte. »Weißt du, wann mir klar wurde, dass das Experiment gelungen ist? Als ich dich gesehen habe. Vorher hatten wir etwas argwöhnisch den Turm beäugt, und Larry hätte geschworen, dass wir uns im 24. Jahrhundert befinden. Jetzt erinnere ich mich auch wieder an den Chef des Raumbahnhofs. Ich hatte ihn nicht wiedererkannt. Nach den siebzehn Jahren hatte ich einfach vergessen, wie er aussieht, und gedacht, dass der Posten neu besetzt worden sei.«

»Und mich hast du sofort erkannt?«, fragte ich.

»Ich bitte dich!«

»Ich dachte die ganze Zeit, dass ich träume«, sagte ich. »Ich glaube das auch jetzt noch. Du bist nur ein Trugbild …«

»Aber hart wie ein Brett«, warf Walja ein.

Ich lachte. Danach weinte ich ein bisschen und erzählte ihm, wie er Jahr um Jahr allein durch einen mit kalten Sternen gespickten schwarzen Abgrund geflogen war. Vor ihm Sterne, hinter ihm Sterne, sonst weit und breit nichts.

Walja schüttelte den Kopf.

»Das ist nur die halbe Wahrheit«, erwiderte er. »Sterne gab es nämlich auch keine. Weder vor mir noch hinter mir.«

»Wieso?«, fragte ich und wischte mir die Tränen aus den Augen.

»Wegen des Dopplereffekts … Bei einem Flugtempo nahe der Lichtgeschwindigkeit verschiebt der Dopplereffekt die Strahlung der Sterne in einen für das menschliche Auge unsichtbaren Bereich. Man kann sie dann nur mithilfe von speziellen Wandlern sehen. Schaut man dagegen durch ein gewöhnliches Teleskop, ist ringsum nur Finsternis. Totale Finsternis. Das ist ziemlich bedrückend, Růženka. Man hat das Gefühl, als wäre man allein auf der Welt.«

Ich fröstelte und schmiegte mich an ihn.

»Gehen wir schlafen«, sagte er. »Morgen ist ein schwerer Tag.«

»Was, wenn ich aufwache, und du bist nicht da?«

»So wird es wohl kommen. Ich muss ganz frühmorgens nach Moskau fliegen. Da möchte ich dich nicht wecken.«

»Doch, bitte weck mich auf«, bat ich.

Er schlief rasch ein. Ich lag noch lange wach und betrachtete sein Gesicht. Im Halbdunkel wirkte es düster, fast schwarz. Er schlief ruhig. Nur einmal murmelte er kurz vor sich hin: »Vorsichtig, Larry … Es tut höllisch weh.« Und kurz darauf noch einmal: »Schick Artur weg. Er ist nicht gewohnt, so etwas mitanzusehen.«

Er wird mich nie wieder für lange Zeit verlassen. Er wird gealtert von seinen Missionen zurückkehren und irgendwann als alter Mann heimkommen. Aber ich werde nie wieder jahrelang auf ihn warten müssen. Ein Mensch, der sich zum Herrn über die Zeit aufgeschwungen hat. Mein Mann.

3

Der Sternenflieger Walentin Petrow

Die Dritte Sternenexpedition hatte begonnen. Die »Muromez« flog vertikal zur Ekliptik, beschleunigte ihr Tempo und entfernte sich von der heimatlichen Sonne. Jetzt war es an der Zeit, meine Kameraden in den Plan einzuweihen. Auf der Erde hatte ich es für das Schwierigste gehalten, die Zustimmung der Raumfahrtbehörden zu erwirken. Am Einverständnis der Mannschaft hatte ich nicht gezweifelt. Jetzt freilich war ich meiner Sache nicht mehr so sicher. Ich warf einen Blick zu Serjosha hinüber – er saß am Steuerpult, die geliebten Sahnebonbons vor sich – und wurde etwas ruhiger. Serjosha hatte mir seine Einwilligung bereits auf der Erde gegeben, und wir hatten den Plan gemeinsam durchgeboxt. Ich nickte ihm zu, und wir begaben uns in die Mannschaftskajüte. Larry und Saburo spielten gerade Shogi, der kleine Ludovico Porta kramte in der Filmothek, und Arthur Lepellier saß kerzengerade mit weit geöffneten Augen da, offenbar bemüht, das Mädchen im orangefarbenen Pullover zu vergessen ... Wahrscheinlich würde er zustimmen.

»Hört mal«, begann ich. »Wisst ihr, was mit der Sternenexpedition auf euch zukommt?«

Sie sahen mich verblüfft an. Natürlich wussten sie das: viele Jahre anstrengender, monotoner Arbeit und der Verzicht auf alles, was ihnen auf Erden teuer war. Denn zu dem Zeitpunkt, da wir zurückkämen, wäre die Erinnerung an uns nur noch eine Legende. Sie sahen mich schweigend an. Dann antwortete Porta zögernd:

»Wir können uns das sehr gut vorstellen.«

Ich fuhr fort: »Ich möchte die Erde eher wiedersehen als in zweihundert Jahren.«

»Ich auch«, erwiderte Saburo.

»Und ich ebenfalls«, schloss sich Larsen an und grinste, »zum Beispiel heute zum Abendbrot.«

Arthur Lepellier blinzelte, und Ludovico fragte neugierig: »Wollt ihr die Geschwindigkeit reduzieren?«

»Ich möchte sehr viel früher zurückkehren als in hundert Jahren«, wiederholte ich. »Es gibt eine Möglichkeit, unser ganzes Programm zu erledigen und nicht nach zweihundert Jahren, sondern schon nach ein paar Monaten zurückzukommen.«

»Ausgeschlossen«, widersprach Mikimi.

»Utopisch«, seufzte Arthur.

Larry aber stützte das Kinn auf seine mächtigen Fäuste und bat: »Wie soll das gehen? Erklär uns das mal, Käpt'n.«

Bis zum Eintauchen in die Zone des AFF, des absolut freien Flugs, verblieben noch etwa vierundzwanzig Stunden. Ich setzte mich zwischen Larsen und Arthur in einen Sessel und forderte Sergej auf: »Erklär du es ihnen.«

»Wir alle wissen«, begann Serjosha, »dass die Zeit im Raumschiff umso langsamer verstreicht, je geringer die Differenz zwischen der Geschwindigkeit des Flugkörpers und der Lichtgeschwindigkeit ist, das folgt aus den Gesetzen der Schwerkraft. Diese sind vor allem dann wirksam, wenn das Raumschiff weniger Beschleunigungsphasen durchläuft und die Triebwerke nicht allzu lange in Betrieb sind. Wenn sich das Raumschiff dagegen bei annähernder Lichtgeschwindigkeit und durchgängig laufenden Motoren bewegt, wenn sich die Beschleunigungsschübe erhöhen, sodass sich innerhalb der Lichtbarriere ein Schwanken der Beschleunigung ergibt, dann ... Ja, schwer zu sagen, was dann genau passiert. Der modernste Computer ist nicht in der Lage, allgemeingültige Angaben darüber zu liefern. Unter bestimmten speziellen Voraussetzungen schließt die Theorie der Schwerkraft die Möglichkeit vollkommen neuartiger Erscheinungen nicht aus. So kann etwa die Zeit im Raumschiff ihren Lauf beschleunigen. Jahrzehnte, die im Schiff verstreichen, entsprechen nur einigen Monaten auf der Erde. Die ›Muromez‹ ist das erste Schiff mit Photonenstauantrieb der Welt, mit ihr wäre ein solches Experiment möglich. Natürlich wird es für uns alle unerträglich schwer werden: Wir müssten jahrelang mit einer fünf- bis sechsfachen Überbelastung fliegen ...«

»Utopie«, wandte Arthur ein. Er seufzte abermals, und man hatte den Eindruck, als sähe er wieder das Mädchen im orangefarbenen Pullover vor sich.

Ich baute auf Porta. Er war Biologe, kannte sich aber auch mit fast allen anderen Disziplinen aus – mit Ausnahme der deskriptiven Linguistik vielleicht.

»Ich habe schon davon gehört«, sagte er. »Aber das ist bisher nichts als Theorie. Und die …« Er machte eine Handbewegung, die ich nicht zu deuten wusste.

Aber es war mehr als nur Theorie. Vor drei Jahren hatte ich die »Muromez« in der AFF-Zone getestet. Vierzig Tage lang hatte ich im Amortisator zugebracht und das Raumschiff mit einer Beschleunigung geflogen, die um das Vierfache höher lag als die Gravitationsbeschleunigung auf der Erde. Als ich zurückkam, stellte sich heraus, dass das Bordchronometer vierzehn Sekunden vorging. Also hatte ich im All vierzehn Sekunden länger zugebracht, als auf der Erde verstrichen waren. Davon hatte ich Gorbowski am Abend vor unserer Abreise berichtet, und er hatte den Finger gehoben und im Singsang erwidert:

»Heut Mittag ist Raketenstart,
man geht mit Überlicht auf Fahrt,
und gestern Abend kommt man dann
an.«

Nun berichtete ich den Männern von meinem Versuch und schwindelte, der Chronometer sei um anderthalb Minuten vorgegangen.

»Oh«, rief Porta. »Das ist gut.«

»Und dennoch«, warnte ich, »die Überbelastungen werden schrecklich sein.« Ich sagte das mit Nachdruck, denn ich musste sie von Anfang an damit konfrontieren – auch wenn ich nur sehr erfahrene Kosmonauten in die Besatzung aufgenommen hatte, Raumfahrer, die eine doppelte und sogar dreifache Überbelastung gut überstanden.

»Wie hoch?«, wollte Larry wissen.

»Etwa das Siebenfache.«

»Oh«, sagte Porta gedehnt. »Das ist viel.«

»Dann werde ich ja eine halbe Tonne wiegen«, bemerkte Larsen und brach in schallendes Gelächter aus. Die anderen zuckten zusammen.

»Ist die Behörde informiert?«, erkundigte sich Saburo, der äußerst verantwortungsbewusst war.

»Sie halten es dort für ausgeschlossen, dass die Sache gelingt«, antwortete Sergej. »Dennoch haben sie ihre Einwilligung gegeben ... vorausgesetzt natürlich, dass ihr einverstanden seid.«

»Ich halte es ebenfalls für ausgeschlossen«, sagte Arthur laut und vernehmlich. »Was heißt hier Überbelastungen ... spezielle Voraussetzungen ...«

Dann redeten alle durcheinander, und ich begab mich in die Steuerzentrale. Selbstverständlich waren sie nicht vor der Überbelastung zurückgeschreckt, obwohl sie alle sehr genau wussten, was sie sich damit aufluden. Sie waren bis auf Arthur alle einverstanden, nur er hatte widersprochen – gewiss in der heimlichen Hoffnung, dass ihn die anderen schon überzeugen würden. Eine halbe Stunde später kamen sie zu mir.

»Handeln wir, Kapitän«, sagte Larry.

»Wir werden unsere Aufgabe erfüllen und nach Hause zurückkehren«, bestätigte Arthur. »Nicht bloß auf die Erde – nach Hause!«

»Was für ein Experiment!«, rief Mikimi begeistert.

»Und die siebenfache Überbelastung? ...« Porta machte wieder seine vage Handbewegung.

»Jawohl«, bestätigte ich. »Siebenfache. Oder achtfache. Oder sogar die zehnfache.«

»Das wird schwer«, meinte Porta ruhig.

Es war so schwer, dass wir mitunter glaubten, wir überstünden es nicht. Im Laufe der ersten Monate verstärkte ich die

Beschleunigung ganz allmählich. Mikimi und Sawjalow schrieben ein Programm für die kybernetische Steuerung, und die Beschleunigung erhöhte sich von diesem Zeitpunkt an automatisch um je ein Prozent am Tag. Ich hoffte, wir würden uns vielleicht halbwegs anpassen können. Aber es erwies sich als unmöglich. Die Knochen brachen, denn die Muskeln hielten dem Gewicht der Arme nicht mehr stand. Wir waren gezwungen, feste Nahrung aus unserem Speiseplan zu streichen, und ernährten uns nur von Bouillon und Saft. Nach hundert Tagen hatte sich unser Gewicht verdreifacht, nach hundertvierzig vervierfacht. Wir lagen unbeweglich in unseren Hängematten und schwiegen, weil uns das Sprechen schwerfiel. Nach hundertsechzig Tagen betrug die Beschleunigung das Fünffache der Schwerkraft auf der Erde. Zu diesem Zeitpunkt konnte nur noch Mikimi Saburo den Weg von der Mannschaftskajüte zur Steuerzentrale zurücklegen, ohne das Bewusstsein zu verlieren. Weder die Amortisatoren noch die Anabiose halfen. Der Versuch, einen anabioseähnlichen Schlaf herbeizuführen, scheiterte bei dieser kolossalen Überbelastung. Porta quälte sich mehr als alle anderen. Auch als wir ihn in den »Sarkophag« legten, konnte er nicht einschlafen. Er quälte sich. Es war schrecklich mitanzusehen.

Ich wog dreieinhalb Zentner, Larry vierhundert Kilo. Wir fürchteten uns, ihn anzusehen. Aber wir sahen alle furchtbar aus. Das Gesicht schwoll an, die Lider waren zu schwer, um sie zu öffnen, und die Wirbelsäule knackte bei jeder Bewegung. Wir lagen vor dem »Sarkophag« und sahen Porta an.

»Genug jetzt, Walja«, stöhnte Serjosha.

Wir krochen in die Steuerzentrale. Dort stand – stand! – Saburo mit einem Unterkiefer, der bis zur Brust herabhing. Aus dem Mundwinkel tropfte Speichel.

»Es reicht, Saburo«, sagte ich, und meine Stimme klang wie die eines Fremden. Serjosha versuchte aufzustehen, lächelte und fiel sofort wieder zu Boden.

»Es reicht«, sagte auch er. »Porta geht es schlecht. Er könnte sterben. Schalt den Reaktor ab, Saburo.«

»Bis zur dreifachen Beschleunigung«, sagte ich.

Saburo strich mit den Fingernägeln übers Pult. Sofort wurde es leichter. Erstaunlich leichter.

»Die dreifache also«, wiederholte Saburo und setzte sich neben uns auf den weichen Boden. Wir blieben noch eine Weile liegen, um uns an den neuen Zustand zu gewöhnen, dann standen wir auf und begaben uns in die Mannschaftskajüte. Wir fühlten uns erheblich besser. Aber bald schon schauten wir uns an und ließen uns erneut auf alle viere nieder. Wir wogen zweihundert, zweihundertfünfzig Kilo. Es war der hundertsiebenundsechzigste Tag des Fluges, und die »Muromez« raste mit zweihundertzwanzigtausend Kilometern pro Sekunde durch den Weltraum, fraß dabei Staub, Gase und alles, was sich sonst im All fand, und verbrannte es als Treibstoff.

Die Monate vergingen. Die Eigengeschwindigkeit der »Muromez« übertraf bereits die des Lichts und nahm pro Sekunde um jeweils zweiunddreißig Meter zu. Das machte uns sehr zu schaffen. Ich hatte den Eindruck, dass niemand so richtig an den Erfolg unseres Experiments glaubte. Andererseits begriffen alle ganz genau, welche Perspektiven das Gelingen unseres Versuchs eröffnen würde. Jeder Mensch hat Träume. So auch wir. Während wir uns die herabhängenden Unterkiefer hochhielten, träumten wir also davon, innerhalb eines einzigen Menschenlebens das gesamte Universum zu bereisen und es den Menschen zum Geschenk zu machen.

Portas Zustand verbesserte sich. Er las jetzt viel und befasste sich intensiv mit der Theorie der Schwerkraft. Ab und zu packten wir ihn für ein paar Wochen in den »Sarkophag«, was ihm freilich nicht sonderlich gefiel: Er wollte keine Zeit vergeuden. Larry und Arthur führten astronomische Beobachtungen durch, während Sergej, Saburo und ich mit der Steuerung des Raumschiffs beschäftigt waren. In den freien Stunden zwischen den Wachen berechneten wir den Gang der Zeit in Systemen, die sich unter verschiedenen speziellen Voraussetzungen mit erhöhter Beschleunigung bewegten. Larry hielt uns an, Gymnastik zu treiben, und nach Ablauf eines Jahres war ich schon in der Lage, ohne große Mühe meine vier Zentner am Reck hochzuziehen.

Unterdessen erstrahlte die Taja immer heller im Fadenkreuz unseres Bordteleskops; sie war das Ziel der ersten zwei Sternenexpeditionen gewesen. Die Taja gehörte zu den der Sonne am nächsten liegenden Sternen, bei denen man eine Ungleichheit in der Bewegung festgestellt hatte. Es war nicht ausgeschlossen, dass sie über ein Planetensystem verfügte. Vor uns waren bereits Bykow auf dem »Strahl« und Gorbowski auf der »Tariel« zu ihr aufgebrochen. In Abständen von jeweils fünfzigtausend astronomischen Einheiten hatte Bykow gewaltige Impulssender ins All geschleudert. Sechzehn davon hätten wir auf der neuen Trasse bemerken müssen, doch wir fingen nur von sieben Funksignale auf. Entweder funktionierten sie nicht mehr, oder wir waren vom Weg abgekommen. Am wahrscheinlichsten freilich war, dass wir Bykow bereits überholt hatten. Die Sender waren mit einem Empfänger mit einer bestimmten Frequenz ausgestattet. Wir hätten ein Funksignal für diejenigen hinterlassen können, die nach uns kämen. Einer der Impulssender funkte als Antwort auf unseren Ruf: »Bin hier vorbeigekommen. Viertes Jahr Bordzeit. Gorbowski.« Es war völlig unmöglich zu bestimmen, wie viele Jahre vor uns das gewesen sein mochte.

Es stellte sich heraus, dass die Taja kein Planetensystem besaß. Es handelte sich vielmehr um einen Doppelstern. Ihr von der Erde aus unsichtbarer Teil erwies sich als ein schwacher rot leuchtender Stern, der bereits am Erlöschen war, weil sich seine Energiequellen weitgehend verbraucht hatten. Wir waren die ersten Erdenbewohner, die je fremde Sonnen zu Gesicht bekamen. Die Taja leuchtete gelb und hatte große Ähnlichkeit mit unserer heimatlichen Sonne. Schön aber war vor allem der Zweitstern. Er war himbeerfarben, und auf seiner Oberfläche schlängelten sich Ketten schwarzer Punkte. Kein gewöhnlicher Stern übrigens: Larsen hatte eine langsame und ungleichmäßige Pulsation seines Gravitationsfeldes festgestellt. Zwei Wochen lang umkreisten wir ihn, so lange, wie Arthur und Larry für ihre Beobachtungen brauchten. Es waren wunderbare Tage der Erholung, der normalen Schwerkraft, ja zeitweise sogar der Schwerelosigkeit.

Anschließend flogen wir zum Nachbarstern – der WK 71016. Porta hatte uns darum gebeten, aber ich weiß nicht, ob es richtig war, seinem Wunsch nachzugeben. Porta war Biologe, und ihn interessierte natürlich vor allem die Frage nach dem Leben in fremden Welten. Er wollte zu einem warmen, mit einer Atmosphäre versehenen Planeten fliegen, auf dem es Feuchtigkeit gab und viel Leben. Natürlich schien es uns anderen auch reizvoll, fremdem Leben zu begegnen, gar auf menschenähnliche Wesen zu treffen. Jeder von uns träumte seit dem Augenblick, da er Raumflieger geworden war, insgeheim von einer solchen Begegnung. Wir gaben Porta also nach.

Vier Jahre lang flogen wir, um zum Stern WK 71016 zu gelangen, und wieder drückte uns die grausame Überbelastung zu Boden, lagen wir keuchend in den Amortisatoren, fühlten uns wie zerdrückte Regenwürmer. Dennoch ging es uns schon sehr viel besser als zu Beginn unserer Reise. Offenbar passten wir uns an. Unsere Haut pellte sich, die Nägel fielen aus, wir nahmen acht Mahlzeiten am Tag zu uns und schliefen fast überhaupt nicht – aber wir passten uns an. Und wir erreichten den weißen Stern WK 71016.

Dort gab es ein Planetensystem. Es bestand aus vier Himmelskörpern, von denen einer über eine sauerstoffhaltige Atmosphäre verfügte und etwas größer war als die Erde. Ein wunderschöner Planet: grün von üppigem Pflanzenwuchs wie die Erde und bedeckt von Ozeanen und weiten Ebenen. Vernunftbegabte Wesen trafen wir zwar nicht, aber ansonsten sprudelte es nur so von Leben. Ich sagte den anderen, dass ich dem Planeten gerne Růženas Namen geben würde. Niemand hatte etwas dagegen. Allerdings begegnete uns die fremde Erde auf eine Weise, dass ich ungern an sie zurückdenke. Sie war abscheulich zu uns. Wir mussten Porta dort zurücklassen und wissen nicht einmal, wo sich sein Grab befindet. Auch mein Arm blieb dort. Serjosha Sawjalow und Saburo Mikimi haben so viel Kraft auf der Růžena gelassen, dass sie die Rückkehr nicht mehr erlebten. Der Rückflug dauerte bei maximal zulässiger Überbelastung sechs Jahre. Wir hatten es eilig, in unsere Zeit zurückzukommen, denn bis zum Schluss blieb unklar, ob unser Versuch geglückt war oder nicht. Drei Jahre flogen wir mit siebenfacher Überbelastung und reduzierten sie nur deshalb, weil sich Larry Larsen verletzt hatte; durch eine falsche Bewegung hatte sich eine seiner Rippen in den linken Lungenflügel gebohrt. Danach erholten wir uns ein Jahr bei nur dreifacher Beschleunigung.

Die »Muromez« hatte mit der Zeit an Manövrierfähigkeit eingebüßt, sodass ich an der extraterrestrischen Station vorbeifliegen und auf der Erde landen musste. Natürlich war das ein bisschen peinlich, aber ich wollte kein Risiko mehr eingehen. Die Landung verlief erfolgreich. Als wir ausstiegen, mussten Larsen und ich Arthur davon abhalten, die Erde zu küssen, die vom Photonenreaktor verseucht war. Schließlich bestiegen wir unseren Hubschrauber und flogen zu den Menschen, die uns erwarteten. Erst als ich Růžena erblickte, wusste ich, dass unser Experiment gelungen war.

Es war ein schweres, grausames Experiment, das viele Opfer verlangt hat, aber es war ein großer Erfolg. Wir haben den Menschen unserer Zeit den Zugang zu fremden Welten eröffnet. Vielleicht sogar zum gesamten Universum, wie wir es uns während des Flugs erträumt hatten. Wie herrlich das ist: die Schlüssel von Raum und Zeit nicht den fernen Nachfahren zu schenken, die vor unseren Denkmälern stehen, sondern den uns lieben, nahestehenden Menschen unserer Zeit! Selbstverständlich waren wir nur die, die das Experiment wagten und ausgeführt haben. Dank daher an die Menschen, die die Theorie der Schwerkraft begründeten, die Photonenrakete erfanden und unsere Welt so licht und schön machten – und uns selbst zu dem, was wir sind.

Freilich, da sind noch Bykow und Gorbowski. Wenn sie zurückkehren, werden wir schon nicht mehr leben. Aber ich denke, sie werden uns nicht allzu sehr zürnen.

MITTAG,
22. JAHRHUNDERT

Nacht auf dem Mars

Als der rötliche Sand unter den Raupenketten des Crawlers plötzlich nachgab, legte Pjotr Alexejewitsch Novago den Rückwärtsgang ein.

»Spring ab!«, rief er Mandel zu.

Der Crawler begann heftig zu rucken, wirbelte Wolken von Sand und Staub auf und kippte dann mit dem Heck vornüber. Novago blieb nichts anderes übrig, als den Motor abzustellen und sich aus dem Fahrzeug fallen zu lassen. Er landete auf allen vieren und kroch eilig, ohne sich aufzurichten, zur Seite, während der Sand unter ihm immer weiter nachgab. Schließlich gelang es ihm, festen Grund zu erreichen, er setzte sich hin und zog die Beine zu sich.

Da erblickte er auch Mandel, der am gegenüberliegenden Rand des Kraters kniete, und sah das Heck des Crawlers, das, von Dampf eingehüllt, aus dem sandigen Grund des Kraters aufragte. Theoretisch durfte so etwas mit einem Fahrzeug vom Typ »Eidechse« nicht passieren. Zumindest nicht hier, auf dem Mars. Die »Eidechse« war leicht und schnell und besaß eine fünfsitzige offene Plattform auf vier gesonderten Chassis mit Raupenketten. Dennoch sackte sie jetzt langsam zu dem schwarzen Loch hin ab, in dem zähflüssiges Wasser glitzerte. Vom Wasser her, das sehr tief sein musste, stieg auch der Dampf auf.

»Eine Kaverne«, stellte Novago mit belegter Stimme fest. »So ein Pech …«

Mandel wandte ihm das Gesicht zu; die Sauerstoffmaske ließ nur die Augenpartie frei.

»Ja«, sagte er. »Wir haben verdammtes Pech.«

Es war völlig windstill. Die Dampfschwaden aus der Kaverne stiegen senkrecht zum dunkelvioletten Himmel auf, an dem unzählige große Sterne leuchteten. Tief im Westen stand die Sonne – eine kleine, gleißend helle Scheibe über den Dünen. Von dort zogen sich schwarze Schatten über die rötliche Ebene. Es war sehr still, man hörte nur das leise Rascheln des Sandes, der in den Krater hinabrieselte.

»Gut«, seufzte Mandel und erhob sich. »Was sollen wir jetzt machen? Ihn da rauszuschleppen«, er nickte zum Krater hin, »ist unmöglich. Oder?«

Novago schüttelte den Kopf.

»Wir beide werden es nicht schaffen, Lazar Grigorjewitsch«, erwiderte er.

Plötzlich hörten sie einen langgezogenen, schmatzenden Laut, und das Heck des Crawlers war in der Krateröffnung verschwunden. Auf der dunklen Wasseroberfläche bildeten sich nach und nach mehrere Blasen, die dann wieder platzten.

»Tja«, meinte Mandel. »Rausholen können wir ihn jetzt nicht mehr. Wir müssen schon zu Fuß weiter, Pjotr Alexejewitsch. Dreißig Kilometer sind nicht der Rede wert, die schaffen wir in etwa fünf Stunden.«

Novago blickte zum schwarzen Wasser hin, auf dem sich bereits ein feines Eismuster gebildet hatte. Mandel sah auf die Uhr.

»Achtzehn Uhr zwanzig«, sagte er. »Um Mitternacht sind wir dort.«

»Das ist es ja«, erwiderte Novago nicht sonderlich begeistert. »Erst gegen Mitternacht.«

Noch dreißig Kilometer, dachte er. Zwanzig davon müssen wir im Dunkeln zurücklegen. Wir sind zwar mit Infrarotbrillen ausgestattet, aber es ist trotzdem dumm. Dass uns so was passieren musste … Mit dem Crawler wären wir noch vor Anbruch der Dunkelheit dort gewesen. Ob es vielleicht besser wäre, zum Stützpunkt zurückzukehren und ein neues Fahrzeug zu nehmen? Aber bis dahin sind es fast vierzig Kilometer und die Fahrzeuge womöglich alle im Einsatz. Wir würden erst gegen Morgen auf der Plantage ankommen – und dann wäre schon alles vorbei. Was für eine dumme Geschichte!

»Keine Bange, Pjotr Alexejewitsch«, sagte Mandel und klopfte sich auf die Hüfte, wo unter dem Fellmantel das Koppel mit der Pistole hing. »Wir werden es schon schaffen.«

»Und wo sind die Instrumente?«, fragte Novago.

Mandel schaute um sich.

»Ich habe sie heruntergeworfen«, antwortete er. »Aha, da sind sie ja.«

Er ging ein paar Schritte und hob eine kleine Tasche vom Boden auf.

»Da sind sie«, wiederholte er und wischte mit dem Mantelärmel den Staub von der Tasche. »Also los, gehen wir?«

»Gehen wir«, sagte Novago, und sie setzten sich in Marsch.

Sie durchquerten die Talsenke, erklommen eine Düne, stiegen dann wieder bergab. Das Laufen fiel ihnen nicht schwer, denn selbst Novago mit seinen rund achtzig Kilo und dem zusätzlichen Gewicht – Sauerstoffflaschen, Wärmesystem, Pelzkleidung und Bleibeschläge unter den Fellstiefeln – wog hier ganze vierzig Kilo. Mandel, der klein und schmächtig war, sah aus, als ginge er spazieren, und schwenkte dabei lässig die Ledertasche. Der Sand hier war abgelagert und fest, ihre Schritte zeichneten sich kaum darauf ab.

»Für den Crawler wird mir Iwanenko eine kräftige Standpauke halten«, bemerkte Novago nach längerem Schweigen.

»Was können Sie denn dafür?«, entgegnete Mandel. »Woher hätten Sie wissen sollen, dass sich dort eine Kaverne befindet? Und was auch nicht ganz unwichtig ist: Wir sind auf Wasser gestoßen!«

»Genauer gesagt – das Wasser auf uns«, erwiderte Novago. »Trotzdem, für den Crawler gibt es eine Standpauke. Ich höre Iwanenko schon: ›Für das Wasser vielen Dank, aber ein Fahrzeug werde ich Ihnen nicht mehr anvertrauen.‹«

Mandel lachte. »Ach was, es wird halb so schlimm. Außerdem kann es nicht allzu schwierig sein, den Crawler herauszuholen … Sehen Sie mal dort – was für ein Prachtexemplar!«

Auf dem Kamm einer nahe gelegenen Wanderdüne saß ein Mimikrodon – eine zwei Meter große Echse. Es war rötlich gesprenkelt wie der Sand und wandte ihnen den furchterregenden dreieckigen Kopf zu. Mandel warf einen kleinen Stein nach ihm, traf aber nicht. Die Echse saß mit abgespreizten Füßen unbeweglich da, als wäre sie aus Stein.

»Prächtig, stolz und unerschütterlich«, stellte Mandel fest.

»Irina sagt, es gebe auf den Plantagen sehr viele dieser Tiere«, erzählte Novago. »Sie füttert sie dort heraus …«

Ohne sich vorher abgesprochen zu haben, legten sie beide einen Schritt zu.

Die Dünen lagen hinter ihnen. Sie gingen jetzt über flachen Salzboden, und ihre Bleisohlen schlugen laut gegen den gefrorenen Sand. In den Strahlen der weißen Abendsonne blitzten große Salzflecken, und um sie herum gruppierten sich runde gelbe Kakteen mit langen Stacheln. Diese seltsamen Gewächse ohne Wurzeln, Blätter und Stiele wuchsen hier zuhauf.

»Armer Slawin«, sagte Mandel. »Gewiss ist er schon sehr beunruhigt.«

»Ich bin es nicht weniger«, murmelte Novago.

»Nun, immerhin sind wir Ärzte«, erwiderte Mandel.

»Was heißt das schon? Sie sind Chirurg, ich Internist. Ich habe bisher nur eine einzige Entbindung durchgeführt, und die vor zehn Jahren in der besten Klinik von Archangelsk, mit einem Professor neben mir …«

»Macht nichts«, versuchte ihn Mandel zu beruhigen. »Dafür habe ich schon des Öfteren Geburtshilfe geleistet. Wir müssen nur die Ruhe bewahren, dann wird alles gut gehen.«

Einer der Stachelbälle geriet Mandel vor die Füße. Der Chirurg versetzte ihm einen gekonnten Tritt, sodass er einen langen Bogen in der Luft beschrieb, aufschlug, mehrere Sprünge machte und dabei einen Teil seiner Stacheln verlor.

»Ein Stoß«, sagte Mandel, »und der Ball geht in freien Flug über. Mich beunruhigt im Augenblick aber etwas anderes: Wie wird sich das Kind bei der verminderten Schwerkraft hier entwickeln?«

»Davor habe ich nun gar keine Furcht«, erwiderte Novago nach wie vor verstimmt. »Ich habe schon mit Iwanenko darüber gesprochen. Man könnte eine Zentrifuge entwickeln.«

Mandel dachte nach.

»Ja, das wäre eine Idee«, sagte er.

Als sie den letzten Salzmorast umgingen, hörten sie ein durchdringendes Pfeifen. Ungefähr zehn Schritt von Novago entfernt stieg einer der Kaktusbälle steil in den Himmel auf, flog, einen weißlichen, feuchten Lufthauch hinter sich lassend, über die beiden Männer hinweg und landete mitten im Sumpf.

»Verdammt!«, rief Novago erschrocken.

Mandel lachte.

»Unverschämtheit!«, beklagte sich Novago. »Jedes Mal wenn ich durch eine Salzgegend komme, erschreckt mich so ein Ding …«

Er rannte zum nächsten Ball und versetzte ihm einen ungeschickten Tritt. Der Ball krallte sich mit seinen Stacheln an seinem Mantelsaum fest.

»Unverschämtes Biest!«, zischte Novago und löste den Ball im Laufen mit einiger Mühe zunächst vom Mantel, dann von seinen Handschuhen.

Der Ball fiel plump in den Sand. Eine Weile würde er so liegen bleiben, absolut reglos, die dünne Marsluft in sich aufnehmen, komprimieren und die Luft dann unvermittelt und mit ohrenbetäubendem Pfeifen wieder ausstoßen, um dann, einer Rakete gleich, zehn bis fünfzehn Meter durch die Luft zu sausen.

Mandel blieb plötzlich stehen, sah zur Sonne und führte die Uhr an die Augen.

»Neunzehn Uhr fünfunddreißig«, murmelte er. »In einer halben Stunde geht die Sonne unter.«

»Was sagten Sie, Lazar Grigorjewitsch?«, fragte Novago.

Er war, mit einem Blick auf Mandel, ebenfalls stehen geblieben.

»Das Blöken des Zickleins lockt den Tiger an«, warnte Mandel. »Sprechen Sie nicht so laut vor Sonnenuntergang.«

Novago drehte sich zur Sonne um. Sie stand schon ganz tief. In der Ebene hinter ihnen waren die Flecken der Salzsümpfe verblasst, die Dünen schimmerten dunkel, und im Osten war der Himmel jetzt schwarz wie chinesische Tusche.

»Sie haben recht«, meinte Novago und ließ seinen Blick umherschweifen. »Wir sollten tatsächlich nicht so laut sprechen. Es heißt, sie hat ein ausgezeichnetes Gehör.«

Mandel zwinkerte ein paarmal mit den reifbedeckten Wimpern und fingerte mit einiger Mühe die körperwarme Pistole aus dem Koppel. Er entsicherte sie und steckte sie in den rechten Stiefelschaft. Auch Novago holte seine Waffe hervor, steckte sie aber in den linken Stiefelschaft.

»Sie schießen mit der Linken?«, fragte Mandel.

»Ja«, erwiderte Novago.

»Das ist gut.«

»So sagt man wenigstens.«

Sie sahen einander an, konnten aber einer vom andern kaum noch den schmalen Streifen zwischen Maske und Fellkapuze entdecken.

»Also weiter«, sagte Mandel.

»In Ordnung. Allerdings sollten wir jetzt im Gänsemarsch gehen.«

»Einverstanden«, erwiderte Mandel fröhlich. »Ich gehe voran.«

Sie setzten ihren Weg fort: vorne Mandel mit der Instrumententasche in der linken Hand, und fünf Schritte hinter ihm Novago. Wie schnell es dunkelt, dachte Novago. Noch fünfundzwanzig Kilometer, vielleicht auch etwas weniger. Fünfundzwanzig Kilometer durch die Wüste, und das bei völliger Finsternis … Jeden Augenblick kann sie über uns herfallen, dort hinter der Düne hervorkommen, zum Beispiel. Oder auch hinter der anderen, die etwas weiter entfernt liegt … Novago fröstelte bei dieser Vorstellung. Wir hätten schon am Morgen losfahren sollen, überlegte er. Aber wer konnte ahnen, dass sich auf der Trasse eine Kaverne verbirgt. Ausgesprochenes Pech. Dennoch, es wäre in jedem Fall besser gewesen, am Morgen zu starten. Wenn nicht sogar am Vortag mit dem Geländewagen, der die Windeln und Apparaturen zur Plantage brachte. Doch nein, gestern wäre es ja gar nicht gegangen, da hat Mandel noch operiert … Jetzt wird es dunkler und dunkler; Mark ist bestimmt schon sehr unruhig – er wird dauernd zum Aussichtsturm laufen, um nachzusehen, ob die Ärzte nicht endlich in Sicht sind. Während wir uns zu Fuß und bei Nacht durch die Wüste schleppen. Irina wird ihm gut zureden, aber natürlich genauso aufgeregt sein. Es ist ihr erstes Kind, das erste Kind auf dem Mars überhaupt, der erste Marsianer … Irina ist zwar eine gesunde und ausgeglichene Frau, dachte Novago weiter, eine bewundernswerte Frau sogar, aber ich hätte anstelle der beiden vorerst auf ein Kind verzichtet. Aber was soll's, es wird sicher alles gut gehen. Hauptsache, wir kommen nicht zu spät …

Novago sah unentwegt nach rechts, zu den dunklen Dünenkämmen hinüber. Mandel schaute in die gleiche Richtung, und so bemerkten sie nicht gleich die zwei Fährtensucher, die von links kamen.

»Hallo, Freunde!«, rief der Größere der beiden.

Der andere war klein und wirkte fast quadratisch; er warf den Karabiner über die Schulter und winkte.

»He«, sagte Novago erleichtert. »Das sind doch Opanassenko und der Kanadier Morgan. Guten Abend, Freunde!«, grüßte er erfreut.

»Na, das ist ja eine Begegnung«, sagte der hochaufgeschossene Humphrey Morgan, als sie herangekommen waren. »Guten Abend, Doktor.« Er drückte Mandel die Hand. »Guten Abend, Doktor«, wiederholte er, und schüttelte auch Novagos Rechte.

»Guten Tag, Genossen«, dröhnte Opanassenko.

»Was führt euch denn hierher?«

Noch ehe Novago etwas erwidern konnte, erklärte Morgan plötzlich: »Danke, es ist alles bestens verheilt!« Dabei streckte er Mandel abermals seine lange, schmale Hand hin.

»Was ist verheilt?«, fragte Mandel verblüfft. »Na trotzdem, es freut mich.«

»Nein, nein, er ist noch im Lager«, sagte Morgan. »Aber er ist auch schon fast wieder gesund.«

»Was sind das für eigenartige Reden, Humphrey?«, fragte Mandel verwirrt.

Da packte Opanassenko Humphrey Morgan am Kapuzenaufschlag, zog ihn zu sich heran und schrie ihm ins Ohr: »Siehst du, Humphrey: falsch! Du hast die Wette verloren!« Dann wandte er sich zu den Ärzten und erklärte, der Kanadier habe vor einer Stunde versehentlich die Geräuschmembranen in seinen Kopfhörern beschädigt und höre jetzt nichts mehr. Er beharre aber auf seiner Meinung, dass er in der Marsatmosphäre auch ohne akustische Hilfe zurechtkäme.

»Er hat behauptet, genau zu verstehen, was man ihm sagt. Darauf haben wir gewettet, und er hat verloren. Jetzt wird er fünfmal meinen Karabiner reinigen müssen.«

Morgan lachte und versicherte, Galja vom Stützpunkt tue hier absolut nichts zur Sache. Opanassenko winkte resigniert ab und fragte: »Sie wollen zu den Plantagen, zur Biostation?«

»Ja«, sagte Novago. »Zu den Slawins.«

»Das ist gut«, erwiderte Opanassenko. »Die beiden erwarten Sie bestimmt schon sehnsüchtig. Aber wieso sind Sie zu Fuß?«

»Wie ärgerlich!«, gestand Morgan plötzlich schuldbewusst. »Ich höre überhaupt nichts.«

Opanassenko zog ihn ein weiteres Mal zu sich heran und brüllte: »Wart's ab, Humphrey, ich erzähl es dir später!«

»Well«, seufzte Morgan, ging einen Schritt beiseite, blickte sich um und nahm den Karabiner von der Schulter. Die Fährtensucher waren mit schweren doppelläufigen Halbautomatikgewehren ausgerüstet, in deren Magazin fünfundzwanzig Sprenggeschosse passten.

»Unser Crawler ist abgesoffen«, erzählte Novago.

»Wo?«, erkundigte sich Opanassenko hastig. »Eine Kaverne?«

»Genau. Mitten auf der Trasse, ungefähr bei Kilometer vierzig.«

»Eine Kaverne!«, rief Opanassenko erfreut. »Hast du gehört, Humphrey, noch eine Kaverne!«

Morgan stand mit dem Rücken zu ihnen und wandte seinen kapuzenbedeckten Kopf mal hierhin, mal dorthin und betrachtete die dunklen Dünenkämme.

»Na schön«, sagte Opanassenko. »Dazu später. Sie sind also Ihren Crawler los und haben beschlossen, zu Fuß weiterzugehen. Haben Sie wenigstens Waffen bei sich?«

Mandel klopfte gegen sein Bein.

»Natürlich«, bestätigte er.

»Tja …«, murmelte Opanassenko. »Dann werden wir Sie also begleiten müssen. Humphrey! Ach verdammt, der hört ja nichts …«

»Moment«, stutzte Mandel. »Weshalb müssen Sie das?«

»Sie ist irgendwo in der Nähe«, erklärte Opanassenko. »Wir haben ihre Spur entdeckt.«

Mandel und Novago wechselten einen Blick.

»Sie können das natürlich besser beurteilen, Fjodor Alexandrowitsch«, sagte Novago unschlüssig. »Aber ich dachte … Immerhin sind wir bewaffnet.«

»Ihr seid verrückt«, sagte Opanassenko entschieden. »Ihr müsst schon entschuldigen, aber auf dem Stützpunkt seid ihr alle ein bisschen … na ja … Wir reden uns den Mund fusselig, warnen euch – und ihr? Geht mitten in der Nacht durch die Wüste. Mit einer Pistole! Reicht euch Chlebnikow nicht?«

Mandel zuckte mit den Schultern. »Ich denke, in der gegebenen Situation …« Er kam nicht weiter, denn in dem Moment rief Morgan: »Psst!« Opanassenko riss in Sekundenschnelle den Karabiner von der Schulter und stellte sich neben den Kanadier.

Novago gab ein leises Krächzen von sich und zog seine Pistole aus dem Stiefelschaft.

Die Sonne war inzwischen fast untergegangen – über der schwarz gezackten Silhouette der Dünen schimmerte ein schmaler grünlich gelber Streifen. Der gesamte Himmel wurde schwarz, und es blinkten viele Sterne. Ihr Licht fiel auf die Karabinerläufe; man sah, wie sie sich langsam nach rechts und links bewegten.

Schließlich sagte Humphrey: »Ich habe mich geirrt, sorry«, und alle rührten sich wieder. Opanassenko brüllte dem Kanadier ins Ohr: »Sie sind auf dem Weg zur Biostation, Humphrey, zu Irina Wiktorowna! Wir müssen sie begleiten!«

»Well, ich bringe sie hin«, sagte Morgan.

»Wir bringen sie gemeinsam hin!«, rief Opanassenko.

»Well, dann also gemeinsam.«

Die beiden Ärzte hielten noch immer die Pistolen in Händen. Morgan wandte sich zu ihnen um, bemerkte es und rief: »Oh, das nicht nötig! Das wegstecken!«

»Er hat recht«, sagte Opanassenko. »Und lassen Sie es sich ja nicht einfallen zu schießen. Setzen Sie die Brillen auf.«

Die Fährtensucher hatten ihre Infrarotbrillen bereits aufgesetzt. Verlegen verstaute Mandel die Pistole in der tiefen Tasche seines Fellmantels und nahm den Arztkoffer in die Hand. Novago zögerte ein wenig, ehe er seine Waffe wie gewohnt im linken Stiefelschaft verschwinden ließ.

»Na, dann wollen wir mal«, sagte Opanassenko. »Wir führen Sie nicht über die Trasse, sondern quer durchs Ausgrabungsgelände. Das ist kürzer.«

Sie gingen los. Opanassenko rechts vor Mandel, den Karabiner unterm Arm, der Kanadier rechts hinter Novago. Sein Karabiner hing ihm an einem langen Riemen um den Hals. Opanassenko legte ein zügiges Tempo vor und hielt sich scharf in westlicher Richtung.

Durch die Infrarotbrillen erschienen die Dünen schwarz und weiß gefleckt, der Himmel hingegen grau und öde. Das

Panorama ähnelte einer Zeichnung mit bleigrauem Stift. Die Wüste kühlte schnell ab, und die Zeichnung wurde zusehends verschwommener, so als würde sie von Nebelschwaden verhüllt.

»Was hat Sie an unserer Kaverne eigentlich so gefreut, Fjodor Alexandrowitsch«, wollte Mandel wissen. »Das Wasser?«

»Da fragen Sie noch«, erwiderte Opanassenko, ohne sich umzudrehen. »Erstens natürlich das Wasser, und zweitens wissen Sie ja: In einer der Kavernen haben wir verputzte Fliesen gefunden.«

»Ach ja«, sagte Mandel. »Ich erinnere mich.«

»Und in unserer Kaverne«, brummte Novago finster, »werden Sie gleich einen ganzen Crawler finden.«

Unvermittelt wich Opanassenko scharf zur Seite aus und umging eine kleine, ebene Sandfläche. Am Rand dieser Fläche war ein Pfahl mit einem schlaff herabhängenden Fähnchen eingerammt.

»Triebsand«, ließ sich Morgan hinter ihnen vernehmen. »Sehr gefährlich.«

Der Triebsand hier war der reinste Fluch. Einen Monat zuvor hatte man deshalb einen Spezialtrupp von Freiwilligen losgeschickt, um sämtliche Gefahrenstellen im Umkreis des Stützpunkts zu erkunden und zu markieren.

»Wenn ich mich nicht irre«, begann Mandel, »hat doch Hasegawa nachgewiesen, dass die Fliesen auf natürliche Weise entstanden sind.«

»Stimmt«, erwiderte Opanassenko. »Das ist es ja gerade.«

»Haben Sie in der letzten Zeit sonst noch etwas entdeckt?«, erkundigte sich Novago.

»Nein, nur Erdöl im Osten und ein paar hochinteressante Versteinerungen. In unserem Spezialbereich dagegen nichts.«

Eine Zeit lang marschierten sie schweigend weiter. Dann stellte Mandel nachdenklich fest: »Das ist eigentlich auch nicht verwunderlich. Die Archäologen auf der Erde haben es mit Kulturrelikten zu tun, die höchstens hunderttausend Jahre alt sind. Hier dagegen handelt es sich um mehrere zehn Millionen Jahre. Es wäre doch geradezu seltsam …«

»Wir beklagen uns ja gar nicht«, unterbrach ihn Opanassenko. »Schließlich ging es für uns gleich zu Beginn mit einem Paukenschlag los, mit den beiden künstlichen Satelliten. Nicht einmal zu buddeln brauchten wir … Freilich« – fügte er nach einer kurzen Pause hinzu – »ist Suchen nicht weniger interessant als Finden.«

»Umso mehr«, sagte Mandel, »als das Gebiet, das Sie bisher erforscht haben, noch nicht groß ist …«

Er stolperte und wäre beinahe hingefallen. Morgan sagte halblaut: »Pjotr Alexejewitsch, Lazar Grigorjewitsch, ich habe die Vermutung, dass Sie sich die ganze Zeit unterhalten. Im Augenblick dürfen Sie das nicht. Fjodor ist bestimmt meiner Meinung.«

»Humphrey hat recht«, bestätigte Opanassenko schuldbewusst. »Wir täten jetzt besser daran zu schweigen.«

Sie passierten eine Hügelkette und ließen sich in die Ebene hinab, in der im Sternenlicht schwach die Salzsümpfe schimmerten.

Und immer wieder die Kaktusbälle, dachte Novago. Noch nie hatte er die Gewächse nachts zu Gesicht bekommen. Sie strahlten ein gleichmäßiges grelles Infralicht aus. Über die ganze Ebene waren die hellen Lichtpunkte verstreut. Sieht eigentlich sehr hübsch aus, dachte er bei sich, vielleicht hören sie ja nachts mit ihren Mätzchen auf, das wäre mal eine angenehme Überraschung. Meine Nerven sind sowieso bis zum Äußersten gespannt. Opanassenko hat gesagt, dass sie irgendwo hier in der Nähe sein muss. Ganz in der Nähe … Novago versuchte sich vorzustellen, wie ihnen jetzt zumute wäre ohne den Schutz der Fährtensucher, diese ruhigen Männer mit ihren schweren Waffen. Eine verspätete Angst jagte ihm einen Kälteschauer über den Rücken, so als hätte der Frost durch die Kleidung hindurch seine nackte Haut berührt. Mit nichts als Pistolen sind wir durch die nächtlichen Dünen gewandert. Ob Mandel eigentlich schießen kann? Natürlich kann er, schließlich hat er einige Jahre auf Arktisstationen gearbeitet. Dennoch ... Dass ich Idiot nicht auf die Idee gekommen bin, mir auf dem Stützpunkt ein Gewehr zu schnappen. Ohne die Fährtensucher würden wir jetzt fein dastehen ... Freilich, es war gar keine Zeit, an ein Gewehr zu denken. Und auch jetzt steht im Grunde etwas anderes im Vordergrund – nämlich, was auf der Biostation zu tun sein wird. Etwas Wichtigeres gibt es nicht.

Sie greift stets von rechts an, dachte Mandel. Zumindest sagen das alle. Unverständlich, wieso gerade von rechts. Und weshalb greift sie überhaupt an? Als wenn sie in Millionen von Jahren einzig damit beschäftigt gewesen wäre, von rechts über Menschen herzufallen, die sich nachts unvorsichtigerweise zu Fuß von ihrem Stützpunkt entfernt haben. Warum sie Wesen angreift, die sich von geschützten Orten entfernen, ist klar, auch, warum gerade nachts. Doch weshalb hat sie es auf Menschen abgesehen, und weshalb immer von rechts? Gibt es auf dem Mars vielleicht Zweibeiner, die rechts leicht, links dagegen schwerer zu verwunden sind? Wo stecken diese Zweibeiner dann? In den fünf Jahren unserer Marsbesiedlung sind wir hier auf kein einziges Lebewesen gestoßen, das größer gewesen wäre als ein Mimikrodon. Allerdings ist sie erst vor zwei Monaten hier aufgetaucht. In diesen zwei Monaten hat sie achtmal angegriffen – und niemand, der sie je zu Gesicht bekommen hätte. Denn sie greift immer nachts an. Um was für ein Lebewesen es sich da handeln mag? Chlebnikow hat sie den ganzen rechten Lungenflügel zerrissen; er musste eine künstliche Lunge und zwei Rippen eingepflanzt bekommen. Der Wunde nach zu urteilen verfügt sie über ungemein komplizierte Mundwerkzeuge: mindestens acht Kiefer mit Schneidplatten, scharf wie Rasiermesser. Chlebnikow kann sich nur noch an einen langen, glänzenden Körper mit glattem Fell erinnern. Sie hatte hinter einer Düne gelauert und ihn dann aus dreißig Schritt Entfernung angegriffen … Mandel sah sich hastig um. Fast wären wir zu zweit hier durchmarschiert, dachte er. Ob Novago schießen kann? Wahrscheinlich, immerhin hat er ja lange Zeit bei einem Geologentrupp in der Taiga gearbeitet. Was übrigens die Zentrifuge betrifft – das ist keine schlechte Idee. Sieben, acht Stunden normaler Schwerkraft am Tage würden dem Bürschchen durchaus genügen. Aber wieso eigentlich Bürschchen? Es kann genauso gut ein Mädchen werden. Das wäre in gewisser Weise sogar besser, Mädchen überstehen Abweichungen von der Norm leichter …

Sie hatten die Ebene mit den Salzsümpfen hinter sich gelassen. Rechts zogen sich nun lange, schmale Gräben hin, an deren Rändern pyramidenförmige Sandhaufen lagen. In einem der Gräben stand ein Bagger mit geneigtem Greifer.

Der Bagger muss weg, dachte Opanassenko. Wozu soll er nutzlos hier herumstehen? Die Stürme setzen bald ein. Vielleicht fahre ich ihn auf dem Rückweg selber weg. Schade nur, dass er so langsam ist – über die Dünen macht er nicht mehr als einen Kilometer in der Stunde. Wäre nicht schlecht jetzt. Die Beine tun mächtig weh. Morgan und ich haben heute fünfzig Kilometer zurückgelegt. Im Lager werden sie sich schon Sorgen machen. Nicht weiter schlimm, dachte er, von der Biostation aus werden wir einen Funkspruch durchgeben. Wie es jetzt wohl dort aussieht? Der arme Slawin! Trotzdem eine tolle Sache: Auf dem Mars wird ein Kind geboren! Da werden also mal Menschen von sich sagen können: »Ich bin auf dem Mars geboren.« Bloß nicht zu spät kommen! Opanassenko legte einen Schritt zu. Hut ab vor den zwei Ärzten, dachte er. Die sind doch weiß Gott immer im Einsatz. Ein Glück, dass wir sie getroffen haben. Die auf dem Stützpunkt haben immer noch nicht verstanden, was die Wüste bei Nacht bedeutet. Es wäre gut, eine Patrouille einzurichten – oder noch besser: einen ständigen Wachschutz auf sämtlichen Crawlern und Geländewagen des Stützpunkts.

Humphrey Morgan schwieg. Die Hände auf dem Karabiner, hielt er den Blick beim Ausschreiten unverwandt nach rechts gerichtet. Auch ihm ging alles Mögliche durch den Kopf: Außer dem Diensthabenden, den das Ausbleiben der zwei Männer gewiss beunruhigte, schliefen die anderen im Lager schon; morgen musste eine Gruppe ins Quadrat E-11 begleitet werden; nun hatte er fünf Abende hintereinander »Fjodor's gun« zu reinigen und nicht zuletzt die Hörvorrichtung des Helms zu reparieren. Auch fand er, dass die zwei Ärzte feine Kerle waren, tapfer, und dass Irina Slawina ihnen da in nichts nachstand. Dann wanderten seine Gedanken zu Galja, der Funkerin vom Stützpunkt. Er bedauerte, dass sie ihn, wenn sie sich schon mal begegneten, immer nur über Hasegawa ausfragte. Der Japaner war ein prima Kollege, nur ließ er sich in letzter Zeit auffällig oft auf dem Stützpunkt sehen. Ein kluger Kopf allerdings, das musste man ihm lassen. Er hatte als Erster den Gedanken geäußert, die Jagd auf die »fliegenden Blutegel« (»Sora-tobu Hiru«) könnte den Fährtensuchern dabei helfen, den marsianischen Zweibeinern auf die Spur zu kommen … Ach, diese vertrackten Zweibeiner … Einfach zwei gigantische Satelliten zurückzulassen und sonst nichts …

Opanassenko blieb unvermittelt stehen und hob den Arm. Die anderen machten gleichfalls halt. Humphrey Morgan warf den Karabiner hoch und drehte sich jäh nach rechts.

»Was ist los?«, fragte Novago, bemüht, ruhig zu sprechen. Zu gern hätte er seine Pistole hervorgeholt, doch er genierte sich.

»Sie ist hier«, sagte Opanassenko leise und winkte Morgan heran.

Der kam näher, und die beiden bückten sich, musterten den Boden. Der feste Sandboden wies eine nicht allzu tiefe, aber breite Furche auf, so als wäre hier ein Sack mit schwerem Inhalt entlanggeschleift worden. Die Furche setzte etwa fünf Schritt rechter Hand ein und endete links in fünfzehn Schritt Entfernung.

»Das war's«, sagte Opanassenko. »Sie hat uns aufgespürt und folgt uns.«

Er stieg über die Furche hinweg, und die Männer setzten ihren Marsch fort. Novago stellte fest, dass Mandel den Arztkoffer nun wieder in der linken Hand hielt, und die rechte in die Tasche seines Mantels gesteckt hatte. Novago lächelte spöttisch, dabei war ihm selbst etwas flau. Er hatte Angst.

»Nun«, meldete sich Mandel betont forsch. »Wenn sie uns schon aufgespürt hat, können wir uns ja auch unterhalten.«

»Einverstanden«, erwiderte Opanassenko. »Sollte sie angreifen, lassen Sie sich sofort mit dem Gesicht nach unten fallen.«

»Warum?«, fragte Mandel gekränkt.

»Einen, der liegt, rührt sie nicht an«, erklärte Opanassenko.

»Stimmt, das habe ich auch gehört.«

»Bliebe nur noch eine Kleinigkeit zu klären«, brummte Novago. »Herauszufinden, wann sie angreift.«

»Das werden Sie schon merken«, sagte Opanassenko. »Wir geben dann Feuer.«

»Mich würde interessieren«, ergriff Mandel das Wort, »ob sie auch über ein Mimikrodon herfällt ... Ich meine, wenn es sich in aufrechter Stellung befindet, auf Schwanz und Hinterpfoten sitzt ... Das ist es überhaupt!«, rief er. »Sie hält uns vielleicht für Mimikrodons!«

»Die brauchte sie aber nicht erst umständlich aufzuspüren und ausgerechnet von rechts anzufallen«, erwiderte Opanassenko ein wenig gereizt. »Einem Mimikrodon könnte sie sich ganz einfach nähern und es verspeisen – angefangen beim Schwanz oder auch beim Kopf, ganz wie es ihr beliebt.«

Eine Viertelstunde später kreuzten sie abermals eine Furche und zehn Minuten darauf eine neue. Mandel war jetzt verstummt; seine rechte Hand steckte ständig in der Manteltasche.

»In etwa fünf Minuten greift sie an«, prophezeite Opanassenko mit gepresster Stimme. »Sie befindet sich jetzt rechts von uns.«

»Wenn man nun mit dem Rücken voran marschiert«, überlegte Mandel leise, »ob sie einen da auch von rechts anfällt?«

»Seien Sie doch still«, zischte Novago.

Drei Minuten später griff sie an. Den ersten Schuss gab Morgan ab. In Novagos Ohren dröhnte es; er sah das zweifache Aufflammen der abgefeuerten Kugeln, die schnurgerade, Strahlen gleich, davonstoben, sah die Bahn, die sie nahmen, und die weißen Funken, als sie am Dünenkamm detonierten. Eine Sekunde später schoss Opanassenko. Bach-ba-bach!, donnerte es aus den Karabinern, und es war das dumpfe Knistern zu hören, mit dem sich die Kugeln in den Sand gruben. Für Bruchteile von Sekunden glaubte Novago ein gefletschtes Maul und hervorquellende Augen gesehen zu haben, doch die Funken der Detonationen und die Bahnen der Kugeln hatten sich jetzt so weit zur Seite verlagert, dass er seinen Irrtum begriff. Etwas Langes, Graues schoss blitzschnell knapp über die Dünen davon, wobei es die verlöschenden Feuerbahnen kreuzte. Erst da ließ sich Novago bäuchlings in den Sand fallen. Tack-tack-tack! Mandel kniete auf einem Bein, hielt die Pistole in der ausgestreckten Hand und feuerte hastig das Magazin leer – irgendwo in die Lücke zwischen Morgan und Opanassenko. Und wieder das Bach-ba-bach der Karabiner. Die Fährtensucher schossen nun abwechselnd. Novago beobachtete, wie der lange Kanadier auf allen vieren die Düne hinaufkroch, sich fallen ließ und gleich darauf seine Schultern unter den Salven erbebten, die er feuerte. Opanassenko schoss kniend, und die weißen Flammen der Schüsse erhellten ein ums andere Mal seine große, dunkle Brille und den schwarzen Mundschlauch der Sauerstoffmaske.

Dann herrschte Stille.

»Wir haben sie zurückgeschlagen«, erklärte Opanassenko und klopfte sich den Sand von den Knien. »So ist es immer: Wenn man rechtzeitig das Feuer eröffnet, weicht sie zur Seite aus und rast davon.«

»Ich habe sie mit einem Schuss getroffen«, sagte Humphrey Morgan laut. Man hörte, wie er mit einem Klicken das leere Magazin herausnahm.

»Hast du sie gesehen?«, fragte Opanassenko. »Ach, er hört ja nichts.«

Novago erhob sich ächzend und schaute zu Mandel hinüber. Der war gerade dabei, den Mantelschoß beiseitezuschieben und seine Pistole zurück ins Koppel zu stecken. Da sagte Novago: »Also wissen Sie, Lazar Grigorjewitsch …«

Mandel hüstelte schuldbewusst.

»Ich habe, wie es scheint, nicht getroffen«, sagte Mandel. »Sie bewegt sich ja so unwahrscheinlich schnell …«

»Ein Glück, dass Sie nicht getroffen haben«, erwiderte Novago aufatmend. »Hier gab es eine Menge Zielscheiben!«

»Und Sie? Sie haben das Vieh doch gewiss gesehen, Pjotr Alexejewitsch?« Mandel rieb sich nervös die Hände in den Fellhandschuhen. »Haben Sie Einzelheiten erkannt?«

»Sie war grau und lang wie ein Hecht.«

»Ja, und sie besitzt keine Extremitäten!«, fügte Mandel aufgekratzt hinzu. »Ich habe das ganz deutlich gesehen! Und dann hat sie meiner Meinung nach auch keine Augen!«

Die Fährtensucher traten auf die Ärzte zu.

»In einem solchen Tohuwabohu«, sagte Opanassenko, »ist es ein Kinderspiel aufzuzählen, was sie alles nicht hat. Bedeutend schwieriger ist es herauszufinden, wie sie nun wirklich aussieht.« Er lachte. »Na, lassen wir das. Hauptsache, wir haben den Angriff zurückgeschlagen.«

»Ich geh das Vieh jetzt suchen«, verkündete Morgan plötzlich. »Ich habe es ja getroffen.«

Opanassenko wandte sich zu ihm um.

»Was hast du gesagt, Fjodor?«, fragte der Kanadier.

»Auf keinen Fall!«, warnte Novago.

»Nein«, sagte auch Opanassenko. Er zog Morgan zu sich heran und schrie ihm ins Ohr: »Nicht jetzt, Humphrey! Wir haben keine Zeit! Wir suchen sie morgen auf dem Rückweg!«

Mandel warf einen Blick auf die Uhr.

»Oje«, sagte er. »Schon zehn Uhr fünfzehn. Wie weit ist es noch, Fjodor Alexandrowitsch?«

»Etwa zehn Kilometer, nicht mehr. Gegen zwölf werden wir dort sein.«

»Wunderbar«, sagte Mandel. »Wo ist meine Tasche?« Er drehte sich um die eigene Achse. »Ach, da liegt sie ja …«

»Marschordnung wie vorhin«, befahl Opanassenko. »Sie gehen links. Möglicherweise war sie nicht allein.«

»Jetzt ist kein Grund mehr zur Besorgnis«, brummte Novago. »Lazar Grigorjewitsch hat ja sein Magazin leergefeuert.«

Sie marschierten in der gewohnten Ordnung los: Novago fünf Schritt hinter Mandel, an der Spitze rechter Hand Opanassenko mit dem Karabiner unterm Arm. Den Schluss, gleichfalls rechts, bildete Morgan, der sein Gewehr um den Hals trug.

Opanassenko schritt eilig los und sagte sich, dass es so nicht weitergehen konnte. Unabhängig davon, ob Morgan das Vieh nun getötet hatte oder nicht, würde er übermorgen zum Stützpunkt gehen und eine Treibjagd organisieren. Sämtliche Crawler und Geländewagen mussten eingesetzt werden, dazu Waffen, Dynamit und Raketen … Ihm fiel ein zusätzliches Argument ein, das er dem unzugänglichen Iwanenko gegenüber ins Feld führen konnte, und musste lächeln. Er würde sagen: »Auf dem Mars sind bereits die ersten Kinder zur Welt gekommen, es wird Zeit, den Planeten von solchem Getier zu säubern.«

Was für eine Nacht!, dachte Novago. Steht jenen Nächten in nichts nach, in denen ich mich in der Taiga verirrte. Das Wichtigste aber hat noch gar nicht begonnen und wird bis mindestens fünf Uhr morgens dauern. Um fünf oder sechs Uhr früh wird das Bürschchen schreien, dass es auf dem ganzen Planeten zu hören ist. Hauptsache, Mandel macht seine Sache gut, aber das wird er bestimmt. Mark Slawin, der zukünftige Papa, kann ganz beruhigt sein. In einigen Monaten werden wir den kleinen Burschen in unseren Armen kreuz und quer durch den Stützpunkt schleppen und ein ums andere Mal fragen: »Na, wie geht's denn unserem Kleinen? Na, was macht denn unser Dickerchen?« Das mit der Zentrifuge freilich muss noch einmal genau durchdacht werden. Überhaupt wird es Zeit, einen guten Kinderarzt von der Erde kommen zu lassen – das Baby braucht unbedingt einen Kinderarzt. Schade nur, dass die nächsten Raumschiffe erst in einem Jahr zu erwarten sind …

Daran, dass gerade ein Junge zur Welt kommen würde, zweifelte Novago nicht im Geringsten. Er liebte diese kleinen Knirpse, die man auf dem Arm tragen und immerzu fragen konnte: »Ja, wo ist er denn, der süße Fratz?«

Planetenerkunder

Der Satellit war riesig – ein Torus von zwei Kilometern Durchmesser und einer Vielzahl von massiven Zwischenwänden im Inneren, die den Komplex in viele Segmente unterteilten. Die ringförmig angelegten Korridore waren leer und hell; die dreieckigen Luken, die zu den einzelnen, gleichfalls leeren und hellen Räumen führten, standen sperrangelweit offen. Der Satellit war schon seit langer Zeit verlassen, möglicherweise seit mehreren Millionen Jahren, und doch war der raue gelbliche Fußboden blitzsauber. August Bader versicherte, er habe hier kein einziges Stäubchen gefunden.

Bader ging vorneweg, wie es sich für jemanden gehörte, der die ersten Erkundungen durchgeführt hatte und hier gewissermaßen Hausherr war; Gorbowski und Walkenstein blickten von hinten auf seine großen, abstehenden Ohren und den hellen Haarwirbel auf dem Scheitel.

»Ich hatte geglaubt, hier alles in verwahrlostem Zustand vorzufinden«, erzählte Bader bedächtig. Er sprach russisch und artikulierte dabei eifrig jeden einzelnen Buchstaben genau. »Am meisten interessierte uns gerade dieser Satellit. Zehn Jahre ist es jetzt her … Ich sah, dass sämtliche Außenluken geöffnet waren, und dachte, mir würde sich gleich der Anblick einer furchtbaren Katastrophe und Zerstörung bieten. Ich riet sogar meiner Frau, lieber auf dem Schiff zu bleiben, weil ich befürchtete, Leichen hier zu finden. Sie verstehen schon.«

Unvermittelt machte er vor einer der Luken halt, und Gorbowski wäre ihm beinahe in die Fersen getreten. Walkenstein, der etwas mehr Abstand gehalten hatte, holte die beiden ein und blieb mit gerunzelter Stirn neben ihnen stehen.

»Aber alles hier war leer«, fuhr Bader fort. »Hell, sehr sauber und völlig leer. Bitte sehr, schauen Sie sich ruhig ein bisschen um.« Er machte mit der Hand eine einladende Geste. »Ich neige zu der Annahme, dass sich hier die Dispatcherzentrale des Satelliten befand.«

Sie zwängten sich in einen Raum mit kuppelförmiger Decke, in dessen Mitte sich ein niedriges, halbrundes, büfettartiges Gebilde befand. Die Wände waren von kräftigem Gelb und schimmerten leicht von innen. Gorbowski berührte eine davon; sie fühlte sich glatt und kühl an.

»Könnte Bernstein sein«, sagte er. »Fass mal an, Mark.«

Walkenstein fuhr mit der Hand darüber und nickte.

»Es wurde alles demontiert«, erläuterte Bader. »Aber in den Wänden und Zwischenwänden sowie in der Toroidhülle des Satelliten sind Lichtquellen erhalten geblieben, zu denen wir bisher noch keinen Zugang gefunden haben. Ich neige zu der Annahme …«

»Wir wissen Bescheid«, unterbrach ihn Walkenstein schnell.

»Ach so?« Bader sah zu Gorbowski hinüber.

»Was haben Sie denn darüber gelesen?«

»Wir haben uns mit einigen Ihrer Aufsätze befasst, August«, erwiderte Gorbowski. »›Die künstlichen Satelliten der Wladislawa.‹«

Bader neigte den Kopf.

»›Die künstlichen Satelliten nichtirdischen Ursprungs des Planeten Wladislawa aus dem Sternensystem EN 17‹«, berichtigte er. »Tja, in diesem Fall kann ich mir meine Überlegungen zu den Lichtquellen natürlich sparen.«

Walkenstein schritt die Wand ab und betrachtete sie eingehend.

»Eigenartiges Material«, sagte er mehr zu sich selbst. »Wahrscheinlich Metallplast. Allerdings habe ich diese Art Metallplast noch nie vorher gesehen.«

»Es ist auch keins«, erklärte Bader. »Sie dürfen nicht vergessen, wo Sie sich befinden, Mark. Sie auch nicht, Leonid.«

»Das tun wir nicht«, antwortete Gorbowski. »Wir waren auch auf dem Phobos, und dort ist das Material in der Tat ganz anders.«

Gorbowski und Walkenstein hatten damals den Phobos besucht, einen Trabanten des Mars, den man lange Zeit für einen natürlichen Mond gehalten hatte. Doch später erwies er sich als ein Torus von vier Kilometern Durchmesser, der mit einem metallischen Schutznetz gegen Meteoriteneinschlag überzogen war. Das dichte Netz war von Meteoritenkorrosion zerfressen und stellenweise durchschlagen worden. Der Satellit selbst aber war heil geblieben. Seine Außenluken waren geöffnet und die gesamte riesige Station genauso ausgestorben gewesen wie diese hier. Nach dem Abnutzungsgrad des Antimeteoritennetzes hatte man errechnet, dass der Satellit vor mindestens zehn Millionen Jahren auf seine Bahn um den Mars gebracht worden sein musste.

»Ach, der Phobos!« Bader schüttelte den Kopf. »Der Phobos, Leonid, ist eine Sache – die Wladislawa eine ganz andere.«

»Wieso?«, erkundigte sich Walkenstein. Er teilte die Meinung Baders überhaupt nicht.

»Zum Beispiel darum, weil es von der Sonne und vom Phobos bis hierher zur Wladislawa dreihunderttausend astronomische Einheiten sind.«

»Wir haben diese Entfernung in einem halben Jahr bewältigt«, meinte Walkenstein ärgerlich. »Sie hätten das ebenfalls schaffen können. Und außerdem haben die Satelliten der Wladislawa vieles mit dem Phobos gemein.«

»Was zu beweisen wäre«, erwiderte Bader.

Gorbowski sagte mit leisem Lächeln: »Gerade deshalb sind wir ja hier.«

Bader überlegte einen Augenblick, dann verkündete er: »Mit den Erdtrabanten hat der Phobos gleichfalls vieles gemein.«

Das war eine von Baders typischen Antworten – gewichtig vorgebracht und mindestens einen halben Meter an den Tatsachen vorbei.

»Gut«, sagte Gorbowski. »Und was gibt es hier außer der Dispatcherzentrale noch?«

»In diesem Satelliten«, erklärte Bader wichtigtuerisch, »gibt es einhundertsechzig Räume mit einer Fläche von fünfzehn bis fünfhundert Quadratmetern. Sie können sie gern besichtigen, allerdings sind sie leer.«

»Wenn sie leer sind«, sagte Walkenstein, »können wir ja wieder zur ›Tariel‹ zurückkehren.«

Bader warf ihm einen flüchtigen Blick zu und wandte sich erneut an Gorbowski. »Wir nennen diesen Satelliten Wladja. Wie Sie sicherlich wissen, besitzt die Wladislawa noch einen anderen, gleichfalls künstlichen Trabanten, der auch nicht von der Erde stammt. Er ist kleiner, und wir nennen ihn Slawa. Fällt Ihnen etwas auf? Der Planet heißt Wladislawa, da ist es doch nur natürlich, seine beiden Satelliten ›Wladja‹ und ›Slawa‹ zu taufen, nicht wahr?«

»In der Tat«, stimmte ihm Gorbowski zu. Die geistreiche Schlussfolgerung war ihm hinlänglich bekannt: Er hörte sie jetzt bereits zum dritten Mal. »Ein überaus scharfsinniger Vorschlag, August. Wladja und Slawa gleich Wladislawa. Ganz ausgezeichnet!«

»Bei Ihnen auf der Erde«, fuhr Bader ungerührt fort, »nennt man diese Satelliten Ypsilon I und Ypsilon II. Wir aber haben ihnen einen anderen Namen gegeben und nennen sie Wladja und Slawa.«

Bader warf Walkenstein, der gelangweilt seine Backenknochen hin und her schob, einen strengen Blick zu. Soweit Mark informiert war, bedeutete »wir« in diesem Fall: Bader selbst und nur Bader.

»Was nun die Beschaffenheit des gelben Materials angeht, das alles andere als Metallplast ist – das habe ich Bernsteinit genannt ...«

»Sehr treffend«, bemerkte Walkenstein.

»Stimmt, nicht übel ... die Zusammensetzung ist uns bisher unbekannt. Sie bleibt vorerst ein Geheimnis.«

Die Männer schwiegen. Gorbowski ließ seinen Blick zerstreut durch den Raum gleiten. Er versuchte sich vorzustellen, wer diesen Satelliten einst geschaffen und hier gearbeitet hatte, irgendwann vor sehr langer Zeit. Es waren andere, fremde Menschen gewesen, die erst ins Sonnensystem vorgedrungen waren und es dann wieder verlassen hatten; in der Nähe des Mars blieben aus dieser Zeit kosmische Laboratorien zurück und am äußersten Nordpol dieses Planeten eine große Stadt. Die Satelliten waren ausgestorben, und auch die Stadt war tot – zurückgeblieben waren lediglich eigentümliche Gebäude, die viele Stockwerke tief in den Boden führten. Anschließend – möglicherweise auch davor – hatten sie das Sternensystem EN 17 besucht, bei der Wladislawa zwei künstliche Trabanten zurückgelassen und waren abermals weitergezogen. Und hier nun, auf der Wladislawa, sollte sich gleichfalls eine von ihnen errichtete und verlassene Stadt befinden. Weshalb und woher waren die Wesen gekommen? Weshalb und wohin waren sie gegangen? Wobei das Weshalb klar war: Sie waren großartige Forscher gewesen, Planetenerkunder einer fremden Welt.

»Und nun«, sagte Bader, »werden wir den Raum besichtigen, in dem ich einen Gegenstand gefunden habe. Ich bezeichne ihn provisorisch als den Knopf.«

»Ist er auch jetzt noch dort?«, erkundigte sich Walkenstein, der zusehends auflebte.

»Wer – er?«, fragte Bader zurück.

»Na, der Gegenstand.«

»Der Knopf«, erwiderte Bader wichtig, »befindet sich zurzeit auf der Erde, und zwar unter der Verfügungsgewalt der Kommission zur Erforschung von Spuren vernunftbegabter Wesen im Kosmos.«

»Aha«, bemerkte Walkenstein. »Bei den Fährtensuchern also. Aber warum hat man ihn mir dann nicht gezeigt, als ich das Material über die Wladislawa zusammentrug?«

Bader reckte das Kinn vor. »Weil ich den Knopf Kapitän Anton Bykow erst vor vier lokalen Monaten mitgegeben habe.«

Sie hatten Bykow unterwegs getroffen. Er musste die Erde zwei Monate nach dem Start der »Tariel« erreicht haben.

»Na dann«, murmelte Gorbowski, »entfällt die Besichtigung des Knopfes einstweilen.«

Bader aber beharrte auf seinem Vorschlag: »Wir können uns doch den Raum ansehen, wo ich ihn gefunden habe. Immerhin ist nicht ausgeschlossen, Leonid, dass Sie in der Stadt auf der Wladislawa ähnliche Gegenstände entdecken werden.«

Bader schlüpfte durch die Luke, und Walkenstein zischte: »Bis hier steht es mir, Leonid Andrejewitsch ...«

»Es hilft nichts, da müssen wir durch«, erwiderte Gorbowski.

Bis zu dem Raum, in dem Bader den Knopf gefunden hatte, war es fast ein halber Kilometer Weg. Bader zeigte den beiden Männern die Stelle, wo der Gegenstand gelegen hatte, und schilderte ausführlich den Hergang seiner Entdeckung (er war daraufgetreten und hatte ihn zerdrückt). Nach Baders Meinung handelte es sich bei dem Knopf um einen Akkumulator, der ursprünglich eine sphärische Form besessen hatte. Er sei, so Bader, aus halb durchsichtigem, silbern schimmerndem und sehr weichem Material gefertigt gewesen mit einem Durchmesser von 38,16 Millimetern. Dann folgten Angaben über Dichte, Gewicht und Entfernung zur nächstgelegenen Wand …

Im gegenüberliegenden Zimmer, auf der anderen Seite des Korridors, saßen inmitten der Apparaturen, die gleich auf dem Boden abgeladen worden waren, zwei junge Burschen in blauen Arbeitskitteln. Von Zeit zu Zeit schauten sie zu Gorbowski und Walkenstein hinüber und unterhielten sich mit halblauter Stimme:

»Das sind die Planetenerkunder. Sie sind gestern angekommen.«

»Hm. Der Lange da ist Gorbowski.«

»Ja, ich weiß.«

»Und der andere, der Blonde?«

»Mark Jefremowitsch Walkenstein. Der Steuermann.«

»Ach so, ja, ich habe schon von ihm gehört.«

»Sie fangen morgen an.«

Bader war inzwischen mit seinen Erklärungen zu Ende und erkundigte sich, ob alles verständlich gewesen sei. »Alles«, bestätigte Gorbowski und hörte sogleich, wie die beiden im Zimmer gegenüber kicherten.

»Na, dann können wir unseren Rundgang ja beenden«, meinte Bader.

Sie gingen hinaus auf den Korridor, und Gorbowski nickte den Burschen im Zimmer zu. Die beiden erhoben sich und quittierten den Gruß mit einem Lächeln.

»Wir wünschen Ihnen viel Erfolg«, sagte der eine. Der Zweite lächelte nur und drehte dabei eine Spule in den Händen, die mit farbigem Draht umwickelt war.

»Vielen Dank«, erwiderte Gorbowski, und Walkenstein bedankte sich ebenfalls.

Als sie sich an die hundert Schritt entfernt hatten, drehte sich Gorbowski um. Die zwei in den blauen Kitteln standen im Korridor und sahen ihnen hinterher.

In »Baders Reich« (und als sein Reich bezeichneten Spötter das gesamte System der künstlichen und natürlichen Trabanten der Wladislawa: die Observatorien, Werkstätten, Tankstellen, die schwarzen Zisternenanlagen mit den Chlorellakulturen, Treibhäuser, Tierzuchtfarmen, die glasverkleideten Erholungsparks und schließlich die verlassenen Stationen nichtirdischen Ursprungs) rollte die Zeit im 30-Stunden-Zyklus ab. Gegen Ende des dritten Zyklus, nachdem das D-Raumschiff »Tariel« auf die Meridianumlaufbahn der Wladislawa eingeschwenkt war, unternahm Gorbowski eine erste Erkundung. Die D-Raumschiffe – Giganten von sechs Kilometern Länge, die von Weitem an glitzernde Blüten erinnerten – waren für eine Landung auf massiven Planeten nicht geeignet, umso weniger, wenn diese Planeten von einer Atmosphäre umgeben waren, noch dazu von einer so extrem beschaffenen wie die der Wladislawa. Dafür waren sie einfach nicht stabil genug. Die Landung erfolgte mithilfe von sogenannten Landekapseln, die mit einem Atom- oder Photonenantrieb ausgestattet waren und über ein nichtfixiertes Schwerezentrum verfügten. Ein Linienschiff hatte für gewöhnlich eine solche Fähre an Bord, ein Erkundungsschiff dagegen zwei bis vier. Die »Tariel« führte zwei solcher Photonenfähren mit, und in einer von ihnen unternahm Gorbowski seinen ersten Versuch, die Atmosphäre der Wladislawa zu erforschen. »Mal sehen, ob es sich lohnt«, hatte Gorbowski zu Bader gesagt.

Bader war höchstpersönlich an Bord der »Tariel« gekommen. Er hatte ein ums andere Mal genickt, immerzu »O ja!« oder »Sehr gut!« gesagt, und als sich Gorbowskis Fähre vom Schiff gelöst hatte, setzte er sich auf ein Stühlchen seitlich des Beobachtungspults, um dort geduldig zu warten.

Die Planetenerkunder hatten sich alle vor dem Pult versammelt und beobachteten, wie auf dem grauen Schirm des Oszillografen verschwommene Lichtpunkte aufflammten: die optisch wahrnehmbaren Signalimpulse des automatischen Senders auf der Fähre. Die drei Landeflieger, Bader nicht mitgerechnet, schwiegen und waren mit den Gedanken, jeder auf seine Art, bei Gorbowski.

Walkenstein dachte daran, dass Gorbowski in einer Stunde zurück sein würde. Er konnte Ungewissheit absolut nicht ausstehen und wünschte, der Kamerad wäre schon wieder da. Dabei wusste er genau, dass der erste Erkundungsflug immer glücklich verlief, besonders wenn die Landekapsel von Gorbowski gesteuert wurde. Walkenstein erinnerte sich an seine erste Begegnung mit ihm: Es war auf der Station »Start« gewesen, einem künstlichen Mondtrabanten, dem Startplatz für alle Photonenraumschiffe. Walkenstein war gerade erst von einer Spritztour zum Neptun zurückgekommen und sehr stolz gewesen, dass alles glattgegangen war; mächtig hatte er mit seinen Erfolgen geprahlt. Im Speisesaal der Station war dann Gorbowski an seinen Tisch getreten und hatte ihn gefragt: »Entschuldigen Sie bitte vielmals, sind Sie nicht Mark Jefremowitsch Walkenstein?« Mark hatte genickt und geantwortet: »Jawohl, der bin ich. Womit kann ich dienen?« Gorbowski hatte einen sehr bedrückten Eindruck gemacht, sich zu ihm gesetzt und ein bisschen mit seiner langen Nase hin und her gewackelt. Dann hatte er sich erkundigt: »Mark, könnten Sie mir vielleicht sagen, wo man hier eine Harfe herbekommt?« Hier – das bedeutete in einer Entfernung von dreihundertfünfzigtausend Kilometern zur Erde, auf einem Startplatz für Sternenfahrzeuge. Walkenstein hätte sich beinahe an seiner Suppe verschluckt. Gorbowski hatte ihn neugierig gemustert, sich dann vorgestellt und gesagt: »Seien Sie unbesorgt, Mark, es eilt nicht so. Aber mich interessiert, mit welcher Umlaufgeschwindigkeit Sie in die Exosphäre des Neptun eingetaucht sind.« – Das war so Gorbowskis Art, an jemanden, besonders an einen Unbekannten, heranzutreten, Fragen zu stellen und dann zu beobachten, wie sich der andere aus der Schlinge zog.

Auch der Biologe Percy Dickson, ein Mann mit dichtem schwarzem Kraushaar, schwieg und dachte an Gorbowski. Dickson arbeitete auf dem Gebiet der Kosmospsychologie und -physiologie des Menschen. Er war schon alt, besaß ein ungeheures Wissen und hatte mit sich wie auch mit anderen eine Menge verrückter Versuche angestellt. Er war zu der Schlussfolgerung gekommen, dass sich ein Mensch, wenn er mehr als zwanzig Jahre im All zugebracht hatte, der Erde entwöhnte und aufhörte, sie als sein Zuhause anzusehen. Er blieb zwar ein Abkömmling der Erde, hörte aber auf, ein Erdenmensch zu sein. Percy Dickson hatte diese Erscheinung an sich selbst beobachtet und konnte einfach nicht begreifen, wieso Gorbowski, der mittlerweile nicht weniger als fünfzig Parsec zurückgelegt und auf Dutzenden von Monden und Planeten geweilt hatte, von Zeit zu Zeit wehmütig die Augen zum Himmel hob und mit einem Seufzer sagte: »Zu gern würde ich wieder einmal im Gras auf einer Wiese liegen. Und auch ein Flüsschen müsste dabei sein!«

Auch der Atomsphärenphysiker Ryu Waseda war mit seinen Gedanken bei Gorbowski. Er hatte noch dessen Bemerkung gegenüber Bader im Ohr: »Mal sehen, ob es sich lohnt« und fürchtete, Gorbowski könnte, wenn er zurückkam, sagen: »Nein, es lohnt sich nicht.« Schon einige Male war das so gewesen. Wasedas Spezialgebiet waren die extremen Atmosphären. Er fühlte sich vor Gorbowski immerzu schuldig, denn jedes Mal schien ihm, als schicke er ihn in den sicheren Tod. Einmal hatte er mit Gorbowski darüber gesprochen, doch der hatte allen Ernstes erwidert: »Wissen Sie, Ryu, es ist ja noch nie vorgekommen, dass ich nicht zurückgekehrt wäre.«

Schließlich dachte auch der Chefbeauftragte des Rates für die Raumfahrt und Direktor des transkosmischen Astrostützpunktes sowie des Laboratoriums »Wladislawa EN 17«, Professor und Planetenerkunder August Johann Bader, an Gorbowski. Aus irgendeinem Grund war ihm der Abschied zwischen Gorbowski und seiner Mutter vor fünfzehn Jahren auf der Station »Start« in den Sinn gekommen. Gorbowski und Bader hatten damals gemeinsam zum Transpluto aufbrechen sollen. Der Abschied von den Verwandten vor einer kosmischen Reise war ein schlimmer Moment, und Bader hatte den Eindruck gehabt, dass sich Gorbowski ziemlich lieblos von seiner Mutter verabschiedete. Als Kommandant des Schiffes – damals war Bader der Kommandant gewesen – hatte er es für seine Pflicht gehalten, den Untergebenen zu rügen. »In solch einer traurigen Minute«, hatte er nachsichtig, doch streng gesagt, »muss Ihr Herz im gleichen Takt mit dem Ihrer Mutter schlagen. Die echte Tugend eines jeden Menschen besteht …« Gorbowski hatte ihm schweigend zugehört und, als Bader mit seiner Ermahnung zu Ende gewesen war, mit eigentümlicher Stimme erwidert: »August, haben Sie noch eine Mama?« Ja, genauso hatte er sich ausgedrückt. Er hatte gesagt »Mama«. Und nicht etwa Mutter.

»Jetzt ist er auf der anderen Seite«, sagte Waseda.

Walkenstein sah auf den Bildschirm. Er war ganz dunkel, keinerlei Lichtpunkte flackerten mehr auf. Der Kosmonaut warf einen Blick zu Bader. Der saß da, die Finger in die Sitzfläche seines Stuhls verkrallt, und machte den Eindruck, als würde ihm jeden Augenblick schlecht. Als er Walkensteins Blick auf sich fühlte, sah er ihn gleichfalls an und lächelte gequält.

»Selbst auf Erkundung zu gehen«, sagte er und artikulierte wieder deutlich jeden Buchstaben, »ist die eine Sache, etwas ganz anderes ist es, wenn es die Gefährten tun.«

Walkenstein wandte sich ab. Seiner Meinung nach war es gleichgültig, wer den Auftrag ausführte. Er erhob sich und ging auf den Korridor hinaus. An der Luke, die zu den unteren Segmenten des Schiffes führte, stieß er auf einen ihm unbekannten jungen Mann mit glattrasiertem, braungebranntem Gesicht und glänzendem, kahlgeschorenem Kopf. Walkenstein blieb stehen und musterte ihn von oben bis unten.

»Wer sind Sie?«, fragte er nicht übermäßig freundlich. Er war überhaupt nicht darauf gefasst, auf der »Tariel« einen Unbekannten zu treffen.

Der junge Mann lächelte schief.

»Mein Name ist Sidorow«, antwortete er. »Ich bin Biologe und möchte gern den Genossen Gorbowski sprechen.«

»Gorbowski ist auf Erkundungstour«, sagte Walkenstein. »Wie sind Sie überhaupt aufs Schiff gekommen?«

»Direktor Bader hat mich mit hierhergebracht ...«

»Aha«, meinte Walkenstein nur; er wusste, dass sich Bader schon seit zwei Stunden auf der »Tariel« befand.

»... und hat mich wahrscheinlich vergessen«, fuhr der Mann fort.

»Gut«, erwiderte Walkenstein. »Das kann durchaus sein, denn Direktor Bader ist im Augenblick ziemlich aufgeregt.«

»Ich verstehe ...« Sidorow sah auf seine Schuhspitzen herunter und fragte: »Wann kann ich mit dem Genossen Gorbowski sprechen?«

»Da müssen Sie sich schon noch etwas gedulden. Kommen Sie, ich bringe Sie inzwischen in die Mannschaftskajüte.«

Er versorgte den Biologen mit einem Packen der letzten Zeitschriften von der Erde, lieferte ihn im Gemeinschaftsraum ab und kehrte in die Steuerzentrale zurück. Die Landeflieger hatten fröhliche Gesichter, und auch Bader, der sich den Schweiß von der Stirn wischte, lächelte. Auf dem Bildschirm war wieder das bekannte Flackern zu sehen.

»Er ist auf dem Rückweg«, sagte Dickson. »Er meint, eine Runde sei fürs Erste genug.«

»Klar, das reicht«, bekräftigte Walkenstein.

»Es genügt völlig«, schloss sich Waseda an.

Eine Viertelstunde später kletterte Gorbowski aus der Einstiegskammer und knöpfte sich im Gehen den Fliegeranzug auf. Er wirkte zerstreut und sah über die Köpfe der Mannschaft hinweg.

»Na, was ist?«, erkundigte sich Waseda ungeduldig.

»Alles in Ordnung«, erwiderte Gorbowski, der, mitten im Korridor stehend, versuchte, aus dem Overall zu steigen. Endlich hatte er ein Bein freibekommen, trat jedoch auf einen der Ärmel und wäre beinahe der Länge lang hingefallen. »Das heißt, das mit der Ordnung stimmt nicht ganz … Gar nichts ist in Ordnung!«

»Und weshalb nicht?«, fragte Walkenstein.

»Jetzt muss ich erst mal was essen«, erklärte Gorbowski.

Schließlich hatte er sich von dem Skaphander befreit und steuerte die Mannschaftskajüte an. Dabei schleifte er den Raumanzug auf dem Boden hinter sich her.

»Blöder Planet!«, ärgerte er sich.

Walkenstein nahm ihm den Skaphander ab und ging neben ihm her.

»Was für ein blöder Planet!«, wiederholte Gorbowski und schaute weiter über die anderen hinweg.

»Die Landebedingungen sind hier tatsächlich äußerst schwierig«, bekräftigte Bader mit seiner korrekten Aussprache.

»Gebt mir endlich was zu essen«, verlangte Gorbowski.

In der Gemeinschaftskajüte angekommen, warf er sich mit wohligem Ächzen auf das Sofa. Bei seinem Eintreten war Sidorow aufgesprungen.

»Bleiben Sie ruhig sitzen«, bat Gorbowski wohlwollend.

»Was ist denn nun eigentlich passiert?«, erkundigte sich Walkenstein.

»Eigentlich nichts Besonderes. Nur eignen sich unsere Fähren nicht im Geringsten für eine Landung.«

»Wieso?«

»Was weiß ich. Photonenschiffe können hier eben nichts ausrichten. Ständig werden die Magnetfallen im Reaktor gestört.«

»Also gibt es in der Atmosphäre Magnetfelder«, stellte der Physiker Waseda fest und rieb sich geräuschvoll die Hände.

»Möglich«, sagte Gorbowski.

»Nun«, meinte Bader langsam, »dann stelle ich Ihnen eben eine Impulsrakete oder ein Ionenschiff zur Verfügung.«

»In Ordnung, August«, erwiderte Gorbowski, »tun Sie das. Stellen Sie uns ein Ionenschiff oder eine Impulsrakete zur Verfügung. Nur sollte man mir jetzt endlich etwas zu essen geben.«

»Meine Güte«, bemerkte Walkenstein. »Ich erinnere mich schon gar nicht mehr, wann ich das letzte Mal eine Impulsrakete gesteuert habe!«

»Macht nichts«, erwiderte Gorbowski. »Es wird dir schon wieder einfallen. Hört mal«, seine Stimme wurde auf einmal ganz sanft, »krieg ich nun heute noch was zwischen die Zähne oder nicht?«

Walkenstein erbarmte sich. »Ja doch, ja«, sagte er. Mit einer Entschuldigung nahm er Sidorow die Zeitschriften weg und legte eine Chlorvinyldecke auf. Dann stellte er Brot, Butter, Milch und Buchweizengrütze auf den Tisch.

»Es ist gedeckt, Leonid Andrejewitsch.«

Gorbowski erhob sich lustlos. »Immer muss man aufstehen, wenn man etwas tun will«, brummte er.

Er setzte sich an den Tisch, fasste das Glas Milch mit beiden Händen und leerte es in einem Zug. Dann zog er, gleichfalls mit beiden Händen, den Teller mit dem Brei zu sich heran und griff zum Löffel. Erst da wurde allen klar, warum er Glas und Teller mit beiden Händen gehalten hatte: Gorbowski zitterten die Hände. Sie zitterten so sehr, dass es ihm erst beim dritten Versuch gelang, etwas Butter auf die Messerspitze zu tun. Bader sah mit großen Augen auf die zitternden Hände des Kommandanten.

»Ich werde Ihnen die beste Impulsrakete geben, die ich habe, Leonid«, sagte er mit schwacher Stimme. »Die allerbeste.«

»Tun Sie das, August. Die allerbeste. Und wer ist dieser junge Mann dort?«

»Das ist Sidorow«, erklärte Walkenstein. »Er wollte gern mit Ihnen sprechen.«

Der Biologe erhob sich. Gorbowski musterte ihn von unten her mit einem wohlwollenden Blick und sagte: »Aber so bleiben Sie doch sitzen.«

»Ach herrje«, rief Bader. »Das habe ich ja ganz vergessen! Entschuldigen Sie bitte, Leonid. Genossen, darf ich vorstellen …«

»Mein Name ist Sidorow«, sagte da der Biologe selbst und lächelte verlegen, weil alle ihre Blicke auf ihn gerichtet hatten. »Michail Albertowitsch.«

»Welcome, Michail Albertowitsch«, begrüßte ihn Dickson.

»Schön«, sagte Gorbowski. »Ich esse nur zu Ende, Michail Albertowitsch, dann gehen wir in meine Kajüte. Dort gibt es nämlich ein Sofa. Hier steht zwar auch eins«, er senkte die Stimme zu einem vertraulichen Flüstern, »doch darauf hat es sich Bader gerade bequem gemacht, und er ist schließlich der Direktor.«

»Nehmen Sie ihn bloß nicht mit«, warnte Walkenstein auf Japanisch. »Er gefällt mir nicht.«

»Warum?«, fragte Gorbowski. Er lag nun auf dem Sofa, während Walkenstein und Sidorow am Tisch saßen, wo mehrere glänzende Bandspulen des Videofonografen durcheinanderlagen.

»Lassen Sie sich ja nicht überreden«, wiederholte Walkenstein.

Gorbowski verschränkte die Arme unter dem Kopf.

»Ich habe keine Verwandten«, sagte nun Sidorow, was ihm einen mitleidigen Blick von Gorbowski einbrachte. »Es würde also niemand um mich weinen.«

»Wieso denn weinen?«, fragte Gorbowski.

Sidorow runzelte die Stirn. »Ich wollte damit sagen, dass ich weiß, worauf ich mich einlasse. Aber ich brauche dringend Informationen; auf der Erde wartet man darauf. Ich hocke schon seit einem Jahr hier in unmittelbarer Nähe der Wladislawa; fast ein Jahr vergeudet …«

»Tja, das ist ärgerlich«, meinte Gorbowski.

Sidorow verschränkte die Finger ineinander. »Sehr ärgerlich, Leonid Andrejewitsch. Ich glaubte, man würde ziemlich rasch auf der Wladislawa landen. Nicht, dass ich erpicht darauf wäre, den Entdecker zu spielen – nur, ich brauche Informationen. Das ist alles. Verstehen Sie?«

»Ja, ich verstehe Sie«, erwiderte Gorbowski. »Und wie ich Sie verstehe. Immerhin sind Sie Biologe …«

»Ja. Aber ich habe auch eine Ausbildung als Kosmospilot absolviert und mein Diplom mit Auszeichnung bestanden. Sie selbst, Leonid Andrejewitsch, waren mein Prüfer. Natürlich erinnern Sie sich nicht mehr an mich, schließlich bin ich in erster Linie Biologe. Ich kann und will aber nicht mehr länger warten. Quippa hatte mir seinerzeit versprochen, mich mitzunehmen, doch nachdem er zwei vergebliche Landeversuche unternommen hatte, nahm er Abstand von dem Unternehmen. Dann kam String her. Das war wirklich ein wagemutiger Mann! Aber er hat mich auch nicht mitgenommen. Er kam nicht mehr dazu. Beim zweiten Erkundungsflug setzte er zur Landung an und kehrte nicht mehr zurück.«

»Komischer Kauz!«, wunderte sich Gorbowski und sah zur Decke hoch. »Auf so einem Planeten sind mindestens zehn Erkundungsflüge notwendig. Wie, sagten Sie gleich, war sein Name? String?«

»Ja, String.«

»Komischer Kauz«, wiederholte Gorbowski. »Ja, und unklug dazu.«

Walkenstein, der Sidorow musterte, brummte: »Alles klar. Und der hier ist auch so ein Held.«

»Sprich Russisch«, befahl Gorbowski streng.

»Warum? Er versteht doch Japanisch.«

Sidorow wurde rot.

»Stimmt«, sagte er. »Ich verstehe Japanisch. Aber ein Held bin ich wirklich nicht. String, ja, das war einer. Ich aber bin Biologe, und mir kommt es einzig auf die Informationen an.«

»Wie viele Angaben haben Sie von String erhalten?«, erkundigte sich Walkenstein.

»Von String? Gar keine. Er ist ja umgekommen.«

»Warum schwärmen Sie dann so von ihm?«

Sidorow zuckte mit den Achseln. Er begriff diese eigenartigen Männer nicht. Sie waren zu seltsam – dieser Gorbowski, Walkenstein und ihre Freunde, sicherlich waren die anderen ihre Freunde. Wie konnte man nur den bewundernswert mutigen String, den großen, breitschultrigen Hünen mit seinem dröhnenden, sorglosen Lachen und den sicheren

Bewegungen, als komischen Kauz bezeichnen … Er erinnerte sich in allen Einzelheiten an den Raumflieger und wie er einmal zu Bader gesagt hatte: »Nur die Ängstlichen, August Johann, hocken auf der Erde. Das ist die Besonderheit unserer Arbeit.« Und bei diesen Worten hatte er mit den Fingern geschnippt. Warum also unklug, warum komischer Kauz …

Schön, dachte Sidorow bei sich, das ist ihre Sache. Was aber soll ich tun? Weiterhin mit gefalteten Händen dasitzen und zur Erde funken, dass wieder ein paar Erkundungsroboter in der Atmosphäre verbrannt, ein erneuter Landeversuch missglückt ist, dass sich die neue Gruppe der Planetenerkunder weigert, mich mit an Bord zu nehmen; dass ich wieder einen handfesten Krach mit Bader hatte, der mir zum vierten oder fünften Mal versichert hat, er würde mir kein Planetenfahrzeug anvertrauen, sondern mich für meine »systematischen Frechheiten« aus dem »ihm anvertrauten Stück Universum« werfen? Damit in der Zwischenzeit der gute alte Rudolf Kreutzer in Leningrad wie ehedem seine Vermutungen über das Vorhandensein von Leben im System der hellblauen Sterne vorträgt und ihm dabei das akademische Käppi auf dem Kopf hin und her tanzt. Damit der temperamentvolle Gadshibekow seine tragenden Argumente gegen die Existenz dieses Lebens in den Saal schmettert und dadurch wiederum Rudolf Kreutzer veranlasst, zum x-ten Mal jene achtzehn Bakterienarten ins Feld zu führen, die Quippas Expedition in der Atmosphäre des Planeten Wladislawa erbeutet hat. Gadshibekow seinerseits wird dann wie immer Kontra geben, wird jegliche Verbindung zwischen diesen Bakterien und der Atmosphäre der Wladislawa verneinen, sich mit vollem Recht darauf berufen, dass eine genaue Identifizierung unter den Bedingungen des gegebenen Experiments überaus kompliziert sei. Und wieder wird die Akademie für Kosmobiologie die Frage nach der Existenz von Leben im System der hellblauen Sterne als ungeklärt vertagen. Dieses Leben aber gibt es, es ist vorhanden, zum Teufel noch mal! Man muss es nur erfassen, das heißt, die Wladislawa, einen Planeten des hellblauen Sterns EN 17, bezwingen.

Gorbowski sah Sidorow an und fragte ihn beschwichtigend: »Warum wollen Sie eigentlich um jeden Preis mit uns fliegen? Wir haben schließlich einen eigenen Biologen, Percy Dickson, einen ausgezeichneten Spezialisten. Er ist zwar ein bisschen verrückt, aber er wird Ihnen, wenn Leben vorhanden ist, das Material mitbringen, das Sie brauchen, und zwar in beliebigen Mengen.«

Sidorow winkte ab.

»Ganz ehrlich!«, fuhr Gorbowski fort. »Es würde Ihnen bei uns bestimmt nicht gefallen. Wenn Sie aber hierbleiben, hat alles seine Ordnung. Wir werden landen und Ihnen das mitbringen, was Sie benötigen. Sie brauchen uns nur Ihre Anweisungen zu geben.«

»Und Sie werden alles verkehrt machen«, erwiderte Sidorow. »Mit Quippa war es das Gleiche. Er hat auch um Instruktionen gebeten, dann aber zwei Container mit Penicella mitgebracht. Ganz gewöhnliche Schimmelpilze, wie es sie auf der Erde in Hülle und Fülle gibt. Sie wissen ja noch gar nicht, welche Bedingungen Sie auf dem Planeten vorfinden werden. Da wird Ihnen der Kopf nach allem Möglichen stehen, bloß nicht nach meinen Instruktionen.«

»Auch wieder wahr«, seufzte Gorbowski. »Die Bedingungen kennen wir noch nicht. Da werden Sie eben noch ein bisschen warten müssen, Michail Albertowitsch.«

Walkenstein nickte zufrieden.

»Also gut«, resignierte Sidorow, er hielt die Augen geschlossen. »Aber dann nehmen Sie wenigstens meine Instruktionen entgegen.«

»Unbedingt«, erwiderte Gorbowski. »Schießen Sie los.«

Im Verlauf der folgenden vierzig Zyklen führte Gorbowski sechzehn Erkundungsflüge durch. Er steuerte ein ausgezeichnetes Planetenschiff mit Impulstriebwerk, die »Skyth-Aleph«, die Bader ihm zur Verfügung gestellt hatte. Die ersten fünf Flüge absolvierte er allein, um die Exosphäre der Wladislawa an den Polen, am Äquator und in anderen Breiten zu erproben. Schließlich schien ihm das Gebiet um den Nordpol am günstigsten, und von da an nahm er Walkenstein zur Erkundung mit. Ein ums andere Mal tauchten sie in die Atmosphäre des schwarz-orangefarbenen Planeten ein und wurden ein ums andere Mal, wie Korken aus dem Wasser, zurückgeschleudert. Doch mit jedem Versuch gelang es ihnen, tiefer in die Atmosphäre einzudringen.

Zur Unterstützung der Planetenerkunder hatte Bader drei Observatorien in das Unternehmen einbezogen, die Gorbowski ständig über die Verlagerung der Wetterfronten in der Atmosphäre der Wladislawa informierten. Auch wurde auf seine Anweisung hin die Gewinnung von atomarem Wasserstoff wiederaufgenommen, der als Treibstoff für die »Skyth-Aleph« diente, denn der Verbrauch erwies sich als unvorhergesehen hoch. Dagegen wurden die Untersuchungen der Atmosphäre auf ihre chemische Zusammensetzung – Untersuchungen, die für gewöhnlich mit Bombensonden und Mesonenstrahlern durchgeführt wurden – eingestellt.

Walkenstein und Gorbowski kehrten jedes Mal völlig erschöpft von ihren Erkundungsflügen zurück. Sie stürzten sich als Erstes gierig aufs Essen, wonach Gorbowski das nächstgelegene Sofa ansteuerte und lange liegen blieb; währenddessen unterhielt er seine Freunde mit allerlei Sinnsprüchen.

Was Sidorow anging, so hatte ihm Gorbowski die Erlaubnis erteilt, auf der »Tariel« zu bleiben. Er hatte ihm gestattet, am Außenbord der »Skyth-Aleph« Containerfallen und ein biologisches Expresslabor einzurichten, wenn dadurch auch der Atmosphärenphysiker Ryu ein bisschen eingeengt wurde. Freilich war der Erfolg nicht der Rede wert: Die Container blieben leer, und die Aufzeichnungen des Expresslabors konnten nicht entschlüsselt werden. Die Magnetfelder der ungemein stürmischen Atmosphäre wirkten sich chaotisch auf die Instrumente aus, und das Labor funktionierte ohne die steuernde Hand eines Menschen nicht. Jedes Mal wenn Gorbowski heimkehrte, bemerkte er als Erstes den kahlgeschorenen Kopf Sidorows und schlug sich schuldbewusst mit der Hand vor die Stirn. Einmal sagte er zu ihm: »Die Sache ist die, Michail Albertowitsch, dass mir bei Kilometer hundertzwanzig die ganze Biologie einfach aus dem Kopf fliegt. Dort ist es zu scheußlich. Man kommt beinahe um vor Angst.«

Von Zeit zu Zeit nahm der Kommandant auch Dickson mit, aber der musste sich nach jedem dieser Flüge erst einmal für ein paar Tage ins Bett legen. Auf die schüchterne Bitte Sidorows, doch mal nach den Instrumenten zu sehen, antwortete er rundheraus, er denke nicht daran, sich mit nebensächlichen Dingen abzugeben, dafür reiche einfach die Zeit nicht.

Niemand von ihnen hat Zeit für die kleinen Dinge, dachte Sidorow bitter. Gorbowski und Walkenstein suchen ihre Stadt, Ryu hat mit der Atmosphäre zu tun, und Dickson kontrolliert den göttlichen Puls der drei, die eine Landung immer und immer wieder hinausschieben ... Warum lassen sie sich nur so viel Zeit? Oder ist es ihnen etwa egal?

Sidorow meinte, diese eigenartigen Männer, die sich Planetenerkunder nannten, niemals begreifen zu können. In der ganzen Welt kannte und rühmte man sie. Der Freund eines solchen Landefliegers zu sein, galt als große Ehre. Seit er hier war, musste er aber feststellen, dass es sehr widersprüchliche Menschen waren. Einerseits waren sie sehr kühn, andererseits beschämend vorsichtig: Stets kehrten sie unverrichteter Dinge zurück und sagten, ein echter Planetenerkunder sei der, dem es gelinge, genau jenen Moment zu berechnen, in dem er alles auf eine Karte setzen könne. Oder sie sagten: Ein Planetenerkunder ginge an die Orte, von denen kein Roboter zurückkehre. Sie erklärten weiter, ein Planetenerkunder stürbe immer eines natürlichen Todes. Komme er bei der Erkundung um, so verdiene er die Bezeichnung nicht mehr. Man könne zwar sagen, er lebte und starb als Biologe. Von einem Planetenerkunder jedoch müsse es dann heißen: Er lebte als Planetenerkunder und kam als Biologe um. All diese Sprüche waren sehr emotional, doch erklärten sie nicht das Geringste. Viele hervorragende Gelehrte und Forscher waren Planetenerkunder, und es hatte eine Zeit gegeben, da auch Sidorow sich für solche Leute begeistert hatte. Doch die Begeisterung auf der Schulbank war eine Sache, etwas ganz anderes war es hingegen zuzuschauen, wie sich Gorbowski einer Schildkröte gleich Kilometer um Kilometer vorantastete, statt die ganze Entfernung mit einem einzigen, zwar riskanten, doch dafür blitzartigen Sprung zu meistern.

Nach dem sechzehnten Erkundungsflug schließlich erklärte Gorbowski, dass er nun mit der Erforschung des letzten und schwierigsten Abschnitts auf dem Weg zur Planetenoberfläche beginnen werde.

»Bis zur Oberfläche der Wladislawa verbleiben noch fünfundzwanzig Kilometer einer völlig unerforschten Schicht«, sagte er, während er wie gewohnt etwas verschlafen blinzelte und über die Köpfe der anderen hinwegsah. »Es handelt sich dabei um eine sehr gefährliche Strecke, deshalb werde ich besonders vorsichtig zu Werke gehen. Walkenstein und ich werden noch mindestens zehn bis fünfzehn Runden absolvieren, ehe wir uns an diesen Abschnitt wagen, vorausgesetzt natürlich, dass Direktor Bader uns mit dem notwendigen Treibstoff versorgt.«

»Direktor Bader hat nichts dagegen einzuwenden«, erwiderte dieser hoheitsvoll. »Sie können ganz beruhigt sein, Leonid.«

»Ausgezeichnet!«, freute sich Gorbowski. »Ich beabsichtige, wie gesagt, mit äußerster Vorsicht zu handeln, und kann es deshalb, glaube ich, verantworten, diesmal auch Sidorow mitzunehmen.«

Vor Überraschung sprang Sidorow auf. Alle Blicke richteten sich auf ihn.

»Jetzt hast du's geschafft, mein Junge«, sagte Dickson.

»Stimmt«, bemerkte Bader. »Einem Neuling soll man eine Chance geben.«

Waseda lächelte zustimmend, und selbst Walkenstein widersprach nicht, obgleich man ihm ansah, dass er mit der Entscheidung nicht einverstanden war. Er hatte nichts für Helden übrig.

»Es ist nur gerecht«, sagte Gorbowski weiter und tappte, ohne sich umzublicken, rückwärts zum Sofa, wo er es sich mit äußerster Akkuratesse bequem machte. »Nun gehen Sie schon, Sie Neuling«, er lächelte dem Biologen zu. »Und bereiten Sie Ihre Container vor. Es bleibt dabei, wir nehmen Sie mit.«

Sidorow stürmte aus der Mannschaftskajüte. Als er draußen war, sagte Walkenstein: »Es hat keinen Sinn.«

»Sei kein Egoist, Mark«, widersprach Gorbowski träge. »Der Junge sitzt bereits ein Jahr hier. Dabei will er nichts weiter als ein paar Bakterien aus der Atmosphäre fischen.«

Walkenstein schüttelte den Kopf und wiederholte: »Es hat keinen Sinn, er ist ein Möchtegern-Held.«

»Macht nichts«, erwiderte Gorbowski. »Ich erinnere mich jetzt auch wieder: Die Studenten nannten ihn Athos. Und ich habe sein Büchlein gelesen. Er ist begabt und wird sicher keine Dummheiten machen. Ich war früher auch mal so ein

Möchtegern-Held, wie du es nennst. Du übrigens nicht minder. Und auch Ryu war einer, stimmt's, Ryu?«

»Stimmt, Käpt'n«, bestätigte Waseda.

Gorbowski strich sich mit einem Stöhnen über die Schulter.

»Tut ganz schön weh«, klagte er. »Dieser verdammte Wirbel hat uns auch noch gegen den Strom gejagt. Was macht dein Knie, Mark?«

Walkenstein hob das eine Bein hoch und winkelte es mehrmals an. Die anderen beobachteten ihn dabei.

»›O weh, die Kniescheibe steht schief!‹«, rief er.

»Na, dann werd ich euch jetzt eine Massage verabreichen«, bestimmte Dickson und erhob sich schwerfällig.

Die »Tariel« bewegte sich auf der Meridian-Umlaufbahn und passierte den Nordpol der Wladislawa alle dreieinhalb Stunden. Gegen Ende des Tageszyklus löste sich die Impulsrakete mit Gorbowski, Walkenstein und Sidorow an Bord vom Raumschiff und jagte in die Tiefe, mitten hinein in einen schwarzen, trichterförmigen Strudel, der sich in dem orangefarbenen Nebel über dem Nordpol des Planeten zusehends verdichtete.

Anfangs schwiegen sie, dann sagte Gorbowski: »Klar, sie sind damals auf dem Nordpol gelandet.«

»Wer?«, fragte Sidorow.

»Na, sie«, erklärte Gorbowski. »Und wenn sie tatsächlich irgendwo eine Stadt errichtet haben, dann hier am Nordpol.«

»Genauer gesagt, dort, wo sich damals der Nordpol befand«, berichtigte Walkenstein.

»Du hast recht. Wie seinerzeit auf dem Mars.«

Sidorow schaute angespannt auf den Bildschirm, wo sich orangefarbene und schwarze Punkte von einem Zentrum lösten und mit enormer Geschwindigkeit zur Seite strebten.

Bald darauf verlangsamte sich diese Bewegung – die »Skyth-Aleph« bremste. Jetzt ging es vertikal in die Tiefe.

»Sie hätten genauso gut auf dem Südpol landen können«, sagte Walkenstein.

»Stimmt, hätten sie«, gab Gorbowski zu.

Sidorow überlegte, dass Gorbowski, wenn er die Siedlungen der fremden Wesen am Nordpol nicht fand, genauso systematisch den Südpol durchkämmen und im Falle eines neuerlichen Misserfolgs den ganzen Planeten so lange absuchen würde, bis er sein Ziel erreicht hatte. Jetzt taten ihm Gorbowski und dessen Kameraden sogar leid. Vor allem die Kameraden.

»Michail Albertowitsch!«, rief in dem Moment Gorbowski.

»Ja?«, meldete sich Sidorow.

»Michail Albertowitsch, haben Sie schon mal gesehen, wie Elfen tanzen?«

»Elfen?«, wunderte sich Sidorow. Er sah Gorbowski an. Der saß, ihm halb zugewandt, da und musterte ihn unverhohlen. Walkenstein drehte Sidorow den Rücken zu. »Elfen?«, wiederholte der. »Was für Elfen?«

»Na, solche mit Flügeln, Sie wissen schon …« Gorbowski nahm eine Hand vom Steuerpult und machte eine vage Flatterbewegung. »Sie haben es also noch nicht gesehen. Schade. Ich auch nicht. Und auch Mark nicht, keiner von uns, wie ich meine. Wäre doch aber bestimmt ganz interessant, finden Sie nicht auch?«

»Zweifellos«, knurrte Sidorow, der meinte, man mache sich über ihn lustig.

»Mal etwas anderes, Leonid Andrejewitsch«, sagte da Walkenstein. »Warum haben die Fremden eigentlich ihre Stationen nicht demontiert?«

»Sie hatten es nicht nötig«, erwiderte Gorbowski.

»Das ist doch aber unökonomisch.«

»Woraus folgt, dass sie nicht sehr sparsam waren.«

»Verschwenderische Wesen also«, konstatierte Walkenstein und schwieg.

Ihr Schiff wurde plötzlich durchgerüttelt.

»Jetzt hat es uns erwischt, Mark«, sagte Gorbowski mit merkwürdiger Stimme.

Das Schütteln nahm kein Ende. Es war so heftig, dass man glaubte, es nicht überstehen zu können. Die »Skyth-Aleph« war in eine Atmosphäre eingetaucht, wo wilde Horizontalstürme tobten und dabei lange Fahnen schwarzen kristallinen Staubs hinter sich herzogen. Die Radargeräte versagten augenblicklich, und der dichte orangefarbene Nebel wurde von Blitzen ungeahnter Intensität zerrissen. Gigantische, völlig unerklärliche Ausschläge des Magnetfelds störten sämtliche Instrumente und zersetzten den Plasmaring in den Reaktoren der Photonenraketen, weshalb diese bei den Erkundungen völlig fehl am Platz waren. Doch auch für die »Skyth-Aleph«, das erstklassige Planetenschiff mit Atomantrieb, war dieser Flug alles andere als ein Zuckerschlecken.

Die Männer in der Steuerzentrale schwiegen. Gorbowski war am Sessel festgeschnallt und saß zusammengekrümmt vor dem Pult. Das schwarze Haar fiel ihm über die Augen, und bei jedem Stoß verzog er schmerzhaft das Gesicht. Da die Stöße ununterbrochen aufeinanderfolgten, hatte es fast den Anschein, als lachte er, doch mit einem Lachen hatte seine Grimasse wahrlich nichts gemein. Sidorow hätte niemals geglaubt, dass Gorbowski so … nein, nicht seltsam, aber so fremd sein könnte. Der Kapitän hatte in diesen Augenblicken etwas Diabolisches an sich. Walkenstein übrigens auch. Er hing, Arme und Beine weit gespreizt, über dem Pult der Atmosphärenfixatoren, und sein verrenkter Hals zuckte unaufhörlich.

Es war beängstigend still im Raum, nur die Zeiger der Geräte, die grünlichen Zickzacklinien und Punkte auf den

Fluoreszenzschirmen, die schwarzen und orangefarbenen Striche im Periskop tanzten in wild fröhlichem Reigen. Der Schiffsboden ruckte wie ein zu kurzes Uhrpendel hektisch von einer Seite zur anderen, während die Decke in schnellem Wechsel auf und ab sprang.

»Automatische Steuerung …?«, fragte Walkenstein mit heiserer Stimme.

»Zu früh«, erwiderte Gorbowski und zog wieder seine Grimasse.

»Wir treiben aber ab … der Staubwind …«

»Zu früh, verdammt noch mal. Ich nehme Kurs auf den Pol.«

Walkenstein erwiderte etwas, doch Sidorow verstand ihn nicht mehr, denn in dem Augenblick schaltete sich das Expresslabor ein. Das Signallämpchen war aufgeflammt, und unter der durchsichtigen Plexiglasverkleidung setzte sich das Band mit den Aufzeichnungen in Bewegung.

»Na endlich!«, brüllte Sidorow.

Außerhalb des Schiffes befand sich also Eiweiß. Lebendes Protoplasma! Das Gerät fixierte es in großer Menge, und mit jeder Sekunde wurde es mehr.

»Was ist denn jetzt los?«, rief Sidorow bestürzt.

Das Band im Selbstschreiber war nicht breit genug gewesen, und so hatte das Gerät automatisch auf den Nullpunkt zurückgeschaltet. Das Signallämpchen war wieder erloschen und das Band zum Stillstand gekommen. Sidorow raufte sich vor Verzweiflung die Haare. Mit einem Ruck entfernte er die Fabrikplombe und machte sich mit beiden Händen im Innern des Apparats zu schaffen. Er kannte die Schaltung bis ins Detail, denn er hatte selbst bei der Konstruktion des Gerätes mitgearbeitet. Ihm war völlig unbegreiflich, was da geschehen sein mochte. Unter großen Mühen – es war schwierig, das Gleichgewicht zu halten – tastete er die Blöcke mit den Schaltungen ab. Es war durchaus möglich, dass sie durch die vielen Erschütterungen zu Schaden gekommen waren. Daran hatte er überhaupt nicht gedacht. Übrigens hätte das auch schon früher passieren können, bei den vorherigen Erkundungsflügen. Wenn sie bloß nicht kaputt sind, dachte er, wenn nur die Schaltungsblöcke heil sind. Das Schiff wurde auf unerträgliche Weise durchgeschüttelt, und Sidorow stieß mehrmals mit der Stirn schmerzhaft gegen die Plastverkleidung. Einmal prallte er sogar mit dem Nasenbein dagegen, sodass ihm die Tränen in die Augen schossen und er für einige Zeit nicht mehr sehen konnte. Die Blöcke schienen aber glücklicherweise heil geblieben zu sein. In diesem Augenblick legte sich die »Skyth-Aleph« scharf auf die Seite.

Sidorow wurde aus dem Sessel geschleudert; er flog durch den ganzen Steuerraum und presste mit beiden Händen ein Stück des Armaturenbretts zusammen, das er mitsamt den Drähten herausgerissen hatte. Er begriff nicht gleich, was geschehen war, und als er es begriff, wollte er es nicht wahrhaben.

»Sie hätten sich festschnallen müssen«, sagte Walkenstein. »Und so was will Pilot sein ...!«

Sidorow kroch über den tanzenden Fußboden auf allen vieren zu seinem Sessel, schnallte sich an und starrte dumpf auf das Durcheinander im Innern des Apparats.

Da erzitterte das Schiff unter einem solch gewaltigen Stoß, als hätte es einen Felsen gerammt. Sidorow, den ausgedörrten Mund weit aufgerissen, schnappte nach Luft. Im Steuerraum herrschte Totenstille. Sie wurde nur von einem Röcheln unterbrochen, das aus Walkensteins inzwischen dunkelrot angelaufener Kehle kam.

»Automatische Steuerung«, verlangte er.

Und wieder erzitterten die Wände. Gorbowski schwieg.

»Die Treibstoffzufuhr funktioniert nicht mehr«, sagte da Walkenstein mit ungewöhnlich ruhiger Stimme.

»Das sehe ich selbst«, erwiderte Gorbowski. »Kümmere dich um deine eigenen Sachen.«

»Kein Tropfen mehr! Wir fallen! Scheint verstopft …!«

»Ich schwenke auf das Havariesystem über, höchste Alarmstufe. Gegenwärtige Höhe fünfundvierzig … He, Sidorow!«

»Ja?«, meldete sich der Biologe und hustete verkrampft.

»Ihre Container füllen sich.« Gorbowski wandte ihm das längliche Gesicht mit den trockenen, aber glänzenden Augen zu. Nie hatte Sidorow so einen Gesichtsausdruck bei Gorbowski gesehen, wenn er auf der Couch lag. »Die Kompressoren sind angesprungen. Sie haben Glück, Athos!«

»Stimmt«, bestätigte Sidorow. »Großes Glück.«

Nun kam ein Stoß von unten. Sidorow verspürte ein Knacken in seinem Körper, und sein Mund füllte sich mit bitterem Speichel.

»Die Treibstoffzufuhr klappt wieder!«, rief Walkenstein.

»Prächtig … ausgezeichnet! Aber kümmere dich um Himmels willen um deine eigenen Angelegenheiten. He, Sidorow!«

»Ja?«, meldete sich, ächzend und mit zusammengepressten Zähnen, der Biologe.

»Haben Sie keine Ersatzausrüstung mit?«

»Hm«, erwiderte Sidorow. Er hatte seine Gedanken noch nicht wieder ganz beisammen.

»Was ›hm‹? Ja oder nein?«

»Nein«, gab Sidorow zu.

»Was für ein Pilot …«, bemerkte Walkenstein spöttisch. »Ein echter Held.«

Sidorow knirschte vor Wut mit den Zähnen und richtete seinen Blick auf den Bildschirm des Periskops, auf dem von rechts nach links verschwommene orangefarbene Streifen jagten. Davon schwindelte ihm so, dass er die Augen schloss.

»Hier sind sie gelandet!«, schrie Gorbowski. »Dort ist die Stadt, ich bin mir ganz sicher!«

In der furchtbaren Stille des wild schaukelnden Schiffes wurde plötzlich ein leises Klingen hörbar, dann stimmte Walkenstein mit vollem Bass einen stockenden Gesang an:

»Schwarz tosende Wirbel und Blitze voll Wut
Schlagen dich in ihren Bann,
Ein böses Feuer blendet den Blick.
Aber wer, kehrtest du jetzt zurück,
Stürmte weiter voran?«

Ich würde es wagen, dachte Sidorow. Und dann: Ich verdammter Dummkopf, ich Esel! Ich hätte warten sollen, bis sich Gorbowski zur Landung entschließt. Aber nein, ich war ungeduldig. Würde er heute zur Landung ansetzen, könnte mir das Expresslabor einerlei sein. Walkenstein unterdessen schmetterte weiter:

»Mit verkrampften Lippen der Landepilot –
Angst hatte er, heißt es dann.
Ein Lächeln verstört, ein unguter Blick …
Aber wer, kehrtest du nicht zurück,
Stürmte weiter voran?«

»Höhe einundzwanzig!«, rief Gorbowski. »Ich gehe in die Horizontale über.«

Jetzt kommen endlose Minuten des Horizontalflugs, überlegte Sidorow. Diese scheußlichen Minuten des Horizontalflugs. Lange Minuten voller Stöße und Übelsein, so lange, bis die beiden genug von ihren Erkundungen haben. Ich hingegen werde mit meinem blöden kaputten Apparat wie ein Blinder dasitzen.

Ein weiterer Stoß erschütterte das Schiff. Diesmal war er so heftig, dass den Männern alles vor den Augen verschwamm. Sidorow schnappte nach Luft und sah, wie Gorbowski voller

Wucht mit dem Gesicht gegen das Steuerpult schlug, während Walkenstein mit weit gespreizten Armen aus dem Sessel geschleudert wurde, und dann ganz langsam, wie in einem Traum, in derselben Stellung wieder zu Boden schwebte und dort mit dem Gesicht nach unten liegen blieb. Das Ende des Riemens, der an zwei Stellen gerissen war, pendelte gleichmäßig wie ein Blatt im Herbstwind über seinem Rücken hin und her. Einige Sekunden lang schwebte das Schiff im Inertialflug; doch dann bemerkte Sidorow, die Finger in sein Riemenschloss verkrallt, wie es absackte. Gleich darauf spürte er die Schwere in seinen Körper zurückkehren.

Er schnallte den Riemen los und stellte sich auf die wackligen Beine. Ein Blick auf die Instrumente zeigte, dass der Höhenmesser aufwärtskletterte; auf den bläulichen Schirmen flammten die grünen Zickzackblitze des Kontrollsystems auf und hinterließen langsam verlöschende Nebelfetzen. Der Autopilot lenkte das Raumschiff von der Wladislawa fort. Sidorow stieg über Walkenstein hinweg und ging zum Steuerpult. Gorbowskis Kopf lag leblos auf den Tasten. Der Biologe sah sich noch einmal nach Walkenstein um. Der saß bereits aufrecht, die Hände gegen den Fußboden gestützt. Er hielt die Augen geschlossen. Dann hob Sidorow Gorbowski vorsichtig auf und bettete ihn in den Sessel … Und ich wollte schon alles verloren geben, dachte er bei sich. Er schaltete die automatische Steuerung aus und legte die Finger auf die blutverschmierten Tasten. Die »Skyth-Aleph« drehte eine Schleife und war im Nu auf hundert Meter gefallen. Sidorow lächelte zufrieden. Er hörte, wie Walkenstein hinter ihm zornig ächzte: »Dass du es ja nicht wagst …«, doch er drehte sich nicht einmal um.

»Sie sind ein guter Pilot und haben das Schiff bestens zur Landung gebracht«, lobte Gorbowski, dessen Gesicht dick mit Binden umwickelt war. »Meiner Meinung nach sind Sie auch ein sehr guter Biologe. Ein ausgezeichneter Biologe sogar. Ein echter Enthusiast. Stimmt's, Mark?«

Walkenstein, der die Lippen nur mit Mühe auseinanderbekam, nickte und sagte: »Zweifellos. Sehr gut gelandet. Nur den Start hat er nicht zuwege gebracht.«

»Hören Sie«, fuhr Gorbowski eindringlich fort. »Ich habe Ihr Werk über die Einzeller gelesen – es ist hervorragend. Aber unsere Wege trennen sich trotzdem.«

Sidorow schluckte mühsam und fragte: »Warum?«

Gorbowski sah erst zu Walkenstein, dann zu Bader hinüber: »Er versteht es nicht.«

Walkenstein, nickte zustimmend, ohne Sidorow eines Blickes zu würdigen. Bader nickte gleichfalls und sah den Biologen mit einem mitleidvollen Blick an.

»Trotzdem möchte ich gern den Grund wissen«, beharrte Sidorow herausfordernd.

»Sie lieben die Stürme zu sehr«, erwiderte Gorbowski sanft. »Sturm und Drang würde Direktor Bader dazu sagen.«

»Genau«, bestätigte Bader wichtigtuerisch.

»Aber so etwas ist bei uns fehl am Platz«, fuhr Gorbowski fort. »Es ist sogar eine ziemlich miserable Eigenschaft. Es bedeutet Hals- und Beinbruch. Sie aber begreifen das nicht einmal.«

»Mein Labor war zerstört«, verteidigte sich Sidorow. »Ich konnte nicht anders.«

Gorbowski seufzte nur und sah Walkenstein an. Der sagte verächtlich: »Kommen Sie, Leonid Andrejewitsch.«

»Ich konnte nicht anders«, wiederholte Sidorow starrköpfig.

»Aber Sie hätten anders müssen«, erklärte Gorbowski. Dann drehte er sich um und ging über den Korridor fort.

Sidorow blieb in der Mitte des Flurs stehen und sah den dreien hinterher: Bader und Walkenstein stützten Gorbowski zu beiden Seiten. Der Biologe blickte auf seine Hand hinunter und entdeckte Blut an den Fingern. Er beschloss, den medizinischen Stützpunkt aufzusuchen. Auf dem Weg dorthin musste er sich des Öfteren festhalten, denn ihm war sehr schwindelig. Ich wollte doch nur das Beste, dachte er. Die Landung war doch das Wichtigste. Und ich habe ja auch Container mit Mikrofauna mitgebracht. Sie sind von überaus großem Wert. Auch für Gorbowski ist diese Tatsache nicht ganz unerheblich: Schließlich wird er früher oder später selbst zu einer Landung ansetzen und eine Erkundungsreise über den Wladislawa-Planeten unternehmen. Die Bakterien werden ihn töten, wenn ich sie nicht vorher durch ein Gegengift unschädlich mache. Ich habe so gehandelt, wie es notwendig war. Auf der Wladislawa, dem Planeten eines hellblauen Sterns, gibt es Leben. Ja, ich habe getan, was notwendig war … Und trotzdem fühlte er, dass er nicht im Recht war. Die ersten Zweifel waren ihm bereits dort, auf dem Planeten, gekommen, als sie neben dem Schiff bis zum Gürtel im brodelnden Erdöl standen und am Horizont riesige Geysirfontänen in die Höhe schossen. Gorbowski hatte ihn gefragt: »Nun, Michail Albertowitsch, was beabsichtigen Sie jetzt zu tun?« Darauf hatte Walkenstein etwas in einer ihm unbekannten Sprache erwidert und war zurück ins Raumschiff geklettert. Verstärkt hatten sich die Zweifel, als die »Skyth-Aleph« beim dritten Versuch, von der Oberfläche dieses schrecklichen Planeten wegzukommen, von einem heftigen Windstoß zurückgeschleudert wurde und erneut in den Ölschlamm stürzte. Und jetzt, nach diesem Gespräch, bohrte der Zweifel noch heftiger.

»Ich wollte doch nur das Beste«, murmelte er, während Dickson ihm behilflich war, sich auf den Operationstisch zu legen.

»Was?«, fragte Dickson.

»Ich musste einfach landen«, erklärte Sidorow.

»Liegen Sie still«, befahl Dickson und murmelte: »Primitivster Enthusiasmus …«

Sidorow sah zu, wie sich eine große, helle Birne von der Decke zu ihm niedersenkte. Die Lampe machte direkt vor seinem Gesicht halt; er spürte, wie dunkle Punkte vor seinen Augen zu schwimmen begannen, die Ohren wurden ihm taub, und plötzlich hörte er wieder den tiefen Bass Walkensteins:

> Aber wer, kehrtest du nicht zurück,
> Stürmte weiter voran?

»Jeder …«, erwiderte Sidorow starrsinnig, die Augen geschlossen. »Jeder x-Beliebige würde vorwärtsstürmen …«

Dickson stand neben ihm und beobachtete die dünne, glänzende Nadel des Kyberchirurgen, die in die verstümmelte Hand stach. Wie viel Blut er verloren hat, dachte Dickson. Verdammt viel Blut. Gorbowski hat sie gerade noch zur rechten Zeit dort rausgeholt. Hätte er eine halbe Stunde länger gebraucht – der Junge wäre erledigt gewesen. Na ja, Gorbowski schafft es immer noch zur rechten Zeit. So wie es sich gehört. Planetenerkunder müssen zurückkehren, sonst wären sie keine.

Tiefsee-Erkundung

Die Kabine war für eine Person gedacht und deshalb ziemlich eng. Akiko saß rechts von Kondratjew auf der Verkleidung des Ultraschalllokators. Um nicht im Weg zu sein, drückte sie sich fest an die Wand und stemmte die Füße gegen den Sockel des Schaltpultes. Natürlich war das nicht gerade bequem für sie, doch der Platz vor dem Pult war dem Kommandanten vorbehalten. Below hatte es nicht viel besser getroffen. Er hockte unterhalb der Luke und streckte von Zeit zu Zeit vorsichtig die steif gewordenen Beine aus, mal das rechte, dann wieder das linke. Wenn er das rechte Bein lang machte, stieß er jedes Mal gegen Akikos Rücken, seufzte und entschuldigte sich mit seiner tiefen Stimme: »Beg your pardon.« Akiko und Below waren Praktikanten der Ozeanologie und mussten sich mit den Unbequemlichkeiten in einer einsitzigen Meeresschutzsubmarine abfinden.

Von Belows lautem Seufzen und dem Dröhnen des überhitzten Dampfes im Reaktor abgesehen, war es still in der Kabine. Eng, still und finster. Hin und wieder prallten Garnelen gegen das Spektralglas des Illuminators und stießen dann erschrocken kleine Wolken phosphoreszierenden Schleims aus; es erinnerte an lautlose kleine Explosionen, so als würden winzige rosafarbene Geschosse abgefeuert. Und bei jeder dieser Explosionen fiel ein Lichtschimmer auf das ernste Gesicht Akikos und ihre glänzenden Augen.

Akiko hielt den Blick auf den Bildschirm gerichtet. Obwohl sie genau wusste, dass sich die Suche unter Umständen die ganze Nacht hinziehen konnte, saß sie von Anfang an so da, seitlich gegen die Wand gepresst, und schaute angespannt auf den Bildschirm. Dieser befand sich unterhalb des Illuminators in der Mitte des Pults, und sie musste sich ziemlich den Hals verrenken, um ihn sehen zu können. Dennoch starrte sie unverwandt dorthin und schwieg. Es war ihre erste Tiefsee-Erkundung.

Akiko war Meisterin im Freistilschwimmen. Sie hatte schmale Hüften und ziemlich breite, männliche Schultern. Kondratjew mochte ihren Anblick und hätte gar zu gern unter irgendeinem Vorwand das Licht eingeschaltet, etwa, um ein letztes Mal den Lukenverschluss zu prüfen, bevor sie auf Tiefe gingen. Doch er hielt sich zurück. Er sah das Mädchen auch so genau vor sich: schlank und ein wenig eckig war sie, wie eine Halbwüchsige, hatte kräftige Schultern, trug eine Leinenjacke mit aufgekrempelten Ärmeln und weite Shorts.

Auf dem Bildschirm wurde ein großer, heller Fleck sichtbar, und Akikos Schulter drängte sich näher an seine. Kondratjew spürte förmlich, wie sie den Hals reckte, um besser sehen zu können. Er merkte es an dem leichten Duft von Parfüm und dem kaum wahrnehmbaren Geruch nach Meerwasser. Akiko roch immer ein wenig nach Meerwasser, was nicht weiter verwunderlich war, verbrachte sie doch mindestens zwei Drittel ihrer Zeit im Ozean.

Kondratjew meldete: »Haie! In vierhundert Metern Entfernung!«

Das Bild begann zu vibrieren, zerfiel in kleine Punkte und verschwand ganz. Akiko rückte wieder ein Stück ab. Sie hatte noch nicht gelernt, die Signale des Ultraschalllokators zu lesen. Below dagegen konnte das, er hatte bereits ein Jahr Praktikum auf der »Kunaschir« hinter sich. Freilich saß er im Augenblick zu weit hinten, um den Bildschirm beobachten zu können, und so sagte er nur: »Haie sind scheußlich.«

Dann, nach einer ungelenken Bewegung wieder: »Beg your pardon, Akiko-san.«

Es bestand nicht die geringste Veranlassung, Englisch zu sprechen, denn Akiko hatte fünf Jahre in Chabarowsk studiert und konnte ausgezeichnet Russisch.

»Du hättest nicht so viel essen sollen«, sagte Kondratjew ärgerlich. »Vor allem nicht trinken. Du weißt doch selber, wie das ausgeht.«

»Alles in allem war's nur eine gebratene Ente, und die für zwei Personen«, erwiderte Below. »Und zwei Gläschen pro Mann. Ich konnte sie ihm unmöglich abschlagen, immerhin haben wir uns eine Ewigkeit nicht gesehen, und heute Nacht fliegt er ab. Wahrscheinlich ist er schon weg. Gerade mal zwei Gläser pro Mann ... Riecht man das wirklich?«

»Ja.«

So was Dummes, dachte Below. Er stülpte die Unterlippe vor, hauchte und schnupperte.

»Ich habe bloß Parfümgeruch in der Nase«, sagte er.

Trottel, dachte Kondratjew, und Akiko sagte schuldbewusst: »Ich wusste nicht, dass es unerwünscht ist. Sonst hätte ich es natürlich weggelassen.«

»Parfüm ist ungefährlich«, erklärte Below. »Im Gegenteil: Es ist sehr angenehm.«

Ich hätte ihn dalassen sollen, dachte Kondratjew. Im gleichen Augenblick stieß Below mit dem Kopf gegen den Lukenverschluss und stöhnte vor Schmerz auf.

»Ist was?«, fragte Kondratjew.

Below seufzte nur, wechselte in den Schneidersitz und tastete mit einer Hand nach dem Lukenverschluss; er fühlte sich kalt an und hatte scharfe Kanten. Dann zog er den schweren Deckel fester an die Luke heran. Oberhalb des Deckels war Wasser. Eine hundert Meter dicke Schicht Wasser.

»He, Kondratjew«, sagte Below.

»Ja?«

»Warum fahren wir eigentlich unter Wasser? Lass uns auftauchen und die Luke öffnen. Dann haben wir wenigstens frische Luft.«

»Aber auch Windstärke fünf«, erwiderte Kondratjew.

Da hat er recht, dachte Below. Windstärke fünf brächte uns ganz schön ins Schlingern, mit Kübeln würde es in die offene Luke schütten. Trotzdem sind hundert Meter Wasser über dem Kopf nicht gerade angenehm. Bald werden wir auf Tiefe gehen, und dann sind es zweihundert, dreihundert, fünfhundert Meter. Möglicherweise tauchen wir bis zu einem oder gar drei Kilometern hinunter. Ich hätte nicht mitkommen sollen, dachte er. Wäre ich nur auf der »Kunaschir« geblieben und hätte an meinem Artikel weitergeschrieben.

Wieder stukte eine Garnele gegen den Illuminator, und es gab die schon bekannte rosafarbene Mini-Explosion. Below starrte ins Dunkel, in dem für Bruchteile von Sekunden die Umrisse von Kondratjews kahlgeschorenem Kopf sichtbar wurden.

Dem Kommandanten sind solche Gedanken natürlich fremd, überlegte er. Der ist aus anderem Holz geschnitzt als wir. Erstens gehört er noch zur alten Garde und stammt aus dem vorigen Jahrhundert, zweitens hat er eiserne Nerven. Genauso eisern wie der dreimal verfluchte Lukenverschluss. Drittens sind ihm die unerforschten Geheimnisse der Tiefsee völlig egal. Er ist vollauf beschäftigt mit seinen Methoden, den Tierbestand im Ozean zu zählen, sowie mit den Schwankungen des Proteingehalts pro Hektar Planktonfeld. Er jagt hinter dem Räuber her, der die jungen Wale gerissen hat. Sechzehn Jungwale in einem Quartal, und ausgerechnet die besten. Sie waren der Stolz der Walzüchter im Stillen Ozean.

»Du, Kondratjew!«

»Ja?«

»Sei doch nicht sauer.«

»Ich bin nicht sauer«, sagte Kondratjew verstimmt. »Wie kommst du darauf?«

»Mir kam es so vor. Wann gehen wir auf Tiefe?«

»Bald.«

Tuck … Tuck-tuck-tuck … Ein ganzer Garnelenschwarm – wie ein kleines Silvesterfeuerwerk. Below gähnte krampfhaft und schloss hastig den Mund. Genau das würde er jetzt machen: die ganze Zeit über den Mund zulassen.

»Akiko-san«, sagte er. »How do you feel?«

»Danke, gut«, erwiderte Akiko höflich.

Am Klang ihrer Stimme erkannte er, dass sie sich nicht umgedreht hatte. Auch sie ist wütend auf mich, dachte er. Das kommt daher, dass sie in Kondratjew verliebt ist. Er ist verstimmt, also ist sie es auch. Sie schaut zu ihm auf und nennt ihn nie anders als »Genosse Submarin-Master«. Sie verehrt ihn, himmelt ihn geradezu an. Bis über die Ohren ist sie in ihn verknallt, das wissen alle. Wahrscheinlich weiß es sogar Kondratjew, nur sie selbst hat es wohl noch nicht begriffen. Armes Mädchen, da hat sie ausgesprochenes Pech. An einen Mann wie Kondratjew zu geraten, mit seinen eisernen Nerven, stahlharten Muskeln und einem Gesicht wie aus Bronze gegossen. Kondratjew ist ein Monumentalmensch. Ein Buddha. Ein Denkmal seiner selbst und seines Jahrhunderts: der gesamten heldenhaften Vergangenheit …

Um zwei Uhr nachts schaltete Kondratjew das Licht ein und holte die Karte hervor. Die Submarine hing mittig über einer Senke, die sich achtzig Meilen südwestlich des Begleitschiffs »Kunaschir« befand. Kondratjew schnipste mit dem Nagel zerstreut über die Karte und erklärte: »Wir gehen jetzt auf Tiefe.«

»Na endlich«, brummte Below.

»Genosse Submarin-Master«, fragte Akiko. »Werden wir vertikal tauchen?«

»Das hier ist kein Bathyscaph«, erwiderte Kondratjew trocken. »Der Abstieg erfolgt spiralförmig.«

Er konnte sich selbst nicht erklären, warum er so förmlich geantwortet hatte. Vielleicht, weil er Akiko wieder vor sich sah. Er hatte geglaubt, ihr Äußeres genau in Erinnerung zu haben, doch nun stellte sich heraus, dass er ihr innerhalb dieser wenigen Stunden im Dunkeln Merkmale von Frauen zugeschrieben hatte, die ihm früher gefallen hatten, aber nicht die geringste Ähnlichkeit mit Akiko besaßen. Es waren Kolleginnen gewesen oder Schauspielerinnen. Bei Licht verflüchtigten sich diese Merkmale nun; das Mädchen erschien ihm zierlicher, eckiger und dunkelhäutiger als in seiner Vorstellung, und sie erinnerte ihn an einen halbwüchsigen Knaben. Sie saß friedlich neben ihm, hielt die Augen gesenkt und die Hände auf den bloßen Knien. Merkwürdig, dachte Kondratjew, mir ist noch nie aufgefallen, dass sie Parfüm trägt.

Er schaltete das Licht aus und setzte zum Abstieg an. Der Bug der Submarine neigte sich stark nach vorn, und Below stemmte sich mit den Knien gegen die Rückenlehne des Kommandantensessels. Nun konnte er über Kondratjews Schulter hinweg die Leuchtskalen und am oberen Teil des Pults den Schirm des Ultraschalllokators sehen. Immer wieder flammten auf dem Bildschirm für Bruchteile von Sekunden zitternde Lichtpunkte auf und verloschen sogleich: Es handelte sich offenbar um Tiefseefische, die freilich noch zu weit entfernt waren, als dass man sie hätte genauer erkennen können. Below sah erneut zu den Skalen hinüber und suchte den Tiefenmesser. Das Bathymeter befand sich ganz links außen. Der rote Pfeil näherte sich langsam der 200. Schon bald würde er ebenso langsam auf die 300 und dann auf die 400 zusteuern … Unter ihnen befand sich ein Abgrund von drei Kilometern Tiefe; die Submarine selbst war nichts als ein winziges Tröpfchen in den unvorstellbaren Wassermassen des Ozeans. Below hatte plötzlich das Gefühl, nicht mehr richtig atmen zu können. Die Dunkelheit in der Kabine war jetzt ebenso undurchdringlich und mitleidlos wie das salzige Wasser außenbords. Es geht los, dachte Below … Er holte tief Luft und versuchte, sie möglichst lange in der Lunge zu behalten. Dann kniff er die Augen zu, krallte sich mit beiden Händen in die Rückenlehne des Sessels und begann im Geist vor sich hin zu zählen. Erst als vor seinen geschlossenen Augen bunte Flecken tanzten, stieß er die Luft geräuschvoll aus und fuhr sich mit der Hand über die Stirn. Sie war schweißnass.

Der rote Pfeil hatte die Zweihundertmetermarke erreicht. Im Dunkeln sah das sehr hübsch, aber auch unheilverkündend aus: der rote Strich über den grünlich leuchtenden Zahlen, rubinroter Pfeil und smaragdgrüne Ziffern: 200, 300 … 1000 … 3000 … 5000 … Völlig unbegreiflich, wieso ich ausgerechnet Ozeanologe geworden bin, überlegte Below. Ich hätte lieber Metallarbeiter oder Gärtner werden sollen. Ausgesprochen dumm von mir. Auf hundert Menschen gibt es nur einen, der tiefenkrank wird, und dieser eine bin ich, ein Ozeanologe, der an seinem Beruf hängt, weil er sich so gern mit Kopffüßern befasst. Ich bin geradezu verrückt nach diesen Cephalopoden, der Teufel soll sie holen. Weshalb interessiere ich mich nicht für andere Tiere, beispielsweise für Kaninchen? Oder für Regenwürmer, fette Regenwürmer in nasser Erde unter sengender Sonne. Da gäbe es weder Dunkelheit noch die Angst vor diesem Salzwasserschaukeln. Nur Erde gäbe es und Sonne … Dann sagte er laut: »Du, Kondratjew …«

»Ja?«

»Hättest du Lust, dich mit Regenwürmern zu befassen?«

Kondratjew bückte sich und tastete mit der Hand ins Dunkel. Ein metallisches Klicken ertönte, und ein Strahl eiskalten Sauerstoffs traf Below mitten ins Gesicht. Der Praktikant atmete ihn gierig ein, gähnte dabei krampfhaft und verschluckte sich.

»Es reicht«, sagte er. »Vielen Dank.«

Kondratjew schaltete den Sauerstoff ab. Die Regenwürmer waren ihm gleichgültig. Inzwischen hatte der rote Pfeil die 300 hinter sich gelassen, und Below begann erneut: »Du, Kondratjew ...«

»Ja?«

»Bist du sicher, dass es ein Kalmar war?«

»Wovon sprichst du?«

»Na, dass es ein Kalmar war, der die Wale gerissen hat?«

»Höchstwahrscheinlich, ja.«

»Und wenn es nun doch Schwertwale waren?«

»Auch möglich.«

»Oder ein Pottwal?«

»Vielleicht auch ein Pottwal. Obwohl der nur weibliche Tiere angreift, von denen es in dem Schwarm ja genügend gab. Und der Schwertwal fällt ausschließlich über Tiere her, die einzeln schwimmen.«

»Es war bestimmt ein Oo-ika«, ließ sich Akiko leise vernehmen.

Der Oo-ika war ein gigantischer Tiefseekalmar, blutrünstig und blitzschnell in seinen Bewegungen, mit einem mächtigen, geschmeidigen Körper, zehn kräftigen Fangarmen und grausamen, intelligenten Augen. Er fiel den Wal von unten her an und biss ihm in Sekundenschnelle die Eingeweide durch. Dann ließ er sich mit dem Kadaver langsam auf den Grund sinken, und kein Hai, war er auch noch so hungrig, wagte es, sich ihm zu nähern. Unten grub sich der Kalmar in den Schlamm ein und begann mit seinem Mahl. Begegnete er einer Submarine vom Meeresschutz, so wich er nicht etwa zurück, sondern nahm den Kampf auf – umringt von Haien, die nur darauf warteten, sich auf Fleischklumpen aus seinem Körper zu stürzen. Das Fleisch des Riesenkalmars war zäh wie Gummi, doch das störte die Haie nicht.

»Tja«, sagte Below. »Wahrscheinlich war's ein Kalmar.«

»Sicher sogar«, stimmte Kondratjew zu, dachte aber: Ist doch völlig gleichgültig, um was für ein Biest es sich handelt. In solchen Senken kann sich noch ganz anderes Vieh herumtreiben. Man muss es aufspüren und vernichten, sonst kriegen wir keine Ruhe. Wo es sich schon über die Wale hermacht. Doch würde ich jetzt auf so ein Biest stoßen, hätte ich sofort die beiden Praktikanten am Hals. Sie würden das unbekannte Tier unbedingt untersuchen wollen. Praktikanten begreifen einfach nicht den Unterschied zwischen einer Submarine, die ihre Arbeit verrichten muss, und einem Bathyscaph, der Forschungszwecken dient.

Vierhundert Meter …

In der Kabine war es jetzt sehr stickig, die Ionisatoren schafften es nicht mehr. Kondratjew hörte, wie schwer Below hinter ihm atmete. Dafür gab Akiko überhaupt keinen Laut von sich, man hätte meinen können, sie sei nicht vorhanden. Der Kommandant gab nochmals Sauerstoff. Ein Blick auf den Kompass sagte ihm, dass eine kräftige Strömung die Submarine vom Kurs abtrieb.

»Below«, sagte Kondratjew. »Halte fest: Warmströmung, Tiefe vierhundert Meter, Richtung Südsüdwest, Geschwindigkeit zwei Meter pro Sekunde.«

Below rastete die Taste des Tonbands ein und ließ ein schwaches Murmeln hören.

»Fast ein Golfstrom«, stellte Kondratjew fest. »Ein Golfstrom im Kleinen.«

»Temperatur?«, erkundigte sich Below matt.

»Vierundzwanzig Grad.«

»Seltsame Temperatur«, warf Akiko schüchtern ein. »Sehr ungewöhnlich.«

»Wenn sich unter uns ein Vulkan befindet«, stöhnte Below, »kann es heiter werden. Have you ever tasted eine Fischsuppe aus Kalmaren, Akiko-san?«

»Achtung«, warnte Kondratjew. »Ich führe uns jetzt aus der Strömung heraus, halten Sie sich fest!«

»Das ist leicht gesagt«, brummte Below.

»In Ordnung, Genosse Submarin-Master«, erwiderte Akiko.

Um ein Haar hätte Kondratjew gesagt, sie könne sich ruhig an ihm festhalten, doch er genierte sich. Er neigte das Boot scharf nach links und kippte es dann senkrecht nach unten. »Ach du Elend«, sagte Below und ließ das Tonband los, das dem Kommandanten sogleich in den Nacken fiel. Bald spürte Kondratjew, wie sich Akikos Finger an seiner Schulter festkrallten, kurz darauf aber wieder abrutschten.

»Fassen Sie mich fest um die Schultern«, sagte er im Befehlston.

Doch ihre Finger glitten erneut ab, und das Mädchen wäre fast mit dem Gesicht auf den Rand des Pults geschlagen. Er konnte gerade noch den Arm dazwischenschieben, sodass sie nur gegen seinen Ellbogen stieß.

»Entschuldigen Sie bitte«, bat sie.

»Nicht so schnell«, stöhnte Below. »Nicht so schnell, Kondratjew!«

Er hatte das Gefühl, in einem herabstürzenden Fahrstuhl zu sitzen. Kondratjew nahm die Hand vom Pult und tastete nach rechts. Als er die duftenden Haare Akikos berührte, fragte er: »Haben Sie sich weh getan?«

»Nein, vielen Dank.«

Er bückte sich, griff ihr unter die Arme und half ihr auf.

»Vielen Dank«, wiederholte sie. »Danke … Ich schaff es schon selbst …«

Er ließ sie los und warf einen Blick auf den Tiefenmesser. Sechshundertfünfzig Meter … sechshundertfünfundfünfzig … sechshundertsechzig.

»Nimm doch um Himmels willen etwas Tempo weg, Kondratjew«, bat Below mit erstickter Stimme. »Es reicht.«

Sie waren jetzt auf sechshundertachtzig Meter. Kondratjew brachte die Submarine wieder in horizontale Lage. Below schluckte laut und ließ die Sessellehne los.

»Überstanden«, verkündete Kondratjew und machte Licht.

Akiko hatte die Hand auf ihre Nase gelegt; über ihre Wangen flossen Tränen.

»Ich habe Funken gesehen«, murmelte sie und lächelte mühsam.

»Entschuldigen Sie bitte, Akiko-san«, sagte Kondratjew.

Er fühlte sich nicht ganz wohl in seiner Haut. Zu einer solchen Sturzfahrt hatte eigentlich keine Veranlassung bestanden; er hatte bloß keine Lust gehabt, diese endlosen Spiralen zu drehen. Er wischte sich den Schweiß von der Stirn und sah sich zu Below um.

Der saß zusammengekrümmt da mit bloßem Oberkörper und presste das zusammengeknüllte Hemd vor den Mund. Sein Gesicht war klatschnass und fahl, die Augen blutunterlaufen.

»Das kommt von der Bratente«, bemerkte Kondratjew. »Merk dir das, Below.«

»In Ordnung, aber jetzt gib mir Sauerstoff.«

»Das geht nicht, es könnte zu einer Vergiftung kommen.«

Kondratjew hätte gern noch eine Bemerkung wegen der Gläschen gemacht, hielt sich aber zurück und schaltete das Licht aus. Die Submarine bewegte sich nun wieder spiralförmig. Niemand sagte etwas, auch Below nicht. Siebenhundert Meter, siebenhundertfünfzig, achthundert …

»Da ist er«, flüsterte Akiko.

Über den Bildschirm glitt gemächlich ein schmaler, verschwommener Fleck. Das Tier war noch zu weit entfernt, als dass man es hätte erkennen können. Es konnte ein Kalmar sein, ein Pottwal, ein verirrter Jungwal, ebenso gut aber auch ein Riesenhai oder ein ihnen unbekanntes Tier. In diesen Tiefen gab es viele Lebewesen, von denen der Mensch bisher gar nichts oder nur wenig wusste. Der Meeresschutz besaß Informationen über gigantische Schildkröten mit langen Hälsen und Schwänzen, über Drachen und Tiefseespinnen, die irgendwo in den Klüften südlich der Bonin-Inseln nisteten, und über das »Ozeangeschmeiß«: kleine Raubfische, die in Schwärmen zu Tausenden und Abertausenden anderthalb bis zwei Kilometer tief dahinzogen und alles vernichteten, was ihnen in den Weg kam. Bisher hatte noch keine Möglichkeit, aber auch keine direkte Veranlassung bestanden, all diese Informationen zu überprüfen.

Kondratjew wendete die Submarine vorsichtig, um das Tier nicht aus dem Blickfeld zu verlieren.

»Geh näher ran«, bat Below. »Ein Stückchen näher noch!«

Er atmete Kondratjew laut ins Ohr. Die Submarine ging langsam auf Nähe.

Kondratjew schaltete das Visier ein, und auf dem Bildschirm flammte ein helles Fadenkreuz auf. Der schmale Fleck bewegte sich seitlich davon.

»Warte noch, Kondratjew«, bat Below. »Nicht so schnell.«

Kondratjew wurde ärgerlich. Er bückte sich, kramte irgendwo zu seinen Füßen das Tonband hervor und reichte es über die Schulter ruckartig in die Dunkelheit hinein.

»Was ist los?«, fragte Below verdrossen.

»Hier, das Tonband«, sagte Kondratjew. »Halt fest: Tiefe – achthundert. Ziel anvisiert.«

»Das schaffen wir allemal.«

»Geben Sie's mir«, bat Akiko.

»Beg your pardon.« Below hüstelte. »Dass du ja nicht auf ihn schießt, Kondratjew! Zuerst müssen wir ihn uns anschauen.«

»Na, dann schau«, erwiderte der Kommandant.

Die Entfernung zwischen Tier und Submarine verringerte sich. Jetzt bestand kein Zweifel mehr, dass es sich um einen Riesenkalmar handelte. Wären nicht die Praktikanten gewesen, Kondratjew hätte keinen Augenblick gezögert; das durfte ein Mitarbeiter des Meeresschutzes nicht, denn kein Tiefseebewohner hatte der Walaufzucht solche Verluste zugefügt wie der Riesenkalmar. Die Besatzungen sämtlicher Submarinen hatten Order, das Tier unverzüglich zu vernichten. Sobald der Tintenfisch im Zentrum des Fadenkreuzes lag, wurden die Torpedos losgeschickt, für gewöhnlich zwei, manchmal aber auch drei, der Sicherheit halber. Die Torpedos bewegten sich auf dem Ultraschall-Leitstrahl und explodierten unmittelbar neben dem Zielobjekt. Auf das Donnern hin kamen im Nu von allen Seiten Haie angeschwommen.

Kondratjew nahm mit Bedauern den Finger vom Abzugshahn.

»Schau nur«, wiederholte er, an Below gewandt.

Vorerst war allerdings nicht das Geringste zu erkennen. Selbst im klarsten Meerwasser bestand bestenfalls eine Sicht von fünfundzwanzig bis dreißig Metern. Nur der Ultraschalllokator gestattete, Zielobjekte auf eine Entfernung bis zu einem halben Kilometer auszumachen.

»Schneller«, forderte Below aufgeregt.

»Nicht so hitzig«, erwiderte Kondratjew.

Die Submarinen vom Meeresschutz hatten die Aufgabe, die Planktonkolonien vor den Walen und die Wale vor den Raubfischen zu schützen. Für Forschungszwecke waren sie hingegen nicht geeignet, da sie zu viel Lärm machten. Zog es ein Kalmar vor, der Begegnung mit einer Submarine aus dem Weg zu gehen, verschwand er, noch bevor der Kommandant die Projektoren eingeschaltet und ihn ins Blickfeld genommen hatte. Ihn zu verfolgen war ein unsinniges Unterfangen: Die gigantischen Kopffüßer entwickelten eine Geschwindigkeit, die dreimal höher lag als die des schnellsten Schutzfahrzeugs. Kondratjew baute allein auf die erstaunliche Furchtlosigkeit und Angriffslust des Kalmars, die ihn bisweilen dazu bewog, sich in einen Kampf mit den blutrünstigen Pottwalen oder einem ganzen Schwarm von Schwertwalen einzulassen.

»Sei ganz vorsichtig«, bat Below überaus freundlich.

»Noch Sauerstoff?«, fragte Kondratjew wütend.

Akiko fasste ihn sacht bei der Schulter. Sie stand schon ein Weilchen über den Bildschirm gebeugt da, und ihre Haare kitzelten Kondratjew an Ohr und Wange.

»Er sieht uns«, sagte sie.

»Nicht schießen!«, rief Below.

Der Fleck auf dem Bildschirm – er war jetzt groß und nahezu rund – glitt ziemlich schnell nach unten. Kondratjew lächelte zufrieden. Der Kalmar begab sich unter die Submarine, nahm also eine Angriffsposition ein. Er dachte gar nicht daran zu entwischen, forderte den Kampf vielmehr selbst.

»Lass ihn nicht weg«, flüsterte Below.

»Er wird entkommen«, befürchtete Akiko.

Die Praktikanten durchschauten das Manöver des Kalmars nicht. Kondratjew senkte den Bug der Submarine, und erneut tauchte der Kalmar im Fadenkreuz auf. Eine Bewegung am Abzugshahn, und schon flögen die Fetzen.

»Nicht schießen«, bat Below abermals. »Bitte nicht schießen!«

Keine Spur mehr von Tiefenkrankheit, dachte Kondratjew. Laut aber sagte er: »Der Kalmar wird sich jetzt gleich unter uns befinden. Achtung, ich gehe in die Vertikale!«

»In Ordnung, Genosse Submarin-Master«, sagte Akiko.

Below machte sich wortlos daran, eine geeignete Haltung zu finden. Das Boot begann sich langsam zu drehen. Der Fleck auf dem Bildschirm wurde größer und nahm die Umrisse eines vielzackigen leuchtenden Sterns an. Die Submarine hing unbeweglich, mit dem Bug nach unten, im Wasser.

Das seltsame Gebaren des von ihm anvisierten Opfers verblüffte den Kalmar offensichtlich. Doch er zögerte nur wenige Sekunden, bevor er zur Attacke ansetzte. Blitzschnell und selbstsicher, so wie er es wohl schon viele Tausend Mal in seinem langen Leben getan hatte.

Der Fleck auf dem Bildschirm wuchs und füllte schließlich die ganze Fläche.

Nun schaltete Kondratjew sämtliche Scheinwerfer auf einmal ein: zwei zu beiden Seiten der Luke und einen auf der Unterseite des Bootes. Das Licht war sehr grell; das durchsichtige Wasser schien jetzt grünlich gelb. Akiko seufzte kurz auf, und Kondratjew warf ihr einen kurzen Blick von der Seite zu. Sie hockte oberhalb des Illuminators und hielt sich mit einer Hand am Pultrand fest. Dabei kam eins ihrer nackten, zerkratzten Knie zum Vorschein.

»Sehen Sie nur«, krächzte Below. »Dort ist er! Schauen Sie doch!«

Zunächst war keinerlei Bewegung in dem phosphoreszierenden Dunkel hinter dem Bullauge zu erkennen. Dann aber tauchten flüchtig verschwommene Schatten auf. Ein langgezogenes geschmeidiges Etwas schoss hervor, und Sekunden später hatten sie den Kalmar im Blickfeld. Genauer: einen riesigen, hellen Körper mit zwei starren Augen am unteren Ende, unter denen sich, gigantischen Schnurrbartenden gleich, zwei Bündel kräftiger, sich windender Fangarme befanden. Das alles bewegte sich in Sekundenschnelle auf den Illuminator zu und verdeckte das Licht der Scheinwerfer. Die Submarine bekam einen starken Stoß, und man vernahm ein widerliches Schaben an der Verschalung, so als kratze ein Messer über Glas.

»Das war's«, sagte Kondratjew. »Habt ihr euch sattgesehen?«

»Wie groß er ist!«, rief Below entzückt. »Haben Sie das gesehen, Akiko-san?«

»Ja«, meinte Akiko. »Ein echter Riesenkalmar.«

»Noch nirgends habe ich von einem so großen Exemplar gelesen«, fuhr Below fort. »Ich schätze die Entfernung zwischen seinen Augen auf reichlich zwei Meter. Was meinst du, Kondratjew?«

»Könnte stimmen.«

»Und Sie, Akiko-san?«

»Anderthalb bis zwei Meter«, antwortete das Mädchen nach kurzem Zögern.

»Wenn man von den üblichen Proportionen ausgeht, so ergibt das eine Körperlänge von …«, Below murmelte vor sich hin und nahm die Finger beim Rechnen zu Hilfe, »von mindestens dreißig Metern und ein Gewicht von …«

»Also habt ihr euch nun endlich sattgesehen?«, unterbrach ihn Kondratjew ungeduldig.

»Aber nein, so warte doch noch einen Augenblick«, bat Below. »Wir müssten versuchen, Distanz zu gewinnen, damit wir ihn in voller Größe fotografieren können.«

Die Submarine bekam erneut einen Stoß versetzt, und wieder schabten die hornigen Kiefer hässlich knirschend über das Metall.

»Das ist kein Wal, mein Lieber«, brummte Kondratjew mit einer gewissen Genugtuung in der Stimme und fügte hinzu: »Freiwillig lässt der nicht mehr von uns ab. Mindestens zwei Stunden lang wird er uns jetzt attackieren. Ich werde ihn abschütteln und unter den Heißwasserstrahl der Turbinen bringen. Dann wenden wir schnell, fotografieren ihn und erledigen ihn, einverstanden?«

Die Submarine wurde immer heftiger hin und her geschüttelt. Offenbar war der Kalmar wütend und versuchte, das Tauchboot auseinanderzubrechen. Für wenige Augenblicke wurde einer seiner Fangarme im Bullauge sichtbar – ein lilafarbener, darmähnlicher Sack, dick wie ein Telegrafenmast und mit einer Reihe von Saugnäpfen versehen, die sich gierig vorstreckten. Schwarze Haken ragten aus den Saugnäpfen hervor und fuhren knirschend über das Glas des Bullauges.

»Ist das ein Prachtstück«, murmelte Below hingerissen. »Hör mal, Kondratjew, könnten wir ihn nicht mit nach oben nehmen?«

Der Kommandant warf den Kopf zurück und sah Below stirnrunzelnd von unten herauf an.

»Ihn mit nach oben nehmen?«, wiederholte er die Frage. »Na ja … Er lässt uns jetzt ohnehin nicht mehr in Frieden. Wie schwer, sagst du, ist er?«

»An die siebzig Tonnen«, antwortete Below zögernd.

Kondratjew stieß einen Pfiff aus und wandte sich wieder seinem Pult zu.

»An der Luft, meine ich«, fügte Below hastig hinzu. »Im Wasser …«

»Trotzdem nicht weniger als zehn Tonnen«, meint Kondratjew. »Das schaffen wir nicht. Also dann Achtung, wir wenden.«

Akiko ging eilig in die Hocke und starrte unverwandt ins Bullauge. Sie fürchtete, etwas Interessantes zu verpassen. Wären nicht die Praktikanten, dachte Kondratjew, ich hätte dieses Miststück längst zur Strecke gebracht und mich auf die Suche nach seinen lieben Verwandten gemacht. Er hegte keinen Zweifel daran, dass sich irgendwo auf dem Grund der Senke Kinder, Enkel und Urenkel des Ungeheuers verbargen – die potenziellen, wenn nicht schon aktiven Räuber auf den Wandertrassen der Wale.

Die Submarine hatte nun wieder die horizontale Lage eingenommen.

»Schwül ist das hier«, brummte Below.

»Festhalten«, rief Kondratjew. »Seid ihr so weit? Es geht los!«

Er drückte den Fahrthebel bis zum Anschlag durch und schoss im schnellsten Gang, mit dreißig Knoten, davon. Durchdringend jaulten die Turbinen auf. Kondratjew vernahm einen Aufprall hinter sich, dann ein unterdrücktes Stöhnen. Armer Below, dachte er. Dann drosselte er das Tempo und betätigte die Steuerung. Die Submarine kehrte in einem Halbkreis zum Kalmar zurück.

»Nun schaut ihn euch an«, sagte Kondratjew.

Das Tier schwebte etwa zwanzig Meter vom Bug des Bootes entfernt – sehr fahl, merkwürdig platt, mit schlaff herabhängenden, gekrümmten Fangarmen und ebenso schlaffem Leib. Es glich einer Spinne, die man mit einem Streichholz verbrannt hatte. Seine Augen waren seitlich nach unten gerichtet, man hätte meinen können, es denke angestrengt nach. Noch nie zuvor hatte Kondratjew einen lebenden Kalmar aus solcher Nähe gesehen und betrachtete ihn ebenso neugierig wie voll Widerwillen. Es war tatsächlich ein ungewöhnlich großes Exemplar. Vielleicht eines der größten. Im Augenblick freilich ließ nichts an ihm auf den mächtigen, furchterregenden Räuber schließen. Sein Anblick erinnerte Kondratjew unwillkürlich an einen Haufen Walinnereien, die zum Weichen in riesige Bottiche gelegt worden waren, so wie er das schon oft im Walverarbeitungskombinat von Petropawlowsk gesehen hatte.

Es vergingen einige Minuten. Below lag bäuchlings auf Kondratjews Schultern und drückte auf den Auslöser der Kamera. Akiko sprach leise auf Tonband, offenbar auf Japanisch, und wandte keinen Blick von dem Tier. Kondratjew hatte schon einen ganz steifen Hals; er befürchtete, der Kalmar könne zu sich kommen und dann entwischen oder aber das Boot erneut attackieren, sodass sie das ganze Manöver wiederholen müssten.

»Seid ihr denn nicht bald fertig?«, fragte er.

»Sehr«, gab Below heiser und nicht gerade passend zur Antwort.

Der Kalmar kam nun wieder zu sich. Durch seine Fangarme lief ein krampfartiges Zittern; die riesigen, fußballgroßen Augen begannen in ihren Höhlen zu rollen und starrten dann ins Scheinwerferlicht. Schon strafften sich die Arme, krümmten sich, und die schwach violette Haut nahm eine dunkle Färbung an. Noch war er vom kochenden Wasserstrahl halb betäubt, doch der Kalmar rüstete sich bereits zum neuen Sprung. Er wich nicht zurück und dachte gar nicht daran, das Weite zu suchen.

»Na?«, drängte Kondratjew.

»In Ordnung«, murmelte Below unzufrieden. »Fang an.«

»Klettere erst mal von mir herunter«, forderte Kondratjew. Below gehorchte, nur das Kinn streckte er noch über Kondratjews rechte Schulter.

Seine Tiefenkrankheit scheint er ganz vergessen zu haben, dachte der Kommandant. Er sah auf den Bildschirm, dann legte er den Finger an den Abzugshahn.

»Wir sind allzu nah dran«, sagte er. »Aber das hilft nun nichts. Achtung, Feuer!«

Die Submarine ruckte.

»Feuer!«

Die Submarine ruckte abermals. Als vor seinen Augen die beiden Pyroxilintorpedos explodierten, versuchte der Kalmar, die Fangarme zu öffnen. Zweimal wirbelte unter gewaltigem Grollen das trübe Wasser auf. Eine schwarze Wolke hüllte den Kalmar ein; die Submarine wurde von der Wucht der Detonationen aufs Heck geschleudert, kippte nach links und begann auf der Stelle zu tanzen.

Als der Wellenschlag nachgelassen hatte, fiel das Licht der Scheinwerfer auf eine zappelnde, graubraune Masse, von der formlose Klumpen sich drehend und dampfend niedersanken. Einige vollführten noch letzte Zuckungen, warfen undeutliche Schatten im gelbgrünen Wasser, ehe sie in der Finsternis verschwanden. Auf dem Bildschirm des Lokators tauchten nun nacheinander vier, fünf, sieben Punkte auf, die sich ungeduldig, lauernd bewegten. »Die Haie sind auch wieder zur Stelle«, meldete Kondratjew.

»Scheußliche Tiere«, meinte Below mit belegter Stimme. »Um den Kalmar aber ist es wirklich schade … Ein solches Prachtexemplar! Ein richtiger Barbar bist du, Kondratjew … Und wenn es nun ein vernunftbegabtes Tier war?«

Kondratjew gab keine Antwort und schaltete das Licht ein. Akiko saß da, an die Wand gelehnt, den Kopf auf die Schulter geneigt. Sie hielt die Augen geschlossen, ihr Mund war halb offen. Stirn, Wangen, Hals, die nackten Arme und Beine glänzten von Schweiß. Das Tonband lag zu ihren Füßen. Kondratjew hob es auf. Das Mädchen öffnete die Augen und lächelte verlegen.

»Wir fahren jetzt zurück«, kündigte Kondratjew an. Und bei sich fügte er hinzu: Nächste Nacht tauche ich noch einmal und mache auch den anderen den Garaus.

»Es ist so stickig hier, Genosse Submarin-Master«, sagte Akiko.

»Kunststück«, versetzte Kondratjew ärgerlich. »Bei Kognak und Parfüm …«

Akiko sah zu Boden.

»Macht nichts«, sagte Kondratjew versöhnlich. »Jetzt machen wir uns auf den Heimweg. – Below!«

Der Praktikant gab keine Antwort. Kondratjew drehte sich zu ihm um und sah, dass sich Below mit erhobenen Armen am Lukenverschluss zu schaffen machte.

»Was tust du da?«, erkundigte sich Kondratjew ruhig.

Below wandte ihm sein aschfahles Gesicht zu und sagte: »Es ist so schwül hier, wir müssen die Luke öffnen.«

Kondratjew gab ihm einen Fausthieb vor die Brust, und der Praktikant fiel wie ein Sack hintenüber; sein Kehlkopf ragte spitz aus dem Hals. Dann schaltete der Kommandant hastig den Sauerstoffhahn ein, erhob sich und kontrollierte, über Below gebeugt, den Lukenverschluss. Er war intakt. Kondratjew stieß einen Finger unter Belows Rippenbogen. Akiko verfolgte sein Tun aufmerksam.

»Genosse Below?«, rief sie.

»Das kommt alles von der Bratente«, erklärte Kondratjew ärgerlich. »Dazu noch die Tiefenkrankheit.«

Below stöhnte und setzte sich auf. Sein Blick glitt abwesend zu Kondratjew, dann zu Akiko, schließlich fragte er: »Was ist denn los?«

»Du hättest uns um ein Haar ersäuft, du Vielfraß«, gab Kondratjew zurück.

Der Kommandant brachte die Submarine in vertikale Lage und begann mit dem Aufstieg.

Es war vier Uhr früh. Die »Kunaschir« musste mittlerweile am Treffpunkt sein. In der Kabine war kaum noch Luft zum Atmen, freilich hatten sie die Sache auch bald hinter sich. Wenn Licht in der Kabine brannte, schienen der Pfeil des Bathymeters rosafarben und die Ziffern weiß zu sein. Sechshundert Meter … fünfhundertachtzig … fünfhundertfünfzig …

»Genosse Submarin-Master«, meldete sich Akiko, »darf ich etwas fragen?«

»Sie dürfen.«

»Es ist doch gewiss ein Erfolg, dass wir den Kalmar so schnell gefunden haben?«

»Er hat uns gefunden«, erwiderte Kondratjew. »Wahrscheinlich hat er uns an die zehn Kilometer weit verfolgt und beobachtet. Das ist typisch für die Kalmare.«

»Geht's nicht ein bisschen schneller, Kondratjew?«, stöhnte Below.

»Nein, du musst dich noch gedulden.«

Wieso macht es ihm gar nichts aus?, grübelte Below. Ist er etwa tatsächlich aus Eisen? Oder macht das die Gewohnheit? Großer Gott, endlich den Himmel sehen! Noch einmal den Himmel sehen, und ich schwöre: Ich gehe nie wieder auf Tiefsee-Erkundung. Hoffentlich sind die Fotos etwas geworden. Wie müde ich bin! Er dagegen ist nicht im Geringsten erschöpft. Sitzt da, die Beine oben, und es scheint ihm überhaupt nichts auszumachen. Während mir schon schlecht wird, wenn ich ihn bloß so sitzen sehe.

Dreihundert Meter.

»Hör mal, Kondratjew«, begann Below erneut. »Was wirst du morgen machen?«

»Morgen kommen Hien Tschol und Walzew mit ihren Submarinen, dann kämmen wir gegen Abend die Senke nach den übrigen Kalmaren durch.«

Morgen Abend wird er also erneut in diese Gruft hinabtauchen, und das sagt er noch in aller Ruhe, sogar mit einem gewissen Vergnügen.

»Und Sie, Akiko-san?«

»Ja, Genosse Below?«

»What are you going to do tomorrow?«

Kondratjew warf einen Blick auf das Bathymeter: zweihundert Meter. Akiko seufzte.

»Das weiß ich noch nicht«, antwortete sie.

Sie schwiegen. Schwiegen, bis die Submarine an die Oberfläche tauchte.

»Jetzt kannst du die Luke öffnen«, sagte Kondratjew.

Die Submarine tanzte leicht auf den Wellen.

Below hob die Arme, öffnete den Verschluss und stieß den Lukendeckel auf.

Das Wetter hatte sich gebessert. Es blies kein Wind mehr, und auch die Wolken waren verschwunden. Die Sterne waren klein und hell, am Himmel hing noch ein Rest Mond. Der Ozean warf träge ein paar kleinere, vom Mondlicht angestrahlte Wellen auf, die leise gegen den Lukenturm plätscherten.

Below kletterte als Erster hinaus, Akiko und Kondratjew folgten ihm.

»Ist das herrlich!«, freute sich Below.

»Ja, sehr schön!«, sagte auch Akiko.

Kondratjew bestätigte ebenfalls: »Einfach wunderbar ist das.«

»Erlauben Sie, dass ich ein Stück schwimme, Genosse Submarin-Master?«, fragte Akiko.

»Aber bitte«, gestattete Kondratjew höflich und wandte sich ab.

Akiko streifte ihre Sachen ab, legte die Kleidung auf den Lukenrand und steckte einen Fuß ins Wasser.

Ihr roter Badeanzug sah jetzt schwarz aus, Beine und Arme aber wirkten unnatürlich hell. Sie hob die Arme über den Kopf und glitt lautlos ins Wasser.

»Na, dann werde ich mich auch mal abkühlen«, sagte Below, zog sich aus und sprang ins Meer. Das Wasser war warm. Below schwamm zum Heck und sagte: »Es ist wirklich wunderbar. Du hast recht, Kondratjew.«

Dann erinnerte er sich plötzlich an den violetten Fangarm von der Stärke eines Telegrafenmastes und kletterte eilig auf die Submarine zurück. Als er die Luke erreichte, auf der Kondratjew saß, sagte er: »Das Wasser ist warm wie frisch gemolkene Milch. Spring doch auch mal rein.«

Solange sich Akiko im Wasser tummelte, saßen sie schweigend da. Der Kopf des Mädchens hob sich als schwarzer Punkt von den glitzernden Wellen ab.

»Morgen schießen wir sie alle ab«, sagte Kondratjew. »Alle, bis auf den letzten. Wir müssen uns beeilen, in einer Woche kommen die Wale.«

Below seufzte nur und gab keine Antwort. Akiko schwamm zurück und klammerte sich am Lukenrand fest. Sie nahm all ihren Mut zusammen und fragte: »Genosse Submarin-Master, darf ich morgen wieder mit Ihnen tauchen?«

»Natürlich dürfen Sie«, erwiderte Kondratjew langsam.

»Vielen Dank, Genosse Submarin-Master.«

Am südlichen Horizont flammte ein Scheinwerferstrahl auf und bohrte sich in den Himmel. Es war das Signal der »Kunaschir«.

»Na dann«, sagte Kondratjew und erhob sich. »Kommen Sie heraus, Akiko-san.«

Er nahm ihre Hand und zog sie leicht aus dem Wasser. Below verkündete finster: »Ich muss sehen, wie der Film geworden ist. Wenn die Fotos schlecht sind, komme ich ebenfalls mit.«

»Aber ohne Kognak«, warnte Kondratjew.

»Und ohne Parfüm«, fügte Akiko hinzu.

»Am besten werde ich wohl versuchen, zu Hien Tschol überzuwechseln«, schlug Below vor. »Zu dritt ist es hier an Bord zu eng.«

Kerzen vor dem Pult

Um Mitternacht begann es zu regnen. Die Straße wurde glitschig, und Swanzew drosselte das Tempo. Es war ungewöhnlich dunkel und unbehaglich; die Lichter der Stadt lagen hinter den schwarzen Hügeln verborgen, und Swanzew hatte den Eindruck, durch eine Wüste zu fahren. Vor ihm auf dem rauen, nassen Asphalt tanzten die hellen Punkte der Scheinwerfer. Nicht ein einziger Wagen kam ihnen entgegen; dem letzten waren sie vor der Abzweigung zum Institut begegnet. Ungefähr einen Kilometer vor dieser Abzweigung waren sie durch eine kleine Siedlung gefahren, und Swanzew hatte sich gewundert, ungeachtet der vorgerückten Stunde fast alle Fenster erleuchtet zu sehen. Die Veranda des großen Cafés, das direkt an der Straße lag, war voller Menschen gewesen. Doch Swanzew war es so vorgekommen, als hätten die Menschen geschwiegen und auf irgendetwas gewartet.

Akiko hatte sich umgeblickt und gesagt: »Sie schauen uns hinterher.«

Swanzew hatte keine Antwort gegeben.

»Wahrscheinlich halten sie uns für Ärzte«, hatte Akiko hinzugefügt, und Swanzev hatte ihr beigepflichtet.

Das war die letzte erleuchtete Siedlung auf ihrem Weg gewesen. Hinter der Abzweigung hatte die nasse Finsternis begonnen.

»Irgendwo hier in der Nähe muss ein Betrieb für Haushaltsartikel sein«, meinte Swanzew. »Hast du sie gesehen?«

»Nein.«

»Du siehst nie etwas.«

»Sie sitzen hinter dem Steuer. Lassen Sie mich fahren, dann werde ich auf alles achten.«

»Lieber nicht«, entgegnete Swanzew.

Er bremste scharf, der Wagen geriet ins Schleudern und glitt mit quietschenden Reifen ein Stück seitwärts über den Asphalt.

Die Scheinwerfer strahlten einen Mast an, auf dem ein Wegweiser angebracht war. Signallichter fehlten, und die Aufschrift auf der Tafel war ziemlich verblichen: »Nowosibirsker Institut für Biologische Codierung – 21 km«. Unterhalb des Wegweisers befand sich eine krumme Sperrholzplatte, auf der in krakeligen Buchstaben geschrieben stand: »Achtung! Sämtliche Neutralisatoren einschalten! Geschwindigkeit verringern! Sie nähern sich dem Kontrollpunkt!« Dasselbe auf Französisch und Englisch. Die Buchstaben waren groß und schwärzlich verwischt.

»Sieh einer an«, murmelte Swanzew und machte sich unterhalb des Lenkrads zu schaffen, um die Neutralisatoren einzuschalten.

»Was denn für ein Kontrollpunkt?«, wunderte sich Akiko.

»Keine Ahnung«, erwiderte Swanzew. »Nur eins ist mir klar: Du wärst besser zu Hause geblieben.«

»Auf keinen Fall«, widersprach Akiko.

Als sich der Wagen erneut in Bewegung setzte, fragte sie vorsichtig: »Sie meinen, man wird uns nicht durchlassen?«

»*Dich* werden sie nicht durchlassen.«

»Dann warte ich eben«, erwiderte Akiko gelassen.

Das Auto glitt langsam und lautlos über die Chaussee. Swanzew, den Blick nach vorn gerichtet, sagte: »Lieber wär's mir schon, wenn sie dich passieren ließen.«

»Mir auch«, gestand Akiko. »Ich würde mich sehr gerne von ihm verabschieden …«

Swanzew sah schweigend auf die Straße.

»In der letzten Zeit haben wir uns selten gesehen«, fuhr Akiko fort. »Ich habe ihn sehr gern, und es gibt wohl niemanden, der ihm das Wasser reichen könnte. Nicht mal an meinem Vater habe ich so gehangen wie an ihm. Ich habe sogar geweint …«

Sie hat geweint, dachte Swanzew, und erinnerte sich: Als Kondratjew und ich ihn damals zum Hubschrauber brachten, war der Ozean bläulich schwarz. Der Himmel hatte strahlend blau geleuchtet, sein Gesicht war aufgedunsen und gleichfalls blau verfärbt gewesen. Unter unseren Füßen hatte der glühendheiße Korallensand geknirscht; das Laufen war ihm schwergefallen, und zuweilen hatte er geradezu in unseren Armen gehangen. Doch er hatte um keinen Preis zulassen wollen, dass wir ihn trugen. Seine Augen waren geschlossen gewesen, und von Zeit zu Zeit hatte er schuldbewusst gemurmelt: »Gokuro-sama, gokuro-sama …« Hinter uns und zu beiden Seiten waren schweigend die Ozeanologen gegangen. Akiko hingegen war nicht von Sergejs Seite gewichen, hatte den zerfransten weißen Hut, den jedermann an der Küste kannte, wie ein Tablett in den Händen gehalten und bitterlich geschluchzt. Es war der erste und schlimmste Anfall gewesen seinerzeit, vor sechs Jahren, auf der kleinen namenlosen Insel fünfzehn Meilen westlich vom Oktopus-Riff …

»Zwanzig Jahre kenne ich ihn nun schon. Seit meiner Kindheit. Mir liegt wirklich viel daran, mich von ihm zu verabschieden.«

Aus dem nassen Dunkel tauchte für wenige Augenblicke das bogenförmige Gitter der Mikrowetteranlage auf. Auf der Wetterstation brannte kein einziges Licht. Die Anlage ist nicht in Betrieb, dachte Swanzew, daher der elende Regen. Er warf schnell einen Blick zu Akiko hinüber. Sie saß da, die Beine auf den Sitz hochgezogen, und sah starr vor sich hin. Auf ihrem Gesicht war der Widerschein der Armaturenbeleuchtung zu erkennen.

»Was mag hier nur vorgehen?«, fragte sich Swanzew. »Die Zone ist ja wie tot.«

»Keine Ahnung«, erwiderte Akiko. Sie versuchte, eine bequemere Haltung zu finden, rutschte hin und her und stieß Swanzew dabei mit dem Knie in die Seite. Dann erstarrte sie plötzlich, die glänzenden Augen im Halbdunkel auf ihn gerichtet.

»Ist etwas?«, fragte er.

»Und wenn er nun schon ...«

»Unsinn«, erwiderte Swanzew.

»Und alle schon zum Institut gegangen sind ...«

»Nein, Unsinn«, wiederholte Swanzew entschieden. »Das ist wirklich Unsinn.«

In einiger Entfernung vor ihnen flammte ungleichmäßig ein rotes Licht auf. Es war schwach und flimmerte wie ein kleiner Stern am stürmischen Himmel. Sicherheitshalber drosselte Swanzew noch einmal das Tempo. Der Wagen rollte nun sehr langsam dahin, sodass sie das Rauschen des Regens hören konnten. Im Strahl der Scheinwerfer tauchten drei Gestalten in regenglänzenden Umhängen auf. Sie standen mitten auf der Chaussee; vor ihnen, quer über der Straße, lag ein mächtiger Baumstamm. Der Mann rechts hielt eine große, rußende Fackel über dem Kopf, die er gemessen hin und her schwenkte. Swanzew fuhr bis an die Männer heran und brachte den Wagen zum Stehen. Feiner Kontrollpunkt, dachte er bei sich. Der Mann mit der Fackel rief etwas, was Swanzew im Rauschen des Regens nicht verstand; dann marschierten alle drei hastig auf das Auto zu, was wegen der riesigen, nassen Regenmäntel sehr plump wirkte. Der Mann mit der Fackel rief erneut etwas und verzog dabei ärgerlich den Mund. Da schaltete Swanzew das Fernlicht aus und öffnete die Tür.

»Der Motor!«, rief der Fackelträger, während er dicht an Swanzew herantrat. »Schalten Sie doch endlich den Motor aus!«

Swanzew gehorchte und kletterte aus dem Wagen in den feinen, aber kräftigen Nieselregen hinaus.

»Mein Name ist Swanzew«, stellte er sich vor. »Ich bin Ozeanologe und möchte zu Akademiemitglied Okada.«

»Löschen Sie das Licht im Wagen«, befahl der Mann mit der Fackel. »Nun machen Sie schon!«

Swanzew wollte der Aufforderung nachkommen, als das Licht bereits ausging.

»Wen haben Sie bei sich?«, fragte der Mann.

»Die Ozeanologin Kondratjewa«, antwortete Swanzew verärgert. »Meine Mitarbeiterin.«

Die drei in den Umhängen schwiegen.

»Können wir weiterfahren?«

»Ich bin Michajlow, technischer Mitarbeiter«, stellte sich der mit der Fackel vor. »Man hat mich beauftragt, Ihnen auszurichten, dass Akademiemitglied Okada keinen Besuch empfangen kann.«

»Darüber möchte ich gern mit Professor Casparo sprechen«, erwiderte Swanzew. »Bringen Sie mich zu ihm.«

»Professor Casparo ist sehr beschäftigt. Es wäre uns nicht recht, wenn er gestört würde.«

Swanzew wollte schon fragen, wer das sei: »uns«, doch er hielt sich zurück. Ihm war aufgefallen, dass Michajlow mit der undeutlich monotonen Stimme eines Menschen sprach, der auf das Äußerste erschöpft ist.

»Ich muss Akademiemitglied Okada eine Mitteilung von großer Bedeutung überbringen«, sagte Swanzew. »Bitte führen Sie mich zu Casparo.«

Die drei schwiegen. Der rote ungleichmäßige Lichtschein huschte über ihre Gesichter; sie waren nass und hohlwangig.

»Also was ist?«, drängte Swanzew ungeduldig.

Da bemerkte er, dass Michajlow schlief. Die Hand mit der Fackel zitterte leicht und sank immer tiefer herab; seine Augen waren geschlossen.

»Tolja«, sagte einer der Kameraden leise und tippte ihm an die Schulter.

Michajlow schreckte auf, wedelte kurz mit der Fackel und starrte Swanzew an; seine Lider waren angeschwollen.

»Was ist?«, fragte er leise. »Ach ja, Sie wollten zu Akademiemitglied Okada … Aber ich sagte doch schon, dass niemand zu ihm kann. Überhaupt darf niemand das Gelände des Instituts betreten. Also bitte, fahren Sie wieder ab.«

»Ich muss Akademiemitglied Okada eine Mitteilung von größter Bedeutung überbringen«, wiederholte Swanzew geduldig. »Ich bin der Ozeanologe Swanzew, und im Wagen sitzt meine Kollegin Kondratjewa. Es ist wirklich dringend.«

»Und ich bin Michajlow, technischer Mitarbeiter«, wiederholte nun der Mann mit der Fackel müde. »Sie können jetzt nicht zu Okada. Er wird im Laufe der nächsten sechs Stunden sterben, und womöglich schaffen wir es bis dahin nicht mehr.« Der Mann brachte kaum die Lippen auseinander. »Professor Casparo ist sehr beschäftigt, er hat darum gebeten, nicht gestört zu werden. Bitte, fahren Sie zurück …«

Dann wandte er sich zu seinen Kameraden und sagte resigniert: »Los, Jungs, gebt mir noch mal zwei Tabletten.«

Swanzew stand im Regen und überlegte, womit er diesen Mann, der schon im Stehen einschlief, überzeugen könnte. Michajlow, der seitlich von ihm stand, schluckte mit zurückgeworfenem Kopf die Medizin. Dann sagte er: »Vielen Dank, Jungs, ich bin völlig am Ende. Ihr habt es hier im Regen wenigstens kühl; bei uns kippen sie um wie die Fliegen, einer nach dem andern. Kippen um, rappeln sich wieder hoch und sacken erneut zusammen. Bis wir sie dann wegtragen …« Er sprach noch immer sehr undeutlich.

»Na, ist ja heute die letzte Nacht …«, sagte einer der Männer.

»Schon die neunte«, erwiderte Michajlow.

»Die zehnte.«

»Tatsächlich? Mein Kopf ist schwer wie Gusseisen.« Dann wandte sich Michajlow wieder Swanzew zu und sagte: »Entschuldigen Sie, Genosse …«

»Ozeanologe Swanzew«, sagte der zum dritten Mal. »Genosse Michajlow, Sie müssen uns unbedingt durchlassen. Wir kommen gerade von den Philippinen und haben eine sehr dringende Information für Professor Okada. Sein Leben lang hat er darauf gewartet. Verstehen Sie doch, ich kenne ihn seit dreißig Jahren und kann wirklich einschätzen, ob er ohne diese Mitteilung sterben soll oder nicht. Glauben Sie mir, es handelt sich um eine Information von außerordentlicher Bedeutung.«

In diesem Augenblick stieg Akiko aus dem Wagen und stellte sich neben ihn. Der Techniker schwieg, ihn fröstelte unter dem Umhang.

»Also gut«, sagte er schließlich. »Aber ihr seid zu viele.« So drückte er sich wortwörtlich aus: Ihr seid zu viele. »Einer kann mitkommen.«

»In Ordnung«, sagte Swanzew.

»Aber ich sage Ihnen gleich: Es ist vergeblich«, ließ sich Michajlow erneut vernehmen. »Casparo lässt Sie sowieso nicht zu Okada. Der Sterbende liegt allein. Sie könnten das ganze Experiment zunichtemachen, wenn Sie die Isolation durchbrechen, außerdem …«

»Ich werde selbst mit Professor Casparo sprechen«, unterbrach ihn Swanzew. »Bitte bringen Sie mich zu ihm.«

»Meinetwegen«, sagte Michajlow. »Gehen wir.«

Swanzew sah sich nach Akiko um. Auf ihrem Gesicht schimmerten viele große und kleine Regentropfen. Sie sagte: »Gehen Sie nur, Nikolaj Jewgenjewitsch.«

Dann, an die Männer in den Umhängen gewandt: »Vielleicht kann ihm einer von Ihnen ein Cape geben? Und Sie steigen am besten alle in den Wagen. Wir stellen das Auto einfach quer über die Straße.«

Swanzew bekam einen Umhang. Akiko wollte das Fahrzeug wenden, doch Michajlow hielt sie zurück: Der Motor dürfe nicht gestartet werden. Er stand und leuchtete so lange mit seiner altertümlichen rußenden Fackel, bis sie den Wagen zurückgeschoben und quer über die Straße gestellt hatten. Dann nahmen alle Männer der Wache darin Platz. Swanzew schaute noch einmal zu ihnen herein. Auch Akiko hatte sich wieder gesetzt und es sich auf dem Vordersitz bequem gemacht. Michajlows Kameraden hatten sich aneinandergelehnt und schliefen bereits.

»Richten Sie ihm aus …«, bat Akiko.

»Unbedingt«, unterbrach sie Swanzew.

»Und sagen Sie ihm, dass wir auf ihn warten.«

»In Ordnung«, erwiderte Swanzew. »Ich werde es ihm ausrichten.«

»Nun gehen Sie.«

»Sayonara, Aki-chan.«

»Gehen Sie …«

Swanzew ließ sacht die Wagentür zufallen und trat auf Michajlow zu. »Wir können«, sagte er.

»Also dann«, erwiderte der Techniker mit nun völlig veränderter, forsch klingender Stimme. »Beeilen Sie sich, wir haben sieben Kilometer zurückzulegen.«

Mit kräftigen Schritten setzten sie sich auf dem nassen, rauen Asphalt in Marsch.

»Und was tut sich so bei euch?«, erkundigte sich der Techniker.

»Wo – bei euch?«

»Na, bei euch eben … In der weiten Welt. Seit zwei Wochen dringt nicht die geringste Nachricht zu uns durch. Was gibt es Neues im Rat? Wie sieht es mit dem Projekt ›Großer Schacht‹ aus?«

»Freiwillige haben wir mehr als genug«, antwortete Swanzew. »Doch die Annihilatoren reichen nicht aus. Ebenso wenig wie die Kühlsysteme. Der Rat will dreißig Prozent der Gesamtenergie auf das Projekt verwenden. Von der Venus wurden deshalb fast alle Spezialisten für Tiefendurchquerung abberufen.«

»Ist auch richtig so«, erwiderte der Techniker. »Auf der Venus gibt es im Augenblick nichts für sie zu tun. Und wer ist nun Chef des Projekts?«

»Keine Ahnung«, erwiderte Swanzew ärgerlich.

»Etwa Stirner?«

»Ich weiß es nicht.«

Sie schwiegen.

»Scheußlich, nicht wahr?«, beschwerte sich Michajlow.

»Was ist scheußlich?«

»Na, die Fackel. Der reinste Dreck! Merken Sie nicht, wie sie stinkt?«

Swanzew schnupperte und rückte zwei Schritt ab.

»Stimmt«, sagte er. »Sie stinkt gewaltig.« Ein starker Geruch nach Naphthalin ging von der Fackel aus. Dann fragte Swanzew: »Wozu überhaupt das Ganze?«

»Casparo hat es so angeordnet. Keine Elektrogeräte, keine Lampen. Wir bemühen uns, sämtliche unkontrollierbaren Störfaktoren auf ein Minimum zu reduzieren … Ach übrigens, rauchen Sie?«

»Ja.«

Der Techniker blieb stehen. »Geben Sie mir Ihr Feuerzeug«, sagte er. »Und Ihr Radiofon. Sie haben doch ein Radiofon?«

»Ja.«

»Dann händigen Sie mir bitte beides aus.« Michajlow griff sich Feuerzeug und Radiofon, entnahm die Akkus und warf sie in den Straßengraben. »Sie müssen entschuldigen, aber es geht nicht anders. Im Umkreis von zwanzig Kilometern ist kein einziges Aggregat in Betrieb.«

»So ist das also«, sagte Swanzew.

»Genau. Wir haben im Gebiet von Nowosibirsk sämtliche Bienenkörbe geplündert und produzieren Wachskerzen. Haben Sie schon davon gehört?«

»Nein.«

Wieder schritten sie eilig unter dem Regen aus, der unaufhörlich auf sie herabrieselte.

»Die Kerzen sind auch Dreck«, fuhr Michajlow fort. »Aber immerhin besser als eine Fackel. Oder ein Kienspan. Haben Sie schon mal etwas von einem Kienspan gehört?«

»Nein«, erwiderte Swanzew.

»Es gibt da ein altes Lied: ›Kleiner Kienspan, brenn herab.‹ Früher habe ich immer angenommen, das wäre so etwas wie ein Generator.«

»Jetzt verstehe ich auch, wieso es dauernd regnet«, sagte Swanzew nach kurzem Schweigen. »Oder anders: weshalb die Mikrowetteranlagen ausgeschaltet sind.«

»Nein, nein«, erwiderte der Techniker. »Die Wetteranlagen sind eine Sache – den Regen schicken sie uns speziell von den Windhügeln. Dort haben sie eine Kontinentalanlage.«

»Wozu denn das?«, fragte Swanzew.

»Zum Schutz vor direkter Sonneneinstrahlung.«

»Und die Spannung in der Atmosphäre?«

»Die hat hier keinen Einfluss mehr. Die elektrische Entladung erfolgt unterwegs. Überhaupt hat sich das Experiment in viel größeren Dimensionen entwickelt, als wir anfangs angenommen haben. Sämtliche Spezialisten für Biocodierung haben sich bei uns versammelt, Fachleute aus der ganzen Welt. An die fünfhundert Mann, trotzdem reicht es nicht. Obwohl zusätzlich der gesamte nördliche Ural für uns arbeitet.«

»Läuft bisher alles zur Zufriedenheit?«, erkundigte sich Swanzew.

Der Techniker schwieg.

»Nun?«, hakte Swanzew nach.

»Darauf kann ich Ihnen keine Antwort geben«, erwiderte Michajlow zögernd. »Wir hoffen, dass alles zufriedenstellend verläuft. Die Methode ist zertifiziert, aber es ist der erste Versuch am Menschen. Hundertzwanzig Trillionen Megabit Informationseinheiten – wobei schon ein Fehler in einem einzigen Bit zu großen Verzerrungen führen kann.«

Michajlow verstummte, und sie gingen eine Zeit lang schweigend nebeneinanderher. Swanzew bemerkte nicht sofort, dass sie eine Siedlung passierten. Sie lag da wie ausgestorben. Schwach und matt schimmerten die Fenster der kleinen Häuser, nirgends brannte Licht. Hinter den engmaschigen Zäunen im nassen Gesträuch gähnten hier und da die schwarzen Löcher weit geöffneter Garagentore.

Michajlow hatte bald vergessen, dass Swanzew neben ihm herlief. Noch sechs Stunden, dachte er, dann ist alles vorbei. Ich gehe nach Hause und lege mich schlafen. Der »Große Versuch« wird abgeschlossen sein. Der berühmte Okada ist tot und wird unsterblich. Doch erst die Zeit wird zeigen, ob das Experiment geglückt ist. Nicht einmal Casparo kann das vorhersagen – der Große Casparo … der Große Okada, der »Große Versuch«! Die »Große Codierung«. Michajlow schüttelte heftig den Kopf, um die Schwere abzustreifen, die sich erneut seiner Lider bemächtigte und seinen Geist einzunebeln drohte. Ach was, nachdenken muss man, ermahnte er sich. Nicht von ungefähr hat Casparo gesagt, dass schon jetzt darüber nachgedacht werden soll. Und zwar von jedem, auch von den Technikern, obwohl unsereins ja nicht allzu beschlagen ist. Doch was Casparo sagt, gilt. Valerio Casparo – im täglichen Umgang einfach Waleri Konstantinowitsch genannt. Es ist lustig, wenn er plötzlich während der Arbeit durch den ganzen Saal ruft: »Pause! Wir sitzen jetzt ein Weilchen so da und starren einfach vor uns hin!« Den Satz hat er mal irgendwo gelesen. Stellte man ihm in einem solchen Augenblick eine Frage, würde er antworten: »Junger Mann, Sie sehen doch, dass ich einfach dasitze und vor mich hin starre. Also stören Sie mich nicht.« Michajlow unterbrach seinen Gedankengang. Wieder hatte er sich ablenken lassen! Also dann, sagte er sich, vergegenwärtigen wir uns die Aufgabe: Ein Komplex physiologischer Neuronenstrukturen (im Klartext – ein lebendes Gehirn) soll in harter Codierung nach dem dritten System von Casparo-Karpow auf eine kristalline Quasibiomasse übertragen werden. Bei entsprechender Isolierung und normalem Lärmpegel bleibt eine harte Codierung ziemlich lange erhalten – die Relaxationsspanne liegt bei ungefähr zwölftausend Jahren. Genügend Zeit also. Wir müssen nun eine Methode finden, um die codierte Biomasse auf ein lebendes Gehirn rückzuübertragen, das heißt auf einen Komplex physiologisch funktionstüchtiger Neuronen im Null-Zustand. Freilich, dafür braucht man ein lebendes Gehirn, das sich im Null-Zustand befindet – aber für solche Experimente haben sich noch immer Freiwillige gefunden, und das wird auch in Zukunft so sein. Ich zum Beispiel wäre so ein Freiwilliger … Ach Unsinn, sie würden's ja doch nicht erlauben. Von einem lebenden Gehirn will Casparo, dieser komische Kauz, gar nichts hören! Bleibt uns nur eins – abzuwarten, bis sie in Leningrad ein künstliches Gehirn konstruiert haben … Auf jeden Fall aber haben wir jetzt Okadas Gehirn auf eine kristalline Biomasse kodiert. Wir verfügen über die Chiffre seines Hirns, seiner Gedanken, seines gesamten Ichs. Nun muss eine Methode gefunden werden, diese Chiffre auf ein anderes Gehirn zu übertragen, und sei es ein künstliches. Dann wird Okada wiederauferstehen. Sein chiffriertes Ich kann erneut aktiv und zu einem wirklichen Ich werden.

Fragt sich nur, wie das vonstattengehen soll. Tja, wie ... Wunderbar wäre es, wenn mir jetzt, in diesem Augenblick, die Lösung einfiele und ich den Alten glücklich machen könnte. Ein Vierteljahrhundert sitzt Casparo nun schon an diesem Problem. Einfach zu ihm hinlaufen, pitschnass wie seinerzeit Archimedes, und lauthals verkünden: »Heureka, ich hab's!« Michajlow stolperte und hätte um ein Haar die Fackel fallen lassen.

»Was ist los?«, fragte Swanzew. »Sind Sie wieder am Einschlafen?«

Der Techniker sah ihn von der Seite an. Swanzew schritt breit aus, hatte die Kapuze hochgeschlagen und die Hände unter den Umhang gesteckt. In dem rötlich tanzenden Fackelschein wirkte sein Gesicht lang und verschlossen.

»Nein«, erwiderte Michajlow. »Ich schlafe nicht. Ich denke nach.«

In einiger Entfernung vor ihnen tauchte aus dem Dunkel etwas Großes auf. Da sie schnell gingen, hatten sie es bald eingeholt – es handelte sich um einen Lastwagen, der sich langsam über die Chaussee schleppte. Swanzew begriff nicht gleich, dass sich der Lkw mit ausgeschaltetem Motor vorwärtsbewegte. Er wurde von zwei kräftigen Kamelen gezogen, die ebenfalls völlig durchnässt waren.

»He, Sanjka!«, rief der Techniker.

Mit einem Klicken sprang das Fahrerhäuschen auf, ein Gesicht mit zwei blitzenden Augen kam zum Vorschein und tauchte gleich wieder ins Dunkel zurück.

»Womit kann ich dienen?«, fragte jemand aus der Kabine heraus.

»Gib mir mal ein bisschen Schokolade«, bat Michajlow.

»Hol sie dir, ich habe keine Lust auszusteigen. Ist mir zu nass.«

»Mache ich«, erwiderte Michajlow forsch und verschwand mitsamt der Fackel.

Es wurde augenblicklich finster. Swanzew ging neben dem Wagen her. Er passte sich dem Tempo der Kamele an, die sich kaum von der Stelle bewegten.

»Schneller können sie wohl nicht?«, brummte er.

»Sie wollen nicht, die Biester«, antwortete die Stimme aus dem Fahrerhäuschen. »Ich habe alles versucht, aber wenn ich ihnen eins mit dem Stock überziehe, spucken sie bloß.« Der Fahrer verstummte und fügte dann hinzu: »Vier Kilometer pro Stunde, und meinen Umhang haben sie mir auch vollgespuckt.« Er stieß einen tiefen Seufzer aus und brüllte dann plötzlich: »He, ihr verdammten Viecher, geht endlich schneller!«

Die Tiere begannen unwillig zu schnaufen.

»Sie sollten etwas mehr zur Seite gehen«, riet der Fahrer. »Obwohl, wie es scheint, haben sie im Augenblick nicht die Absicht zu spucken.«

Neben Swanzew roch es plötzlich nach Naphthalin – Michajlow hatte sich wieder zu ihm gesellt. Die Fackel in seiner Hand qualmte und knisterte.

»Kommen Sie«, sagte er. »Jetzt ist es nicht mehr weit.«

Sie überholten den Lastwagen ohne jede Anstrengung, und schon bald tauchten zu beiden Seiten der Straße dunkle, nicht allzu hohe Bauten auf. Swanzew bohrte den Blick in die Finsternis und entdeckte vor sich ein gigantisches Gebäude – einen schwarzen Koloss am schwarzen Himmel. In den Fenstern schimmerten hier und da gelbe Lichtpunkte.

»Sehen Sie die Blöcke rechts und links?«, flüsterte Michajlow.

»Ja. Und?« Swanzew flüsterte gleichfalls.

»Darin befindet sich die Quasibiomasse. Dort wird es gespeichert.«

»Was wird gespeichert?«

»Na, das Gehirn«, erklärte Michajlow nach wie vor mit leiser Stimme. »Sein Gehirn!«

Sie bogen jäh ab und gingen nun geradewegs auf den Eingang des Instituts zu. Michajlow schob die schwere Tür zur Seite.

»Treten Sie ein«, bat er. »Aber machen Sie bitte keinen Lärm.«

Im Vestibül war es kühl und dunkel, ein seltsamer Geruch hing im Raum. Auf einem großen Tisch in der Mitte flackerten mehrere dicke, halb zerlaufene Kerzen. Darauf standen einige Teller und eine große Suppenterrine. Die Teller waren schmutzig. In einem Korb daneben lagen ausgetrocknete Brotreste. Das Kerzenlicht ließ nicht allzu viel erkennen. Swanzew machte ein paar Schritte nach vorn und blieb mit dem Umhang an einem Stuhl hängen, der sogleich polternd zu Boden fiel.

»Um Himmels willen!«, rief jemand weiter hinten. »Bist du es, Tolja?«

»Ja«, bestätigte Michajlow.

Swanzew sah sich um. In der Ecke des Vestibüls herrschte rötliches Halbdunkel, und im Schein von Michajlows Fackel erblickte Swanzew ein junges Mädchen mit blassem Gesicht. Sie lag auf einem Sofa und hatte sich in eine dunkle Decke gehüllt.

»Hast du etwas Gutes zu essen mitgebracht?«, fragte das Mädchen.

»Sanjka bringt gleich etwas«, antwortete Michajlow. »Möchtest du Schokolade?«

»Ja, gern!«

Der Techniker begann, mit der Fackel wedelnd, in den Taschen seines Umhangs zu kramen.

»Geh und löse Sina ab«, sagte das Mädchen. »Sie soll herkommen und sich ein bisschen hinlegen. In der Zwölf schlafen jetzt die Jungs. Draußen regnet es, oder?«

»Ja.«

»Ein Glück, dass wir es bald hinter uns haben.«

»Hier ist die Schokolade«, sagte Michajlow. »Ich gehe dann. Dieser Mann will übrigens zum Akademiemitglied.«

»Zu wem?«

»Na, zu Okada.«

Das Mädchen stieß einen leisen Pfiff aus.

Swanzew querte das Vestibül und schaute sich ungeduldig um. Michajlow folgte ihm; das Mädchen hatte sich jetzt aufgesetzt und die Decke abgestreift. Sie wickelte die Schokolade aus. Im Kerzenlicht war nichts von ihr zu sehen als ein kleines, blasses Gesicht und der eigentümliche silberfarbene Kittel mit Kapuze, den sie trug. Michajlow, der gerade seinen Regenumhang ablegte, steckte im gleichen Kittel. In diesem Aufzug und dem unwirklichen Licht der Fackel erinnerte er an ein Gespenst.

»Warten Sie bitte einen Augenblick hier, Genosse Swanzew«, sagte er. »Ich bringe Ihnen gleich einen Kittel. Behalten Sie Ihren Umhang so lange an.«

»In Ordnung«, erwiderte Swanzew und nahm auf einem Stuhl Platz.

In Casparos Arbeitszimmer war es dunkel und kalt; das Geräusch des Regens wirkte einschläfernd. Michajlow hatte sich mit den Worten entfernt, er hole den Professor. Die Fackel hatte er mitgenommen, und Kerzen gab es in diesem Raum nicht. Swanzew, der sich zunächst in den Besuchersessel an einen großen, leeren Tisch gesetzt hatte, stand auf, tastete sich zum Fenster vor und starrte, die Stirn gegen das kalte Glas gepresst, in die Nacht hinaus.

Casparo ließ auf sich warten.

Es wird sehr schwer werden ohne Okada, dachte Swanzew. Wir hätten mehr auf ihn achtgeben sollen, er hätte noch gut zwanzig Jahre leben können. Es wäre längst Zeit gewesen, ihn von seiner Teilnahme an den Tiefsee-Erkundungen abzuhalten. Wenn ein Mensch über hundert ist und reichlich sechzig Jahre davon in Tiefen von mehr als tausend Metern zugebracht hat, verwundert es nicht, wenn er eines Tages an der blauen Paralyse erkrankt. Verflucht soll sie sein!

Swanzew trat vom Fenster zurück, ging zur Tür und sah auf den langen Korridor hinaus. Entlang der Wände brannten vereinzelt Kerzen. Von irgendwoher drang eine Stimme zu ihm, die mit der Gleichmäßigkeit eines Metronoms immer ein und dasselbe wiederholte. Swanzew lauschte, konnte aber kein Wort verstehen. Dann tauchten im rötlichen Dämmerlicht am Ende des Korridors schemenhaft zwei hochgewachsene, hell gekleidete Gestalten auf. Sie gingen lautlos an ihm vorbei, so als würden sie durch die Luft schweben. Unter den weit in die Stirn gezogenen silbernen Kapuzen konnte Swanzew erschöpfte Gesichter sehen.

»Willst du was essen?«, fragte der eine.

»Nein, bloß schlafen.«

»Ich esse schon etwas ...«

»Nein, nein, erst mal schlafen. Nichts als schlafen.«

Sie unterhielten sich leise, doch im Flur waren ihre Worte deutlich zu hören.

»Jane hätte um ein Haar ihren Sektor ruiniert. Casparo konnte sie gerade noch beim Arm packen.«

»Mist!«

»Casparos Gesicht hättest du sehen sollen.«

»Verdammter Mist! Welcher Sektor war es?«

»Zwölftausendsechshundertdrei. Ungefähr da, wo das Gleichgewichts- und Hörzentrum liegt.«

»Oje, oje!«

»Casparo hat sie schlafen geschickt. Jetzt sitzt sie in Zimmer sechzehn und weint.«

Die beiden in den hellen Kitteln verschwanden. Swanzew hörte sie noch reden, während sie die Treppe hinuntergingen, konnte aber nichts mehr verstehen. Er schloss die Tür und nahm wieder im Sessel Platz.

Soso, eine gewisse Jane hätte also um ein Haar das Hörzentrum ruiniert. Nutzloses Weibsbild! Casparo hatte sie gerade noch am Arm packen können. Und wenn er's nun nicht gemerkt hätte? Swanzew presste die Hände fest zusammen und schloss die Augen. Er wusste so gut wie gar nichts über den »Großen Versuch«. Nur, dass es sich um das wohl komplizierteste Experiment handelte, mit dem die Wissenschaft je konfrontiert worden war. Galt es doch, die spezifischen Reize von vielen Milliarden Hirnzellen zu codieren und die Verbindungen und Querverbindungen zwischen ihnen. Der geringste Fehler konnte zu Schäden führen, die nicht mehr rückgängig zu machen waren. Diese Jane hätte beinahe einen ganzen Sektor zerstört ... Swanzew erinnerte sich, dass vom Sektor zwölftausendsechshundertdrei die Rede gewesen war, und ihn überlief ein Frösteln. Selbst wenn die Wahrscheinlichkeit sehr gering war, dass es bei der Übertragung des Codes zu einem Irrtum oder einem Schaden kam – es handelte sich um über zwölftausend Sektoren mit Trillionen von Informationseinheiten!

Casparo kam noch immer nicht.

Swanzew begab sich auf den Korridor. Von Kerze zu Kerze tastete er sich vor, immer der seltsamen monotonen Stimme folgend. Plötzlich entdeckte er eine sperrangelweit offene Tür, und nun war die Stimme ganz laut. Hinter der Tür befand sich ein großer Saal, in dem sehr viele Lichter flackerten. An den Wänden waren dicht an dicht Armaturen und Skalen angebracht, vor denen einige Hundert Leute saßen. Und alle trugen die hellen silberfarbenen Kittel. Die Luft im Saal war schwer, warm und stickig, es roch nach erhitztem Wachs. Swanzew wurde klar, dass auch die Lüftungssysteme abgeschaltet waren. Er betrat den Saal und hielt nach allen Seiten Ausschau. Sein Suchen galt Casparo, doch er begriff, dass er den Professor, selbst wenn er sich hier aufhielt, unter den vielen Menschen in einförmiger Kleidung und tief in die Stirn gezogenen Kapuzen nicht würde ausfindig machen können.

»Sektor achtzehntausendsiebenhundertzweiundzwanzig abgeschlossen«, sagte die Stimme.

Im Saal war es unerträglich still – man hörte nichts als die Stimme und das feine Rascheln unzähliger Bewegungen. In der Mitte des Raums entdeckte Swanzew einen Tisch mit mehreren Sesseln und begab sich dorthin.

»Sektor achtzehntausendsiebenhundertdreiundzwanzig abgeschlossen.«

In einem der Sessel saß, den Kopf auf die Arme gelegt, ein breitschultriger Mann. Er schlief und seufzte dabei immer wieder laut auf.

»Sektor achtzehntausendsiebenhundertvierundzwanzig abgeschlossen.«

Swanzew sah auf die Uhr. Es war genau drei Uhr nachts. Ein Mann im Silberkittel betrat den Saal und verschwand irgendwo im Halbdunkel, an einer Stelle, wo nichts zu entdecken war als ein paar flackernde Kerzen.

»Sektor achtzehntausendsiebenhundertfünfundzwanzig abgeschlossen.«

In diesem Augenblick trat ein Mann an Swanzews Tisch; in der Hand hielt er eine Kerze, die er sogleich in eine Wachspfütze steckte, dann setzte er sich. Er legte einen Packen Papier auf den Tisch, blätterte eine Seite um und schlief augenblicklich ein. Swanzew sah, wie sein Kopf immer tiefer herabsank und schließlich auf dem Papier zu liegen kam.

»Sektor achtzehntausendsiebenhundertsechsundzwanzig abgeschlossen.«

Swanzew schaute erneut zur Uhr. Zwei Sektoren waren in kaum mehr als anderthalb Minuten gefüllt worden. Zehn Tage dauerte die »Große Codierung«, und knapp zwanzigtausend Sektoren hatten sie bereits bearbeitet.

»Sektor achtzehntausendsiebenhundertsiebenundzwanzig abgeschlossen.«

Und das zehn Tage lang. Eine kräftige Hand legte sich auf Swanzews Schulter.

»Warum schlafen Sie nicht?«

Swanzew hob den Kopf und erblickte unter der Kapuze ein rundes Gesicht, dem die Erschöpfung anzusehen war. Er erkannte ihn sofort.

»Schlafen gehen, aber sofort!«, befahl der Mann.

»Professor Casparo …«, begann Swanzew und erhob sich.

»Schlafen, habe ich gesagt!« Casparo sah ihm in die Augen. »Wenn Sie nicht schlafen können, lösen Sie jemanden ab.«

Er wollte sich eilig wieder entfernen, blieb jedoch abrupt stehen und musterte den jungen Mann aufmerksam.

»Hm, ich weiß nicht, wer Sie sind«, grübelte er. »Und trotzdem: Schlafen Sie jetzt!«

Dann wandte er Swanzew den Rücken zu und ging schnellen Schrittes an den Stuhlreihen vorbei, wo vor den Pulten die Leute saßen. Swanzew hörte, wie die scharfe Stimme sich allmählich entfernte: »Anderthalb Grad … Achtung, Leonid, anderthalb Grad … So ist's gut … Ausgezeichnet … In Ordnung … Geben Sie Acht, Johnson, ein Grad … Jawohl … bestens …«

Swanzew erhob sich und folgte ihm, bestrebt, ihn nicht aus den Augen zu verlieren. Plötzlich rief Casparo: »Ausgezeichnet, Genossen! Nur nicht nachlassen in Ihrer Aufmerksamkeit, bisher läuft alles bestens! Und achten Sie auf die Stabilisatoren, dann kann nichts passieren!«

Swanzew stieß gegen einen langen Tisch, an dem einige Männer schliefen – niemand der Umsitzenden drehte sich zu ihm um, und auch von den Schlafenden hob keiner den Kopf. Casparo aber war verschwunden. Da ging Swanzew aufs Geratewohl weiter, immer die gelbe Lichterkette an den Pulten entlang.

»Sektor achtzehntausendsiebenhundertneunzig abgeschlossen«, verkündete eine andere, frisch klingende Stimme.

Swanzew begriff, dass er sich verlaufen hatte. Er wusste weder, wo sich der Ausgang befand, noch wohin Casparo entwischt war. So setzte er sich auf den erstbesten freien Stuhl, stemmte die Ellbogen auf die Knie und starrte, das Kinn in die Hände gestützt, auf die flackernde Kerze vor sich. Sie tropfte.

»Sektor achtzehntausendsiebenhundertachtundneunzig, -siebenhundertneunundneunzig, achthundert … abgeschlossen … abgeschlossen.«

»A-a-a-ah!«

Jemand hatte einen langgezogenen, furchterregenden Schrei ausgestoßen. Swanzew sprang hoch. Er bemerkte, dass sich auch diesmal niemand umdrehte, dennoch saßen alle irgendwie angespannt da, schienen gleichsam erstarrt. Etwa zwanzig Schritt von Swanzew entfernt stand vor einem der Pulte ein hochgewachsener Mann und schrie, die Hände gegen den Kopf gepresst: »Zurück! Zurück! A-a-ah!«

Aus einer Ecke tauchte Casparo auf und ging hastig auf das Pult zu. Im Saal war es totenstill geworden, nur das Zischen des herabfließenden Wachses war zu hören.

»Verzeihen Sie«, sagte der hochgewachsene Mann. »Bitte verzeihen Sie …«

Casparo richtete sich zu seiner vollen Größe auf und rief: »Alle herhören! Die Sektoren achtzehntausendsiebenhundertsechsundneunzig, siebenhundertsiebenundneunzig, siebenhundertachtundneunzig, siebenhundertneunundneunzig, achthundert – umschreiben! Neu codieren!«

Swanzew sah, wie Hunderte von Menschen in hellen Kitteln gleichzeitig die rechte Hand hoben und sich an den Pulten zu schaffen machten. Die Kerzen begannen zu flackern.

»Verzeihen Sie, verzeihen Sie bitte!«, wiederholte der Mann.

Casparo gab ihm einen leichten Klaps auf den Rücken.

»Gehen Sie schlafen, Henry«, sagte er. »Augenblicklich. Beruhigen Sie sich, es ist ja nichts Schlimmes passiert.«

Der Mann ging an den Pulten entlang und murmelte ein ums andre Mal: »Verzeihen Sie, verzeihen Sie …« Niemand drehte sich um. Seinen Platz hatte bereits ein anderer eingenommen.

»Sektor achtzehntausendsiebenhundertsechsundneunzig abgeschlossen«, verkündete die frische Stimme.

Casparo blieb noch eine Weile stehen, dann ging er langsam und gebeugt an Swanzew vorüber. Swanzew wollte ihn ansprechen, doch nach einem kurzen Blick in das Gesicht des Professors ließ er es bleiben. Casparo schritt zu einem kleinen Pult, das etwas abseits von den anderen stand, und ließ sich erschöpft in einen Sessel sinken. So blieb er einige Sekunden sitzen. Dann gab er sich jedoch einen Ruck, beugte sich nach vorn und blickte angestrengt durch ein großes Periskop im Fußboden.

Swanzew stand nicht weit weg, an dem langen Tisch, und schaute unverwandt auf den müden, gekrümmten Rücken. Im flackernden Schein der Kerzen konnte er noch immer das Gesicht des Professors sehen. Nein, auch Casparo war nicht mehr der Jüngste, höchstens fünf oder sieben Jahre jünger als Okada! Diese zehn Tage werden Jahre kosten, dachte Swanzew, und sich schon bald auswirken.

Zwei Männer traten an Casparo heran. Einer trug statt der üblichen Kapuze einen runden, durchsichtigen Helm, der im fahlen Licht matt schimmerte.

»Wir schaffen es nicht«, sagte der Mann im Helm leise.

Er sagte es in den Rücken des Professors.

»Wie lange noch?«, fragte Casparo, ohne sich umzudrehen.

»Der klinische Tod tritt in zwei Stunden ein. Mit einer Genauigkeit von plus minus zwanzig Minuten.«

Casparo wandte sich zu den Männern um. »Aber er sieht doch gar nicht so schlecht aus ... Schauen Sie selbst.« Er wies mit dem Finger auf das Periskop.

Der Mann im Helm schüttelte den Kopf, und der andere sagte leise: »Nervenlähmung.« Er drehte sich zu Swanzew um, streifte ihn flüchtig aus seinen vorstehenden Augen, beugte sich dann zu Casparo hinunter und flüsterte ihm etwas ins Ohr.

Swanzew hatte den Mann erkannt. Es war Professor Iwan Krasnow.

»Gut«, sagte Casparo. »Versuchen wir's.«

Die beiden machten auf dem Absatz kehrt und verschwanden eilig in der Dunkelheit.

Swanzew tastete nach dem Stuhl, setzte sich und schloss die Augen. Schluss, dachte er, aus, sie schaffen es nicht. Er wird sterben. Ein für alle Mal.

»Sektor neunzehntausendnullnullzwei abgeschlossen«, meldete die Stimme. »Sektor neunzehntausendnullnulldrei abgeschlossen ... Sektor neunzehntausendnullnullvier ...«

Swanzew hatte keine Ahnung, wie das Codieren von Nervenbahnen vor sich ging. Er stellte sich Okada vor, der in totenweißem Licht auf dem Tisch lag, während eine feine Nadel langsam über die Windungen seines freigelegten Gehirns fuhr. Die Impulssignale in Form aneinandergereihter Zeichen wurden dann auf ein langes Band fixiert. Swanzew begriff sehr wohl, dass in Wirklichkeit alles ganz anders war, doch seine Fantasie zeichnete ihm immer und immer wieder das gleiche Bild: die blitzende Nadel, das bloßliegende Hirn, das endlose Band, auf dem sich ein geheimnisvolles Zeichen ans andere reihte: Gedächtnis, Gewohnheiten, Assoziationen, Erfahrungen. Von irgendwoher aber näherte sich lautlos der Tod, zerstörte Zelle für Zelle, Bahn für Bahn, und es galt, ihm zuvorzukommen.

Nein, Swanzew wusste so gut wie nichts über die Codierung von Nervenbahnen. Nur eins war ihm bekannt: dass die Grenzen jener Hirnabschnitte, die für die Denkprozesse zuständig sind, bis zum heutigen Tag nicht hatten abgesteckt werden können. Und dass die »Große Codierung« nur bei absoluter Isolation möglich war sowie unter der Voraussetzung, dass sämtliche irregulären elektrischen Felder kontrolliert wurden. Daher die Kerzen und Fackeln, die Kamele auf der Landstraße, die ausgestorbenen Siedlungen, die dunklen Fenster der Mikrowetteranlagen und die stillgelegten Rolltreppen … Auch wusste Swanzew, dass bislang noch keine Kontrollmethode gefunden war, die den Code nicht verzerrte, dass Casparo teilweise aufs Geratewohl arbeitete und möglicherweise gar nicht das aufzeichnete, was gebraucht wurde. Andererseits war sich Swanzew aber darüber im Klaren, dass die »Große Codierung« den Weg zur Unsterblichkeit des menschlichen Ichs darstellte, denn der Mensch, das waren ja nicht nur Arme und Beine, das war zuallererst sein Gedächtnis, die Fülle seiner Vorstellungen und Angewohnheiten sowie sein Gehirn – das Gehirn!

»Sektor neunzehntausendzweihundertsechzehn abgeschlossen …«

Swanzew öffnete die Augen, erhob sich und ging auf Casparo zu, der einfach dasaß und vor sich hin starrte.

»Professor Casparo«, wandte sich Swanzew an ihn. »Ich bin Ozeanologe und heiße Swanzew. Ich muss mit Akademiemitglied Okada sprechen.«

Casparo hob den Blick und sah Swanzew lange an. Seine Augen waren trübe und halb geschlossen.

»Das ist unmöglich«, erwiderte er.

Eine Zeit lang musterten sie sich schweigend.

»Professor Okada hat sein ganzes Leben auf eine Information gewartet, die ich ihm nun bringe«, erklärte Swanzew leise.

Casparo gab keine Antwort. Er löste den Blick von Swanzew und starrte erneut vor sich hin. Swanzew sah in die

Runde. Ringsum war es dunkel. Nur die kleinen Lichtpunkte der Kerzen, die hell schimmernden Kittel und Kapuzen hoben sich davon ab.

»Sektor neunzehntausendzweihundertzweiundneunzig abgeschlossen«, verkündete die Stimme.

Casparo erhob sich und sagte: »Schluss. Es ist zu Ende.«

Da fiel Swanzews Blick auf ein kleines rotes Lämpchen, das auf dem Pult neben den Okularen des Periskops aufleuchtete. Die Lampe zeigt also das Ende an, dachte er.

»Sektor neunzehntausendzweihundertvierundneunzig …«

Aus dem hinteren dunklen Saalende kam atemlos und mit wehendem Kittel ein zierliches junges Mädchen gelaufen. Sie stürzte direkt auf Casparo zu und stieß Swanzew unsanft beiseite.

»Waleri Konstantinowitsch«, stieß sie verzweifelt hervor. »Wir haben nur noch einen einzigen freien Sektor …«

»Nicht mehr nötig«, erwiderte Casparo. Er erhob sich und prallte auf Swanzew. »Wer sind Sie denn?«, fragte er müde.

»Ich heiße Swanzew und bin Ozeanologe«, wiederholte Swanzew leise. »Ich wollte mit Akademiemitglied Okada sprechen.«

»Das geht nicht«, antwortete Casparo. »Professor Okada lebt nicht mehr.«

Er beugte sich über das Pult und betätigte nacheinander vier Hebelschalter. Im Saal flammte grell die Deckenbeleuchtung auf.

Es war schon hell, als Swanzew das Vestibül betrat. Durch die großen Fenster fiel das graue Licht eines nebligen Morgens, doch man konnte spüren, dass jeden Augenblick die Sonne zum Vorschein käme und ein heller, freundlicher Tag anbräche. Im Vestibül war keine Menschenseele. Auf dem Sofa lag eine zerknautschte Decke, und auf dem Tisch hauchten zwischen Konservenbüchsen und Tellern mit Essensresten einige Kerzen ihr Leben aus. Swanzew drehte sich zur Treppe um, von wo laute Stimmen zu hören waren. Dort musste sich auch Michajlow befinden, der versprochen hatte, Swanzew zurückzubegleiten.

Swanzew ging zum Sofa und setzte sich. Drei junge Leute kamen die Stufen herunter. Einer von ihnen trat an den Tisch und begann hastig zu essen. Mit den Händen. Er schob die Teller hin und her, stieß dabei eine Flasche Limonade um, konnte sie aber gerade noch auffangen. Hastig führte er sie an den Mund. Der Zweite schlief im Gehen und riss nur mit Mühe ab und zu die Augen auf. Der Dritte fasste ihn an der Schulter und stützte ihn. Er sprach aufgeregt auf ihn ein: »Casparo hat es Krasnow gesagt. Nur das – kein Wort sonst. Dann ist er erschöpft auf sein Pult gefallen. Wir haben ihn aufgehoben und in sein Arbeitszimmer gebracht, wo bereits Serjosha Kruglow schlief. Dort liegen jetzt beide auf den Pritschen.«

»Kaum zu glauben«, murmelte der am Tisch. »Haben wir tatsächlich so viel geschafft?«

»Wenn ich's dir doch sage, zum Teufel! Achtundneunzig Prozent. Plus einige Zehntausendstel – so genau weiß ich das nicht mehr.«

»Achtundneunzig Prozent?«

»Ja doch. Bist du so müde, dass du das nicht verstehst?«

»Doch, doch, ich verstehe es schon, nur kann ich's nicht recht glauben.« Der Bursche, der so über das Essen hergefallen war, setzte sich unvermittelt hin und zog eine Konservendose zu sich. »Ich kann es einfach nicht glauben«, wiederholte er. »Ich dachte die ganze Zeit, es stünde schlecht …«

»Los, Jungs, hauen wir uns aufs Ohr«, knurrte der Dritte schon halb im Schlaf. »Ich habe einfach keine Kraft mehr.«

Die drei hatten es plötzlich sehr eilig und strebten dem Ausgang zu. Immer neue Menschen kamen die Treppe herunter, zu Tode erschöpft, kaum noch imstande, ein Bein vor das andere zu setzen, gleichzeitig aber irgendwie aufgeregt, mit geschwollenen Lidern und Stimmen, die vom langen Schweigen seltsam belegt klangen.

Mit einem Begräbnis hat das hier nichts gemein, dachte Swanzew. Er wusste zwar, dass Okada tot war, konnte mit dem Gedanken aber noch nichts anfangen. Ihm war, als sei der alte Professor lediglich eingeschlafen und niemand habe es bis jetzt verstanden, ihn wieder aufzuwecken. Aber auch das würde eines Tages möglich werden. Achtundneunzig Prozent, überlegte Swanzew, das ist nicht schlecht. Er wunderte sich, keinen Gram über den erlittenen Verlust zu spüren. Er fühlte auch keine Trauer. Nur so etwas wie Missbehagen, als er daran dachte, dass es noch sehr lange dauern würde, bis Okada wieder zu ihnen zurückkehrte. So wie früher, wenn er für längere Zeit aufs Festland gefahren war.

Michajlow tippte ihm auf die Schulter. Er trug jetzt weder Regenumhang noch Kittel.

»Kommen Sie, Swanzew«, forderte er ihn auf.

Swanzew erhob sich und folgte ihm zur Tür, die sich lautlos und sacht vor ihnen öffnete.

Die Sonne war noch nicht aufgegangen, doch es war hell; am graublauen Himmel zogen schnell die Wolken dahin. Swanzew sah auf die flachen cremefarbenen Gebäude zu beiden Seiten der Straße, die mit rötlichem Laub bedeckt war. Die Leute kamen aus dem Institut und traten in Zweier- und Dreiergrüppchen den Heimweg an.

Eine Stimme rief: »Den Genossen aus Kostroma steht das Gebäude Nummer sechs zur Verfügung, zweite und dritte Etage!«

In enger Kette bewegten sich kleine vielbeinige Reinigungskyber durch die Straßen und ließen einen trockenen Streifen sauberen grauen Asphalts hinter sich.

»Möchten Sie Schokolade?«, fragte Michajlow.

Swanzew schüttelte den Kopf.

Auf dem Weg zur Chaussee kamen sie an niedrigen gelblichen Gebäuden vorbei, die weder Türen noch Fenster besaßen. Es gab viele solcher Gebäude; sie nahmen fast die ganze Straße ein. Es waren jene mit Quasibiomasse gefüllten Blöcke, die Okadas Hirn beherbergten: zwanzigtausend Sektoren Biomasse, zwanzig kompakte Gebäude, deren Vorderfront jeweils an die dreißig Meter lang war und die sechs Stockwerke tief in die Erde reichten.

»Für den Anfang ist das schon ganz gut«, meinte Michajlow. »Allerdings können wir nicht so weitermachen. Zwanzig Gebäude für einen einzigen Menschen sind ein bisschen viel. Wenn nun jeder von uns so viel beanspruchen wollte …« Er lachte und ließ die papierne Hülle der Schokoladentafel zu Boden fallen.

Wer weiß, dachte Swanzew, für dich würde vielleicht auch ein Koffer ausreichen. Und für mich ebenfalls. Einer der Reinigungskyber kam auf staksigen Beinen gemächlich angerollt, um das weggeworfene Papier aufzulesen.

»He, Sanjka!«, rief Michajlow unvermittelt.

Ein Lastwagen bremste, der sie gerade hatte überholen wollen, und der Fahrer steckte den Kopf aus dem Kabinenfenster. Die beiden stiegen ein.

»Wo hast du denn deine Kamele?«, erkundigte sich Michajlow.

»Die weiden irgendwo«, antwortete der Fahrer. »Ich habe sowieso genug von ihnen. Als ich sie ausspannte, haben sie mich wieder von oben bis unten vollgespuckt.«

Michajlow schlief bereits, den Kopf an Swanzews Schulter gelehnt.

Der Fahrer – ein kleiner Kerl mit dunklen Augen – trieb den schweren Lastwagen auf hohe Geschwindigkeit und sang dabei, ohne die Lippen zu bewegen, leise vor sich hin. Es war ein altes, fast vergessenes kleines Lied. Swanzew hörte eine

Weile zu, doch dann entdeckte er mehrere Hubschrauber, die tief über der Landstraße flogen. Es waren sechs Helikopter, und er sagte sich, dass in dieser toten Zone nun wieder das Leben pulsieren würde. Die Gleitstraßen waren wieder in Gang gesetzt worden; die Leute strebten ihren Wohnungen zu; die Mikrowetteranlagen hatten ihre Arbeit wieder-aufgenommen, und die Lichtsignalmasten am Chausseerand leuchteten auf. Schon entfernte man die Sperrholzplatte mit der krakeligen Aufschrift. Im Radio wurde gerade gemeldet, dass die »Große Codierung« abgeschlossen und erfolgreich verlaufen sei – wahrscheinlich befanden sich in den Hubschraubern Leute von Presse und Fernsehen, um Aufnahmen von diesen geduckten gelblichen Gebäuden und den tropfenden Kerzen vor abgeschalteten Pulten in die ganze Welt zu schicken. Einer der Reporter würde sich garantiert an Casparo heranpirschen und ihn wecken, womöglich sogar ziemlich unsanft vor lauter Aufregung. Und sehr bald schon würde die ganze Welt wissen, dass der Mensch in nicht allzu ferner Zukunft unsterblich war – jeder Einzelne, nicht nur die Menschheit. Nun, anfangs würde man nur die Besten dafür auswählen …

Swanzew sah den Fahrer an und fragte lächelnd: »Sagen Sie, Genosse, möchten Sie gern ewig leben?«

»Jawohl«, erwiderte der Fahrer und lächelte ebenfalls. »Und ich werde ewig leben.«

»Ja … Und ich möchte das auch«, sagte Swanzew.

Von Wanderern und Reisenden

Das Wasser in der Tiefe war nicht allzu kalt. Dennoch fror ich. Ich saß auf dem Grund unterhalb des Steilufers und starrte bereits eine geschlagene Stunde angespannt in das grünliche Zwielicht. Ich durfte mich nicht rühren, denn Septopoden sind feinnervige, misstrauische Tiere, die durch den geringsten Laut oder eine einzige unvorsichtige Bewegung aufgescheucht werden können. Dann würden sie verschwinden und erst in der Nacht wiederkommen – doch in der Nacht ließ man sich besser nicht mit ihnen ein.

Zu meinen Füßen machte sich ein Aal zu schaffen, und etwa zehnmal schwamm würdevoll ein gestreifter Barsch an mir vorbei. Er verharrte jedes Mal vor mir und starrte mich mit seinen ausdruckslosen runden Augen an. Kaum war er verschwunden, erschien ein Schwarm kleiner silbriger Fische und suchte das Wasser über meinem Kopf nach Nahrung ab. Meine Schultern und Knie waren schon völlig steif, und ich befürchtete, Mascha würde das Warten nicht aushalten und nach mir tauchen. So deutlich stand mir vor Augen, wie sie dort oben allein am Wasser saß, angstvoll wartete und drauf und dran war, sich ins Wasser zu stürzen, dass ich mein Versteck schon aufgeben wollte. Doch in diesem Augenblick schwamm, etwa zwanzig Schritt rechts von mir, ein stattlicher Septopode aus dem Pflanzengewirr.

Den runden grauen Leib voran war er lautlos und unvermittelt wie ein Gespenst aufgetaucht. Sein weißlicher Mantel pulsierte sacht, während er langsam und in regelmäßigen Abständen das Wasser in sich einsog, um es gleich darauf wieder auszustoßen. Er glitt vorwärts und schaukelte dabei leicht von einer Seite auf die andere. Die Enden seiner eingezogenen Fangarme, die an einen großen alten Tuchfetzen erinnerten, schleiften hinter ihm her, und im Dunkeln schimmerte matt das halb vom Lid verdeckte Auge. Der Septopode glitt langsam dahin – wie alle seine Artgenossen am Tag langsam durch das Wasser glitten – in einer seltsamen, fast unheimlich anmutenden Erstarrung, scheinbar absichtslos und ohne erkennbares Ziel. Offenbar trieben ihn dunkle, primitive Instinkte, die sich womöglich kaum von denen unterschieden, die auch Amöben in Bewegung versetzten.

Langsam und sehr vorsichtig brachte ich das Markiergerät in Anschlag und visierte den aufgeblähten Rücken des Tieres. Die kleinen silbrigen Fische stoben im Nu auseinander und verschwanden aus meinem Blickfeld; plötzlich hatte ich den Eindruck, als habe das Lid über dem riesigen, glasstarren Auge gezuckt. Ich betätigte den Abzugshahn und stieß mich sogleich vom Grund ab, um nicht mit dem ätzenden schwarzen Farbstoff in Berührung zu kommen. Als ich wieder aufblickte, war der Septopode verschwunden. Lediglich eine dichte blauschwarze Wolke breitete sich im Wasser aus und verdeckte den Grund. Ich tauchte an die Oberfläche und schwamm zum Ufer.

Es war ein heißer, klarer Tag. Über dem Wasser hing ein hellblauer Dunstschleier, der Himmel war licht und wie leergefegt, nur hinter dem Wald ragten wie Türme unbewegliche graublaue Wolkenberge auf.

Im Gras vor unserem Zelt saß ein mir unbekannter, sonnengebräunter Mann mit bunter Badehose und einem Verband um die Stirn. Sein Körper war weniger muskulös als sehnig, als wäre das Fleisch unter seiner Haut von Stricken zusammengeschnürt. Auf den ersten Blick war klar, dass er unglaublich stark sein musste. Vor ihm stand Mascha im blauen Badeanzug – langbeinig und gleichfalls braungebrannt; unter ihrem üppigen, sonnengebleichten Haar zeichneten sich spitz die Hals- und Rückenwirbel ab. Nein, sie dachte gar nicht daran, am Wasser zu sitzen und sehnsuchtsvoll auf ihren Vater zu warten; vielmehr redete sie voller Begeisterung auf diesen sehnigen Kerl ein und gestikulierte dabei wild mit den Armen. Ich war etwas gekränkt, dass sie mein Erscheinen nicht einmal zur Kenntnis nahm. Dafür bemerkte mich der Mann. Er drehte sich hastig zu mir um, musterte mich kurz und hob dann lächelnd die Hand zur Begrüßung. Da wandte sich auch Mascha um und rief erfreut: »Ach, da bist du ja!«

Ich kletterte auf das grasbewachsene Ufer, nahm die Taucherbrille ab und trocknete mir das Gesicht. Der Fremde beobachtete mich weiter und lächelte dabei.

»Wie viele hast du markiert?«, erkundigte sich Mascha geschäftig.

»Einen.« Ich bekam kaum die Lippen auseinander.

»Na, so was«, sagte Mascha und half mir, die Aqualunge abzunehmen. Ich streckte mich im Gras aus. »Gestern hat er zwei markiert«, erklärte Mascha. »Und vorgestern vier. Wenn es so weitergeht, können wir an einen anderen See übersiedeln.« Sie nahm das Handtuch und begann, meinen Rücken abzutrocknen. »Du siehst aus wie ein tiefgefrorener Truthahn«, rief sie. »Übrigens, das ist Leonid Andrejewitsch Gorbowski, Astroarchäologe. Und das, Leonid Andrejewitsch, ist mein Vater: Stanislaw Iwanowitsch.«

Der sehnige Mann nickte und lächelte weiter.

»Sie sind ziemlich durchgefroren, nicht?«, fragte er. »Wir dagegen haben es schön warm hier – Sonne, Wiese ...«

»Er wird gleich wieder zu sich kommen«, erklärte Mascha und fuhr fort, mich aus Leibeskräften abzurubbeln.

»Im Allgemeinen ist er sehr lustig, nur jetzt, wo er so friert …«

Mir wurde klar, dass sie alles Mögliche über mich erzählt hatte und jetzt meinen guten Ruf aufrechterhalten wollte. Sollte sie ruhig – ich hatte keine Zeit, mich darum zu kümmern, weil ich voll und ganz mit Zähneklappern beschäftigt war.

»Mascha und ich haben uns schon Sorgen um Sie gemacht«, erzählte Gorbowski. »Wir wollten Sie sogar suchen, aber ich verstehe mich nicht aufs Tauchen. Sie können sich wahrscheinlich gar nicht vorstellen, dass jemand noch nie getaucht ist …« Er ließ sich rücklings ins Gras fallen, drehte sich um und stützte sich auf den Ellbogen. »Morgen reise ich wieder ab«, teilte er vertraulich mit. »Und ich habe keine Ahnung, wann ich das nächste Mal dazukomme, an einem See im Gras zu liegen und mit einer Aqualunge tauchen zu können …«

»Na los, nehmen Sie sie schon«, sagte ich.

Gorbowski betrachtete die Aqualunge aufmerksam und berührte sie kurz.

»Ich werde mir die Gelegenheit nicht entgehen lassen«, erwiderte er, legte sich aber wieder auf den Rücken ins Gras. Dann verschränkte er die Arme unter dem Kopf und sah mich mit seinen spärlichen Wimpern zwinkernd an. Ohne Zweifel: Er hatte etwas Anziehendes, wenn ich auch nicht sagen konnte, was es genau war. Vielleicht die Augen, die vertrauensvoll und ein bisschen traurig zugleich wirkten, oder die Tatsache, dass sein Ohr so komisch unter dem Verband hervorstand. Als er mich eine Weile angesehen hatte, wandte er den Blick ab und schenkte seine Aufmerksamkeit einer blauen Libelle, die auf einem Grashalm hin und her schaukelte. Seine Lippen formten sich zärtlich zu einem Trichter, und er sagte: »Ach, Libelle, kleine Libelle, wie blau du bist … Und der See so blau … ein richtiges Prachtexemplar. Du sitzt still da und hältst Ausschau, wen du verspeisen könntest …« Er streckte die Hand nach ihr aus, doch die Libelle löste sich von dem Grashalm und flog in weitem Bogen zum Binsendickicht hinüber. Er folgte ihr mit seinem Blick, dann streckte er sich wieder im Gras aus. »Wie kompliziert das alles ist, meine lieben Freunde«, seufzte er. Mascha setzte sich unverzüglich hin und verschlang ihn fast mit ihren großen Augen. »Sie ist vollkommen, elegant und mit allem zufrieden! Sie hat eine Fliege verspeist, sich vermehrt, und schon ist's Zeit für sie zu sterben. Einfach und zweckmäßig. Keine Seelenpein, und von Liebesqualen, Selbsterkenntnis und dem Sinn des Lebens keine Spur …«

»Sie ist eine Maschine«, sagte Mascha unvermittelt. »Eine langweilige Maschine.«

So ist sie, meine Mascha! Um ein Haar hätte ich laut losgelacht, hielt mich aber zurück. Nur kurz prusten musste ich, was mir einen missbilligenden Blick von ihr einbrachte.

»Stimmt«, sagte Gorbowski. »In gewissem Sinne langweilig. Jetzt aber, Freunde, stellt euch mal eine Libelle mit einer schreiend grüngelben Färbung vor, mit roten Querstreifen, einer Flügelspannweite von sieben Metern und Kiefern voll mit schwarzem, ekligem Schleim. Könnt ihr das?« Er zog die Brauen in die Höhe und sah uns an. »Ich sehe schon, es fällt euch schwer. Ich jedenfalls bin halb tot vor Angst davongerannt, als ich auf eine solche traf, dabei trug ich ein Gewehr bei mir. Die Frage ist aber, was diese beiden langweiligen Kyber gemein haben.«

»Die grüne Libelle«, begann ich, »war von einem anderen Planeten, nicht wahr?«

»Das kann man wohl sagen.«

»Von der Pandora?«

»Richtig«, bejahte Gorbowski.

»Was die beiden gemeinsam haben?«

»Ja.«

»Ist doch klar«, sagte ich. »Ein und dasselbe Niveau der Informationsverarbeitung. Sie reagieren auf der Ebene des Instinkts.«

Gorbowski seufzte.

»Das sind nur Worte«, wandte er ein. »Nehmen Sie es mir nicht übel, aber es sind wirklich nur Worte. Sie helfen mir nicht weiter. Meine Aufgabe besteht darin, im All nach Spuren von Intelligenz zu suchen, doch ich habe keine Vorstellung davon, was Intelligenz ist. Die Leute liegen mir in den Ohren – mit Informationsverarbeitung, mit dem unterschiedlichen Niveau, und ich weiß auch selber, dass dieses Niveau bei mir anders ist als bei einer Libelle. Aber letzten Endes sind das doch nur Vermutungen! Oder können Sie sich dafür verbürgen, dass der Termitenbau, den ich neulich fand, kein Werk des Verstandes ist? Auf dem Mars und der Wladislawa sind wir auf Gebäude ohne Türen und Fenster gestoßen – handelt es sich dabei um Spuren von Intelligenz? Wonach also soll ich suchen? Nach Ruinen? Nach Inschriften? Nach einem verrosteten Nagel? Einer Siebenkantmutter? Woher soll ich wissen, was für Spuren fremde Wesen hinterlassen? Vielleicht besteht für sie der Sinn des Lebens darin, Atmosphäre zu vernichten, wo immer sie darauf stoßen? Oder Ringe um Planeten zu errichten? Oder Hybride zu schaffen? Oder das Leben überhaupt erst zu erzeugen? Möglicherweise ist diese Libelle ein kybernetischer Apparat, der vor Urzeiten entwickelt wurde und sich selbst reproduziert? Von den Intelligenz*trägern* spreche ich erst gar nicht. Zwanzigmal kann man an einem eklig glitschigen Vieh vorübergehen, das sich in einer Pfütze suhlt, und angewidert seinen Blick abwenden. Dabei schaut einen das Tier vielleicht mit herrlich gelben Glotzaugen an und denkt: Sieh da, zweifellos eine neue Gattung. Wir müssen eine Expedition hierher entsenden und wenigstens eins dieser Exemplare fangen …«

Gorbowski bedeckte die Augen mit der Hand und begann ein Liedchen zu summen. Mascha verschlang ihn wiederum fast mit den Augen und wartete sehnsüchtig auf die Fortsetzung. Auch ich wartete. Dabei dachte ich mitleidig: Was für ein schlechtes Arbeiten bei einer so unklaren Aufgabenstellung. Schwierige Sache. Man stolpert blind vor sich hin und empfindet weder Freude noch Befriedigung. Schon öfter hatte ich von den Astroarchäologen gehört, die ich freilich nicht richtig ernst nahm. Das tat übrigens kaum jemand.

»Aber es gibt Intelligenz im Kosmos«, fuhr Gorbowski plötzlich fort. »Das steht außer Zweifel. Ich jedenfalls weiß jetzt hundertprozentig, dass sie existiert. Nur ist sie anders beschaffen, als wir uns das vorstellen. Anders, als wir erwartet haben. Außerdem suchen wir nicht an der richtigen Stelle. Möglicherweise auch mit falschen Methoden. Und überhaupt: Wir haben einfach keine genaue Vorstellung von dem, was wir suchen ...«

Stimmt, dachte ich. Wir suchen am falschen Ort und mit falschen Methoden nach etwas, das wir nicht kennen. Wie soll man das ernst nehmen! Das ist doch kindisch!

»Da wäre beispielsweise die ›Stimme der Leere‹«, fuhr Gorbowski fort. »Haben Sie schon davon gehört? Wahrscheinlich nicht. Vor etwa fünfzig Jahren wurde viel darüber geschrieben; heute nicht mehr, weil man nicht damit weiterkam. Verstehen Sie? Weil man es sich nicht erklären konnte, hat man behauptet, es existiere nicht. Es gibt ja genug Dilettanten unter uns. Von der Wissenschaft haben sie keine Ahnung – ob aus Faulheit oder aus Dummheit –, wissen aber vom Hörensagen, dass der Mensch allmächtig sei. Nur dass ihnen das nichts nützt ... Wie blamabel! ... Ein Anthropozentrismus, wie es ihn schäbiger nicht gibt!«

»Und was ist das nun – die ›Stimme der Leere‹?«, fragte Mascha mit angehaltenem Atem.

»Ein ganz eigenartiger Effekt, der in verschiedenen Sektoren des Alls auftritt. Wird das Funkgerät eines Raumschiffs auf automatischen Empfang geschaltet, fängt es über kurz oder lang etwas sehr Seltsames ein: Man vernimmt eine Stimme, die ruhig und monoton stets ein und dieselben Worte wiederholt. In einer Art Fischsprache. Seit Jahren bereits hört man diese Stimme, und es sind auch seit Jahren die gleichen Worte. Ich habe sie selbst gehört – und wie ich viele andere. Freilich spricht kaum jemand darüber, weil die Erinnerung daran nicht sehr angenehm ist: Die Erde ist unvorstellbar weit weg, das All nichts als eine große Leere, und es gibt keinerlei Störungen, höchstens ein paar schwache Geräusche. Und dann plötzlich diese Stimme – während man selbst mutterseelenallein Wache hält. Die anderen schlafen, um einen her herrscht furchterregende Stille – bis auf die Stimme. Wirklich unangenehm, das können Sie mir glauben. Es gibt Aufzeichnungen davon. Viele Wissenschaftler haben sich geplagt, sie zu dechiffrieren, ja tun es heute noch, doch meiner Meinung nach ist das sinnlos ... Und es gibt noch viele weitere Rätsel ... Die Raumfahrer könnten da eine Menge erzählen, aber das tun sie nicht gern ...«

Gorbowski verstummte und sagte dann ebenso traurig wie beharrlich: »Das muss man sich bloß mal vorstellen. Nein, wir haben es wirklich nicht leicht; wir wissen ja nicht einmal, worauf wir eigentlich warten. Jeden Augenblick können wir ihnen gegenüberstehen, von Angesicht zu Angesicht, und dann stellt sich womöglich heraus, dass sie weit höher entwickelt sind als wir. Dass sie ganz anders sind, als wir angenommen haben. Man faselt in dem Zusammenhang immer von Auseinandersetzungen und Konflikten, von unterschiedlichen Auffassungen, was Humanität und Güte betrifft, aber nicht davor habe ich Angst. Was ich befürchte, ist eine große, nie dagewesene Demütigung der Menschheit, ein psychologischer Schock – stolz, wie wir sind. Denn wir haben eine vortreffliche Welt geschaffen, uns ein enormes Wissen zugelegt, den Vorstoß ins Große Universum unternommen, haben geforscht, untersucht, entdeckt. Und was haben wir entdeckt? Das Universum, in dem *sie* zu Hause sind. Seit Jahrmillionen leben sie dort, so wie wir auf der Erde. Und sie werden sich über uns nur wundern – wo wir herkommen, und was wir inmitten all der Sterne suchen …«

Er verstummte jäh und sprang mit einem Satz auf, verharrte, lauschte. Ich zuckte vor Überraschung zusammen.

»Es donnert«, sagte Mascha zögernd und starrte ihn mit offenem Mund an. »Donnergrollen … Es wird ein Gewitter geben …«

Gorbowski aber lauschte weiter und suchte mit den Augen den Himmel ab.

»Nein«, sagte er und setzte sich wieder. »Das ist kein Donner. Es ist ein Flugzeug – dort, sehen Sie?«

In den graublauen Wolken blitzte ein kleiner, glänzender Strich auf und verschwand gleich darauf wieder. Dann hörte man von dort erneut ein schwaches Grollen.

»Jetzt kann man nur noch abwarten«, fügte er unverständlich hinzu. Dabei sah er mich an, lächelnd zwar, doch auch traurig und in angespannter Erwartung. Dieser Ausdruck währte freilich nicht lange. »Und Sie, Stanislaw Iwanowitsch«, fragte er abrupt. »Womit beschäftigen Sie sich?«

Ich sah, dass er das Thema wechseln wollte, und begann von den Septopoden zu erzählen. Dass sie zur Klasse der Zephalopoden, der Kopffüßer, gehörten und hier wieder den Zweikiemern zuzurechnen waren. Dass sie eine besondere, bisher unbekannte Art von Oktopoden darstellten, mit Besonderheiten wie: Atrophie des linken dritten Fangarms bei gleichzeitiger Hypertrophie des dritten rechten, drei Reihen Saugnäpfe an den Armen, völliges Fehlen der Leibeshöhle, ungewöhnlich kräftig entwickelte Venenherzen und eine für Zephalopoden maximale Komprimierung des zentralen Nervensystems. Und dass es daneben noch einige andere, weniger bedeutungsvolle Merkmale gäbe. Sie seien erst vor kurzer Zeit entdeckt worden und tauchten als einzelne Exemplare an den Ost- und Südostküsten Asiens auf, bald darauf auch an den Unterläufen großer Flüsse wie Mekong, Jangtsekiang, Huang-Ho und Amur, aber auch in Seen, die relativ weit von der Meeresküste entfernt lägen – wie etwa in diesem hier. Was erstaunlich sei, denn gewöhnliche Zephalopoden hätten einen überaus hohen Salzbedarf und mieden deshalb selbst die arktischen Gewässer. Außerdem gingen sie so gut wie nie an Land. Nichtsdestoweniger bliebe es eine Tatsache, dass sich die Septopoden in dem Süßwasser hier sehr wohlfühlten und auch an Land kämen. Sie kletterten in Boote und auf Brücken, und erst kürzlich hätte man zwei sogar im Wald entdeckt, etwa dreißig Kilometer von hier entfernt …

Mascha hörte nicht weiter zu – sie kannte das alles aus früheren Erzählungen. Stattdessen ging sie ins Zelt, holte das kleine Funkgerät heraus und stellte es auf automatischen Empfang. Offenbar hatte sie es eilig, die »Stimme der Leere« einzufangen.

Gorbowski hingegen zeigte sich sehr aufmerksam.

»Waren die beiden Septopoden noch am Leben?«, fragte er.

»Nein, sie wurden tot aufgefunden. Hier im Wald; er steht übrigens unter Naturschutz. Wildschweine hatten sie niedergetrampelt und halb aufgefressen. Aber dreißig Kilometer vom Wasser entfernt lebten sie noch! Ihre Mantelhöhlung war mit feuchten Wasserpflanzen gefüllt. Offensichtlich speichern die Tiere auf diese Weise einen gewissen Wasservorrat für ihre Landgänge. Bei den Pflanzen handelte es sich um ausgesprochene Seegewächse, was den Schluss zulässt, dass die beiden Septopoden von diesen Seen hier kamen und weiter nach Süden, ins Landesinnere wollten. Übrigens waren sämtliche Exemplare, die bisher gefangen wurden, ausgewachsene Männchen. Kein einziges weibliches Tier fand sich darunter und auch kein Junges. Offenbar können nur die Männchen im Süßwasser existieren und sich an Land begeben. Ein höchst interessantes Phänomen«, fuhr ich fort. »In der Regel ändern Meerestiere ihre Lebensgewohnheiten nur in der Brunstzeit so abrupt. Dann treibt sie der Instinkt an völlig ungewohnte Orte. In diesem Fall aber kann gar keine Rede von Brunst sein. Hier muss ein anderer Trieb wirken, einer, der möglicherweise noch älter und mächtiger ist als der Fortpflanzungstrieb. Für uns ist jetzt wichtig, ihre Wanderwege zu verfolgen. Deshalb sitze ich auch an diesem See und bleibe rund zehn Stunden täglich unter Wasser. Heute gelang es mir, einen Septopoden zu markieren. Wenn ich Glück habe, erwische ich bis zum Abend noch einen oder zwei. Nachts dagegen lässt man lieber die Finger von ihnen, da werden sie äußerst aggressiv und schnappen nach allem, was sich ihnen nähert. Sie haben sogar schon Menschen angefallen, aber wie gesagt: nur nachts.«

Mascha hatte den Empfänger auf volle Lautstärke gestellt und genoss den Lärm.

»Etwas leiser, Mascha«, bat ich sie.

»Sie markieren also die Septopoden«, stellte Gorbowski fest. »Lustig. Womit eigentlich?«

»Mit Ultraschallsendern.« Ich zog eine Patrone aus dem Markiergerät, entnahm ihr die Kapsel und zeigte sie Gorbowski. »Mit diesen Geschossen. In jeder Patrone befindet sich ein Sender, der unter Wasser zwanzig bis dreißig Kilometer weit zu hören ist.«

Gorbowski nahm die Kapsel vorsichtig in die Hand und betrachtete sie aufmerksam. Sein Gesicht sah auf einmal betrübt und stark gealtert aus.

»Raffiniert«, murmelte er. »Einfach und doch raffiniert …«

Er drehte die Kapsel fortwährend zwischen seinen Fingern, so als wollte er sie bis ins Innerste ergründen; dann legte er sie vor mir ins Gras und erhob sich. Seine Bewegungen schienen mir plötzlich stockend und unsicher. Er ging zu seinen Sachen, die ein wenig abseits lagen, kramte darin herum, fand schließlich die Hose, hielt sie ein Stück von sich ab und blieb reglos so stehen.

Ich beobachtete ihn mit einem unbestimmten Gefühl der Unruhe. Mascha, die das Markiergerät in Anschlag hielt, um Gorbowski zu erläutern, wie es gehandhabt wurde, ließ ebenfalls keinen Blick von ihm. Ihre Mundwinkel zogen sich traurig nach unten. Das war mir schon öfter an ihr aufgefallen: Sie machte stets das gleiche Gesicht wie die Person, die sie gerade beobachtete ....

Gorbowski ergriff plötzlich das Wort, sehr leise und mit einer gewissen Ironie in der Stimme: »Also wirklich, das ist lustig – eine solche Analogie! Jahrhundertelang saßen sie in ihren Meerestiefen und geraten plötzlich in Bewegung, begeben sich in eine fremde, ihnen feindliche Welt! Was treibt sie an? Ein dunkler, uralter Instinkt, sagen Sie? Oder haben sie eine neue Stufe der Informationsverarbeitung erreicht – vielleicht auf dem Niveau unerträglicher Neugier? Es wäre doch viel besser für sie, im heimischen Salzwasser zu bleiben. Aber nein, es drängt sie mit aller Macht fort, an Land ...« Gorbowski gab sich einen Ruck, ja zwang sich förmlich, die Hose anzuziehen. Sie war lang und altmodisch, und er hüpfte komisch auf einem Bein, während er sie überstreifte. »Nicht wahr, Stanislaw Iwanowitsch«, fuhr er fort. »Man könnte meinen, es handle sich um keine gewöhnlichen Zephalopoden.«

»Gewiss, das mag sein«, bestätigte ich.

Aber er hörte mir nicht mehr zu. Er hatte sich zu dem Empfänger umgedreht und starrte ihn an. Mascha und ich starrten gleichfalls auf das Gerät. Es sendete laute, misstönende Signale aus, die an die Interferenzen eines Röntgenapparats erinnerten. Mascha legte das Markiergerät aus der Hand.

»Sechs-komma-null-acht Meter«, sagte sie verwirrt. »Könnte eine Service-Station sein, aber welche?«

Gorbowski, die Augen geschlossen und den Kopf zur Seite geneigt, lauschte den Signalen.

»Nein«, erwiderte er. »Das ist keine Service-Station, das bin ich.«

»Was?«

»Ja doch. Ich – Leonid Andrejewitsch Gorbowski.«

»Aber … wie … wieso?«

Er lachte, allerdings ohne jede Freude.

»Das wüsste ich selbst gern.« Er streifte das Hemd über. »Sehr gern würde ich erfahren, wie es passieren konnte, dass drei Piloten und ihr Raumschiff nach der Rückkehr vom Flug EN 101 – EN 2657 zu Sendern wurden, die auf einer Wellenlänge von sechs-komma-null-acht-drei Metern zu hören sind?«

Mascha und ich schauten uns wortlos an, und auch Gorbowski schwieg. Er streifte seine Sandalen über.

»Wir sind von Ärzten untersucht worden«, fuhr er fort. »Und auch von Physikern.« Er richtete sich auf und klopfte Sand und Grashalme von seiner Hose. »Sie kamen alle zum selben Ergebnis: So etwas sei unmöglich! Man hätte laut loslachen können bei ihren verdutzten Gesichtern. Aber uns war weiß Gott nicht zum Lachen zumute. Tolja Obosow hat seinen Urlaub gar nicht erst angetreten und ist auf die Pandora geflogen – mit der Begründung, wenn er schon senden müsse, wolle er das möglichst weit weg von der Erde tun. Walkenstein hat Arbeit auf einer Unterwasserstation aufgenommen. Nur ich streife durchs Land und strahle Radiowellen aus. Die ganze Zeit warte ich auf etwas. Warte und habe Angst. Habe Angst und warte. Könnt ihr das verstehen?«

»Tja, wie soll ich sagen …« Ich schielte zu Mascha hinüber.

»Sie haben ja recht«, sagte Gorbowski. Er nahm den Empfänger und hielt ihn nachdenklich an das Ohr, das unter dem Verband hervorstand. »Niemand kann sich das erklären. Einen ganzen Monat geht das schon so. Ohne Pause, ohne Abschwächung. Immerzu diese Signale, Tag und Nacht. Ganz gleich, ob wir uns freuen oder Kummer haben, ob wir satt sind oder hungrig, ob wir arbeiten oder uns erholen. In einem fort dieses Uaa-Uii. Die Signale der ›Tariel‹ werden hingegen schwächer. Die ›Tariel‹ ist mein Raumschiff; zurzeit ist es aus dem Verkehr gezogen, sicherheitshalber. Seine Funksignale überlagern sich mit den Steuerimpulsen irgendwelcher Aggregate auf der Venus, und die Leute dort übermitteln verärgert eine Anfrage nach der andern. Na ja, morgen fliege ich die ›Tariel‹ ein Stück weiter weg …« Gorbowski straffte sich und klatschte mit den langen Armen auf die Schenkel. »Also dann, für mich wird's Zeit. Leben Sie wohl und viel Erfolg weiterhin. Auf Wiedersehen, Mascha, zerbrich dir nicht unnütz den Kopf. Diese Nuss ist nicht leicht zu knacken, das kannst du mir glauben.«

Er hob zum Abschied wieder die Hand, nickte und schickte sich zum Gehen an. Hochaufgeschossen und kantig stakte er davon. Wir schauten ihm nach. Am Zelt blieb er ein letztes Mal stehen und sagte: »Nur eins noch – geht möglichst sorgsam mit diesen Septopoden um. Ihr markiert und markiert sie, doch sie, die Ärmsten, haben dadurch womöglich große Unannehmlichkeiten …«

Dann ging er. Ich lag eine Weile bäuchlings im Gras und sah dann zu Mascha hinüber. Sie schaute ihm noch immer hinterher. Gorbowski hatte Eindruck auf sie gemacht, das war ihr anzumerken. Nicht aber auf mich. Mich berührten seine Überlegungen, die Träger der Universalen Vernunft könnten viel entwickelter sein als wir, nicht im Geringsten. Sollten sie! Denn je höher sie standen, desto geringer die Chance, dass wir ihnen über den Weg liefen. Meiner Meinung nach jedenfalls. Das war wie bei der Plötze – die brauchte sich auch nicht vor einem Netz mit großen Löchern zu fürchten. Was aber unseren Stolz anging, eine mögliche Demütigung oder gar einen Schock, so würden wir das gewiss überleben. Ich auf jeden Fall. Und dass sie schon seit Langem das All bewohnten, das zu erobern und zu erforschen wir erst begonnen hatten – was bedeutete das schon? Es war ja nicht unsere Heimat! Für uns waren diese Wesen nichts als ein Teil der Natur, die es zu erkunden und zu erforschen galt, und wenn sie dreimal so hoch entwickelt waren wie wir … Sie gehörten nicht zu unserer Welt! Freilich, wenn sie mich markieren würden wie ich die Septopoden …

Ich sah auf die Uhr und setzte mich hastig auf. Es war Zeit, wieder an die Arbeit zu gehen. Ich notierte die Nummer der letzten Kapsel und überprüfte die Aqualunge. Dann holte ich den Ultraschalllokator aus dem Zelt und verstaute ihn in der Tasche meiner Badehose.

»Hilf mir mal, Mascha«, bat ich und begann die Aqualunge anzulegen.

Das Mädchen saß noch immer vor dem Empfänger und lauschte den Signalen, die nicht verklingen wollten. Dann kam sie meiner Bitte nach, und wir stiegen zusammen ins Wasser. Unter Wasser schaltete ich den Lokator ein. Sogleich vernahmen wir die Signale der markierten Septopoden, die schläfrig im See umherschwammen. Wir tauschten einen vielsagenden Blick und tauchten auf. Mascha prustete, strich sich das nasse Haar aus der Stirn und sagte: »Trotzdem – es gibt einen Unterschied zwischen einem Raumschiff und Wasserpflanzen in der Mantelhöhlung!«

Ich hieß sie, ans Ufer zurückzukehren, und tauchte erneut. Nein, ich an Gorbowskis Stelle würde mich nicht so aufregen. Man braucht das nicht weiter ernst zu nehmen – genauso wenig wie diese ganze Astroarchäologie. Spuren von Intelligenz … psychologischer Schock, ach was … Es wird keinen Schock geben. Wahrscheinlich werden wir einander nicht einmal bemerken. Und außerdem: Was sollten sie schon für ein Interesse an uns haben?

Ein wohleingerichteter Planet

Ryu stand bis zur Hüfte im saftigen grünen Gras und beobachtete, wie der Hubschrauber landete. Der Wind, den die Propeller verursachten, schickte breite, silbrig und dunkelgrün schimmernde Wellen über das Gras. Ryu hatte den Eindruck, dass der Helikopter allzu lange zum Aufsetzen brauchte, und trat ungeduldig von einem Bein aufs andere. Es war ausnehmend schwül. Die kleine weiße Sonne stand hoch am Himmel, und vom Gras stieg feuchte Wärme auf. Das Propellerdröhnen wurde lauter, der Hubschrauber kippte zur Seite, sackte plötzlich um anderthalb Meter ab und versank im Gras auf der Kuppe des Hügels. Ryu stürmte den Abhang hinauf.

Der Motor verstummte, und die Propeller kreisten langsamer, dann standen sie still. Aus dem Innern des Helikopters kamen Menschen zum Vorschein, an ihrer Spitze ein hochaufgeschossener Mann. Er trug eine Jacke mit aufgekrempelten Ärmeln, keinen Helm, und sein von der Sonne gebleichtes Haar sträubte sich widerborstig über dem länglichen, braungebrannten Gesicht. Ryu erkannte ihn: Es war der Leiter der Fährtensucher, Gennadi Komow.

»Guten Tag, der Hausherr«, grüßte Komow aufgeräumt und hielt Ryu die Hand hin, »konnichi-wa!«

»Konnichi-wa, Fährtensucher«, erwiderte Ryu. »Willkommen auf der Leonida.«

Er streckte gleichfalls die Hand zur Begrüßung aus, doch mussten sie noch zehn Schritt aufeinander zugehen.

»Ich freue mich von Herzen, dass Sie gekommen sind.« Ryu strahlte über das ganze Gesicht.

»Waren Sie einsam?«

»Und wie! Mutterseelenallein auf dem ganzen Planeten!«

Hinter Komows Rücken sagte jemand »Verdammt!« und stürzte im selben Augenblick laut zu Boden.

»Das ist Boris Fokin«, erklärte Komow, ohne sich umzudrehen, »unser Archäologe. Er liegt dauernd auf der Nase.«

»Das Gras hier ist aber auch tückisch«, meinte Fokin und stand wieder auf. Er hatte einen kleinen roten Schnurrbart, eine mit Sommersprossen übersäte Nase und trug einen weißen Helm aus Schaumplast auf dem Kopf, der nun allerdings schief saß. Er wischte sich die grün verschmierten Hände an der Hose ab und stellte sich vor: »Fokin, Archäologe bei den Fährtensuchern.«

»Herzlich willkommen«, begrüßte ihn Ryu.

»Und das hier ist Tatjana Paley, Archäologieingenieurin.«

Ryu trat einen Schritt auf sie zu und neigte höflich den Kopf. Die Ingenieurin hatte graue, ausdrucksvolle Augen und strahlend weiße Zähne. Ihre Hand war kräftig und ein wenig rau. Sie nahm sich in ihrer Montur ausgesprochen gut aus.

»Ich heiße Tanja«, stellte sie sich vor.

»Ryu Waseda«, erwiderte er. »Ryu ist der Vor- und Waseda der Familienname.«

»Und hier ist Mboga«, fuhr Komow fort. »Biologe und Jäger.«

»Wo?«, fragte Ryu. »Ach, Entschuldigung! Bitte entschuldigen Sie vielmals.«

»Macht nichts, Genosse Waseda«, erwiderte Mboga. »Guten Tag.«

Von Mboga, einem Pygmäen aus dem Kongo, war über dem Gras einzig sein dunkler Kopf zu sehen, um den er ein weißes Tuch geschlungen hatte. Dicht neben dem Kopf ragte der pechschwarze Lauf eines Karabiners empor.

»Bekannt ist er als Tora der Jäger«, fügte Tatjana hinzu.

Ryu musste sich bücken, um dem Mann die Hand zu schütteln. Aber nun wusste er Bescheid: Tora der Jäger war Mitglied des Komitees zur Bewahrung der Fauna fremder Planeten; zudem hatte er als Biologe die »Lebensbakterie« auf der Pandora entdeckt und als Tierpsychologe die schrecklichen »Sora-tobu Hiru« – die Flugegel vom Mars – gezähmt. Ryu war seine dumme Frage furchtbar peinlich.

»Wie ich sehe, sind Sie nicht bewaffnet, Genosse Waseda«, wunderte sich Mboga.

»Ich habe eine Pistole«, erklärte Ryu, »aber nur eine großkalibrige.«

»Ich verstehe.« Mboga nickte. Dann sah er sich um und bemerkte: »Wir haben also doch einen Steppenbrand verursacht.«

Ryu drehte sich ebenfalls um. Vom Hügel bis zum Horizont erstreckte sich ebenes Land, das mit glänzendem, saftigem Gras bestanden war. In drei Kilometern Entfernung aber brannte das Gras, entzündet vom Reaktor der Landekapsel. Dichte weiße Rauchschwaden stiegen zum hellen Himmel auf, hinter denen man verschwommen die Kapsel erkannte – ein dunkles, eiförmiges Gebilde auf drei Streben. Um das Ei herum zeichnete sich ein breiter Kreis verbrannter Erde ab.

»Das Feuer wird bald verglimmen«, meinte Ryu. »Es ist ja sehr feucht hier. Aber kommen Sie, ich zeige Ihnen Ihr Reich.«

Er nahm Komow beim Arm und führte ihn am Hubschrauber vorbei auf die andere Seite des Hügels. Die Kollegen folgten ihnen. Ryu sah sich ein paarmal um und nickte ihnen ermunternd zu.

»Es ist unangenehm, schon bei der Landung Unheil anzurichten«, meinte Komow ärgerlich.

»Das Feuer wird bald verglimmen«, wiederholte Ryu und hörte, wie hinter ihm Fokin besorgt zur Archäologieingenieurin sagte: »Vorsicht, Tanja, hier ist eine sumpfige Stelle ...« – »Das sehe ich selbst«, antwortete Tanja. »Schau lieber vor deine eigenen Füße.«

»Hier ist es«, sagte Ryu.

Ein breiter, ruhig dahinströmender Fluss durchschnitt die grüne Ebene. Dort wo der Fluss eine Biegung machte, glitzerte ein Wellblechdach.

»Das ist mein Laboratorium«, erklärte Ryu.

Rechts vom Gebäude stiegen rote und schwarze Rauchwolken zum Himmel auf.

»Und dort wird ein Lager gebaut«, sagte er.

Im Rauch sah man ein paar undeutliche Schatten umherhuschen, und für einen kurzen Augenblick kam eine riesige, ungelenk wirkende Maschine auf Raupenketten zum Vorschein – der Chefroboter. Durch den Rauch hindurch blitzte es auf, ein weit hallendes Donnergrollen folgte, und der Rauch wurde noch dichter.

»Und dort ist die Stadt«, sagte Ryu.

Die Entfernung vom Stützpunkt bis zur Stadt betrug einen guten Kilometer. Vom Hügel aus glichen die Gebäude kleinen grauen Ziegelsteinen. Sechzehn flache graue Ziegelsteine ragten aus dem grünen Gras.

»Hm«, meinte Fokin. »Die Anordnung ist sehr ungewöhnlich.«

Komow nickte schweigend. Die Stadt ähnelte in nichts den beiden anderen, die sie gesehen hatten. Die Fährtensucher – Mitarbeiter der Kommission zur Erforschung von Spuren vernunftbegabter Wesen im Kosmos – waren vor der Entdeckung der Leonida nur auf zwei Städte gestoßen, eine auf dem Mars und eine auf der Wladislawa, beide ausgestorben und ganz offensichtlich von ein und demselben Architekten entworfen: Die Gebäude besaßen Zylinderform und ragten mehrere Stockwerke tief ins Erdreich hinein. Sie bestanden aus einem schwach leuchtenden Siliziumgemisch und waren konzentrisch angeordnet. Die Stadt auf der Leonida dagegen war völlig anders. Zwei Reihen grauer Steinquader aus porösem Kalkstein.

»Waren Sie nach Gorbowski schon einmal dort?«, fragte Komow.

»Nein«, antwortete Ryu. »Kein einziges Mal. Ich hatte einfach keine Zeit. Und dann bin ich ja auch kein Archäologe, sondern Atmosphärenphysiker. Außerdem hatte mich Gorbowski gebeten, nicht hinzugehen.«

Von der Baustelle hörte man lautes Getöse. In dichten Schwaden stieg roter Rauch auf, durch dessen Schleier sich schon die glatten Wände des Lagers abzeichneten. Der Chefroboter kam aus dem Rauch heraus ins Gras gerollt. Neben ihm her hüpften ein paar schwarze Baukyber, die an Heuschrecken erinnerten. Gleich darauf hatten die Kyber eine Kette gebildet und rasten zum Fluss.

»Wo wollen die denn hin?«, fragte Fokin neugierig.

»Baden«, vermutete Tanja.

»Sie planieren noch die Aufschüttung«, erklärte Ryu. »Das Lager ist fast fertig. Dann werden sie umprogrammiert und bauen einen Hangar und eine Wasserleitung.«

»Eine Wasserleitung!«, rief Fokin begeistert.

»Dennoch wäre es besser gewesen, den Stützpunkt in etwas größerer Entfernung von der Stadt zu errichten«, meinte Komow nachdenklich.

»Gorbowski wollte es so«, erklärte Ryu. »Er fand es nicht gut, sich so weit vom Stützpunkt zu entfernen.«

»Auch wieder wahr«, stimmte Komow zu. »Hauptsache, die Kyber richten keinen Schaden in der Stadt an.«

»Ich bitte Sie! Keinen Fuß setzen sie dorthin!«

»Ein wohleingerichteter Planet«, fand Mboga.

»In der Tat«, bestätigte Ryu fröhlich. »Der Fluss, die saubere Luft, das viele Grün und keinerlei Mücken oder andere schädliche Insekten!«

»Ein ausgesprochen wohleingerichteter Planet«, wiederholte Mboga.

»Kann man hier auch baden?«, erkundigte sich Tanja.

Ryu sah zum Fluss hinüber. Er wirkte grünlich trübe, war jedoch ein richtiger Fluss mit richtigem Wasser. Die Leonida war der erste Planet, dessen Luft der Mensch atmen konnte und der über echtes Wasser verfügte.

»Ich glaube schon«, sagte Ryu schließlich. »Obwohl ich es selbst noch nicht ausprobiert habe – es war einfach keine Zeit dazu.«

»Wir werden jeden Tag baden«, meinte Tanja.

»Na, und ob!«, rief Fokin beifällig. »Dreimal am Tag! Wir werden gar nichts anderes tun als baden!«

»Lass gut sein«, bat Komow. »Und was ist das?« Er wies auf eine flache Hügelkette am Horizont.

»Keine Ahnung«, erwiderte Ryu. »Bisher ist noch niemand dort gewesen. Als Walkenstein plötzlich krank wurde, musste Gorbowski wieder abfliegen. Gerade, dass er meine Ausrüstung und Apparaturen ausgeladen hatte.«

Eine Zeit lang schwiegen sie und schauten zu den Hügeln hinüber. Dann meinte Komow: »In etwa drei Tagen werde ich den Fluss abfliegen.«

»Wenn es noch Spuren gibt«, sagte Fokin, »müssen wir sie auf jeden Fall am Fluss suchen.«

»Wahrscheinlich«, stimmte ihm Ryu höflich zu. »Aber jetzt gehen wir zu mir.«

Komow warf einen fragenden Blick zum Hubschrauber hinüber.

»Keine Angst«, meinte Ryu. »Der kann ruhig hier stehen bleiben. Die Nilpferde kommen nicht die Hügel hoch.«

»Oh«, rief Mboga. »Nilpferde?«

»Ach, ich nenne sie bloß so. Von Weitem sehen sie aus wie Nilpferde, von Nahem habe ich sie noch gar nicht zu Gesicht bekommen.«

Sie marschierten den Hügel hinunter.

»Auf der anderen Seite des Flusses ist das Gras sehr hoch«, sagte Ryu. »Ich konnte nur ihre Rücken sehen.«

Mboga ging mit leisen, geschmeidigen Schritten neben ihm, es schien, als würde das Gras ihn umfließen.

»Und es gibt Vögel hier«, fuhr Ryu fort. »Sie sind sehr groß und fliegen mitunter ziemlich tief. Einer von ihnen hätte mir um ein Haar das Ortungsgerät aus der Hand geschlagen.«

Komow schaute zum Himmel, ohne seinen Schritt zu verlangsamen. Als Sonnenschutz legte er die Hand über die Augen.

»Ich muss einen Funkspruch zur ›Sonnenblume‹ schicken«, sagte er. »Könnte ich Ihren Sender benutzen?«

»So oft Sie wollen«, sagte Ryu. »Wissen Sie, Percy Dickson wollte mal einen von ihnen abschießen – ich meine die Vögel –, aber Gorbowski hat es nicht erlaubt.«

»Warum nicht?«, fragte Mboga.

»Ich weiß nicht«, erwiderte Ryu. »Jedenfalls war er furchtbar wütend und wollte allen die Waffen wegnehmen.«

»Er hat sie uns weggenommen«, erzählte Fokin. »Es gab ziemlichen Krach bei der Sitzung des Rates, und Gorbowski hat sich – meiner Meinung nach nicht sehr kollegial – einfach aufgrund seiner Autorität gegen die anderen durchgesetzt.«

»Nur bei Tora hat man eine Ausnahme gemacht«, sagte Tanja.

»Stimmt«, schaltete der sich ein. »Ich habe mein Gewehr behalten. Obwohl ich Gorbowski in gewisser Weise verstehen kann: Hier widerstrebt es einem zu schießen.«

»Trotzdem hat Gorbowski allerhand Eigenheiten«, beharrte Fokin.

»Möglich«, meinte Ryu zurückhaltend.

Sie näherten sich der geräumigen Laborkuppel mit der niedrigen, runden Tür. Über der Kuppel drehten sich in verschiedenen Richtungen drei gitterförmige Radarantennen.

»Hier könnten wir Ihre Zelte aufschlagen«, schlug Ryu vor. »Sollte Ihnen etwas Stabileres lieber sein, erteile ich den Kybern eine entsprechende Anweisung.«

Komow warf einen Blick auf die Kuppel, dann auf die roten und schwarzen Rauchschwaden, die hinter dem Labor aufstiegen, und schließlich zu den grauen Dächern der Stadt hinüber. Schuldbewusst meinte er: »Wissen Sie, Ryu, ich fürchte, wir werden Sie hier stören. Wäre es nicht besser, wir würden uns in der Stadt einrichten?«

»Hier riecht es auch etwas verbrannt«, fügte Tanja hinzu. »Außerdem habe ich Angst vor den Kybern …«

»Ich habe ebenfalls Angst vor den Kybern«, erklärte Fokin bestimmt.

Ryu zuckte gekränkt mit den Schultern.

»Wie Sie wollen«, erwiderte er. »Ich finde es sehr schön hier.«

»Wenn wir unsere Zelte aufgeschlagen haben«, meinte Tanja, »ziehen Sie zu uns, einverstanden? Sie werden sehen, es wird Ihnen bestimmt gefallen.«

»Hm … na vielleicht …«, murmelte Ryu. »Fürs Erste aber lade ich Sie zu mir ein.«

Die Archäologen gingen in gebückter Haltung auf die niedrige Tür zu. Den Schluss bildete Mboga, der freilich nicht einmal den Kopf zu neigen brauchte.

Ryu blieb einen Augenblick an der Schwelle stehen, sah sich um und entdeckte, dass die Erde ringsum zertrampelt war. Das Gras wirkte gelblich verfärbt und war niedergetreten, die Lithoplaststapel eingedrückt, und dann nahm auch er den eigenartigen Brandgeruch wahr.

Die Stadt besaß eine einzige Straße, die sehr breit und mit dichtem Gras bewachsen war. Sie zog sich fast genau am Meridian entlang und endete unweit des Flusses. Komow entschied, das Lager im Zentrum der Stadt zu errichten, womit sie um drei Uhr nachmittags begannen (ein Tag auf der Leonida hat siebenundzwanzig Stunden und ein paar Minuten).

Es schien noch heißer geworden zu sein. Der Wind hatte nachgelassen, über den grauen Parallelepipeden der Gebäude zitterte die glühend heiße Luft, und nur im südlichen Teil der Stadt, näher zum Fluss hin, war es ein wenig kühler. Es roch »nach Heu«, wie Fokin sich ausdrückte, und »ein bisschen nach Chlorellaplantagen«.

Komow war zusammen mit Mboga und Ryu, der seine Hilfe angeboten hatte, in den Hubschrauber gestiegen und zur Landekapsel geflogen, um Apparaturen und Lebensmittel zu holen. Tatjana und Fokin begannen inzwischen mit der Vermessung der Stadt. Als die Männer nach dem ersten Flug landeten, erklärte Fokin, der beim Ausladen half, mit bedeutungsvollem Gesicht, alle Gebäude der Stadt besäßen ungefähr dieselben Maße. Ryu antwortete höflich, das sei sehr interessant, woraufhin Fokin vermutete, die Gebäude hätten wohl ein und dieselbe Funktion. »Man muss nur herausfinden, welche«, fügte er nach einigem Nachdenken hinzu.

Als der Hubschrauber zum zweiten Mal landete, sah Komow, dass Tanja und Fokin einen hohen Mast aufgestellt und die Flagge der Fährtensucher über der Stadt gehisst hatten – ein großes weißes Tuch mit der stilisierten Abbildung einer Siebenkantmutter. (Fast einhundert Jahre zuvor hatte es ein berühmter Planetenerkunder kategorisch abgelehnt, im Kosmos nach Spuren fremder Vernunft zu suchen, und erklärt, als unwiderlegbaren Beweis für außerirdische Intelligenz ließe er einzig die Radachse, die in Felsen gehauene Skizze des Pythagoras-Theorems und eine Siebenkantmutter gelten. Die Fährtensucher hatten seine Herausforderung angenommen und ihr Banner mit der Darstellung der Siebenkantmutter versehen.)

Komow grüßte die Fahne; viel Treibstoff war verbraucht und viele Parsec zurückgelegt worden, seit es sie gab. Auf dem Mars, über den ringförmigen Straßen der ausgestorbenen Stadt, hatte sie zum ersten Mal geflattert. Da hatte man es noch für möglich gehalten, die Stadt wie auch die Satelliten des Mars seien natürlicher Herkunft. Die kühnsten Fährtensucher hingegen vermuteten schon damals, dass die Stadt und die Satelliten die einzigen noch existierenden Spuren einer rätselhaft entschwundenen Marszivilisation seien. Wie viele Parsec hatten sie hinter sich bringen, wie viel Erde umgraben müssen, ehe unzweifelhaft feststand: Die leeren Städte und verlassenen Satelliten waren von Fremden aus einem fernen und unbekannten Planetensystem errichtet worden. Die Stadt auf der Leonida aber …

Komow warf den letzten Packen aus dem Hubschrauber, sprang ins Gras und schlug die Kabinentür zu. Ryu ging auf ihn zu und sagte, während er sich die Jackenärmel herunterkrempelte: »Wenn Sie gestatten, Gennadi, verlasse ich Sie jetzt. In zwanzig Minuten muss ich die Sonden überprüfen.«

»Natürlich«, stimmte Komow zu. »Und vielen Dank, Ryu. Kommen Sie doch nachher zum Abendessen zu uns.«

Ryu sah auf die Uhr und erwiderte: »Gerne, aber ich kann es nicht versprechen.«

Mboga hatte den Karabiner an die Mauer des nächstgelegenen Gebäudes gelehnt und baute das aufblasbare Zelt mitten auf der Straße auf. Er schaute Ryu hinterher und lächelte dann Komow zu; dabei zog er die dunklen Lippen in seinem kleinen, faltigen Gesicht weit auseinander.

»Wahrhaftig, ein wohleingerichteter Planet, Gennadi«, sagte er. »Hier braucht man kein Gewehr, kann die Zelte mitten im Gras aufschlagen … Und sehen Sie mal dort …«

Er nickte zu Fokin und Tanja hinüber. Die beiden hatten das Gras um sich her breitgetreten und machten sich jetzt im Schatten des Gebäudes am Expresslabor zu schaffen. Tanja trug eine ärmellose Seidenbluse und Shorts; die schweren Schuhe hatte sie ausgezogen und auf dem Dach des Hauses abgestellt, ihr Overall lag achtlos auf den Säcken. Fokin trug ebenfalls Shorts und versuchte gerade voller Eifer, seine schweißnasse Jacke abzustreifen.

»Meine Güte«, sagte Tanja. »Wo hast du denn die Akkumulatoren angeschlossen?«

»Sofort, Tanja. Ich zeige es dir gleich«, murmelte Fokin.

»Du hast recht«, meinte Komow. »Die Leonida ist wirklich etwas anderes als die Pandora.«

Er nahm das zweite Zelt aus dem Sack und begann die Zentrifugalpumpe anzuschließen. Wirklich, kein Vergleich mit der Pandora, dachte er. Er erinnerte sich an den finsteren Dschungel, durch den sie sich – mit schweren Schutzskaphandern und entsicherten Desintegratoren in Händen – einen Weg hatten bahnen müssen. Unter ihren Füßen hatte das Wasser geschmatzt, und bei jedem Schritt war vielbeiniges ekliges Getier in alle Richtungen gestoben. Über ihren Köpfen, durch das Gewirr klebriger Zweige hindurch, hatten düster zwei blutfarbene Sonnen geleuchtet. Und nicht nur auf der Pandora war es so gewesen! Die Fährtensucher und Planetenerkunder mussten sich überall dort mit größter Vorsicht bewegen, wo es eine Atmosphäre gab; sie mussten Kolonnen von Erkundungskybern vor sich her jagen und mobile kybernetische Biolaboratorien, Toxindetektoren und Kondenswolken mit Universalviren einsetzen. Der Raumschiffkommandant war verpflichtet, unmittelbar nach der Landung eine gefahrenfreie Zone mithilfe von Thermit herauszubrennen, und das größte Vergehen bestand darin, das Schiff ohne vorherige gründliche Desinfektion und Desinsektion zu betreten. Die mit dem menschlichen Auge nicht erkennbaren kleinen Ungeheuer waren schlimmer als die Pest, sodass den Unvorsichtigen immerzu ein furchtbarer Aussatz drohte. So war es jedenfalls vor dreißig Jahren gewesen. Und es könnte auch jetzt noch so sein – selbst auf der »wohleingerichteten« Leonida. Hier gab es nämlich ebenfalls eine Mikrofauna, noch dazu eine sehr üppige. Vor dreißig Jahren aber, als der kleine Doktor Mboga auf der schrecklichen Pandora die »Lebensbakterie« entdeckte, erfand Professor Karpenko auf der Erde die »Bioblockade«: Eine Injektion täglich, unter Umständen sogar nur einmal die Woche. Komow wischte sich den Schweiß vom Gesicht und knöpfte die Jacke auf.

Als sich die Sonne gegen Westen neigte und der weißliche Himmel im Osten eine dunkelviolette Färbung annahm, setzten sie sich zum Abendbrot. Das Lager war fertig. Mitten auf der Straße standen drei Zelte; die Säcke und Kisten mit den Geräten waren akkurat vor der Mauer eines Gebäudes aufgebaut. Fokin bereitete das Abendessen, wobei er immer wieder laut aufseufzte. Sie waren alle hungrig und warteten deshalb nicht erst auf Ryu. Von ihrem Standort aus konnten sie sehen, dass der Atmosphärenphysiker auf dem Dach seines Labors saß und mit den Antennen hantierte.

»Macht nichts«, meinte Tanja. »Wir lassen ihm etwas übrig.«

»Ach was«, erwiderte Fokin und stopfte gekochtes Kalbfleisch in sich hinein. »Wenn er Hunger hat, wird er schon kommen.«

»Du hast den Hubschrauber schlecht geparkt, Gennadi«, rügte Tanja. »Hast uns den Blick auf den Fluss ja völlig versperrt.«

Alle sahen zum Hubschrauber hinüber – vom Fluss war in der Tat nichts zu entdecken.

»Vom Dach aus hat man hingegen einen sehr guten Blick«, entgegnete Komow ungerührt.

»Nein, wirklich«, sagte nun auch Fokin, der mit dem Rücken zum Fluss saß. »Es gibt rein gar nichts, wo man einigermaßen geschmackvoll hinschauen könnte.«

»Was heißt hier ›rein gar nichts‹?«, fragte Komow wiederum ungerührt. »Und das Kalbfleisch?«

Dann legte er sich auf den Rücken und schaute in den Himmel.

»Mich beschäftigt die Frage«, begann Fokin und wischte sich den Schnurrbart mit einer Serviette ab, »wie wir in diese Särge da hineinkommen sollen.« Er wies mit dem Daumen auf das nächstgelegene Gebäude. »Werden wir graben oder die Wände aufmeißeln?«

»Deswegen lass dir mal keine grauen Haare wachsen«, erwiderte Komow träge. »Interessanter ist doch, wie die, die sie gebaut haben, da hineingekommen sind. Meinst du, sie hätten die Wände aufgemeißelt?«

Fokin sah Komow nachdenklich an und meinte: »Über sie wissen wir doch im Grunde nichts. Vielleicht brauchten sie ja gar nicht hinein.«

»Aha«, sagte Tanja. »Ein neues Architekturprinzip: Man setzt sich ins Gras, zieht um sich herum Wände hoch, schließt die Decke darüber und … und …«

»Und tritt ab«, beendete Mboga ihren Satz.

»Und wenn es tatsächlich Grabkammern sind?«, fragte Fokin herausfordernd.

Eine Zeit lang dachten sie laut über diese Vermutung nach, dann wechselte Komow das Thema und fragte: »Was ist eigentlich mit den Analysen, Tatjana?«

»Es ist Kalkstein«, erwiderte Tanja. »Kohlensaures Kalzium. Mit vielen Zusätzen, versteht sich. Wissen Sie, womit das Ganze Ähnlichkeit hat? Mit Korallenriffen. Es sieht auch so aus, als wäre jedes dieser Gebäude aus einem Stück gehauen …«

»Ein Monolith natürlichen Ursprungs.«

»Da haben wir's!«, rief Fokin. »Es ist doch immer dasselbe: Wenn wir schon mal auf Spuren stoßen, finden sich sogleich Kollegen, die erklären, es handle sich um natürliche Gebilde …«

»Eine nachvollziehbare Vermutung«, erwiderte Komow.

»Morgen schnappen wir uns den Intravisor, und dann sehen wir weiter«, schlug Tanja vor. »Das Wichtigste ist doch, dass der Kalkstein hier nichts mit dem Bernsteinit gemein hat, aus dem die Stadt auf dem Mars erbaut ist. Und die auf der Wladislawa.«

»Das heißt, außer uns treiben sich noch andere Wesen auf den Planeten herum«, schloss Komow. »Es wäre schön, wenn sie uns diesmal handfestere Beweise ihrer Anwesenheit hinterließen.«

»Eine Bibliothek müsste man finden«, seufzte Fokin schwärmerisch. »Oder Maschinen!«

Sie verstummten. Mboga holte seine Stummelpfeife hervor und begann, sie zu stopfen. Er hockte auf dem Boden und blickte nachdenklich über die Zelte hinweg in den Himmel. Sein kleines Gesicht unter dem weißen Tuch strahlte Ruhe und Zufriedenheit aus.

»Wie still es ist«, sagte Tanja.

Als hätte es bloß dieser Worte bedurft, brach vom Stützpunkt her lautes Getöse los.

»Teufel noch mal«, murmelte Fokin. »Was soll denn das nun wieder?«

Mboga stieß einen Rauchkringel in die Luft, folgte ihm mit seinem Blick und erwiderte leise: »Mir geht es genauso, Boris. Auch ich kann mich zum ersten Mal in meinem Leben nicht darüber freuen, unsere Maschinen auf einem fremden Planeten arbeiten zu hören.«

»Es liegt wohl einfach daran, dass er uns so fremd gar nicht ist«, vermutete Tanja.

Ein großer schwarzer Käfer surrte heran – niemand wusste, woher –, zog mit tiefem Brummen zwei Kreise über den Fährtensuchern und verschwand wieder. Fokin, den Kopf auf den angewinkelten Arm gelegt, war am Einschlafen und seufzte leise. Tanja stand auf und ging ins Zelt. Auch Komow erhob sich und reckte sich genüsslich. Es war sehr still und friedlich ringsum, und Komow erschrak, als Mboga plötzlich wie eine Sprungfeder hochschnellte und, das Gesicht dem Fluss zugewandt, reglos verharrte. Komow schaute gleichfalls zum Fluss.

Ein gigantisches schwarzes Tier bewegte sich auf ihr Lager zu. Obwohl der Hubschrauber dazwischenstand, sah man es schwankend näher kommen. Das Licht der Abendsonne lag auf den feuchtglänzenden Flanken, die sich wie die eines Nilpferdes blähten. Der Koloss trat das Gras auseinander, bewegte sich ziemlich schnell voran, und Komow sah voller Entsetzen, wie der Hubschrauber zu schwanken anfing und langsam zur Seite kippte. Zwischen den Gebäudemauern und dem Helikopter kam nun eine niedrige, massige Stirn mit zwei großen Höckern zum Vorschein; Komow erblickte zwei kleine stumpfe Augen, die, so schien ihm wenigstens, unverwandt auf ihn gerichtet waren. »Vorsicht!«, schrie er.

Der Hubschrauber stürzte um, und die Propeller gruben sich ins Gras. Das Tier aber kam immer näher. Es war mindestens drei Meter hoch, seine runden Seiten blähten sich in regelmäßigen Abständen, und sein lauter, gleichmäßiger Atem war deutlich zu hören.

Mboga, der hinter Komow stand, klickte mit dem Karabiner. Erst da kam Komow zu sich und stahl sich rückwärtsgehend zu den Zelten. Fokin, auf allen vieren und bedeutend schneller als er, überholte ihn. Das Ungeheuer war nur noch etwa zwanzig Schritt entfernt.

»Schaffen Sie es, das Lager abzubauen?«, fragte Mboga hastig.

»Nein.«

»Dann werde ich schießen.«

»Augenblick noch«, bat Komow. Er trat ein Stück vor, hob die Hand und rief: »Halt!«

Der Koloss verharrte für einen Augenblick. Die höckrige Stirn reckte sich unvermittelt in die Höhe, und der Rachen, geräumig wie die Kabine des Helikopters, öffnete sich weit. Das Maul des Tieres war voll von grünem Grasbrei.

»Gennadi«, rief Tanja. »Komm sofort zurück!«

Das Ungeheuer gab ein lang anhaltendes Zischen von sich und näherte sich jetzt noch schneller.

»Halt!«, rief Komow erneut, diesmal freilich nicht sehr überzeugend. »Offensichtlich ein Grasfresser«, erklärte er und zog sich weiter zu den Zelten zurück.

Dann sah er sich um. Mboga stand hinter ihm, das Gewehr im Anschlag, und Tanja hielt sich bereits die Ohren zu. Neben ihr erblickte er Fokin, der einen Sack auf dem Rücken trug; sein Schnurrbart war zerzaust.

»Wird denn heute noch auf das Vieh geschossen oder nicht?!«, schrie er mit unnatürlicher Stimme. »Soll ich den Intravisor wegschaffen oder …«

Ein wahrer Donnerschlag schnitt ihm das Wort ab. Mbogas halbautomatisches Jagdgewehr hatte ein Kaliber von 16,3 Millimetern, und die Stoßkraft der Kugel aus zehn Schritt Entfernung betrug etwa acht Tonnen. Der Einschuss erfolgte genau in die Mitte der Stirn, zwischen den beiden Höckern. Das Tier plumpste mit voller Wucht aufs Hinterteil. Erneut ein Donnerschlag! Der zweite Treffer riss es auf den Rücken herum. Die kurzen, dicken Beine zuckten krampfhaft in der Luft, und aus dem dichten Gras drang ein Röcheln. Der schwarze Leib blähte sich noch einmal auf und fiel in sich zusammen, dann war alles still. Mboga ließ das Gewehr sinken.

»Lasst es uns ansehen«, sagte er.

Von seiner Größe her stand das Tier einem ausgewachsenen afrikanischen Elefanten nicht nach, doch mehr erinnerte es an ein riesiges Nilpferd.

»Es hat rotes Blut«, sagte Fokin. »Aber was ist das?«

Das Tier lag auf der Seite, und an seinem Bauch entdeckten sie drei Reihen weicher, faustgroßer Erhebungen, aus denen eine glänzende, zähe Flüssigkeit troff. Sofort begann Mboga laut zu schnuppern, dann nahm er einen Tropfen der Flüssigkeit auf die Fingerspitze und kostete.

»Pfui Teufel!«, rief Fokin.

Die Gesichter der anderen zeigten denselben angeekelten Ausdruck.

»Honig«, sagte Mboga.

»Wie ist das möglich?«, wunderte sich Komow.

Nach kurzem Zögern streckte auch er den Finger nach der Flüssigkeit aus. Tanja und Fokin verfolgten seine Bewegungen voller Abscheu. »Tatsächlich«, rief er. »Echter Honig! Lindenhonig.«

»Doktor Dickson hat herausgefunden, dass das Gras viele Saccharide enthält«, erklärte Mboga.

»Ein Honig produzierendes Monster«, stellte Fokin fest. »Wir hätten es doch nicht töten sollen.«

»Von wegen – wir!«, rief Tanja. »Meine Güte, jetzt bring doch endlich den Intravisor zurück.«

»Schon gut«, meinte Komow. »Und was machen wir jetzt? Bei dieser Hitze können wir einen so großen Kadaver nicht lange neben dem Lager liegen lassen.«

»Ich mache das schon«, erwiderte Mboga. »Setzt die Zelte um etwa zwanzig Schritt zurück. Ich nehme die nötigen Messungen vor, schaue mir das Tier noch einmal genau an und vernichte es dann.«

»Und wie?«, wollte Tanja wissen.

»Mit dem Desintegrator. Ich habe einen dabei. Dir würde ich freilich raten, das Weite zu suchen. Ich werde mich jetzt an eine sehr unappetitliche Arbeit machen.«

Schnelle Schritte wurden laut, und hinter den Zelten trat Ryu hervor, der eine große automatische Pistole in der Hand trug.

»Was ist los?«, fragte er keuchend.

»Wir haben eins eurer Nilpferde getötet«, erklärte Fokin wichtig.

Ryu ließ seinen Blick rasch von einem zum andern gleiten, beruhigte sich und steckte die Pistole ins Holster. »Wollte es angreifen?«

»Eigentlich nicht«, meinte Komow verlegen. »Es trottete wohl einfach durch die Gegend, aber wir mussten es ja irgendwie zum Stehen bringen.«

Ryu sah zum umgekippten Hubschrauber hinüber und nickte.

»Könnten wir mit dem Fleisch nicht die Speisekarte bereichern?«, rief Fokin aus dem Zelt.

»Das hat anscheinend schon ein anderer versucht«, antwortete Mboga langsam.

Komow und Ryu traten näher zu Mboga, der mehrere breite, tiefe und ziemlich glatte Narben in der Nähe der Rippen untersuchte.

»Die stammen von ein paar gewaltigen, messerscharfen Hauern«, erklärte Mboga. »Ein anderes Tier hat ihm mit mächtigen Bissen Fleischbrocken von zwei bis drei Kilogramm herausgerissen.«

»Das ist ja schrecklich«, rief Ryu bestürzt.

Hoch über ihnen ertönte ein seltsamer, langgezogener Schrei, und sie sahen nach oben.

»Das sind sie!«, erklärte Ryu.

Große hellgraue Vögel, Adlern ähnlich, glitten im Sturzflug auf die Stadt herab. Einer nach dem andern kamen sie aus riesiger Höhe angeschossen, breiteten, fast schon über den Köpfen der Fährtensucher, weite, weiche Schwingen aus und strebten ebenso schnell wieder zum Himmel empor. Dabei umhüllten sie die Planetenerkunder mit einem Wirbel warmer Luft. Es waren gewaltige Vögel, größer als die Kondore auf der Erde, größer als die fliegenden Drachen der Pandora.

»Raubvögel!«, sagte Ryu erregt und wollte schon die Pistole hervorholen, doch Mboga hielt seine Hand fest.

Die Vögel zogen noch einige Kreise über der Stadt und flogen dann nach Süden in den violetten Abendhimmel. Als der Letzte von ihnen verschwunden war, ertönte wieder derselbe langgezogene alarmierende Ruf.

»Um ein Haar hätte ich geschossen«, meinte Ryu erleichtert.

»Ich weiß«, erwiderte Mboga. »Aber mir schien ...« Er brach mitten im Satz ab.

»Ja«, sagte Komow. »Ich hatte ebenfalls den Eindruck ...«

Nach einigem Nachdenken entschied Komow, die Zelte nicht um zwanzig Schritt zu verlegen, sondern sie auf dem flachen Dach eines der Gebäude aufzubauen. Die Bauten waren nicht allzu hoch, etwa zwei Meter, und ließen sich leicht erklimmen. Auf dem Dach des benachbarten Gebäudes lagerten Tanja und Fokin die Säcke mit den wertvollsten Geräten. Wie sich herausstellte, hatte der Hubschrauber keinen Schaden genommen. Auch ihn stellte Komow auf einem der Dächer ab.

Im Licht der Scheinwerfer hantierte Mboga die ganze Nacht an dem massigen Tierkörper, und gegen Morgen hallte die Straße dann von einem durchdringenden Zischen wider; über der Stadt stieg eine große Wolke weißen Dampfes empor, die im Schein der Morgensonne orangefarben verflammte. Fokin, der noch nie einen organischen Desintegrator beobachtet hatte, kam, einzig mit Shorts bekleidet, aus dem Zelt gestürzt. Freilich zu spät. Er sah nur noch Mboga, der gemächlich die Scheinwerfer zusammenpackte, und einen großen Haufen feiner grauer Asche auf dem schwarz verfärbten Gras. Von dem Honig produzierenden Monster war nichts übrig geblieben als ein hässlicher Kopf, der, bestens präpariert, aus einer durchsichtigen Plasthülle lugte. Er war für das kosmozoologische Museum in Capetown bestimmt.

Fokin wünschte Mboga einen guten Morgen und wollte zu seinem Zelt zurück, um noch ein bisschen zu schlafen. Doch da tauchte Komow auf und fragte, wo er hinwolle. »Mich anziehen, natürlich«, erwiderte Fokin würdevoll. Der Morgen war frisch und klar, nur im Süden standen reglos ein paar weiße, zottige Wolken am lilafarbenen Himmel. Komow sprang ins Gras hinunter und wollte das Frühstück zubereiten – Rührei. Doch er musste schnell entdecken, dass die Butter fehlte.

»Boris«, rief er. »Wo ist denn die Butter?«

Fokin kauerte in eigentümlicher Pose auf dem Dach, er übte sich im Yoga, und erklärte steif: »Keine Ahnung.«

»Aber du hattest gestern Dienst.«

»Ja ... stimmt. Dann ist die Butter dort, wo sie gestern Abend war.«

»Und wo war sie?«, fragte Komow leicht gereizt.

Missgestimmt zog Fokin seinen Kopf unter dem rechten Knie hervor und erwiderte: »Woher soll ich das wissen? Später haben wir doch sämtliche Kisten umgestellt.«

Komow seufzte und machte sich ergeben daran, Kiste um Kiste durchzusehen. Die Butter war nirgends zu finden. Dann ging er zu dem Gebäude, auf dem sich Fokin befand, packte ihn am Bein und zog ihn herunter.

»Wo ist die Butter?«, wollte er wissen.

Fokin wollte gerade den Mund aufmachen, als Tanja, in ärmelloser Bluse und Shorts, um die Ecke kam. Sie hatte nasses Haar.

»Guten Morgen, Jungs«, rief sie.

»Guten Morgen, Tanjalein«, säuselte Fokin. »Du hast nicht zufällig die Butterkiste gesehen?«

»Wo kommst du her?«, erkundigte sich Komow drohend.

»Ich war baden«, antwortete Tanja.

»Was heißt – baden?«, schnauzte Komow. »Wer hat dir das erlaubt?«

Tanja schnallte den elektrischen Schneidbrenner, der in einer Plasthülle steckte, vom Gürtel und warf ihn auf die Kisten.

»Lieber Gennadi«, sagte sie. »Das Wasser ist wunderbar, der Grund mit Gras bewachsen, und Krokodile gibt es dort auch nicht.«

»Weißt du wenigstens, wo die Butter ist?«, fragte Komow unzufrieden.

»Keine Ahnung, aber vielleicht hat jemand meine Schuhe zu Gesicht bekommen?«

»Ich«, sagte Fokin. »Sie stehen auf dem Dach dort.«

»Eben nicht.«

Alle drei drehten sich nun um und starrten auf das besagte Dach – von den Schuhen tatsächlich keine Spur.

Komow warf einen Blick zu Mboga hinüber. Der Doktor lag auf einem schattigen Plätzchen im Gras und schlief fest, die kleine Faust unter seiner Wange.

»Also, weißt du …«, sagte Tanja zu Komow. »Was soll der denn mit meinen Schuhen?«

»Oder mit der Butter?«, ergänzte Fokin.

»Vielleicht waren ihm die Sachen im Weg«, murmelte Komow. »Na schön, dann werd ich eben etwas zubereiten, wozu ich keine Butter brauche.«

»Und keine Schuhe.«

»Macht nur eure Witze«, knurrte Komow. »Besser wäre es allerdings, ihr würdet euch mit dem Intravisor befassen. Seht zu, dass ihr ihn möglichst schnell zusammenbastelt.«

Ryu kam zum Frühstück. Er trieb eine große schwarze Maschine auf sechs hämomechanischen Beinen vor sich her, die eine breite Spur im Gras hinterließ. Die Spur begann direkt am Stützpunkt. Ryu ließ die Maschine mitten auf der Straße stehen, kletterte aufs Dach und setzte sich an den Tisch.

»Sagen Sie, Ryu«, begann Komow. »Ist auf dem Stützpunkt schon mal etwas weggekommen?«

»Wie meinen Sie das?«, fragte Ryu.

»Nun … Vielleicht haben Sie über Nacht mal etwas draußen liegen lassen und konnten es dann am Morgen nicht wiederfinden.«

»Nein, das ist mir noch nicht aufgefallen.« Ryu zuckte mit den Schultern. »Höchstens ein paar Kleinigkeiten, Abfall: Drahtenden, Plastolithreste. Ich vermute, dass meine Kyber das Zeug einsammeln. Sie sind nämlich sehr sparsam und haben für alles Verwendung.«

»Könnten sie auch mit meinen Schuhen etwas anfangen?«, wollte Tanja wissen.

Ryu lachte.

»Ich weiß nicht«, sagte er. »Kaum.«

»Oder mit einer Kiste Butter?«, fügte Fokin hinzu.

Ryu wurde ernst. »Ihre Butter ist verschwunden?«, fragte er.

»Und ein Paar Schuhe.«

»Ausgeschlossen«, erklärte Ryu. »Meine Kyber gehen nicht in die Stadt.«

Mboga hangelte sich aufs Dach, gewandt wie eine Eidechse. »Guten Morgen«, rief er. »Ich habe mich verspätet …«

Tanja schenkte ihm ein – Mboga begnügte sich zum Frühstück stets mit einer Tasse Kaffee.

»Dann sind wir bestohlen worden«, stellte er lächelnd fest.

»Sie haben die Sachen also nicht?«, erkundigte sich Fokin.

»Bestimmt nicht. Allerdings haben diese Vögel heute Nacht zweimal ihre Runde über der Stadt gedreht.«

»Na bitte«, sagte Fokin. »Dann wissen wir, wo die Schuhe geblieben sind.«

»Und was ist mit der Butterkiste?«, fragte Komow gereizt.

Darauf wusste niemand eine Antwort. Mboga trank nachdenklich seinen Kaffee.

»In den zwei Monaten, die ich hier bin, ist mir nie etwas abhandengekommen«, sagte Ryu. »Aber ich bewahre auch alles in der Kuppel auf … Außerdem habe ich ja die Kyber … und die ganze Zeit über Qualm und Lärm.«

»Na dann«, sagte Fokin und erhob sich, »wollen wir mal an die Arbeit gehen, Tanja. Was sind schon ein Paar Schuhe …«

Die beiden verschwanden, und Komow machte sich ans Abräumen des Geschirrs.

»Von heute Abend an werde ich Wachen bei Ihnen aufstellen«, kündigte Ryu an.

»Das wäre wohl nicht verkehrt«, erwiderte Mboga zögernd. »Freilich würde ich fürs Erste gern selbst die Wache übernehmen. Hör zu, Gennadi, ich werde jetzt ein bisschen schlafen, und heute Nacht leg ich mich auf die Lauer, einverstanden?«

»Meinetwegen, Doktor«, stimmte Komow zu, wenn auch nicht eben erfreut.

»Ich leiste Ihnen Gesellschaft«, erklärte Ryu.

»In Ordnung«, erwiderte Mboga. »Aber bitte ohne Ihre Kyber.«

Vom Nachbardach drang eine Schimpfkanonade herüber: »Du meine Güte, hatte ich dich nicht gebeten, die Säcke in der richtigen Reihenfolge abzulegen?«

»Das habe ich doch, was willst du denn?«

»Das nennst du in der richtigen Reihenfolge? Index ›E-7‹, ›A-2‹, ›B-16‹ und wieder ›E …‹!«

»Tanja, Ehrenwort! ... He, ihr da!«, brüllte Fokin aufgebracht über die ganze Straße. »Wer hat die Säcke vertauscht?«

»Na bitte«, rief Tanja. »Und der Sack ›E-9‹ ist ganz verschwunden!«

»›Missis, 'n Bettlaken ist weg‹«, sagte Mboga leise.

»Was?« Komow wurde bleich. »Sucht alles genau durch!«, rief er, sprang vom Dach und lief zu Tanja und Fokin.

Mboga folgte ihm mit seinem Blick und schaute dann in Richtung Süden, zum jenseitigen Flussufer. Er hörte Komow auf dem Nachbardach sagen: »Was war in dem Sack?« – »Der BFG«, erwiderte Tanja. – »Dann lamentiert nicht herum, sondern baut einen neuen zusammen.« – »Das wird zwei Tage in Anspruch nehmen«, ärgerte sich Tanja. »Was schlägst du vor?« – »Wir nehmen den Schneidbrenner«, antwortete Fokin. Auf dem Dach breitete sich Schweigen aus.

»Sehen Sie mal, Ryu«, sagte Mboga plötzlich. Er stand da, die Hand zum Schutz vor der Sonne über die Augen gelegt, und sah noch immer zum Fluss hinüber.

Ryu blickte in die gleiche Richtung. Die grüne Ebene hinter dem Fluss wimmelte nur so von schwarzen Flecken – die Rücken der »Nilpferde«. Ryu hätte nie gedacht, dass es so viele dieser Tiere am anderen Ufer gab. Die Flecken bewegten sich langsam gen Süden.

»Ich habe den Eindruck, sie verlassen die Stadt«, sagte Mboga.

Komow beschloss, unter freiem Himmel zu schlafen. Er holte sein Bettzeug aus dem Zelt und machte es sich, die Hände im Nacken verschränkt, auf dem Dach bequem. Der Himmel war blau, fast schwarz, und am Horizont im Osten zog langsam eine große, orange-grüne Scheibe mit verschwommenen Rändern herauf – es war die Palmira, der Mond der Leonida. Von der dunklen Ebene hinter dem Fluss drangen gedämpfte, langgezogene Rufe herüber; sie stammten wohl von den Vögeln. Über dem Stützpunkt flammte hin und wieder kurzes Wetterleuchten auf, begleitet von einem leisen Knirschen und Knacken.

Wir müssen das Gelände umzäunen, überlegte Komow. Die Stadt mit Draht umspannen, der schwach unter Strom steht. Wenn es die Vögel sind, ist ein Zaun allerdings sinnlos. Höchstwahrscheinlich sind sie es. Für so große Greifer ist es überhaupt kein Problem, einen Sack fortzuschleppen. Sogar einen Menschen würden sie ohne Weiteres schnappen können. Auf der Pandora war das schon vorgekommen. Dort hatte ein fliegender Drache einen Mann samt Superschutzskaphander – insgesamt drei Zentner – mit sich gerissen. Mit den Schuhen fängt es an, dachte Komow, dann kommt ein Sack … Und für die ganze Gruppe ein einziger Karabiner. Weshalb Leonid Andrejewitsch damals nur so entschieden gegen Waffen war? Wir hätten gestern doch schießen sollen, wenigstens zur Abschreckung. Doch warum hat Doktor Mboga das nicht getan? Weil er glaubte …? Ich selbst hätte ja auch nicht geschossen, denn ich hatte wie er den Eindruck … Aber was ist mir eigentlich konkret aufgefallen? Komow rieb sich kräftig die Stirn, die vom Nachdenken ganz faltig geworden war. Es handelte sich um riesige, ausgesprochen schöne Vögel, und wie sie dahinglitten! Was für ein lautloser, leichter und ebenmäßiger Flug! Nun, selbst Jäger haben manchmal Mitleid mit dem Wild und verschonen es, ich aber bin nicht einmal ein Jäger.

Zwischen den blinkenden Sternen zog gemächlich ein heller, grell glänzender Punkt seine Bahn am Zenit. Komow stützte sich auf die Ellbogen und verfolgte ihn mit den Blicken. Es war die »Sonnenblume«, ein anderthalb Kilometer langes Raumschiff für Superentfernungen. Zurzeit kreiste es über der Leonida, zwei Megameter von ihr entfernt. Ein Notsignal, und schon würde man ihnen von dort aus zu

Hilfe eilen. Doch war ein Notruf gerechtfertigt? Ein Paar Schuhe waren abhanden gekommen, zwei Säcke, und dann war es dem Leiter der Gruppe so vorgekommen, als ob …

Der helle Punkt verblasste und verschwand. Die »Sonnenblume« war in den Schatten der Leonida eingetaucht. Komow legte sich wieder auf den Boden, die Hände im Nacken verschränkt. Ist der Planet nicht vielleicht eine Spur zu wohleingerichtet?, dachte er. Die warmen grünen Täler, die frische Luft, der idyllische Fluss ohne Krokodile … Womöglich ist das Ganze nur ein Schirm, hinter dem unbekannte Kräfte wirken? Oder ist es vielleicht ganz einfach: Tanja hat ihre Schuhe irgendwo im Gras verloren, und Fokins verschwundene Säcke (diese Schlafmütze!) liegen unter den Einzelteilen des noch nicht montierten Bagger. Nicht von ungefähr lief er heute den ganzen Tag verstohlenen Blicks von einem Stapel zum andern.

Komow war wohl eingenickt, denn als er wieder zu sich kam, stand die Palmira schon hoch am Himmel. Aus dem Zelt, in dem Fokin schlief, drang Schmatzen und Schnarchen. Auf dem Nachbardach hingegen hörte er Geflüster.

»… in der Schule hatten die Chemiker das Sagen. Wir trieben also drei Heliumballons auf und füllten sie noch am selben Abend mit Gas. Saburo kroch auf der Erde herum, um die Haltetrosse zu lösen. Kaum waren sie gerissen, flogen wir davon. Saburo blieb unten zurück, rannte hinter uns her und schrie, wir sollten anhalten. Dann ernannte er mich zum Kapitän und gab den Befehl, sofort abzubremsen. Ich steuerte unverzüglich den Relaismast an. Dort hingen wir dann die ganze Nacht. Und die ganze Nacht brüllten wir uns gegenseitig an, weil wir uns nicht einig wurden: Sollte nun Saburo zu unserem Lehrer gehen oder nicht? Saburo hätte gehen können, wollte aber nicht, wir hingegen wollten, konnten aber nicht. Am Morgen haben sie uns dann bemerkt und heruntergeholt …«

»Ich war als Mädchen ziemlich still und hatte furchtbare Angst vor technischen Geräten. Selbst heute fürchte ich mich noch vor Kybern.«

»Vor Kybern braucht man aber keine Angst zu haben, Tanja. Sie sind gutmütig.«

»Ich kann sie aber nicht ausstehen. Mich stört, dass sie teils lebendig, teils tot sind …«

Komow drehte sich auf die Seite und schaute zum Nachbardach hinüber; dort saßen Tanja und Ryu und ließen die Beine baumeln. Wie zwei Turteltäubchen, dachte Komow. Morgen werden sie vor Müdigkeit nicht aus den Augen sehen können.

»Tanja«, sagte er leise. »Zeit zum Schlafen.«

»Ich hab gar keine Lust zu schlafen«, erwiderte sie. »Wir haben einen kleinen Spaziergang am Ufer gemacht.« Ryu rutschte verlegen hin und her. »Es war sehr schön am Fluss. Der Mond scheint, und die Fische springen.«

»Äh … Wo ist eigentlich Doktor Mboga?«, fragte Ryu unvermittelt.

»Er arbeitet«, antwortete Komow.

»Du hast recht, Ryu«, sagte Tanja begeistert. »Lass uns Doktor Mboga suchen.«

Hoffnungsloser Fall, dachte Komow und drehte sich auf die andere Seite. Das Geflüster auf dem Dach ging weiter. Da stand Komow entschlossen auf, schnappte sein Bettzeug und kehrte ins Zelt zurück. Dort war es sehr laut – Fokin grunzte, was das Zeug hielt. Trottel, dachte Komow, während er sich ausstreckte. Ein ausgesprochener Trottel. In solch einer Nacht müsstest du ihr den Hof machen! Und du – hast dir bloß einen Schnauzbart wachsen lassen und glaubst, damit wäre die Sache geritzt … Er wickelte sich ins Laken und schlief augenblicklich ein.

Ein ohrenbetäubendes Krachen ließ ihn im Bett auffahren. Im Zelt war es dunkel. Nochmals Getöse – zwei weitere Salven erdröhnten. »Verdammt«, schrie Fokin im Finstern. »Ist da jemand?« Ein kurzer hasenähnlicher Schrei ertönte, und gleich darauf brüllte Fokin triumphierend: »Da haben wir dich! Los, hierher!« Komow verhedderte sich im Laken und kam nicht gleich hoch. Dann hörte er einen dumpfen Schlag. Fokin stöhnte auf, im nächsten Augenblick zeichnete sich etwas kleines Dunkles im hellen Dreieck der Zelttür ab und verschwand. Komow stürzte hinterher. Auch Fokin wollte hinausstürmen, und so stießen sie voller Wucht mit den Köpfen zusammen. Komow knirschte mit den Zähnen, dann gelangte er endlich nach draußen. Das Dach gegenüber war leer. Komow blickte sich um und sah, dass Mboga längs zur Straße im Gras auf den Fluss zulief und ihm stolpernd, aber dicht auf den Fersen Ryu und Tatjana folgten. Und noch etwas bemerkte er: jemanden, der in einiger Entfernung vor Mboga herrannte, viel schneller als der Jäger, und im Laufen das Gras auseinanderschob. Der Doktor blieb stehen, hob mit einem Arm den Karabiner, zielte und schoss erneut. Das Etwas im Gras wich zur Seite aus und verschwand hinter der nächsten Hausecke. Eine Sekunde später aber erhob sich ein im Mondlicht weiß schimmernder Vogel, breit und leicht mit den gewaltigen Flügeln schwingend.

»So schießen Sie doch!«, schrie Fokin.

Er jagte die Straße entlang, fiel allerdings nach den ersten fünf Schritten hin. Mboga hingegen stand reglos da, die Flinte gesenkt, den Kopf in den Nacken gelegt, und beobachtete den Vogel. Der zog lautlos eine elegante Runde über der Stadt und verschwand, immer mehr an Höhe gewinnend, in Richtung Süden. Eine Minute später war er nicht mehr zu sehen. Erst da entdeckte Komow, dass tief über dem Stützpunkt weitere Vögel kreisten – drei, vier, fünf riesige weiße Vögel umrundeten den Bauplatz der Kyber und drehten dann ab.

Komow sprang vom Dach. Die toten Parallelepipeden der Gebäude warfen dichte schwarze Schatten auf das silbrig schimmernde Gras. Unter seinem Fuß klirrte es leise, und Komow bückte sich. Im Gras glitzerte eine Patronenhülse. Als Komow den krummen Schatten des Hubschraubers erreichte, vernahm er Stimmen: Mboga, Fokin, Ryu und Tatjana kamen ihm außer Atem entgegen.

»Ich hatte ihn schon gepackt«, sagte Fokin aufgeregt, »doch er versetzte mir einen Schlag gegen die Stirn und riss sich los. Sonst hätte ich ihn nie und nimmer losgelassen! Er war weich und warm wie ein kleines Kind. Und ganz nackt …«

»Wir hätten ihn auch um ein Haar erwischt«, sagte Tanja. »Aber er hat sich in einen Vogel verwandelt, und weg war er.«

»Also weißt du«, erwiderte Fokin, »hat sich in einen Vogel verwandelt …«

»Das stimmt«, bestätigte Ryu. »Er verschwand um die Ecke, und im nächsten Augenblick flog von dort ein Vogel auf.«

»Was will das schon heißen«, zweifelte Fokin. »Er hat den Vogel einfach aufgestört – und ihr macht große Augen!«

»Es war Zufall«, sagte auch Mboga.

Komow trat auf sie zu, und sie blieben stehen.

»Was ist passiert?«, fragte er.

»Ich hatte ihn schon gepackt«, erklärte Fokin, »aber er hat mir einen Schlag versetzt.«

»Das habe ich bereits gehört«, erwiderte Komow. »Doch wie fing die Sache an?«

»Ich lag zwischen den Säcken auf der Lauer«, begann Mboga. »Da sah ich jemanden mitten auf der Straße durchs Gras kriechen. Ich wollte ihn fangen und schlich auf ihn zu, doch er bemerkte mich und machte kehrt. Als ich sah, dass ich ihn nicht würde einholen können, habe ich in die Luft geschossen. Es tut mir leid, Gennadi, aber ich fürchte, ich habe sie erschreckt und vertrieben.«

Sie schwiegen eine Weile. Dann fragte Fokin verständnislos: »Was tut Ihnen eigentlich leid daran, Doktor Mboga?«

Mboga zögerte mit der Antwort, die anderen warteten.

»Es waren mindestens zwei«, meinte Mboga schließlich. »Den einen habe ich entdeckt, der andere war bei Ihnen im Zelt. Aber als ich am Hubschrauber vorbeilief ... Na, das wird sich noch zeigen«, schloss er unvermittelt. »Wahrscheinlich habe ich mich geirrt.«

Mboga marschierte lautlos in Richtung Lager. Die anderen tauschten einen verständnislosen Blick und folgten ihm dann. Neben dem Gebäude, auf dem der Hubschrauber parkte, blieb Mboga stehen.

»Hier muss es gewesen sein«, sagte er.

Fokin und Tanja tauchten in den schwarzen Schatten des Gebäudes ein. Ryu und Komow sahen erwartungsvoll auf Mboga; der Doktor dachte angestrengt nach.

»Hier ist nichts«, sagte Fokin ärgerlich.

»Was war es bloß«, murmelte Mboga vor sich hin. »Etwas war mir doch aufgefallen ...«

Schlecht gelaunt kam Fokin hinter der Mauer hervor, und der Schatten des Hubschrauberpropellers glitt über sein Gesicht.

»Ich hab's!«, rief Mboga plötzlich. »Da war so ein seltsamer Schatten!«

Er ließ den Karabiner fallen und sprang mit Anlauf auf das Gebäudedach.

»Ich darf bitten«, rief er.

Auf dem Dach, hinter dem Rumpf des Helikopters, waren sorgsam, wie im Schaufenster eines Geschäfts, einige Gegenstände ausgebreitet. Der Kasten mit der Butter, der Sack mit dem Index »E-9«, ein Paar Schuhe, ein Taschenmikroelektrometer im Plastfutteral, vier Neutronenakkus, ein Stück erkalteten Glasplasts und eine Sonnenbrille.

»Da sind ja meine Schuhe«, rief Tanja. »Und die Sonnenbrille. Die habe ich gestern beim Baden im Fluss verloren.«

»Na so was ...«, staunte Fokin und sah sich verstört nach allen Seiten um.

Komow erwachte aus seiner Erstarrung.

»Ryu«, sagte er hastig. »Ich muss unverzüglich Kontakt zur ›Sonnenblume‹ aufnehmen! Fokin, Tanja, fotografiert diese kleine Ausstellung! In einer halben Stunde bin ich zurück.«

Er sprang vom Dach und ging mit schnellen Schritten die Straße zum Stützpunkt hinunter. Schließlich rannte er. Ryu folgte ihm wortlos.

»Was soll denn das bedeuten?«, fragte Fokin konsterniert.

Mboga ging in die Hocke, holte seine kleine Pfeife hervor, stopfte sie ohne jede Eile und sagte: »Es sind Menschen, Boris. Sachen stehlen können auch Tiere, aber gestohlene Gegenstände wiederbringen, das können nur Menschen.«

Fokin wich zurück und setzte sich auf das Rad des Hubschraubers.

Komow kehrte allein zurück. Er war sehr erregt und gab mit hoher, metallisch klingender Stimme Anweisung, das Lager unverzüglich abzubauen. Fokin stellte alle möglichen Fragen, wollte Erklärungen hören, doch das Einzige, was Komow mit der gleichen, unnatürlich klingenden Stimme erwiderte, war: »Befehl vom Kapitän des Raumschiffs ›Sonnenblume‹: innerhalb von drei Stunden die Wetterstation und das Archäologenlager abbauen, sämtliche Kybersysteme außer Betrieb setzen, die Besatzung, einschließlich des Atmosphärenphysikers Ryu Waseda, an Bord der ›Sonnenblume‹ bringen!« Fokin war so verblüfft, dass er sich ohne Widerrede energisch an die Arbeit machte.

Innerhalb von zwei Stunden absolvierte der Hubschrauber acht Transportflüge, und die Lastenkyber walzten zwischen Stützpunkt und Landekapsel eine breite Spur ins Gras. Vom Stützpunkt waren jetzt nur noch die verlassenen Gebäude zu sehen; alle drei Gruppen von Baurobotern waren ins Depot getrieben und ihr Programm gelöscht worden.

Um sechs Uhr Ortszeit, als im Osten die grünliche Morgendämmerung aufflammte, standen sie völlig erschöpft um die Landekapsel herum. Jetzt konnte Fokin nicht mehr an sich halten.

»Also gut«, zischte er wütend. »Du hast uns einen Befehl nach dem anderen erteilt, Gennadi, und ich habe sie alle gewissenhaft ausgeführt. Jetzt aber will ich endlich wissen, weshalb wir von hier weggehen, zum Teufel! Was ist los?«, jaulte er im Falsett auf und warf in malerischer Pose die Arme hoch. Die anderen zuckten vor Überraschung zusammen, und Mboga ließ sogar die Pfeife aus dem Mund fallen, während Fokin fortfuhr: »Was ist? Seit dreihundert Jahren suchen wir nun schon vernunftbegabte Wesen, und jetzt, wo wir sie gefunden haben, hauen wir ab! Das ist doch … Zum Schämen ist das! Wir, die besten Köpfe der Menschheit …«

»Du meine Güte«, seufzte Tanja, und Fokin verstummte. Dann fügte er kläglich hinzu: »Ich verstehe gar nichts mehr.«

»Sie glauben, Boris, dass wir die besten Köpfe der Menschheit sind?«, fragte Mboga.

Komow murmelte mit finsterer Miene: »Wie viel Unheil wir hier angerichtet haben! Ein ganzes Feld haben wir verbrannt, Saaten niedergetreten, sogar geschossen. Und im Bereich des Stützpunktes erst!« Er winkte resigniert ab.

»Wer konnte das denn wissen?«, warf Ryu schuldbewusst ein.

»Ja«, sagte Mboga. »Wir haben viele Fehler gemacht. Aber ich hoffe, dass sie uns verstehen. Sie sind ja zivilisiert.«

»Was ist das schon für eine Zivilisation!«, brauste Fokin auf. »Keine Maschinen, keine Produktionsmittel! Und die Städte, wo sind die?«

»Nun sei endlich still, Boris«, bat Komow. »Was faselst du von Maschinen und Städten. Öffne wenigstens jetzt die Augen für die Wirklichkeit. Können wir vielleicht auf Vögeln fliegen? Haben wir Kolosse gezüchtet, die Honig produzieren? Haben wir es geschafft, die Mücken auszumerzen? Maschinen, ach was …«

»Es ist eine Biozivilisation«, erklärte Mboga.

»Eine was?«, fragte Fokin.

»Eine biologische Zivilisation. Statt Maschinen – Selektion, Genetik, Zähmung. Wer von uns weiß schon, was für Kräfte sie sonst noch bezwungen haben. Und wer will entscheiden, wessen Zivilisation höher zu bewerten ist?«

»Überleg doch nur, Boris«, sagte Tanja. »Gezähmte Bakterien!«

Fokin zupfte verstört an seinem Schnurrbart.

»Wir müssen abreisen«, erklärte Komow, »weil wir nicht befugt sind, die Verantwortung für den Erstkontakt zu übernehmen.«

Bei sich aber dachte er: Was für ein Jammer, von hier wegzugehen! Ich würde diese Wesen viel lieber aufspüren, mich mit ihnen treffen, mit ihnen reden, einen Eindruck von ihnen gewinnen. Ob jetzt tatsächlich eingetreten ist, worauf wir so lange gewartet haben? Keine hirnlosen Echsen oder Egel, sondern in der Tat vernunftbegabte Wesen! Eine ganze Welt, eine Entwicklungsgeschichte … Gab es bei euch auch Kriege und Revolutionen? Was hattet ihr zuerst – Dampf oder Elektrizität? Worin seht ihr den Sinn des Lebens? Wie steht es bei euch mit dem Lesen? Wir hätten erste Erfahrungen in vergleichender Menschheitsgeschichte sammeln können, aber nein, wir müssen abreisen! Das ist weiß Gott ärgerlich! Seit fünfzig Jahren gibt es auf der Erde die Kontaktkommission, und sie befasst sich die ganze Zeit mit Verhaltensweisen von Fischen und Ameisen und streitet darüber, in welcher Sprache das erste »Äh« gesagt werden soll. Jetzt freilich wird niemand mehr über sie lachen … Ob wohl eins ihrer Mitglieder eine biologische Zivilisation vorausgesehen hat? Bestimmt. Sie haben bisher noch alles vorausgesehen …

»Leonid Andrejewitsch Gorbowski ist in der Tat ein weitsichtiger Mann«, meinte Mboga.

»Ja«, stimmte Tanja zu. »Gar nicht auszudenken, was Boris hier mit einem Gewehr hätte anrichten können.«

»Wieso ich?«, empörte sich Fokin. »Und du? Wer war denn mit einem Schneidbrenner baden?«

»Wir nehmen uns alle nicht viel«, seufzte Ryu.

Komow sah auf die Uhr. »Start in zwanzig Minuten«, erklärte er. »Ich bitte, die Plätze einzunehmen.«

Mboga blieb noch einen Augenblick in der Schleusenkammer stehen und warf einen Blick zurück. Der weiße Stern EN 23 war bereits über der grünen Ebene aufgegangen. Es roch nach feuchtem Gras, nach warmer Erde und frischem Honig.

»Ja«, sagte Mboga. »In der Tat ein wohleingerichteter Planet. Die Natur allein hätte schwerlich so etwas zuwege gebracht.«

Der Jäger

Alexander Grigorjewitsch Kostylin stand vor seinem riesigen Schreibtisch und betrachtete die glänzenden Stereofotografien.

»Guten Tag, Lin«, sagte der Jäger.

Kostylin hob den Kopf und begrüßte ihn freudig: »A! Home is the sailor, home from sea!«

»And the hunter home from the hill«, erwiderte der Jäger.

Sie umarmten sich.

»Was bringst du mir heute Schönes mit?«, erkundigte sich Kostylin geschäftig. »Du kommst doch von der Jajla?«

»Stimmt, direkt von den Grauen Sümpfen.« Der Jäger machte es sich in einem Sessel bequem und streckte die Beine aus. »Du wirst immer dicker, Lin, und von Mal zu Mal hast du weniger Haare auf dem Kopf. Die sitzende Arbeit wird dich noch zugrunde richten. Das nächste Mal nehme ich dich einfach mit.«

Kostylin strich sich schuldbewusst über seinen imposanten Bauch.

»Ja«, sagte er. »Es ist wirklich schlimm – älter werden die Barone, fetter werden die Barone … Hast du nun etwas Interessantes für mich?«

»Nein, nur Kleinigkeiten. Ein Dutzend Bichorda-Schlangen und einige neue Arten von Polyvalvia-Mollusken … Aber wie ich sehe, hast du selber …« Er streckte die Hand nach dem Packen Fotografien auf dem Tisch aus.

»Das hat einer von den Neuen mitgebracht … Kennst du ihn?«

»Nein.« Der Jäger sah die Bilder durch. »Nicht übel. Das scheint von der Pandora zu stammen.«

»Richtig. Das hier ist eine Riesenkrebsspinne. Ein besonders großes Exemplar.«

»In der Tat«, erwiderte der Jäger, während er den Ultraschallkarabiner betrachtete, der zum Größenvergleich neben den nackten gelblichen Körper der Krebsspinne gelegt worden war. »Nicht schlecht für einen Anfänger. Ich habe allerdings schon größere gesehen. Wie oft hat er abgedrückt?«

»Er sagt, zweimal. Und beide Male ins Hauptnervenzentrum.«

»Er hätte mit einer Anästhesienadel schießen müssen. War ein bisschen durcheinander, der Bursche.« Der Jäger betrachtete mit spöttischem Lächeln das Foto, auf dem der Neue aufgeregt und stolz das tote Ungeheuer zu Boden trat. »Schön, und was gibt es Neues bei dir zu Hause?«

Kostylin winkte ab. »Auf einmal wollen alle heiraten«, sagte er belustigt. »Eine nach der anderen feiern sie Hochzeit. Martha hat einen Hydrologen geheiratet.«

»Martha? Welche von deinen Mädchen war das noch gleich?«, wollte der Jäger wissen. »Oder war's deine Enkelin?«

»Die Urenkelin, Paul! Die Urenkelin!«

»Himmel, wie die Zeit vergeht!« Der Jäger legte die Stereofotografien zurück auf den Tisch und erhob sich. »Aber jetzt muss ich wieder los. Zu meinem Rendezvous, du weißt schon …«

»Schon wieder!«, sagte Kostylin ärgerlich. »Solltest du es nicht endlich genug sein lassen?«

»Nein, Lin. Es muss sein. Ich kann nicht anders. Wir werden uns wie immer in Pavillon zehn treffen.«

Er steckte die Pfeife, die er gar nicht erst angezündet hatte, zurück in die Tasche und ging hinaus. Ja, es muss sein, Lin, dachte er bei sich. Du kannst natürlich nicht wissen, wie wichtig das für mich ist … Er ging in den Park und schlug den Weg zu den Pavillons ein. Wie immer herrschte im »Museum« reger Betrieb. Die Leute spazierten durch die Alleen, die von orangefarbenen Venuspalmen bestanden waren, drängten sich um die Terrarien und Bassins mit dem glasklaren Wasser. Im hohen Gras zwischen den Bäumen tollten Kinder umher – sie spielten »Verstecken auf marsianisch«. Der Jäger blieb stehen, um ihnen zuzuschauen. Es war ein sehr vergnügliches Spiel. Vor langer Zeit waren vom Mars sogenannte Mimikrodone auf die Erde gebracht worden, große, melancholisch wirkende Echsen, die sehr gut an extreme Veränderungen ihrer Lebensbedingungen angepasst waren. Sie verfügten über eine hochgradig entwickelte Fähigkeit zur Mimikry. Im Museumspark genossen sie völlige Freiheit. Den Kindern bereitete es höllischen Spaß, die Tiere aufzuspüren, was Scharfblick und Geschick erforderte, sie von einem Fleck zum anderen zu schleppen und zu beobachten, wie sie immer neue Färbungen annahmen. Die Echsen waren groß und schwer, und die Kinder packten sie an der Genickfalte, um sie hinter sich herzuschleifen. Die Tiere setzten dem keinerlei Widerstand entgegen; es schien, als gefiele es ihnen sogar.

Der Jäger passierte die mächtige, durchsichtige Kuppel, unter der das Terrarium »Waldwiese des Planeten Růžena« untergebracht war. Dort sprangen und rauften im blassblauen Gras drollige Remben – gigantische Insekten von erstaunlicher Färbung, die Ähnlichkeit mit den irdischen Grillen besaßen. Der Jäger erinnerte sich noch genau, wie er vor zwanzig Jahren zum ersten Mal auf der Růžena zur Jagd gegangen war. Drei Tage hatte er auf der Lauer gelegen, während die regenbogenfarbigen Remben um ihn herumhüpften und sich gar auf seinem Gewehrlauf niederließen. An der »Wiese« herrschte stets großer Andrang, denn die Remben waren possierlich und ausgesprochen hübsch.

Unweit des Eingangs zum Zentralen Pavillon machte der Jäger an einem tiefen, runden Brunnenbassin halt, das von einer Balustrade umgeben war. Das Wasser wurde von fliederfarbenem Licht angestrahlt; darin drehte ohne Unterlass ein langes, behaartes Tier seine Runden – ein Ichthyomammal, der einzige Warmblüter, der mit Kiemen atmete. Der Ichthyomammal war ununterbrochen in Bewegung; vor einem Jahr schon, vor fünf und sogar vor vierzig Jahren, als ihn der Jäger zum ersten Mal zu Gesicht bekommen hatte, war er so im Kreis geschwommen. Salier, ein berühmter Zoologe, hatte ihn einst unter großen Mühen gefangen. Nun war Salier schon lange tot und schlief in den Dschungeln der Pandora den ewigen Schlaf, während sein Ichthyomammal im fliederfarbenen Wasser des Bassins immerfort weiterkreiste.

Im Vestibül des Pavillons machte der Jäger abermals halt und setzte sich in einen leichten Sessel, der in der Ecke stand. Die Mitte des hellen Saals nahm der ausgestopfte Balg eines Flugegels ein, eines »Sora-tobu Hiru« (Tierwelt des Mars, Solarsystem, Kohlenstoffzyklus, Stamm Polychordata, Klasse Hautatmer, Familie, Gattung, Art: »Sora-tobu Hiru«). Der Balg war eines der ersten Exponate im Capetowner Museum für Kosmozoologie gewesen. Hundertfünfzig Jahre sperrte das scheußliche Ungeheuer nun schon seinen Rachen, der an einen vielreihigen Greifer erinnerte, gegen jeden auf, der den Pavillon betrat. Ein Ungetüm von neun Metern Länge, bedeckt von einem harten, glänzenden Fell, ohne Augen, ohne Beine … einstiger Herr des Mars.

Tatsächlich gab es auf dem Mars Dinge, die man nicht so schnell vergaß. Vor etwa fünfzig Jahren hatten sich die Ungeheuer – zu dem Zeitpunkt nahezu ausgestorben – urplötzlich wieder vermehrt und, wie ehedem, an den Verbindungsstraßen zwischen den Marsstützpunkten zu räubern begonnen. Damals war auch die später legendär gewordene Globaltreibjagd veranstaltet worden.

Der Jäger erinnerte sich noch genau: Er war in seinem Crawler durchgeschüttelt worden und hatte vor lauter Sand- und Staubwolken, die durch die Raupenketten aufgewirbelt wurden, kaum etwas sehen können. Rechts und links von mir, dachte er, waren die gelben Wüstenpanzer vorbeigesaust, voller Freiwilliger, und plötzlich hatte eins der Fahrzeuge stark zur Seite geneigt auf einer Wanderdüne haltgemacht ... Wir sahen die Leute hastig aus dem Panzer springen. Im gleichen Augenblick schon hatten wir die Staubwolken hinter uns gelassen. Willi Armier klammerte sich an meine Schulter, neigte sich nach vorn und brüllte mir etwas ins Ohr. Da entdeckte auch ich die Egel – Hunderte von Egeln, die sich in der salzbödigen Senke zwischen zwei Wanderdünen tummelten. Ich begann zu schießen, und die anderen schossen ebenfalls. Nur Armier machte sich an seinem selbstgebastelten Raketenwerfer zu schaffen, ohne ihn allerdings zum Funktionieren zu bringen. Alle brüllten auf ihn ein, fluchten und drohten ihm sogar Prügel an, aber das war freilich nur leeres Gerede. Alle waren viel zu beschäftigt und konnten nicht einen Moment mit dem Schießen aufhören. Der Ring um die Tiere wurde immer enger; wir vermochten bereits die Schussflammen der uns entgegenkommenden Crawler auszumachen, als Armier plötzlich das rostige Rohr seiner Kanone zwischen mir und dem Fahrzeugführer durchsteckte und abdrückte. Ein schreckliches Krachen und Donnern wurde laut, eine andauernde Detonation, die mich nahezu taub und blind auf den Boden des Fahrzeugs warf. Über dem Salzboden stieg dichter schwarzer Rauch auf, sodass alle Fahrzeuge stehen blieben und die Männer beim Schießen innehielten. Sie schrien nur noch wild durcheinander und fuchtelten mit ihren Karabinern. Im Laufe von fünf Minuten hatte Armier seine gesamte Munition verschossen, und als sich der Rauch verzog, begannen wir, allem, was am Leben geblieben war, den Garaus zu machen. Die Egel hetzten inmitten der Fahrzeuge hin und her, wurden zum Teil auch von den Raupenketten zermahlen, und ich schoss immerzu, schoss und schoss … Ich war noch jung damals und schoss für mein Leben gern. Leider war ich von jeher ein guter Schütze, der sein Ziel niemals verfehlte. Und ich habe nicht nur auf dem Mars geschossen, nicht nur auf gefährliche Raubtiere. Hätte ich doch niemals in meinem Leben einen Karabiner zu Gesicht bekommen …

Der Jäger erhob sich, schritt um den Balg des Flugegels herum und ging dann über die Galerie weiter. Er sah wohl ein wenig angegriffen aus, denn viele Besucher blieben stehen und schauten ihm beunruhigt hinterher. Schließlich trat ein junges Mädchen auf ihn zu und erkundigte sich schüchtern, ob es ihm irgendwie behilflich sein könne.

»Aber nicht doch, meine Kleine!«, wehrte der Jäger ab. Er bemühte sich zu lächeln und befühlte sogleich die Brusttasche seiner Jacke, aus der er eine sehr exotisch wirkende Muschel vom Planeten Jajla herausfischte. »Die ist für dich«, sagte er. »Ich habe sie von weither mitgebracht.«

Das Mädchen dankte mit einem leichten Lächeln und nahm die Muschel an sich.

»Sie sehen sehr mitgenommen aus, wissen Sie …«, sagte es ein bisschen unsicher.

»Ich bin ja auch nicht mehr der Jüngste, Kindchen«, erwiderte der Jäger. »Wir Alten sehen nur noch selten gut aus. Uns lastet zu viel auf der Seele.«

Wahrscheinlich hatte das Mädchen nicht begriffen, was er meinte, aber das war ihm nur recht. Er strich ihr übers

Haar und ging weiter – hochaufgerichtet, sodass sich nun niemand mehr nach ihm umdrehte.

Das fehlte noch, dass mich kleine Mädchen bemitleiden, dachte er. Anscheinend bin ich nicht mehr in Form. In Zukunft sollte ich vielleicht nicht mehr auf die Erde zurückkehren, sondern für immer auf der Jajla bleiben, mich am Rand der Grauen Sümpfe niederlassen und die Netze nach Rubin-Aalen auslegen. Niemand kennt die Grauen Sümpfe besser als ich, und ich wäre dort bestens aufgehoben. Vor allem, weil es für einen Jäger, der nicht mehr schießen will, doch noch allerhand zu tun gibt.

Er blieb erneut stehen. Hier, an dieser Stelle, machte er immer halt. In einem länglichen Glaskasten, auf Bruchstücken grauen Sandsteins, stand, die drei Paare krummer Beinchen weit gespreizt, eine ausgestopfte, runzlige und unansehnliche Eidechse von schmutzig grauer Farbe. Die uneingeweihten Besucher zeigten sich von dem grauen verschrumpelten Sechsfüßer nicht sonderlich beeindruckt, denn nur wenige kannten seine wundersame Geschichte. Der Jäger aber wusste über sie Bescheid, und jedes Mal wenn er bei dem Tier stehen blieb, überkam ihn ein Gefühl fast abergläubischer Bewunderung vor der allmächtigen Kraft des Lebens. Die Eidechse war etwa zehn Parsec vom Sonnensystem entfernt erbeutet worden. Man hatte ihren toten Körper präpariert, und der ausgestopfte Balg stand nunmehr seit zwei Jahren an diesem Platz. Eines schönen Tages jedoch schlüpften plötzlich vor den Augen der Besucher einige Dutzend winziger, höchst lebendiger Eidechsen aus der runzligen grauen Haut. Freilich starben sie augenblicklich durch die Luft auf der Erde und verbrannten an Sauerstoffüberschuss, doch das Aufsehen, das ihr Erscheinen hervorrief, war außerordentlich. Die Zoologen standen noch heute vor dem Rätsel, wie das hatte geschehen können. In der Tat – das Leben war das Einzige, vor dem es sich in dieser Welt zu verneigen lohnte …

Der Jäger schlenderte durch die Galerie, ging von einem Pavillon zum anderen. Die grelle afrikanische Sonne – die gute, wärmende Erdensonne – beschien die Tiere unter dem Plexiglas, Tiere, die unter fremden Himmeln geboren worden waren, viele Hundert Milliarden Kilometer von hier entfernt. Fast alle von ihnen kannte er, hatte sie bereits viele Male gesehen – nicht nur im Museum. Hin und wieder blieb er vor neuen Exponaten stehen, las die fremdartigen Namen der wundersamen Tiere und die ihm vertrauten Namen der Männer, die sie erlegt hatten. »Malteserdegen«, »Gesprenkelte Gazelle«, »Großer Dschi-ling«, »Kleiner Dschi-ling«, »Kapuziner-Schwimmaffe«, »Schwarze Vogelscheuche«, »Königsschwan« … Simon Kreutzer, Wladimir Babkin, Bruno Belliard, Nicolas Druot, Jean Salier der Jüngere … Er kannte all diese Männer, und jetzt war er der älteste von ihnen, wenn auch nicht der erfolgreichste. Doch er freute sich zu erfahren, dass es Salier dem Jüngeren endlich gelungen war, den schuppigen Verborgenkiemer zu fangen, dass Wolodja Babkin eine lebende Segelflugschnecke mit auf die Erde gebracht und Bruno Belliard auf der Pandora nun doch noch eines der weiß gestreiften Buckelnashörner geschossen hatte, nach denen er schon mehrere Jahre auf Jagd gewesen war …

So gelangte er schließlich in den zehnten Pavillon, in dem viele seiner eigenen Trophäen ausgestellt waren. Hier blieb er vor nahezu jeder Vitrine stehen, hing Erinnerungen nach und genoss noch einmal seine früheren Abenteuer, zum Beispiel das mit dem »Fliegenden Teppich«, der auch das »Fallende Blatt« genannt wurde. Vier Tage lang, dachte er, habe ich auf der Lauer gelegen, auf der Růžena, dem Planeten, wo es so selten regnet und wo einst der hervorragende Zoologe Ludovico Porta ums Leben gekommen ist. Der »Fliegende Teppich« bewegte sich mit unwahrscheinlicher Geschwindigkeit und besaß ein sehr feines Gehör. Ihn konnte man unmöglich mit einem Fahrzeug jagen, sondern musste ihm Tag und Nacht auflauern, seine schwachen, öligen Spuren im Laub der Bäume aufspüren. Mir allein ist es gelungen, ihn zu fangen, und seither niemandem mehr. Der stolze, selbstbewusste Salier hat nicht nur einmal behauptet, dass es sich dabei um einen reinen Glücksfall gehandelt habe … Er strich behutsam mit den Fingern über die Buchstaben des Schildes. Dort stand: »… Erlegt und präpariert von Jäger P. Gnedych …« Viermal habe ich auf ihn geschossen und nicht ein einziges Mal verfehlt. Er jedoch lebte noch, als er zu Boden stürzte und die Baumasten mit sich hinunterriss. Aber das war noch zu der Zeit, als ich mein Gewehr gebrauchte …

Und da war auch das augenlose Ungeheuer von der Wladislawa, aus den Sümpfen mit dem schweren Wasser. Augenlos und ohne Körperformen. Niemand hatte damals, als der Balg ausgestopft werden sollte, auch nur die geringste Vorstellung gehabt, welche Gestalt man dem Tier geben sollte; schließlich hatte man die gelungenste Fotografie als Vorlage genommen. Ich jagte das Tier durch den Sumpf bis zum Ufer, wo ich einige Fallgruben geschaufelt hatte. In eine von ihnen stürzte es dann und wälzte sich lange Zeit brüllend in der schwarzen, zähen Brühe. Zwei Eimer Beta-Novocain benötigte ich, um es einzuschläfern. So lange ist das übrigens noch nicht her, etwa zehn Jahre, aber da habe ich schon nicht mehr geschossen – ein angenehmes Wiedersehen.

Je länger der Jäger durch den zehnten Pavillon ging, desto langsamer wurden seine Schritte. Er wollte nicht weitergehen – doch er musste, denn jetzt näherte er sich seinem eigentlichen Ziel. Und mit jedem Schritt wurde das ihm schon bekannte Gefühl von Trauer und Unruhe stärker, das nun langsam in ihm emporstieg. Und schon beobachteten ihn die weißen, runden Augen aus dem Glaskasten …

Wie bei jedem seiner Besuche näherte er sich der kleinen Vitrine mit gesenktem Kopf. Und wie jedes Mal studierte er auf dem Schildchen daneben die Aufschrift, die er längst auswendig kannte: »Tierwelt des Planeten Krux, Sternensystem EN 92, Kohlenstoffzyklus, Stamm Monochordata, Klasse, Familie, Gattung, Art: dreifingriger Vierhänder. Erlegt von Jäger P. Gnedych, präpariert von Dr. A. Kostylin«. Erst dann hob er die Augen.

Unter der durchsichtigen Glocke lag auf einem geneigten polierten Brett der Kopf – stark abgeplattet von oben nach unten, nackt und schwarz, mit einem flachen, ovalen Gesicht. Die Haut des Gesichts war glatt wie bei einer Trommel; Mund, Stirn und Nasenlöcher fehlten. Nur Augen gab es. Runde weiße Augen mit kleinen schwarzen Pupillen, die ungewöhnlich weit auseinanderstanden. Das rechte Auge war leicht beschädigt, was dem starren Blick einen seltsamen Ausdruck verlieh. Lin war ein ausgezeichneter Präparator, denn genau diesen Blick hatte der Vierhänder gehabt, als der Jäger sich im Nebel das erste Mal über ihn gebeugt hatte. Wie lange das nun schon zurücklag …

Siebzehn Jahre. Wie hat das nur geschehen können?, überlegte der Jäger ein ums andere Mal. Ich hatte doch gar nicht die Absicht gehabt, dort auf Jagd zu gehen. Krux hatte behauptet, es gäbe auf dem Planeten fast kein Leben, von einigen Bakterienarten und kleinen Landkrebsen abgesehen. Trotzdem nahm ich, als Sanders mich bat, die Gegend zu erkunden, das Gewehr mit in den Geländewagen.

… Über den Geröllhängen stand Nebel. Eine kleine glühende Sonne stieg auf – der rote Zwerg EN 92 – und so nahm der Nebel eine rötliche Färbung an. Unter den elastischen Raupenketten des Wagens knirschte das Gestein; aus dem Dunst tauchten dunkle, nicht allzu hohe Berge auf.

Plötzlich nahm ich auf einer der Bergkuppen eine Bewegung wahr und brachte das Fahrzeug zum Stehen. Das Tier auf diese Entfernung zu erkennen war kaum möglich. Außerdem störten Nebel und Dämmerlicht die Sicht. Doch ich war erfahren und hatte einen geschulten Blick. Auf dem Gebirgskamm bewegte sich ein großes Wirbeltier, und ich freute mich, dass ich die Waffe mitgenommen hatte. Da werden wir Krux eins auswischen, dachte ich gut gelaunt. Ich öffnete die Aussichtsluke im Dach, steckte vorsichtig den Gewehrlauf hinaus und visierte das Tier an. Dann, als sich der Nebel für einen Moment lichtete und die geduckte Silhouette sich deutlich gegen den rötlichen Himmel abzeichnete, drückte ich ab. Im gleichen Augenblick erfolgte an der Stelle, wo sich das Tier befand, eine Detonation, begleitet von einem blendend hellen violetten Lichtschein. Irgendetwas platzte mit lautem Knall auseinander, und dann folgte ein lang anhaltendes Zischen. Gleich darauf stiegen graue Rauchwolken über dem Berg auf, die sich mit dem Nebel vermischten.

Ich war verblüfft. Ich erinnerte mich, das Gewehr mit einer Anästhesienadel geladen zu haben, von der ich am allerwenigsten geglaubt hätte, dass sie eine solche Explosion hervorrufen könnte. Ich überlegte eine Weile und kletterte dann aus dem Fahrzeug, um mich auf die Suche nach dem erlegten Tier zu machen. Wie erwartet, fand ich es unterhalb des Berges auf dem Geröll. Es war in der Tat ein vierbeiniges oder auch vierarmiges Wesen von der Größe einer stattlichen Dogge. Es hatte fürchterliche Verbrennungen davongetragen, war verstümmelt, und wieder wunderte ich mich über die furchtbare Wirkung einer gewöhnlichen Anästhesienadel. Ich hatte sogar Mühe, mir die ursprüngliche Form des Tieres vorzustellen. Relativ heil war lediglich das Gesicht geblieben – ein flaches Oval, von glatter schwarzer Haut überzogen, in dem weiße, erloschene Augen saßen.

Auf der Erde nahm sich Kostylin der Trophäe an. Eine Woche später teilte er mir mit, dass der Tierkörper stark beschädigt und daher nicht sonderlich interessant sei – er könne höchstens als Beweis dafür dienen, dass es in den Sternensystemen roter Zwerge hochentwickeltes Leben gebe. Er riet mir, künftig behutsamer mit Thermitpatronen umzugehen. »Man könnte meinen, du hättest in Panik losgeballert, wärst von dem Tier angefallen worden«, bemerkte er missmutig. »Aber ich weiß genau, dass ich mit einer Anästhesienadel geschossen habe«, erwiderte ich. Lin ließ nicht locker. »Und ich sehe, was ich sehe: dass du ihm eine Sprengpatrone genau in die Wirbelsäule gejagt hast.« Ich zuckte nur mit den Achseln und ließ es dabei bewenden. Gewiss, ich hätte schon damals gern gewusst, wodurch eine solche Explosion hatte hervorgerufen werden können, doch da gab es noch so viele andere wichtige Dinge.

Ja, dachte der Jäger, der noch immer vor dem Tier stand und dessen platten Kopf betrachtete, damals schien mir die Sache nicht gar so wesentlich zu sein. Ich hatte mich über Krux lustig gemacht, mit Lin gestritten und alles wieder vergessen. Später jedoch überkamen mich Zweifel … und mit ihnen die Gewissensbisse.

Krux organisierte damals zwei große Expeditionen. Er durchkämmte weite Gebiete auf dem Planeten, der seinen Namen trug, fand aber kein einziges Lebewesen, das größer gewesen wäre als ein fingerlanger Kleinkrebs. Dafür entdeckte er auf der südlichen Halbkugel auf einem Felsplateau einen unbekannten Startplatz für kleine Raumschiffe. Es handelte sich um einen kreisförmigen Fleck geschmolzenen Basalts mit einem Durchmesser von etwa zwanzig Metern. Zunächst stieß der Fund auf Interesse, doch bald schon stellte sich heraus, dass zwei Jahre zuvor irgendwo in dieser Gegend das Reparaturschiff von Sanders gelandet war, und der Fund geriet in Vergessenheit. Niemand dachte mehr daran – niemand außer mir. Zu dieser Zeit nämlich hatte ich schon die ersten Bedenken.

Sie kamen mir, als ich eines Tages im Leningrader Klub der Sternenflieger von der Geschichte des Bordingenieurs Adamow hörte, der auf der Krux um ein Haar bei lebendigem Leib verbrannt wäre. Adamow war mit einem defekten Sauerstoffbehälter von Bord gegangen. Der Behälter schlug leck; die Atmosphäre des fremden Planeten aber war mit leichten Kohlenwasserstoffen übersättigt, die auf den frei werdenden Sauerstoff reagierten. Glücklicherweise gelang es den Kameraden rechtzeitig, Adamow von dem lichterloh brennenden Behälter zu befreien, sodass er mit kleineren Verbrennungen davonkam. Ich hörte mir den Bericht an und sah vor meinem geistigen Auge wieder die violette Detonation über der schwarzen Felskuppe.

Als dann die Landestelle eines fremden Raumschiffs auf der Krux entdeckt wurde, verwandelten sich meine Zweifel in furchtbare Gewissheit. Ich stürzte zu Kostylin. »Was habe ich da getötet?«, schrie ich. »Ein Tier oder einen Menschen? Lin, ich will wissen, was ich getötet habe!« Kostylin hörte mir zu; eine tiefe Röte überzog sein Gesicht, dann brüllte er los: »Setz dich hin und hör auf, hysterisch herumzuschreien wie ein altes Weib! Du wagst es, mir eine solche Frage zu stellen? Glaubst du, ich, Alexander Kostylin, wäre nicht in der Lage, ein vernunftbegabtes Wesen von einem Tier zu unterscheiden?« – »Aber der fremde Startplatz!« – »Du selbst bist mit Sanders auf dieser Stelle gelandet!« – »Und die Explosion? Ich habe mit der Anästhesienadel seine Sauerstoffblase durchbohrt!« – »Dummkopf! Du hättest eben nicht mit einem Sprenggeschoss in einer Kohlenwasserstoffatmosphäre herumballern dürfen!« – »Selbst wenn dem so ist – Krux hat sonst keinen einzigen Vierhänder auf dem Planeten gefunden! Ich weiß genau, dass es ein fremder Sternenflieger war!« – »Waschlappen!«, tobte Kostylin.

»Hysterisches Weib! Auf Krux' Planeten werden sie wohl auch in hundert Jahren noch keinen Vierhänder finden. Dieser Planet ist riesengroß und von Höhlen durchfurcht wie ein Schweizer Käse! Du hattest einfach Glück, du Dummkopf, warst dann aber zu dämlich, es beim Schopf zu fassen, und hast mir statt eines Tieres nur verkohlte Knochen angeschleppt!«

Vor der Vitrine mit dem Tier presste der Jäger seine Hände so schmerzhaft zusammen, dass die Finger in den Gelenken knackten.

»Nein, Lin«, murmelte er vor sich hin. »Ich habe dir seinerzeit nicht die Knochen eines Tieres gebracht. Ich habe dir einen fremden Sternenflieger zu Füßen gelegt ...«

Wie viele Worte hast du verschwendet, Lin! Wie oft hast du mich vom Gegenteil zu überzeugen versucht. Dann und wann glaubte ich sogar, die Zweifel für immer überwunden zu haben, endlich wieder atmen zu können, ohne mich als Mörder zu fühlen. Wie alle Menschen auf unserer Erde. Doch die Zweifel kommen immer aufs Neue, und sie lassen sich nicht vertreiben, auch nicht durch die spitzfindigste Logik.

Der Jäger legte die Hände gegen die Vitrine und presste sein Gesicht an das durchsichtige Plexiglas.

»Wer bist du?«, flüsterte er bekümmert.

Als er den Pavillon betrat, sah Lin ihn schon von Weitem, und wie immer empfand er unerträglichen Schmerz beim Anblick dieses einst so stolzen, starken Mannes, den das eigene Gewissen so zu Boden drückte. Doch er tat, als sei alles in bester Ordnung, so wunderbar wie der sonnige Tag in Capetown. Mit laut aufsetzenden Schritten ging er auf den Jäger zu, klopfte ihm auf die Schulter und sagte forsch: »Das Wiedersehen ist beendet! Komm, Paul, ich hab einen Mordshunger. Gehen wir zu mir und lassen uns ein feines

Mittagessen vorsetzen. Martha hat dir zu Ehren eine echte Ochsenschwanzsuppe gekocht. Komm, die Suppe wartet.«

»Gehen wir«, sagte der Jäger leise.

»Ich habe schon zweimal zu Hause angerufen. Alle freuen sich, dich zu sehen, und sind gespannt, was du zu berichten hast.«

Der Jäger nickte abwesend und ging langsam zum Ausgang. Lin betrachtete den krummen Rücken des Freundes und wandte sich zur Vitrine um. Sein Blick traf auf die weißen, toten Augen hinter der durchsichtigen Wand.

›Habt ihr euch unterhalten?‹, fragte er stumm.

›Ja.‹

›Und du hast ihm nichts verraten?‹

›Nein.‹

Lin sah auf das Schild mit der Aufschrift »... dreifingriger Vierhänder. Erlegt von Jäger P. Gnedych, präpariert von Doktor A. Kostylin«.

Er drehte sich zu Paul um und überzeugte sich, dass er ihn nicht beobachtete; dann malte er mit dem kleinen Finger heimlich ein »sapiens« hinter das Wort »Vierhänder«. Und obwohl auf dem Schildchen keine Spur davon zu entdecken war, wischte er anschließend schnell mit seinem Jackenärmel darüber.

Für Doktor Alexander Kostylin war es nicht weniger schwer. Er wusste die Wahrheit nur zu gut. Er hatte sie von Anfang an gewusst ...

Die Niederlage

Fisher sagte zu Sidorow: »Du fährst auf die Insel Schumschu.«

»Wo ist denn das?«, fragte Sidorow nicht eben begeistert.

»Auf den Nördlichen Kurilen. Du fliegst heute um zweiundzwanzig Uhr dreißig mit dem Passagiertransporter Nowosibirsk – Port Prowidenija.«

Die Kyberembryos sollten unter verschiedensten Bedingungen getestet werden. Das Institut führte diese Arbeiten hauptsächlich für die Planetenerkunder durch. Daher hatte man dreißig von siebenundvierzig Forschungsgruppen zum Mond und zu anderen Planeten geschickt; die Übrigen machten die Experimente auf der Erde.

»In Ordnung«, sagte Sidorow gedehnt.

Er hatte gehofft, man würde ihm doch noch eine Kosmosgruppe anvertrauen – sei es auch nur zum Mond. Er hatte sich einige Chancen ausgerechnet, fühlte er sich in der letzten Zeit doch so gut wie lange nicht. Ja, er war sogar in Bestform und hatte bis zur letzten Minute damit gerechnet. Fisher aber hatte anders entschieden, und da in seinem Büro unbekannte Leute mit gelangweilten Mienen herumstanden, war es jetzt unmöglich, vernünftig mit ihm zu reden. So ist es, wenn man alt wird, dachte Sidorow.

»In Ordnung«, wiederholte er ruhig.

»Nordkurilsk ist bereits informiert«, sagte Fisher. »Über den genauen Ort für die Experimente verhandelst du in Bajkowo.«

»Und wo ist das?«

»Auf der Insel. Verwaltungsbezirk Schumschu.« Fisher verschränkte die Finger ineinander und sah zum Fenster hinaus. »Sermus bleibt ebenfalls auf der Erde. Er fährt in die Sahara.«

Sidorow schwieg.

Fisher sagte: »Ich habe bereits zwei Helfer für dich aufgetrieben – prima Burschen.«

»Neulinge.«

»Die schaffen das«, erwiderte Fisher hastig. »Sind bestens vorbereitet. Und ich wiederhole: Es sind prima Burschen. Einer war übrigens auch Landeflieger.«

»In Ordnung«, sagte Sidorow gleichgültig. »Ist das alles?«

»Ja. Du kannst jetzt gehen, ich wünsche dir viel Erfolg. Das Gepäck und deine Leute sind in Labor hundertsechzehn.«

Sidorow ging zur Tür. Nach einigem Zögern rief ihm Fisher hinterher: »Sieh zu, dass du bald wieder zurück bist, Kamerad. Ich habe eine interessante Aufgabe für dich.«

Sidorow schloss die Tür hinter sich und verharrte einen Augenblick. Dann fiel ihm ein, dass sich Labor hundertsechzehn fünf Etagen tiefer befand, und er steuerte den Lift an.

Das Ei, eine blanke Kugel und etwa halb so groß wie ein Mensch, lehnte in der rechten Ecke des Labors; in der linken saßen zwei Männer. Als Sidorow eintrat, erhoben sie sich. Sidorow blieb stehen und musterte die beiden. Sie waren kaum älter als fünfundzwanzig. Der eine war groß, hatte helles Haar und ein unansehnliches rotes Gesicht. Der andere war etwas kleiner, dunkelhäutig, gut aussehend, spanischer Typ. Er trug eine Wildlederjacke und schwere Bergstiefel. Sidorow steckte die Hände in die Taschen und begann, auf Zehen und Fersen zu wippen. Neulinge, dachte er verächtlich und war auf einmal so gereizt, dass es ihn selbst verwunderte.

»Guten Tag«, sagte er. »Mein Name ist Sidorow.«

Der Dunkelhäutige zeigte seine strahlend weißen Zähne und sagte: »Das wissen wir, Michail Albertowitsch.« Das Lächeln verschwand von seinem Gesicht, und er stellte sich vor: »Kusma Wladimirowitsch Sorotschinski.«

»Galzew, Wiktor Sergejewitsch«, sagte der Blonde.

Welcher von beiden mag wohl der Landeflieger sein, fragte sich Sidorow. Wahrscheinlich der »Spanier«, Kusma Sorotschinski. Er erkundigte sich: »Wer von Ihnen war Landeflieger?«

»Ich«, antwortete Galzew, der Blonde.

»Die Disziplin?«

»Ja«, sagte Galzew. »Die Disziplin.« Er sah Sidorow fest an. Er hatte hellblaue Augen und dichte, weiche Wimpern wie eine Frau. Sie passten so gar nicht zu seinem grobschlächtigen roten Gesicht.

»Nun«, meinte Sidorow. »Ein Landeflieger muss diszipliniert sein. Jeder Mensch muss das. Stammt übrigens nicht von mir. Was ist Ihr Spezialgebiet, Galzew?«

»Ich bin Biologe«, antwortete er. »Spezialgebiet: Nematoden.«

»Soso«, sagte Sidorow und wandte sich an Sorotschinski: »Und das Ihre?«

»Gastronomie«, meldete Sorotschinski und zeigte erneut seine weißen Zähne.

Na wunderbar, dachte Sidorow. Ein Spezialist für Fadenwürmer und ein Konditor. Ein Landeflieger mit Disziplinschwierigkeiten und ein Spund in Wildlederjacke. Zwei feine Gehilfen. Vor allem dieser verkrachte Landeflieger. Vielen Dank, Genosse Fisher, dass Sie sich immer so um mich bemühen … Er konnte sich nur zu gut vorstellen, wie sein Vorgesetzter mit großer Sorgfalt diejenigen unter den zweitausend Freiwilligen ausgewählt hatte, die den Kosmosgruppen zugeteilt werden sollten, und wie er dann, nach einem raschen Blick auf die Uhr und die Listen, gesagt hatte: »Gruppe

Sidorow auf die Kurilen. Athos ist ein tüchtiger und erfahrener Mann, der gut und gern mit drei Gehilfen auskommt. Oder sogar mit zweien, schließlich geht es ja nicht zum Merkur, zum Brennenden Plateau. Teilen wir ihm doch diesen Sorotschinski und diesen Galzew zu. Zumal Galzew früher Landeflieger war …«

»Sind Sie auf die Arbeit vorbereitet?«, wollte Sidorow wissen.

»Jawohl«, antwortete Galzew.

»Und ob, Michail Albertowitsch«, trompetete Sorotschinski. »Wir beherrschen unsere Aufgaben im Schlaf!«

Sidorow trat an das Ei heran und berührte dessen kühle, glatte Oberfläche. Dann fragte er: »Wissen Sie, was das hier ist, Galzew?«

Galzew hob die Augen zur Decke, dachte einen Augenblick nach und erklärte mit monotoner Stimme: »Eine embryomechanische Vorrichtung vom Typ ME-8. Ein Mechanikembryo Modell Nummer acht. Ein autonomes, sich selbst reproduzierendes mechanisches System, das folgende Programme in sich vereint: die MChF – die mechanische Chromosomenbildung nach Fisher, die Bildung von Sensoren und Effektoren sowie des Digestal- und Energetiksystems. ME-8 ist eine embryomechanische Vorrichtung, die die Fähigkeit besitzt, sich unter beliebigen Bedingungen auf Basis jeden Materials in jede beliebige Konstruktion zu verwandeln, die vom Programm vorgegeben wird. ME-8 ist bestimmt für …«

»Jetzt Sie«, forderte Sidorow Sorotschinski auf.

Der Dunkelhäutige ratterte: »Das vorliegende Modell ME-8 ist für Versuche unter irdischen Bedingungen bestimmt. Das vorgegebene Programm ist ein Standardprogramm, und zwar Standard vierundsechzig: Entwicklung des Embryos in eine hermetische Wohnkuppel für sechs Mann, mit Unterbau und Sauerstofffilter.«

Sidorow sah zum Fenster hinaus und fragte: »Gewicht?«

»Etwa drei Zentner.«

Unausgebildete Kräfte einer Versuchsgruppe hätten das nicht unbedingt wissen müssen.

»Gut«, sagte Sidorow. »Und jetzt teile ich Ihnen mit, was Sie noch nicht wissen. Zum Ersten: Das Ei ist neunzehntausend Stunden hochqualifizierte menschliche Arbeit wert. Zum Zweiten: Wenn nötig, werdet ihr dieses Ei, das in der Tat drei Zentner wiegt, auf dem Buckel schleppen.«

Galzew nickte, und Sorotschinski sagte: »Das werden wir, Michail Albertowitsch.«

»Wunderbar«, lobte Sidorow. »Dann fangt mal gleich damit an. Rollt das Ei zum Lift und bringt es ins Vestibül. Danach geht ihr ins Lager und lasst euch ein Registriergerät geben. Anschließend könnt ihr euch um eure eigenen Sachen kümmern. Um zehn Uhr seid ihr mit dem ganzen Gepäck auf dem Flugplatz. Und kommt nicht zu spät.«

Er machte auf dem Absatz kehrt und verließ den Raum. Hinter ihm wurde es geschäftig: Seine Arbeitsgruppe nahm ihre erste Aufgabe in Angriff.

Im Morgengrauen warf das Stratosphärenflugzeug den Aerobus mit Sidorows Gruppe über der zweiten Kurilischen Meerenge ab. Galzew brachte ihn ausgesprochen elegant vom Sturz- in den Gleitflug, schaute in die Runde, orientierte sich kurz nach Karte und Kompass und hatte schon im nächsten Augenblick den angegebenen Ort Bajkowo ausgemacht – mehrere Reihen zweistöckiger Gebäude aus weißem und rotem Lithoplast, die sich halbkreisförmig um eine kleine, tiefe Bucht zogen. Der Aerobus landete mit ausgebreiteten Flügeln auf der Uferstraße. Ein früher Passant, ein junger Mann in Matrosenhemd und Leinenhose, erklärte ihnen, wo sich die Verwaltung befand.

Der Diensthabende der Inselverwaltung, ein alter, untersetzter Ainu und Chefagronom, empfing sie sehr herzlich und lud sie sogleich zum Frühstück ein.

Nachdem er Sidorow angehört hatte, schlug er zur Auswahl mehrere nicht allzu hohe Hügel am Nordufer vor. Er sprach fast akzentfrei Russisch, nur manchmal stockte er mitten im Wort, so als sei er sich der richtigen Betonung nicht sicher.

»Das Nordufer ist ziemlich weit«, sagte er, »und der Weg dorthin nicht gerade gut. Ich kann Ihnen leider nichts Nähergelegenes anbieten, aber Sie haben ja einen Aero … bus. Ich bin nicht allzu bewandert in physika … lischen Experimenten, doch möchte ich Sie aufmerksam machen, dass der größte Teil der Insel von Melonen … feldern aller Art und Treib … beeten bedeckt ist, wo zurzeit überall Schüler arbeiten. Ich darf kein Ri … siko eingehen.«

»Es gibt kein Risiko dabei«, beruhigte ihn Sorotschinski leichtfertig. »Nicht das geringste.«

Sidorow erinnerte sich, dass er einmal eine geschlagene Stunde auf der Feuerwehrleiter ausgeharrt hatte, um sich vor einem Plastvampir zu retten, der zu seiner Fertigstellung nur noch Protoplasma brauchte. Damals gab es freilich das Ei noch nicht. »Vielen Dank«, sagte er. »Wir sind mit dem Nordufer durchaus zufrieden.«

»Dort gibt es weder Melonen … felder noch Treib … beete«, sagte der alte Ainu. »Nur Birken. Ein paar Archäo … logen arbeiten in der Nähe.«

»Archäologen?«, wunderte sich Sorotschinski.

»Vielen Dank«, wiederholte Sidorow. »Ich denke, wir werden gleich aufbrechen.«

»Gleich ist erst einmal Frühstück«, sagte der Ainu höflich.

Sie aßen schweigend, und beim Abschied bot der Alte an: »Wenn Sie irgendetwas brauchen sollten, wenden Sie sich – wie sagt man doch – ohne Scheu an mich.«

»Wir werden – wie sagt man doch – keine Scheu haben«, versicherte Sorotschinski.

Sidorow warf ihm einen Blick zu und sagte, als sie wieder im Aerobus waren: »Wenn Sie sich noch einmal einen solchen Ausrutscher erlauben, junger Mann, verweise ich Sie der Insel.«

»Ich bitte um Entschuldigung«, stotterte Sorotschinski und wurde puterrot. Die Röte machte sein dunkles, ebenmäßiges Gesicht noch schöner.

Am Nordufer gab es in der Tat weder Melonenfelder noch Treibbeete, sondern weit und breit nur Birkengestrüpp. Die kurilische Birke, muss man wissen, wächst »liegend«: Sie breitet sich auf dem Boden aus, und ihre feuchten, knorrigen Stämme und Äste bilden ein festes, undurchdringliches Geflecht. Aus der Luft erinnerte das kurilische Birkendickicht allerdings an harmlose grüne Wiesen, die für eine Landung nicht allzu schwerer Maschinen durchaus geeignet zu sein schienen. Da weder Galzew, der den Aerobus lenkte, noch sein Chef noch Sorotschinski sich mit den Besonderheiten der kurilischen Birke auskannten, wies Sidorow auf eine runde Erhebung und sagte: »Hier.« Sorotschinski warf ihm einen scheuen Blick zu und murmelte: »Ein guter Platz.« Galzew fuhr das Räderwerk aus und setzte zur Landung an – mitten hinein in das weite grüne Feld am Fuße des runden Hügels.

Die Flügel des Aerobusses erstarrten, und in der nächsten Minute wühlte sich das Gefährt knirschend in das kränkliche Grün der kurilischen Birke. Sidorow nahm noch das Knirschen wahr, dann flammten Tausende bunter Sterne vor seinem Auge auf, und er verlor das Bewusstsein.

Als er die Augen wieder öffnete, erblickte er als Erstes eine Hand. Sie war groß, braungebrannt, und die Finger, die mit frischen Schrammen bedeckt waren, glitten kraftlos über die Armaturenknöpfe.

Dann verschwand die Hand, und an ihre Stelle trat ein rotes Gesicht mit hellblauen Augen und weiblichen Wimpern.

Ächzend versuchte Sidorow, sich aufzusetzen. Die rechte Seite schmerzte sehr, und auch die Stirn tat weh. Als er seine Finger an Stirn und Augen führte, sah er, dass sie voller Blut waren. Dann blickte er Galzew an, der seinen aufgeschlagenen Mund mit dem Taschentuch abwischte.

»Eine Meisterlandung«, sagte Sidorow. »Sie machen mir Spaß, Sie Nematodenspezialist.«

Galzew schwieg. Er presste das zusammengeknüllte Taschentuch an die Lippen und starrte reglos vor sich hin. Da rief Sorotschinski mit schriller, zitternder Stimme: »Er kann nichts dafür, Michail Albertowitsch.«

Sidorow wandte langsam den Kopf und sah Sorotschinski an.

»Ehrenwort, er hat keine Schuld«, wiederholte er und rückte ein Stück ab. »Sehen Sie selbst, wo wir gelandet sind.«

Sidorow öffnete die Kabinentür, steckte den Kopf hinaus und betrachtete einige Sekunden lang das mitsamt der Wurzel herausgerissene Gestrüpp, das sich im Räderwerk verheddert hatte. Er streckte die Hand aus, riss ein paar der festen, glänzenden Blätter ab, zerrieb sie zwischen den Fingern und probierte. Sie schmeckten herb und bitter. Sidorow spuckte aus und fragte, ohne Galzew anzusehen: »Ist der Bus heil geblieben?«

»Ja«, antwortete Galzew durch das Taschentuch.

»Was ist, haben Sie sich einen Zahn ausgeschlagen?«

»Ja, leider«, sagte Galzew.

»Bis zur Hochzeit ist es verheilt«, versicherte Sidorow. »Doch wenn es Ihnen hilft: Die Schuld liegt bei mir. Versuchen Sie jetzt bitte aufzusteigen.«

Es war gar nicht so leicht, aus dem Dickicht herauszukommen. Schließlich gelang es Galzew doch, und sie landeten auf dem runden Hügel. Sidorow kletterte, die Hand an die rechte Seite gepresst, aus dem Fahrzeug und schaute sich um. Von hier aus wirkte die Insel unbewohnt und flach wie ein Tisch. Der Hügel war kahl und von vulkanischer Schlacke rötlich gefärbt. Von Osten her wand sich Birkengeäst hoch, in südlicher Richtung erstreckten sich die grünen Rechtecke der Melonenfelder. Bis zum Westufer waren es ungefähr sieben Kilometer, dahinter traten in fliederfarbenem Dunst die blassvioletten Bergkuppen hervor, und noch weiter hinten, mehr rechts, hing reglos eine eigentümliche dreieckige Wolke scharf umrissen am blauen Himmel. Das Nordufer war bedeutend näher. Es fiel steil zum Meer hin ab, und direkt am Abhang ragte ein plumper grauer Turm auf – wahrscheinlich eine alte Verteidigungsstellung. Neben dem Turm stand hell schimmernd ein Zelt, darum herum machten sich Leute zu schaffen. Offenbar waren das die Archäologen, von denen der diensthabende Verwalter gesprochen hatte. Sidorow zog tief die Luft ein. Es roch nach Salzwasser und erhitztem Gestein. Sehr still war es, nicht einmal die Brandung war zu hören.

Ein guter Platz, dachte Sidorow. Wir werden das Ei hier oben lassen, die Filmkameras und die übrigen Apparaturen auf den Abhängen installieren und unser Lager unten in den Melonenfeldern aufschlagen. Die Melonen sind hier gewiss noch grün. Und dann, nach einem erneuten Blick zu den Archäologen: Bis zu ihrem Lager sind es etwa fünf Kilometer. Dennoch müssen wir ihnen Bescheid geben, damit sie sich nicht wundern, wenn der Kyberembryo sich entfaltet.

Sidorow winkte Galzew und Sorotschinski heran und sagte: »Hier werden wir den Versuch durchführen. Meiner Meinung nach ist es ein günstiger Standort. Der Untergrund ist Lava, Tuffgestein – genau das Richtige für uns. Fangt an!«

Die beiden jungen Männer gingen zum Aerobus und öffneten den Gepäckraum, in dem helle Lichtpunkte tanzten. Sorotschinski kletterte hinein, ächzte kurz auf und rollte mit einem Stoß das Ei hinunter auf die Erde. Auf dem schlackigen Untergrund rollte es knirschend ein paar Meter weit und kam dann zum Stehen. Galzew konnte gerade noch zur Seite springen.

»Was soll das?«, schimpfte er leise. »Du hebst dir nur einen Bruch.«

Sorotschinski sprang vom Fahrzeug und sagte forsch: »Ach was, unsereins ist das gewohnt.«

Sidorow ging um das Ei herum und stieß es gleichfalls an, doch es rührte sich nicht.

»Wunderbar«, lobte er. »Und jetzt die Filmkameras.«

Die Kameras aufzustellen nahm eine ganze Weile in Anspruch. Die eine war mit Infrarotobjektiv ausgerüstet, eine zweite mit Stereoobjektiv; eine war für die Messung der Temperatur bestimmt, eine andere für Panoramaaufnahmen …

Es war schon fast zwölf, als sich Sidorow mit dem Ärmel vorsichtig den Schweiß von der Stirn wischte und das Plastfutteral mit dem Aktivator aus der Tasche holte. Galzew und Sorotschinski traten von hinten an ihn heran und schauten ihm zu. Sidorow ließ ohne Hast den Aktivator auf die Handfläche rollen – es war ein glänzendes Röhrchen mit einem Saugnapf an dem einen und einem roten, fein gerippten Knopf am anderen Ende. »Na, dann wollen wir mal«, sagte Sidorow laut. Er ging zum Ei und presste den Saugnapf gegen das polierte Metall. Dann, nach einer Sekunde des Zögerns, drückte er mit dem Daumen auf den roten Knopf.

Ohne einen Blick von dem Ei zu wenden, trat er einen Schritt zurück. Einzig ein Raketenvolltreffer hätte den Prozess jetzt noch aufhalten können, der unter der blitzenden

Hülle vor sich ging. Der Embryokyber hatte angefangen, sich auf die neuen Bedingungen einzustellen, und es war ungewiss, wie viel Zeit das in Anspruch nehmen würde. Hatte er sich aber erst einmal angepasst, begann die Entwicklung des Embryos.

Sidorow sah auf die Uhr. Es war zwölf Uhr fünf. Mit einiger Mühe entfernte er den Aktivator vom Ei, verstaute ihn im Plastfutteral und dieses wiederum in seiner Tasche. Dann wandte er sich zu Galzew und Sorotschinski um. Sie standen hinter ihm und starrten schweigend auf das Ei. Sidorow strich ein letztes Mal über die polierte Oberfläche der Apparatur und sagte: »Gehen wir.«

Sidorow gab Anweisung, den Beobachtungspunkt zwischen Hügel und Melonenfeldern zu errichten. Von hier aus war das Ei gut zu sehen – eine kleine, silbern glänzende Kugel auf einem rötlichen Hügel unter blauem Himmel. Er hatte Sorotschinski zu den Archäologen geschickt und es sich selbst im Schatten des Aerobusses im Gras bequem gemacht. Galzew, der zum Schutz vor der Sonne unter einen Flügel des Busses geflüchtet war, schlief bereits.

Sidorow lutschte ein Fruchtbonbon und ließ seinen Blick einmal zum Hügel, einmal zu der seltsamen dreieckigen Wolke im Westen gleiten. Schließlich griff er zum Feldstecher. Wie vermutet, erwies sich die vermeintliche Wolke als schneebedeckter Gipfel eines Berges, wahrscheinlich eines Vulkans. Durchs Fernglas konnte er einige schmale eisfreie Stellen erkennen, ja sogar die mit Schnee bedeckten Flecken unterhalb der ungleichmäßigen weißen Kuppe. Er legte den Feldstecher beiseite und dachte wieder an das Experiment. Aller Wahrscheinlichkeit nach würde der Embryo zur Nachtzeit aus dem Ei schlüpfen. Das war gut so, denn bei Tageslicht lieferten die Filmkameras für gewöhnlich weniger gute Ergebnisse. Dann ging ihm durch den Sinn, dass sich Sermus gewiss nach allen Regeln der Kunst mit Fisher gestritten hatte, letztlich aber doch in die Sahara gefahren war. Dann dachte er an Mishima, der wohl zur Stunde sein Schiff lud, um vom Raketodrom in Kirgisien zu starten. Abermals empfand er diesen bohrenden Schmerz in der rechten Seite. »Ach ja«, murmelte er. »Erst das Alter, dann das Siechtum.« Er warf einen Blick zu Galzew hinüber. Der Biologe lag auf dem Bauch, die Hände unters Gesicht geschoben.

Anderthalb Stunden später kam Sorotschinski zurück. Sein Oberkörper war nackt, und die dunkle, glatte Haut glänzte von Schweiß. Seine schicke Wildlederjacke und das Hemd trug er unter dem Arm. Er ging vor Sidorow in die Hocke und berichtete mit blitzenden Zähnen, dass die Archäologen für die Information danken ließen und sich sehr für das Projekt interessierten. Sie seien zu viert, hätten aber Hilfe durch Schüler aus Bajkowo und Nordkurilsk. Sie seien gerade dabei, unterirdische japanische Befestigungen aus der Mitte des vorvorigen Jahrhunderts auszugraben, und ihr Chef sei, nebenbei bemerkt, eine ausgesprochen hübsche junge Frau.

Sidorow dankte für den »aufschlussreichen« Bericht und bat den jungen Mann, sich um das Mittagessen zu kümmern. Er selbst blieb im schattigen Gras sitzen, kaute auf einem Grashalm und sah blinzelnd zu dem weit entfernten weißen Konus des Vulkans hinüber. Sorotschinski weckte Galzew, sie machten sich etwas weiter abseits zu schaffen und unterhielten sich leise.

»Ich übernehme die Suppe«, sagte Sorotschinski. »Du, Witja, machst dich ans Hauptgericht.«

»Irgendwo muss noch eine Hühnerkonserve stecken«, meinte Galzew mit von Schlaf belegter Stimme.

»Hier«, sagte Sorotschinski. »Die Archäologen sind übrigens lustige Burschen. Der eine hat einen solchen Bart, dass kein Stückchen Haut mehr zu sehen ist. Sie graben nach japanischen Befestigungen aus den Vierzigerjahren des vorvorigen Jahrhunderts. Hier war nämlich mal eine unterirdische Festung. Der Bärtige hat mir eine Pistolenkugel geschenkt, sieh mal!«

»Fuchtel mir bitte nicht mit diesem rostigen Ding vor der Nase herum«, knurrte Galzew.

Bald roch es appetitlich nach Suppe.

»Ihr Chef«, fuhr Sorotschinski fort, »ist ein tolles Mädel. Blond und schlank, nur die Beine sind ein bisschen dick geraten. Sie hat mich in den Kampfstand geführt und durch die Schießscharte sehen lassen. ›Von hier aus‹, sagte sie, ›wurde das gesamte Nordufer unter Beschuss genommen.‹«

»Und, wurde es tatsächlich unter Beschuss genommen?«, fragte Galzew.

»Was weiß denn ich. Wahrscheinlich ... Ich habe hauptsächlich sie angesehen, weißt du. Dann haben wir gemeinsam die Stärke der Querdecken zwischen den einzelnen Etagen gemessen.«

»Zwei Stunden lang?«

»Na ja. Bis mir auffiel, dass sie den gleichen Namen hat wie der Bärtige. Da bin ich abgezogen. In den Kasematten, die wir uns noch ansahen, ist es sowieso grässlich. Finster und an den Wänden überall Schimmel. Wo ist denn das Brot?«

»Hier«, sagte Galzew. »Und wenn sie nun einfach die Schwester des Bärtigen ist?«

»Schon möglich. Was macht eigentlich das Ei?«

»Gar nichts.«

»Auch gut«, meinte Sorotschinski. »Michail Albertowitsch, das Mittagessen ist fertig!«

Beim Essen redete Sorotschinski in einem fort. Zunächst erklärte er, dass das japanische »tochika« vom russischen Wort für »Gefechtsstand« herrühre und der russische Terminus wiederum mit dem englischen »dot« verwandt sei, was »Punkt« bedeute. Dann begann er ausführlich von Gefechtsständen, Kasematten, Schießscharten und der Feuerdichte pro Quadratmeter zu erzählen, sodass sich Sidorow mit dem Essen beeilte und sogar auf den Nachtisch verzichtete. Er beauftragte Galzew, auf das Ei achtzugeben, kletterte in den Aerobus und schickte sich zum Schlafen an. Ringsum war es erstaunlich still, nur Sorotschinski, der am Bach das Geschirr wusch, stimmte von Zeit zu Zeit ein Lied an. Galzew hielt sich den Feldstecher an die Augen und saß da, ohne den Blick vom Hügel zu wenden.

Als Sidorow aufwachte, ging bereits die Sonne unter. Von Süden her breitete sich dunkelviolett die Dämmerung aus, und es wurde kühl. Die Berge im Westen wirkten jetzt schwarz, der Konus des Vulkans hing als grauer Schatten über dem Horizont. Das Ei auf der Hügelkuppe funkelte feuerrot. Über die Melonenfelder kroch blaugrauer Dunst. Galzew, noch immer in der gleichen Pose, hörte Sorotschinski zu.

»In Astrachan«, erzählte er, »habe ich die ›Rose des Schah‹ gegessen. Das ist eine Wassermelone von seltener Schönheit. Sie schmeckt wie Ananas …«

Galzew hüstelte.

Sidorow saß einige Minuten reglos da. Er erinnerte sich, wie er und Kapitän Genka einmal Wassermelonen auf der Venita gegessen hatten. Die Erde hatte ein ganzes Schiff voller Melonen auf die Station geschickt, und sie hatten ihren Spaß gehabt – die Zähne krachend in das Fruchtinnere gehauen, sodass ihnen der Saft nur so über die Wangen lief, und schließlich hatten sie sich übermütig mit den glatten schwarzen Kernen beworfen.

»… Alle zehn Finger leckst du dir danach – das sag ich dir als Koch!«

»Still«, erwiderte Galzew. »Du weckst Athos.«

Sidorow setzte sich etwas bequemer hin, legte das Kinn auf die Rückenlehne des Vordersitzes und schloss die Augen. In der Kabine war es warm und ein wenig schwül – sie kühlte nur langsam ab.

»Bist du eigentlich schon mal mit Athos geflogen?«, fragte Sorotschinski.

»Nein«, antwortete Galzew.

»Er tut mir leid, und gleichzeitig beneide ich ihn. Er hat ein Leben hinter sich, wie ich es nie und nimmer haben werde. Viele andere übrigens auch nicht. Aber – er hat's eben hinter sich.«

»Wieso hat er es hinter sich?«, fragte Galzew. »Er hat nur aufgehört zu fliegen.«

»Ein Vogel, der aufgehört hat zu fliegen …« Sorotschinski verstummte. »Und überhaupt ist die Zeit der Landeflieger vorbei«, fügte er unvermittelt hinzu.

»Unsinn«, erwiderte Galzew ruhig.

Sidorow hörte, wie Sorotschinski herumhantierte und sagte: »Kein Unsinn. Nimm zum Beispiel dieses Ei. Man wird es zu Hunderten herstellen und über unbekannten, gefährlichen Welten abwerfen. Und jede dieser Apparaturen wird ein Labor errichten, ein Kosmodrom, ein Raumschiff. Sie werden in Gruben und Bergwerken arbeiten, werden deine Nematoden aufspüren und erforschen. Die Landeflieger aber werden nichts weiter zu tun haben, als die Informationen zu sammeln und ihre Schlüsse zu ziehen.«

»Das ist Unsinn«, wiederholte Galzew, »was du da von den Labors und Bergwerken faselst … Und was ist mit der hermetischen Kuppel für sechs Mann?«

»Was soll damit sein?«

»Na, dass sie eben für sechs Leute bestimmt ist.«

»Trotzdem«, beharrte Sorotschinski. »Die Zeit der Landeflieger ist vorbei. Die Kuppel mit den Menschen wird lediglich am Anfang stehen. Später wird man unbemannte Raumschiffe aussenden, um die Eier abzuwerfen, und die Menschen treffen erst ein, wenn alles bestens vorbereitet ist.«

Sorotschinski ließ sich über die Perspektiven der Embryomechanik aus, wobei er im Wesentlichen den Inhalt des berühmten Vortrages von Fisher wiedergab. Eine Sache, über die in letzter Zeit viel gesprochen wird, dachte Sidorow, und sie hat durchaus etwas für sich. Aber hatte es sich mit den ersten unbemannten Planetenschiffen nicht ebenso verhalten? Auch damals hieß es, die Planetenerkunder hätten nun nur noch ihre Schlüsse zu ziehen. Als dann Akimow und Sermus das erste System von Erkundungskybern ausschickten, hatte er, Sidorow, den Kosmos sogar aufgeben wollen. Dreißig Jahre war das jetzt her, aber wie oft hatte er seitdem, verstümmelten Kyberteilen auf der Spur, seinen Fuß in die Hölle setzen und vollenden müssen, was den Maschinen nicht gelungen war ... Sorotschinski ist ein grüner Junge, dachte er, und äußerst schwatzhaft dazu.

Als Galzew zum vierten Mal sein »Unsinn« angebracht hatte, kletterte Sidorow aus dem Wagen. Bei seinem Anblick verstummte Sorotschinski und sprang auf. Er hielt ein Stück halbreife Melone in den Händen, aus dem ein Messer ragte. Galzew dagegen blieb mit verschränkten Beinen sitzen.

»Möchten Sie Melone, Michail Albertowitsch?«, fragte Sorotschinski.

Sidorow schüttelte den Kopf und blickte, die Hände in den Taschen, zur Hügelkuppe hinüber. Die rötlichen Lichtreflexe auf der glänzenden Oberfläche des Eis verblassten zusehends. Es wurde schnell dunkel. Unvermittelt tauchte ein heller Stern aus dem Dunst auf und bewegte sich langsam über den tiefblauen Himmel.

»Das ist Satellit acht«, sagte Galzew.

»Nein«, widersprach Sorotschinski selbstbewusst. »Es ist Satellit siebzehn. Oder nein – der Spiegelsatellit.«

Sidorow, der wusste, dass es der Satellit acht war, seufzte nur und machte sich auf den Weg zum Hügel. Sorotschinski ging ihm furchtbar auf die Nerven, und er beschloss, die Kameras zu überprüfen.

Als er zurückkam, brannte ein Lagerfeuer. Sorotschinski hatte es, unermüdlich, wie er war, angezündet, und stand nun in malerischer Pose davor und sprach wild gestikulierend auf Galzew ein. »Das Ziel ist nur Mittel zum Zweck«, hörte Sidorow ihn sagen. »Das Glück liegt nicht im Glück selbst, sondern im Streben danach …«

»Das habe ich schon mal gelesen«, sagte Galzew.

Ich ebenfalls, dachte Sidorow. Und nicht bloß einmal. Ich sollte Sorotschinski schlafen schicken. Sidorow sah auf die Uhr – die Leuchtzeiger zeigten Mitternacht. Es war jetzt völlig finster.

Es war eine mondlose Nacht, und Sidorow saß, die rechte Seite den Flammen zugewandt, am Lagerfeuer und döste vor sich hin. Galzew hatte gleichfalls Mühe, den Kopf oben zu halten, und Sorotschinski las Zeitung und raschelte dabei mit den Blättern. In diesem Augenblick – es war zwei Uhr dreiundfünfzig – brach das Ei auseinander.

Ein scharfer, durchdringender Laut ertönte – wie von einer Extrusionsmaschine, die ein fertiges Teil ausspuckt. Dann wurde die Hügelkuppe kurz von orangefarbenem Licht erhellt. Sidorow warf einen Blick auf die Uhr und erhob sich. Die Kuppe des Hügels zeichnete sich deutlich gegen den Sternenhimmel ab. Als sich die Augen, vom Feuer geblendet, an das Dunkel gewöhnt hatten, erblickte Sidorow eine Vielzahl schwacher roter Lichtpunkte, die sich langsam um jene Stelle herumbewegten, wo vorher das Ei gelegen hatte.

»Es geht los!«, flüsterte Sorotschinski mit unheilvoller Stimme. »Wach auf, Witja, es geht los!«

»Vielleicht hältst du endlich die Klappe!«, flüsterte Galzew hastig.

Von den dreien wusste einzig Sidorow, was auf dem Hügel vor sich ging. Der Embryo brauchte nach der Befruchtung zehn Stunden, um sich auf die äußeren Bedingungen einzustellen. War dieser Prozess abgeschlossen, begann die eigentliche Entwicklung. Was im Ei nicht für das Wachstum gebraucht wurde, diente dem Umbau und der Festigung der Effektoren – seiner Arbeitsorgane. Erst dann kam die Hülle an die Reihe. War sie geplatzt, begann der Kyberembryo, Nahrung von außen aufzunehmen.

Immer mehr Lichtpunkte tauchten auf, bewegten sich schneller und schneller. Ein Brummen wurde laut, dann ein schrilles kratzendes Geräusch – die Effektoren bohrten sich in den Grund und zermahlten ganze Tuffbrocken zu Staub. Lautlos lösten sich leuchtende Rauchschwaden von der Hügelkuppe und stiegen zum Sternenhimmel auf. Ein unwirklicher, tanzender Widerschein erhellte für Sekunden die seltsamen, sich schwerfällig bewegenden Formen, dann fiel alles wieder ins Dunkel.

»Gehen wir näher ran?«, fragte Sorotschinski.

Sidorow gab keine Antwort. Er dachte unvermittelt an die Zeit, als der erste Kyberembryo, ein Modell dieses Eis, erprobt worden war. Das lag bereits einige Jahre zurück. Er war damals noch neu auf dem Gebiet der Embryomechanik gewesen. Der Embryo war in einem geräumigen Pavillon in der Nähe des Instituts untergebracht und bestand aus achtzehn Kästen, die an Stahlschränke erinnerten und entlang der Wände aufgestellt waren, sowie aus einem gewaltigen Haufen Zement in der Mitte des Raums. In dem Zementhaufen befand sich das Effektoren- und Digestalsystem. Fisher hatte ein Zeichen gegeben, und dann wurde der Schalthebel betätigt. Bis zum späten Abend hatten sie in dem Pavillon gesessen und alles um sich herum vergessen.

Der Zementhaufen war langsam geschwunden, und gegen Abend waren aus Dampf und Rauch die Umrisse eines Standardhäuschens aus Lithoplast aufgetaucht – drei Zimmer mit Zentralheizung und eigener Elektroversorgung. Das Häuschen unterschied sich in nichts von einem fabrikgefertigten, lediglich im Bad war ein Keramikwürfel zurückgeblieben – der »Magen« – sowie die komplizierten Glieder der Effektoren. Fisher begutachtete das Häuschen, stieß mit dem Fuß gegen die Effektoren und sagte: »Nun, das reicht fürs Erste mit der Heimindustrie. Jetzt müssen wir mit dem ›Ei‹ in die Produktion.«

An diesem Tag fiel das Wort zum ersten Mal. Danach gab es viel Arbeit, Erfolge und noch mehr Misserfolge. Der Embryo lernte, das Programm zu befolgen, sich extremen Umweltveränderungen anzupassen und sich selbst zu reproduzieren. Er eignete sich die Fähigkeit an, Haus zu werden, Bagger, Rakete, nicht zu zerschellen, wenn er in Abgründe fiel, blieb auch dann noch funktionstüchtig, wenn ihn glühende Wellen schmelzenden Metalls umgaben, verlor die Furcht vor dem absoluten Nichts … Es hat doch sein Gutes, dachte Sidorow, dass ich auf der Erde geblieben bin.

Über der Hügelkuppe stiegen in immer kürzeren Abständen helle Dampfschwaden auf; das Knistern, Schaben und Brummen verschmolz zu einem ununterbrochenen vibrierenden Getöse. Die tanzenden roten Lichtpunkte bildeten nun Ketten und diese wiederum bizarre, bewegliche Linien. Rosafarben brach der Morgen an, und schon konnte man ein großes gekrümmtes Gebilde erkennen, das wie ein Boot auf Wellen schaukelte.

Sidorow sah erneut auf die Uhr – es war fünf vor vier. Lava und Tuffgestein schienen ein günstiges Material zu sein: Die Kuppel wuchs hier bedeutend schneller als auf Zement. Sidorow war gespannt, wie es jetzt weiterging. Der Kyberembryo baute die Kuppel von der Spitze zu den Rändern hin aus, während sich die Effektoren immer tiefer ins Hügelinnere fraßen. Um die Kuppel aber am Ende nicht ins Erdinnere zu versenken, musste er sie entweder seitlich neben die Grube verlagern oder Stützpfeiler errichten. Sidorow sah deutlich die glutheißen Ränder des Bauwerks und stellte sich vor, wie die Schaufeln der Effektoren immer neue und neue Stückchen heißen, zähflüssigen Lithoplasts hinzufügten.

Für etwa eine Minute tauchte die Hügelkuppe ins Dunkel, das Getöse verstummte, und nur noch ein undeutliches Brummen war zu vernehmen. Der Embryo war dabei, das Energiesystem umzustellen.

»Sorotschinski!«, rief Sidorow.

»Ja?«

»Laufen Sie zur Thermokamera und stellen Sie sie ein Stück zur Seite. Aber nicht den Hügel betreten!«

»Jawohl, Michail Albertowitsch.«

Sidorow hörte, wie Sorotschinski von Galzew flüsternd eine Taschenlampe erbat; gleich darauf hüpfte der kleine gelbe Lichtkegel über den Schotter und entfernte sich.

Wieder setzte das Getöse ein und flammte über der Kuppe des Hügels die rosafarbene Dämmerung auf. Sidorow schien, als habe sich die schwarze Kuppel ein wenig zur Seite verlagert, aber er war sich nicht sicher. Ärgerlich dachte er, dass er Sorotschinski sofort hätte zur Thermokamera schicken sollen, gleich nachdem der Embryo aus dem Ei geschlüpft war …

Plötzlich ertönte ein ohrenbetäubendes Krachen, und über dem Hügel züngelte eine rote Stichflamme auf. Im Zickzack kroch eine purpurfarbene Schlange den schwarzen Abhang hinab und verlosch. Die zartrosa Dämmerung verwandelte sich in grelles Gelb und wich in Sekundenschnelle dichtem Rauch. Dann erfolgte eine heftige Detonation, und Sidorow sah voll Entsetzen, wie auf der Hügelkuppe zwischen Qualm und Feuer ein riesiger Schatten in Bewegung geriet. Ein massives und schweres Gebilde, von dem ein schwacher Glanz ausging, begann auf zitternden Stützpfeilern zu schwanken. Eine zweite Detonation erfolgte, und wieder lief ein glühendheißer Blitz im Zickzack den Abhang hinunter. Die Erde bebte, und der Schatten im rötlich gefärbten Rauch stürzte in sich zusammen.

Da hielt es Sidorow nicht mehr aus und rannte zum Hügel. Mitten hinein in das Krachen und Knistern. Schwaden erhitzter Luft ließen ihn beinahe hinfallen, und in dem roten, tanzenden Feuerschein sah er die Filmkameras, einzige Zeugen der Vorgänge auf der Kuppe, wie sie eine nach der anderen zu Boden stürzten und Lavabrocken mit sich rissen.

Sidorow stolperte über eine der Kameras. Sie lag da, die Beine des Stativs ragten weit auseinander. Er ging nun langsamer, und der heiße Schotter rollte ihm hügelab entgegen. Oben war es jetzt still, doch es schwelte und rauchte noch immer. Dann erfolgte erneut ein Erdstoß, und vor Sidorows Augen stieg eine schwache gelbliche Explosionswolke empor.

Auf der Hügelkuppe roch es nach heißem Qualm und etwas Unbekanntem, Säuerlichem. Sidorow stoppte am Rande eines gewaltigen Kraters, dessen Wände steil in die Tiefe führten. In dem Krater lag, seitlich umgestürzt, die fast fertige hermetische Kuppel für sechs Mann, mit Unterbau und Sauerstofffilter. In der Grube schwelte glühende Schlacke, und in ihrem Schein konnte man die hämomechanischen Fühler des Embryos sehen, die nun ohne Steuerung waren und sich schwach und orientierungslos hin und her bewegten. Aus der Grube stieg heißer, säuerlich riechender Rauch.

»Was hat das zu bedeuten?«, hörte er plötzlich Sorotschinski mit weinerlicher Stimme sagen.

Sidorow hob den Kopf und erblickte den Burschen, der neben ihm auf allen vieren unmittelbar am Abhang hockte.

»Der Großvater schlug und schlug auf die Nuss und schaffte es nicht«, stöhnte Sorotschinski. »Die Großmutter schlug und schlug …«

»Schweig«, sagte Sidorow leise. Er setzte sich an den Rand des Abhangs und versuchte hinunterzusteigen.

»Lieber nicht«, warnte Galzew, der hinzugekommen war. »Das ist gefährlich.«

»Schweig«, wiederholte Sidorow.

Er musste sich unverzüglich Klarheit darüber verschaffen, was passiert war. Es war unmöglich, dass ihnen das Ei einen Strich durch die Rechnung gemacht hatte, handelte es sich doch um die vollkommenste Apparatur, die der Mensch je geschaffen hatte, um eine Maschine, die mehr als klug und faktisch unverwundbar war.

Unerträgliche Hitze versengte Sidorow das Gesicht. Er kniff die Augen zusammen und ließ sich den Abhang hinuntergleiten, vorbei an der rotglühenden Wand der neugeborenen Kuppel. Unten angelangt, versuchte er sich zu orientieren. Er entdeckte geschmolzene Betonbögen, rauchgeschwärzte Armaturendrähte, einen breiten, dunklen Schacht, der ins Innere des Hügels führte.

Plötzlich knirschte es unter seinen Füßen. Sidorow bückte sich. Er begriff nicht gleich, woher das graue Stück Metall stammte, auf das er getreten war. Doch dann, allmählich, wurden ihm die Zusammenhänge klar. Es war ein Artilleriegeschoss.

Der Hügel war unterhöhlt, und irgendwelche verfluchten Kerle hatten hier zweihundert Jahre zuvor einen Betonbunker errichtet, in dem sie ein Munitionslager unterbrachten. Beim Bau der Stützpfeiler für die Kuppel war die Decke des Bunkers durchbohrt worden. Der verwitterte Beton hatte dem Gewicht der Kuppel nicht standgehalten, und die Stützen waren in den Bunker eingesunken wie in Morast. Dann hatte der Embryo angefangen, den Hohlraum mit glühendheißem Lithoplast auszufüllen. Er konnte nichts von dem Munitionslager und der Beschaffenheit von Artilleriegeschossen wissen, hatten doch die Menschen, die ihm das Programm eingaben, selbst vergessen, worum es sich dabei handelte. Offenbar waren die Geschosse mit Trotyl gefüllt gewesen, dessen Wirksamkeit sich im Laufe der zweihundert Jahre zwar abgeschwächt, jedoch nicht verloren hatte, und das auch nicht in allen Geschossen. Jedenfalls war alles, was sich noch hatte entzünden können, explodiert, und hatte den Kyberembryo in einen Haufen Schrott verwandelt …

Von oben rollten kleine Steine herunter. Sidorow schaute auf und sah Galzew herabklettern. An der gegenüberliegenden Wand machte sich Sorotschinski an den Abstieg.

»Wo wollen Sie denn hin?«, fragte Sidorow.

Sorotschinski antwortete schüchtern: »Wir wollten Ihnen helfen, Michail Albertowitsch.«

»Ich brauche Sie nicht.«

»Wir dachten nur …« Sorotschinski brach jäh ab.

An der Wand hinter Sidorow bildete sich plötzlich ein Riss.

»Vorsicht!«, rief Sorotschinski.

Sidorow tat einen Schritt zur Seite, stolperte über ein Geschoss und stürzte. Er fiel auf Brust und Gesicht, drehte sich aber sofort auf den Rücken. In dem Augenblick begann die Kuppel zu schwanken und kippte voller Wucht um. Der glühende Rand bohrte sich tief in den schwarzen Grund, und die Erde erbebte. Ein heißer Lufthauch fuhr Sidorow peitschend übers Gesicht …

Aus dem Krater ragte matt schimmernd die Kuppel; eine weißliche Rauchfahne hing über dem Hügel. Dort schwelte es noch immer, und von Zeit zu Zeit war ein dumpfes Knistern zu hören. Galzew saß mit geröteten Augen da, hatte die Arme um die Knie geschlungen und schaute – wie Sidorow neben ihm – zum Hügel. Die Hände des Biologen waren mit Binden umwickelt, und seine linke Gesichtshälfte war schwarz von Schmutz und Ruß; obwohl die Sonne schon hoch am Himmel stand, hatte er sich noch immer nicht gewaschen. Sorotschinski war – die Wildlederjacke über dem Kopf – am Lagerfeuer eingeschlafen.

Sidorow streckte sich auf dem Rücken aus und verschränkte die Arme im Nacken; er wollte nicht länger auf diesen Hügel starren, auf die weiße Rauchfahne und das grimmige Gesicht Galzews. Viel besser war es, einfach so dazuliegen und in den tiefblauen Himmel zu schauen. In solch einen Himmel konnte er stundenlang blicken. Das war ihm schon so gegangen, als er noch Landeflieger gewesen und über dem Nordpol der Wladislawa abgesprungen war, als er die Belinda erstürmt und mutterseelenallein in einer zerschellten Landefähre auf dem Transpluto gesessen hatte. Dort hatte es überhaupt keinen Himmel gegeben, nur schwarze, sternenübersäte Leere, auf der sich ein strahlend heller Stern besonders abzeichnete – die Sonne. Damals, so schien es ihm wenigstens, hätte er sein Leben gegeben, nur um noch einmal diesen blauen Himmel zu sehen. Auf der Erde verlor sich dieses Gefühl schnell wieder, aber immer, wenn er über Jahre hinweg den blauen Himmel nicht zu Gesicht bekam und damit rechnen musste, dass jede Sekunde seine letzte war, erging es ihm so. Es gehörte sich für einen Landeflieger allerdings nicht, an den Tod zu denken. Dafür musste er umso mehr mit einer möglichen Niederlage rechnen – obwohl Gorbowski einmal gesagt hatte, der Tod sei schlimmer als jede noch so verheerende Niederlage. Diese sei immer nur eine Zufälligkeit, die man überwinden konnte, überwinden musste. Nur Tote konnten nicht mehr kämpfen. Doch halt!, das stimmte nicht. Auch Tote konnten kämpfen und einem, wie gerade geschehen, sogar eine Niederlage beibringen.

Sidorow richtete sich auf und sah zu Galzew hinüber. Er hätte ihn gern nach seiner Meinung gefragt, schließlich war er gleichfalls Landeflieger. Wenn auch ein schlechter, dachte er. Gewiss glaubte Galzew, es gäbe nichts Schlimmeres als eine Niederlage.

Galzew wandte langsam den Kopf und sagte dann plötzlich: »Sie haben rote Augen, Michail Albertowitsch.«

»Sie auch«, erwiderte Sidorow.

Es war Zeit, Verbindung zu Fisher aufzunehmen und ihm über den Vorfall zu berichten. Sidorow erhob sich und ging mit schweren Schritten zum Aerobus. Er hatte den Kopf in den Nacken gelegt und schaute in den Himmel: Er war so tiefblau und wunderschön, dass man stundenlang hinaufblicken konnte. Zum Himmel, unter den man immer wieder zurückkehrte …

DER FERNE REGENBOGEN

1

Tanjas Hand, warm und ein wenig rau, lag auf seinen Augen, und alles andere war ihm gleichgültig. Er roch den bittersalzigen Geruch des Staubs, hörte, wie die Steppenvögel schlaftrunken krächzten, und das trockene Gras stach und kitzelte an seinem Nacken. Er lag hart und unbequem, sein Hals juckte unerträglich, doch er rührte sich nicht, sondern lauschte nur Tanjas gleichmäßigem Atem. Er lächelte und freute sich über die Dunkelheit, die sein – wie er annahm – überaus dummes und sehr zufriedenes Lächeln verbarg.

Da schrillte, unpassend und zur unrechten Zeit, oben im Turm das Rufsignal auf. Sollte es nur. Es wäre nicht das erste Mal. An diesem Abend kamen alle Rufsignale unpassend und zur unrechten Zeit.

»Robby«, flüsterte Tanja. »Hörst du?«

»Ich höre nichts«, murmelte Robert und zwinkerte mit den Wimpern, um Tanjas Handfläche zu kitzeln. Alles andere war in die Ferne gerückt und überflüssig. Patrick, der ständig vor Übermüdung umzufallen drohte, war weit weg. Auch Maljajew, der sich immer benahm wie eine Eis-Sphinx, war fern. Diese ganze Welt des Hastens und der Eile, der ausgeklügelten Dispute und der ewigen Unzufriedenheit und Besorgnis, diese ganze gefühlstote Welt, in der man die Klarheit verachtete und nur am Unverständlichen Gefallen fand, in der die Menschen vergaßen, dass sie Männer und Frauen waren – das alles befand sich weit weg … Hier gab es nur die nächtliche Steppe, Hunderte Kilometer weit nichts als Steppe; sie hatte den heißen Tag geschluckt und war warm und voller undefinierbarer, erregender Düfte.

Abermals schrillte das Signal.

»Schon wieder«, sagte Tanja.

»Lass nur. Ich bin nicht da. Ich bin gestorben. Mich haben die Spitzmäuse gefressen. Ich fühle mich sehr wohl. Ich liebe dich. Nirgends will ich hingehen. Warum auch? Würdest denn du gehen?«

»Ich weiß nicht.«

»Weil du nicht genügend liebst. Ein Mensch, der genügend liebt, geht niemals irgendwohin.«

»Theoretiker«, sagte Tanja.

»Ich bin kein Theoretiker. Ich bin Praktiker. Und als Praktiker frage ich dich: Warum sollte ich plötzlich irgendwohin gehen? Lieben ist eine Fähigkeit. Ihr aber seid nicht fähig dazu. Ihr fachsimpelt bloß über die Liebe. Ihr liebt die Liebe nicht. Ihr liebt es nur, über sie zu reden. Schwatze ich sehr viel Unsinn?«

»Ja. Furchtbar viel.«

Er nahm ihre Hand von seinen Augen und legte sie sich auf die Lippen. Jetzt sah er den wolkenverhangenen Himmel und die roten Positionslichter am Turmgerüst in zwanzig Metern Höhe.

Das Signal schrillte ununterbrochen, und Robert stellte sich Patrick vor, wie er ärgerlich auf die Signaltaste drückte und beleidigt seine gutmütigen dicken Lippen vorstülpte.

»Ich werde dich gleich mal abschalten«, murmelte Robert. »Tanja, willst du, dass ich ihn für immer zum Schweigen bringe? Alles müsste für immer sein. Wir würden uns für immer lieben, und er würde für immer schweigen.«

In der Dunkelheit konnte er ihr Gesicht erkennen, es war hell, mit großen, glänzenden Augen. Sie zog ihre Hand weg und sagte: »Vielleicht sollte ich mit ihm sprechen? Ich erzähle ihm, ich sei eine Halluzination – nachts kommt das ja ständig vor.«

»Er hat keine Halluzinationen, Tanja. Das ist ein Mensch, der sich nie etwas vormacht.«

»Soll ich dir sagen, wie er ist? Ich liebe es nämlich, den Charakter eines Menschen über Videofon zu erraten. Er ist halsstarrig, böse und taktlos. Um nichts auf der Welt würde er nachts mit einer Frau in der Steppe sitzen wollen. So einer ist das, ohne jeden Zweifel. Von der Nacht weiß er nur, dass sie dunkel ist.«

»Nein«, widersprach Robert, der gerecht sein wollte. »Was das Sitzen nachts in der Steppe angeht, hast du recht. Aber er ist gutmütig, weichherzig und phlegmatisch.«

»Das glaube ich nicht«, erwiderte Tanja. »Hör doch mal hin.« Sie lauschten. »Nennst du das etwa phlegmatisch? Das ist ein ausgesprochener Dickkopf.«

»Ist das dein Ernst? Das erzähle ich ihm.«

»Bitte. Geh hin und sag es ihm.«

»Jetzt gleich?«

»Auf der Stelle.«

Robert stand auf. Tanja blieb sitzen, die Arme um die Knie geschlungen.

»Gib mir erst einen Kuss«, bat sie.

Im Fahrstuhl presste er seine Stirn gegen die kühle Wand und stand so einige Zeit mit geschlossenen Augen da. Er lächelte und leckte sich über die Lippen. In seinem Kopf war kein einziger klarer Gedanke. Aber in seinem Innern sang eine triumphierende Stimme: »Sie liebt mich! Mich! Mich liebt sie! Da könnt ihr mal sehen! Mich!« Dann stellte er fest, dass der Lift längst hielt, und versuchte, die Tür zu öffnen. Doch er fand sie nicht gleich. Im Labor schienen allzu viele Möbel herumzustehen, denn er riss Stühle um, stolperte über Tische und stieß sich an Schränken, bis ihm klar wurde, dass er vergessen hatte, das Licht anzumachen. Er brach in lautes Gelächter aus, tastete nach dem Schalter, richtete die Sessel wieder auf und setzte sich schließlich ans Videofon.

Als Patrick, verschlafen wie immer, auf dem Bildschirm erschien, begrüßte Robert ihn freundlich: »Guten Abend, du Ferkelchen! Wieso schläfst du denn noch nicht, du, meine kleine Meise, meine Bachstelze?«

Patrick sah ihn verdutzt an und zwinkerte dauernd mit den entzündeten Augenlidern.

»Warum sagst du denn nichts, mein kleines Hündchen? Hast in einer Tour geklingelt, mich von wichtigen Dingen weggeholt, und jetzt bringst du kein Wort heraus!«

Endlich machte Patrick den Mund auf. »Bei dir ist wohl ... Du ...« Er klopfte sich mit der Faust gegen die Stirn und blickte ihn fragend an. »He?«

»Und wie!«, rief Robert. »Einsamkeit! Schwermut! Vorahnungen! Und dann noch zu allem Überfluss Halluzinationen. Die hätte ich beinahe vergessen.«

»Du machst Witze, oder?«, fragte Patrick ernst.

»Witze? Das fehlte noch! Im Dienst macht man keine Witze. Also schieß los.«

Patrick klappte verdattert die Augen auf und zu. »Verstehe ich nicht«, gab er zu.

»Wie solltest du auch«, meinte Robert schadenfroh. »Das sind Gefühle, Patrick, weißt du ... Wie könnte ich es dir bloß ein bisschen einfacher erklären, verständlicher ... Vielleicht so: nicht ganz in Algorithmen zu fassende Empfindungen in den übergeordneten logischen Bereichen. Klar?«

»Aha«, antwortete Patrick. Er kraulte sich den Bart und konzentrierte sich. »Warum ich dich also gerufen habe, Robby. Folgendes: Es strömt wieder irgendetwas aus. Genau weiß ich es aber nicht. Kontrollier doch sicherheitshalber mal die Ulmotrone. Da ist so eine seltsame Welle ...«

Robert schaute verstört zum offenen Fenster hinaus. Die Eruption hatte er total vergessen. Dabei saß er ja ihretwegen hier. Nicht wegen Tanja, sondern wegen irgendeiner undefinierbaren Welle.

»Warum schweigst du?«, fragte Patrick geduldig.

»Ich halte nach der Welle Ausschau«, sagte Robert ärgerlich.

Patrick riss die Augen auf. »Du siehst die Welle?«

»Ich? Wie kommst du denn darauf?«

»Na, du hast doch eben gesagt, dass du Ausschau hältst.«

»Ja, tue ich auch.«

»Und?«

»Und Schluss. Was willst du eigentlich von mir?«

Patricks Augen wurden wieder schläfrig. »Ich habe dich nicht verstanden«, sagte er. »Wovon hatten wir doch gleich gesprochen? Ach ja. Also sieh dir bitte sofort die Ulmotrone an.«

»Weißt du überhaupt, was du da redest? Wie soll ich mir denn die Ulmotrone ansehen?«

»Na, irgendwie …«, erwiderte Patrick. »Wenigstens die Verbindungselemente … Wir sind hier nämlich ganz durcheinander. Ich will es dir erklären: Wir haben heute im Institut ein Stück Masse zur Erde geschickt. Aber das weißt du ja alles.« Patrick fuhr sich mit gespreizten Fingern über das Gesicht. »Wir haben eine Welle von großer Kraft erwartet, registriert wurde aber nur eine schwache Fontäne … ein Fontänchen …« Er rückte nah ans Videofon heran, sodass auf dem Bildschirm nur noch ein riesiges, vor Schlaflosigkeit trübes Auge zu sehen war. Das Auge zwinkerte heftig.

»Hast du begriffen?«, dröhnte es ohrenbetäubend aus dem Lautsprecher. »Unsere Apparate registrieren ein Quasi-Nullfeld. Unser Minirechner gibt ein Minimum an … Das könnte man ja noch außer Acht lassen … Die Kraftfelder der

Ulmotrone überschneiden sich aber so, dass die Resonanzoberfläche in der fokalen Hyperdistanz liegt … Kommst du mit? Das Quasi-Nullfeld ist zwölfphasig, der Empfänger jedoch engt es auf je sechs Zweierkomponenten ein …«

Roberts Gedanken schweiften zu Tanja ab, die geduldig dort unten saß und wartete. Indessen fuhr Patrick in seinem Redefluss fort. Sein Gesicht auf dem Bildschirm wurde abwechselnd groß und klein, und seine Stimme hallte laut auf oder lispelte bis zur Unkenntlichkeit. Robert hatte wie üblich schon sehr bald den Faden verloren. Er nickte ab und zu, legte die Stirn in Falten, zog die Brauen zusammen, doch in Wirklichkeit verstand er nichts. Voller Qual dachte er an Tanja, die dort unten saß, das Kinn auf die Knie gestützt, und wartete, bis sein wichtiges und für Nichteingeweihte unverständliches Gespräch mit den führenden Nullphysikern des Planeten beendet wäre. Er würde ihnen dann seinen überaus originellen Standpunkt zu der Frage darlegen, derentwegen man ihn so spätnachts beunruhigt hatte. Und die führenden Nullphysiker würden erstaunt mit den Köpfen schütteln und diesen seinen Standpunkt in ihre Notizblöcke eintragen.

Da verstummte Patrick und schaute Robert mit einem seltsamen Gesichtsausdruck an. Den Ausdruck kannte er nur zu gut, er war sein Leben lang davon verfolgt worden. Die verschiedensten Leute – sowohl Männer als auch Frauen – bedachten ihn mit solchen Blicken. Anfangs sahen sie ihn gleichgültig an oder auch zärtlich, dann erwartungsvoll und schließlich voller Neugier. Doch früher oder später kam der Moment, da sie ihn mit ebendiesem Blick betrachteten. Und jedes Mal aufs Neue fragte er sich, was er tun sollte, was sagen, wie sich verhalten. Und wie weiterleben. Er riskierte einen Einwurf: »Sicher hast du recht«, meinte er besorgt. »Allerdings muss das alles sorgfältig durchdacht werden.«

Patrick senkte den Blick. »Tu das«, sagte er und lächelte unbeholfen. »Und vergiss bitte nicht, die Ulmotrone zu kontrollieren.«

Der Bildschirm erlosch, und es wurde still. Robert saß da, in sich zusammengesunken, beide Hände um die kalten, unebenen Armlehnen gekrallt. Irgendwer hatte einmal gesagt, dass ein Dummkopf, der begriffen hat, dass er ein Dummkopf ist, schon allein deswegen kein Dummkopf ist. Möglicherweise mochte das irgendwann einmal gestimmt haben. Doch eine Dummheit, die ausgesprochen wurde, war und blieb eine Dummheit. Aber ich kann einfach nicht anders, dachte er. Ich bin schon ein interessanter Kerl: Alles, was ich sage, ist bekannt, alles, worüber ich nachdenke, banal; alles, was mir bisher gelungen ist zu tun, ist schon im vorvorigen Jahrhundert erprobt worden. Ich bin nicht nur ein Dummkopf, sondern ein ausgemachter Dummkopf, reif fürs Museum wie ein Hetmansstab. Robert erinnerte sich, wie ihm der alte Netschiporenko einst nachdenklich in die ergebenen Augen geblickt und gemurmelt hatte: »Mein lieber Skljarow, Sie haben die Gestalt eines antiken Gottes. Doch wie jeder Gott, bitte verzeihen Sie, sind Sie mit der Wissenschaft absolut nicht vereinbar ...«

Irgendetwas knackte. Robert hielt den Atem an und betrachtete verdutzt das abgebrochene Stück Armlehne, das er in seiner vor Anstrengung weißen Faust hielt.

»Ja«, sagte er laut. »So etwas bringe ich fertig. Patrick kann das nicht. Netschiporenko auch nicht. Nur ich kann so etwas.«

Er legte das Bruchstück auf den Tisch, stand auf und trat ans Fenster. Draußen war es dunkel und schwül. Vielleicht müsste er von sich aus gehen, bevor sie ihn von hier fortjagten? Aber wie sollte er bloß ohne die anderen auskommen? Und ohne das eigenartige Gefühl jeden Morgen, an diesem Tag könnte dieser unsichtbare und hartnäckige Knoten in seinem Kopf endlich platzen, weswegen er anders war als sie. Dann könnte auch er sie in ihren Andeutungen verstehen und in dem Durcheinander von mathematischen Symbolen etwas völlig Neues entdecken. Patrick würde ihm auf die Schulter klopfen und erfreut rufen: »Das ist ja eine tolle Sache! Wie bist du bloß darauf gekommen?«, und Maljajew würde sich widerwillig die Worte abringen: »Nicht schlecht, nicht schlecht … Das lag nicht auf der Hand …« Dann würde er sich endlich selbst achten können.

»Kretin«, murmelte er.

Ich muss mir die Ulmotrone ansehen. Soll Tanja ruhig hier sitzen und zuschauen, wie das gemacht wird. Nur gut, dass sie mein Gesicht nicht gesehen hat, als der Bildschirm erlosch.

»Tanja«, rief er zum Fenster hinaus.

»Ja?«

»Tanja, weißt du übrigens, dass Roger mich im vorigen Jahr zum Modell nahm, als er die ›Jugend‹ meißelte?«

Nach einer kurzen Pause sagte Tanja leise: »Warte, ich komm zu dir rauf.«

Robert wusste, dass die Ulmotrone in Ordnung waren, er fühlte es. Dennoch beschloss er, alles zu kontrollieren, was unter Laborbedingungen möglich war. Erstens wollte er die trüben Gedanken verjagen, die das Gespräch mit Patrick in ihm geweckt hatte, und zweitens verstand und liebte er es, mit den Händen zu arbeiten. Das erfüllte ihn wenigstens vorübergehend mit dem freudigen Gefühl der eigenen Bedeutung und Nützlichkeit, ein Gefühl, ohne das man heutzutage einfach nicht mehr leben konnte.

Anfangs saß Tanja, dieses liebe und feinfühlige Mädchen, noch schweigend und etwas entfernt da, machte sich dann aber ebenso schweigend daran, ihm zu helfen. Um drei Uhr nachts rief Patrick nochmals an, und Robert berichtete ihm, dass keinerlei undichte Stellen zu finden seien, also nichts hatte ausströmen können. Patrick schien besorgt. Er tat ein paar Seufzer vor dem Bildschirm und stellte auf einem Fetzen Papier Berechnungen an. Dann rollte er das Papier zu einem Röhrchen zusammen, und stellte wie gewöhnlich eine rhetorische Frage: »Und was müssen wir annehmen in diesem Fall, Robby?«

Robert blickte verstohlen zu Tanja hinüber, die gerade vom Duschen zurückkam und sich nun leise neben das Videofon setzte. Dann antwortete er vorsichtig, dass er darin eigentlich kein besonderes Problem sehe. »Eine gewöhnliche Fontäne, wie sie immer vorkommt«, sagte er. »Nach dem gestrigen Nulltransport gab es eine, und in der letzten Woche auch.« Nach kurzem Nachdenken fügte er hinzu, die Kapazität der Fontäne entspreche etwa hundert Gramm transportierter Masse. Patrick schwieg noch immer, und Robert hatte den Eindruck, er sei unsicher geworden. »Das ganze Problem liegt in der Masse«, fuhr Robert fort. Er schaute auf den Minicomputer und wiederholte, nun schon ganz überzeugt: »Jawohl, hundert bis hundertfünfzig Gramm. Wie viel wurde heute abgeschickt?« – »Zwanzig Kilo«, antwortete Patrick. – »Ach so, zwanzig Kilo … Dann geht die Rechnung natürlich nicht auf.« Plötzlich kam Robert ein glänzender Gedanke: »Nach welcher Formel habt ihr denn die Kapazität errechnet?«, fragte er. – »Nach Dramba«, antwortete Patrick gleichgültig. Genau das hatte Robert erwartet. Die Dramba-Formel erlaubte zwar eine Stärkeberechnung von größter Genauigkeit, doch hatte er sich selbst schon lange eine eigene Universalformel zurechtgelegt, um die Eruptionsstärke unkontrolliert freigesetzter Materie noch genauer bestimmen zu können – eine Formel, die er sorgsam überprüft, schriftlich fixiert und sogar farbig umrandet hatte. Nun war, so schien es, der richtige Moment gekommen, um Patrick die Vorzüge seiner Formel zu demonstrieren.

Robert wollte schon nach dem Bleistift greifen, da verschwand Patrick plötzlich vom Bildschirm. Robert wartete und biss sich auf die Lippen. Jemand fragte: »Willst du abschalten?« Patrick gab keine Antwort. Auf dem Bildschirm erschien Karl Hoffmann, nickte Robert lässig zu und rief über die Schulter: »Patrick, willst du noch sprechen?« Patrick murmelte von weither: »Ich verstehe überhaupt nichts mehr. Damit muss man sich sehr gründlich beschäftigen.« – »Ich habe dich gefragt, ob du hier noch weitersprechen willst«, wiederholte Hoffmann. – »Aber nein doch, nein«, rief Patrick gereizt. Hoffmann lächelte etwas verlegen und sagte: »Entschuldige, Robby, wir möchten jetzt ins Bett gehen. Ich schalte ab, ja?«

Robert biss die Zähne so fest zusammen, dass es in den Ohren knackte. Dann legte er betont langsam ein Blatt Papier vor sich hin und schrieb mehrmals hintereinander seine geliebte Formel auf, zuckte mit den Achseln und sagte forsch: »Das habe ich mir gedacht. Alles klar. Jetzt können wir Kaffee trinken.«

Er war sich selbst zuwider, furchtbar zuwider, und blieb so lange vor dem kleinen Geschirrschränkchen sitzen, bis er sein Gesicht wieder unter Kontrolle hatte. Tanja sagte: »Den Kaffee kochst du, ja?«

»Warum ich?«

»Koch ihn nur, ich schaue zu.«

»Warum denn das?«

»Ich sehe dir gern bei der Arbeit zu. Du arbeitest *vollkommen* und machst keine einzige überflüssige Bewegung.«

»Wie ein Roboter«, sagte er, aber ihre Worte hatten ihn angenehm berührt.

»Nein, nicht wie ein Roboter. Du arbeitest einfach vollkommen. Und am Vollkommenen hat man immer Freude.«

»Modell für die ›Jugend‹«, murmelte er. Er war ganz rot vor Freude.

Robert trug das Geschirr auf und schob das Tischchen ans Fenster. Sie setzten sich, er schenkte den Kaffee ein. Tanja saß neben ihm, die Beine übereinandergeschlagen. Sie war sehr hübsch, und ihn überkam abermals ein eigentümliches, fast närrisches Staunen, gepaart mit einem Gefühl von Hilflosigkeit. »Tanja«, sagte er. »Dass du hier bist, kann nicht wahr sein. Du bist eine Halluzination.«

Sie lächelte.

»Du kannst lachen, so viel du willst. Ich weiß auch ohne dich, dass du mich jetzt für ziemlich kindisch halten wirst. Aber ich kann nichts dagegen tun. Ich würde dir am liebsten wie ein junger Hund den Kopf unter die Achsel stuken und mit dem Schwanz wedeln. Und du müsstest mir den Rücken klopfen und sagen: ›He, du Dummkopf.‹«

»He, du Dummkopf«, wiederholte Tanja.

»Und das Klopfen auf den Rücken?«

»Das Rückenklopfen kommt später. Und auch das Stuken unter die Achsel.«

»Also gut, später. Und jetzt? Wenn du willst, mache ich mir ein Halsband. Oder besser einen Maulkorb?«

»Nein, keinen Maulkorb«, antwortete Tanja. »Ich will dich ohne.«

»Und warum?«

»Ohne Maulkorb gefällst du mir.«

»Eine akustische Halluzination«, sagte Robert. »Was könnte dir schon an mir gefallen?«

»Du hast schöne Beine.«

Die Beine waren Roberts wunder Punkt. Sie waren zwar kräftig, aber zu dick. Für die Beine der »Jugend« hatte darum Karl Hoffmann Modell gestanden.

»Das habe ich mir schon gedacht«, erwiderte Robert. Er trank den Kaffee, der inzwischen abgekühlt war, in einem Zug aus. »Aber wenn du's nicht verraten willst, sage ich dir wenigstens, warum ich dich liebe. Ich bin ein Egoist.

Vielleicht bin ich der größte Egoist auf Erden. Ich liebe dich, weil du der einzige Mensch bist, der mir gute Laune macht.«

»Das ist meine Spezialität«, antwortete Tanja.

»Wunderbare Spezialität. Schlecht daran ist nur, dass durch dich jeder, egal ob jung oder alt, gute Laune bekommt. Vor allem jung. Alle möglichen x-beliebigen Leute. Mit normalen Beinen.«

»Danke, Robby.«

»Als ich neulich bei euch im Kinderdorf war, ist mir ein Bengel aufgefallen. Er hieß Walja … oder Warja … Blond, mit Sommersprossen und grünen Augen.«

»Nicht Bengel, sondern Junge. Er heißt Warja«, antwortete Tanja.

»Nun leg nicht jedes Wort auf die Goldwaage. Ich erhebe nämlich Anklage. Dieser Warja mit seinen grünen Augen hat es gewagt, dich so anzustarren, dass es mir in den Händen gejuckt hat.«

»Die Eifersucht eines maßlosen Egoisten.«

»Natürlich, Eifersucht.«

»Nun stell dir aber mal vor, wie eifersüchtig der Junge sein muss«, gab Tanja zu bedenken.

»Wieso?«

»Na, stell dir vor, mit welchen Gefühlen er dich angesehen haben muss: die zwei Meter große ›Jugend‹, den Athleten, den schönen Mann, den Nullphysiker, der die Erzieherin auf den Armen trägt. Und die Erzieherin schmilzt vor Liebe dahin …«

Robert lachte glücklich auf. »Tanja, wie soll er denn das bemerkt haben? Wir waren doch allein damals!«

»Bei uns in der Kinderstadt ist man nie allein.«

»Das stimmt …«, sagte Robert langsam. »Wenn ich mich an meine eigene Schulzeit erinnere: hübsche Erzieherinnen und fünfzehnjährige Tölpel … Ich ging sogar so weit, Blumen ans Fenster zu werfen … Sag mal, Tanja, passiert so etwas oft?«

»Sehr oft«, antwortete Tanja nachdenklich. »Vor allem bei den Mädchen. Sie entwickeln sich schneller, und einige unserer männlichen Erzieher sind Kosmonauten, richtige Helden …«

»Tanja«, begann Robert unvermittelt. »Was ist ein Dummkopf?«

»Ein Schimpfwort«, erklärte Tanja.

»Und außerdem?«

»Ein eingebildeter Kranker, dem keine Medikamente helfen.«

»Das ist kein Dummkopf«, entgegnete Robert, »sondern ein Simulant.«

»Meinetwegen ein Simulant. Ich habe bloß an ein japanisches Sprichwort gedacht: Es gibt keine Medizin, die einen Dummkopf heilt.«

»Aha«, meinte Robert. »Also ist ein Verliebter ebenfalls ein Dummkopf. Ein Verliebter ist unheilbar krank. Du hast mich getröstet.«

»Bist du denn verliebt?«

»Ja, unheilbar.«

Die Wolken hatten sich verzogen und gaben den Sternenhimmel frei. Der Morgen rückte näher.

»Schau mal, da ist die Sonne«, sagte Tanja.

»Wo?«, fragte Robert nicht sehr begeistert.

Tanja knipste das Licht aus, setzte sich ihm auf den Schoß und zeigte sie ihm. »Siehst du die vier glitzernden Sterne da drüben? Das ist der Zopf der Schönen. Ganz oben links ist ein winziger, schwach leuchtender Punkt. Dort, sage ich immer zu meinen Mädchen, sind wir alle geboren. Ich früher, ihr später. Das ist unsere Sonne. Oljenka allerdings ist hier zur Welt gekommen, auf dem Regenbogen, aber ihre Mutter und ihr Vater stammen auch von diesem Stern. Und nächstes Jahr in den Sommerferien fahren wir mit der ganzen Gruppe dorthin.«

»Wirklich, Tatjana Alexandrowna?«, äffte er den Ton der Kinder nach. »Wir fahren wirklich dorthin?« Er küsste sie auf die Wange. »Wie fein! Wir wollen alle zusammen fliegen! In der ›Tariel‹! Alle zusammen. Und ich möchte meine Puppe mitnehmen!« Er gab ihr noch einen Kuss.

Sie umarmte ihn.

»Meine Mädchen spielen nicht mit Puppen.«

Robert nahm sie auf die Arme, stand auf, ging vorsichtig um das Tischchen herum und erblickte erst dann im grünlichen Dämmerlicht der Apparaturen eine hochaufgeschossene Gestalt, die im Sessel vor dem Schreibtisch saß. Er zuckte zusammen.

»Ich denke, jetzt können wir Licht machen«, schlug der Mann im Sessel vor, und Robert wurde sofort klar, wen er vor sich hatte.

»Ah, ein Dritter ist aufgetaucht«, sagte Tanja. »Lass mich mal runter, Robby.«

Sie glitt von seinen Armen und suchte nach ihrem Schuh.

»Wissen Sie was, Kamillo«, begann Robert gereizt.

»Ich weiß«, sagte Kamillo.

»Ein Wunder«, versetzte Tanja und zog sich den Schuh an. »Man kann kaum glauben, dass hier auf eine halbe Million Quadratkilometer nur ein Mensch kommt. Möchten Sie Kaffee?«

»Nein, vielen Dank«, antwortete Kamillo.

Robert machte Licht. Kamillo saß wie üblich in einer unbequemen Haltung da, die einen unangenehm berührte. Wie stets trug er einen weißen Plasthelm, der Stirn und Ohren bedeckte. Sein Gesicht hatte den gewohnten herablassenden, gelangweilten Ausdruck, und in seinen runden, unbeweglichen Augen war weder Neugier noch Verlegenheit zu sehen. Robert blinzelte ins Licht und fragte: »Sie sind hoffentlich noch nicht lange hier?«

»Nein. Und ich habe euch weder beobachtet noch gehört, was ihr gesprochen habt.«

»Danke, Kamillo«, sagte Tanja forsch und kämmte sich die Haare. »Sie sind sehr taktvoll.«

»Taktlos sind nur Nichtstuer«, antwortete Kamillo.

Robert wurde wütend. »Was haben Sie überhaupt hier zu suchen, Kamillo? Und was ist das für eine schlechte Angewohnheit, überall wie ein Gespenst zu erscheinen?«

»Ich antworte der Reihe nach«, begann Kamillo ruhig. Das war auch so eine Angewohnheit von ihm, immer »der Reihe nach« zu antworten. »Ich bin hierhergekommen, weil die Eruption beginnt. Robby, Sie wissen genau«, vor Überdruss schloss er sogar die Augen, »dass ich jedes Mal hier aufkreuze, wenn sich an Ihrem Vorposten eine Eruption ankündigt. Außerdem ...«

Er öffnete die Augen wieder und schaute einige Zeit schweigend auf die Instrumente.

»Außerdem sind Sie mir sympathisch.«

Robert schielte zu Tanja hinüber. Sie lauschte aufmerksam und hielt den Kamm wie erstarrt in der erhobenen Hand.

»Und was meine Manieren angeht«, fuhr Kamillo eintönig fort, »so sind sie merkwürdig, ja. Die Manieren jedes Menschen sind merkwürdig, er kann sein, wie er will. Nur einem selbst kommen sie ganz normal vor.«

»Kamillo«, fragte Tanja unvermittelt, »wie viel ist eigentlich sechshundertfünfundachtzig mal drei Millionen achthunderttausenddreiundfünfzig?«

Zu seiner großen Verwunderung bemerkte Robert, dass auf Kamillos Gesicht so etwas wie ein Lächeln erschien. Ein gruseliger Anblick. So hätte auch der Minicomputer lächeln können.

»Viel«, antwortete Kamillo. »An die drei Milliarden.«

»Eigenartig«, meinte Tanja nachdenklich.

»Was ist eigenartig?«, fragte Robert.

»Ziemlich genau getroffen«, erklärte Tanja. »Sagen Sie, Kamillo, warum wollen Sie denn kein Tässchen Kaffee haben?«

»Vielen Dank, aber ich mache mir nichts aus Kaffee.«

»Also dann, auf Wiedersehen. Bis zum Kinderdorf fliege ich vier Stunden. Robby, bringst du mich hinunter?«

Robert nickte und blickte Kamillo verdrossen an. Der betrachtete seinerseits den Minicomputer. Es sah aus, als beobachtete er sich im Spiegel.

Wie gewöhnlich ging die Sonne auf dem Regenbogenplaneten an einem völlig klaren Himmel auf. Es war eine kleine weiße Sonne, von einem dreifachen Hof umgeben. Der Nachtwind hatte sich gelegt, und es war noch schwüler geworden. Die gelblich braune Steppe mit ihren kahlen, salzbödigen Flecken schien wie tot. Dort, wo der Boden nackt war, hingen flirrende Dunstschleier – die Dämpfe der flüchtigen Salze.

Robert schloss das Fenster und schaltete die Klimaanlage ein, dann reparierte er genüsslich und ohne Eile die Armlehne. Kamillo ging währenddessen langsam und lautlos im Labor umher, schaute hin und wieder aus dem Fenster, das nach Norden hinausging. Ihm war offensichtlich nicht im Geringsten heiß, während Robert schon allein Kamillos Anblick ins Schwitzen brachte: die dicke weiße Jacke, die langen weißen Hosen, der runde, blitzende Helm. Solche Helme stülpten sich zuweilen die Nullphysiker bei ihren Experimenten über, weil sie vor Strahleneinwirkung schützten.

Robert hatte einen ganzen Tag Wachdienst vor sich, zwölf Stunden sengende Sonne über dem Dach, ehe sich die Eruptionsgase verflüchtigt hatten und die Folgen des gestrigen Experiments beseitigt waren. Er zog sich Jacke und Hose aus und behielt nur die Shorts an. Die Klimaanlage lief auf Hochtouren, mehr ließ sich nicht aus ihr herausholen.

Jetzt flüssige Luft auf den Fußboden spritzen, dachte er, wäre das herrlich! Zwar hatten sie flüssige Luft, aber nur sehr wenig, und die wurde für den Generator benötigt. Es würde ihm also nichts übrigbleiben, als geduldig auszuharren. Er setzte sich abermals an die Instrumente. Gott sei Dank war es wenigstens im Sessel kühl, und der Bezug klebte nicht am Körper fest.

Letztlich, so heißt es, kommt es doch vor allem darauf an, dass man am rechten Platz ist, dachte Robert. Und mein Platz ist hier. Ich erfülle meine kleinen Pflichten nicht schlechter als andere. Es ist ja nicht meine Schuld, dass ich nicht zu Größerem tauge. Übrigens tut es nichts zur Sache, ob ich auf dem rechten Platz bin oder nicht. Selbst wenn ich wollte, könnte ich nicht von hier fort. Ich bin einfach gefesselt an diese Menschen, die mich gleichzeitig so aufregen, und an dieses grandiose Vorhaben, von dem ich so wenig verstehe.

Er erinnerte sich, dass ihn die Aufgabe des sekundenschnellen Transports fester Körper durch die Abgründe des Raums schon in der Schule begeistert hatte. Die Aufgabenstellung stand jedoch allen damals gültigen Vorstellungen entgegen – jenen vom absoluten Raum, vom Raum-Zeit-Begriff, vom Kapparaum ... Zuerst nannte man es das »Durchbrechen der Riemann-Falte«, dann hieß es »Hyperdurchdringung«, »Sigmadurchdringung« oder »Nullbegrenzung« und schließlich: »Nulltransport«, abgekürzt »Null-T«. »Null-T-Anlage«, »Null-T-Problematik«, »Null-T-Forscher«, »Nullphysiker«. – »Wo arbeiten Sie?« – »Ich bin Nullphysiker.« Ein erstaunter, bewundernder Blick. »Ach, erzählen Sie uns doch bitte, was das ist: Nullphysik. Ich kann mir überhaupt nichts darunter vorstellen.« – »Ich auch nicht.« Na ja ...

Wobei, einiges könnte man schon darüber erzählen. Über die verblüffende Metamorphose etwa, die dem Gesetz von der Erhaltung der Masse widerfuhr, wenn der Nulltransport eines kleinen Platinwürfels, am Äquator des Regenbogens vorgenommen, an dessen Polen (warum nun gerade an den Polen?!) den Ausbruch gigantischer Fontänen unkontrolliert freigesetzter Materie bewirkte: Feuergeysire, die zum Erblinden führten, oder die schreckliche schwarze Welle, die eine tödliche Gefahr für alles Leben darstellte.

Auch von den heftigen, in ihrer Unversöhnlichkeit erschreckenden Zusammenstößen der Nullphysiker könnte man berichten, von der unüberbrückbaren Kluft, die zwischen diesen talentierten Menschen herrschte (wovon freilich wenige wussten). Wo man doch annehmen sollte, dass sie Schulter an Schulter arbeiteten, statt sich zu zerstreiten. Dennoch, die Kluft existierte, und während Etienne Lamondois die Nullphysik beharrlich im Zeichen des Nulltransports vorantrieb, betrachtete die junge Schule die Welle als das Kernproblem des Nullphänomens – des neuen Dämons der Wissenschaft, des Geistes, der aus der Flasche strebte.

Oder man könnte schildern, dass es aus bisher ungeklärten Gründen noch immer nicht gelungen war, den Nulltransport lebender Materie zu realisieren. Die armen Versuchshunde, immer die Leidtragenden, kamen als Klumpen organischer Schlacke ans Ziel …

Zu guter Letzt könnte man von den Nullfliegern erzählen: von den »stürmischen Zehn« mit dem großartigen Gaba an der Spitze, von den kräftigen, durchtrainierten Jungs, die sich nun schon drei Jahre lang auf dem Regenbogen in ständiger Bereitschaft hielten, um eines Tages statt der Hunde in die Startkammer zu klettern.

»Wir werden uns bald trennen, Robby«, sagte Kamillo plötzlich. Robert, der eingenickt war, zuckte zusammen. Kamillo stand mit dem Rücken zu ihm am Fenster. Robert richtete sich auf und fuhr sich mit der Hand über das Gesicht. Seine Handfläche war nass.

»Warum?«, fragte er.

»Die Wissenschaft … Wie ist das alles trostlos, Robby.«

»Das weiß ich schon lange«, knurrte Robert.

»Für euch ist die Wissenschaft ein Labyrinth. Sackgassen, dunkle Winkel, jähe Windungen. Ihr seht nichts als Wände. Und ihr wisst nichts über das wirkliche Ziel. Ihr habt erklärt, es bestehe darin, bis zur Grenze der Unendlichkeit zu gelangen; das heißt, ihr erklärt einfach, dass es kein Ziel gibt. Ihr messt euren Erfolg nicht am Weg bis zum Ende, sondern am Weg vom Start an. Zu eurem Glück seid ihr nicht in der Lage, die Abstraktionen in die Wirklichkeit umzusetzen. Ziel, Ewigkeit, Unendlichkeit – das sind nur Worte für euch. Abstrakte philosophische Kategorien. In eurem täglichen Leben haben sie keinerlei Bedeutung. Aber wenn ihr dieses ganze Labyrinth einmal von oben gesehen hättet …«

Kamillo verstummte. Robert wartete und fragte dann: »Haben Sie es denn gesehen?«

Kamillo gab keine Antwort, und Robert bestand nicht weiter auf seiner Frage. Er seufzte, stützte das Kinn auf die Fäuste und schloss die Augen. Der Mensch spricht und handelt, dachte er. Und das alles sind äußere Erscheinungen von Prozessen in der Tiefe seiner Natur. Die Natur vieler Menschen ist recht unbedeutend, und darum dringen viele innere Regungen sofort an die Oberfläche, äußern sich als leeres Geschwätz und sinnloses Herumfuchteln mit den Armen. Bei solchen Menschen wie Kamillo aber musste es sich um außerordentlich starke Regungen handeln, sonst würden sie nicht nach außen gelangen. Wenn ich doch nur einmal einen winzigen Blick in sein Inneres werfen könnte, dachte Robert. Und er stellte sich einen gähnenden Abgrund vor, in dessen Tiefen formlose, phosphoreszierende Schatten dahinhuschten.

Kamillo war nicht beliebt. Zwar kannten ihn alle – es gab auf dem Regenbogen keinen Menschen, der seinen Namen noch nicht gehört hatte –, doch leiden mochte ihn niemand. In einer solchen Vereinsamung hätte er, Robert, den Verstand verloren. Kamillo jedoch störte es offensichtlich überhaupt nicht. Er war immer allein. Niemand wusste, wo er wohnte. Er tauchte ebenso plötzlich auf, wie er verschwand. Seinen weißen Helm sah man einmal in der Hauptstadt, einmal auf offener See, und es gab Leute, die behaupteten, er sei an beiden Orten zugleich gesehen worden. Das war natürlich pure Fantasie, doch hatte alles, was man sich über Kamillo erzählte, Anekdotencharakter und klang wie eine Legende. Er hatte eine seltsame Art, zwischen »ich« und »ihr« zu trennen. Nie hatte jemand gesehen, wie er arbeitete, doch von Zeit zu Zeit erschien er im Wissenschaftlichen Rat und redete dort von Dingen, die den anderen unverständlich waren. Gelang es ihnen aber, Kamillo zu verstehen, gab es gegen das, was er sagte, nie etwas einzuwenden. Lamondois soll einmal gesagt haben, dass er sich neben Kamillo fühle wie der dumme Enkel neben dem klugen Großvater. Überhaupt schienen sich in solchen Augenblicken alle Physiker des Planeten – von Etienne Lamondois bis Robert Skljarow – auf einem Niveau zu bewegen.

Robert spürte, dass er bald im eigenen Schweiß schmoren würde. Er stand auf und ging unter die Dusche. Erst als er vor Kälte Gänsehaut bekam und sein Wunsch verflogen war, in den Kühlschrank zu kriechen und einzuschlafen, stellte er den eisig kalten Strahl ab.

Als er ins Labor zurückkam, unterhielt sich Kamillo gerade mit Patrick. Der zog die Stirn in Falten, bewegte hilflos seine Lippen hin und her und schaute seinen Gesprächspartner unterwürfig an.

Kamillo sagte ebenso gelangweilt wie geduldig: »Versuchen Sie, alle drei Faktoren in Betracht zu ziehen. Gleichzeitig. Hier braucht man keine Theorie, nur ein bisschen räumliche Vorstellungskraft. Nulleffekt, Unterfrequenzbereich und beide Zeitkoordinaten. Können Sie das nicht?«

Patrick schüttelte langsam den Kopf. Er bot einen jämmerlichen Anblick. Kamillo wartete eine Minute, dann zuckte er mit den Achseln und schaltete das Videofon aus. Robert rieb sich mit einem groben Handtuch ab und sagte entschieden: »Warum denn das, Kamillo? Das ist doch unhöflich. So etwas ist beleidigend.«

Kamillo zuckte abermals mit den Achseln. Das sah aus, als würde sein Kopf, niedergedrückt vom Helm, in den Brustkorb rutschen und gleich darauf wieder hervorspringen.

»Beleidigend?«, fragte er. »Warum auch nicht?«

Was sollte Robert darauf antworten? Er spürte instinktiv, dass ein Streit mit Kamillo über moralische Themen völlig zwecklos war. Dieser Mann würde nicht begreifen, worum es ging.

Robert hängte das Handtuch auf und begann Frühstück zu machen. Sie aßen schweigend. Kamillo begnügte sich mit etwas Brot und Marmelade und einem Glas Milch. Kamillo aß immer wenig. Dann sagte er: »Robby, wissen Sie, ob der ›Pfeil‹ schon gestartet ist?«

»Ja, vorgestern«, antwortete Robert.

»Vorgestern, das ist schlecht.«

»Wozu brauchen Sie denn den ›Pfeil‹, Kamillo?«

Gleichgültig gab er zurück: »*Ich* brauche den ›Pfeil‹ nicht.«

2

Als sie das Randgebiet der Hauptstadt erreicht hatten, bat Gorbowski anzuhalten. Er stieg aus dem Wagen und sagte: »Ein kleiner Spaziergang wäre nicht schlecht.«

»Einverstanden«, antwortete Mark Walkenstein und stieg ebenfalls aus.

Die schnurgerade, glitzernde Chaussee lag wie ausgestorben da, ringsum streckte sich gelblich grün die Steppe, und weiter vorn schauten, farbigen Tupfen gleich, die ersten Häuser durch das Grün der üppigen Vegetation.

»Hier ist es aber ziemlich heiß«, gab Percy Dickson zu bedenken. »Das belastet das Herz.«

Gorbowski pflückte eine Blume aus dem Straßengraben und schnupperte daran.

»Wärme macht gar nichts«, behauptete er. »Ich mag sie sogar gern. Kommen Sie mit, Percy, ein kleiner Spaziergang wird Ihnen guttun, Sie sind ja ganz schlapp.«

Aber Percy ließ sich nicht überreden. Er schlug die Wagentür zu und brummte: »Machen Sie, was Sie wollen. Wenn ich ehrlich bin, habe ich nach zwanzig Jahren sowieso genug von Ihnen beiden. Ich bin ein alter Mann und möchte mich von Ihren Widersprüchlichkeiten etwas erholen. Seien Sie bitte so nett und lassen mich heute in Ruhe.«

»Percy«, begann Gorbowski, »fahren Sie lieber ins Kinderdorf. Ich weiß zwar nicht genau, wo das liegt, aber es ist sicher das Richtige für Sie: überall liebe Kinderchen, unbekümmertes Lachen, unkomplizierte Gemüter … ›Onkel‹, werden die Kleinen rufen. ›Komm, wir spielen Blindekuh!‹«

»Aber passen Sie auf Ihren Bart auf«, frotzelte Mark und grinste über das ganze Gesicht. »Sie werden sich daran festhalten wollen.«

Percy murrte etwas Unverständliches und gab Gas. Mark und Gorbowski gingen zum Trampelpfad hinüber, der an der Chaussee entlangführte, und setzten sich gemächlich in Marsch. »Er wird alt, der Gute«, meinte Mark. »Selbst wir sind ihm schon zu viel.«

»Ach, das dürfen Sie nicht so ernst nehmen«, erwiderte Gorbowski und holte sein kleines Radio aus der Tasche. »Satt hat er uns nicht im Geringsten. Er ist einfach müde. Und obendrein enttäuscht. Dass er zwanzig Jahre für uns gegeben hat, sagt er nur so. In Wahrheit ärgert er sich, weil er nie herausgefunden hat, wie der Kosmos auf uns wirkt. Und das kann er auch nicht herausbekommen, denn der Kosmos wirkt ja überhaupt nicht auf uns …« Er unterbrach sich und sagte dann ärgerlich: »Wo steckt denn bloß der Afrika-Sender? Ich möchte mal wissen, warum meine Skala nie stimmt …«

Er schlenderte, eine Blume zwischen den Zähnen, auf dem Pfad hinter Mark her, drehte am Radio und stolperte alle Augenblicke. Endlich hatte er sein geliebtes Afrika gefunden, und die Steppe hallte von den Klängen der Trommel wider. Mark blickte ihn über die Schulter hinweg an.

»Bitte spucken Sie das ekelhafte Zeug aus«, bat er.

»Was heißt hier ›ekelhaftes Zeug‹? Das ist eine hübsche Blume.«

Die Trommel dröhnte.

»Stellen Sie wenigstens das Radio leiser«, krächzte Mark. Gorbowski drehte die Lautstärke zurück.

»Noch leiser, bitte.«

Gorbowski tat so, als stelle er die Musik noch leiser.

»Geht es so?«, fragte er.

»Ich möchte wissen, warum ich das Ding nicht schon längst beseitigt habe«, brummte Mark.

Hastig stellte Gorbowski das Radio ganz leise und steckte es in die Brusttasche.

Sie gingen an bunt gestrichenen Bungalows vorüber, die von Fliederhecken umgeben waren und auf deren Dächern sich überall die gleichen Kegelantennen für den Energieempfang drehten. Eine rotbraune Katze schlich über den Pfad. Mit einem »Miez, Miez, Miez« versuchte Gorbowski, sie anzulocken. Doch das Tier verschwand Hals über Kopf im dichten Gras, aus dem es dann mit bösen Augen hervorlugte. In der sengenden Luft hing träges Bienengesumm. Aus einem Fenster drang ein kräftiges, beinahe drohendes Schnarchen.

»Und das nennt sich nun Hauptstadt«, knurrte Mark. »Ein Dorf ist das. Bis um neun schlafen sie hier!«

»Warum denn so aufgebracht, Mark?«, fragte Gorbowski. »Mir beispielsweise gefällt es hier sehr gut. Die Bienen, die Katze ... Was verlangen Sie mehr im Augenblick? Soll ich vielleicht wieder lauter stellen?«

»Bloß nicht«, protestierte Mark. »Mir sind solche verschlafenen Nester einfach zuwider. In faulen Dörfern leben auch faule Leute.«

»Na, mittlerweile kenne ich Sie ja«, sagte Gorbowski versöhnlich. »Wenn es nach Ihnen ginge, müsste es überall Kämpfe geben, Dispute, bei denen die Ideen nur so sprühen. Auch eine kleine Rauferei wäre nicht übel, stimmt's? Na, das wird wohl ein Wunschtraum bleiben ... Halt! Halt, bleiben Sie stehen! Dort gibt es Brennnesseln. Sie sind schön, schmerzen aber furchtbar!«

Vor einem üppigen Strauch mit großen, schwarz gestreiften Blättern hockte er sich hin. Mark meinte verdrossen: »Warum lassen Sie sich denn hier gleich häuslich nieder, Leonid? Haben Sie noch nie Brennnesseln gesehen?«

»Nein«, antwortete Gorbowski. »Sie werden es nicht glauben, aber ich habe wirklich noch keine gesehen. Nur darüber gelesen. Übrigens, Mark, soll ich Sie vielleicht von unserer Besatzungsliste streichen? Sie haben sich irgendwie zu Ihrem Nachteil verändert, sind launisch geworden. Und Sie haben verlernt, sich an den einfachen Dingen des Lebens zu freuen.«

»Ich weiß nicht, was Sie unter den ›einfachen Dingen des Lebens‹ verstehen«, erwiderte Mark gereizt. »Aber für meine Begriffe lenken all diese Blümchen und Brennnesseln, all diese verschlungenen Pfade und Waldwege bloß von wichtigen Dingen ab. Es gibt in der Welt noch zu viele Ungereimtheiten, als dass man es sich leisten könnte, vor einer solchen Idylle in Begeisterung auszubrechen.«

»Ungereimtheiten – allerdings, die gibt es«, bestätigte Gorbowski. »Die gab es aber schon immer, und sie werden sich auch weiterhin nicht vermeiden lassen. Was wäre das Leben denn ohne verschiedene Standpunkte? Trotzdem muss man sich bemühen, den Augenblick zu genießen … Hör nur mal. Da singt sogar jemand trotz all der Ungereimtheiten in der Welt.«

Ein riesiger Atomlaster kam ihnen entgegen. Auf den Kisten im Wageninnern saßen kräftige Burschen mit nacktem Oberkörper. Einer von ihnen hämmerte selbstvergessen und in gekrümmter Haltung in die Saiten eines Banjos, und die anderen sangen lautstark und einmütig:

»Ich brauch eine Frau,
ob gut oder schlecht,
Hauptsache 'ne Frau,
dann wär sie mir recht …«

Der Atomlaster jagte vorbei, und eine heiße Luftwelle drückte für Sekunden das Gras nieder. Gorbowski sagte: »Das wenigstens müsste nach Ihrem Geschmack sein, Mark. Um neun schon auf den Beinen und am Arbeiten. Wie hat Ihnen denn der Gassenhauer gefallen?«

»Nicht besonders«, knurrte Mark trotzig.

Der Pfad schlängelte sich seitwärts und führte an einem riesigen, mit trübem Wasser gefüllten Betonbassin vorbei. Sie stapften durch mannshohes, trockenes Gras. Über ihnen breitete sich das dichte Laubwerk schwarzer Akazien aus, und es wurde etwas kühler.

»Mark«, flüsterte Gorbowski. »Da drüben, das Mädchen!«

Mark blieb interessiert stehen. Aus dem Gras tauchte eine großes, üppiges Mädchen mit dunklen Haaren auf. Sie trug weiße Shorts und eine knappe weiße Jacke, deren Knöpfe abgerissen waren. Sie hatte offensichtlich Mühe, ein schweres Kabel hinter sich herzuziehen.

»Guten Tag!«, sagten Gorbowski und Mark wie aus einem Munde.

Das Mädchen zuckte erschrocken zusammen und hielt inne.

Gorbowski und Mark wechselten einen Blick.

»Guten Tag, Fräulein!«, rief Mark noch einmal laut.

Das Mädchen ließ, augenscheinlich bestürzt, das Kabel zur Erde gleiten.

»Guten Tag«, hauchte sie.

»Ich habe fast den Eindruck, Mark, als kämen wir ungelegen«, bemerkte Gorbowski.

»Können wir Ihnen behilflich sein?«, fragte Mark galant. Das Mädchen sah ihn misstrauisch an.

»Vorsicht, Schlangen!«, sagte sie plötzlich.

»Wo?«, rief Gorbowski entsetzt und sprang flugs zur Seite.

»Ich wollte Sie nur warnen, ganz allgemein«, erklärte das Mädchen. Sie musterte Gorbowski und erkundigte sich dann betont freundlich: »Haben Sie heute den Sonnenaufgang gesehen?«

»Sogar vier davon«, antwortete Mark lässig.

Das Mädchen blinzelte und brachte mit ein paar exakten Handgriffen ihre Frisur in Ordnung. Mark stellte sich vor. »Ich heiße Mark Walkenstein«, sagte er.

»Er ist Landepilot«, ergänzte Gorbowski.

»Ach so, Landepilot«, meinte das Mädchen irgendwie erleichtert. Dann nahm sie ohne weiteren Kommentar das

Kabel wieder in die Hand, zwinkerte Mark noch einmal zu und verschwand im Gras. Das Kabel raschelte über den Boden. Gorbowski blickte zu Mark hinüber, der wiederum dem Mädchen hinterherschaute.

»Gehen Sie schon«, sagte Gorbowski. »Ist ja nichts dabei. Das Kabel ist schwer, das Mädchen zart, dazu hübsch, und Sie sind ein kräftiger Kosmonaut.«

Mark setzte nachdenklich einen Fuß auf das Kabel. Es straffte sich, und aus dem Gras ertönte die Stimme des Mädchens: »Sieh zu, dass du es freibekommst, Semjon, mach schnell.«

Hastig zog Mark seinen Fuß wieder fort, und sie gingen weiter.

»Etwas eigenartig, dieses Mädchen«, meinte Gorbowski. »Aber trotzdem sympathisch. Warum haben Sie eigentlich nie geheiratet, Mark?«

»Wen denn?«, fragte der zurück.

»Na, na, keine falsche Bescheidenheit. Ich weiß, dass es da mal ein nettes Mädchen gab. Ich hatte eigentlich immer den Eindruck, dass Sie etwas zu derb mit ihr umgingen. Aber sie hat es offensichtlich nicht gestört.«

»Und doch habe ich nicht geheiratet«, antwortete Mark widerwillig. »Es ist nichts draus geworden.«

Der Pfad führte wieder auf die Chaussee. Links zogen sich einige langgestreckte weiße Zisternen hin, und vorn blinkte die hohe Turmspitze des Ratsgebäudes in der Sonne. Noch immer war es ringsumher wie ausgestorben.

»Sie hing zu sehr an der Musik«, nahm Mark unvermittelt das Gespräch wieder auf. »Es ist schließlich nicht gut möglich, auf jeden Raumflug eine ganze Musiktruhe mitzunehmen. Ihr Radio reicht. Mir geht es da wie Percy, der hat auch nicht viel für Musik übrig.«

»Auf jeden Raumflug …«, wiederholte Gorbowski gedankenverloren. »Wir sind tatsächlich schon ziemlich alt.

Vor zwanzig Jahren hätten wir wohl kaum Liebe gegen Freundschaft abgewogen. Aber jetzt ist es zu spät, jetzt müssen wir uns alleine durchschlagen. Trotzdem, Mark, wir sollten nicht aufgeben. Vielleicht findet doch noch jeder von uns eine Frau. Und die wird ihm dann teurer sein als alles andere.«

»Percy wohl kaum«, erwiderte Mark. »Er hat keine Freunde außer uns beiden. Und dann noch ein verliebter Percy ... nicht auszudenken.«

Gorbowski, der versuchte, sich einen verliebten Percy vorzustellen, musste unwillkürlich lachen. »Zumindest würde er einen guten Vater abgeben«, vermutete er.

Mark runzelte die Stirn. »Das wäre keine Lösung«, sagte er streng. »Ein Kind braucht weniger einen guten Vater als einen guten Lehrer. Der Mann braucht einen zuverlässigen Freund, die Frau einen Menschen, den sie liebt. Aber lassen wir das. Reden wir lieber über den Trampelpfad hier.«

Der Platz vor dem Ratsgebäude war leer, lediglich an der Auffahrt stand ein großer, unförmiger Aerobus.

»Ich würde gern bei einem alten Freund vorbeischauen«, sagte Gorbowski. »Begleiten Sie mich doch, Mark.«

»Aber ich kenne ihn doch gar nicht.«

»Das macht nichts. Ich stelle Sie einander vor. Er heißt Matwej Sergejewitsch Wjasanizyn und war früher Raumfahrer. Jetzt ist er hier Direktor. Ich kenne ihn schon lange, noch aus den Jahren, als ich Landepilot war. Sie müssten eigentlich auch schon mit ihm zu tun gehabt haben ... Aber nein, das war vor Ihrer Zeit.«

»Meinetwegen«, willigte Mark ein. »Ich komme mit. Eine Höflichkeitsvisite. Aber schalten Sie bitte das Gedudel aus, immerhin sind wir auf dem Weg zum Obersten Rat.«

Der Direktor freute sich sehr über den Besuch. »Das ist ja großartig!«, donnerte er mit seiner Bassstimme los und drückte die beiden in zwei Sessel. »Einfach großartig, dass ihr gekommen seid. Bist ein Prachtkerl, Leonid! Wirklich, ein Prachtkerl. Und Sie sind Mark Walkenstein? Aber wieso haben Sie denn keine Glatze? Leonid hat mir immer erzählt, Sie hätten eine Glatze … Ach nein, das war ja Dickson. Stimmt, Dickson war das. Der mit dem berühmten Bart. Das hat übrigens nichts zu bedeuten. Ich kenne eine Menge Leute, die einen Bart und eine Glatze haben. Im Augenblick spielt das ja auch gar keine Rolle. Habt ihr schon gemerkt, wie heiß es bei uns ist? Leonid, du ernährst dich nicht richtig, du siehst nämlich aus wie ein Dystrophiker. Wir werden nachher zusammen zu Mittag essen. Vorher nehmen wir eine kleine Erfrischung zu uns. Ich kann euch Orangen- und Tomatensaft anbieten, oder wollt ihr lieber Granatapfelsaft? Alles eigene Produktion! Ach ja, den Wein habe ich ganz vergessen. Wir bauen hier auf dem Regenbogen unseren eigenen Wein an. Ist das nicht wunderbar, Leonid? Na, wollt ihr ein Gläschen? Mir schmeckt er jedenfalls … Warum trinken Sie denn nicht, Mark? Hätte ich nicht für möglich gehalten, dass Sie keinen Alkohol trinken. Ach, Sie mögen keine hiesigen Weine? Dir, Leonid«, wandte er sich plötzlich wieder an seinen Freund, »möchte ich tausend Fragen stellen, weiß aber nicht, wo ich anfangen soll. Leider werde ich schon in den nächsten Minuten kein Mensch mehr sein, sondern eine wild gewordene Bürobestie. Habt ihr schon mal eine wild gewordene Bürobestie gesehen? Nein? Na, dann werdet ihr diesen Augenblick gleich genießen können. Ich werde richten, strafen, Wohltaten erweisen. Ich werde herrschen, nachdem ich zuvor geteilt habe! Jetzt kann ich mir vorstellen, wie Kaisern, Königen und sonstigen Machthabern zumute gewesen sein muss … Hört mal, ihr beiden, geht aber nicht weg. Ich werde in Arbeit schmoren, während ihr nichts weiter zu tun braucht, als gemütlich hier zu sitzen und mich hin und wieder zu bemitleiden. Mich bemitleidet hier nämlich kein Mensch … So, jetzt mache ich das Fenster auf, damit ihr ein bisschen frische Luft bekommt … Leonid, du kannst dir nicht vorstellen … Mark, rücken Sie ruhig noch etwas in den Schatten. Euch gefällt es doch hier, oder? Also, Leonid, du hast ja keine Ahnung, was bei uns los ist. Der Regenbogenplanet tobt, als hätte er die Tollwut. Und das nun schon das zweite Jahr.«

Matwej ließ sich schwer in den Sessel vor dem Schaltpult fallen; er ächzte unter seinem Gewicht. Da saß er nun – massig, fast schwarz, kräftig behaart, mit einem Schnurrbart, der sperrig abstand wie bei einem Kater. Er knöpfte sich das Hemd bis zum Bauch auf und sah die beiden Kosmonauten, die genüsslich an ihren eisgekühlten Getränken saugten, über die Schulter hinweg vergnügt an. Seine Schnurrbartenden gerieten in Bewegung, er wollte gerade zum Sprechen ansetzen, da erschien auf einem der sechs Bildschirme, die am Schaltpult angeschlossen waren, eine zierliche Frau.

»Genosse Direktor«, begann sie ernst und mit vorwurfsvollem Blick. »Mein Name ist Chaggerton, Sie werden sich nicht mehr an mich erinnern. Ich wende mich wegen der Strahlenbarriere auf dem Alabasterberg an Sie. Die Physiker weigern sich, die Barriere aufzuheben.«

»Was heißt, sie weigern sich?«

»Ich habe mit Rodrigo gesprochen; er ist wohl dort Chef bei den Nullphysikern? Er hat mir erklärt, Sie hätten nicht das Recht, sich in ihre Arbeit einzumischen.«

»Lassen Sie sich von denen nicht ins Bockshorn jagen, Helen«, erwiderte Matwej. »Rodrigo ist ebenso wenig Chef der Nullphysiker, wie ich eine Pusteblume bin. Er ist Mechaniker und versteht von Nullproblemen nicht mal halb so viel wie Sie. Ich werde ihn mir gleich mal vorknöpfen.«

»Ja bitte, wir wären Ihnen sehr dankbar.«

Der Direktor schüttelte missbilligend den Kopf und machte sich geräuschvoll an den Umschaltern zu schaffen. »Den Alabasterberg«, schnarrte er. »Geben Sie mir Pagawa.«

»Hallo, Matwej! Ich höre.«

»Schota? Guten Tag, mein Lieber. Sag mal, warum hebst du eigentlich die Barriere nicht auf?«

»Ich habe sie doch aufgehoben. Warum fragst du?«

»Na, dann ist gut. Bestell Rodrigo, er soll die Leute nicht verrückt machen, sonst kann er mal bei mir antanzen. Und sag ihm auch, dass ich mich genau an ihn erinnere. Was macht übrigens eure Welle?«

»Ja, weißt du …« Schota zögerte. »Die Welle ist diesmal sehr interessant, aber es würde im Augenblick zu weit führen … Ich erzähle dir später ausführlich darüber, einverstanden?«

»Na gut, viel Erfolg weiterhin.« Matwej beugte sich über die Sessellehne und wandte sich an die Kosmonauten. »Sag mal, Leonid, was hält man denn bei euch von der Welle?«

»Wo, bei uns?«, wollte Gorbowski wissen und saugte ungerührt an seinem Strohhalm weiter. »Auf der ›Tariel‹?«

»Wie denkst du selbst zum Beispiel über die Welle?«, bohrte Matwej weiter.

Gorbowski überlegte. »Ich denke gar nichts«, antwortete er schließlich. »Aber vielleicht Mark?« Er sah unsicher zu seinem Piloten hinüber.

Der saß, das Glas in der Hand, kerzengerade im Sessel. »Wenn ich nicht irre«, sagte er bedächtig, »so ist die Welle ein Phänomen, das mit dem Nulltransport im Zusammenhang steht. Viel mehr weiß ich darüber nicht. Die Problematik des Nulltransports interessiert mich natürlich wie jeden anderen Raumfahrer auch« – er verbeugte sich leicht zum Direktor hin –, »aber auf der Erde schenkt man ihr keine große Beachtung. Ich glaube, bei uns betrachtet man den Nulltransport als ein ziemlich abseitiges Problem von untergeordneter Bedeutung.«

Der Direktor lachte gekränkt auf. »Hör dir das an, Leonid!«, rief er. »Ein ›Problem von untergeordneter Bedeutung‹. Man merkt, dass unser Regenbogen für euch weit ab vom Schuss liegt und dass euch alles, was uns bewegt, geringfügig erscheint. Mein lieber Mark, wissen Sie auch, dass dieses nichtige Problem, wie Sie sich sinngemäß ausdrückten, mein Dasein bis obenhin ausfüllt? Und dabei bin ich nicht einmal Nullphysiker. Ich bin erschöpft. Vorgestern zum Beispiel habe ich hier in diesem Zimmer eigenhändig Lamondois und Aristoteles zerpflückt, und wenn ich jetzt meine Hände anschaue«, er hielt seine riesigen, braungebrannten Pranken vor sich, »wundere ich mich doch sehr, dass sie keinerlei Biss- oder Kratzwunden davongetragen haben. Während ich die beiden abkanzelte, hatte sich vor meinem Fenster eine Menschenmenge versammelt und in zwei Lager gespalten. Die einen brüllten: ›Welle! Welle!‹, die anderen: ›Null-T! Null-T!‹ Aber wenn ihr glaubt, das sei ein wissenschaftlicher Disput gewesen, so irrt ihr euch. Das war nichts als ein mittelalterlicher Altweiberzank um die Elektroenergie. Kennt ihr das Märchen – wie hieß es doch gleich? – ›Der goldene Ziegenbock‹ oder ›Der goldene Esel‹. Das war eine lustige, obwohl nicht ganz einleuchtende Geschichte, in der ein Mann nur dafür ausgepeitscht wurde, dass er vergessen hatte, in der Toilette das Licht zu löschen. Etwas Ähnliches spielt sich gerade zwischen Aristoteles und Lamondois ab. Aristoteles und seine Leute wollen Lamondois und dessen Gefolge an den Kragen, weil *die* alle Energiereserven an sich gerissen haben … Heiliger Regenbogen! Noch vor einem Jahr waren die beiden ein Herz und eine Seele. Der Nullphysiker war dem Nullphysiker Freund, Genosse und Bruder. Und jetzt? Niemand hätte geglaubt, dass Forsters Begeisterung für die

Welle unseren Planeten in zwei Hälften spalten würde! In welch einer Zeit lebe ich bloß!«, rief Matwej pathetisch. »An allem fehlt es: an Energie, an Apparaturen, und wegen jedes grünschnäbligen Laboranten kriegen sie sich in die Wolle. Lamondois' Leute stehlen Energie, die Anhänger von Aristoteles stellen den Touristen nach und versuchen, sie anzuwerben. Die Ärmsten! Da kommen sie nichtsahnend hierher, wollen sich erholen oder etwas Interessantes über unseren Planeten schreiben, und dann das! Und der Oberste Rat – ich wiederhole: der Oberste Rat! – hat sich in eine simple Schiedskommission verwandelt. Ich habe schon gebeten, mir das ›Römische Recht‹ zu schicken ... In der letzten Zeit lese ich überhaupt nur noch historische Werke. Heiliger Regenbogen! Bald werde ich hier eine Polizei und ein Schwurgericht ins Leben rufen müssen. Und allmählich gewöhne ich mich an eine mir völlig fremde, verrohte Terminologie. So habe ich Lamondois vorgestern zum Angeklagten und Aristoteles zum Kläger deklariert. Ohne zu stottern, spreche ich jetzt Wörter wie Jurisprudenz und Polizeipräsidium aus.«

Einer der Bildschirme flammte auf, zwei kleine pausbäckige Mädchen von etwa zehn Jahren waren zu sehen.

»Sag du es«, flüsterte die eine.

»Warum denn ich? Wir hatten doch ausgemacht, dass du ...«

»Nein, wir hatten ausgemacht, dass du ...«

»Du bist gemein! – Guten Tag, Matwej Semjonowitsch.«

»Sergejewitsch«, verbesserte die andere.

»Guten Tag, Matwej Sergejewitsch!«

»Guten Tag, Kinder«, erwiderte der Direktor den Gruß. Man sah ihm an, dass er an etwas erinnert worden war, was er wohl total vergessen hatte. »Guten Tag, ihr Küken! Guten Tag, ihr Mäuschen!«

Die beiden wurden ganz rot vor Verlegenheit.

»Matwej Sergejewitsch, wir laden Sie ins Kinderdorf ein, zu unserem Sommerfest …«

»Heute um zwölf Uhr«, plapperte die andere dazwischen.

»Um elf!«

»Nein, um zwölf!«

»Ich komme«, polterte der Direktor begeistert. »Ich komme auf jeden Fall. Um elf und auch um zwölf.«

Gorbowski leerte sein Glas, goss sich noch etwas nach, streckte sich dann bequem im Sessel aus, wobei seine Beine fast bis zur Zimmermitte reichten, und setzte das Glas auf seiner Brust ab. Ihm war wohl und behaglich.

»Wenn es dir nichts ausmacht, würde ich gern mitkommen ins Kinderdorf«, erklärte er. »Ich habe sowieso nichts anderes vor. Vielleicht werde ich dort eine kleine Rede halten«, fügte er scherzhaft hinzu. »Dazu hatte ich bisher noch nie Gelegenheit. Mal sehen, ob ich so etwas zustande bringe.«

»Das Kinderdorf«, sagte der Direktor und wälzte sich wieder über seine Armlehne, »ist der einzige Ort bei uns, wo Ordnung herrscht. Die Kinder sind ein prächtiges Völkchen. Sie verstehen ganz ausgezeichnet, was das Wörtchen ›nein‹ bedeutet. Das kann man von unseren Nullphysikern wahrhaftig nicht behaupten. Während sie voriges Jahr zwei Millionen Megawattstunden konsumiert haben, sind es in diesem Jahr bereits fünfzehn. Und das Schönste – sie haben weitere sechzig beantragt. Sie wollen die Existenz des Wörtchens ›nein‹ einfach nicht zur Kenntnis nehmen. Da liegt der Hase im Pfeffer.«

»Wir kannten es seinerzeit auch nicht«, bemerkte Mark.

»Mein lieber Mark, damals waren auch ganz andere Zeiten. Die Physik war noch nicht so weit fortgeschritten. Wir haben nicht mehr beansprucht, als uns zugebilligt wurde. Wozu auch? Für unsere D-Prozesse und die Elektronenstruktur hat es allemal gelangt. Mit dem Problem der Verbundräume zum Beispiel hatten sich lediglich einzelne Wissenschaftler befasst, und auch die nur auf dem Papier. Und jetzt? Jetzt haben wir die vermaledeite Epoche der diskreten Physik, der Durchdringungstheorie, des Unterfrequenzbereiches … Heiliger Regenbogen, wo sollen diese ganzen Nullexperimente hinführen! Jeder Milchbart, jeder Dreikäsehoch von Laborant benötigt für seine schäbigen Versuche nicht nur Tausende Megawatt, sondern auch eine bombastische Ausrüstung, die auf unserem Planeten erstens nicht hergestellt werden kann und die zweitens nach dem Experiment im Eimer ist. Ihr habt uns jetzt beispielsweise hundert Ulmotrone mitgebracht. Besten Dank! Aber wir brauchen mindestens sechshundert. Und Energie erst … Energie! Wo soll ich die hernehmen, zum Donnerwetter. Die habt ihr schließlich nicht mitgeliefert. Mehr noch, ihr braucht selber welche. Kaneko und ich haben neulich unseren Energieroboter nach der Optimalstrategie befragt – der Ärmste hat bloß die Hände über dem Kopf zusammengeschlagen.«

Die Tür flog auf, und herein kam federnden Schrittes ein nicht sehr großer, aber äußerst akkurat gekleideter Mann. Sein glatt zurückgekämmtes schwarzes Haar steckte voller Kletten, und auf dem starren Gesicht spiegelte sich schlecht verhohlener Zorn.

»Wenn man vom Teufel spricht, ist er nicht weit«, begrüßte ihn der Direktor und streckte ihm die Hand entgegen.

»Ich bitte um meine Entlassung«, erklärte der Ankömmling förmlich, ohne auf den Scherz des Direktors einzugehen. »Ich bin zu der Einsicht gelangt, dass ich nicht imstande bin, mit diesen Leuten zu arbeiten, und reiche hiermit mein Entlassungsgesuch ein … Entschuldigen Sie bitte« – er wandte sich mit einer leichten Verbeugung an die beiden Kosmonauten –, »mein Name ist Kaneko, Chefenergetiker des Regenbogenplaneten. Ehemaliger Chefenergetiker.«

Gorbowski scharrte eilig mit den Füßen auf dem glatten Fußboden und richtete sich auf, wobei er eine Verbeugung andeutete. Dabei hielt er das Glas mit dem Saft hoch über den Kopf, was ihm das Aussehen des trunkenen Zechers beim Gastmahl des Lukullus verlieh.

»Heiliger Regenbogen!«, rief der Direktor bestürzt. »Was ist denn jetzt schon wieder passiert?«

»Vor einer halben Stunde haben sich Semjon Galkin und Alexandra Postyschewa heimlich an die örtliche Energiestation angeschlossen und den ganzen Strom für zwei Tage im Voraus abgezapft.« Über Kanekos Gesicht lief ein nervöses Zittern. »Der Energieroboter ist auf ehrliche Leute eingestellt, und ich weiß nicht, welche Programmvariante ich ihm für die Existenz eines Galkin und einer Postyschewa eingeben müsste. Die Tatsache an sich ist schon sträflich, wenn auch leider nicht neu für uns. Vielleicht würde ich mit den beiden sogar fertigwerden, aber ich bin weder Judoka noch Akrobat und auch nicht in einem Kindergarten angestellt. Ich kann nicht dulden, dass man mir Fallen stellt: Die beiden wussten genau, dass ich auswärts sein würde. Sie haben meine Abwesenheit ausgenutzt und, vom dichten Gestrüpp hinter der Schlucht getarnt, den Anschluss gelegt, wobei das Kabel leichtsinnigerweise quer über dem Pfad lag …« Er verstummte plötzlich und begann zerstreut, sein Haar von den Kletten zu befreien.

»Wo steckt Postyschewa?«, fragte der Direktor drohend und verfärbte sich tiefviolett. Gorbowski richtete sich erschrocken auf und zog die Beine an. Marks Gesicht zeigte plötzlich ein lebhaftes Interesse für den Vorfall.

»Sie wird gleich hier sein«, antwortete Kaneko. »Ich bin überzeugt, dass sie die Anstifterin zu dieser Sache war, und habe sie in Ihrem Namen hierherbeordert.«

Matwej zog das Mikrofon für die allgemeine Nachrichtenübermittlung zu sich heran und machte eine Durchsage:

»Achtung, Regenbogen! Hier spricht der Direktor. Es ist bekannt geworden, dass irgendwo ein Leck im Energiesystem aufgetreten ist, wodurch es Stromverluste gibt. Die Angelegenheit wird untersucht.«

Er stand auf, ging zu Kaneko und legte ihm unbeholfen eine Hand auf die Schulter. »Was sollen wir denn tun, mein Lieber«, murmelte er niedergeschlagen. »Ich habe es dir gleich gesagt – auf dem Regenbogenplaneten haben alle den Verstand verloren. Da hilft nur durchhalten. Mir bleibt ja auch nichts anderes übrig. Was die Postyschewa betrifft, so werde ich ihr gehörig den Kopf waschen. Das wird kein Zuckerschlecken für sie, darauf kannst du dich verlassen.«

»Also gut, Sie haben recht«, erwiderte Kaneko. »Ich bitte um Entschuldigung für meine Unbeherrschtheit. Wenn Sie gestatten, gehe ich jetzt zum Kosmodrom. Heute steht mir noch eine äußerst unangenehme Angelegenheit bevor – die Ausgabe der Ulmotrone. Sie wissen schon: die Ulmotrone, die heute mit der Landefähre gekommen sind.«

»Ja, ja«, sagte der Direktor seufzend. »Ich weiß Bescheid. Da kann ich Sie ja gleich mit meinen Freunden bekanntmachen.« Mit seinem breiten, eckigen Kinn wies er auf die beiden Raumfahrer. »Kommandant der ›Tariel‹ Leonid Andrejewitsch Gorbowski und sein Pilot Mark Walkenstein.«

»Sehr erfreut«, antwortete Kaneko und machte eine leichte Verbeugung mit seinem klettengeschmückten Kopf. Mark und Gorbowski erwiderten die höfliche Geste.

»Ich werde mich bemühen, das Raumschiff vor größerem Schaden zu bewahren«, sagte Kaneko ernst und wandte sich zur Tür. Gorbowski sah ihm beunruhigt nach.

In diesem Augenblick ging die Tür auf, und Kaneko trat zur Seite, um Platz zu machen. Vor ihm stand das brünette Mädchen. Sie trug noch immer die weiße Jacke mit den abgerissenen Knöpfen. Gorbowski bemerkte, dass die Shorts an der Hüfte versengt und die linke Hand des Mädchens rußverschmiert waren. Neben ihr wirkte der akkurate Chefenergetiker wie ein Gast aus ferner Zukunft.

»Entschuldigen Sie bitte«, sagte die Brünette in betont freundlichem Tonfall. »Darf ich hereinkommen? Sie haben mich rufen lassen, Matwej Sergejewitsch?«

Kaneko wandte sich ab und ging in großem Bogen um sie herum zur Tür. Matwej lehnte sich in seinem Sessel zurück und stützte die Arme auf die Lehnen. Sein Gesicht nahm abermals eine tiefviolette Färbung an.

»Glaubst du etwa, Postyschewa, ich wüsste nicht, auf wessen Konto dieser Streich geht?«, begann er mit leiser, unheilvoller Stimme.

Auf dem Bildschirm erschien ein vor Gesundheit strotzender Bursche, der sein Käppi pfiffig aufs Ohr geschoben hatte.

»Verzeihen Sie die Störung, Matwej Sergejewitsch«, sagte er und lächelte forsch. »Ich wollte Sie nur daran erinnern, dass uns zwei Ulmotronkomplexe zustehen.«

»Ihr werdet wie alle anderen nach der Bestellliste beliefert, Karl«, brummte Matwej.

»Da stehen wir an erster Stelle«, erklärte der junge Mann.

»Also bekommt ihr euren Teil auch als Erste.« Während der Unterhaltung wandte Matwej keinen Blick von dem Mädchen, wobei er seinen grimmigen Gesichtsausdruck beibehielt.

»Dann muss ich nochmals um Entschuldigung bitten, Matwej Sergejewitsch«, meldete sich der junge Mann erneut, »aber uns beunruhigt das Verhalten der Forster-Truppe. Ich habe gesehen, dass sie ihren Lastwagen schon zum Kosmodrom geschickt hat.«

»Sie können beruhigt sein, Karl«, antwortete Matwej. Er konnte sich ein Lächeln nicht verkneifen und wandte sich an Gorbowski: »Schau dir das an, Leonid! Kommt her und verpetzt seinen eigenen Lehrer.« Und wieder zu dem jungen

Mann: »Nun verschwinden Sie schon, Karl. Niemand wird außer der Reihe versorgt.«

»Besten Dank, Matwej Sergejewitsch«, sagte Karl Hoffmann. »Maljajew und ich rechnen auf Sie.«

»Er und Maljajew!«, seufzte der Direktor und hob den Blick zur Zimmerdecke.

Der Bildschirm erlosch, flammte aber sofort wieder auf. Ein älterer, finster dreinschauender Mann mit dunkler Brille, deren Einfassung mit irgendwelchen Mechanismen versehen war, schimpfte unzufrieden los: »Matwej, ich wollte nur die Frage mit den Ulmotronen klären ...«

»Die Ulmotrone werden nach dem strengen Bestellsystem ausgegeben«, erklärte der Direktor.

Das brünette Mädchen seufzte tief auf, warf Mark einen prüfenden Blick zu und nahm mit ergebener Miene auf dem Sesselrand Platz.

»Wir brauchen sie aber außer der Reihe«, fuhr der Mann mit der Brille fort.

»Dann bekommt ihr sie eben außer der Reihe«, antwortete Matwej. »Wir haben ja eine Warteliste für Belieferungen außer der Reihe, und da bist du, wenn ich mich recht erinnere, der Achte.«

Das Mädchen begann inzwischen graziös das Loch in ihren Shorts zu untersuchen, dann leckte sie einen Finger an und rubbelte den Rußfleck von ihrem Ellbogen.

»Ich bin gleich so weit, Postyschewa«, sagte Matwej, und dann wieder ins Mikrofon: »Achtung, Regenbogen! Hier spricht der Direktor. Die Ausgabe der Ulmotrone, die mit der ›Tariel‹ angeliefert wurden, erfolgt nach den vom Obersten Rat bestätigten Listen. Ohne Ausnahme. Ende. – So, Postyschewa, und nun zu dir. Ich habe dich rufen lassen, um dir zu sagen, dass ich nun endgültig genug habe. Ich bin immer verständnisvoll gewesen ... jawohl. Ich hatte viel Geduld mit dir und habe dir so manches nachgesehen. Du kannst mir weiß Gott keine Härte vorwerfen. Aber heiliger Regenbogen, jetzt reicht es! Schließlich hat alles seine Grenzen. Mit einem Wort, du kannst Galkin bestellen, dass ich dich von der Arbeit suspendiere und bei der erstbesten Gelegenheit zurück zur Erde schicke.«

Die hübschen Kulleraugen der Postyschewa schwammen augenblicklich in Tränen. Mark schüttelte mitfühlend den Kopf, und auch Gorbowski saß ziemlich verdutzt da. Der Direktor fuhr indes ungerührt fort: »Jetzt ist es zu spät zum Weinen, Alexandra. Das hättest du früher tun müssen. Zusammen mit uns.«

Ins Zimmer trat jetzt eine Frau von angenehmem Äußeren: Plisseerock, blaue Jacke, Bubikopf. Eine rötliche Locke fiel ihr kess in die Stirn.

»Hello!«, sagte sie und lächelte zur Begrüßung. »Matwej, störe ich? Oh!« Sie hatte die Postyschewa bemerkt. »Was ist los, warum weinen wir denn?« Tröstend legte sie einen Arm um das Mädchen, das sich auch gleich schutzsuchend an sie schmiegte. »Matwej, waren Sie das? Sie sollten sich schämen! Sicher waren Sie wieder mal grob. Manchmal sind Sie direkt unausstehlich!«

Der Schnurrbart des Direktors zuckte. »Guten Morgen, Jane«, sagte er. »Lassen Sie die Postyschewa! Sie ist eben von mir gerügt worden. Sie hat Kaneko beleidigt und Energie gestohlen.«

»Was soll der Unsinn!«, rief Jane aus. »Reg dich nicht auf, Kleines.« Und tadelnd zu Matwej: »Das sind Ausdrücke – beleidigt, gestohlen, Energie! Wem hat sie denn den Strom weggenommen? Doch nicht dem Kinderdorf. Schließlich ist es doch einerlei, wer von den Physikern die Energie verplempert, ob nun Alexandra Postyschewa oder dieser schreckliche Lamondois.«

Der Direktor erhob sich würdevoll. »Jane«, sagte er, »ich möchte dich erst einmal mit meinen beiden Freunden bekanntmachen, sie sind Raumfahrer.« Er nannte die Namen. »Und das ist« – er wandte sich an Mark und Leonid – »Jane Pickbridge, Chefbiologin unseres Planeten.«

»Na, sehr erpicht bin ich nicht auf Ihre Bekanntschaft«, meinte Jane, »wenn Sie, zwei kräftige, ansehnliche Männer, hier so gleichgültig zuschauen können. Wie bringen Sie es fertig, den Anblick einer weinenden Frau zu ertragen?«

»Wir haben absolut nicht gleichgültig zugeschaut«, protestierte Mark. Gorbowski warf ihm einen erstaunten Blick zu. »Wir wollten uns gerade einschalten.«

»Tun Sie das, tun Sie das«, stachelte Jane die beiden an.

»Na, wisst ihr, Kollegen«, polterte der Direktor los. »Das geht doch wohl ein bisschen zu weit. Postyschewa, Sie können einstweilen gehen. Na, nun machen Sie schon ... So, Jane, und was führt Sie zu mir? Lassen Sie die Postyschewa los, und tragen Sie Ihr Anliegen vor ... Da haben Sie's, jetzt hat sie Ihnen die schöne Jacke vollgeheult ... Postyschewa, Sie sollen endlich gehen, habe ich gesagt!«

Das Mädchen schlug die Hände vors Gesicht und verließ den Raum. Mark sah Jane fragend an.

»Selbstverständlich. Gehen Sie ihr nach«, beantwortete sie seine stumme Frage.

Mark strich sein Jackett glatt, bedachte Matwej mit einem strafenden Blick, machte eine knappe Verbeugung vor der Biologin und folgte dem Mädchen. Matwej winkte resigniert ab.

»Ich geb's auf«, sagte er. »Hier herrscht keinerlei Disziplin. Ist Ihnen überhaupt klar, Jane, was Sie eben angerichtet haben?«

»Allerdings«, erwiderte sie und trat auf Matwej zu. »Eure ganze Physik, die Energie mit einbegriffen, ist nicht halb so viel wert wie eine einzige Träne von Alja.«

»Das sagen Sie mal Lamondois. Oder Pagawa. Oder Forster. Von mir aus auch Kaneko. Und was die Tränen betrifft, so hat jeder seine eigenen Waffen. Außerdem möchte ich, wenn Sie gestatten, dieses Thema jetzt beenden. Was führt Sie also zu mir?«

»Sie haben recht«, stimmte Jane zu. »Ich weiß, dass Sie zwar unendlich starrköpfig, aber auch ebenso großmütig sein können. Folglich werden Sie mir meine Bitte nicht abschlagen: Ich brauche unbedingt ein paar Leute, Matwej. Nein, nein« – sie wehrte energisch ab –, »ich brauche sie wirklich dringend. Für ein sehr riskantes, aber interessantes Unternehmen. Ich bin überzeugt: Wenn ich bloß mit dem kleinen Finger winkte, würde die Hälfte der Physiker springen und ihre Chefs sitzenlassen.«

»Wenn *Sie* winken«, entgegnete Matwej galant, »würden selbst die Chefs springen.«

»Danke, Matwej, aber jetzt im Ernst. Es geht um die Kalmare, die zurzeit das ganze Puschkinufer bevölkern. Ich benötige zwanzig Mann, um gegen die gefährlichen Tintenschnecken ins Feld zu ziehen.«

Matwej seufzte. »Muss das sein?«, fragte er. »Was haben Ihnen die Kalmare getan? Ich habe selbst keine Leute.«

»Dann wenigstens zehn. Die Kalmare überfallen regelmäßig unsere Fischaufzuchtstationen … Sagen Sie, sind Ihre Testpiloten im Augenblick ausgelastet?«

Matwej lebte auf. »Ja, das ist eine Idee!«, rief er. »Wo steckt eigentlich Gaba? Ach, natürlich … Also, geht in Ordnung, Jane, Sie bekommen Ihre zehn Mann.«

»Sie sind wunderbar, Matwej. Ich wusste doch, dass sich mit Ihnen reden lässt. Schicken Sie die Leute gleich zu mir, ich gehe nur schnell etwas essen.« Und zu Gorbowski gewandt: »Auf Wiedersehen, Leonid. Wenn Sie sich vielleicht beteiligen wollen … Uns soll es recht sein.«

»Uff«, ächzte Matwej, als sich die Tür hinter der Biologin geschlossen hatte. »Eine fantastische Frau, aber immer möchte ich mit ihr nicht zusammenarbeiten. Da ist mir Lamondois schon lieber … Wie bist du eigentlich mit Mark zufrieden?«

Gorbowski lächelte zur Antwort nur selbstgefällig und schenkte sich noch etwas Saft nach. Dann streckte er sich wieder wohlig in seinem Sessel aus und schaltete, nachdem er ein leises »Darf ich?« gemurmelt hatte, sein Radio ein. Auch Matwej machte es sich bequem.

»Bitte«, antwortete er geistesabwesend und sagte dann versonnen: »Übrigens … erinnerst du dich noch an den Blinden Fleck, Leonid, und wie Stanislaw Pischta, als er ihn erstürmt hatte, sein Glück in den ganzen Äther hinausschrie?«

»Matwej Sergejewitsch«, ertönte eine Stimme aus dem Lautsprecher, die den Direktor jäh aus seinen Erinnerungen riss. »Ich habe eine Meldung vom ›Pfeil‹.«

»Gib sie durch«, antwortete Matwej und beugte sich erwartungsvoll vor.

»›Wir gehen auf die Umlaufbahn. Die nächste Funkverbindung erfolgt in vierzig Stunden. An Bord alles in Ordnung – Anton.‹ Die Verbindung war nicht besonders gut, Matwej Sergejewitsch, wegen des Magnetwirbels.«

»Danke«, sagte Matwej. Er sah besorgt aus. »Sag mal, Leonid«, wandte er sich unvermittelt an Gorbowski. »Was weißt du eigentlich von Kamillo?«

»Zum Beispiel, dass er niemals seinen Helm abnimmt«, antwortete Gorbowski. »Ich habe ihn beim Baden direkt mal danach gefragt.«

»Und was hältst du davon?«

Gorbowski zögerte mit der Antwort. »Ich glaube, dass das seine Sache ist.«

Er hatte keine Lust, sich über Kamillo zu unterhalten. Er lauschte einige Zeit der Trommel, dann sagte er: »Weißt du, Matwej, aus irgendeinem Grund glauben die Leute, ich wäre Kamillos Freund. Und alle fragen mich über ihn aus.

Ich spreche aber nicht gern darüber. Wenn du irgendwelche Fragen hast, bitte.«

»Habe ich«, erwiderte er. »Ist Kamillo nicht verrückt?«

»Wo denkst du hin! Er ist so etwas wie ein Genie.«

»Ich frage mich nur, wieso er dauernd etwas prophezeien muss. Das ist eine eigenartige Manie von ihm.«

»Was prophezeit er denn so?«

»Ach, dummes Zeug«, antwortete Matwej. »Das Ende der Welt unter anderem. Das Schlimme ist nur, dass niemand den Ärmsten verstehen kann … Na gut, lassen wir das. Wovon hatten wir gesprochen?«

Der Bildschirm leuchtete erneut auf. Diesmal war es Kaneko. Seine Krawatte hing schief.

»Matwej Sergejewitsch«, sagte er ziemlich atemlos. »Ich möchte gern die Liste für die Ulmotrone überprüfen. Sie müssten eine Kopie haben.«

»Mein Gott, wie mir das alles zum Hals heraushängt«, seufzte Matwej. »Entschuldige mich bitte, Leonid, ich muss leider weg.«

»Macht nichts, geh nur«, antwortete Gorbowski. »Ich werde inzwischen auf dem Kosmodrom nachsehen, ob meine ›Tariel‹ noch lebt.«

»Um zwei treffen wir uns bei mir zum Mittagessen«, sagte Matwej im Hinausgehen.

Gorbowski leerte sein Glas, stand auf und drehte mit großem Vergnügen die Trommel auf die höchstmögliche Lautstärke.

3

Gegen zehn Uhr wurde die Hitze unerträglich. Aus der glutheißen Steppe wehten die beizenden Dämpfe der flüchtigen Salze herüber und drangen durch die Fensterritzen. Über der Steppe flirrten Trugbilder. Robert hatte an seinem Sessel zwei riesige Ventilatoren angebracht und fächelte sich halb liegend mit einer alten Zeitschrift Luft zu. Er tröstete sich mit dem Gedanken an den Nachmittag, der zwar eine noch schlimmere Hitze, dafür aber auch bald den Abend bringen würde. Kamillo stand regungslos am Fenster. Sie hatten ihre Unterhaltung beendet.

Auf dem Bildschirm des Registriergerätes zog ein endloses hellblaues Band mit den gezackten Linien einer elektronischen Aufzeichnung vorüber. Der Minicomputer nahm, für das menschliche Auge kaum wahrnehmbar, unmerklich einen dichten fliederfarbenen Schimmer an. Die Ulmotrone, hinter deren Bullaugen der Abglanz des Kernfeuers spielte, surrten leise.

Die Welle entwickelte sich schnell. Irgendwo am nördlichen Firmament züngelten über den weiten Flächen versengter Erde gigantische Fontänen aus heißem, gifthaltigem Staub in die Stratosphäre.

Das Videofon schrillte los, und Robert gab sich augenblicklich den Anschein eines sehr beschäftigten Mannes. Er dachte, es sei Patrick oder – was bei dieser Hitze einem Unglück gleichgekommen wäre – gar Maljajew. Aber es war Tanja. Sie schien frisch und munter, und auf den ersten Blick war zu sehen, dass bei ihr keine vierzig Grad herrschten, sie auch nicht die stinkenden Ausdünstungen der verdorrten Steppe einatmen musste, sondern dass die Luft, die sie umgab, angenehm kühl war und die Brise vom nahen Meer den frischen Duft von Seetang herüberwehte, der bei Ebbe freigelegt wurde.

»Wie geht's dir ohne mich, Robby?«, fragte sie.

»Schlecht«, beklagte sich Robert. »Es stinkt, es ist heiß, du bist nicht da, und obwohl ich gar zu gern schlafen würde, geht das nicht.«

»Ach, du Ärmster! Ich dagegen habe im Hubschrauber ein herrliches Schläfchen gemacht. Aber sei getröstet: Ich habe heute auch einen schweren Tag. Wir feiern unser Sommerfest. Da wird es unheimlich viel Trubel geben. Schon jetzt sind die Kinder ganz aus dem Häuschen. Bist du allein im Zimmer?«

»Nein, Kamillo ist hier, aber er sieht und hört wieder mal nichts. Tanja, Liebes, wir müssen uns heute unbedingt treffen. Fragt sich nur wo?«

»Wirst du denn nachher abgelöst? ... Na, wenn du willst, fliegen wir in den Süden.«

»Und ob! Eine gute Idee! Weißt du noch das Café im Fischerdorf? Wir werden Seezunge essen und jungen Wein trinken – eisgekühlt!« Robert stöhnte vor Wonne auf und verdrehte die Augen. »Schon jetzt sehne ich den Abend herbei, und wie ich ihn herbeisehne!«

»Ich auch.« Sie sah sich rasch um. »Küsschen, Robby«, sagte sie. »Ich ruf dich vorher noch mal an.«

»Gut«, antwortete Robert. »Ich warte jetzt schon darauf.«

Kamillo schaute noch immer zum Fenster hinaus, die Hände auf dem Rücken verschränkt. Seine Finger waren ständig in Bewegung. Er hatte ungewöhnlich lange, geschmeidige Finger mit kurz geschnittenen Nägeln, und er konnte sie erstaunlich schnell ineinander verflechten und wieder lösen. Robert ertappte sich dabei, dass er das Akrobatenstück nachzumachen versuchte.

»Es geht los«, sagte Kamillo plötzlich. »Ich würde Ihnen raten, mal hinauszuschauen.«

»Was geht los?«, fragte Robert. Er hatte keine Lust aufzustehen.

»Die Steppe ist in Bewegung«, erklärte Kamillo.

Robert erhob sich lustlos aus dem Sessel und trat ans Fenster. Zunächst fiel ihm nichts auf. Dann glaubte er an eine Halluzination. Doch als er genauer hinsah, zog ihn der Anblick so magisch an, dass er mit der Stirn gegen die Scheibe stieß: Die Steppe flirrte. Sie nahm sehr rasch eine andere Färbung an – ein unheimlicher rötlicher Schleier überzog ihre gelben Weiten. Vom Turm aus war zu sehen, wie zwischen den ausgedorrten Halmen hellrote und dunkelrote Pünktchen durcheinanderwimmelten.

»Gott im Himmel!«, rief Robert entsetzt. »Der rote Getreidefraß! Was stehen Sie denn noch herum?« Er hetzte zum Videofon. »Die Hirtenleitstelle!«, brüllte er. »Den Diensthabenden!«

»Am Apparat«, meldete sich der Wachhabende sofort.

»Hier spricht die Steppenwache. Von Norden her ist der Getreidefraß im Anzug! Die ganze Steppe ist schon damit übersät!«

»Wa-a-s? Wiederholen Sie ... Wer spricht überhaupt?«

»Hier ist die Steppenwache, Beobachter Skljarow. Von Norden her rückt der Getreidefraß näher! Schlimmer als vor zwei Jahren! Haben Sie verstanden? Die ganze Steppe brodelt schon!«

»Ich habe verstanden. Alles klar. Danke, Skljarow. Verdammtes Pech. Ausgerechnet heute sind unsere Leute alle im Süden. Ein Jammer ... na gut ...«

»Diensthabender!«, brüllte Robert noch einmal. »Hören Sie, nehmen Sie Verbindung zum Alabasterberg auf oder mit Greenfield. Dort sind genügend Nullphysiker, die müssten helfen können.«

»In Ordnung! Vielen Dank, Skljarow. Geben Sie uns bitte sofort Bescheid, wenn der Getreidefraß wieder abklingt.«

Robert sprang wieder zum Fenster. Der Getreidefraß rollte wie eine Woge heran, schon war vom Gras nichts mehr zu sehen.

»Himmel und Hölle«, murmelte Robert und presste sein Gesicht an die Fensterscheibe. »Diesmal ist es tatsächlich schlimm.«

»Übertreiben Sie nicht, Robby«, sagte Kamillo. »Das eigentliche Unheil kommt erst noch. Was Sie hier sehen, ist lediglich interessant.«

»Na, ich danke«, entgegnete Robert wütend. »Alle Saatflächen gehen zum Teufel. Dann sitzen wir da ohne Brot und ohne Vieh.«

»Wird nicht so schlimm werden, Robby. So weit kommt es nicht.«

»Das wollen wir hoffen. Mehr kann ich dazu nicht sagen. Sehen Sie doch bloß, in welchem Tempo das vor sich geht. Die ganze Steppe ist schon rot.«

»Eine Naturkatastrophe«, meinte Kamillo lakonisch.

Unvermittelt dämmerte es. Ein riesiger Schatten fiel auf die Steppe.

Robert drehte sich um und lief zum Fenster, das nach Osten hinausging. Eine breite, vibrierende Wolke verdeckte die Sonne.

Wieder konnte sich Robert nicht sofort erklären, was das zu bedeuten hatte. Anfangs wunderte er sich nur, denn normalerweise gab es auf dem Regenbogen tagsüber keine Wolken. Doch dann entdeckte er, dass es sich um Vögel handelte. Tausende und Abertausende von Vögeln kamen aus dem Norden geflogen. Selbst durch das geschlossene Fenster hörte man den unablässigen Flügelschlag und die durchdringenden spitzen Schreie. Rückwärts tappte Robert zum Tisch.

»Wieso kommen die Vögel hierher?«, fragte er bestürzt.

»Alles versucht zu fliehen«, antwortete Kamillo. »Alles rennt um sein Leben. Ich an Ihrer Stelle würde auch rennen, Robby. Die Welle rückt nämlich näher.«

»Welche Welle?« Robert beugte sich vor und studierte die Instrumente. »Hier wird doch gar keine Welle angezeigt, Kamillo.«

»Wirklich nicht?«, gab Kamillo kühl zur Antwort. »Umso besser. Bleiben wir also noch ein bisschen hier und schauen zum Fenster hinaus.«

»Ich hatte auch nicht vor wegzulaufen. Mich wundert das Ganze bloß. Ich denke, wir sollten Greenfield benachrichtigen. Vor allem aber frage ich mich, wo die vielen Vögel auf einmal herkommen. Im Norden gibt es doch weit und breit nur Wüste.«

»Im Gegenteil, dort gibt es sehr viele Vögel«, widersprach Kamillo ungerührt. »Und große blaue Seen, Schilf …« Er verstummte.

Robert sah ihn ungläubig an. Zehn Jahre arbeitete er nun schon auf dem Regenbogenplaneten, und immer war er überzeugt gewesen, dass es zum Norden, zur Hitzeparallele hin, absolut nichts gab – kein Wasser, kein Gras, kein Leben. Und nun plötzlich sogar Seen, Schilf … Da müsste man sich mal den Flyer schnappen und mit Tanja hinfliegen.

Das Rufsignal ertönte, und Robert drehte sich zum Bildschirm um. Es war Maljajew höchstpersönlich.

»Skljarow«, sagte er mit seiner gewohnt unangenehmen Stimme, und Robert fühlte sich sogleich verantwortlich für alles, auch für den Getreidefraß und das Auftauchen der Vögel. »Skljarow, hören Sie, evakuieren Sie unverzüglich den Steppenposten. Ich wiederhole: unverzüglich! Nehmen Sie beide Ulmotrone mit.«

»Fjodor Anatoljewitsch«, meldete sich Robert. »Ich wollte Sie gerade davon unterrichten, dass der Getreidefraß eingesetzt hat und eine riesige Anzahl von Vögeln hier aufgetaucht ist …«

»Das soll jetzt nicht Ihre Sorge sein«, fiel ihm Maljajew ins Wort. »Führen Sie meinen Befehl aus. Nehmen Sie beide Ulmotrone, setzen Sie sich in den Hubschrauber und – schnellstens ab nach Greenfield. Haben Sie mich verstanden?«

»Jawohl.«

»Jetzt ist es …« – Maljajew schaute auf die Uhr – »zehn Uhr fünfundvierzig. Spätestens um elf müssen Sie starten. Ich setze die ›Charybden‹ in Betrieb, berücksichtigen Sie das. Fliegen Sie sicherheitshalber etwas höher. Wenn Sie es nicht mehr schaffen sollten, die Ulmotrone zu demontieren, lassen Sie sie zurück.«

»Was ist denn passiert?«

»Die Welle kommt«, antwortete Maljajew und sah Robert erstmals direkt ins Gesicht. »Sie hat die Hitzeparallele überquert. Beeilen Sie sich.«

Für den Bruchteil von Sekunden stand Robert wie vom Donner gerührt da. Dann warf er abermals einen prüfenden Blick auf die Instrumente. Wenn man ihnen trauen durfte, war die Eruption im Abflauen begriffen.

»Nun, ist nicht meine Sache«, sagte Robert achselzuckend. »Kamillo, helfen Sie mir?«

»Jetzt kann ich niemandem mehr helfen«, erwiderte Kamillo. »Übrigens geht mich das auch nichts an … Was soll ich denn machen – die Ulmotrone schleppen?«

»Ja – nur muss ich sie erst noch auseinandernehmen.«

»Soll ich Ihnen einen guten Rat geben?«, fragte Kamillo. »Den siebentausendachthundertzweiunddreißigsten?«

Robert hatte bereits den Strom abgeschaltet und verpackte die einzelnen Elemente, wobei er sich fast die Finger verbrannte.

»Na, schießen Sie los mit Ihrem guten Rat«, sagte er.

»Lassen Sie hier alles stehen und liegen, nehmen Sie das Aeromobil, und fliegen Sie zu Ihrer Tanja.«

»Kein schlechter Rat«, meinte Robert und fuhr fort, die Apparate in ihre Bestandteile zu zerlegen. »Wäre mir schon recht … Fassen Sie mal mit an.«

Das Ulmotron, ein dicker, glatter Zylinder von anderthalb Metern Länge, wog etwa einen Zentner. Die beiden Männer hievten das Gerät aus seiner Vertiefung und trugen es zum Aufzug. Sie hörten den Wind aufheulen und spürten, wie der Turm leicht zu schwanken begann.

»Es wird Zeit«, sagte Kamillo. »Wir müssen hinunter.«

»Wir können doch das zweite Ulmotron nicht dalassen.«

»Hören Sie, Robby, selbst dieses hier wird Ihnen nichts mehr nützen. Glauben Sie mir.«

Robert sah zur Uhr. »Wir haben noch etwas Zeit«, beharrte er. »Fahren Sie schon mal allein, und rollen Sie das Ding raus.«

Kamillo schloss die Kabinentür, und Robert eilte zurück. Draußen herrschte rotes Dämmerlicht. Die Vögel waren verschwunden, trotzdem hing über dem Himmel nach wie vor ein dichter Schleier, durch den nur mühsam schwaches Sonnenlicht sickerte. Der Turm zitterte und bebte unter den Windstößen.

»Wenn wir es bloß noch schaffen«, murmelte Robert vor sich hin.

Mit großer Kraftanstrengung zog er das zweite Ulmotron aus seiner Vertiefung, wälzte es sich auf die Schulter und trug es zum Lift. Da flogen hinter ihm auch schon klirrend die Scheiben aus den Fensterrahmen; ins Labor fegte ein sengender Wind und trieb kratzende Staubwolken herein. Irgendetwas schlug Robert schmerzhaft gegen die Beine. Er ging in die Hocke, setzte das Ulmotron ab und betätigte den Knopf für den Aufzug. Der Motor heulte kraftlos auf und verstummte gleich darauf.

»Kamillo!«, rief Robert und presste sein Gesicht gegen die Gittereinfassung.

Es kam keine Antwort. Der Sturm pfiff klagend durch die eingedrückten Fenster, der Turm schwankte, und Robert hatte große Mühe, das Gleichgewicht zu halten. Er betätigte den Knopf ein zweites Mal. Der Lift rührte sich nicht. Robert tappte, sich gegen den Wind stemmend, zum Fenster und sah hinaus. Über der Steppe wirbelten dichte Staubmassen. Genau unter ihm, am Fuß des Turms, sah er etwas Metallisches blitzen. Es überlief ihn eiskalt, als er erkannte, dass es sich um den zerfetzten Flügel des Aeromobils handelte, den der Wind hin und her schleuderte. Robert schloss die Augen und leckte sich über die trockenen Lippen. Er hatte plötzlich einen bitteren Geschmack im Mund. Da sitzen wir ja schön in der Patsche, ging es ihm flüchtig durch den Sinn.

»Kamillo!«, brüllte Robert aus Leibeskräften.

Er hörte kaum seine eigene Stimme. Sollte er durchs Fenster springen? Nein, er würde nicht lebend unten ankommen. Hatte es überhaupt noch Zweck, sich so abzustrampeln? Das Aeromobil war ohnehin nicht mehr zu gebrauchen. Dennoch, er musste auf jeden Fall hinunter. Was trödelt Kamillo bloß so ewig herum, überlegte Robert wütend. Ich an seiner Stelle hätte schon längst den Lift repariert. Bei diesem Gedanken stürzte er wieder zum Aufzug.

Er stieg über die Glassplitter hinweg, ging zur Gittertür und krallte sich mit beiden Händen an ihr fest. Na los, du großartiges Modell »Jugend«, sagte er sich, zeig, was du kannst. Bei der Tür hat man solide Arbeit geleistet; wäre das Turmgerüst von gleicher Qualität, würde auch der Lift noch funktionieren. Robert stemmte sich mit dem Rücken gegen die Tür, spannte sich und versuchte, sie einzudrücken. Eins, zwei, los! Ihm wurde schwarz vor Augen. Irgendetwas hatte geknackt – ob in der Tür oder in seinen Gelenken, er wusste es nicht. Noch einmal dasselbe! Endlich gab die Tür nach. Gleich wird sie in den Fahrstuhlschacht fliegen – und ich hinterher, dachte Robert. Zwanzig Meter mit dem Kopf nach unten … das reicht. Dazu noch das Ulmotron. Er veränderte also seine Haltung, stützte sich mit dem Rücken gegen die Wand und mit den Beinen gegen die Tür. Diesmal krachte es. Der untere Teil der Tür brach heraus. Robert fiel auf den Rücken und schlug sich den Kopf an. Einige Sekunden lag er reglos, ganz in Schweiß gebadet. Dann blickte er durch die entstandene Öffnung in die Tiefe. Weit unten war das Kabinendach zu erkennen. Er zögerte noch hinunterzuklettern, doch in dem Augenblick begann sich der Turm zu neigen, und Robert wurde nach unten gezogen. Er leistete keinen Widerstand, ihm blieb sowieso nur dieser Ausweg.

Langsam begann er den Abstieg. Er rutschte und klammerte sich an Trägern und Streben fest. Der steife, durch den körnigen Staub wie eine Peitsche brennende Wind presste ihn gegen das erhitzte Metall. Er bemerkte, dass der Staubanteil in der Luft plötzlich rapide sank und die Steppe wieder sonnenüberflutet dalag. Der Turm neigte sich noch immer. Robert war so begierig zu erfahren, was es mit dem Aeromobil auf sich hatte, und vor allem, wo Kamillo steckte, dass er bereits aus dem Schacht sprang, als er noch fast vier Meter vom Boden entfernt war. Er prellte sich schmerzhaft Arme und Beine, und das Erste, was er sah, als er aufgestanden war, waren Kamillos Finger, die sich in die rissige Erde krallten.

Kamillo lag unter dem umgestürzten Aeromobil, seine runden, unbeweglichen Augen weit aufgerissen, und die dünnen Finger in die Erde gekrallt, als wollte er sich unter der zerstörten Maschine hervorstemmen. Vielleicht hatte er in seinen letzten Minuten starke Schmerzen gehabt. Seine weiße Jacke war ziemlich verschmutzt, und auf seinen Wangen und den geöffneten Augen lag dicker Staub.

»Kamillo!«, rief Robert entsetzt.

Der Wind rüttelte unbarmherzig an dem lädierten Flügel, fegte gelbe Sandwolken vor sich her und heulte gellend um die Pfeiler des schräg stehenden Turmes. Am düsteren Himmel loderte unbarmherzig heiß die kleine Sonne.

Robert erhob sich, stemmte sich gegen das Aeromobil und versuchte, es ein Stück zur Seite zu drücken. Für den Bruchteil von Sekunden gelang ihm das, und er konnte einen raschen Blick auf Kamillo werfen. Sein Gesicht war grau vom Staub, und seine weiße Jacke hatte sich rot verfärbt. Lediglich der Plasthelm war verschont geblieben. Als sei nichts geschehen, blitzte er in der Sonne.

Roberts Knie wurden weich. Er setzte sich neben den Toten und war den Tränen nahe. Leb wohl, Kamillo, dachte er. Mein Ehrenwort, ich habe dich gemocht. Niemand konnte dich so richtig leiden, aber ich habe dich wirklich gemocht. Es stimmt schon, wie die anderen habe auch ich nie auf dich gehört, aber nur darum, weil ich gar nicht erst hoffte, dich zu verstehen. Du standest mindestens eine Stufe höher als die anderen, von mir ganz zu schweigen. Und jetzt kann ich nicht einmal diesen Haufen Schrott von deiner zerdrückten Brust wälzen. Als dein Freund wäre es jetzt meine Pflicht, bei dir zu bleiben. Aber Tanja wartet auf mich, womöglich wartet sogar Maljajew auf mich, und dann möchte ich ja auch schrecklich gern leben. Hier helfen keine Gefühle und keine Logik. Ich weiß, dass ich nicht gehen dürfte, und doch gehe ich. Ich werde rennen, mich vorwärtsschleppen, notfalls sogar kriechen. Um jeden Preis werde ich das. Ich Dummkopf, warum habe ich bloß nicht deinen siebentausendsten Rat befolgt. Natürlich, habe ich dich wie immer nicht verstanden, obwohl es hier eigentlich gar nichts zu verstehen gab …

Robert fühlte sich so müde und zerschlagen, dass er sich nur mit großer Mühe überwinden konnte aufzustehen und zu gehen. Als er sich noch einmal umwandte, um einen letzten Blick auf Kamillo zu werfen, entdeckte er die Welle.

Fern am nördlichen Horizont, hinter dem rötlichen Dunstschleier des sinkenden Staubs, funkelte am weißlichen Himmel ein breiter Streifen, blendend und gleißend wie die Sonne.

Das ist das Ende, dachte Robert stumpf. Ich werde nicht weit kommen. In einer halben Stunde wird sie hier sein und wird weiterrollen und eine kahle schwarze Wüste hinter sich lassen. Dem Turm wird sie nichts anhaben können, auch die Ulmotrone werden heil bleiben und das Aeromobil, dessen abgerissener Flügel dann in der heißen Windstille baumelt. Möglicherweise bleibt sogar Kamillos Helm ganz. Nur von mir wird nicht das Geringste übrig bleiben. Wehmütig blickte Robert an sich herunter – klopfte sich auf die nackte Brust, betastete seinen Bizeps. Ein Jammer, dachte er bekümmert. Da bemerkte er den Gleiter.

Er stand gleich hinter dem Turm – ein kleiner Zweisitzer, der seiner Form nach an eine bunte Schildkröte erinnerte. Es war ein schnelles Luftfahrzeug, sparsam im Verbrauch, verblüffend einfach und bequem zu handhaben. Kamillos Gleiter! Natürlich, Kamillo war ja damit gekommen!

Robert machte erst ein paar unsichere Schritte, dann rannte er Hals über Kopf auf den Flyer zu. Er ließ kein Auge davon, als befürchtete er, er könnte plötzlich verschwinden. In der Eile stolperte er und schlug der Länge nach in das stachlige Gras, wobei er sich Brust und Bauch aufschürfte. Hastig sprang er wieder auf und blickte nach Norden. Am Horizont erhob sich bereits eine schwarze Wand. Am Flyer angelangt, stürzte Robert auf den Sitz und gab, kaum dass er den Steuerknüppel ertastet hatte, aus dem Stand heraus Vollgas. Der Flyer hüpfte wie ein Floh, der gewaltige Sprünge macht.

Die Steppenzone zog sich direkt bis Greenfield hin, und Robert durchquerte sie mit einer Durchschnittsgeschwindigkeit von fünfhundert Stundenkilometern.

Kurze Zeit später war der gleißende Streifen am Horizont verschwunden. Die Steppe erschien wieder normal: trockenes, borstiges Gras, flirrende Luft über Salzböden und vereinzelte zwergenhafte Büsche. Die Sonne sengte grausam herab. Nicht das Geringste deutete mehr auf Getreidefraß, Vögel und Sturm hin. Offenbar hatte der Orkan alles Leben fortgespült und sich dann in den seit eh und je unfruchtbaren Wüstenregionen im Norden des Regenbogens verloren. Die Natur musste diese Gegend für die ungeheuerlichen Experimente der Nullphysiker eigens geschaffen haben. Früher, als Robert noch neu in seinem Fach gewesen war, als die Hauptstadt schlicht und einfach »Station« geheißen und Greenfield noch gar nicht existiert hatte, war die Welle als Folge eines fantastischen Versuchs des inzwischen verstorbenen Lü Fintschen schon einmal über dieses Gebiet hinweggegangen. Damals war hier alles schwarz gewesen, doch schon acht Jahre später hatte sich das zählebige, anspruchslose Gras erholt und die Wüste weit nach Norden, bis hin zum eigentlichen Eruptionszentrum, zurückgedrängt.

Alles Leben wird von Neuem erstehen, dachte Robert, wird existieren wie ehedem, nur Kamillo nicht. Und sollte jemals wieder jemand unvermutet hinter mir im Sessel sitzen, so weiß ich schon jetzt genau, dass es sich nur um eine Halluzination handeln kann. Und jetzt werde ich zu Maljajew gehen und ihm direkt ins Gesicht sagen, dass ich die verdammten Ulmotrone ihrem Schicksal überlassen habe. Bestimmt wird er dann böse zischen: »Wie konnten Sie das wagen, Skljarow?« Und ich: »Was gehen mich Ihre Ulmotrone an. Ihretwegen ist Kamillo gestorben.« Er wieder: »Das ist natürlich sehr bedauerlich, aber die Ulmotrone hätten Sie trotzdem mitbringen müssen.« Woraufhin ich alle Beherrschung verlieren und kein Blatt mehr vor den Mund nehmen werde: »Du bist ein Eiszapfen«, werde ich ihm entgegenschleudern. »Ein Eisklotz mit einem Elektronengehirn! Was fällt dir ein, von Ulmotronen zu reden, wenn Kamillo tot ist! Ein Unmensch bist du, ein Stockfisch!«

Zweihundert Kilometer von Greenfield entfernt entdeckte Robert die »Charybden« – gigantische, ferngesteuerte Panzer, die ihre Rachen weit öffneten, um die Energie der Welle abzufangen. Ihre 1000-PS-Motoren gaben schepperndes Getöse von sich. Die »Charybden« rückten, so weit das Auge reichte, in kettenförmiger Anordnung vor, und zwar in genauen Abständen von jeweils einem halben Kilometer. Sie hinterließen in der gelben Steppe breite Steifen umgepflügter brauner Erde, die bis zum Basaltgrund des Planeten aufgewühlt war. Die Panzerketten glühten in der Sonne. Weit rechts schwebte am dunstigen Himmel ein kaum sichtbarer Punkt – der Hubschrauber, der die Operationen der Metallriesen koordinierte. Die »Charybden« zogen gegen die Welle.

Ihre Energieschlucker waren offenbar noch nicht in Betrieb, dennoch stieg Robert sicherheitshalber steil in die Höhe und ging erst tiefer, als Greenfield aus dem Dunst vor ihm auftauchte: einige weiße Häuschen und der quadratische Turm der Fernkontrolle, das Ganze umgeben von üppigem Grün. Nach Norden ausgerichtet, stand, schwarz und unbeweglich, auch hier eine »Charybde« und zielte mit ihrem abgrundtiefen Schlund direkt auf Robert. Zusätzlich waren rechts und links der Siedlung zwei weitere »Charybden« aufgestellt worden. Zwei Hubschrauber stiegen über dem Turm auf und drehten nach Süden ab. Auf der mit Rasen bestandenen Freifläche glänzten Aeromobile silbern in der Sonne.

Robert jagte seinen Flyer bis unmittelbar vor den Turmeingang und sprang auf die Treppe, die zum Turm hinaufführte. Jemand prallte erschrocken zurück, und eine Frauenstimme rief: »Wer sind Sie denn?« Robert hatte schon die Klinke der Glastür in der Hand, als er darin sein Spiegelbild entdeckte und für einen Moment reglos verharrte. Er war halbnackt, dreckverschmiert, seine Augen blickten böse; eine breite, blutverkrustete Kratzwunde zog sich vom Bauch bis zur Brust hoch. »Egal«, sagte er laut und riss die Tür auf. »Aber das ist doch Robert!«, riefen mehrere dort herumstehende Menschen verwundert. Langsam stieg er die Treppe empor und begegnete Patrick. Der starrte ihn mit offen stehendem Mund an.

»Patrick«, sagte Robert. »Patrick, alter Junge. Kamillo ist tot.«

Patrick riss die Augen auf und presste die Hand vor den Mund. Robert ging weiter. Die Tür zur Dispatcherzentrale stand offen. Hier fand er Maljajew und den Chef der Nullphysiker im Norden, Schota Petrowitsch Pagawa, sowie Karl Hoffmann und noch einige andere Leute, wahrscheinlich Biologen. Robert blieb an der Tür stehen und hielt sich am Pfosten fest. Hinter ihm wurde Fußgetrappel laut, und jemand fragte: »Woher weiß er denn das?«

»Kamillo …«, sagte Robert heiser und verstummte.

Alle sahen ihn verständnislos an.

»Was gibt's?«, fragte Maljajew streng. »Was ist mit Ihnen, Skljarow, wieso sind Sie in diesem Aufzug?«

Robert trat an den Tisch heran, stützte seine verschmutzten Hände auf herumliegende Papiere und sagte schroff: »Kamillo ist tot. Verunglückt!«

Es wurde sehr still. Maljajews Augen verengten sich.

»Was heißt verunglückt? Wo?«

»Er ist unter ein Aeromobil geraten«, antwortete Robert. »Wegen Ihrer wertvollen Ulmotrone. Er hätte sich problemlos retten können, stattdessen hat er mir geholfen, diese verdammten Dinger zu tragen, und dabei hat es ihn erwischt. Die Ulmotrone habe ich dagelassen. Verstehen Sie? Ich habe sie einfach liegenlassen. Es war mir egal.«

Man reichte Robert ein Glas Wasser. Er griff hastig danach und leerte es in einem Zug aus. Maljajew schwieg. Sein bleiches Gesicht wurde noch bleicher. Karl Hoffmann ordnete planlos irgendwelche Skizzen und hielt den Blick gesenkt. Pagawa erhob sich mit hängenden Schultern.

»Das ist ein schwerer Verlust«, sagte Maljajew nach einigem Schweigen. »Er war ein großartiger Mensch.« Er wischte sich die Stirn. »Ein ganz großartiger Mensch.« Dann sah er wieder zu Robert hinüber. »Sie sind sicher sehr erschöpft, Skljarow …«

»Ich bin keineswegs erschöpft.«

»Bringen Sie sich in Ordnung, und erholen Sie sich.«

»Mehr haben Sie nicht zu sagen?«, fragte Robert bitter.

Maljajews Gesicht nahm seinen gewohnten Ausdruck an – es wurde abweisend und hart. »Eine Auskunft möchte ich noch von Ihnen. Haben Sie die Welle gesehen?«

»Ja, ich habe die Welle gesehen.«

»Welcher Typ war es?«

In Roberts Gehirn klickte eine Art Relais, und alles war wieder wie früher. Vor ihm stand der allmächtige, kluge Vorgesetzte Maljajew, und er war der ewige Laborant und Beobachter Robert Skljarow, Modell »Jugend«.

»Ich glaube, der dritte«, antwortete er gefügig. »Eine Lü-Welle.«

Pagawa hob den Kopf. »Gut, gut«, sagte er unerwartet lebhaft, verstummte aber gleich darauf niedergeschlagen, setzte sich schlaff hin und stützte die Arme auf den Tisch. »Ach, Kamillo, Kamillo«, murmelte er. »So ein Unglück!« Er griff sich an die Schläfen und schüttelte betrübt den Kopf.

Einer der Biologen zupfte Maljajew am Ärmel, wobei er ängstlich in Roberts Richtung schielte, und fragte schüchtern: »Entschuldigen Sie bitte, aber was soll die Lü-Welle Gutes haben?«

Maljajew löste endlich seinen starren Blick von Robert und sagte: »Sie würde bedeuten, dass nicht alle, sondern nur einige Anbauflächen der Nordregion vernichtet werden. Aber wir sind noch nicht sicher, ob es sich tatsächlich um eine Lü-Welle handelt. Skljarow kann sich auch geirrt haben.«

»Das verstehe ich nicht«, mischte sich der Biologe bestürzt ein. »Wir hatten uns doch so abgesprochen, dass …

Sie haben doch diese ... ›Charybden‹ ... Ist die Welle wirklich nicht aufzuhalten? Was seid ihr denn für Physiker?«

Karl Hoffmann bemerkte: »Vielleicht gelingt es uns, die Welle in ihrem diskreten Umkehrbereich zu ersticken.«

»Was heißt, ›vielleicht‹?«, rief eine Frau, die neben dem Biologen stand – Robert kannte sie nicht –, entrüstet aus. »Wissen Sie, dass das eine Unverschämtheit ist? Wo bleiben Ihre Garantien, wo Ihre schönen Versprechungen? Begreifen Sie eigentlich, dass Sie damit unseren Menschen Fleisch und Brot nehmen?«

»Ich verwahre mich gegen derlei Vorwürfe«, sagte Maljajew schneidend. »Ich spreche Ihnen mein tiefes Mitgefühl aus, aber Ihre Anschuldigungen müssen Sie schon an die Adresse von Etienne Lamondois richten. Wir führen keine Nullexperimente durch. Wir studieren die Welle.«

Robert machte abrupt kehrt und wandte sich zur Tür. Kamillo ist ihnen völlig gleichgültig, dachte er bitter. Welle, Anbau, Fleisch – etwas anderes gibt es für sie nicht. Warum nur konnten sie Kamillo nicht leiden? Weil er klüger war als sie alle zusammen? Oder sind sie zu einem Gefühl, wie es die Liebe ist, gar nicht fähig? Im Türrahmen standen seine Jungs, alles wohlbekannte Gesichter. Diesmal sahen sie bestürzt und traurig aus. Jemand fasste Robert beim Ellbogen. Er schaute auf und begegnete Patricks kleinen Augen. Sie waren voll Kummer.

»Komm, Robby, ich helfe dir beim Waschen und Verbinden.«

»Patrick«, sagte Robert und legte ihm die Hand auf die Schulter. »Patrick, geh weg von hier. Geh weg, wenn du nicht auch noch abstumpfen willst.«

Patrick verzog gequält das Gesicht. »Was hast du denn, Robby«, murmelte er. »Du darfst nicht so reden. Das geht vorbei.«

»Geht vorbei«, wiederholte Robert mechanisch. »Alles geht vorbei. Die Welle geht vorbei. Das Leben geht vorbei. Und alles gerät in Vergessenheit. Ist es nicht egal, wann alles ins Nichts zurücksinkt? Ob jetzt gleich oder später ...«

Hinter ihnen stritten sich die Biologen, jetzt schon völlig unverblümt. Maljajew tobte: »Den Bericht!« Schota schrie: »Die Messungen werden keine Sekunde lang unterbrochen! Lasten Sie die gesamte Automatik aus! Erst wenn sie versagt, hören wir auf!«

»Komm, Robby«, bat Patrick.

In diesem Augenblick meldete sich in der Dispatcherzentrale, allen Zank und Streit übertönend, eine bekannte monotone Stimme: »Ich bitte um Aufmerksamkeit!«

Wie vom Donner gerührt, drehte Robert sich um. Zum zweiten Mal an diesem Tag wurden ihm die Knie weich: Auf dem großen Bildschirm des Dispatchervideofons gewahrte er den hässlichen Plasthelm und die runden, unbeweglichen Augen Kamillos.

»Ich habe nicht viel Zeit«, sagte der Totgeglaubte. Es war tatsächlich Kamillo! Sein Kopf wackelte wie immer ein wenig hin und her, die dünnen Lippen bewegten sich kaum merklich, und die lange Nasenspitze bebte im Takt zu seinen Worten. »Ich bekomme keine Verbindung mit dem Direktor«, fuhr Kamillo fort. »Rufen Sie sofort den ›Pfeil‹! Evakuieren Sie unverzüglich den ganzen Norden! Un-ver-züg-lich!« Er wandte den Kopf und sah irgendwohin zur Seite. Dabei wurde seine staubverschmierte Wange sichtbar. »Hinter der Lü-Welle folgt eine Welle neuen Typs. Sie ist Ihnen bisher ...«

Der Bildschirm flammte gleißend auf, irgendetwas krachte, dann erlosch das Bild. Im Dispatcherraum herrschte Grabesstille. Da bemerkte Robert plötzlich Maljajews Blick, der furchterregend und durchdringend auf ihn gerichtet war.

4

Auf dem Regenbogenplaneten existierte ein einziges Kosmodrom, und auf diesem Kosmodrom stand wiederum nur ein einziges Raumschiff: die Landefähre »Tariel II« vom Typ Sigma-L. Schon von Weitem war sie an ihrer siebzig Meter hohen, weiß und blau schimmernden Kuppel zu erkennen, die sich wie eine kleine helle Wolke über den flachen dunkelgrünen Bauten des Tanklagers erhob. Gorbowski drehte mit seinem Flyer zwei Runden über dem Kosmodrom und hielt nach einem günstigen Landeplatz Ausschau. Direkt neben dem Raumschiff aufzusetzen war schwierig: Es wurde von einer unübersehbaren Fahrzeugkolonne belagert. Aus der Luft konnte Gorbowski die plumpen Serviceroboter erkennen, die sich an den sechs backbordseitigen Ausgängen zu schaffen machten. Er sah die Havariekyber, die emsig die Außenhaut Zentimeter um Zentimeter untersuchten, und auch die graue »Roboteramme«, die ein Dutzend quicklebendiger kleiner Analysatoren unter ihre Fittiche genommen hatte. Ein gewohnter Anblick, der Gorbowskis Herz mit Freude erfüllte.

Nur vor der Gepäckluke herrschte ein heilloses Durcheinander, das allen Bestimmungen hohnsprach: Die braven Kosmodromkyber hatten einer Schar von Transportfahrzeugen weichen müssen – kleinen »Bindjugs« mit geringer Achslast; »Diligences«, einer Art Touristenfahrzeug; Wagen vom Typ »Testudo« und »Gepard« und sogar einem »Maulwurf«, einer gewaltigen Maschine, die für Erdarbeiten bei der Erzgewinnung eingesetzt wurde. All diese Fahrzeuge vollführten vor der Gepäckluke die kompliziertesten Manöver, wobei sie sich gegenseitig behinderten und zu verdrängen suchten. Seitlich des Raumschiffs standen in der prallen Hitze mehrere Hubschrauber; um sie herum lagen achtlos hingeworfene leere Kisten, in denen Gorbowski nur unschwer die Verpackung der Ulmotrone ausmachen konnte. Auf den

Kisten saßen mehrere Personen, die allesamt ein trauriges Gesicht machten.

Gorbowski, noch immer auf der Suche nach einem geeigneten Landeplatz, wollte gerade zur dritten Runde ansetzen, als er bemerkte, dass ihm ein schweres Aeromobil auf den Fersen folgte. Der Fahrer des Aeromobils beugte sich bis zur Gürtellinie aus der geöffneten Luke und machte ihm unverständliche Zeichen.

Zwischen Hubschraubern und Kisten brachte Gorbowski schließlich seinen Flyer zum Stehen, und gleich darauf setzte das Aeromobil ziemlich ungeschickt neben ihm auf. »Ich bin nach Ihnen an der Reihe«, rief ihm der Fahrer des Aeromobils geschäftig zu, kaum dass er aus der Kabine gesprungen war.

»Davon rate ich ab«, meinte Gorbowski lakonisch. »Ich habe nämlich keinerlei Interesse an den Ulmotronen. Ich bin Kommandant der Landefähre.«

Auf dem Gesicht des Fahrers malte sich Entzücken.

»Das ist ja großartig!«, rief er mit verschwörerischer Miene und sah sich verstohlen nach allen Seiten um. »Jetzt werden wir die Nullleute mal an der Nase herumführen … Wie heißen Sie denn, wenn Sie der Kommandant sind?«

»Gorbowski«, antwortete der und verbeugte sich leicht.

»Und der Pilot?«

»Walkenstein.«

»Ausgezeichnet«, erwiderte der Fahrer geschäftig. »Bleiben wir ruhig dabei. Sie sind ab jetzt Gorbowski, und ich bin Walkenstein. Kommen Sie.« Er fasste den widerstrebenden Gorbowski am Ellbogen. »Hören Sie, mein lieber Gorbowski, wir riskieren dabei überhaupt nichts. Ich kenne diese Art Raumschiff in- und auswendig, bin selbst mal mit so einem Ding hier gelandet. Wir schlängeln uns durch in den Lagerraum, schnappen uns jeder ein Ulmotron und schließen uns im Mannschaftslogis ein. Und wenn der ganze

Trubel vorbei ist« – er wies mit lässiger Geste auf die Ansammlung von Fahrzeugen –, »gehen wir mit unserer Beute seelenruhig von Bord. Na, wie hab ich mir das ausgedacht?«

»Und wenn plötzlich der echte Pilot auftaucht?«

»Der müsste erst mal nachweisen, dass er der Richtige ist«, entgegnete der Fahrer überzeugt.

Gorbowski fing an, Spaß an der Sache zu finden. »Also los, gehen wir«, sagte er.

Der Pseudopilot strich sich das Haar glatt, gab sich einen energischen Ruck und marschierte entschlossen los. Sie zwängten sich zwischen den Fahrzeugen hindurch, wobei der falsche Pilot ununterbrochen redete. Plötzlich wechselte er in einen tiefen, respekteinflößenden Bass über. »Ich meine«, dröhnte er so laut, dass es alle ringsum hören konnten, »die Reinigung der Diffusoren hält uns zu lange auf. Ich schlage vor, die Hälfte der Aggregate einfach auszuwechseln und unser Hauptaugenmerk auf die Kontrolle der Außenhaut zu richten … Kollege, Sie stehen hier im Weg, fahren Sie Ihren Wagen mal ein wenig zur Seite … Und dann, Walentin Petrowitsch, beim Übergang auf die Umlaufbahn. – Fahren Sie ein Stück zurück, Kollegen. Ich verstehe nicht, warum Sie sich hier so drängeln. Schließlich erfolgt die Ausgabe der Ulmotrone in genau festgelegter Reihenfolge, es gibt entsprechende Listen. Es genügt vollauf, wenn Sie einen Beauftragten schicken … Walentin Petrowitsch, ich weiß nicht, wie Sie darüber denken, aber mir war die Rohheit der Undiner unheimlich. So etwas haben wir doch selbst unter den Tachorgen auf der Pandora nicht erlebt …«

»Sie haben ganz recht, Mark«, stimmte Gorbowski ihm amüsiert zu.

»Wie bitte? Ach ja, natürlich … Schreckliche Sitten.«

Ein junges Mädchen mit seidenem Kopftuch lehnte sich aus der Kabine ihres »Bindjugs« heraus und erkundigte sich: »Ich nehme an, ich habe Kapitän und Piloten vor mir!«

»Jawohl!«, antwortete Gorbowskis Gefährte herausfordernd. »Und in meiner Eigenschaft als Pilot möchte ich Ihnen raten, sich noch einmal die Entladeverordnungen durchzulesen.«

»Die Entladeverordnungen? Wozu das?«

»Weil Sie dann sehen werden, dass es fahrlässig ist, Ihren Wagen in die Zwanzigmeterzone zu fahren.«

»Ich muss schon sagen, Jungs«, ertönte eine kecke, junge Stimme, »dieser Pilot hier hat bedeutend weniger Fantasie als die ersten beiden.«

»Was wollen Sie damit sagen?«, fragte der Pseudopilot beleidigt. Irgendetwas in seinem Gesicht erinnerte an den falschen Nero.

»Wissen Sie«, gab das Mädchen mit dem Kopftuch ziemlich schnippisch zurück, »da drüben auf den leeren Kisten hocken schon zwei Piloten und ein Kapitän. Und in den leeren Kisten waren mal Ulmotrone. Die hat bereits jemand an sich genommen, und zwar der Bordingenieur – eine schüchterne junge Frau. Ihr ist jetzt der Bevollmächtigte des Obersten Rats auf den Fersen.«

»Was sagen Sie dazu, Walentin Petrowitsch!«, rief der Pseudopilot pathetisch. »Das sind ja die reinsten Usurpatoren!«

»Ich habe so das Gefühl«, bemerkte Gorbowski nachdenklich, »dass es mir nicht gelingen wird, in mein eigenes Raumschiff zu gelangen.«

»Richtige Beobachtung«, antwortete das Mädchen mit dem Kopftuch. »Wenn auch keine neue.«

Schon wollte der falsche Pilot energisch vorwärtsstürmen, als der rechts von ihm stehende »Bindjug« ein Stück nach links rückte und der linker Hand stehende schwarz-gelbe »Diligence« nach rechts, und unmittelbar vor der begehrten Luke warf nun der »Maulwurf« plötzlich Erdklumpen und fletschte seine blitzenden Greiferzähne.

»Walentin Petrowitsch«, schrie der falsche Pilot empört, »unter diesen Umständen kann ich für die Bereitschaft des Raumschiffs nicht garantieren.«

»Kalter Kaffee«, sagte der Fahrer des »Diligence« gelangweilt.

Die Jungenstimme von vorhin erklärte: »Das ist vielleicht ein mieser Pilot. So etwas Lahmes. Der zweite Pilot hat wenigstens was geboten! Wie der sein Hemd hochgezerrt hat, um uns die Spuren der Meteoriten vorzuführen, die ihn erwischt hatten!«

»Nein, der erste war besser«, sagte der Fahrer des »Maulwurfs«.

Niedergeschmettert stand der Pseudopilot da und polkte die Erdbrocken aus den Zähnen des Baufahrzeugs.

»Was meinen Sie denn zu der Geschichte?«, wandte sich der Fahrer des »Diligence« an Gorbowski. »Sie sind stumm wie ein Fisch, statt was zu sagen … irgendetwas Überzeugendes.«

Alle warteten gespannt.

»Nun, ich könnte einfach durch die Passagierluke einsteigen«, meinte Gorbowski nachdenklich.

»Das können Sie nicht.« Der Chauffeur schüttelte den Kopf. »Sie ist nämlich von innen zugeschlossen.«

In die entstandene Pause schallte deutlich Kanekos Stimme: »Ich kann Ihnen unmöglich zehn Aggregate geben, Genosse Prosorowski. Verstehen Sie doch.«

»Sie müssen mich aber auch verstehen, Genosse Kaneko. Wir haben zehn Stück bestellt. Wie kann ich da mit sechs zurückkommen!«

Jetzt mischte sich ein Witzbold ein: »Nehmen Sie erst mal die sechs, Prosorowski. Bei uns werden nächste Woche vier Aggregate frei, die schicke ich Ihnen dann.«

»Wirklich? Versprechen Sie mir das?«, fragte Prosorowski hoffnungsvoll.

Das Mädchen mit dem Kopftuch meinte: »Der Mann kann einem aber auch leidtun. Die haben sechzehn energiegebundene Objekte, und alle sind auf Ulmotrone ausgerichtet.«

»Ein Jammer ist das«, seufzte der Fahrer des »Diligence«.

»Und wir haben fünf«, beklagte sich der Pseudopilot. »Fünf Objekte und nur ein einziges Ulmotron. Was hätte es denen ausgemacht, hundert Stück mehr herzubringen.«

»Das Raumschiff hätte gut und gern zweihundert oder auch dreihundert Aggregate an Bord nehmen können«, schaltete sich Gorbowski ein. »Aber Ulmotrone sind heutzutage Mangelware, jeder braucht sie. Auf der Erde sind kürzlich sechs neue U-Fließbänder in Betrieb genommen worden …«

»U-Fließbänder«, erwiderte das Mädchen mit dem Kopftuch. »Das sagen Sie so! Haben Sie überhaupt eine Vorstellung von der Funktionsweise eines Ulmotrons?«

»Na ja, so ganz allgemein.«

»Sechshundert Kilogramm Mikromillielemente … mechanisierte Handsteuerung, Toleranzen von einem halben Mikron … Aber welcher Mensch, der etwas auf sich hält, geht heute noch unter die Mechaniker! Würden Sie das vielleicht machen?«

»Dafür wirbt man Freiwillige an«, erklärte Gorbowski.

»Ach so«, bemerkte der Fahrer des »Maulwurfs« wegwerfend. »Sie meinen die Woche zur ›Hilfe für die Physiker‹!«

»Wissen Sie was, Walentin Petrowitsch«, sagte der Pseudopilot und zupfte Gorbowski verlegen lächelnd am Ärmel. »Gehen wir lieber, die lassen uns ja doch nicht durch.«

»Ich heiße übrigens Leonid Andrejewitsch«, korrigierte Gorbowski.

»Und ich Hans«, bekannte der andere niedergeschlagen. »Kommen Sie, setzen wir uns dort auf die Kiste und warten ab. Vielleicht geschieht ja doch noch ein Wunder.«

Das Mädchen mit dem Kopftuch winkte ihnen spitzbübisch nach. Sie schlängelten sich durch die Autokolonne und gesellten sich zu den anderen Pseudokosmonauten, die sie mit einem ebenso mitfühlenden wie spöttischen Schweigen empfingen.

Gorbowski untersuchte eine der Kisten auf ihre Stabilität; sie bestand aus dickem Plastmaterial. Es war brütendheiß. Eigentlich hatte der Kommandant hier absolut nichts verloren, doch er wollte, wie er es immer gern tat, die Leute kennenlernen, sie über ihr Leben ausfragen und über alles, was sie beschäftigte. Er reihte mehrere Kisten nebeneinander, holte die Zustimmung der anderen ein, sich darauf auszustrecken, und machte es sich bequem. Am Kopfende befestigte er mithilfe einer Schraubzwinge eine Miniklimaanlage und schaltete dann sein Radio ein.

»Mein Name ist Gorbowski«, stellte er sich vor. »Leonid. Ich bin Kapitän dieses Raumfahrzeugs.«

»Ich auch«, verkündete ein dunkelgesichtiger Hüne, der rechts von Gorbowski saß, mit finsterer Miene. »Ich heiße Alpa.«

»Und ich Banin«, erklärte ein magerer Bursche mit nacktem Oberkörper und einem weißen Panamahut. »Ich bin und bleibe der Pilot. Zumindest so lange, bis ich ein Ulmotron bekomme.«

»Hans«, setzte der vorgebliche Walkenstein die Vorstellungsrunde fort. Er hatte sich nahe bei Gorbowskis Ventilator ins Gras gesetzt.

Der dritte Pilot hörte seinen Leidensgefährten offenbar gar nicht zu. Er hatte ihnen den Rücken zugekehrt und hielt einen Notizblock auf den Knien, in dem er eifrig schrieb.

Aus der Autoschlange löste sich ein langgestreckter »Gepard«. Der Wagenschlag wurde geöffnet, einige leere Ulmotronenkisten flogen heraus, und schon jagte der »Gepard« in Richtung Steppe davon.

»Das ist Prosorowski«, bemerkte Banin neidisch.

»Tja«, meinte Alpa bitter. »Prosorowski hat's nicht nötig zu schwindeln. Er ist die rechte Hand von Lamondois.« Er seufzte tief auf. »Noch nie in meinem Leben habe ich gelogen. Ich hasse es, und jetzt fühle ich mich ganz elend.«

Banin erwiderte tiefgründig: »Wenn der Mensch anfängt zu lügen, obwohl er das gar nicht will, stimmt irgendetwas nicht – ein kompliziertes Verhältnis von Ursache und Wirkung.«

»Es liegt am System«, behauptete Hans. »Daran, dass grundsätzlich derjenige am meisten bekommt, bei dem es am besten läuft.«

»Schlagen Sie doch ein anderes Prinzip vor«, entgegnete Gorbowski. »Etwa: Du kommst nicht voran? Bitte, da hast du deinen Ulmotron. Oder: Es läuft gerade gut? Dann bleib schön auf deiner Kiste sitzen …«

»Ja«, stimmte Alpa zu. »Es geht bergab. Ist doch unerhört, dass man sich jetzt sogar für Maschinen anstellen muss. Oder für Energie. Früher hat man einfach einen Antrag eingereicht und wurde problemlos versorgt. Es interessierte uns nicht einmal, woher das alles kam. Man ahnte natürlich, dass es eine Menge Menschen gibt, die sich begeistert für die materielle Versorgung der Wissenschaft einsetzen. Es ist ja auch eine interessante Arbeit. Ich weiß noch, wie ich früher selbst immer nach der Schule Rationalisierungsverfahren für die Montage von Neutrino-Schaltungen entwickelt habe. Heute kennt sie niemand mehr, aber früher war die Neutrino-Analyse eine sehr populäre Methode.« Er zog eine rußgeschwärzte Pfeife aus seiner Tasche und stopfte sie mit langsamen, sicheren Bewegungen. Alle sahen ihm neugierig dabei zu. »Jeder weiß, dass sich seitdem die Zahl der Maschinenverbraucher und Maschinenhersteller im Verhältnis zueinander nicht wesentlich verändert hat. Aber offenbar hat es inzwischen einen ungeheuren Bedarfssprung gegeben. Ich brauche mich nur umzusehen: Ein durchschnittlicher Forscher scheint heute gut zwanzigmal so viel Energie und Maschinen zu brauchen wie zu meiner Zeit.« Er machte einen tiefen Zug, und in der Pfeife zischte und knisterte es. »Das lässt sich übrigens durchaus erklären. Es gab schon immer die Meinung, dass vor allem das Problem die meiste Aufmerksamkeit verdient, das besonders viele neue Ideen generiert. Das ist vollkommen normal, und anders geht es nicht. Aber angenommen, das ursprüngliche Problem liegt auf subelektronischem Niveau und benötigt, sagen wir, eine Maschineneinheit, so befindet sich jedes der zehn nachgeordneten Probleme mindestens eine Ebene tiefer in der Materie und benötigt somit bereits zehn Maschineneinheiten. Wo viele Probleme auftreten, entsteht viel Bedarf. Ganz zu schweigen davon, dass die Interessen der Maschinenproduzenten keineswegs immer mit denen der Maschinenverbraucher übereinstimmen.«

»Ein Teufelskreis«, stellte Banin fest. »Das haben unsere Ökonomen einfach verschlafen.«

»Ökonomen sind auch Forscher«, entgegnete Alpa. »Auch in ihrem Bereich entstehen ständig neue Probleme. Und wo wir gerade dabei sind – hier ist ein interessantes Paradoxon, das mich in letzter Zeit beschäftigt: Nehmen Sie den Nulltransport – ein neues, fruchtbares und sehr aussichtsreiches Problem. Und weil es so fruchtbar ist, erhält Lamondois zu Recht eine ausreichende materielle und energetische Versorgung. Um sich diese auch in Zukunft zu sichern, muss er seine Arbeit zwangsläufig immer weiter vorantreiben – immer schneller, tiefer und … Je schneller und tiefer er vordringt, desto mehr benötigt er, und desto stärker spürt er den Mangel, bis er schließlich sich selbst zu bremsen beginnt. Schauen Sie sich diese Schlange an: Vierzig Menschen warten hier und vergeuden ihre wertvolle Zeit. Ein Drittel aller Forscher des Regenbogens vergeudet Zeit, Nerven und geistiges Vorankommen! Die anderen zwei Drittel sitzen währenddessen gelangweilt in ihren Labors und denken nur daran, ob die Lieferung kommen wird oder nicht. Bremsen wir uns so nicht selbst? Dieser ständige Zwang, den Zufluss an materiellen Ressourcen aufrechtzuerhalten, führt zu einem Wettlauf, der seinerseits ein unverhältnismäßiges Bedarfswachstum hervorruft, und am Ende behindert sich das System selbst.«

Alpa verstummte und begann seine Pfeife auszuklopfen. Ein »Maulwurf« tauchte zwischen den Maschinen auf und stieß sie nach rechts und links auseinander. Durch das Fenster der nahezu absurd hohen Kabine sah man die Deckelplatte eines nagelneuen Ulmotrons. Während der »Maulwurf« vorbeifuhr, winkte der Fahrer den falschen Sternenpiloten zu.

»Ich würde schon gern wissen, wozu ein Fährtensucher einen Ulmotron braucht«, murmelte Hans.

Niemand antwortete. Alle folgten mit ihren Blicken dem »Maulwurf«, an dessen Rückwand das Erkennungszeichen der Fährtensucher prangte: ein schwarzes Siebeneck auf rotem Schild.

»Dennoch bin ich der Meinung«, führte Banin die Diskussion fort, »dass die Ökonomen an allem schuld sind. Sie hätten es voraussehen müssen. Schon vor zwanzig Jahren hätten sie die Schulen so umstrukturieren müssen, dass es heute genügend Fachkräfte zur Versorgung der Wissenschaft gibt.«

»Ich weiß nicht«, wandte Alpa ein. »Lässt sich so etwas überhaupt planen? Auch wenn wir nur wenig darüber wissen, so wäre es doch möglich, dass sich das geistige Potenzial der Forscher und die materiellen Möglichkeiten der Menschheit am Ende gar nicht ins Gleichgewicht bringen lassen. Vereinfacht gesagt: Es wird immer mehr Ideen geben als Ulmotrone.«

»Das müsste man erst mal beweisen«, sagte Banin.

»Ich behaupte nicht, dass das bewiesen ist. Es ist nur eine Vermutung.«

»Eine solche Vermutung ist Sünde.« Banin redete sich langsam in Rage. »So schreibt man die Krise für alle Zeiten fest! Das führt doch in eine Sackgasse!«

»Warum denn? Ganz im Gegenteil«, wandte Gorbowski leise ein, aber Banin hörte gar nicht zu.

»Wir müssen aus der Krise herauskommen!«, rief er. »Auswege suchen! Und die finden sich sicher nicht in düsteren Vermutungen!«

»Wieso düster?«, fragte Gorbowski, doch auch diesmal blieb sein Einwand unbeachtet.

»Wir dürfen uns nicht vom Prinzip der Verteilung verabschieden«, warnte Banin. »Das wäre unfair gegenüber den Besten. Am Ende kauen Sie zwanzig Jahre auf einem kleinen Teilproblem herum, bekommen aber genauso viel Energie wie Lamondois. Das ist völliger Schwachsinn! Und erst recht kein Ausweg. Kennen Sie selbst einen? Oder beschränken Sie sich darauf, die Situation zu beobachten?«

»Ich bin ein alter Wissenschaftler und überhaupt ein alter Mann«, antwortete Alpa. »Mein ganzes Leben schon befasse ich mich mit Physik. Sicher, viel habe ich nicht erreicht, ich bin nur ein durchschnittlicher Forscher, aber darum geht es nicht. Trotz aller neuen Theorien bin ich überzeugt: Der Sinn des menschlichen Lebens liegt in der wissenschaftlichen Erkenntnis. Und es schmerzt mich zu sehen, dass sich heute Milliarden von Menschen von der Wissenschaft distanzieren und ihre Berufung in einem sentimentalen Umgang mit der Natur sehen, den sie als ›Kunst‹ bezeichnen. Dass sie sich damit begnügen, über die Oberfläche der Erscheinungen zu gleiten, was sie ›ästhetische Wahrnehmung‹ nennen … Während die Wissenschaft mit knappen materiellen Ressourcen zu kämpfen hat, malen

Milliarden von Menschen Bilder, reimen Wörter – erzeugen also nichts weiter als Eindrücke. Dabei gibt es unter ihnen viele, die sich als hervorragende Arbeiter eignen würden. Menschen voller Tatendrang, geistreich und unglaublich fleißig.«

»Eben!«, meldete sich Banin.

Alpa schwieg und begann erneut seine Pfeife zu stopfen.

»Lassen Sie mich Ihren Gedanken fortführen«, ergriff Gorbowski das Wort. »Ich sehe, dass Sie zögern.«

»Versuchen Sie es«, sagte Alpa.

»Man sollte all diesen Künstlern und Dichtern die Pinsel und Gänsekiele wegnehmen, sie in Schnellkursen umschulen und dazu zwingen, für die Soldaten der Wissenschaft neue U-Fließbänder zu bauen, T-Takter zu montieren und ergochrone Prismen zu gießen …«

»Was für ein Unsinn!«, rief Banin enttäuscht.

»Natürlich«, gab Alpa zu. »Aber auch wenn mir dieser Gedanke zuwider ist, mir sogar Angst macht, so existiert er doch … und ist, wie es scheint, nicht nur mir eingefallen.«

»Er bringt uns aber nicht weiter«, wandte Gorbowski träge ein und blickte zum Himmel. »Es ist der Versuch, den Widerspruch zwischen dem geistigen Potenzial und den materiellen Möglichkeiten der Menschheit insgesamt aufzulösen. Was uns aber nur zu einem weiteren Widerspruch bringt, der ebenso alt wie banal ist: dem zwischen der maschinellen Logik und einem System von Moral und Erziehung. Diesen Kampf wird die maschinelle Logik immer verlieren.«

Alpa nickte und hüllte sich in Pfeifenrauch.

»Ein furchtbarer Gedanke«, bemerkte Hans nachdenklich. »Erinnern Sie sich noch an das ›Zehnerprojekt‹? Als man dem Rat vorschlug, einen Teil der Energie aus dem Überflussfonds in die Wissenschaft umzuleiten? Im Namen der reinen Wissenschaft sollte die Menschheit in ihren elementaren Bedürfnissen eingeschränkt werden. Erinnern Sie sich noch an die Devise: ›Die Wissenschaftler sind bereit zu hungern‹?«

Banin ergänzte: »Damals stand Yamakawa auf und sagte: ›Aber sechs Milliarden Kinder sind nicht bereit dazu. Ebenso wenig, wie Sie bereit sind, soziale Projekte zu entwickeln.‹«

»Diese Fanatiker sind mir auch zuwider«, bekannte Gorbowski.

»Ich habe vor Kurzem Lorenz' Buch ›Menschen und Probleme‹ gelesen«, sagte Hans. »Kennen Sie es?«

»Ja«, antwortete Gorbowski, Alpa dagegen schüttelte den Kopf.

»Ein gutes Buch, nicht wahr? Ein Gedanke darin hat mich besonders fasziniert. Obwohl Lorenz sich damit nicht lange aufhält, er erwähnt ihn nur nebenbei.«

»Und?«, fragte Banin.

»Ich weiß noch, dass ich die ganze Nacht darüber nachgedacht habe. Uns fehlten damals Apparate, wir warteten auf die nächste Lieferung, Sie wissen schon, das übliche nervenaufreibende Hin und Her. Und plötzlich kam mir folgender Gedanke: Lorenz spricht von der natürlichen Selektion in der Wissenschaft. Welche Faktoren bestimmen die Rangordnung der wissenschaftlichen Richtungen heute, da die Wissenschaft auf den materiellen Wohlstand keinen oder nur sehr wenig Einfluss hat?«

»Und?«, hakte Banin nach.

»Meine Erkenntnis lautet wie folgt: Nach einer gewissen Zeit werden die erfolgreichsten Forschungsprojekte die gesamte materielle Versorgung für sich beanspruchen und sich dadurch überproportional vertiefen. Die übrigen Wissenschaftszweige werden dagegen von selbst zugrunde gehen. Am Ende wird die ganze Wissenschaft nur noch aus zwei, drei Richtungen bestehen, in denen sich außer den

Koryphäen niemand mehr auskennt. Verstehen Sie, was ich meine?«

»Blödsinn!«, widersprach Banin.

»Warum?«, fragte Hans gekränkt. »Hier sind die Tatsachen: In der Wissenschaft gibt es Hunderttausende verschiedener Richtungen. In jeder Richtung arbeiten Tausende von Menschen. Ich selbst kenne allein vier Forschergruppen, die ihre Arbeit aufgrund ständiger Misserfolge aufgegeben und sich anderen, erfolgreicheren Gruppen angeschlossen haben. Sogar ich selbst habe das zweimal gemacht …«

»Scherz beiseite«, nahm nun Alpa wieder das Gespräch auf. »Bleiben wir mal bei diesem Lamondois. Der strebt nach der Verwirklichung des Nulltransports, und zwar um jeden Preis. Alles andere ist ihm egal. Wie zu erwarten, bringt die Null-T-Forschung eine Masse an neuen Wissenschaftszweigen hervor. Aber Lamondois ist gezwungen, einen nach dem anderen zu beseitigen oder einfach zu ignorieren. Er hat nicht die Möglichkeit, jede davon gründlich auf ihre Perspektiven zu prüfen. Mehr noch, er muss, wenn er vorankommen will, Dinge bewusst ausklammern, die offenkundig interessant sind. Ein typisches Beispiel dafür ist die Welle. Sie ist ein unerwartetes, erstaunliches und für meine Begriffe schreckliches Phänomen. Lamondois, der hartnäckig sein Ziel verfolgt, hat sogar eine Spaltung seines Lagers in Kauf genommen. Er hat sich mit Aristoteles zerstritten und es abgelehnt, mit den Erforschern der Welle Hand in Hand zu arbeiten. Er spezialisiert sich immer mehr und sieht nur noch seine eigene, eng begrenzte Aufgabenstellung. Die Welle liegt fernab von seinem Interesse. Er empfindet sie bloß als Hindernis, nicht einmal hören will er etwas von ihr. Und sie vernichtet inzwischen sämtliche Anbauflächen …«

Über dem Kosmodrom dröhnte es unvermittelt aus dem Lautsprecher der allgemeinen Nachrichtenübermittlung: »Achtung, Regenbogen! Hier spricht der Direktor. Der Brigadier der Testflieger, Gaba, und seine Mannschaft bitte sofort zu mir kommen.«

»Die können von Glück reden«, sagte Hans. »Die brauchen wenigstens keine Ulmotrone.«

»Dafür haben sie genug andere Sorgen«, meinte Banin. »Ich habe ihnen einmal beim Training zugesehen – na, ich weiß nicht. Da bin ich doch lieber ein falscher Pilot ... Das Schlimmste ist, dass sie schon seit zwei Jahren untätig herumsitzen und sich jeden Tag aufs Neue anhören müssen: ›Geduldet euch noch ein bisschen. Vielleicht ist es ja morgen so weit.‹«

»Ich freue mich, dass Sie von dem gesprochen haben, was fernab des Interesses liegt«, schaltete sich nun Gorbowski ein. »Von den weißen Flecken auf der Landkarte der Wissenschaft. Mich beschäftigt diese Frage auch immer wieder. Meiner Meinung nach sieht es da nicht sehr rosig aus. Nehmen wir zum Beispiel die Massachusetts-Maschine.« Alpa nickte zustimmend, und Gorbowski wandte sich jetzt direkt an ihn. »Wie ich sehe, erinnern Sie sich daran. Heute wird kaum noch von ihr gesprochen, der Rausch der Kybernetik ist verflogen.«

»Mir sagt der Begriff ›Massachusetts-Maschine‹ im Augenblick gar nichts«, gab Banin zu. »Was soll das für ein Gerät sein?«

»Sie kennen doch die ständige Furcht unserer Vorfahren, die Maschine könnte sich über den Menschen erheben und ihn versklaven. Etwa vor fünfzig Jahren wurde in Massachusetts das komplizierteste kybernetische System geschaffen, das bis dato existierte. Es verfügte über ein phänomenales Reaktionsvermögen, ein überaus leistungsstarkes Gedächtnis und dergleichen mehr ... Und was meinen Sie, wie lange diese Maschine in Betrieb war? Genau vier Minuten. Dann hat man sie abgeschaltet, ihre Ein-

und Ausgänge vermauert, sie vom Stromnetz genommen, vermint und mit Stacheldraht umzäunt. Mit ganz gewöhnlichem, rostendem Stacheldraht, ob Sie's glauben oder nicht.«

»Und aus welchem Grund?«, fragte Banin erstaunt.

»Sie war im Begriff, sich zu verselbstständigen«, antwortete Gorbowski.

»Das verstehe ich nicht.«

»Ich begreife es ja selbst nicht, jedenfalls konnte man sie gerade noch abschalten.«

»Hat jemand eine Erklärung dafür finden können?«

»Ich habe mit einem ihrer Konstrukteure gesprochen. Er legte mir die Hand auf die Schulter, sah mich eindringlich an und sagte nur: ›Leonid, es war furchtbar.‹«

»Tolle Sache!«, meinte Hans.

»Ach was, Märchen sind das«, erklärte Banin. »Mich interessiert das nicht.«

»Mich schon«, entgegnete Gorbowski. »Schließlich kann sie jederzeit wieder eingeschaltet werden. Freilich, das hat der Rat vorerst untersagt, aber warum sollte das Verbot nicht eines Tages aufgehoben werden?«

Alpa murmelte: »Jede Zeit hat ihre Hexenmeister und Gespenster.«

Gorbowski griff den Gedanken auf: »Bei dem Wort ›Hexenmeister‹ fallen mir die Teufelsbrüder ein.«

Hans horchte auf, und Banin sagte: »Na eben, was ist eigentlich aus ihnen geworden?«

»Moment«, rief Alpa dazwischen. »Sind das nicht die dreizehn Gelehrten, die sich bei dem Versuch, Mensch und Maschine zu kreuzen, selbst zur Verfügung gestellt haben? Soweit ich weiß, sind sie umgekommen!«

»Man behauptet es jedenfalls«, antwortete Gorbowski. »Aber das Problem liegt woanders: Mir scheint, dass damit ein Präzedenzfall geschaffen wurde.«

»Trotzdem«, widersprach Banin. »Man bezeichnet sie zwar als Fanatiker und Schwarzkünstler, aber meiner Ansicht nach waren die Männer ganz sympathisch: ihr Bestreben, sich von allen Schwächen, Leidenschaften und Gefühlsausbrüchen zu befreien ... Nackter Verstand plus unbegrenzte Möglichkeiten zur Vervollkommnung des Organismus ... Ein Forscher, der auf keinerlei Apparaturen angewiesen, sondern selbst Apparatur und Versuchsobjekt ist. Und kein Schlangestehen nach Ulmotronen ... Ich stelle mir das herrlich vor: der Mensch als Flyer, der Mensch als Reaktor oder als Laboratorium, unverwundbar und unsterblich ...«

»Ich bitte Sie! So etwas ist doch kein Mensch mehr!«, warf Alpa entrüstet ein. »Das ist eine Massachusetts-Maschine.«

»Und wieso sind sie zugrunde gegangen, wo sie doch unsterblich sind?«, wollte Hans wissen.

»Sie haben sich selbst vernichtet«, erklärte Gorbowski. »Es ist offenbar kein Zuckerschlecken, eine Mischung von Mensch und Laboratorium zu sein.«

Hinter den Fahrzeugen kam ein Mann hervor, der, krebsrot im Gesicht vor Anstrengung, ein Ulmotron auf der Schulter schleppte. Banin sprang von seiner Kiste und rannte los, um ihm beim Tragen behilflich zu sein. Gorbowski beobachtete nachdenklich, wie sie den Apparat im Hubschrauber verstauten. Der Mann mit dem roten Gesicht schimpfte: »Nicht genug, dass sie einem statt drei Ulmotronen bloß eins geben, nicht genug auch, dass man bei dieser Sache einen halben Tag vergeudet, man muss obendrein noch beweisen, dass man einen Anspruch auf das Ding hat! Es wird einem einfach nicht geglaubt! Haben Sie da noch Töne? Nicht geglaubt! Da kann einem doch der Hut hochgehen ...«

Als Banin zurückkehrte, sagte Alpa gerade: »Das ist doch alles reichlich fantastisch. Wenn Sie die weißen Flecke auf der Landkarte der Wissenschaft interessieren, brauchen Sie Ihre Aufmerksamkeit nur auf die Welle zu lenken. Jede

Woche erfolgt der reguläre Nulltransport. Und jeder dieser Versuche bewirkt eine Welle, eine mehr oder weniger starke Eruption. Doch mit ihr befasst man sich höchst dilettantisch. Wenn es da mal bloß nicht zu einer zweiten Massachusetts-Maschine kommt, die sich verselbstständigt. Da gäbe es dann allerdings keinen Knopf zum Abschalten. Kamillo – kennen Sie Kamillo? –, der sieht in der Welle ein Phänomen, das den ganzen Planeten betrifft, doch seine Argumente sind leider schwer zu begreifen. Eine Zusammenarbeit mit ihm ist ziemlich schwierig.«

»Übrigens«, sagte Hans, »wissen Sie, was Kamillo über unsere Zukunft sagt? Er glaubt, dass die heutige Begeisterung für die Wissenschaft gewissermaßen ein Zeichen der Dankbarkeit ist für all den Überfluss – eine Art Rudiment aus jener Zeit, als die Fähigkeit zum logischen Denken noch die einzige Hoffnung der Menschheit war. Kamillo sagt: ›Die Menschheit steht kurz vor ihrer Spaltung in Emotiolisten und Logiker.‹ Offenbar meint er damit die Menschen der Kunst und der Wissenschaft. ›Sie entfremden sich voneinander, verstehen einander nicht und brauchen einander nicht mehr. Man wird entweder als Emotiolist oder als Logiker geboren; das liegt in der Natur des Menschen. Irgendwann wird sich die Menschheit in zwei Gesellschaften spalten, die einander so fremd sind wie wir den Leonidanern ...‹«

»Aber nein«, begann Banin. »Das ist völliger Quatsch. Was für eine Spaltung? Wohin gehört denn dann der Durchschnittsmensch? Mag ja sein, dass Pagawa vor Surds neuem Bild steht wie der Ochs vorm Berg, während Surd sich fragt, warum es so jemanden wie Pagawa überhaupt gibt. Keine Frage, da steht ein Logiker einem Emotiolisten gegenüber. Aber wer bin ich? Richtig, ein Wissenschaftler. Ja, drei Viertel meiner Zeit und meiner Nerven gehören der Wissenschaft. Aber ohne Kunst kann ich auch nicht leben! Bei irgendwem hier läuft doch gerade dieses Wiedergabegerät.

Das finde ich wunderbar. Natürlich hielte ich es auch ohne Musik aus, aber mit geht es mir viel besser. Soll ich mich jetzt etwa spalten?«

»Genauso denke ich auch«, stimmte ihm Hans zu. »Aber Kamillo behauptet Folgendes: Erstens, das Genie unserer Zeit wird der Durchschnittsmensch der Zukunft sein, und zweitens gibt es nicht einen, sondern zwei Durchschnittsmenschen: den Emotiolisten und den Logiker. Zumindest habe ich ihn so verstanden.«

»Respekt, mein Lieber«, sagte Banin. »Ich finde, wenn man Kamillo zuhört, versteht man überhaupt nichts.«

»Vielleicht ist das ja wieder mal eines von Kamillos geliebten Paradoxa?«, warf Gorbowski nachdenklich ein. »Wobei diese Überlegungen für ein Paradoxon eigentlich zu geradlinig sind.«

»Bitte, Leonid Andrejewitsch«, sagte Hans heiter. »Bedenken Sie, dass das nicht Kamillos Überlegungen sind, sondern meine. Ich sonnte mich gestern am Strand, als plötzlich Kamillo auftauchte – Sie kennen ja seine Art, nicht wahr? – und laut zu denken begann, wobei er vor allem zu den Wellen des Meeres sprach. Ich lag nur da und hörte zu, und irgendwann bin ich eingeschlafen.«

Alle lachten.

»Kamillo bei einer seiner Übungen«, mutmaßte Gorbowski. »Ich kann mir ungefähr vorstellen, wozu ihm diese Spaltung dient. Offenbar treibt ihn die Frage der Evolution des Menschen um, also konstruiert er verschiedene Modelle. In der Synthese des Logikers und des Emotiolisten sieht er wahrscheinlich den neuen Menschen, der kein Mensch mehr ist.«

Alpa seufzte und steckte die Pfeife weg. Dann sagte er: »Probleme, nichts als Probleme, Widersprüche, Synthese, Front und Hinterland ... Aber haben Sie bemerkt, wer hier sitzt? Sie, der da, ich ... alles Unglücksraben. Ausgestoßene der Wissenschaft. Die Wissenschaft ist da drüben – die bekommt Ulmotrone …«

Er wollte noch etwas hinzufügen, doch in diesem Moment dröhnte es erneut aus dem Lautsprecher: »Achtung, Regenbogen! Hier spricht der Direktor. Der Kommandant der ›Tariel II‹, Leonid Andrejewitsch Gorbowski, und der Chefenergetiker des Planeten, Genosse Kaneko, bitte unverzüglich in mein Büro. Ich wiederhole …«

Sogleich steckten alle Fahrer die Köpfe aus den Fahrzeugen. Auf ihren Gesichtern lag größte Genugtuung, als sie zu den falschen Raumfahrern hinübersahen. Banin zog, so gut es ging, den Kopf ein und hob beschwörend die Hände, Alpa wandte sich verdrießlich ab und legte die Hände vors Gesicht; nur Hans blieb guter Laune und rief zu den Fahrern hinüber: »Ich war nicht gemeint, ich bin Steuermann.« Nur Gorbowski erhob sich eilig.

»Ich muss gehen«, bedauerte er. »Obwohl ich lieber bliebe, denn ich habe noch nicht alles gesagt. Hier in Kürze, was ich über die Sache denke: Ärgern Sie sich nicht zu sehr und verzweifeln Sie nicht. Das Leben ist herrlich – übrigens genau deshalb, weil es unvorhergesehene Wendungen und Gegensätze gibt und immer geben wird. Und was die unausweichlichen Probleme angeht, so halte ich es mit Kuprin, den ich sehr bewundere. Einer seiner Helden, ein unglücklicher, armer Säufer sagt« – er räusperte sich – »›Wenn ich unter einen Zug gerate, mein Bauch aufgeschlitzt wird und meine Eingeweide sich mit Sand verschmiert um die Räder winden – wenn ich in diesem letzten Augenblick gefragt werde: ›Nun, ist das Leben auch jetzt noch herrlich?‹, dann werde ich dankbar und begeistert antworten: ›Ja, und wie!‹« Gorbowski lächelte verlegen und steckte das Wiedergabegerät in seine Tasche. »Und das vor dreihundert Jahren, als der Mensch praktisch noch auf allen vieren lief. Lasst uns nicht jammern! … Das Klimagerät lasse ich hier, es ist sehr heiß.«

5

Matwej war nicht allein im Zimmer. Auf seinem Schreibtisch saß ein kleiner schwarzhaariger Mann, dessen dunkle Augen lebhaft blitzten. Er hatte die Hände unter den Oberschenkeln verschränkt und ließ die Beine herabbaumeln; die jungenhaften Bewegungen glichen denen eines Schulabgängers. Es war Etienne Lamondois, der führende Kopf der Nullphysik, der »schnelle Physiker«, wie ihn seine Kollegen nannten.

»Gestatten Sie?«, fragte Gorbowski.

»Ah, da ist er ja«, rief Matwej. »Sind Sie miteinander bekannt?«

Lamondois sprang behände vom Tisch, trat auf Gorbowski zu und schüttelte ihm kräftig die Hand.

»Ich freue mich, Sie zu sehen, Kapitän«, sagte er und lächelte gewinnend. »Gerade haben wir von Ihnen gesprochen.«

»Und wir von Ihnen«, erwiderte Gorbowski, tat einen Schritt zurück und setzte sich in den Sessel.

Etienne Lamondois machte eine kleine Verbeugung, nahm seinen Platz auf dem Schreibtisch wieder ein und fuhr in seiner Rede fort: »Gewiss … die ›Charybden‹. Sie haben sich im Einsatz mehr als bewährt. Das muss man Maljajew lassen: Er hat da ausgezeichnete Maschinen konstruiert. Interessant ist, dass die nördliche Welle einen völlig neuen Typ darstellt. Seine Leute haben sogar schon Zeit gefunden, ihr einen Namen zu geben. P-Welle heißt sie. Na, wie finden Sie das? Nach dem langnasigen Schota Pagawa benannt. Hol's der Teufel, aber ich muss zugeben, dass ich mir die Haare raufen könnte. Wieso habe ich diesem grandiosen Phänomen nicht schon früher Beachtung geschenkt? Ich werde mich bei Aristoteles entschuldigen müssen, er hatte recht. Er und Kamillo. Ich verehre Kamillo. Das habe ich übrigens auch früher schon getan, aber jetzt, scheint mir, begreife ich erst, was er die ganze Zeit gemeint hat. Wissen Sie eigentlich, dass Kamillo umgekommen ist?«

Matwej zuckte überrascht zusammen.

»Schon wieder?«, fragte er.

»Ach so, Sie wissen schon Bescheid! Eine eigenartige Geschichte ist das. Er ist gestorben und wiederauferstanden. Wie Jesus Christus! Übrigens, was ich Sie in diesem Zusammenhang fragen wollte: Glauben Sie, dass Skljarow Kamillo einfach im Stich gelassen hat, als er die Welle kommen sah? Ich nicht. Aber das ist jetzt vielleicht nicht so wichtig. Fahren wir besser mit der Bestandsaufnahme fort: Die nördliche Welle hat also den Gürtel der Kontrollstationen erreicht. Die erste, die Lü-Welle, konnte aufgelöst werden. Die zweite, die P-Welle, jagt die ›Charybden‹ mit einer Geschwindigkeit von zwanzig Stundenkilometern vor sich her. Es ist deshalb anzunehmen, dass die Anbauflächen im Norden doch vernichtet werden. Wir mussten die Biologen mit Hubschraubern ausfliegen …«

»Ich weiß«, sagte der Direktor. »Sie haben sich beschwert.«

»Aber es war unvermeidlich! Das Verhalten der Biologen ist verständlich, ihrer aber nicht würdig. Doch wenden wir uns der zweiten Front, dem Süden, zu. Über dem Ozean konnte die Welle aufgehalten werden. In diesen Breiten lässt sich jetzt eine Beobachtung machen, für die Lü wohl die Hälfte seines Lebens hingegeben hätte: die Deformierung des ringförmigen Typs. Sie entspricht der Kappagleichung, und wenn die Welle ein Kappafeld hat, so kommt schlagartig Licht in die Sache, mit der sich unser armer Maljajew die ganze Zeit herumgeschlagen hat: die D-Durchdringung, die Telegenität der Fontänen, die ›doppelten Trugbilder‹ … Zum Teufel noch mal, in den letzten drei Stunden haben wir mehr über die Welle erfahren als in den vergangenen zehn Jahren. Matwej, nehmen Sie bitte schon jetzt zur Kenntnis, dass wir, sobald dieser Wirbel hier vorbei ist, ein

U-Registriergerät benötigen, vielleicht sogar zwei. Betrachten Sie das als einen Antrag meiner Abteilung. Die gewöhnlichen Rechner werden uns da nicht weiterhelfen. Das können allein Lü-Algorithmen und Lü-Logik.«

»Gut, gut«, sagte Matwej. »Wir waren beim Süden.«

»Im Süden liegt wie gesagt der Ozean – um diese Region brauchen Sie sich keine Gedanken zu machen. Dort ist die Welle bis zum Puschkinufer vorgedrungen, hat den Südlichen Archipel verbrannt und ist dann zur Ruhe gekommen. Ich nehme stark an, dass sie nicht weiter vorrücken wird. Zu schade, dass die Beobachter Hals über Kopf das Weite gesucht und die gesamte Automatik zurückgelassen haben. Deshalb wissen wir von der südlichen Welle fast nichts.« Er schnalzte ärgerlich mit den Fingern. »Ich verstehe natürlich sehr gut, dass Sie etwas völlig anderes interessiert. Aber was soll ich tun, Matwej! Man muss die Dinge realistisch sehen. Der Regenbogen ist ein Planet der Physiker. Er ist unser Labor. Die Energiestationen sind zerstört, aber wenn dieses Experiment beendet ist, werden wir sie gemeinsam wiederaufbauen. Denn wir werden sehr viel Energie brauchen! Und was die Fischaufzucht betrifft – die soll der Teufel holen … Wir Nullleute sind moralisch schon darauf eingestellt, Tintenschnecken nicht mehr auf der Speisekarte zu suchen: Nimm's uns nicht übel, Matwej …«

»Das tue ich nicht«, antwortete der Direktor mit einem tiefen Seufzen. »Sie kommen mir allerdings vor wie ein großes Kind, Etienne. Beim Spielen zerstören Sie alles, was den Erwachsenen lieb und teuer ist.« Er seufzte abermals. »Bemühen Sie sich wenigstens, die südlichen Anbauflächen zu retten. Unsere wirtschaftliche Unabhängigkeit würde ich nur ungern einbüßen.«

Lamondois sah auf die Uhr, nickte zerstreut und war, ohne ein weiteres Wort zu verlieren, draußen. Der Direktor warf einen Blick zu Gorbowski und fragte mit bitterem Lachen: »Na, wie gefällt dir das, Leonid? Tja, mein Lieber, dagegen ist die arme Postyschewa ein Engel. Diese Vandalen! Wenn ich bedenke, dass zu allen anderen Problemen nun auch noch die Sorge um die Wiederherstellung unseres gesamten Versorgungsnetzes kommt, stehen mir die Haare zu Berge.« Er zupfte nervös an seinem Schnurrbart. »Andererseits hat Lamondois auch recht: Der Regenbogenplanet ist wirklich das Terrain der Physiker. Aber was, um Himmels willen, wird Kaneko dazu sagen? Oder Jane ...« Er schüttelte resigniert den Kopf und zuckte mit den Schultern. »Ach ja – Kaneko! Wo steckt der überhaupt?«

»Matwej«, begann Gorbowski. »Könnte ich vielleicht erfahren, warum du mich herbestellt hast?«

Der Direktor wandte ihm den Rücken zu und machte sich an den Tasten des Selektiergerätes zu schaffen.

»Sitzt du bequem?«, erkundigte er sich, ohne auf Gorbowskis Frage einzugehen.

»Ja«, antwortete der und räkelte sich behaglich im Sessel.

»Möchtest du etwas trinken?«

»Gerne sogar.«

»Bedien dich. Im Kühlschrank findest du alles. Willst du auch etwas essen?«

»Im Augenblick nicht, aber ein bisschen später vielleicht.«

»Gut, dann werden wir uns auch ein bisschen später unterhalten. Und nun stör mich bitte nicht bei der Arbeit.«

Gorbowski holte sich ein Glas und mehrere Säfte aus dem Kühlschrank, mixte sich einen Cocktail und nahm wieder die halb liegende Stellung im Sessel ein. Der Sessel war weich und kühl, der Cocktail eiskalt und wohlschmeckend. Gorbowski lag entspannt da, schlürfte sein Getränk durch einen Strohhalm, schloss vor Behagen die Augen und lauschte dem Gespräch zwischen Matwej und Kaneko. Der Chefenergetiker erklärte, dass er nicht kommen könne – man ließe ihn einfach nicht fort. Wer ihn denn festhalte, erkundigte sich Matwej, er werde ihm gleich mal Gaba zur Unterstützung schicken. Kaneko erwiderte, er hätte auch ohne Gaba schon genug um die Ohren. Dann berichtete ihm Matwej von der Welle und erinnerte Kaneko ein wenig verlegen daran, dass er neben allen anderen Pflichten auch der Leiter des APS war, des Amtes für Persönliche Sicherheit. Ärgerlich gab Kaneko zurück, er könne sich nicht entsinnen, diese Funktion innezuhaben, und Gorbowski fand das durchaus verständlich.

Mit den Leitern des APS empfand er von jeher so etwas wie Mitleid. Jeder erschlossene, mitunter auch erst halb erschlossene Planet zog früher oder später Fremde an: Touristen und Urlauber (manchmal mit Kind und Kegel); freischaffende Künstler, die auf der Suche nach neuen Eindrücken waren; Leute, die Misserfolge gehabt hatten und sich nun in die Einsamkeit oder in schwere Arbeit flüchten wollten; begeisterte Jäger und sonstige Abenteurer, die in keinem Register geführt wurden, mit niemandem auf dem Planeten bekannt waren und das nach Möglichkeit auch nicht werden wollten. Der Leiter des APS nun hatte die undankbare Aufgabe, jeden einzelnen dieser Fremden persönlich aufzusuchen, ihn von den spezifischen Gefahren des Planeten in Kenntnis zu setzen und dafür zu sorgen, dass der Betreffende Tag für Tag sein Erkennungssignal an eine Registriermaschine schickte. Auf bösartigen Planeten vom Typ Jaila oder Pandora, wo den Neuling auf Schritt und Tritt alle möglichen Gefahren umlauerten, hatten die Mitarbeiter des APS schon mehr als einem von ihnen das Leben gerettet. Auf dem Regenbogen dagegen, der flach und übersichtlich wie ein Brett war und dessen ausgeglichenes Klima und die nur spärlich ausgeprägte Tierwelt kaum Gefahren bargen, musste sich das APS zwangsläufig in eine reine Formsache verwandeln (und hatte es allem Anschein nach getan). Folglich befasste sich Kaneko, der Unsinnigkeit dieser Funktion gewahr, auch nicht mit der Aufklärung der Schriftsteller, die nichts weiter als Ruhe zum Arbeiten brauchten, oder mit dem Aufspüren von verschwiegenen Spazierwinkeln für Liebespärchen und Jungvermählte, sondern mit seiner Energieplanung und anderen wichtigen Dingen.

»Wie viele Fremde gibt es zurzeit auf dem Regenbogenplaneten?«, wollte Matwej wissen.

»Etwa sechzig, vielleicht ein paar mehr.«

»Kaneko, mein Lieber, so schwer es dir fällt, aber du musst diese Leute unverzüglich finden und in die Hauptstadt evakuieren.«

»Ich verstehe den Sinn dieser Maßnahme nicht ganz«, erwiderte Kaneko höflich. »In den bedrohten Regionen halten sich die Touristen ohnehin nie auf. Da gibt es nur kahle, ausgedörrte Steppe, in der es unerträglich heiß ist und zudem jämmerlich stinkt.«

»Bitte, Kaneko, wir wollen nicht darüber streiten«, unterbrach ihn Matwej. »Welle ist Welle. In einer solchen Situation ist es besser, wir haben alle Fremden in Reichweite. Jetzt wird gleich Gaba mit seinen Nichtsnutzen hier aufkreuzen; ich schicke ihn dann zu dir. Sieh zu, dass du bald damit zurande kommst.«

Gorbowski hatte den Strohhalm beiseitegelegt und schlürfte den Cocktail direkt aus dem Glas. Er hing seinen Gedanken nach. Kamillo ist gestorben und wiederauferstanden, ging es ihm durch den Kopf. Etwas Ähnliches habe ich doch schon mal gehört … Offenbar hat diese berüchtigte Welle eine regelrechte Panik hervorgerufen. In einem solchen Chaos glaubt man immer, dass Menschen, die man kannte, umgekommen sind, und dann trifft man sie plötzlich zur allergrößten Verwunderung in einem Restaurant wieder, Millionen Kilometer von dem Ort entfernt, wo sie angeblich gestorben sind. Ihre Gesichter sind vielleicht ein wenig zerschunden, ihre Stimmen heiser, aber forsch. Sie hören sich deine Geschichte an und verputzen dabei die sechste Portion marinierter Garnelen mit Chinakohl.

»Matwej, wo steckt Kamillo jetzt?«, fragte er.

»Ach, das weißt du ja noch gar nicht«, sagte der Direktor. Er ging zu dem Tisch, auf dem die Getränke standen, und mixte sich einen Cocktail aus Granatapfelsaft und Ananassirup. »Maljajew hat mich aus Greenfield angerufen. Kamillo war aus unerfindlichen Gründen zur Beobachtungsstation gekommen und dort geblieben – just zu dem Zeitpunkt, als die Welle heranrollte. Eine verwickelte Geschichte. Der beobachtende Assistent, ein gewisser Skljarow, kam mit Kamillos Flyer in Greenfield angerast, machte die Leute dort verrückt und erklärte, Kamillo sei erschlagen worden. Keine zehn Minuten später meldete sich Kamillo über Videofon, prophezeite wie üblich etwas, was niemand begriff, und verschwand erneut. Nun frage ich dich, ob man Kamillo nach solchen Mätzchen noch ernst nehmen kann.«

»Schwer zu sagen. Kamillo ist wirklich ein sonderbarer Mensch«, antwortete Gorbowski und fügte hinzu: »Und wer ist dieser Skljarow?«

»Assistent bei Maljajew, wie ich schon sagte. Ein gewissenhafter, sympathischer Bursche, wenn auch nicht der Hellste … Aber die Annahme, er hätte Kamillo verraten, ist absurd. Nur ein Maljajew kann solche Hirngespinste ausbrüten.«

»Nichts gegen Maljajew«, erwiderte Gorbowski. »Er ist nur logisch in seinen Schlussfolgerungen. Aber lassen wir das jetzt. Die Welle ist im Augenblick wichtiger.«

»Gewiss«, sagte der Direktor zerstreut.

»Ist sie sehr gefährlich?«

»Wie bitte?«

»Ob die Welle sehr gefährlich ist.«

Matwej holte tief Luft. »Im Prinzip stellt die Welle immer eine tödliche Gefahr dar«, antwortete er. »Unglücklicherweise wissen die Physiker nie im Voraus, wie sie sich verhalten wird. Sie kann in jedem beliebigen Moment abklingen« – er schwieg bedeutungsvoll. »Sie kann aber auch weiterrollen.«

»Und man kann ihr nicht entkommen?«

»Ich habe noch nie gehört, dass es jemand versucht hätte. Man berichtet, sie biete einen grauenvollen Anblick.«

»Hast du sie etwa noch nie gesehen?«

Matwejs Schnurrbart sträubte sich ungehalten. »Du müsstest eigentlich bemerkt haben«, sagte er, »dass ich keine Zeit habe, kreuz und quer auf dem Planeten herumzugondeln. Dauernd muss ich auf jemanden warten, jemanden besänftigen, jemanden aufsuchen ... Ich kann dir versichern, wenn ich nur ein bisschen Freizeit hätte ...«

Vorsichtig erkundigte sich Gorbowski: »Matwej, brauchst du mich vielleicht für die Suchaktion nach den Fremden? Hast du mich deshalb gebeten herzukommen?«

Der Direktor sah ihn wütend an. »Willst du jetzt etwas essen?«

»N-nein.«

Matwej ging im Zimmer auf und ab. »Gut, ich will dir sagen, was mich beunruhigt. Erstens: Kamillo hat prophezeit, dass dieses Experiment schlecht ausgehen wird. Die Physiker haben ihm keinen Glauben geschenkt, ich folglich auch nicht. Und nun hat Lamondois zugegeben, dass Kamillo recht hatte. Zweitens ...«

Die Tür wurde aufgerissen, und herein polterte ein großer junger Afrikaner in kurzen weißen Hosen, weißer Jacke und weißen Leinenschuhen an den bloßen Füßen. Er lächelte, wobei sein weißes Gebiss sichtbar wurde, breitete die Arme aus und rief pathetisch: »Da bin ich! Was wünscht mein Herr und Gebieter, der Direktor, von mir? Willst du, dass ich eine Stadt zerstöre, oder soll ich ein Schloss errichten? Ich wollte die schönste aller Frauen, genannt Jane Pickbridge, für dich fangen, doch ihr Zauber war stärker, und so blieb sie im Fischerdorf und schickt dir von dort Grüße, die leider nicht gerade schmeichelhaft sind.«

»Die Pickbridge lässt mich im Augenblick kalt«, erwiderte der Direktor ungerührt. »Grüße von Lamondois wären mir lieber.«

»Du hast recht, Herr!«, rief der Afrikaner.

»Gaba«, sagte der Direktor, »weißt du, dass die Welle anrollt?«

»Das soll eine Welle sein?«, meinte der Afrikaner verächtlich. »Erst wenn ich in die Startkammer steige und Lamondois den Schalthebel umlegt, wird man von einer Welle sprechen können! Alles andere ist blauer Dunst, Geplätscher, nicht der Rede wert! Aber ich höre dich an und bin bereit, mich zu unterwerfen.«

»Bist du mit deiner Brigade hier?«, erkundigte sich der Direktor geduldig. Stumm wies Gaba mit dem Gesicht zum Fenster. »Dann nimm deine Leute, und marsch ab zum Kosmodrom. Du hältst dich zu Kanekos Verfügung.«

»Mit Leib und Seele«, erwiderte der Afrikaner.

In diesem Moment schmetterten vor dem Fenster ein paar kräftige Männerkehlen zu den Klängen eines Banjos:

»Auf dem schönen Regenbogen,
Regenbogen, Regenbogen …«

Mit einem Satz war Gaba am Fenster und brüllte: »Ru-he!« Der Gesang brach ab. Dafür schlug einer der Burschen einen durchdringenden, klagenden Ton an und plärrte:

»Dig my grave both long and narrow,
Make my coffin neat and stro-o-ong …«

»Ich gehe jetzt«, sagte Gaba etwas betreten und setzte mit einem gewaltigen Sprung über das Fensterbrett. Unten wurde fröhliches Gejohle laut.

»Taugenichtse«, brummte der Direktor und lächelte ihnen wohlwollend hinterher; dann schloss er das Fenster. »Sie haben Langeweile, die Burschen. Richtig fehlen werden sie mir.«

Matwej verharrte noch etwas am Fenster, und Gorbowski betrachtete mit halb geschlossenen Augen den Rücken seines Freundes. Es war ein sehr breiter Rücken, der aber gleichzeitig zusammengekrümmt schien und einen unglücklichen Eindruck machte, sodass Gorbowski eine sonderbare Unruhe in sich aufsteigen fühlte. Matwej als ehemaliger Raumfahrer und Landeflieger durfte einfach keinen solchen Rücken haben.

»Matwej«, setzte Gorbowski erneut an, »brauchst du mich wirklich hier?«

»Ja«, antwortete der Direktor. »Sehr sogar.« Er schaute noch immer zum Fenster hinaus.

»Matwej, sag mir, was los ist.«

»Schwermut, Vorahnungen und Sorgen«, antwortete er und verstummte.

Gorbowski legte sich anders hin, schaltete leise sein Radio ein und sagte ebenso leise: »Also gut, mein Lieber. Ich werde einfach hier sitzen und dir ein bisschen Gesellschaft leisten.«

»Ja, bitte tu das.«

Traurig und versonnen klimperte eine Gitarre. Im Fenster spiegelte sich der Widerschein des rotglühenden Himmels, im Zimmer herrschte Kühle und leichtes Dämmerlicht.

»Abwarten. Wir können nur abwarten«, sagte der Direktor unvermittelt und ging zurück zu seinem Sessel.

Gorbowski schwieg. »Ach herrje!«, rief er plötzlich. »Was bin ich doch unhöflich! Ich habe mich noch nicht einmal erkundigt, wie es Shenja geht.«

»Danke, gut.«

»Ist sie nicht zurückgekommen?«

»Nein, bisher nicht. Ich habe so das Gefühl, dass sie das auch gar nicht will.«

»Wegen Aljoscha?«

»Sicher. Mir ist einfach unbegreiflich, wie sehr er ihr Leben ausfüllt.«

»Weißt du noch, als sie immer sagte: Lass ihn nur erst da sein …«

»Ich erinnere mich an alles«, erwiderte Matwej. »Sogar an das, wovon du gar nichts weißt. Anfangs hat sie sich furchtbar mit ihm geplagt und gejammert, sie hätte keine Muttergefühle, sie wäre aus Holz und so weiter. Dann aber änderte sich das. Ich habe selbst nicht gemerkt, wie. Na ja, er ist aber auch wirklich ein liebes Kerlchen. Sehr freundlich und klug. Als ich eines Abends mit ihm im Park spazieren ging, fragte er mich: ›Papa, was kauert denn da?‹ Ich verstand ihn erst gar nicht, bis ich begriff, was er meinte: Der Wind schaukelte die Laternen hin und her, und der Junge hatte ihre Schatten auf der Erde bemerkt. Kauern – das hat er doch sehr treffend gesagt, nicht wahr?«

»Ja, pass auf, er wird noch unter die Schriftsteller gehen«, stimmte Gorbowski ihm zu. »Aber wäre es nicht trotzdem gut, ihn in den Kindergarten zu schicken?«

Matwej winkte resigniert ab. »Davon kann keine Rede sein«, sagte er. »Shenja gibt ihn nicht weg. Weißt du, zuerst habe ich versucht, sie zu überreden, aber dann dachte ich: Wozu? Was soll man einem Menschen den Lebensinhalt nehmen? Er ist nun mal ihr Ein und Alles. Wie gesagt, mir ist das unbegreiflich, aber ich muss es glauben, weil ich's sehe. Möglicherweise liegt es daran, dass ich viel älter bin als sie. Aljoscha ist zur Welt gekommen, als ich einen Gutteil meines Lebens schon hinter mir hatte. Manchmal denke ich, dass ich sehr einsam wäre, hätte ich nicht die Gewissheit, ihn jeden Tag sehen zu können. Und Shenja sagt, dass ich ihn nicht wie ein Vater liebe, sondern wie ein Großvater. Das kann gut sein. Verstehst du, was ich meine?«

»Ja«, sagte Gorbowski langsam. »Natürlich … Aber mir sind solche Empfindungen fremd. Ich habe mich noch nie einsam gefühlt.«

»Du bist ein anderer Typ«, stellte Matwej fest. »Solange ich dich kenne, bist du immer von einer Schar von Leuten umringt, die dich alle unbedingt brauchen. Du hast einen guten Charakter …«

»Es ist umgekehrt«, widersprach Gorbowski. »Ich bin es, der sich an die anderen hängt und ihre Gesellschaft sucht. Ich habe nun schon fast ein halbes Jahrhundert auf dem Buckel, und stell dir vor, Matwej, ich bin noch nicht einem einzigen Menschen begegnet, mit dem ich nicht ausgekommen wäre.«

»Du bist zu beneiden«, meinte Matwej.

»Übrigens.« Gorbowski war etwas eingefallen. »In Moskau ist ein Buch erschienen: ›Nichts ist bitterer als deine Freude‹ von Sergej Wolkow. Wieder so eine Bombe der Emotiolisten. Genkin hat sich in einem beißenden Artikel darüber ausgelassen. Sehr geistreich, aber nicht überzeugend. Die Literatur soll so sein, schreibt er, dass man sie gern präpariert – was die Emotiolisten mit hämischem Gelächter quittiert haben. Wahrscheinlich dauert der Streit immer noch an. Ich werde das nie verstehen: Warum können sie sich nicht einfach gegenseitig tolerieren?«

»Ganz einfach«, antwortete Matwej. »Jeder bildet sich ein, dass er Geschichte macht.«

»Aber das tut er ja!«, versetzte Gorbowski. »Jeder macht Geschichte! Wir Durchschnittsmenschen befinden uns doch ohnehin die ganze Zeit unter ihrem Einfluss.«

»Ich will nicht darüber streiten, Leonid«, sagte Matwej. »Ich habe keine Zeit, darüber nachzudenken. Mich beeinflussen sie jedenfalls nicht.«

»Ja, lass uns nicht streiten«, sagte Gorbowski. »Komm, wir trinken noch einen Schluck. Wenn du willst, koste ich auch euren Wein. Aber nur, wenn dir das wirklich hilft.«

»Mir hilft jetzt nur noch eins: dass Lamondois kommt und mit Enttäuschung in der Stimme sagt, die Welle habe sich aufgelöst.«

Einige Zeit saßen sie schweigend da, tranken Saft und warfen sich von Zeit zu Zeit Blicke über das Glas hinweg zu.

»Dein Telefon hat ja schon ewig nicht mehr geläutet«, unterbrach Gorbowski die Stille. »Direkt eigenartig ist das.«

»Das macht die Welle«, erklärte Matwej. »Alle sind beschäftigt, die Streitereien zu vergessen. Wer kann, sucht das Weite.«

Die Tür zu Matwejs Zimmer öffnete sich, und auf der Schwelle stand Etienne Lamondois. Er sah nachdenklich aus und bewegte sich ungewöhnlich langsam, fast gemessen. Der Direktor und Gorbowski blickten ihm schweigend entgegen. Gorbowski hatte plötzlich einen bitteren Geschmack im Mund. Er konnte sich nicht vorstellen, was im nächsten Augenblick geschehen würde oder schon geschehen war, aber er wusste, dass es mit der Ruhe nun vorbei sei. Er schaltete das Radio aus.

Als Lamondois am Tisch angelangt war, blieb er stehen. »Es sieht so aus, als müsste ich Ihnen jetzt Kummer bereiten«, sagte er schleppend und mit monotoner Stimme. »Die ›Charybden‹ haben nicht standgehalten.« Matwej sackte merklich zusammen. »Die Front ist sowohl im Norden als auch im Süden durchbrochen. Die Welle bewegt sich mit einer Geschwindigkeit von zehn Metern in der Sekunde fort. Die Verbindung zu den Kontrollstationen ist unterbrochen. Ich konnte gerade noch den Befehl zur Sicherstellung der wertvollsten Apparaturen und des Archivmaterials geben.« Er wandte sich an Gorbowski. »Sie sind unsere letzte Hoffnung, Kapitän. Würden Sie mir bitte sagen, wie groß das Transportvolumen der Landefähre ist?«

Gorbowski gab keine Antwort, er sah Matwej an. Die

Augen des Direktors waren geschlossen, seine riesigen Handflächen strichen ziellos über die Tischplatte.

»Das Transportvolumen?«, wiederholte Gorbowski und erhob sich. Er ging zum Schaltpult, zog das Mikrofon für die Nachrichtenübermittlung heran und sagte: »Achtung, Regenbogen! Pilot Walkenstein und Bordingenieur Dickson sofort an Bord der Landefähre!« Dann drehte er sich zu seinem Freund herum und legte ihm die Hand auf die Schulter. »Ist halb so schlimm, Matwej«, beruhigte er ihn. »Wir werden schon alle unterbringen. Gib Anweisung, das Kinderdorf zu evakuieren. Ich werde mich um die Krippe kümmern.« Erst dann erklärte er, an Lamondois gewandt: »Und was den übrigen Laderaum betrifft – er ist sehr gering, Etienne.«

Lamondois' Augen waren dunkel und ganz ruhig. Es waren die Augen eines Menschen, der von sich wusste, dass er immer recht hatte.

6

Robert konnte alles genau beobachten. Er hockte auf dem flachen Dach des Kontrollturms und demontierte die Energieantennen. Achtundvierzig dünne, schwere Stangen, die in einem parabolischen Rahmen verankert waren. Jede Stange musste sorgfältig herausgelöst und in einem Spezialfutteral verpackt werden. Trotz aller Behutsamkeit arbeitete Robert schnell; hin und wieder warf er einen besorgten Blick nach Norden.

Am Horizont stand eine hohe schwarze Wand. Wo sie in die Tropopause ragte, hing ein gleißender Lichtstreifen. Oberhalb des Streifens war der Himmel klar; blassviolette Blitze zuckten dort auf und verloschen ebenso schnell, wie sie gekommen waren. Die Welle rollte voran, langsam zwar, aber unaufhaltsam. Es gab kaum Hoffnung, dass sie von den paar unförmigen Kolossen – aus Roberts Sicht sahen die »Charybden« freilich winzig aus – zum Stehen gebracht würde. Eine ungewohnte Stille und Schwüle lastete über der Ebene. Die Sonne brannte gleißend, wie kurz vor einem Gewitter auf der Erde. In dieser Lautlosigkeit lag etwas Unheilvolles, fast schon Übernatürliches, denn die Wellen, die den Planeten bisher heimgesucht hatten, waren stets von orkanartigen Stürmen und Donnergrollen begleitet gewesen.

Deutlich vernahm Robert die hektischen Zurufe von unten, wo wahllos und in großer Hast die wertvollsten Apparaturen, Forschungsberichte und Elektrodiagramme in einen schweren Hubschrauber des Typs »Condor« verladen wurden. Pagawa fuhr einen seiner Mitarbeiter lautstark an, weil dieser die Analysatoren zu früh demontiert hatte, und Maljajew erörterte in all dem Durcheinander mit Patrick seelenruhig ein zutiefst theoretisches Problem: die Verteilung der elektrischen Ladung in der Energiebarriere oberhalb der Welle.

Inzwischen hatten sich sämtliche Einwohner Greenfields im Kontrollturm und auf dem Platz davor eingefunden. Die rebellischen Biologen und zwei Touristengruppen, die am Abend zuvor in Greenfield Station gemacht hatten, waren nach Süden ausgeflogen worden – die Biologen, weil die Saatflächen vernichtet waren und sie nicht mehr benötigt wurden, die Touristen aus Sicherheitsgründen. Den Biologen und ihren Laboranten hatte Pagawa Anweisung gegeben, sofort nach ihrer Ankunft einen neuen Beobachtungsposten zu errichten; die Touristen hatte man mit einem speziellen Aerobus aus der Hauptstadt abgeholt. Biologen und Touristen hatten heftig gegen den Abtransport protestiert, und so gab es ein allgemeines Aufatmen, als sie endlich verschwunden waren.

Robert arbeitete nahezu mechanisch, und wie immer, wenn er eine handwerkliche Tätigkeit ausübte, dachte er dabei an die unterschiedlichsten Dinge. Seine Schulter schmerzte. Seltsam, er hatte gar nicht bemerkt, dass er sie sich verletzt hatte. Dass der Bauch wehtat, war schon eher verständlich: der Hechtsprung mit dem Ulmotron hatte es in sich gehabt. Wie dieses Ulmotron jetzt wohl aussehen mochte? Und sein Aeromobil? Und hier, was würde sich in drei Stunden hier abspielen? Schade um die schönen Blumenrabatten ... Die Kinder hatten im vorigen Sommer einen Wettbewerb »Schönstes Beet« veranstaltet. Dabei hatte er auch Tanja kennengelernt. »Tan-ja«, sagte er leise. Wie mochte es ihr wohl gehen?

In Gedanken überschlug Robert die Entfernung von der Wellenfront bis zum Kinderdorf. Keine Gefahr, stellte er erleichtert fest. Dort ahnte man wahrscheinlich nicht einmal etwas von der Welle, wusste nicht, dass die Biologen aufbegehrt hatten, er selbst beinahe gestorben wäre und dass Kamillo ...

Robert richtete sich auf, wischte sich mit dem Handrücken über das Gesicht und sah nach Süden. Sein Blick glitt über die endlosen Getreidefelder. Er dachte an die riesigen Rinderherden, die gerade ins Landesinnere getrieben wurden, dachte auch daran, wie schwierig und mühevoll es sein würde, Greenfield wiederaufzubauen, wenn die Welle darüber hinweggerollt war. Scheußlich, nach zwei Jahren natürlicher Ernährung wieder zu synthetischen Speisen zurückkehren zu müssen: künstliche Beefsteaks, Birnen mit Zahnpasta-Geschmack, quasibiotische Hammelkoteletts und sonstige Wunder der Synthetik, die ihm samt und sonders gestohlen bleiben konnten ... Alles Mögliche ging Robert durch den Sinn, während er arbeitete. Er versuchte, sich abzulenken, und doch gelang es ihm nicht, einen ganz bestimmten Gedanken von sich fernzuhalten, der ihn unablässig verfolgte.

Er konnte nichts dagegen tun: Ständig fühlte er die erstaunten Augen Pagawas auf sich gerichtet, hörte die Stimme Maljajews, die noch eisiger geworden war als vorher, sah Patrick vor sich und dessen betont rücksichtsvolles Verhalten. Das Schlimmste war, dass er dem nichts entgegenzusetzen hatte. Er sah ein, dass der Vorfall mit Kamillo einem Außenstehenden, gelinde gesagt, eigenartig vorkommen musste. Ach was, eigenartig – die Sache schien ganz eindeutig: Ein Mann, Diensthabender der wissenschaftlichen Beobachtungsstation im Norden, kommt völlig aufgelöst mit einem fremden Flyer nach Greenfield und berichtet vom Tod des Kameraden. Der aber ist am Leben, wie sich gleich darauf herausstellt. Er stirbt erst später – offenbar nachdem besagter Mann auf dessen Flyer das Weite gesucht hat … Kamillo war doch aber tot, als ich floh!, sagte sich Robert ein ums andere Mal. Oder bildete er sich das nur ein? Hatte sich sein Entsetzen vielleicht bis zur Halluzination, bis zum Wahnsinn gesteigert? Noch nie hatte er etwas Derartiges gehört. Vorausgesetzt, der Tod Kamillos stimmt, dachte er, und gleich darauf: Ach, sollen sie doch von der Angelegenheit halten, was sie wollen. Dann glauben sie mir eben nicht. Hauptsache, Tanja glaubt mir. Wenn nur sie nicht an mir zweifelt. Den anderen ist es sowieso einerlei, ob Kamillo lebt oder nicht. Sie hatten ihn ja sofort vergessen und sich gestritten, als wäre nichts vorgefallen. Sie werden sich seiner nur erinnern, wenn sie *mich* sehen. Mit ihren Theorieaugen werden sie mich anstarren, werden mich analysieren, rekonstruieren, meine Gründe abwägen. Sie werden Hypothesen aufstellen, die von Mal zu Mal mehr Widersprüche enthalten. Nur die Wahrheit werden sie nicht erfahren … Ich übrigens auch nicht.

Gerade hatte Robert die letzte Antenne demontiert, ins Etui gepackt und dann alle Futterale in einer flachen Kiste verstaut, als er plötzlich von Norden her einen dumpfen Knall hörte. Es klang, als wäre in einem großen, leeren Saal ein Luftballon geplatzt. Robert drehte sich um und sah, wie sich vor dem tiefschwarzen Hintergrund der Welle eine lange weiße Fackel erhob. Eine »Charybde« brannte. Augenblicklich war unten alles Geschrei verstummt; der im Leerlauf surrende Motor des Hubschraubers erstarb; alle lauschten und starrten nach Norden. Robert hatte noch nicht begriffen, was da vor sich ging, als unter ihm plötzlich die Erde bebte, zitterte und sich eine Reserve-»Charybde«, die jungen Palmen unter sich zerstampfend, mit weit aufgerissenem Energieschlucker in Bewegung setzte. Auf dem freien Platz gab sie ein solch donnerndes Getöse von sich, dass einem die Ohren schmerzten. Die »Charybde« rollte nach Norden, um die Einbruchsteile zu stopfen, und zog hinter sich eine rote Staubwolke her.

Eine der »Charybden« hat anscheinend versäumt, die aufgenommene Energie in den Basaltgrund abzuleiten, dachte Robert, nichts Besonderes also. Aber als er sich wieder nach der Kiste mit den Antennen bücken wollte, flammte am Fuß der schwarzen Wand erneut ein heller Blitz auf. Ein bunter Feuerregen schoss in die Höhe, und gleich darauf stieg eine weiße Rauchfahne, die sich zusehends verdichtete, zum Himmel auf. Wieder hörte man den Knall einer Detonation. Unten wurde panisches Geschrei laut, die Leute zeigten nach Osten. Robert sah in die Richtung und erblickte auch hier einige lichterloh brennende Fackeln. Die »Charybden« explodierten eine nach der anderen. Sekunden später geriet die Wellenwand, die sich Tausende von Kilometern hinzog und jetzt an eine mit Kreide bekritzelte Schiefertafel erinnerte, ins Schwanken. Sie kroch vorwärts, wobei sie schwarze, flimmernde Kleckse vor sich her in die Steppe spie. Robert schluckte schwer – seine Kehle war plötzlich wie ausgedörrt –, hob den Kasten auf und rannte die Treppe hinunter.

Auf den Korridoren hasteten Leute umher. Eine verstörte Sekretärin lief vorbei, einen Stapel mit Schachteln an sich gepresst. Der hakennasige Hassan Ali-Sade und Karl Hoffmann beförderten in Windeseile einen gewaltigen Behälter mit Chemikalien zum Ausgang. Jemand rief: »Kommt doch mal her! Ich schaffe das nicht allein! Hassan!« Im Vestibül klirrte zersplittertes Glas. Auf dem Platz vor dem Turm heulten Motoren auf. Im Dispatcherraum sprang Pagawa vor dem Bildschirm hin und her, trampelte auf verstreut liegenden Skizzen herum und brüllte ungeduldig: »Warum hörst du mich denn nicht? Die ›Charybden‹ brennen! Die ›Charybden‹ brennen, sage ich! Die Welle kommt! Jetzt kann *ich* dich wieder nicht hören … Etienne! Wenn du mich verstanden hast, nicke mit dem Kopf!«

Mit schmerzverzerrtem Gesicht wälzte sich Robert den Antennenkasten auf die Schulter und machte sich auf den Weg ins Vestibül. Hinter ihm rannte jemand schwer atmend die Treppe nach unten. Der Fußboden des Vestibüls war mit Packpapier und den Scherben eines Apparats übersät. Die Tür aus bruchfestem Glas war mittendurch gespalten. Robert zwängte sich seitlich hindurch und blieb auf der Vortreppe stehen. Er sah die zum Bersten vollen Aeromobile eins nach dem anderen in die Luft steigen und beobachtete, wie Maljajew, schweigend und mit steinerner Miene, mehrere junge Laborantinnen in das letzte Aeromobil nahezu hineinstieß. Hassan und Karl, die vor Übermüdung immer wieder gähnten, plagten sich damit ab, den Behälter durch die Einstiegsluke des Hubschraubers zu bugsieren, bis ihnen von innen jemand dabei half. Er entdeckte Patrick, der mit dem Rücken zum Hubschrauber stand, konzentriert und nachdenklich, ja fast verträumt. Dann wandte Robert den Kopf und sah genau über sich die tiefschwarze Wand der Welle, die wie ein Samtvorhang den Himmel verhüllte.

»Aufhören mit dem Verladen!«, brüllte Pagawa plötzlich direkt über seinem Ohr. »Nehmt doch Vernunft an! Lasst sofort das Ding fallen!«

Der Behälter mit den Chemikalien polterte mit dumpfem Schlag auf den Betonboden.

»Alles wieder ausladen! Schnell!«, schrie Pagawa und rannte hinunter. »Alle Mann in den Hubschrauber! Beeilung! Habt ihr denn keine Augen im Kopf? Skljarow! Patrick! Schlaft ihr?«

Robert rührte sich nicht vom Fleck. Auch Patrick blieb wie angewurzelt stehen. Nur Maljajew stemmte sich geistesgegenwärtig mit dem ganzen Gewicht von außen gegen die Tür des Aeromobils, in dem die Laborantinnen saßen, und schlug sie zu; dann trat er einen Schritt zur Seite und gab mit den Armen das Zeichen zur Abfahrt. Das Aeromobil fuhr die Flügel aus, setzte ächzend zum Start an und erhob sich mit ziemlicher Schlagseite über die Dächer der Siedlung. Aus dem Hubschrauber kamen währenddessen alle möglichen Gegenstände geflogen. Jemand zeterte mit weinerlicher Stimme: »Das gebe ich nicht her, Schota Petrowitsch! Das nicht!« – »Das wollen wir doch mal sehen, mein Lieber!«, tobte Pagawa. »Und ob du das hergibst!« Maljajew schrie etwas und zeigte zum Himmel. Robert folgte seiner Bewegung mit den Augen. In dem Moment raste ein kleiner, mit Antennen gespickter Hubschrauber lärmend über den Platz und jagte, zusehends kleiner werdend, nach Süden. Es war der Hubschrauber für die Fernsteuerung der »Charybden«. Pagawa schüttelte wütend die geballten Fäuste über dem Kopf: »Wohin?«, brüllte er. »Zurück! Zurück, du Hundesohn! Aufhören mit der Panik! Haltet ihn an!«

Während der ganzen Zeit stand Robert auf der Treppe zum Kontrollturm, die schwere Kiste auf der mittlerweile lahm gewordenen Schulter. Er kam sich vor, als sitze er im Kino: An der einen Stelle wurde der Hubschrauber entladen, besser gesagt, die Sachen wurden hinausgeworfen, denn der Hubschrauber war tatsächlich überfüllt, was man am durchgedrückten Chassis sah. An einer anderen Stelle, neben einem Flugzeug, gab es dichtes Gedränge; anfangs war es von lautem Stimmengewirr begleitet gewesen, jetzt schwiegen die Leute. Hassan lutschte an seinen verletzten Fingerknöcheln. Patrick war, wie es schien, tatsächlich eingeschlafen – da hatte er sich ja den richtigen Moment ausgesucht und vor allem den richtigen Ort … Karl Hoffmann, ein pedantischer Mensch (er verkörperte, was man einen »ernsten, gewissenhaften Wissenschaftler« nennt), war damit beschäftigt, die aus dem Hubschrauber fliegenden Gegenstände aufzufangen und sorgfältig aufzustapeln. Kein Mensch kann über seinen Schatten springen. Pagawa rannte ungeduldig vor dem Flugzeug hin und her und schaute abwechselnd auf die Welle und zum Kontrollturm. Er hatte offenbar nicht die geringste Lust, Greenfield zu verlassen, und bedauerte es, der Verantwortliche zu sein. Maljajew stand abseits und betrachtete ebenfalls die Welle, unablässig und, wie es schien, mit kalter Wut. Und dort, im Schatten von Patricks Bungalow, entdeckte Robert seinen Flyer. Wer ihn wohl dorthin gebracht hatte, und warum? Der Flyer wurde von niemandem beachtet, er war im Augenblick nutzlos. Die zehn Mann, die noch übrig waren, fanden im Hubschrauber Platz.

»Wir schaffen es nicht«, sagte Maljajew. Seine Stimme klang so schwermütig und bitter, dass Robert ihn erstaunt ansah. Und im gleichen Moment kam ihm die rettende Idee: Doch, sie würden es alle schaffen. Er stellte die Kiste auf der Treppe ab und ging auf Maljajew zu.

»Wir haben noch eine Reserve-›Charybde‹«, sagte er. »Genügt euch eine Viertelstunde?«

Maljajew sah ihn verständnislos an und sagte abweisend: »Wir haben sogar zwei ›Charybden‹ in Reserve.« Doch plötzlich begriff er.

»Gut«, sagte Robert. »Geht in Ordnung. Vergesst Patrick nicht, er steht hinter dem Hubschrauber …«

Noch im Sprechen rannte er los. Man rief ihm etwas hinterher, aber er sah sich nicht mehr um. Er rannte aus Leibeskräften, sprang über umherliegende Geräte, über Blumenbeete und sorgsam gestutzte Sträucher. Er jagte zum westlichen Randgebiet der Siedlung – rechts stand über den Dächern die schwarze Wand, links brannte die gleißend helle Sonne. Robert bog um das letzte Haus und stieß auf das gewaltige Heck der »Charybde«. Zwischen den Gliedern der riesigen Panzerketten steckten Grasbüschel und zerfledderte Blütenblätter. Der beschädigte Stamm einer jungen Palme ragte traurig in die Höhe. Ohne eine Sekunde zu zögern, kletterte Robert die schmale Stiege hinauf, wobei er sich die Hände am glühendheißen Geländer verbrannte. Dann rutschte er auf dem Hosenboden in die Steuerkabine hinunter, warf sich in den Sessel und schleuderte die Stahlplatte vorm Ausguck zur Seite. Seine Hände bewegten sich wie automatisch: Die rechte schaltete den Strom ein, während die linke den Sperrriegel löste und auf Handsteuerung stellte. Dann tastete er mit der rechten nach dem Starterknopf, und als alles ringsum zu beben und zu dröhnen begann, schaltete er mit der linken die Klimaanlage ein, auch wenn das völlig überflüssig war. Gleich darauf griff er – diesmal schon bewusst – nach dem Hebel für den Energieschlucker und brachte ihn bis zum äußersten Anschlag. Erst dann wagte er einen Blick durch den Ausguck.

Die Welle stand direkt vor ihm. Wahrscheinlich war ihr nach Lü noch niemand so nahe gewesen. Sie war durch und durch schwarz, ohne die geringste Aufhellung, und die sonnenüberflutete Steppe spiegelte sich bis zum Horizont darin wider. Jeder winzige Grashalm, der kleinste Busch war deutlich zu erkennen. Robert konnte sogar die Spitzmäuse ausmachen, die sich, halb erstarrt, vor ihren Höhlen aufreckten.

Genau über sich hörte Robert einen brüchigen, metallischen Ton, der schnell lauter wurde – der Energieschlucker war angelaufen. Die »Charybde« schaukelte im Fahren gleichmäßig hin und her. Im Rückspiegel sah Robert durch allen Staub hindurch die Siedlungshäuser tanzen. Den Hubschrauber konnte er nicht entdecken. Noch hundert Meter, ach was, fünfzig, das würde reichen. Er äugte nach links, und ihm schien, als habe sich die dicke Wellenwand schon ein bisschen durchgebogen. Das richtig einzuschätzen war allerdings sehr schwierig. Vielleicht schaffe ich es gar nicht, dachte Robert plötzlich. Er wandte kein Auge von den weißen Rauchsäulen am Horizont. Der Rauch löste sich rasch auf und war dann kaum noch auszumachen. Welche Teile der »Charybde« werden wohl zuerst in Brand geraten, überlegte er …

Genug! Robert trat auf die Bremse. Am liebsten wäre er davongelaufen. Wieder warf er einen Blick in den Rückspiegel. Mein Gott, wie lange brauchten die dort bloß! Das Stück Steppe vor der »Charybde« verdunkelte sich langsam zu einem riesigen Dreieck, in dessen oberen Winkel der Energieschlucker hineinragte. Die Spitzmäuse, plötzlich unruhig geworden, begannen umherzuspringen; gleich darauf fiel eine von ihnen auf den Rücken und zappelte krampfartig mit den Füßchen.

»Lauft doch weg, ihr närrischen Mäuse!«, sagte Robert laut. »*Ihr* könnt doch …«

In diesem Moment sah er die zweite »Charybde«. Sie stand etwa fünfhundert Meter von seiner entfernt, nach Osten gewandt, mit weit aufgerissenem Schlund. Das Gras vor ihr wurde ebenfalls allmählich dunkler und krümmte sich vor Kälte zusammen.

Robert freute sich unbeschreiblich. Ein toller Bursche, dachte er begeistert. Ein Schlaukopf! Dazu gehörte Mut. Sollte das etwa Maljajew sein? Warum eigentlich nicht? Er war schließlich auch ein Mensch und zu menschlichen Regungen fähig. Oder gar Pagawa? Nein, den hätten sie nicht weggelassen. Ihn hatten sie sicher fast fesseln und im Hubschrauber unter den Sitz drücken müssen, damit er sich nicht losriss … Nein, das war wirklich ein toller Bursche da drüben! Robert stieß eine Luke auf, beugte sich heraus und schrie: »Heee! Halt durch, Kumpel! Zu zweit halten wir hier ein ganzes Jahr durch!«

Doch ein Blick auf das Armaturenbrett ließ ihn seine Begeisterung sofort vergessen. Das Fassungsvermögen der »Charybde« war erschöpft: Der Leuchtzeiger unter dem staubbedeckten Glas schlug wild aus. Dann sah er in den Rückspiegel und war ein wenig erleichtert: Am weißen Himmel, über den Dächern der Siedlung, sah er einen kleinen schwarzen Punkt, der sich rasch entfernte. Noch ungefähr zehn Minuten, dachte Robert. Jetzt konnte er schon deutlich erkennen, dass sich die Wellenfront vor der Siedlung etwas aufgelockert hatte. Die Welle wälzte sich weiter, sparte aber den Aktionsradius der »Charybden« aus.

Einige Augenblicke saß Robert da und biss die Zähne zusammen. Er musste seine ganze Kraft zusammennehmen, um das Bild von einem verbrannten Leichnam auf dem Fahrersitz zu verscheuchen. Schade, dass man nicht lernen konnte, die Einbildungskraft nach Belieben auszuschalten … Er schrak auf und machte sich daran, alle Luken zu öffnen, deren er sich entsinnen konnte: die schwere runde Luke über dem Kopf, die Luke links – weit auf mit ihr! Die rechte war bereits offen … Die Tür in seinem Rücken, die in den Maschinenraum führte … Das heißt, nein, die ließ er besser zu – die Explosion erfolgte wahrscheinlich genau dort. Die musste er verriegeln … sogar fest verrammeln! Und in dieser Sekunde flog die andere »Charybde« in die Luft.

Robert hörte ein kurzes, ohrenbetäubendes Donnern, und eine heiße Woge stieß ihm entgegen. Als er sich aus seiner Luke hinauslehnte, sah er, dass sich auf dem Platz, wo eben noch sein Nachbar gestanden hatte, eine riesige gelbe Staubwolke erhob und Steppe, Himmel und Welle zudeckte. Inmitten dieser Staubsäule glühte es grell und flimmernd, irgendetwas sauste durch die Luft und stieß klirrend gegen die Panzerung. Robert sah nochmals auf seine Instrumente und rollte sich entsetzt mit einer einzigen Bewegung zur linken Luke hinaus.

Er fiel mit dem Gesicht ins heiße, trockene Gras, sprang sofort wieder auf und rannte gebückt zur Siedlung zurück. So schnell war er noch nie in seinem Leben gelaufen. Seine »Charybde« explodierte, als er gerade den Vorgarten des ersten Hauses erreicht hatte. Robert blickte sich nicht einmal um, als es krachte, er zog nur den Kopf ein, bückte sich noch tiefer und rannte, was die Beine hergaben. »Gott im Himmel«, murmelte er, und noch einmal: »Gott im Himmel …«, und wurde sich plötzlich bewusst, dass er diese Worte von dem Moment an vor sich hin sagte, als er dort, wo die zweite »Charybde« gestanden hatte, die grauenvolle Staubwolke hatte aufsteigen sehen.

Der Platz vor dem Kontrollturm war leer, der Rasen zertreten. Überall lagen teuerste Apparaturen und Schachteln mit einmaligen Aufzeichnungen herum. Eine leichte Brise wehte über die offenen Seiten umherliegender Tagebücher, die wichtige Beobachtungen enthielten. Keuchend überquerte er den Platz und stürzte auf den Flyer zu. Der Motor war schon angelassen, und in der Kabine saß, mit dem üblichen verträumten Gesichtsausdruck, Patrick.

»Na, da bist du ja«, sagte er erleichtert. Robert sah ihn perplex an. »Ich befürchtete schon, du würdest es nicht mehr schaffen. Los, komm rein, wir müssen schnell machen. Die Welle hat jetzt eine Geschwindigkeit erreicht … großer Gott!«

Robert rutschte auf den Beifahrersitz.

»Warte«, japste er. »Vielleicht konnte sich der zweite … auch noch retten. Wer war es überhaupt? Maljajew? Hoffmann?«

Patrick fuhr ruckartig an, um den Flyer auf die Startbahn zu bringen.

»Der zweite war ich«, sagte er etwas verlegen.

»Du?«

»Ja, ich«, antwortete Patrick und lachte nervös. Er hatte schon die nötige Geschwindigkeit erreicht und hob endlich vom Boden ab. »Ich hatte das Gefühl, dass ich gleich in die Luft fliegen würde, sprang raus und rannte weg. Es war ein mächtiger Knall, was? Mich hat er bis in die Siedlung gedrückt.«

Die Häuser unter ihnen wurden kleiner und blieben allmählich zurück. Sieh an – Patrick, dachte Robert verwundert.

»Die Explosion war bei mir stärker als bei dir«, erklärte Patrick mit kindlichem Stolz. »Stimmt's, Robby?«

»Wohin fliegst du eigentlich?«, fragte Robert abwesend.

»In die ›Kalten Bäche‹«, antwortete Patrick. »Das wird jetzt unser neuer Stützpunkt.«

7

Robert blickte zurück. Um ihn her waren nur noch weißblauer Himmel und endlose grüne Felder. Zweimal bin ich der Welle heute schon entkommen, ging es ihm durch den Sinn, ein drittes Mal wird mir das kaum gelingen.

»Und wie soll es nun weitergehen?«, fragte er.

Patrick stülpte die dicken Lippen vor. »Es sieht nicht sehr rosig aus«, antwortete er. »Die Welle hat ungeheure Energiereserven.«

»Hast du versucht, Genaueres zu errechnen?«

»Ja.«

»Und?«

Patrick seufzte nur tief auf, ohne eine weitere Erklärung abzugeben. Robert saß mit zusammengezogenen Brauen da, dann schaltete er die Funkstation des Flyers an, rief das Kinderdorf und ging auf Empfang. Er drückte mehrfach auf die Taste, aber es meldete sich niemand. Gewiss kein Grund zur Sorge, sagte er sich. Dort ist ja heute Sommerfest und viel Trubel. Seltsam, dass sie noch nichts wissen. Ist auch gut so. Es genügt, wenn ich im Bilde bin. Er wandte sich wieder an Patrick: »Wohin fliegen wir?«

»Das hast du mich schon gefragt.«

»So? Ach ja, stimmt … Patrick, alter Junge, sag mal, musst du wirklich in die ›Kalten Bäche‹ fliegen?«

»Natürlich. Wo sollten wir sonst hin?«

Robert lehnte sich in seinem Sitz zurück. »Könntest du ein bisschen schneller fliegen?«, bat er.

»Warum nicht?« Patrick beschleunigte.

»Vielleicht noch etwas schneller?«

Patrick gab keine Antwort. Der Motor heulte auf.

»Immer müssen wir uns beeilen«, seufzte Patrick. »Dauernd werden wir durch irgendwas oder irgendwen gehetzt. Schneller, immer schneller … ›Geht's nicht schneller?‹, heißt es. ›Ja‹, antworten wir. ›Bitte sehr!‹ Wir haben gar keine Zeit, uns mal umzuschauen. Keine Zeit zum Überlegen. Keine Zeit, darüber nachzudenken, was das Ganze soll und ob es sich überhaupt lohnt. Jetzt kommt zu allem Übel noch die Welle – und wieder hetzen wir uns ab.«

»Gib Gas«, sagte Robert. Er war mit seinen Gedanken ganz woanders. »Und halte dich weiter rechts.«

Patrick verstummte. Unter ihnen zogen sich die noch grünen Getreidefelder hin; vereinzelt tauchten die weiß getünchten Häuschen der meteorologischen Stationen auf. Man konnte die Viehherden sehen, die in großer Eile querfeldein nach Süden getrieben wurden. Die Hirten, ausschließlich Kyber, erschienen aus dieser Höhe wie winzige blinkende Sterne. All das war im Grunde nutzlos.

»Hast du etwas vom ›Pfeil‹ gehört?«, erkundigte sich Robert.

»Nein. Der ›Pfeil‹ ist weit weg. Er würde uns keinesfalls mehr erreichen. Darauf solltest du lieber nicht bauen.«

»Und worauf sollte ich deiner Meinung nach bauen?«, wollte Robert wissen.

»Am besten auf gar nichts. Setz dich bequem hin und schau dich ein bisschen um. Ich weiß nicht, wie es bei dir ist, aber ich habe früher von alldem nichts bewusst wahrgenommen. Ich glaube, nicht einmal diese grüne Welle auf den Getreidefeldern, wenn der Wind über sie hinwegstreicht, habe ich bemerkt ... Pfui ... ›Welle‹! Weißt du, wann ich das alles zum ersten Mal gesehen habe? Soll ich's dir sagen? Als ich durch den Ausguck der ›Charybde‹ in die Steppe hinaussah. Ich starrte auf diese schwarze Wand, betrachtete dann plötzlich die Steppe und begriff, dass nichts von ihr übrig bleiben würde. Alles um mich her tat mir auf einmal furchtbar leid. Die dummen Spitzmäuse sahen sich die Welle ebenfalls an und begriffen überhaupt nichts ... Und weißt du, was mir da aufgegangen ist, Robby? Dass wir irgendwann einen Fehler gemacht haben.«

Robert schwieg. Das ist ihm ziemlich spät aufgegangen, dachte er. Er hätte es sich früher anschauen sollen, und wenn's aus dem Fenster gewesen wäre ... Unter ihnen glitten jetzt weiße Häuserrechtecke vorbei, zementierte Plätze und, schon von weitem erkennbar, die gestreiften Türme der Energieantennen. Der Flyer befand sich über einer der zahllosen Energiestationen der Nordregion.

»Geh tiefer«, verlangte Robert.

»Wo willst du hin?«

»Siehst du den Platz da unten, wo die Aeromobile stehen?«

Patrick sah durchs Seitenfenster. »Ja«, sagte er. »Und was sollen wir dort?«

»Du nimmst dir ein Aeromobil und gibst mir den Flyer.«

»Was hast du vor?«, fragte Patrick.

»Du fliegst allein weiter. Ich habe in den ›Bächen‹ nichts verloren. Geh runter.«

Gehorsam setzte Patrick zur Landung an. Er war, wie Robert einmal mehr feststellen musste, ein miserabler Pilot.

Robert ließ seinen Blick über den Platz schweifen. »Das ist ja wieder eine erstklassige Organisation«, meinte er spöttisch. »In Greenfield treten wir uns fast tot, müssen alles im Stich lassen, und hier kommen auf zwei Diensthabende drei Aeromobile.«

Der Flyer setzte holprig zwischen den Aeromobilen auf. Robert biss sich auf die Zunge.

»Junge, Junge«, knurrte er. »Nun mach schon, steig aus.«

Umständlich und ohne große Lust kletterte Patrick von seinem Sitz. »Robby«, begann er unsicher, »es geht mich vielleicht nichts an, aber was hast du vor?«

»Du brauchst keine Angst zu haben, nichts Schlimmes … Kommst du mit dem Aeromobil zurecht?«

Patrick stand mit hängenden Armen und jämmerlicher Miene vor ihm. »Robby«, sagte er. »Du musst die Dinge nüchtern betrachten. Der Welle folgt eine Plasmabarriere von hundert Kilometern Stärke. Da kannst du unmöglich durch.«

Robert sah ihn fragend an.

»Er ist schon lange tot«, fuhr Patrick fort. »Das erste Mal hast du dich wahrscheinlich geirrt, aber jetzt ist die Welle über die Gegend hinweggerollt.«

»Wovon sprichst du?«, fragte Robert. »Ich habe gar nicht vor, die Welle zu durchqueren – zum Teufel mit der Welle. Ich habe Wichtigeres zu tun. Leb wohl, Patrick. Sag Maljajew, dass ich nicht zurückkomme. Mach's gut, alter Junge.«

»Leb wohl«, erwiderte Patrick.

»Du hast mir noch immer nicht gesagt, ob du mit dem Aeromobil zurande kommst«, beschwerte sich Robert.

»Ja, natürlich«, antwortete Patrick betrübt. »Ich kenne mich aus. Ach, Robby …«

Robert griff abrupt nach dem Steuerknüppel, und als er sich nach fünf Minuten umschaute, verlor sich die Energiestation bereits am Horizont. Bis zum Kinderdorf waren es zwei Flugstunden. Robert überprüfte den Treibstoffvorrat, horchte kurz auf das Motorengeräusch, stellte die Maschine auf sparsamsten Verbrauch und schaltete den Autopiloten ein. Wieder rief er das Kinderdorf, bekam aber auch jetzt keine Verbindung.

Er wollte schon die Funkanlage ausschalten, überlegte es sich dann aber anders und ließ sie auf Empfang.

»… Asmodej Barro, Schüler der neunten Klasse, stieß bei einer Exkursion auf versteinerte Organismen, die an Seeigel erinnern. Der Fundort liegt in einiger Entfernung vom Ufer …«

»… eine Beratung beim Direktor. Es heißt, die Welle hat Greenfield erreicht. Ich überlege, ob ich nicht lieber zum Stützpunkt zurückkehren soll. Meiner Ansicht nach sind die Ulmotrone jetzt Nebensache.« – »Nein, nein, du musst schon noch ein Weilchen aushalten. Der Tag ist sowieso hin …«

»… können wir mit eigenen Mitteln nicht inszenieren. Wir haben keinen geeigneten Othello. Wenn ich ehrlich sein soll, so scheint mir die Idee, Shakespeare aufzuführen, einfach absurd. Ich weiß nicht, ob wir zu einer Neuinterpretation fähig sind. Aber zu warten, bis …«

»… Witja, kannst du mich hören? Ich habe eine tolle Nachricht! Bullitt hat das Gen dechiffriert! Nimm ein Blatt Papier und schreib: sechs, elf … ›Elf!‹, habe ich gesagt …«

»… Achtung, Regenbogen! An alle Leiter der Suchtrupps! Unverzüglich mit der Evakuierung beginnen! Es muss insbesondere darauf geachtet werden, dass alle Transportmaschinen vom Typ ›Meduse‹ und größer in die Hauptstadt geschickt werden. Ich wiederhole …«

»… ein kleiner himmelblauer Bungalow direkt am Ufer. Hier ist es herrlich – viel Sonne und frische Luft. Mir lag noch nie etwas an der Hauptstadt, und ich verstehe nicht, wieso man sie direkt am Äquator errichtet hat. Was? – Na ja, natürlich, furchtbar schwül …«

»… Sawyer! Sawyer! Hier spricht Kaneko. Sofort den Kurs ändern. Wir haben die Touristen gefunden. Nimm Kurs auf Süden. Gesucht wird der dritte Hubschrauber … der dritte! Er ist nicht angekommen …«

»… Achtung, Testflieger! Heute um vierzehn Uhr erfolgt ein außerplanmäßiger Nulltransport Mensch-Erde. Bitte bis spätestens dreizehn Uhr ins Institut kommen …«

»… Das ist mir völlig unverständlich. Ich kriege einfach keine Verbindung mit dem Direktor. Alle Leitungen sind belegt. Hast du eine Ahnung, was los ist?«

»… Adolfo! Adolfo! So melde dich doch! Ich flehe dich an, komm sofort zurück! Noch haben wir eine Chance, ins Raumschiff zu kommen! – Ja, es muss eine furchtbare Katastrophe heraufziehen! Aus irgendeinem Grund ist bisher noch keine amtliche Meldung erfolgt, aber man sagt, der Regenbogenplanet sei zum Untergang verurteilt! Komm sofort zurück, bitte! Ich möchte, dass wir jetzt zusammen sind …«

Robert fuhr fort, den Äther abzusuchen.

»… wie immer. Bei Wesjolowski. Nein, Siniza wird neue Gedichte lesen. Ich glaube, das wird sehr interessant. Sicher werden sie dir gefallen … Nein, natürlich keine Meisterwerke, aber immerhin …«

»… Warum denn? Nein, ich verstehe dich schon, aber überleg selbst: Die ›Tariel‹ ist eine Landefähre. Hast du mal überschlagen, wie viel Mann sie an Bord nehmen kann? Nein, ich bleibe hier. Vera auch. Ist doch egal, ob hier oder …«

»... Achtung, Pioniere! Treffpunkt für alle ist die Hauptstadt. Ich wiederhole: Alle Pioniere sofort in die Hauptstadt kommen und sämtliche zur Verfügung stehenden ›Maulwürfe‹ mitbringen! Wir werden versuchen, Unterstände zu graben. Vielleicht schaffen wir es ...«

»... Meinen Sie die ›Tariel‹? Ja, ich habe schon mit Gorbowski gesprochen. Die Tragfähigkeit seines Raumschiffs ist leider sehr gering. Na ja, da kann man nichts machen ... Ich schlage also folgende Liste vor: von den Diskretphysikern – Pagawa; von den Wellenleuten – Aristoteles oder Maljajew; von den Barriereleuten würde ich Forster empfehlen ... Na und? Was macht es schon aus, dass er alt ist? Dafür ist er berühmt! Sie sind erst vierzig, mein Lieber, und haben, wie ich sehe, von der geistigen Verfassung eines alten Mannes keine Ahnung. Fünf bis zehn Jahre lebt er vielleicht noch, und die wird er nutzen ...«

»... Gaba! Gaba! Hast du von dem Nulltransport gehört? ... Ja, das weiß ich ja alles. Vielleicht gelingt es trotzdem! Jawohl, gerade jetzt! Na, mach's gut. Du kannst dann meine Überreste zusammensuchen, irgendwo in der Nähe des Prokyon ...«

»... Die Physiker haben auf dem Nordpol wieder mal herumexperimentiert. Wir hätten uns das eigentlich ansehen müssen, aber da kam plötzlich ein Hubschrauber und hat uns aufgeladen ... Ja, in die Hauptstadt ... Was, euch auch? Das ist aber eigenartig. Na, da werden wir uns ja bald sehen ...«

Robert schaltete das Funkgerät ab. Er dachte über die aufgeschnappten Gesprächsfetzen nach; dann stellte er den Flyer wieder auf Handsteuerung um und brachte ihn auf Höchstgeschwindigkeit. Die Getreidefelder unter ihm blieben zurück. Sie wurden von tropischen Wäldern abgelöst, in deren grellfarbenem Gewirr rein gar nichts zu erkennen war; doch Robert wusste, dass tief unten, im Schutz der gewaltigen Bäume, schnurgerade Chausseen entlangliefen, auf denen jetzt wahrscheinlich Menschen in großer Eile westwärts flüchteten. Weit entfernt, schon nahe am Horizont, drehten mehrere schwere Transporthubschrauber nach Südwesten ab. Bald darauf waren sie verschwunden, und Robert war wieder allein. Er nahm das Radiofon zur Hand und wählte Patricks Nummer. Es dauerte lange, bis er sich meldete; endlich vernahm Robert eine träge Stimme: »Hallo?«

»Patrick, ich bin's, Skljarow. Ich wollte nur fragen, was es Neues von der Welle gibt.«

»Immer dasselbe, Robby. Das Puschkinufer ist überschwemmt. Aodsora ist völlig niedergebrannt. Seit Kurzem steht auch Rybatschje in Flammen. Einige ›Charybden‹ sind unversehrt geblieben, sie werden gerade in die Hauptstadt abgeschleppt … Und wo bist du jetzt?«

»Das ist unwichtig«, antwortete Robert. »Wie weit ist denn die Welle vom Kinderdorf entfernt?«

»Vom Kinderdorf? Was hast du denn mit dem Kinderdorf zu tun? Bis dahin ist es noch weit. Hör mal, Robby, wenn du kannst, flieg sofort in die Hauptstadt. In der nächsten halben Stunde sollen sich dort alle versammeln.« Er lachte plötzlich und sagte: »Sie haben versucht, Maljajew ins Raumschiff zu bugsieren. Das hättest du sehen sollen. Er hat Hassan die Nase blutig geboxt. Pagawa hat sich auch gleich verkrochen.«

»Und dich haben sie nicht versucht, ins Raumschiff zu bugsieren?«

»Was soll das denn jetzt, Robby?«

»Schon gut, entschuldige. Vom Kinderdorf ist die Welle also noch weit weg?«

»Na, so sehr weit nun auch wieder nicht … Ich würde sagen, anderthalb Stunden.«

»Danke, Patrick. Auf Wiedersehen.«

Abermals versuchte Robert, mit Tanja Verbindung aufzunehmen, diesmal über Radiofon. Er wartete fünf Minuten. Tanja meldete sich nicht.

Das Kinderdorf lag verlassen da. Über den Gärten, bunten Bungalows und den Schlafräumen mit den großen Glasfronten hing tiefe Stille … nichts von dem chaotischen Durcheinander, das die Nullphysiker in Greenfield hinterlassen hatten. Die Kieswege waren sorgsam geharkt, die Schulbänke standen wie immer in gleichmäßigen Reihen, die Bettdecken in den Schlafräumen waren glatt gestrichen. Lediglich auf dem Pfad vor Tanjas Häuschen lag eine Puppe verloren im Sand.

Robert betrat das Zimmer. Wie immer ordentlich aufgeräumt, verströmte es einen leichten Duft. Auf dem Tisch lag ein aufgeschlagenes Heft, und über der Stuhllehne hing ein großes buntes Handtuch. Robert berührte es – es war noch feucht.

Unschlüssig blieb er stehen. Sein Blick fiel auf das Heft. Er musste den Namen, der dort in großen Druckbuchstaben von Tanjas Hand geschrieben stand, zweimal lesen, ehe er begriff, dass es sein eigener war. Hastig las er: »ROBBY! Wir sind in größter Eile in die Hauptstadt evakuiert worden. Suche mich dort. Du musst mich unbedingt finden. Wir wissen noch nichts Genaues, ahnen aber, dass etwas Schreckliches im Gange ist. Ich brauche dich, Robby. Du musst mich finden! Deine T.«

Robert riss das Blatt heraus, faltete es zusammen und steckte es in die Tasche. Ein letztes Mal ließ er seinen Blick durch Tanjas Zimmer schweifen, öffnete den Wandschrank, berührte noch einmal ihre Kleider und verließ den Raum.

Von Tanjas Bungalow aus war das Meer zu sehen. Es lag ruhig da, wie dickes, grünes Öl. Dutzende schmaler Pfade führten durch das Gras zum gelben Strand, wo dicht an dicht Pritschen und Liegen aufgestellt waren. Mehrere Boote lagen, Kiel oben, direkt am Wasser. Am südlichen Horizont stand unbarmherzig brennend die Sonne. Robert lief zum Flyer und kletterte über die Bordwand; dann hielt er inne und sah noch einmal hinaus aufs Meer. Und plötzlich begriff er: Was da so gleißend am Himmel stand, war nicht die Sonne – es war der Kamm der Welle.

Erschöpft ließ er sich in den Sitz fallen und startete. Also auch im Süden, dachte er. Die verdammte Welle jagt uns von Norden und Süden zugleich. Eine Mausefalle, aus der es kein Entrinnen gibt. Ein Korridor, auf dessen beiden Seiten der Tod wartet. Wie viel Zeit bleibt uns noch, überlegte er. Zwei Stunden? Drei? Und wie viele Plätze wird es im Raumschiff noch geben? Zwei? Zehn?

Wieder flog der Flyer über den tropischen Wäldern dahin. Dann lichtete sich der Wald, und Robert gewahrte auf einer Wiese direkt unter sich einen großen Aerobus, der von einer Menschenmenge umringt war. Wie automatisch bremste er und ging tiefer. Der Bus hatte offensichtlich eine Panne, und die Leute um ihn her – seltsam, wie klein sie alle waren – warteten, dass der Pilot den Schaden endlich behob. Da entdeckte er den Fahrer, einen dunkelhäutigen Hünen, der am Motor hantierte, und merkte, dass es Kinder waren, die um den Bus herumtollten. Gleich darauf entdeckte er Tanja. Sie stand neben dem Piloten und nahm von ihm Teile entgegen.

Der Flyer setzte dicht neben dem Aerobus auf, und alles kam sofort auf ihn zugelaufen. Robert aber sah nur Tanja, ihr hübsches, nun ganz gequältes Gesicht, die schmalen Hände, die die schmutzigen Eisenteile an die Brust pressten, und ihre großen, fragenden Augen.

»Ich bin's«, sagte Robert. »Was ist passiert, Tanja?«

Tanja sah ihn schweigend an, da schaute er zu dem schwarzhäutigen Mann hinüber und erkannte Gaba. Der Afrikaner lächelte breit und rief: »Hallo, Robert! Komm gleich mal her und hilf mir! Tanja ist ein wunderbares Mädchen, hatte aber noch nie etwas mit einem Aerobus zu tun. Ich übrigens auch nicht. Der Motor setzt dauernd aus.«

Die Kinder – siebenjährige Zwerge – musterten Robert neugierig. Er ging zum Aerobus hinüber, wobei er mit der Wange flüchtig Tanjas Haar streifte, und beugte sich über den Motor. Gaba klopfte ihm mit seiner Pranke auf die Schulter. Die beiden kannten sich schon lange und verstanden sich sehr gut. Auch zu den anderen Testfliegern, die nach dem missglückten Experiment mit dem Hund Fimka nun schon zwei Jahre lang voll Ungeduld auf ihren Einsatz warteten, hatte Robert ein gutes Verhältnis.

Was Robert unter der Motorhaube erblickte, verschlug ihm den Atem. Gaba hatte tatsächlich noch nie etwas mit einem Aerobus zu tun gehabt. Hier half nichts mehr, weil ganz einfach der Treibstoff ausgegangen war. Umsonst hatte Gaba den Motor fast völlig auseinandergenommen. Das passierte selbst erfahrenen Piloten, da die Aerobusse nur selten betankt werden mussten. Robert schaute verstohlen zu Tanja hinüber. Sie hielt noch immer die ölverschmierten Zündkerzen an die Brust gepresst und wartete.

»Na, was ist?«, fragte Gaba forsch. »Haben wir uns mit dem Hebel hier – welche Funktion hat der überhaupt? – zu Recht abgegeben?«

»Möglich«, murmelte Robert. »Durchaus möglich.« Er griff nach dem Hebel und machte sich an ihm zu schaffen. »Weiß jemand, dass ihr hier festsitzt?«

»Ich habe es durchgegeben«, antwortete Gaba. »Aber sie haben dort nicht genug Luftfahrzeuge. Apropos Luftfahrzeuge. Kennst du eigentlich die Geschichte mit Kaneko und seinen Embryonen?«

»Und?«, meinte Robert unbestimmt, wobei er, gänzlich überflüssig, doch äußerst sorgfältig die Schmiernippel reinigte. Er beugte sich tief hinunter, damit sein Gesicht nicht zu sehen war.

»Eines Tages«, fuhr Gaba fort, »hatten sie einen Eiltransport, aber keine Flugzeuge. Da machte sich Kaneko daran, die ›Medusen‹ nachzubauen. Am Ende sind aber keine ›Medusen‹ herausgekommen, sondern ein kybernetischer Mischmasch. Eine Fehlprogrammierung.« Gaba lachte. »Was sagst du dazu?«

»Sehr lustig«, sagte Robert durch die Zähne. Er richtete sich auf und sah zum Himmel. Weit und breit blassblaue Leere und im Süden der gleißende Kamm der Welle. Sacht schloss er die Motorhaube und murmelte: »Mal sehen, ob's jetzt geht« und ging um den Bus herum, wo niemand stand. Dort presste er die Stirn gegen den glänzenden Lack der Karosserie … Gaba stimmte unterdessen einen Abzählreim an, um die Kinder zu zerstreuen:

»One is none, two is some,
Three is a many, four is a penny,
Five is a little hundred …«

Als Robert die Augen wieder öffnete, sah er Gabas tanzenden Schatten auf dem Gras – erhobene Hände mit gespreizten Fingern. Dann gab er sich einen Ruck, öffnete den Wagenschlag und stieg ein. Im Pilotensessel saß ein Junge, der verbissen an den Schalthebeln zerrte, mit denen er ungewöhnliche Figuren beschrieb. Dabei pfiff und tutete er ununterbrochen.

»Pass auf, du brichst sie ab«, warnte Robert. Der Junge beachtete ihn überhaupt nicht. Robert wollte das SOS-Signal einschalten, doch es war schon in Betrieb. Er besah sich erneut den Himmel. Durch den Sonnenschutz des Aerobusses schien er zartblau und leer. Ich muss zu einer Entscheidung kommen, dachte Robert. Er warf einen Blick zu dem

Jungen hinüber, der gerade voller Eifer das Heulen des Windes nachahmte.

»Komm mal raus, Robby«, bat Gaba, der jetzt neben der Fahrertür stand. Robert stieg aus.

»Mach die Tür zu«, forderte ihn Gaba auf. Sie hörten, wie Tanja, etwas abseits stehend, den Kindern etwas erzählte und wie der Junge auf dem Fahrersitz kräftig tutete.

»Wann wird die Welle hier sein?«, fragte Gaba.

»In einer halben Stunde.«

»Was ist mit dem Motor?«

»Kein Treibstoff.«

Gabas Gesicht wurde aschfahl. »Wieso denn das?«, fragte er konsterniert. Robert schwieg. »Und in deinem Flyer?«

»Reicht keine fünf Minuten weit.«

Gaba schlug sich mit der Faust vor die Stirn und setzte sich ins Gras.

»Du bist Techniker«, sagte er heiser. »Du musst einen Ausweg finden.«

Robert lehnte sich an den Bus.

»Kennst du die Preisfrage vom Wolf, der Ziege und dem Kohlkopf, die alle über den Fluss wollen? Hier stehen ein Dutzend Kinder, eine Frau und wir beide. Die Frau, die ich über alles in der Welt liebe. Die Frau, die ich, koste es, was es wolle, retten werde. So sieht's aus, Gaba. Und der Flyer hat nur zwei Plätze …«

Gaba nickte abwesend. »Ich verstehe. Nichts dagegen zu sagen. Soll Tanja sich in den Flyer setzen und so viele Kinder mitnehmen, wie hineinpassen.«

»Nein«, sagte Robert.

»Warum nicht? In zwei Stunden werden sie in der Hauptstadt sein.«

»Nein«, wiederholte Robert. »Das rettet Tanja nicht. Die Welle wird in drei Stunden die Hauptstadt erreichen. Dort steht die Landefähre startbereit, und Tanja muss mit ihr fort …

Keine Widerrede!«, zischte er wütend und fuhr fort: »Es gibt nur zwei Möglichkeiten: Entweder fliege ich mit Tanja – oder du. Aber dann musst du mir bei allem, was dir heilig ist, schwören, dass Tanja auf die Landefähre kommt. Du hast die Wahl.«

»Du hast den Verstand verloren«, sagte Gaba und stand langsam auf. »Es geht um Kinder! Komm zur Besinnung!«

»Und die, die hierbleiben müssen – sind das vielleicht keine Kinder? Wer wird die drei aussuchen, die in die Hauptstadt und dann auf die Erde fliegen werden? Du? Also los, geh und triff deine Wahl!«

Gaba mahlte lautlos mit den Kieferknochen. Robert schaute nach Süden. Die Welle war jetzt schon deutlich zu sehen. Der gleißende Streifen erhob sich immer höher und zog einen schweren schwarzen Vorhang hinter sich her.

»Nun?«, fragte Robert. »Schwörst du?«

Gaba schüttelte langsam den Kopf.

»Dann leb wohl«, sagte Robert.

Er machte einen Schritt nach vorn, doch Gaba versperrte ihm den Weg. »Die Kinder!«, sagte er tonlos.

Robert packte ihn mit beiden Händen an den Jackenaufschlägen und zog ihn ganz dicht zu sich heran, sodass sie sich Auge in Auge gegenüberstanden. »Tanja!«, beharrte er.

Einige Sekunden lang sahen sie sich schweigend an. »Sie wird dich hassen«, meinte Gaba leise.

Robert ließ ihn los und lachte bitter auf. »In drei Stunden bin ich tot«, erwiderte er. »Mir kann es dann egal sein. Leb wohl, Gaba.«

Sie trennten sich.

»Sie wird nicht mit dir fliegen«, rief ihm Gaba leise hinterher.

Robert gab keine Antwort. Das weiß ich selbst, dachte er. Er ging um den Bus herum und lief mit großen Schritten zum Flyer. Er sah Tanjas Gesicht, das ihm zugewandt war, und die Kinder, die Tanja lachend umringten. Robert winkte ihnen fröhlich zu und nahm alle Kraft zusammen, um sich zu einem unbekümmerten Lächeln zu zwingen. Am Flyer angelangt, sah er hinein, richtete sich dann auf und rief: »Tanja, bitte komm mal her und hilf mir!«

Im gleichen Moment kroch Gaba auf allen vieren hinter dem Bus hervor. »Na, was steht ihr hier herum?«, rief er den Kindern zu. »Wer fängt Shir Khan, den großen Tiger der Dschungel?« Er stieß einen durchdringenden Schrei aus und verschwand im Wald. Einen Augenblick lang standen die Kleinen mit offenen Mündern da und sahen ihm hinterher. Dann quiekte jemand laut los, ein anderer brach in wildes Indianergeheul aus, und schon sauste der ganze Trupp hinter Gaba her.

Tanja, die ihnen lächelnd nachschaute, kam auf Robert zu und sagte verwundert: »Eigenartig ist das … als käme gar keine Katastrophe auf uns zu.«

Robert sah noch immer zum Wald hinüber, obwohl niemand mehr zu sehen war. Nur das Lachen und Kreischen, das Knacken von Zweigen und das drohende Brüllen des wilden Tigers drangen zu ihnen herüber.

»Du hast so einen eigenartigen Blick, Robby«, sagte Tanja.

»Dieser Gaba ist ein komischer Kauz«, erwiderte Robert und bereute es sofort. Er hätte schweigen sollen, die Stimme gehorchte ihm nicht.

»Was ist passiert, Robby?«, fragte Tanja verstört.

Er sah unwillkürlich über ihren Kopf hinweg zum Himmel. Tanja wandte sich gleichfalls um und presste sich dann ängstlich an ihn. »Was ist das?«, wollte sie wissen.

Die Welle reichte schon bis an die Sonne heran.

»Wir müssen uns beeilen«, erwiderte Robert. »Steig in die Kabine und heb den Sitz hoch.«

Tanja sprang flink in den Flyer. Da folgte ihr Robert mit einem gewaltigen Satz, packte sie mit dem rechten Arm um die Schultern und presste sie so, dass sie sich nicht mehr rühren konnte. Gleichzeitig riss er den Flyer aus dem Stand in die Höhe.

»Robby«, flüsterte Tanja entsetzt. »Was hast du vor? Robby!«

Robert sah sie nicht an. Er holte aus dem Flyer heraus, was er konnte. Nur aus den Augenwinkeln gewahrte er unter sich die Waldwiese, den verlassenen Aerobus und das kleine Kindergesicht, das ihnen vom Fahrersitz des Busses neugierig nachblickte.

8

Die Tageshitze war schon im Abklingen, als die letzten Aeromobile, total überladen und mit durchgedrückten Chassis, auf den schmalen Straßen landeten, die auf den Platz vor dem Ratsgebäude zuliefen. Auf dem weiträumigen Gelände hatte sich fast die gesamte Bevölkerung des Regenbogenplaneten eingefunden.

Von Norden und Süden her rollten in schwerfälligen Kolonnen und mit Donnergetöse unförmige »Maulwürfe« heran, auf denen die Erkennungszeichen der Pioniere und die gelben Blitze der Energetiker zu sehen waren. Pioniere und Energetiker bildeten auf dem Platz sogleich ein Lager und machten sich nach einer knappen Beratung – zwei Männer kamen zu Wort, denen jeweils drei Minuten Sprechzeit zugebilligt worden war – in größter Eile an das Ausheben der Unterstände. Ein ohrenbetäubendes Dröhnen erscholl, als die »Maulwürfe« die Betondecke aufzureißen begannen, um sich dann einer nach dem anderen in die Erde hineinzufressen. Am Rand des Schachtes wuchs zusehends ein Berg bröckelnder Erde, und über dem Platz breitete sich der säuerliche Geruch von denaturiertem Basalt aus.

In den ausgestorbenen Etagen des Theaters, das dem Ratsgebäude gegenüberlag, waren jetzt die Nullphysiker untergebracht. Den ganzen Tag über hatten die unermüdlichen Diener der Wissenschaft Schritt für Schritt zurückweichen müssen, hatten mithilfe der »Charybden« um jeden Beobachtungsposten und jede Station der Fernkontrolle gekämpft, hatten versucht, so viele Apparaturen und Forschungsunterlagen wie möglich zu retten, und jede Minute ihr Leben aufs Spiel gesetzt – bis sie schließlich der ausdrückliche Befehl Lamondois' und des Direktors in die Hauptstadt zurückrief. Sie waren an ihren erregten, zum Teil schuldbewussten Mienen zu erkennen, auch an den hektischen Stimmen, dem nervösen, unnatürlich lauten Lachen und an dem Galgenhumor, der ihre Gespräche über die Geschehnisse der vergangenen Stunden begleitete. Jetzt hatten sie alle Hände voll zu tun, um unter Aristoteles' und Pagawas Anleitung das wertvollste Material auszuwählen und vor der Evakuierung auf Mikrofilm zu übertragen.

Eine größere Gruppe von Monteuren und Meteorologen hatte in einem Randbezirk der Hauptstadt damit begonnen, Fließbänder zur Herstellung kleiner Raketen aufzubauen. Die Raketen sollten – mit den wichtigsten Dokumenten bestückt – als künstliche Satelliten über die Atmosphäre hinausgeschossen, später wieder eingesammelt und zur Erde gebracht werden.

Zu den Raketenbauern gesellten sich auch mehrere Touristen, die außerstande waren, tatenlos abzuwarten, oder wirklich helfen wollten und konnten – Leute, denen die Rettung der geistigen Werte am Herzen lag.

Dennoch war der Platz, der von »Geparden«, »Medusen«, »Bindjugs«, »Diligences«, »Maulwürfen« und »Condors« nur so wimmelte, noch immer voller Menschen: Biologen und

Planetologen, denen für die verbleibenden Stunden der Lebensinhalt genommen war, und viele Fremde, Künstler und Touristen, die von den unerwarteten Ereignissen überrollt worden waren. Nun standen sie ebenso aufgebracht wie verloren herum, wussten nicht, was sie tun oder an wen sie sich wenden sollten, um sich zu beschweren. Hier und da sah man Gestalten niedergedrückt und stumm in den Maschinen sitzen oder ziellos um die Häuserwände streichen. Einige wenige nur bewahrten Haltung, standen in Grüppchen zwischen den Wagen und unterhielten sich über unterschiedlichste Themen.

Der Planet war jetzt menschenleer. Alle Breiten, die nördlichen wie die südlichen, lagen wie ausgestorben da. Man hatte sämtliche Einwohner ausfindig gemacht und sie aus allen Ortschaften und den entferntesten Winkeln in die am Äquator gelegene Hauptstadt gebracht – mit Ausnahme von einigen wenigen Leuten, die erklärt hatten, ihnen sei nunmehr alles gleichgültig, sowie von einem Aerobus mit Kindern und einem Erzieher, der irgendwo in den tropischen Wäldern verschollen war, und dem schweren »Condor«, den man zur Suche nach den Vermissten ausgeschickt hatte.

Im Sitzungssaal des Ratsgebäudes tagte seit mehreren Stunden ununterbrochen der Oberste Rat des Regenbogenplaneten. Von Zeit zu Zeit hörte man den Direktor oder Kaneko völlig unerwartete Namen von Personen ausrufen, die dann Hals über Kopf zum Ratsgebäude liefen und hinter den Türen verschwanden. Gleich darauf kamen sie wieder heraus, stiegen in ihre Aeromobile oder Flyer und verließen die Stadt. Viele von denen, die nichts zu tun hatten, begleiteten sie mit neidischen Blicken. Niemand wusste, welche Fragen der Rat genau erörterte, doch das Wichtigste war ihnen über die Lautsprecher mitgeteilt worden: Die Gefahr einer Katastrophe war real; dem Obersten Rat stand ein einziges Raumschiff mit geringem Transportvolumen zur Verfügung; das Kinderdorf war evakuiert worden – die Kinder befanden sich zurzeit unter Aufsicht der Erzieher und Ärzte im Stadtpark; der interplanetare Liner »Pfeil«, zu dem man ständig Funkverbindung hielt, war unterwegs zum Regenbogenplaneten. Allerdings würde er frühestens in zehn Stunden eintreffen … Alle zwanzig Minuten informierte der Diensthabende des Obersten Rats die Menschen auf dem Platz über das Herannahen der Welle. Immer, wenn es aus dem Lautsprecher schallte: »Achtung, Regenbogen! Wir geben folgende Durchsage …«, erstarb jedes Geräusch in der Menge, und man lauschte aufmerksam – nicht jedoch ohne einen ärgerlichen Blick zum Schacht zu werfen, aus dem das gedämpfte Grollen der »Maulwürfe« zu hören war. Die Welle bewegte sich eigenartig. Manchmal stieg die Beschleunigung allzu stark – dann wurden die Menschen auf dem Platz einsilbig und schauten finster drein; manchmal verringerte sie sich – und dann hellten sich die Mienen zu einem hoffnungsvollen Lächeln auf. Doch die Welle bewegte sich trotz allem unaufhaltsam vorwärts. Die Saatflächen brannten, die Wälder lohten in knisternden Flammen auf, die verlassenen Siedlungen waren ein einziges Feuermeer.

Offizielle Informationen gab es nur wenige – wohl deshalb, weil niemand die Zeit fand, sich damit zu beschäftigen. Und wie immer in solchen Fällen traten an die Stelle von Meldungen unzählige Gerüchte.

Die Pioniere und Bauarbeiter gruben sich immer tiefer in die Erde. Wenn einer von ihnen, erschöpft und dreckverschmiert, aus dem Schacht herauswankte, rief er zuversichtlich zur Menge hinüber, es werde kaum noch zwei, drei Stunden dauern, bis ein ausreichend tiefer und geräumiger Unterschlupf für alle fertiggestellt wäre. Man blickte mit Hoffnung auf diese Männer, und die Hoffnung wurde bestärkt durch hartnäckige Gerüchte über Berechnungen, die Etienne Lamondois, Pagawa und ein gewisser Patrick angestellt haben sollten. Den Berechnungen zufolge müsste sich die Energie der nördlichen und südlichen Welle bei einem Aufprall am Äquator gegenseitig aufheben. Es hieß, der Planet werde sich anschließend mit einer anderthalb Meter dicken Schneeschicht überziehen.

Es gingen auch Gerüchte um, eine halbe Stunde zuvor sei im Institut für diskreten Raum, dessen mattweiße Wände vom Platz aus für jeden sichtbar waren, endlich der erste erfolgreiche Nulltransport eines Menschen zum Sonnensystem geglückt. Man nannte sogar den Namen des Mannes, der als erster Nullflieger der Welt gerade wohlbehalten auf dem Pluto gelandet sein sollte.

Andere wiederum wussten von Signalen zu berichten, die die südliche Welle durchbrochen hätten. Sie seien durch atmosphärische Störungen ziemlich entstellt gewesen, hätten aber dennoch dechiffriert werden können. So wollte man erfahren haben, dass einige Leute, die freiwillig auf einer der Energiestationen zurückgeblieben waren, die Welle überlebt hatten und sich den Umständen entsprechend gut fühlten. Das ließ darauf schließen, dass die P-Welle im Vergleich zu früheren Typen keine reale Gefahr für das Leben auf dem Planeten darstellte. Man hätte, so hieß es, sogar die Namen der Glücklichen durchgegeben, und sogleich fanden sich ein paar Leute, die behaupteten, diese persönlich zu kennen. Zur Bekräftigung der Nachricht wurde der Bericht eines Augenzeugen wiedergegeben, der gesehen haben wollte, wie der allerorts bekannte Kamillo in einem brennenden Flugwagen die Welle durchquert hatte und, mit den Armen fuchtelnd und irgendetwas rufend, gleich einem wunderlichen Kometen vorübergesaust war.

Große Verbreitung fand auch das Gerücht über einen ehemaligen Kosmonauten, der jetzt im Schacht arbeitete und sinngemäß gesagt haben sollte: »Den Kommandanten des ›Pfeil‹ kenne ich schon hundert Jahre. Wenn der sagt, er kommt in zehn Stunden, dann ist er in spätestens drei Stunden da. Man darf nicht jedes Wort des Obersten Rats für bare Münze nehmen. Darin sitzen Leute, die keine Ahnung von einem modernen Raumschiff haben und nicht wissen, was es unter der Führung eines erfahrenen Kommandanten leisten kann.«

Die Welt hatte plötzlich aufgehört, einfach und klar zu sein. Es wurde schwierig, Wahrheit von Unwahrheit zu trennen. Menschen, die man als absolut ehrlich zu kennen glaubte, begannen plötzlich bedenkenlos zu schwindeln, nur um andere aufzurichten und zu beruhigen. Und zwanzig Minuten später sah man sie völlig niedergeschmettert, weil sie aufgeschnappt hatten, dass die Welle zwar keine unmittelbare Lebensgefahr darstelle, aber die Psyche des Menschen auf ewig verkrüppele und ihn auf die Stufe eines Höhlenmenschen zurückversetze.

Die Menschen auf dem Platz beobachteten, wie eine hochgewachsene Frau mit verweintem Gesicht ins Ratsgebäude eindrang. Sie hatte einen etwa fünfjährigen Jungen in roten Hosen an der Hand. Viele kannten sie – Shenja Wjasanizyna, die Frau des Direktors. Sehr bald schon kam sie in Begleitung Kanekos wieder heraus, der sie höflich, aber entschieden am Arm führte. Sie weinte nicht mehr, doch ihr Gesicht drückte solche Entschlossenheit aus, dass die Umstehenden erschrocken zur Seite wichen, um ihr Platz zu machen. Der Junge knabberte seelenruhig an einem Keks.

Wer einer Tätigkeit nachgehen konnte, dem ging es besser. Darum beschloss die Gruppe der Künstler, Schriftsteller und Touristen, die sich in einer fruchtlosen Diskussion heiser geredet hatten, sich zu den Raketenmonteuren am Stadtrand zu gesellen. Auch wenn sie diesen nicht wirklich würden helfen können, erhofften sie sich dennoch eine wie auch immer geartete Beschäftigung. Einige stiegen auch in den Stollen hinunter, der mittlerweile horizontal ausgebaut wurde; andere, zumeist erfahrene Piloten, bestiegen ihr Aeromobil und jagten nach Norden oder Süden, um sich den Beobachtern des Obersten Rats anzuschließen, die bereits seit Stunden mit dem Tod Verstecken spielten.

Die Zurückbleibenden sahen, wie vor der Auffahrt zum Ratsgebäude ein rauchgeschwärzter und verbeulter Flyer landete. Zwei Männer stiegen aus, was sie offensichtlich große Anstrengung kostete. Wie betäubt blieben sie einen Augenblick neben dem Fahrzeug stehen und wankten dann, sich gegenseitig stützend, zum Eingang. Ihre Gesichter waren gelb und aufgedunsen, und nur die wenigsten erkannten den jungen Physiker Karl Hoffmann und den Testflieger Timothy Sawyer, der für sein virtuoses Banjospiel berühmt war. Sawyer schüttelte dauernd den Kopf und gab wirre Laute von sich, während Hoffmann mit krächzender Stimme erklärte, dass sie soeben versucht hätten, die Welle zu durchstoßen. Sie seien auch bis auf zwanzig Kilometer an sie herangekommen, hätten dann aber umkehren müssen, weil es Timothy plötzlich schwarz vor den Augen wurde. So erfuhr man von der Überlegung des Obersten Rats, die Bevölkerung auf die andere Seite der Welle zu evakuieren: Sawyer und Hoffmann hatten die Möglichkeiten dafür ausloten sollen. Kaum war ihre Geschichte bekannt geworden, berichtete jemand, zwei andere Pioniere hätten den Auftrag erhalten, auf offener See mit einem Bathyskaph unter der Welle hindurchzutauchen, seien aber bis jetzt nicht zurückgekehrt. Eine Nachricht von ihnen hätte man bisher auch nicht erhalten.

Zu dieser Zeit harrten nur noch etwa zweihundert Menschen auf dem Platz aus: knapp die Hälfte aller Erwachsenen des Regenbogenplaneten. Sie bemühten sich, in Grüppchen zusammenzubleiben, und unterhielten sich leise, ohne allerdings die Augen vom Ratsgebäude abzuwenden.

Auf dem Platz war es ruhig geworden. Die »Maulwürfe« hatten sich tief ins Erdinnere vorgearbeitet, sodass man ihr Grollen kaum noch hörte. Die Gespräche, die die Menschen führten, waren betrübt.

»Wieder fällt mein Urlaub ins Wasser. Diesmal, scheint es, für lange Zeit.«

»Bunker und Unterstände … Es ist ja nicht das erste Mal, dass uns so eine schwarze Wand zum Untertauchen zwingt …«

»Ein Jammer, aber ich habe nicht die geringste Lust zum Malen. Das Ratsgebäude wäre ein lohnendes Objekt – diese Farben! Das würde ich zu gern aufs Papier bringen … Und es wäre auch reizvoll, diese Atmosphäre, diese Anspannung und Erwartung einzufangen … aber es geht einfach nicht. Mir ist richtig elend zumute.«

»Eigenartig ist es trotzdem. Als hätten wir einen Geheimen Rat gewählt. Methoden wie im Mittelalter: in Klausur gehen, um über das Schicksal des Planeten zu beratschlagen. Wir werden ja sehen, was dabei herauskommt. Bestimmt nichts Vernünftiges.«

»Schau mal dort … Ananjew, das gefällt mir gar nicht. Schon seit zwei Stunden hockt er ganz allein da, sagt kein Wort und schärft nur immerzu sein Taschenmesser … Ich gehe jetzt hin und spreche ihn an. Kommst du mit?«

»Aodsora ist niedergebrannt … Mein Aodsora, ich habe es gebaut! Jetzt muss alles neu errichtet werden … Bis es wieder in Schutt und Asche liegt.«

»Mir tun die beiden leid. Wir zwei sind wenigstens zusammen, und deshalb habe ich auch keine Angst, Ehrenwort! Aber der Direktor kann die letzten Stunden nicht einmal mit seiner Frau verbringen. Das ist schon ein Elend!«

»Ich sitze hier untätig herum und schwatze, weil es meiner Ansicht nach nur eine einzige Möglichkeit für unsere Rettung gibt: den ›Pfeil‹. Alles andere ist nichts als bloße Beschäftigungstherapie.«

»Warum bin ich bloß hierhergekommen? Was hat mir auf der Erde gefehlt? Nie hätte ich gedacht, dass uns der Regenbogenplanet so übel mitspielen würde …«

Plötzlich dröhnte es aus dem Lautsprecher: »Achtung, Regenbogen! Hier spricht der Oberste Rat! Wir fordern alle Einwohner des Planeten auf, sich zu einer Vollversammlung auf dem Ratsplatz einzufinden. Die Versammlung beginnt in zwanzig Minuten. Ich wiederhole …«

Als sich Gorbowski einen Weg durch die Menge zum Ratsgebäude bahnte, wurde ihm bewusst, welch ungewöhnlicher Beliebtheit er sich erfreute. Man machte ihm ehrerbietig Platz, zeigte auf ihn, grüßte oder sprach ihn an: »Na, wie steht es, Leonid Andrejewitsch?« Zur gleichen Zeit flüsterten sich die Leute hinter seinem Rücken die Namen der Sterne und Planeten zu, mit denen er bereits zu tun gehabt hatte, und die Namen der Raumschiffe, deren Kommandant er gewesen war.

Gorbowski, der so viel Aufmerksamkeit nicht gewohnt war, verbeugte sich kurz im Vorübergehen, hob die Hand zum Gruß, lächelte und antwortete: »Danke, bis jetzt ist alles in Ordnung.« Und dachte: Jetzt soll mir noch mal jemand erzählen, die breiten Massen hätten kein Interesse mehr für die Raumfahrt. Fast körperlich empfand er die ungeheure Nervenanspannung der Menschen auf dem Platz, die ihn ein bisschen an die Minuten vor einem besonders schwierigen und wichtigen Examen erinnerte. Die Spannung übertrug sich auch auf ihn. Während er lächelte und scherzhafte Antworten gab, versuchte er, die Stimmung und das kollektive Gedankengut der Menge zu ergründen. Er überlegte, wie die Menschen seine Entscheidung aufnehmen würden. Ich glaube an euch, dachte Gorbowski beharrlich, unbedingt, was auch kommen mag. Ich glaube an euch alle, die ihr jetzt erschrocken seid, voll gespannter Aufmerksamkeit und hoffnungslos enttäuscht. Ich glaube an euch Menschen.

Unmittelbar vor dem Eingang zum Obersten Rat holte ihn ein Unbekannter ein, der in einem Schutzanzug für Schachtarbeiten steckte, und sprach ihn an. »Leonid Andrejewitsch«, sagte er und lächelte gequält. »Einen Augenblick, bitte. Wirklich nur eine Minute.«

»Aber bitte«, antwortete Gorbowski.

Der Mann wühlte hastig in seinen Taschen. »Wenn Sie wieder auf der Erde sind«, begann er, »bitte seien Sie so gut ... Wo steckt er bloß? – Sicher wird es Ihnen keine große Mühe machen. So, hier ist er.« Er holte einen zusammengefalteten Briefumschlag heraus. »Hier steht die Adresse, in Druckbuchstaben. Wenn Sie ihn bitte weiterleiten würden.«

Gorbowski nickte. »Selbstverständlich«, sagte er freundlich und nahm den Brief an sich.

»Meine Schrift ist fürchterlich, ich kann sie selbst nicht leiden. Obendrein habe ich in großer Eile geschrieben ...« Er verstummte, dann streckte er Gorbowski die Hand hin. »Glückliche Reise ... und schon im Voraus vielen Dank.«

»Wie geht es mit der Ausschachtung voran?«, fragte Gorbowski.

»Ausgezeichnet«, antwortete der Mann. »Machen Sie sich um uns keine Sorgen.«

Gorbowski betrat das Gebäude, und während er die Treppe hinaufging, grübelte er darüber nach, wie er seine Rede vor dem Rat am besten einleiten könnte; er fand jedoch keinen geschickten Anfang. Gorbowski war noch nicht ganz im ersten Stock angelangt, als er die Ratsmitglieder herunterkommen sah. Allen voran ging, leicht auf das Geländer gestützt, Lamondois. Er machte einen sehr ruhigen, wenn auch etwas zerstreuten Eindruck. Als er Gorbowski erblickte, lächelte er sonderbar verlegen und sah sofort wieder weg. Gorbowski machte Platz. Hinter Lamondois kam der Direktor – rot vor Erregung. Wütend knurrte er: »Bist du bereit?«, und stampfte, ohne eine Antwort abzuwarten, vorbei. Ihm folgten die übrigen Ratsmitglieder, die Gorbowski nicht kannte. Lautstark und lebhaft erörterten sie die Frage, wie der Eingang in den Unterstand beschaffen sein müsste, doch aus ihren allzu lauten Stimmen hörte Gorbowski deutlich etwas Falsches heraus und spürte, dass ihre Gedanken sich um etwas ganz anderes drehten. Als Letzter kam, in einiger Entfernung von den anderen, Stanislaw Pischta die Treppe herunter, noch immer so breitschultrig und braungebrannt und mit der gleichen Mähne wie vor fünfundzwanzig Jahren, als er Kommandant der »Sonnenblume« gewesen war und gemeinsam mit Gorbowski den Blinden Fleck erstürmt hatte.

»Nanu!«, rief Gorbowski überrascht.

»Oho!«, versetzte Stanislaw Pischta.

»Was machst du denn hier?«, fragte Gorbowski verblüfft.

»Ich streite mich mit den Physikern …«

»Da tust du gut daran«, meinte Gorbowski. »Ich werde mich gleich anschließen. Aber vorher sag mir noch, wer die Leitung über die Kinderkolonie übernommen hat.«

»Ich«, antwortete Pischta.

Gorbowski sah ihn ungläubig an.

»Ja doch, ich!« Pischta grinste. »Das hättest du mir wohl nicht zugetraut, wie? Du kannst dich gleich von meinen Qualitäten überzeugen – draußen auf dem Platz, wenn das Tohuwabohu losgeht. Da wird es völlig unpädagogisch zugehen, das kann ich dir schon jetzt sagen.«

Sie gingen langsam zum Ausgang.

»Das Tohuwabohu kann dir egal sein«, erwiderte Gorbowski. »Wo sind die Kinder?«

»Im Park.«

»Ausgezeichnet. Fahr hin und mach dich unverzüglich daran – hörst du, unverzüglich! –, die Kinder aufs Schiff zu bringen. Mark und Percy warten dort auf dich. Die Säuglinge sind schon an Bord. Nun beeil dich, ab mit dir.«

»Du bist großartig«, meinte Pischta anerkennend.

»Na, na«, wehrte Gorbowski ab. »Nun lauf schon.«

Pischta klopfte ihm auf die Schulter und rannte Hals über Kopf los. Als Gorbowski auf den Platz hinaustrat, fühlte er Hunderte von Augenpaaren auf sich gerichtet und hörte die donnernde Stimme des Direktors, der ins Megafon sprach: »… Wir müssen jetzt entscheiden, was für die Menschheit und auch für uns hier, als Teil der Menschheit, das Wertvollste ist. Als Erster wird der Leiter der Kinderkolonie, Genosse Pischta, sprechen.«

»Er ist schon gegangen«, sagte Gorbowski leise.

Der Direktor wandte sich zu ihm um. »Was heißt gegangen?«, fragte er flüsternd. »Wohin?«

Auf dem Platz war es ganz still geworden.

»Erlauben Sie, dass ich spreche«, bat Lamondois.

Er griff nach dem Megafon. Gorbowski sah, wie sich seine schmalen weißen Finger energisch auf Matwejs große Hand legten, mit der er krampfhaft das Sprachrohr umklammerte. Er gab es nicht gleich her.

»Wir wissen alle«, begann Lamondois, »was der Regenbogenplanet ist: ein Planet, der im Dienste der Wissenschaft besiedelt wurde und zur Durchführung physikalischer Experimente bestimmt ist. Auf das Resultat dieser Versuche wartet die ganze Menschheit. Jeder, der auf unseren Planeten kommt und hier lebt, ist sich im Klaren darüber, wohin er gekommen ist und wo er lebt.« Lamondois sprach präzise und sicher; er wirkte sehr imposant, wie er so dastand – blass, kerzengerade aufgerichtet und gespannt wie eine Saite. »Wir alle sind Soldaten der Wissenschaft – ihr haben wir unser Leben geopfert, unsere Neigungen, das Beste, das wir zu geben vermögen. Was wir geschaffen haben, gehört im Grunde nicht mehr uns. Es gehört der

Wissenschaft und den zwanzig Milliarden Erdenbürgern, die über den ganzen Weltraum verstreut sind. Gespräche über moralische Themen sind kompliziert und nicht immer angenehm. Reichlich oft geraten dabei Verstand und Logik in Widerstreit mit unserem rein emotionalen ›Ich will‹ und ›Ich will nicht‹, ›Es gefällt mir‹ und ›Es gefällt mir nicht‹. Aber es gibt ein objektives Gesetz, das die menschliche Gesellschaft vorantreibt. Es ist unabhängig von unseren Gefühlen und lautet: ›Die Menschheit muss erkennen.‹ Der Kampf des Wissens gegen das Unwissen ist unser wichtigstes Anliegen. Und wenn wir wollen, dass unser Handeln im Licht dieses Gesetzes besteht, müssen wir ihm strikt folgen, selbst wenn wir dann von einigen unserer angeborenen Triebe oder erworbenen Ideale abrücken müssen.« Lamondois legte eine kurze Pause ein und knöpfte sich den Hemdkragen auf. »Das Wertvollste auf dem Regenbogenplaneten ist unsere Arbeit. Dreißig Jahre lang haben wir den diskreten Raum erforscht. Wir haben die besten Nullphysiker der Erde hier vereint. Die aus unserer Arbeit geborenen Ideen – so tiefgründig, zukunftsweisend oder auch paradox sie mitunter sein mögen – stehen aber noch ganz am Anfang. Ich gehe sicher nicht fehl, wenn ich sage, dass auf unserem Planeten die einzigen Menschen leben, die zu Repräsentanten eines neuen Raumbegriffs geworden sind. Ich gehe auch nicht fehl zu sagen, dass nur wir über ein reiches experimentelles Material verfügen, das der theoretischen Ausarbeitung dieses Begriffes dient. Doch selbst wir, die Spezialisten, können im Augenblick noch nicht abschätzen, welch unüberschaubare, gigantische Macht über die Welt diese neue Theorie der Menschheit an die Hand gibt. Die Wissenschaft wird nicht nur um dreißig, nein, um hundert, zweihundert … dreihundert Jahre zurückgeworfen werden, wenn wir die Ergebnisse unserer Arbeit nicht sichern …«

Lamondois hielt plötzlich inne; sein Gesicht bekam rote Flecken, die Schultern sackten herunter. Über der Stadt stand Grabesstille.

»Ich möchte sehr gerne leben«, sagte Lamondois plötzlich. »Und meine Kinder … Ich habe zwei, einen Jungen und ein Mädchen, sind dort im Park … Ich weiß einfach nicht … Entscheidet selbst.«

Er ließ das Megafon sinken und blieb – völlig erschöpft, gealtert und mitleiderregend – vor der Menge stehen.

Alle schwiegen – die Nullphysiker, die in den ersten Reihen standen, und auch die unglücklichen Repräsentanten des neuen Raumbegriffs, die Einzigen im ganzen Weltall. Es schwiegen die Künstler und Schriftsteller, die sehr genau wussten, was dreißig Jahre Arbeit bedeuteten, und die ebenso gut wussten, dass kein Meisterwerk wiederholbar war. Es schwiegen die Pioniere und Energetiker, die dreißig Jahre lang Seite an Seite mit den Nullphysikern und für sie gearbeitet hatten. Es schwiegen auch die Mitglieder des Obersten Rats, Männer, die als klug, gebildet und großherzig angesehen waren und die in erster Linie darüber zu befinden hatten, was nun weiter geschehen sollte.

Gorbowski sah in Hunderte von Gesichtern, in junge und alte, männliche und weibliche; sie erschienen ihm in diesem Augenblick alle gleich und ähnelten dem von Etienne Lamondois in erstaunlichem Maße. Er konnte sich nur zu gut vorstellen, was jetzt in ihnen vorging. Alle wollten leben. Der junge Mensch – weil er noch so wenig vom Leben gehabt hatte; der alte – weil ihm ohnehin nicht mehr viel Zeit übrig blieb. Die meisten brachten es fertig, gegen diesen Gedanken anzukämpfen – eine Willensanstrengung –, und schon war er in die geheimen Tiefen zurückgedrängt. Wem das nicht gelang, versuchte, an gar nichts zu denken und seine Todesfurcht so gut es ging zu verbergen. Und die Übrigen … Es war unglaublich schade um die Arbeit, die die Menschen hier geleistet hatten. Noch mehr taten einem die Kinder leid. Auch wenn sie manchen hier herzlich gleichgültig waren – man musste an die Kinder denken! Sie bedauerte Gorbowski am meisten. Und das Schlimmste war: Er musste eine Entscheidung treffen. Zum Teufel, wie schwer das manchmal sein konnte, sich zu entscheiden! Jetzt gleich musste er seinen Entschluss fassen und ihn laut, sodass ihn alle hören konnten, verkünden. Damit aber würde er eine ungeheure Verantwortung auf sich nehmen, eine Verantwortung, die ihm niemand abnahm. Er musste vor sich selbst bestehen, um sich in den drei Stunden, die ihm noch blieben, als Mensch fühlen zu können. Himmel hilf!, dachte Gorbowski. Dann ging er zu Lamondois und nahm ihm das Megafon aus der Hand. Lamondois schien es nicht einmal zu bemerken.

»Ich habe den Eindruck«, begann Gorbowski forsch, »dass hier ein Missverständnis vorliegt. Der Genosse Lamondois hat Ihnen vorgeschlagen, sich zu entscheiden. Aber es ist bereits alles entschieden. Die Säuglinge und die Mütter mit Neugeborenen sind schon auf dem Schiff.« (Ein Seufzer der Erleichterung ging durch die Menge.) »Die übrigen Kinder werden gerade an Bord genommen. Ich denke, der Platz wird für alle reichen. Ich bin sogar überzeugt davon. Sie müssen entschuldigen, wenn ich diesen Beschluss allein gefasst habe, aber ich bin dazu befugt. Ich habe sogar das Recht, energisch gegen eventuelle Versuche vorzugehen, die mich an der Ausführung meines Beschlusses hindern. Ich glaube aber, dass ich von diesem Recht keinen Gebrauch machen muss. Im Übrigen hat Genosse Lamondois soeben einige interessante Gedanken geäußert, und wenn die Zeit nicht drängte, würde ich sehr gern mit ihm darüber sprechen … Ein Wort noch an die hier versammelten Eltern: Der Zutritt zum Kosmodrom ist selbstverständlich freigegeben, nur das Betreten der Landefähre – dafür haben Sie sicherlich Verständnis – ist nicht erlaubt.«

»Das war's«, sagte jemand laut. »Ist schon richtig so. Schachtarbeiter mir nach!«

Die Menge löste sich aus ihrer Erstarrung und geriet in Bewegung. Einige Flugwagen stiegen auf.

»Wir müssen davon ausgehen«, fuhr Gorbowski fort, »dass das Wertvollste, was wir besitzen, die Zukunft ist …«

»Die haben wir nicht mehr«, unterbrach ihn eine harte Stimme aus der Menge.

»Im Gegenteil, wir haben sie. Unsere Zukunft sind die Kinder. Ich gebe zu, dieser Gedanke ist nicht gerade neu. Aber trotzdem, man muss gerecht sein. Das Leben ist herrlich, und wir alle, die wir hier stehen, wissen das. Aber unsere Kinder haben das Leben noch nicht kennengelernt. Wie viel Glück steht ihnen bevor! Von den Nullproblemen, die sie erwarten, gar nicht zu reden.« (Die Menge applaudierte.) »Und nun entschuldigen Sie mich bitte, ich muss an Bord.«

Gorbowski reichte einem der Ratsmitglieder das Megafon und trat zu Matwej. Der Direktor klopfte ihm mehrmals anerkennend auf die Schulter. Sie sahen auf die Leute hinunter, sahen ihre Gesichter, die sich jetzt irgendwie entspannt hatten und nicht mehr ganz so unglücklich wirkten. Gorbowski seufzte und murmelte: »Eigenartig ist das mit uns Menschen. Da vervollkommnen wir uns nun und vervollkommnen uns, werden immer besser, klüger, gütiger und trotzdem: Wie erleichtert sind wir doch, wenn uns jemand die Last einer Entscheidung abnimmt …«

9

Die »Tariel II«, eine Landefähre vom Typ Sigma-L, war so konstruiert, dass sie einige wenige Wissenschaftler mit einem Minimum an Laborausrüstung über weite Strecken befördern konnte. Von gewaltiger Schubkraft angetrieben, stabil und zuverlässig, war sie wie geschaffen für Landungen auf Planeten mit extremen Temperaturen. Sie bestand zu fünfundneunzig Prozent aus energieerzeugenden Aggregaten. Selbstverständlich besaß das Raumschiff ein Wohnsegment aus fünf winzigen Kabinen, einem sehr kleinen Mannschaftslogis, einer Kochnische und einer geräumigen Kommandozentrale, die mit Steuerungs- und Kontrollinstrumenten bestückt war. Außerdem gab es eine Lastenabteilung, einen großen Raum mit kahlen Wänden, niedriger Decke, ohne die übliche Klimaanlage. Hier konnte im Notfall ein Labor eingerichtet werden. Normalerweise fasste die »Tariel II« bis zu zehn Personen einschließlich Besatzung.

Die Kinder wurden durch beide Luken an Bord genommen: die kleinen durch die Passagier-, die großen durch die Gepäckluke. Davor drängte sich eine Menschenmenge – bedeutend mehr Leute, als Gorbowski erwartet hatte. Schon auf den ersten Blick erkannte er, dass es sich nicht nur um Erzieher und Eltern handelte. In einiger Entfernung türmten sich Kisten mit Ulmotronen und der Ausrüstung für die Lalande-Expedition. Die Erwachsenen schwiegen, trotzdem herrschte vor der Landefähre ein ungewohnter Lärm: Kreischen, Lachen, dünnstimmiger Gesang – eine Geräuschkulisse, wie sie für Internate, Kinderspielplätze und Ambulatorien von jeher charakteristisch ist. Gorbowski sah kein bekanntes Gesicht. Nur schräg links entdeckte er Alja Postyschewa.

Auch sie war wie verwandelt – niedergeschlagen und traurig, im Gegensatz zu sonst aber sorgfältig gekleidet. Sie saß auf einer leeren Kiste, die Hände auf den Knien, und sah zur »Tariel« hinüber. Sie wartete.

Gorbowski kletterte aus dem Flugwagen und ging auf die Landefähre zu. Als er an Alja vorbeikam, lächelte sie bekümmert und sagte: »Ich warte auf Mark.«

»Schon gut, er wird bald kommen«, antwortete Gorbowski und ging weiter. Als man ihn jedoch gleich darauf wieder anhielt, wurde ihm klar, dass es nicht einfach sein würde, sich bis zur Luke durchzuarbeiten.

Ein großer, bärtiger Mann mit einem Panamahut verstellte ihm den Weg. »Genosse Gorbowski«, sagte er, »bitte nehmen Sie das hier.« Er reichte ihm ein langes, schweres Paket.

»Was ist das?«, fragte Gorbowski.

»Mein letztes Bild. Ich bin Johann Surd.«

»Johann Surd …«, wiederholte Gorbowski. »Ich wusste nicht, dass Sie hier sind.«

»Nehmen Sie es bitte. Es wiegt nicht viel. Das Beste, was ich in meinem Leben gemalt habe. Es handelt sich um den ›Wind‹ …«

In Gorbowskis Innern krampfte sich alles zusammen. »Geben Sie her«, sagte er und nahm das Paket behutsam an sich.

Surd verbeugte sich. »Danke, Gorbowski«, sagte er und verschwand in der Menge.

Jemand krallte die Finger kräftig und schmerzhaft in Gorbowskis Arm. Er drehte sich um und erblickte eine junge Frau. Ihre Lippen zitterten, ihr Gesicht war tränenüberströmt. »Sind Sie der Kapitän?«, fragte sie mit bebender Stimme.

»Ja, der bin ich.«

Sie presste seinen Arm noch fester. »Mein Junge ist dort – auf dem Schiff …« Ihre Lippen verzerrten sich. »Ich habe Angst …«

Gorbowski machte ein erstauntes Gesicht. »Aber warum denn? Er befindet sich dort ganz und gar in Sicherheit.«

»Sind Sie sicher? Versprechen Sie mir das?«

»Er befindet sich ganz und gar in Sicherheit«, wiederholte Gorbowski entschieden. »Die ›Tariel‹ ist sehr zuverlässig!«

»Die vielen Kinder«, sagte sie schluchzend. »Die vielen Kinder!«

Sie ließ seinen Arm los und wandte sich ab. Unschlüssig sah Gorbowski ihr nach und ging dann weiter, wobei er Surds Lebenswerk mit Armen und Hüften abschirmte. Im selben Augenblick wurde er von zwei Männern links und rechts an den Ellbogen gepackt.

»Das Ganze wiegt nur drei Kilo«, sagte der eine, ein blasser Mann mit eckigen Bewegungen. »Ich habe noch nie jemanden um etwas gebeten …«

»Das sieht man«, bestätigte Gorbowski spöttisch.

»Es sind Aufzeichnungen über die Welle über einen Zeitraum von zehn Jahren. Sechs Millionen Fotokopien.«

»Die sind sehr wichtig!«, bekräftigte der andere Mann, der Gorbowski am linken Ellbogen festhielt. Er hatte dicke, gutmütige Lippen, unrasierte Wangen und kleine, flehende Augen. »Verstehen Sie, das ist Maljajew«, und er zeigte dabei auf den Ersten. »Sie müssen den Ordner unbedingt mitnehmen.«

»Schweigen Sie, Patrick«, sagte Maljajew. »Begreifen Sie doch, Leonid Andrejewitsch. So etwas darf sich nicht wiederholen … damit niemals mehr …«, er stöhnte auf, »damit wir niemals mehr vor eine so schlimme Entscheidung gestellt werden …«

»Bringen Sie es mir nach«, bat Gorbowski. »Ich habe keine Hand frei.«

Sie ließen ihn los, und er machte einen Schritt nach vorn, stieß jedoch mit dem Knie gegen einen großen, in eine Plane eingepackten Gegenstand, den zwei Burschen in blauen Baskenmützen mit Mühe zwischen sich hielten.

»Ob Sie das mitnehmen könnten?«, schnaufte der eine.

»Wenn es möglich wäre, dass …«, sagte der andere.

»Wir haben zwei Jahre daran gebaut.«

»Bitte!«

Gorbowski schüttelte den Kopf und ging vorsichtig um die beiden herum.

»Leonid Andrejewitsch«, sagte der Erste kläglich. »Wir flehen Sie an.«

Gorbowski schüttelte abermals den Kopf.

»Erniedrige dich nicht«, sagte der Zweite wütend, ließ plötzlich seinen Zipfel los, und der eingewickelte Gegenstand schlug krachend auf dem Boden auf. »Wozu hältst du es denn noch fest?«

Mit unerwarteter Wucht versetzte er dem Gegenstand einen Fußtritt und ging, stark hinkend, davon.

»Wolodka«, rief ihm der andere ängstlich hinterher. »Spiel nicht verrückt!«

Gorbowski wandte sich kopfschüttelnd ab. Er brachte kein Wort heraus. Hinter ihm ging, schwer atmend und ihm fast in die Fersen tretend, Maljajew.

Eine weitere Gruppe von Leuten, alle mit Rollen, Päckchen und Paketen in den Händen, setzte sich in Marsch und ging neben ihm her.

»Vielleicht könnte man es so machen, dass …«, sagte einer von ihnen nervös und abgehackt. »Vielleicht könnte man alles … alles an der Gepäckluke zusammentragen … Wir wissen, dass die Chancen sehr gering sind … Aber vielleicht bleibt plötzlich doch noch etwas Platz übrig … Schließlich sind das ja keine Menschen, sondern Gegenstände … Irgendwo könnte man sie verstauen … irgendwie …«

»Ja, ja«, sagte Gorbowski. »Befassen Sie sich bitte mit der Angelegenheit.« Er blieb stehen und packte sich das Bild auf die andere Schulter. »Sagen Sie den anderen Bescheid. Sie sollen alles an der Gepäckluke aufstapeln. Seitlich davon, in etwa zehn Schritt Entfernung. Abgemacht?«

Die Menge geriet in Bewegung. Die Leute mit den Rollen und Päckchen gingen allmählich auseinander, und Gorbowski gelangte schließlich auf den freien Platz vor der Passagierluke, wo die Kleinen, in Zweierreihen aufgestellt, darauf warteten, von Percy Dickson in Empfang genommen zu werden.

Die Knirpse in ihren verschiedenfarbigen Jäckchen, Hosen und Mützen waren durch die Aussicht auf diese außerplanmäßige Sternenfahrt sehr aufgeregt. Sie waren so mit sich und dem Anblick des riesigen blau schimmernden Schiffs beschäftigt, dass sie ihren Müttern und Vätern kaum einen Blick schenkten. Sie hatten anderes im Sinn als ihre Eltern. In der runden Lukenöffnung stand Percy Dickson. Er steckte in einer uralten, längst verblichenen Paradeuniform für Kosmonauten. Die Uniform war schwer, dick und mit vielen Abzeichen und prächtiger Posamentenstickerei verziert. Die silbernen Knöpfe blitzten. Der Schweiß lief in Strömen über Dicksons bärtiges Gesicht, und von Zeit zu Zeit donnerte er mit kräftigem Seemannsbass: »Abrakadabra! Simsalabim! Alle Mann an Deck, Anker lichten!« Er sagte das sehr lustig, und die Kleinen starrten ihn mit verzauberten Blicken an. Da standen auch die Erzieher: Der Mann hielt Listen in der Hand, und die Frau sang mit den Kindern lustige Verse von einem tapferen Nashorn. Ohne Dickson auch nur für einen Moment aus den Augen zu lassen, sangen die Knirpse begeistert mit, wobei einer den anderen zu übertönen suchte.

Stünde man mit dem Rücken zur Menge, dachte Gorbowski, könnte man tatsächlich meinen, der gute Onkel Percy hätte einen fröhlichen Rundflug um den Regenbogenplaneten organisiert. Als aber Dickson den Kleinen, der nun an der Reihe war, auf den Arm nahm und durch die Passagierluke weiterreichte, schrie eine Frauenstimme hinter Gorbowski hysterisch auf: »Tolik! Mein Tolik!« Gorbowski schaute sich um und blickte in das blasse Gesicht Maljajews; er sah die angespannten Züge der Väter und die kläglich lächelnden Gesichter der Mütter, er sah die Tränen, die zusammengepressten Lippen, die Verzweiflung und die hemmungslos schluchzende Frau, die von einem Mann in erdverschmiertem Arbeitsanzug um die Schultern gefasst und schnell weggeführt wurde. Jemand wandte sich ab, ein anderer krümmte sich zusammen und machte hastig kehrt, wobei er mit dem hinter ihm Stehenden zusammenprallte, ein Dritter legte sich auf den Betonboden und hämmerte sich mit den Fäusten an den Kopf.

Gorbowski entdeckte Shenja Wjasanizyna, die etwas voller und hübscher geworden war. Sie stand mit weit aufgerissenen Augen da, den Mund fest zusammengepresst, und hielt einen dicken, ruhigen Jungen in roten Hosen an der Hand. Der Kleine aß einen Apfel und war ganz in den Anblick des mit Glitzerschmuck behängten Percy Dickson versunken.

»Guten Tag, Leonid«, sagte sie.

»Guten Tag, Shenja«, antwortete Gorbowski.

Maljajew und Patrick traten zur Seite.

»Wie dünn du bist«, fuhr sie fort. »Noch genauso dünn wie früher. Sogar noch dünner.«

»Dafür bist du hübscher geworden.«

»Halte ich dich auch nicht ab?«

»Aber nein, alles läuft gut. Ich muss mir nur noch die ›Tariel‹ ansehen. Ich habe nämlich große Angst, dass die Plätze nicht ausreichen.«

»Man hat es ziemlich schwer so allein«, erzählte Shenja unvermittelt. »Matwej ist immerzu beschäftigt. Manchmal habe ich den Eindruck, dass ihm alles ganz egal ist.«

»Das stimmt absolut nicht«, widersprach Gorbowski. »Ich habe mich mit ihm unterhalten und kann dir das versichern. Aber was soll er tun? Alle Kinder auf dem Regenbogenplaneten sind irgendwie auch seine Kinder. Er kann nicht anders.«

Mit der freien Hand winkte sie schwach ab. »Ich weiß nicht, was ich mit Aljoschka machen soll«, sagte sie. »Er ist so an sein Zuhause gewöhnt. Selbst im Kindergarten war er noch nie.«

»Er wird sich einleben. Kinder gewöhnen sich sehr schnell an alles Neue, Shenja. Du brauchst dir keine Sorgen zu machen. Es wird gut gehen.«

»Ich weiß nicht einmal, an wen ich mich wenden soll.«

»Die Erzieher sind beide in Ordnung. Das weißt du doch. Aljoschka wird es an nichts fehlen.«

»Das meine ich nicht. Er ist doch in keiner Liste vermerkt.«

»Was soll daran Schlimmes sein? Ob er nun in der Liste steht oder nicht – kein einziges Kind wird auf dem Regenbogen zurückbleiben. Die Listen sind nur der Vollständigkeit halber da. Wenn du willst, gehe ich hin und sage, dass er eingeschrieben wird.«

»Ja«, antwortete sie. »Das heißt, nein … warte noch. Wäre es denn möglich, dass ich ihn selbst an Bord bringe?«

Gorbowski schüttelte betrübt den Kopf. »Shenja«, sagte er weich. »Das muss doch nicht sein. Wozu die Kinder beunruhigen?«

»Ich werde niemanden beunruhigen. Ich möchte nur mal sehen, wie es ihm dort geht … wer neben ihm sitzen wird …«

»Kinder wie er. Fröhliche und liebe Kinder.«

»Könnte ich nicht doch mit ihm hinaufgehen?«

»Nein, das geht wirklich nicht, Shenja.«

»Es muss aber sein. Es ist sehr wichtig. Ich kann ihn nicht allein lassen. Wie soll er ohne mich leben? Du verstehst das nicht. Ihr auf euer ›Tariel‹ versteht überhaupt nichts. Ich werde alles tun, was verlangt wird. Jede x-beliebige Arbeit. Ich kann alles. Sei doch nicht so herzlos.«

»Shenja, schau dich einmal um. Da stehen lauter Mütter.«

»Er ist aber nicht so wie die anderen. Er ist schwach und launisch. Er kann nicht ohne mich sein. Er kann es einfach nicht. Ich muss es doch am besten wissen. Willst du etwa ausnützen, dass ich mich bei niemandem über dich beschweren kann?«

»Und du, willst du etwa den Platz eines Kindes einnehmen, das dann hierbleiben muss?«

»Niemand wird zurückbleiben«, sagte sie heftig. »Ich bin ganz sicher, niemand! Alle werden unterkommen. Ich brauche ja so gut wie keinen Platz. Ihr habt doch bestimmt Maschinenräume, Kammern. Ich muss unbedingt bei ihm sein!«

»Entschuldige, aber ich kann nichts für dich tun.«

»Doch, du kannst! Du bist der Kapitän und kannst alles. Du warst doch immer ein guter Mensch, Leonid.«

»Ich bin jetzt nicht anders als früher. Du kannst dir gar nicht vorstellen, wie wahr es ist, wenn ich das von mir sage.«

»Ich werde nicht von deiner Seite weichen«, sagte sie und verstummte.

»Na schön«, antwortete Gorbowski. »Wir machen es so: Ich bringe jetzt Aljoschka an Bord, schaue mir die Räumlichkeiten an und komme dann zu dir zurück. Einverstanden?«

Sie sah ihm forschend in die Augen. »Gut, ich weiß, dass du mich nicht hintergehen wirst. Das hast du noch nie getan.«

»Nein, ich werde niemanden betrügen: Wenn das Raumschiff startet, bist du an meiner Seite. Gib mir den Jungen.«

Wie im Schlaf, ohne den Blick von seinem Gesicht zu lösen, schob sie ihm Aljoschka hin. »Geh nur, geh, Alik«, sagte sie. »Geh mit Onkel Leonid.«

»Wohin?«, fragte der Junge.

»Aufs Schiff«, antwortete Gorbowski und nahm ihn an der Hand. »Wohin denn sonst? Auf dieses Schiff da. Zu dem Onkel dort. Willst du?«

»Ja, zu dem Onkel will ich«, erklärte der Junge. Die Mutter schaute er gar nicht mehr an. Sie gingen gemeinsam zur Gangway, über die gerade die letzten Kinder zum Schiff stiegen. Gorbowski wandte sich an den Erzieher: »Tragen Sie ihn in die Liste ein. Alexej Matwejewitsch Wjasanizyn.«

Der Erzieher sah zuerst den Jungen an, dann Gorbowski und nickte, wobei er den Namen notierte. Gorbowski stieg langsam die Stufen hinauf, hob Aljoscha hoch und bugsierte ihn durch die Lukenöffnung.

»Das hier ist das Unterdeck«, erklärte er.

Mit einem Ruck riss sich der Junge los, ging zielstrebig auf Percy Dickson zu und sah ihn von oben bis unten an. Gorbowski setzte Surds Gemälde, das er noch immer auf der Schulter trug, ab und stellte es in die Ecke. Was war noch?, dachte er bei sich. Ach ja! Er ging abermals zur Luke, beugte sich hinaus und nahm Maljajews Akten entgegen.

»Danke«, sagte Maljajew lächelnd. »Sie haben es nicht vergessen … Wir wünschen Ihnen einen guten Flug.«

Patrick lächelte gleichfalls. Sie nickten ihm noch einmal zu und verschwanden in der Menge. Shenja stand direkt unter der Luke, und Gorbowski winkte ihr. Dann wandte er sich an Dickson. »Heiß?«, fragte er.

»Ja, schrecklich. Wenn ich mich wenigstens abbrausen könnte. Aber die Duschräume sind mit Kindern belegt.«

»Mach die Duschräume frei«, schlug Gorbowski vor.

»Das ist leicht gesagt.« Dickson ächzte und lockerte mühsam den engen Uniformkragen. »Mein Bart wächst schon fast den Hals hinunter«, murmelte er. »Er sticht unerträglich, der ganze Körper juckt.«

»Onkel«, fragte Aljoscha, »ist dein Bart echt?«

»Kannst mal dran zupfen«, antwortete Percy mit einem Seufzer und beugte sich hinunter.

Der Junge zog daran. »Ist trotzdem kein richtiger Bart«, erklärte er.

Gorbowski fasste Aljoscha an der Schulter, doch er machte sich los.

»Ich gehe nicht mit dir«, sagte er. »Ich will mit dem Kapitän gehen.«

»Na gut«, meinte Gorbowski. »Percy, bring ihn zum Erzieher.«

Vor der Tür, die zum Korridor führte, blieb er gebückt stehen.

»Fall nicht in Ohnmacht«, rief Dickson ihm nach.

Gorbowski öffnete die Tür. Nein, so etwas hatte es auf der Landefähre bisher nicht gegeben. Das war ein Kreischen und Lachen, ein Pfeifen, Zwitschern, Gurren, Hämmern, Klingen, Trampeln, Klirren, Säuglingsgeschrei … Dazu kamen die unverwechselbaren Gerüche von Milch, Honig, Medikamenten, erhitzten Kinderkörpern, Seife – und all das trotz der Klimaanlage und der Havarie-Ventilatoren, die auf Hochtouren liefen. Gorbowski jonglierte sich vorsichtig durch den Flur, bemüht, niemanden zu treten, und schaute dabei sorgenvoll in die offen stehenden Türen. Dort wurde gehüpft, getanzt und eine Puppe geschaukelt, einer feuerte aus seinem Gewehr, ein anderer schwang ein Lasso, es drängten sich in furchtbarer Enge an die vierzig Jungen und Mädchen im Alter von zwei bis sechs Jahren zusammen, die auf und unter den Betten saßen oder zwischen Tisch- und Stuhlbeinen herumkrabbelten. Die beiden Erzieher liefen besorgt von einer Kabine zur anderen. Im Mannschaftslogis, aus dem man fast das gesamte Mobiliar geschafft hatte, wickelten und stillten junge Mütter ihre Neugeborenen. Hier war auch eine Art Krippe eingerichtet worden, wo gerade fünf Krabbelkinder auf allen vieren umhertapsten und ihre kleinen Piepsstimmen lebhaft gebrauchten. Voller Beklemmung stellte sich Gorbowski dieses Gewimmel im Zustand der Schwerelosigkeit vor.

Die Kommandozentrale erkannte er, da sie völlig ausgeräumt worden war, kaum wieder. Die riesige Kontrollkonsole, die sonst fast ein Drittel der Kabine einnahm, fehlte. Auch das Steuerpult und der Pilotensessel waren verschwunden, ebenso der Bildschirm und der Sessel, der vor dem Bordcomputer stand. Der Computer selbst war zur Hälfte demontiert, und seine schimmernden Blockelemente lagen frei. Die Landefähre hatte aufgehört, ein Raumschiff zu sein. Sie hatte sich in eine schlichte, mit Eigenantrieb versehene interplanetare Barke verwandelt, die zwar ihr gutes Flugvermögen beibehalten würde, aber nur für Flüge mit Trägheitsnavigation eingesetzt werden konnte.

Gorbowski steckte die Hände in die Taschen. Dickson, der neben ihm stand, seufzte tief auf.

»Soso«, sagte Gorbowski. »Und wo ist Walkenstein?«

»Hier«, rief dieser und kroch aus dem Bordcomputer heraus. Er sah blass und sehr entschlossen aus.

»Bist ein ganzer Kerl, Mark«, lobte ihn Gorbowski. »Und du auch, Dickson. Danke.«

»Pischta hat schon dreimal nach dir gefragt«, sagte Mark und verschwand wieder am Rechner. »Er ist an der Gepäckluke.«

Gorbowski durchquerte die Kommandozentrale und ging zur Lastenabteilung. Ihm wurde unheimlich zumute. Hier, in dem langen, schmalen und spärlich beleuchteten Raum, standen eng aneinandergepresst Jungen und Mädchen, die bereits zur Schule gingen. Sie standen stumm da, fast ohne sich zu rühren, traten von einem Fuß auf den anderen und schauten durch die weit geöffnete Luke, durch die man den blauen Himmel und das flache weiße Dach eines weit entfernten Speichers sehen konnte.

Ein paar Sekunden lang blickte Gorbowski mit zusammengepressten Zähnen auf die Kinder, dann sagte er: »Die Schüler der ersten Klasse in den Korridor bringen. Die zweite und dritte Klasse in die Kommandozentrale. Jetzt gleich.«

»Und das ist nicht alles«, bemerkte Dickson, der Gorbowski beobachtet hatte, leise. »Zehn Kinder sind auf dem Weg von ihrem Städtchen hierher verschollen … Es ist anzunehmen, dass sie umgekommen sind. Außerdem haben sich die Schüler einer höheren Klasse geweigert, an Bord zu gehen. Und eben ist noch eine Gruppe von Kindern eingetroffen, deren Eltern nur zu Besuch auf dem Regenbogen sind. Nun, du wirst ja selbst sehen.«

»Mach es trotzdem, wie ich gesagt habe«, ordnete Gorbowski an. »Die ersten drei Klassen in den Korridor und in die Kommandozentrale. Und hierher Scheinwerfer und Leinwand, um Filme vorzuführen. Historische Filme. Die werden den Kindern gefallen. Los, Percy … Ach, noch etwas. Bilde aus den Kindern eine Kette zu Walkenstein. Sollen sie ein paar Gegenstände weiterreichen, das wird sie ein wenig ablenken.«

Er zwängte sich mit Mühe zur Luke durch und rannte nach unten. Am Fuß der Treppe stand, umringt von Erziehern, eine Gruppe von Kindern unterschiedlichen Alters. Links davon lagen, achtlos aufgehäuft, die wertvollsten Kulturgüter des Regenbogenplaneten: Dokumente, Akten, Maschinen und Maschinenmodelle, in Stoff gewickelte Skulpturen, verschnürte Gemälde. Rechts davon, in etwa zwanzig Schritt Entfernung, standen einige finster dreinschauende Jungen und Mädchen von fünfzehn, sechzehn Jahren. Vor ihnen ging, sehr ernst und den Kopf ein wenig geneigt, Stanislaw Pischta auf und ab. Die Hände hatte er auf dem Rücken verschränkt; er sprach leise, aber eindringlich. »… Betrachtet es als eine Prüfung. Denkt weniger an euch und mehr an die anderen. Warum schämt ihr euch? Nehmt euch zusammen und bezwingt diese Gefühle!«

Die jungen Leute schwiegen beharrlich. Auch die Erwachsenen, die sich vor der Gepäckluke drängten, schwiegen bedrückt. Einige der Schüler sahen sich verstohlen nach einer Fluchtmöglichkeit um – doch ausgeschlossen: Ringsum standen ihre Väter und Mütter. Gorbowski sah zur Luke hinüber. Sogar von hier aus war zu sehen, dass die »Tariel« zum Bersten voll war. In der Lukenöffnung, die die Breite eines Tores besaß, standen in dichter Kette die Kinder. Ihre Gesichter jedoch waren alles andere als kindlich – sie waren ernst und traurig.

Ein großer, sympathischer junger Mann mit unsicherem Blick, der so gar nicht zu seinem Äußeren passte, zwängte sich an Gorbowski heran. »Auf ein Wort, Kapitän«, sagte er mit bebender Stimme. »Nur ganz kurz …«

»Einen Moment«, bat Gorbowski. Er trat zu Pischta und nahm ihn bei den Schultern. »Der Platz reicht für alle«, fuhr dieser, an die Schüler gewandt, fort. »Darüber müsst ihr euch nicht sorgen.«

»Stanislaw«, sagte Gorbowski. »Sieh zu, dass du den Rest noch an Bord kriegst.«

»Dort ist nichts mehr frei«, flüsterte Pischta Gorbowski zu. »Wir haben auf dich gewartet. Es wäre gut, die Reserve-D-Kammer zu räumen.«

»Die ›Tariel‹ hat keine Reserve-D-Kammer. Aber wir werden gleich Platz schaffen. Mach dich bereit.«

Gorbowski blieb nun allein mit den Schülern zurück.

»Wir wollen nicht fliegen«, erklärte einer von ihnen, ein großer weißblonder Bursche mit leuchtenden grünen Augen. »Die Erzieher sollen fliegen.«

»Richtig«, sagte ein zierliches Mädchen in Trainingshosen.

Im Hintergrund hörte man Percy Dickson rufen: »Werft die Sachen runter! Gleich auf die Erde!«

Aus der Luke purzelten scheppernd Bauteile von Blocksystemen. Die Kette der Kinder hatte ihre Arbeit aufgenommen.

»Hört zu, Jungs und Mädchen«, begann Gorbowski. »Erstens habt ihr kein Stimmrecht, weil ihr noch zur Schule geht, zweitens appelliere ich an euer Gewissen. Es stimmt schon: Ihr seid jung und wollt Heldentaten vollbringen. Aber ihr werdet auf der ›Tariel‹ gebraucht, hier dagegen überhaupt nicht. Mit Schrecken denke ich daran, was während des Inertialfluges passieren kann. Pro Kajüte mit Vorschulkindern brauchen wir je zwei ältere Schüler, mindestens drei geschickte Mädchen für die Krippe und zur Unterstützung für die Mütter mit Neugeborenen. Kurz gesagt, das Raumschiff ist der Ort, an dem ihr eure Heldentaten vollbringen solltet.«

»Entschuldigen Sie, Kapitän«, fiel ihm der Grünäugige ironisch ins Wort. »All diese Pflichten können doch wohl die Erzieherinnen ausgezeichnet übernehmen.«

»Entschuldigen Sie, junger Mann«, antwortete Gorbowski im gleichen Tonfall. »Ich nehme an, dass Ihnen die Rechte des Kapitäns bekannt sind. Und als Kapitän versichere ich Ihnen, dass lediglich zwei Erzieher mitfliegen werden. Vor allem aber«, er wandte sich wieder an alle, »strengt euch mal an und überlegt ein bisschen, wie wohl euren Erziehern zumute sein muss, wenn sie an Bord die Plätze ihrer Schüler einnehmen. So schwer ist das doch wirklich nicht zu begreifen. Die Zeit der Sorglosigkeit ist vorbei. Leider lernt ihr das Leben jetzt von seiner härtesten Seite kennen, so wie es glücklicherweise selten ist. Und nun entschuldigt mich, ich habe zu tun. Noch eins, wenn euch das tröstet: Ihr werdet als Letzte an Bord gehen. Das war's.«

Gorbowski wandte ihnen den Rücken zu und stolperte fast über den großen jungen Mann mit dem unsicheren Blick, der ihn kurz zuvor angesprochen hatte. »Ach herrje! Verzeihen Sie bitte, ich hatte Sie ganz vergessen«, sagte er.

»Sie meinten soeben, zwei Erzieher würden mitfahren«, begann der Hüne mit belegter Stimme. »Wer ist es?«

»Und wer sind Sie?«, fragte Gorbowski.

»Ich bin Robert Skljarow. Nullphysiker. Doch darum geht es nicht. Ich werde Ihnen gleich alles erklären. Nur sagen Sie mir zuerst, wer von den Erziehern fliegen wird.«

»Skljarow, Skljarow … Der Name kommt mir so bekannt vor. Wo habe ich ihn bloß schon gehört?«

»Kamillo«, half ihm der andere auf die Sprünge und lächelte gezwungen.

»Ach ja«, sagte Gorbowski. »Sie wollen also wissen, wer von den Erziehern fliegen wird.« Er musterte den jungen Mann. »Gut, ich werde es Ihnen sagen. Nur Ihnen. Fliegen werden der Leiter der Kinderkolonie und der Chefarzt. Sie wissen es selbst noch nicht.«

»Nein«, flehte Skljarow und packte Gorbowski am Arm. »Noch jemand … noch eine … Tatjana Turtschina … Sie ist auch Erzieherin … und sehr beliebt … eine erfahrene Erzieherin.«

Gorbowski löste sich aus dem Griff. »Das geht nicht«, erwiderte er. »Es geht nicht, mein Lieber. An Bord kommen nur Kinder und Mütter mit Neugeborenen, klar? Ich wiederhole: nur Kinder und stillende Mütter.«

»Sie gehört auch dazu!«, fiel Robert ihm hastig ins Wort. »Sie ist ebenfalls Mutter. Sie erwartet ein Kind. Mein Kind! Fragen Sie sie selbst … Sie ist auch Mutter!«

Gorbowski spürte einen heftigen Stoß an der Schulter. Er kam ins Stolpern und bemerkte, dass Skljarow erschrocken den Rückzug antrat, während eine kleine, zierliche Frau resolut auf ihn zuschritt. Ihr Gesicht, das man als klassisch schön bezeichnen konnte, hatte einen starren Ausdruck. Das goldblonde Haar war von grauen Strähnen durchzogen. Gorbowski fuhr sich mit der Hand über die Stirn und wandte sich wieder zur Treppe.

Jetzt standen hier nur noch die oberen Klassen und die Erzieher. Die übrigen Erwachsenen zerstreuten sich allmählich. In der Luke sah man Stanislaw Pischta stehen, der mit ausgebreiteten Armen rief: »Rückt etwas zusammen, Kinder! Mike, gib der Kommandozentrale durch, sie sollen aufrücken! Na los, noch ein bisschen!«

Ernste Kinderstimmen antworteten ihm: »Es geht nicht mehr. Wir stehen schon alle ganz eng.«

Dann dröhnte die tiefe Stimme Percy Dicksons los: »Was heißt, es geht nicht mehr? Und hier, hinter dem Pult? Komm ruhig her, Kleine, hab keine Angst, hier kannst du keinen elektrischen Schlag bekommen … Du auch, die Stupsnase da … Na, beeilt euch! Und du … So, jawohl.«

Und die etwas schneidende Stimme Mark Walkensteins sagte: »Macht mal Platz, Kinder … Lasst mich durch … Beweg dich, Mädchen … Du auch, Kleiner.«

Pischta tat einen Schritt zur Seite und ließ Walkenstein durch, der neben ihm aufgetaucht war, die Jacke lose um die Schultern geworfen.

»Ich bleibe auf dem Regenbogen«, sagte Mark. »Fahr ohne mich, Leonid.« Sein Blick schweifte suchend über die Menschenmenge.

Gorbowski nickte. »Ist der Arzt schon an Bord?«, fragte er.

»Ja«, antwortete Mark. »An Erwachsenen sind dort nur der Arzt und Dickson.«

Aus der Luke drang plötzlich Gelächter.

»Ihr seid mir die Richtigen«, keuchte Dickson. »So muss man das machen … Eins-zwei, eins-zwei …«

Dann tauchte Percy in der Lukenöffnung auf, direkt über Pischtas Kopf. Sein Gesicht war schweißüberströmt und dunkelrot angelaufen.

»Halt mich fest, Leonid«, ächzte er. »Ich falle gleich runter.«

Die Kinder lachten. Es war in der Tat ein komischer Anblick, den dicken Bordingenieur wie eine Fliege an der Decke hängen zu sehen, wobei er sich mit Händen und Füßen an den Gepäckhalterungen festklammerte, um auf diesem Weg aus dem überfüllten Raumschiff zu gelangen.

Er war wuchtig und dampfte vor Hitze. Als Pischta und Gorbowski ihn herausgezogen und auf die Beine gestellt hatten, sagte er schwer atmend: »Alt bin ich. Ziemlich alt.« Schuldbewusst blinzelnd sah er Gorbowski an. »Ich halte es dort nicht aus, Leonid. So eng, stickig und heiß, wie es da ist … Dazu diese vermaledeite Uniform. Ich bleibe hier, flieg mit Mark.« Dann fügte er scherzhaft hinzu: »Außerdem habe ich euch, ehrlich gesagt, auch alle satt.«

»Na, dann leb wohl, Percy«, verabschiedete sich Gorbowski.

»Leb wohl, alter Freund«, antwortete Dickson gerührt.

Gorbowski lächelte geheimnisvoll und klopfte ihm auf die Schulter.

»Das wär's also, Stanislaw«, wandte er sich an Pischta. »Jetzt musst du ohne Bordingenieur auskommen. Deine Aufgabe wird es sein, auf die Umlaufbahn des Äquatorialsputniks zu gelangen und dort auf den ›Pfeil‹ zu warten. Das Übrige erledigt der Kommandant des ›Pfeils‹.«

Einige Sekunden lang schwieg Pischta verblüfft. Dann begriff er. »Was willst du damit sagen, he?«, fragte er leise und sah Gorbowski forschend an. »Was soll das heißen! Du gehörst doch zur Besatzung! Was sind das für Mätzchen?«

»Mätzchen?«, wunderte sich Gorbowski. »Das sind keine Mätzchen. Geh jetzt. Du trägst für alle die Verantwortung. Bis zum Schluss.« Er wandte sich an die älteren Schüler: »Marsch an Bord!« Dann wieder zu Pischta: »Geh voraus, sonst kommst du nicht durch.«

Pischta betrachtete die großen Schüler, wie sie langsam und niedergeschlagen auf die Treppe zugingen, schaute zur Luke, in der einzelne Kindergesichter zu sehen waren, dann gab er Gorbowski einen linkischen Kuss auf die Wange, nickte Mark und Dickson zu, stellte sich auf die Zehenspitzen und griff nach den Halterungen; Gorbowski gab ihm noch einen kleinen Schubs. Dann zwängten sich die Schüler einer nach dem anderen langsam und betont würdevoll ins Innere der Landefähre, wobei sie sich Mut machten mit Bemerkungen wie: »Na, macht schon! Behalt die Nase im Gesicht, sonst tritt dir noch einer drauf! Wer heult denn da? Kopf hoch!« Als Letzte war das Mädchen mit den Trainingshosen an der Reihe. Für einen Moment blieb sie stehen und sah Gorbowski hoffnungsvoll an; der aber machte ein steinernes Gesicht.

»Es gibt keinen Platz mehr, sehen Sie?«, sagte sie leise. »Ich passe nicht mehr rein.«

»Du wirst ohnehin ein bisschen dünner«, versicherte ihr Gorbowski und schob sie an den Schultern sacht zu den anderen hin. Dann fragte er Dickson: »Und wo ist der Film?«

»Es ist an alles gedacht«, antwortete Percy wichtig. »Das Kino fängt an, wenn wir starten. Kinder lieben Überraschungen.«

»Pischta!«, rief Gorbowski. »Bist du so weit?«

»Ich bin fertig!«, hallte es dumpf zurück.

»Dann starte! Guten Flug! Mach die Luken dicht! Guten Flug, Kinder!«

Der schwere Lukendeckel rollte geräuschlos in den Führungsschienen herunter. Gorbowski winkte zum Abschied und wollte schon vom Lukensüll zurücktreten, als ihm plötzlich noch etwas einfiel. »Halt!«, schrie er. »Der Brief!«

In der Brusttasche steckte er nicht, in der Seitentasche auch nicht. Die Luke schloss sich bereits. Aus unerklärlichen Gründen fand sich der Brief in der Innentasche. Gorbowski steckte ihn hastig dem Mädchen in den Trainingshosen zu und riss seine Hand fort. Im gleichen Moment schnappte die Luke zu. Gorbowski strich, er wusste selbst nicht, warum, sacht über das bläulich schimmernde Metall, dann stieg er, ohne noch jemanden anzusehen, die Gangway hinunter, die anschließend von Dickson und Mark weggerollt wurde.

Vor der »Tariel« befanden sich nur noch wenige Leute, dafür kreisten über der Landefähre Dutzende von Hubschraubern und Flugwagen.

Gorbowski ging um die vor dem Schiff aufgehäuften Wertgegenstände herum, stolperte über eine Büste und gelangte schließlich zur Passagierluke, wo Shenja Wjasanizyna hatte auf ihn warten sollen. Wenn Matwej wenigstens da wäre, dachte er betrübt. Er fühlte sich erschöpft und ausgelaugt – doch welche Freude, als er plötzlich Matwej auf sich zukommen sah. Allerdings war Matwej allein.

»Wo ist denn Shenja?«, fragte Gorbowski.

Matwej blieb stehen und blickte um sich. »Sie war hier«, sagte er. »Ich habe eben mit ihr über Radiofon gesprochen ... Was denn, sind die Luken schon zu?« Er hielt noch immer Ausschau nach seiner Frau.

»Ja, sie starten gleich«, antwortete Gorbowski, der sich ebenfalls nach allen Seiten umsah. Vielleicht ist sie in einem der Hubschrauber, dachte er. Aber er wusste, dass das unmöglich war.

»Wirklich eigenartig, dass Shenja nicht hier ist«, meinte Matwej.

»Vielleicht ist sie in einem der Hubschrauber«, sprach Gorbowski seinen Gedanken laut aus. Und plötzlich wusste er, wo sie war. Hat sie es trotzdem geschafft, dachte er.

»Nun habe ich Aljoschka nicht mehr gesehen«, bedauerte Matwej.

Ein seltsam anschwellender Ton, der an ein krampfartiges Seufzen erinnerte, erhob sich über dem Kosmodrom. Der gewaltige, bläulich schimmernde Flugkörper löste sich von der Erde und gewann langsam an Höhe. Nun sehe ich zum ersten Mal den Start meines eigenen Raumschiffs, dachte Gorbowski.

Matwej verfolgte den Start aufmerksam; plötzlich aber, als habe er Gorbowskis Gedanken erraten, wandte er sich abrupt um und starrte ihn verdutzt an. »Halt mal ...«, murmelte er. »Wie ist das möglich? Wieso bist du hier? Und die ›Tariel‹ ...?«

»Pischta ist an Bord«, erklärte Gorbowski.

Matwejs Augen wurden starr. »Schau mal dort ...«, flüsterte er.

Gorbowski drehte sich um. Am Horizont stand ein gleichmäßiger gleißender Streifen.

10

Als sie den Stadtrand erreicht hatten, bat Gorbowski anzuhalten. Dickson bremste und sah ihn abwartend an.

»Ich gehe zu Fuß weiter«, erklärte Gorbowski und stieg aus. Nach ihm kletterte auch Mark aus dem Wagen und half dann Alja Postyschewa heraus. Seit sie vom Kosmodrom losgefahren waren, hatten die beiden schweigend auf dem Rücksitz gesessen, sich wie Kinder bei den Händen gehalten, und Alja hatte ihr Gesicht an Marks Schulter gelehnt, die Augen geschlossen.

»Kommen Sie mit, Percy«, schlug Gorbowski vor. »Wir werden Blumen pflücken, und es ist auch nicht mehr so heiß. Sie brauchen sich nicht um Ihr Herz zu sorgen, es wird Ihnen guttun.«

Dickson schüttelte seinen zerzausten Kopf. »Nein, Leonid«, erwiderte er. »Es ist besser, wir verabschieden uns hier. Ich fahre weiter.«

Es war kühl geworden, die Sonne stand schon tief. Es war, als leuchtete sie durch einen Korridor mit schwarzen Wänden, denn beide Wellen – die nördliche und die südliche – hatten sich inzwischen hoch über den Horizont erhoben.

»Ich werde diesen Korridor entlangfahren«, sagte Dickson. »Solange es geht. Leb wohl, Leonid. Leb wohl, Mark. Und auch du, Alja, leb wohl. Geht jetzt … Ihr wollt sicher allein sein.«

»Ja«, antwortete Mark. »Leb wohl, Percy … Komm, Alja.« Er lächelte Gorbowski flüchtig zu, legte einen Arm um das Mädchen und machte sich mit ihm auf den Weg. Gorbowski und Dickson sahen ihnen nach.

»Die beiden haben sich ein bisschen zu spät gefunden«, meinte Dickson.

»Möglich«, stimmte Gorbowski zu. »Trotzdem beneide ich sie.«

»Dass du immer alle Leute beneiden musst, Leonid. Darin bist du wirklich einmalig. Aber abgesehen davon, beneide ich die beiden ebenfalls. Darum nämlich, weil sie jemanden haben, der in den letzten Minuten an sie denkt. An mich wird niemand denken … an dich übrigens auch nicht, Leonid …«

»Wenn du willst, denke ich an dich«, schlug Gorbowski vor.

»Ach was, das lohnt nicht.« Dickson kniff die Augen zusammen und schaute zur untergehenden Sonne. »Nun«, sagte er, »diesmal kommen wir, wie es scheint, nicht davon. Also dann: adieu, Leonid.«

Er nickte ein letztes Mal und fuhr los, während sich Gorbowski gemessenen Schritts, zusammen mit ein paar anderen Leuten, die es ebenfalls in die Hauptstadt zog, auf der Chaussee in Marsch setzte. Er fühlte sich – zum ersten Mal an diesem turbulenten, anstrengenden und schrecklichen Tag – leicht und ruhig. Um niemanden brauchte er sich mehr zu kümmern, keine Entscheidungen mehr zu treffen. Alle um ihn herum wussten selbst, was zu tun war, sodass auch er jetzt frei und unabhängig war. Unabhängig wie noch nie in seinem Leben.

Der Abend war schön, und ohne die schwarzen Wände rechts und links, die allmählich in den blauen Himmel hineinwuchsen, wäre er ganz wunderbar gewesen: still, klar, kühl, von rötlichen Sonnenstrahlen durchsetzt. Die Chaussee wurde langsam leerer; einige Leute gingen in die Steppe, andere ließen sich am Wegrand nieder.

In der Stadt prangten rechts und links entlang der Hauptstraße leuchtende Farbtupfen – die Künstler hatten ein letztes Mal ihre Werke ausgestellt. Mehrere Menschen standen davor und betrachteten die Bilder, die gegen die Bordsteinkante, gegen Bäume und Häuserwände gelehnt oder an den Lichtmasten befestigt waren, hingen Erinnerungen nach oder empfanden stille Freude. Irgendwo brach jemand einen Streit vom Zaun, und eine hübsche, zierliche Frau ging, bitterlich schluchzend, vorüber und wiederholte: »Wie konnte er das tun … Mein Gott, wie konnte er das tun!« Gorbowski glaubte, sie schon einmal gesehen zu haben, entsann sich aber nicht mehr, wo.

Da vernahm er eine Melodie, die er noch nie gehört hatte. In einem Terrassencafé, gleich neben dem Ratsgebäude, spielte ein schmächtiger Mann leidenschaftlich und überaus temperamentvoll auf einer Konzertorgel. Die Leute an den Tischen hörten ihm aufmerksam zu; fast reglos saßen sie da, und viele, die keinen Platz mehr gefunden hatten, saßen auf den Stufen oder direkt auf dem Rasen, um dem Spiel zu lauschen. An der Orgelbank lehnte ein großes Pappschild, auf dem mit ungelenken Buchstaben geschrieben stand: »Der ferne Regenbogen. Unvollendet.«

Um den ausgehobenen Stollen herum drängten sich viele Leute, und alle waren beschäftigt. Die riesige, noch unfertige Eingangswölbung glänzte matt. Aus dem Theatergebäude sah man in langer Reihe die Nullphysiker zum Bunker gehen; sie schleppten Aktenbündel, Päckchen und unzählige Schachteln heran. Gorbowski fiel sofort die Mappe ein, die Maljajew ihm anvertraut hatte. Er versuchte, sich zu erinnern, in welcher Ecke des Raumschiffs er sie verstaut hatte. Wahrscheinlich in der Kommandozentrale. Oder im Unterdeck? Lieber nicht daran denken … Es lohnte nicht mehr. Jetzt wollte er aller Sorgen ledig sein. Eigenartig, hatten die Physiker wirklich noch Hoffnung? Wo doch inzwischen klar war, dass kein Unterstand die Menschen mehr retten konnte. Höchstens lohnte es sich noch, einige Arbeitsergebnisse vor der Welle in Sicherheit zu bringen. Aber auch dazu musste ein Wunder geschehen. Seltsamerweise glaubten ausgerechnet die größten Skeptiker und Vernunftmenschen auf dem Planeten an ein Wunder …

An der Auffahrt zum Ratsgebäude saß ein Mann in einer zerrissenen Fliegeruniform, die Beine vor sich ausgestreckt. Er war blind, sein Gesicht unter Binden verborgen. Auf seinen Knien lag ein mit Nickel verziertes, blitzendes Banjo. Mit zurückgeworfenem Kopf lauschte der Blinde der Musik vom »Fernen Regenbogen«.

Am Eingang zum Unterstand tauchte plötzlich Hans auf, der Pseudopilot, der einen großen Ballen auf der Schulter trug. Als er Gorbowski erkannte, lächelte er und sagte im Vorbeigehen: »Hallo, Kapitän! Was machen die Ulmotrone? Haben Sie noch welche bekommen? Wir sind jetzt dabei, unsere Archive zu begraben … Ziemliche Schinderei. Ein verrückter Tag ist das heute!« Hans war offenbar der Einzige auf dem Regenbogenplaneten, der nicht mitbekommen hatte, dass Gorbowski der echte Kommandant der »Tariel« war.

Gleich darauf hörte Gorbowski jemanden laut seinen Namen rufen und sah am Ratsgebäude hoch. Matwej hatte sich aus dem Fenster seines Arbeitszimmers gelehnt und sagte: »Die ›Tariel‹ ist bereits auf der Umlaufbahn. Es ist alles in Ordnung. Wir haben uns eben verabschiedet.«

»Komm doch runter«, schlug Gorbowski vor. »Wir gehen zusammen …«

Matwej schüttelte den Kopf. »Das geht leider nicht, mein Lieber. Ich habe noch eine Menge zu tun, und die Zeit drängt …« Er schwieg einen Augenblick und fügte dann etwas verlegen hinzu: »Shenja hat sich übrigens eingefunden, und weißt du, wo?«

»Ich kann es mir denken«, antwortete Gorbowski.

»Warum hast du das zugelassen?«, wollte Matwej wissen.

»Mein Ehrenwort, ich habe nichts damit zu tun«, antwortete Gorbowski.

Matwej schüttelte nochmals, diesmal vorwurfsvoll, den Kopf und verschwand vom Fenster. Gorbowski schlug den Weg zum Strand ein.

Es war ein herrlicher goldgelber Strand mit bequemen Liegen und farbenfrohen Sonnenschirmen. An der kleinen Anlegestelle lagen dicht nebeneinander mehrere Kutter und Boote. Gorbowski machte es sich auf einer der Liegen bequem, streckte behaglich die Beine aus, verschränkte die Hände über dem Bauch und betrachtete den westlichen Himmel mit der glutroten Abendsonne. Rechts und links ragten tiefschwarze Wände auf; er bemühte sich, sie nicht zur Kenntnis zu nehmen.

Jetzt würde ich planmäßig zur Lalande-Expedition starten, dachte er im Dahindämmern. Wir würden zu dritt in der Kommandokabine sitzen, und ich könnte den anderen erzählen, wie herrlich der Regenbogenplanet ist, und wie ich ihn an einem einzigen Tag kreuz und quer durchfahren habe. Percy Dickson würde wie immer schweigsam dasitzen und sich den Bart um den Finger wickeln, während Mark wie üblich knurren würde, dass es überall auf der Welt das Gleiche zu sehen gibt und es hier wie dort langweilig ist. Und morgen um diese Zeit würden wir die Umlaufbahn verlassen …

Gorbowski sah die junge Frau, die ihm kurz zuvor aufgefallen war, vorübergehen und wusste plötzlich, wer sie war: die Erzieherin, die auf dem Kosmodrom das unangenehme Gespräch mit Skljarow unterbrochen hatte. Sie ging direkt am Wasser entlang, und ihr Gesicht hatte jetzt nicht mehr den harten Ausdruck, es wirkte nur unendlich müde. Etwa fünfzig Meter entfernt von ihm blieb sie stehen, sah aufs Meer hinaus und setzte sich dann in den Sand, wobei sie das Kinn auf die Knie stützte. Im gleichen Moment hörte Gorbowski jemanden hinter sich aufseufzen, und als er sich umwandte, bemerkte er Skljarow, der ebenfalls zu dem Mädchen hinüberschaute.

»Es ist alles so sinnlos«, sagte Robert leise. »Mir scheint, ich habe mein Leben umsonst gelebt, und das Schlimmste hat sich für den letzten Tag aufgespart …«

»Was, mein Junge«, erwiderte Gorbowski, »kann es denn am letzten Tag überhaupt Gutes geben?«

»Sie wissen ja noch nicht, was ich …«

»Doch, ich weiß«, unterbrach ihn Gorbowski. »Ich weiß alles.«

»Nein, nein … Dann würden Sie anders mit mir reden.«

»Wie das?«

»Jedenfalls nicht wie mit einem normalen Menschen. Eher wie mit einem Feigling und Verbrecher.«

»Na, na«, sagte Gorbowski. »Ein Feigling, ein Verbrecher, was denn noch alles?«

»Ich bin ein Feigling und Verbrecher«, beharrte Robert. »Und das ist wahrscheinlich noch viel zu schwach ausgedrückt, denn ich bin nach wie vor der Meinung, dass ich richtig gehandelt habe.«

»Feiglinge und Verbrecher gibt es für mich nicht«, wandte Gorbowski ein. »Ich glaube eher an einen Menschen, der auferstehen kann, als an einen, der zu einem Verbrechen imstande ist.«

»Sie brauchen mich nicht zu trösten. Ich sagte doch, dass Sie noch nicht alles wissen.«

Gorbowski schaute ihn ruhig an und riet: »Vergeuden Sie keine Zeit, Robert. Gehen Sie zu ihr. Setzen Sie sich neben sie … Ich liege zwar sehr bequem hier, aber wenn Sie mich brauchen sollten, will ich Ihnen gern helfen …«

»Dass sich doch alles immer ganz anders entwickelt, als man es sich vorstellt«, meinte Robert zerknirscht. »Ich war sicher, sie zu retten. Ich glaubte, zu allem bereit zu sein, aber dem war nicht so … Ich gehe«, schloss er abrupt.

Gorbowski sah Robert nach und bemerkte, mit welch großen und sicheren Schritten er losging, um dann immer langsamer zu werden. Schließlich trat er doch auf das Mädchen zu und setzte sich neben sie. Sie rückte nicht von ihm ab. Einige Zeit betrachtete Gorbowski die beiden und versuchte, sich darüber klarzuwerden, ob er sie nun beneidete oder nicht. Dann aber schlief er fest ein.

Die Berührung von etwas Kaltem weckte ihn. Er blinzelte durch die Wimpern und erblickte Kamillo, den gewohnten Helm und das gelangweilte Gesicht mit den großen Augen.

»Ich wusste, dass Sie hier sind, Leonid«, erklärte Kamillo. »Ich habe Sie gesucht. Und gefunden.«

»Guten Tag, Kamillo«, murmelte Gorbowski. »Ist das nicht sehr langweilig, immer alles zu wissen?«

Kamillo zog sich eine Pritsche heran und setzte sich – den Rücken gekrümmt, als sei seine Wirbelsäule gebrochen. »Es gibt langweiligere Dinge«, antwortete er. »Ich habe alles so satt! Das Ganze war ein riesiger Irrtum.«

»Wie sieht es im Jenseits aus?«, erkundigte sich Gorbowski.

»Finster«, antwortete Kamillo. Nach einer kurzen Pause fügte er hinzu: »Heute bin ich dreimal fast gestorben und dreimal wiederauferstanden. Und jedes Mal war es sehr schmerzhaft.«

»Dreimal«, wiederholte Gorbowski. »Das ist ein Rekord.« Er musterte sein Gegenüber. »Sagen Sie mir die Wahrheit, Kamillo. Ich weiß nicht: Sind Sie ein Mensch? Sie brauchen sich nicht zu genieren. Ich habe ja keine Gelegenheit mehr, es weiterzuerzählen.«

Kamillo überlegte. »Ich weiß es nicht«, sagte er schließlich. »Ich bin der Letzte der ›Teufelsbrüder‹. Der Versuch damals war nicht gelungen, Leonid. Aus dem Zustand des ›Wollens, aber Nicht-Könnens‹ bin ich in den Zustand des ›Könnens, aber Nicht-Wollens‹ geraten ... Das ist ein trauriges Gefühl: können und nicht wollen.«

Gorbowski hörte mit geschlossenen Augen zu. »Ich verstehe«, erwiderte er. »Können und nicht wollen – das kommt von der Maschine, das traurige Gefühl hingegen vom Menschen.«

»Gar nichts verstehen Sie«, widersprach Kamillo. »Ihr Menschen liebt es, von der Weisheit der Patriarchen zu schwärmen, die über keinerlei Wünsche, Gefühle, ja nicht einmal über Empfindungen verfügen. Der reine Verstand. Ein Dalton'sches Gehirn. Die große Logik. Logische Methoden erfordern absolute Konzentration. Um in der Wissenschaft etwas zu leisten, muss man ihr Tag und Nacht opfern, muss man stets an ein und dasselbe denken, ein und dasselbe lesen, über ein und dasselbe reden ... Wo aber bleibt dann das eigene psychische Prisma? Die angeborene Fähigkeit zum Empfinden? Schließlich lohnt es doch, zu lieben, Bücher über die Liebe zu lesen, braucht man das Grün der Natur, Musik und Malerei, das Gefühl der Unzufriedenheit, der Angst, des Neides ... Ihr seid bestrebt, all das zurückzudrängen, und büßt damit einen Großteil eures Glückes ein. Ihr wisst das übrigens sehr gut. Und indem ihr diese Erkenntnis aus eurem Innern zu verbannen und dem quälenden Zwiespalt ein Ende zu machen sucht, kastriert ihr euch. Ihr trennt die emotionale Hälfte gewaltsam von euch ab und lasst nur eine einzige Reaktion auf die euch umgebende Welt gelten: den Zweifel. Alles anzweifeln – das ist euer Leitmotiv!« Kamillo schwieg eine Weile und fügte dann hinzu: »Und dann erwartet euch die Einsamkeit.« Er sah auf das abendliche Meer, den kühler werdenden Strand und auf die verlassenen Pritschen, die seltsame, überdimensionale Schatten warfen. »Die Einsamkeit ...«, wiederholte Kamillo gedankenverloren. »Ihr Menschen habt mich immer gemieden. Immer saht ihr in mir nur einen überflüssigen, aufdringlichen und wunderlichen Kauz, den niemand verstand. Auch jetzt geht ihr wieder fort und lasst mich hier allein zurück: Heute Nacht werde ich ein viertes Mal auferstehen – ein Verlassener auf einem toten Planeten, der von Schnee und Asche zugedeckt ist ...«

Am Strand wurde es plötzlich laut. Die Testflieger stapften durch den Sand hinunter zum Meer – sieben verhinderte Nullflieger. Auf ihren Schultern trugen sie den achten, erblindeten, mit dem von Binden umwickelten Gesicht. Der Blinde spielte mit zurückgeworfenem Kopf Banjo, und die Übrigen sangen dazu:

»Als du von bittrem, schwerem Leid
wie finstrem Wasser endlos weit
einst warst umfangen,
da bist du, kühn den Kopf erhoben
hin zu dem Streifen Blau da droben
vorangegangen.«

Ohne sich umzublicken, wateten die jungen Leute ins Meer. Das Wasser reichte ihnen bis zur Hüfte, dann bis an die Brust, schließlich schwammen sie, den blinden Kameraden auf dem Rücken, im Spiegelbild der untergehenden Sonne. Rechts von ihnen ragte eine schwarze, fast bis zum Zenit reichende Wand empor, und links von ihnen ragte eine schwarze, fast bis zum Zenit reichende Wand empor. Nur in der Mitte ein schmaler dunkelblauer Himmelsstreifen mit einer roten Sonne und auf dem Wasser die Spur zerfließenden Goldes, in der sie schwammen. Bald darauf hoben sie sich von den tanzenden Lichtflecken nicht mehr ab; nur noch das Spiel des Banjos und ihr Gesang klangen herüber.

ANHANG

BORIS STRUGATZKI
Kommentar

Der Weg zur Amalthea

Diese Erzählung hieß zunächst »Mit Fracht gelandet«. Konzipiert und ausgeführt wurde sie denn auch als »Produktionsgeschichte«.* Am wichtigsten war den Autoren darin die Atmosphäre von Gewöhnlichkeit, Alltäglichkeit – wenn man so will, Antiheroismus.

In einer noch früheren Version hieß sie »Ein schrecklicher großer Planet« und hatte mit der Endfassung wenig Ähnlichkeit – ich würde sagen, überhaupt keine.

> 5. 6. 57 – Arkadi: »Bring mir schleunigst alle Daten über den Jupiter und seine Monde in Erfahrung – alles Mögliche, Hypothesen, Vermutungen usw. Die Abstände zum Jupiter, Ausmaße, Umlaufzeiten, Atmosphären, Natur usw. Über den Jupiter selbst – alles, angefangen beim Abstand von der Sonne bis hin zu den Hypothesen über den inneren Aufbau. Außerdem, kann man den Jupiter nicht als

* »Produktionsromane« nannte man in der Sowjetunion und ihrem Einflussbereich Werke, die in der sozialistischen Industrie und Landwirtschaft spielten oder vom Aufbau neuer Großbetriebe, der Erschließung von Bodenschätzen u. dgl. handelten und in denen es vor allem darum ging, gegen natürliche Hindernisse, menschliche Unzulänglichkeit und die Widrigkeiten der Planwirtschaft ebendiesen Plan zu erfüllen. – *Anm. d. Übers.*

bestes Objekt nehmen, um den Kosyrjow-Effekt* zu überprüfen? Alle diese Angaben brauche ich *schleunigst.*«
31.8.57 – Arkadi: »Übrigens, an ›Ein schrecklicher großer Planet‹ werde ich weiterarbeiten, koste es, was es wolle. Das muss man machen, unbedingt. Es mag trivial sein, aber wir dürfen den Jupiter nicht so weggeben, wie [...]«
8.2.58 – Arkadi: »Nun zu ›Ein schrecklicher großer Planet‹. Der Plan, den du vorgeschlagen hast, ist in Ordnung, und er muss nur ein wenig nachgearbeitet werden. Seine Vorzüge sind folgende: 1. In der UdSSR die erste Geschichte über interplanetare Piraterie. 2. Sehr gute Anbindung an ›Atomvulkan Golkonda‹. 3. Es ist wieder kein Aufriss im gesamtplanetaren Maßstab, sondern nur eine Episode. 4. Ein starkes Sujet. 5. Usw.«

Leider ist der erwähnte Plan nicht erhalten geblieben – dabei wäre es so interessant, ihn jetzt zu lesen! Da gab es Gefechte im Weltraum, da gab es die geheimnisvollen »Simmons« – richtige Piraten ohne Wenn und Aber, grausam, widerwärtig und gnadenlos, die die interplanetaren Routen unsicher machten und vorhatten, aus dem Weltraum einen Schlag gegen die Sowjetrepubliken zu führen ... Nichts von alledem blieb in der ersten Version des »Planeten« erhalten. Konnte es auch nicht.

Am 19.3.1959 schreibt Arkadi: »Unsere Idee vom SGP geht gerade den Bach hinunter. *Keinerlei* Kämpfe im interplanetaren Raum. Darauf werden sie nicht einmal einen Blick werfen. Wir müssen uns etwas anderes ausdenken.«

* Mehr zum Kosyrjow-Effekt findet sich weiter unten im Kommentar zur Erzählung »Das vergessene Experiment«. – *Anm. d. Übers.*

Ihre Hoheit das Ideologische System selbst war gegen diese Variante. Arkadi brachte sie natürlich trotzdem zu Ende, ohne Piraten und Raumgefechte. Doch nach gemeinsamer Erörterung und Analyse wurde die Version abgelehnt – nun schon von den Verfassern selbst. In den endgültigen Text von »Der Weg zur Amalthea« sind davon nur ein paar Passagen eingegangen.

Anscheinend war »Der Weg zur Amalthea« (nach der Kurzgeschichte »Spezielle Voraussetzungen«) unsere erste längere Arbeit, die wir in der neuen, lakonischen Manier »à la Hemingway« schrieben. Außerdem arbeiteten wir daran erstmals nach der neuesten Methode: Beide Autoren sitzen an dem großen Esstisch in Mutters Zimmer in Leningrad einander gegenüber, einer an der Schreibmaschine, der andere mit einem Blatt Papier und dem Federhalter (um auftauchende Varianten zu notieren), und suchen, erörtern und polieren Wort für Wort, Absatz für Absatz, Seite für Seite den »idealen endgültigen Text«.

Die gierigen Dinge des Jahrhunderts

In Arkadis Tagebuch ist ein Zitat von Clifford Simak erhalten geblieben:

> The darkness of the mind, the bleakness of the thought, the shallowness of purpose. These were the werewolves of the world. (Clifford Simak: »Time is the Simplest Thing«)*

»Die Finsternis des Geistes, die Kälte des Denkens, die Niedrigkeit der Zwecke. Das waren die Werwölfe der Welt.« Zu-

* Clifford D. Simaks Roman ist deutsch als »Die unsichtbare Barriere« erschienen. – *Anm. d. Übers.*

nächst waren genau das die Zeilen, die wir als Motto einem neuen Roman über Menschen voranstellen wollten, die Opfer eines fantastischen elektronischen Narkotikums geworden sind – des Slegs (obwohl wir das Wort selbst damals noch nicht erfunden hatten). Die Handlung sollte auf der Insel Bulli in der Rigaer Bucht spielen; Arkadi hatte dort im Juli 1963 mit seiner Familie Urlaub gemacht, und die Gegend hatte seine Fantasie gefesselt. Der Roman sollte »Die Ratten« heißen.

> Aus Arkadis Tagebuch, 6.9.63: »Boris ist gekommen [...], wir haben versucht, uns das Sujet für ›Die Ratten‹ vorzustellen – Tagebuch eines Schriftstellers, der in die Nachbarschaft neuer Drogensüchtiger geraten ist – elektronischer Art.«

Ich erinnere mich nicht mehr an alle Einzelheiten, ich weiß nur noch, dass die Sache ganz realistisch werden sollte. Handlungszeit ist die Gegenwart, Ort der Handlung die Lettische SSR. Die handelnden Personen sind unsere Zeitgenossen, nur dass sie sonderbar und furchteinflößend wie Werwölfe sind. Im Grunde sind es auch Werwölfe, der nächtliche Schrecken der Insel Bulli.

Die Idee ging so: Unter Einwirkung eines mächtigen elektronischen Halluzinogens, das direkt aufs Gehirn wirkt, taucht der Mensch in eine Welt der Illusion ein, die ebenso markant wie die wirkliche Welt ist, doch weitaus interessanter, voller bemerkenswerter Ereignisse und ganz frei von den grauen Sorgen und Mühen des Alltags. Für den Genuss dieser Welt der Illusion muss man jedoch einen Preis zahlen: Aus dem narkotischen Schlaf erwacht, wird der Mensch zum gnadenlosen Vieh und strebt nur nach einem – um jeden Preis und möglichst schnell wieder in die Welt der vollkommenen und süßen Illusionen zurückzukehren.

Die Sache kam allerdings gleich zu Beginn ins Stocken. Den Titel »Die gierigen Dinge des Jahrhunderts« fanden wir anscheinend schon Ende 1963, und diesen Vers von Andrej Wosnessenski (»O gierige Dinge des Jahrhunderts! Die Seele wurde mit Veto belegt.«)* wählten wir als neues Motto, doch der Aufbau der Handlung wollte partout nicht gelingen.

> 21.1.64 – Boris: »Ich denke viel über die ›Gierigen Dinge‹ nach. In unserem Ansatz ist etwas, was mich abstößt wie vom ›Kraken‹. Wahrscheinlich ist es der strikte Realismus der Situation. Er hat eine Menge Nachteile. Man kann nicht alles schreiben, was einem gerade in den Sinn kommt. Die Unsicherheit, ob wir den Stoff gut genug kennen. Die Beschränktheit des Bildes bei dieser Umsetzung des Sujets. Du kannst schimpfen, aber je länger ich nachdenke, umso mehr neige ich dazu, etwas in der Art des ›Gottes‹** zu machen: eine fremde Welt, andere Menschen, ein breit angelegtes Panorama, viele Handlungsstränge, aktionsreichere Handlung, weniger Längen, die Ideen und Probleme stärker konzentriert. Ich habe neulich sogar noch einmal diesen Plan durchgelesen, wo Benny Durow auf den schrecklichen Planeten der Spießer gerät. Das hat was. Denk drüber nach und überzeug mich vom Gegenteil ...«

Das Sujet von Benny Durow auf dem Planeten der Spießer ist inzwischen völlig in Vergessenheit geraten und offen-

* Aus Wosnessenskis »Monolog des Beatniks«. Die 1967 in der DDR in Wosnessenskis Band »Antiwelten« erschienene Fassung ist jüngeren Datums und enthält die Zeilen nicht. – *Anm. d. Übers.*

** »Es ist schwer, ein Gott zu sein«, einer der erfolgreichsten Romane der Strugatzkis, im Original 1964 erschienen (im Band 4 der Strugatzki-Werkausgabe). – *Anm. d. Übers.*

sichtlich grundsätzlich nicht zu rekonstruieren. Der oben erwähnte »Krake« allerdings ist ein Roman, mit dem sich die Strugatzkis jahrelang abgemüht haben; sie haben ihn bald aus der einen, bald aus der anderen Richtung in Angriff genommen, mehrere Dutzend Seiten geschrieben (größtenteils Arkadi allein), ohne ihn jemals zu Ende bringen zu können. Und meines Erachtens eben wegen des »strikten Realismus der Situation«. In jenem Roman wird in ein Forschungsinstitut der Gegenwart ein Riesenkrake gebracht, von dem sich später herausstellt, dass er ins Bewusstsein der Menschen eindringen und sie in kalte Egoisten ohne jede Moral verwandeln kann. Eigentlich war das ein guter, vielversprechender Einfall, doch er erlaubte keine richtige Entfaltung: Die Strugatzkis hatten damals ihr Grundprinzip noch nicht formuliert – »Man muss entweder über etwas schreiben, was man gut kennt, oder über etwas, was niemand kennt« –, doch instinktiv befolgten sie es schon. In einer glaubhaft konstruierten, gut durchdachten Welt mit der nötigen Vielzahl von Realien fühlten sie sich freier als in einer strikt realistischen, nach der Natur gezeichneten Welt.

Die Antwort von Arkadi auf den obigen Brief ist nicht erhalten, wohl aber der nächste Brief von Boris, in dem er wieder seine Zweifel auszudrücken versucht.

> 27.1.64 – Boris: »Es geht, mein lieber Arkadi, nicht um andere Planeten, die mir selber zum Halse heraushängen. Es geht um die Beschränktheit des Einfalls. […] Es geht darum, dass der von uns erdachte Apparat nicht erlaubt, das Problem des Spießertums aus vielfältigen Blickwinkeln zu betrachten. Dieser Apparat ist im Grunde nichts anderes als eine Art Droge, eine sehr starke vielleicht, aber eben doch nur eine Droge. Das Problem des Spießertums wird dabei irgendwie von einem ganz anderen ver-

drängt: welches Leben man leben soll, ein wirkliches oder ein eingebildetes. Das ist ein interessantes Problem, aber nicht das, was mich bewegt. Und dich ja auch nicht. Die Schwachstelle der Idee ist ebendieser Apparat. Halluzinationen und elektronische Onanie. Ich glaube, das ist nicht das Richtige. Wir werden also eine Menge reden und nachdenken müssen. Zum Schreiben werden wir anscheinend nicht so bald kommen. Erst einmal werden wir uns lange und anödend streiten. Es ist alles so schwierig …«

Tatsächlich begannen wir schon Anfang Februar, den Roman zu schreiben. Und zwar gleich mit der sozusagen endgültigen Version: ein Kurort in einem nicht näher bestimmten Land – eine satte, helle, reiche, aber äußerst unglückselige Welt. Das alles scheint sich nach zwei, drei Tagen Diskussion ergeben zu haben. Die Welt war entworfen, die Dekorationen standen, und die Handlung kam sofort in Gang.

Die Rohfassung wurde in zwei Etappen geschrieben – die erste Hälfte Anfang Februar, die zweite im März 1964. Ein gutes halbes Jahr ließen wir das Rohmanuskript »ablagern«, im November aber machten wir auf einen Schlag die Reinschrift daraus. Die Autoren waren mit der Arbeit zufrieden, sie konnten damals natürlich nicht ahnen, welche Unannehmlichkeiten ihnen bevorstanden, und waren voller Optimismus. Die ersten Leser jedoch (Verwandte, Freunde) erwiesen sich als weitaus hellsichtiger. Alle hielten es für angebracht, ihre Befürchtungen zu äußern, und einer äußerte sich recht elegant: »Der Roman wird zweifellos Erfolg bei den Leuten haben, die ihn lesen. Auf dem Index natürlich.«

Wenn man die Korrespondenz zwischen Arkadi und Boris im Zeitraum vom Mai '63 bis Februar '64 fortlaufend liest, entsteht deutlich der Eindruck eines heraufziehenden Gewitters. Den Vorschuss haben sie schon erhalten, das

Manuskript glücklich abgegeben, und es ist in Produktion gegangen, im Lektorat scheint es durchweg wohlwollende Aufnahme gefunden zu haben – und doch stimmt etwas nicht, irgendwo ballt sich etwas zusammen, noch hinterm Horizont, irgendeine Bedrohung baut sich auf, und man versteht nicht einmal, worum es eigentlich geht.

Das erste Warnsignal war ein Brief von Arkadi, den Boris am 3.2.1964 erhielt:

> … Wie schon gesagt, haben sie die »Gierigen Dinge« Jefremow* gegeben, damit er ein Vorwort schreibt. Der Alte hat mich angerufen und zu einem Gespräch eingeladen. Und Folgendes hat er mir gesagt. […] Die Welt, die wir beschrieben haben, ist derart deutlich und schrecklich, dass sie für die Menschheit absolut nichts Gutes mehr erhoffen lässt. Das ist keine sowjetische Fantastik, sondern westliche, mit Schrecken und Bitternis angesichts der Zukunft. Die Agententypen – wie er Maria und Shilin nennt – machen einen erbärmlichen Eindruck, es ist ganz offensichtlich, dass die Welt, die sie vertreten, ebenso erbärmlich und hilflos ist. Übrigens sind die Menschlein in jenem Land (Eindruck: in der ganzen Welt) derart elend und arm an Geist, dass der Sleg wie eine blasse, unnötige Zutat wirkt.
>
> Er hat gesagt, dass er natürlich ein Vorwort schreiben wird, weil er uns gern hat und uns für die einzige Hoffnung der sowjetischen Fantastik hält (dabei ist er nicht besonders freigiebig mit Komplimenten – ich hab derlei

* Iwan Jefremow war ein bedeutender Wissenschaftler, dessen Roman »Das Mädchen aus dem All« (eigentlich »Der Andromedanebel«), eine Kombination aus Gesellschaftsutopie und Weltraum-SF, 1957/58 die Fixierung der sowjetischen Science Fiction auf die nähere Zukunft durchbrach und als Beginn ihrer nachfolgenden Blütezeit gilt. – *Anm. d. Übers.*

zum ersten Mal von ihm gehört), doch nach einem Gespräch mit Shemaitis [dem damaligen Leiter des SF-Lektorats im Verlag Molodaja Gwardija – B. S.] zu urteilen, das er am Tag zuvor hatte, wird das Vorwort allein nicht nützen und das Buch einfach gestoppt werden. […]

Was schlägt er vor? Entweder a) einen Untertitel, etwa in der Art: »Die gierigen Dinge des Jahrhunderts. Erster Teil: Das Land der triumphierenden Dummköpfe«. Das wird ihm erlauben, im Vorwort zu schreiben, dass wir einen zweiten Teil schreiben wollen, wo wir zeigen, wie die Menschheit mit dem Krebsgeschwür, das sich an ihrem Körper gebildet hatte, fertiggeworden ist.

Oder b) eine bestimmte Menge Einschübe zusammenschustern, in denen wir Sieg und Macht der Welt zeigen, aus der Shilin stammt. […]

Mir persönlich sagt weder das eine noch das andere zu. Die Frage ist: Werden wir dieses Buch veröffentlichen oder nicht? Beachte, dass das Cheflektorat dieses Buch in der gegenwärtigen Form auf keinen Fall durchlassen wird …

Was Boris antwortete, ist nicht bekannt; die Antwort ist verloren gegangen. Vielleicht kam Arkadi für ein paar Tage eigens nach Leningrad, und es wurden irgendwelche Korrekturen und Einschübe vorgenommen, die den aussichtslosen Text »veredelten«? Ich weiß es nicht mehr. Anscheinend war es so. Anscheinend kamen damals die großen eingeschobenen Passagen des letzten Kapitels ins Manuskript, Passagen, die dem düsteren Weltbild wenigstens ein paar Hoffnungsschimmer verleihen sollten. Und man muss sagen, dass sich das als hilfreich erwies, wenn auch nur vorübergehend.

20. 2. 65 – Arkadi: »Der Cheflektor hat die ›Gierigen Dinge‹, ohne sie zu lesen, genehmigt (wahrscheinlich hat er das

Vorwort der Autoren gelesen und war es zufrieden); Verluste: das Motto von Wosnessenski wurde gestrichen, weiter nichts. Bela [Bela Grigorjewna Kljujewa, damals unsere Lektorin und wichtigste Wohltäterin bei Molodaja Gwardija – B. S.] hat das ›Erste Buch‹ und den ›Augiasstall‹ kühn gestrichen, dazu alles, was sich in Jefremows Vorwort auf dieses ›Erste Buch‹ bezieht. Brava!«

Das erste Geplänkel wurde ohne nennenswerte Verluste für den Roman beendet. Heute erinnere ich mich nicht mehr daran, aber augenscheinlich schrieben die Autoren zu alledem auch noch ein Vorwort, wo sie die ganze notwendige Ideologie unterbrachten, sodass der eigentliche Text fast unangetastet blieb. Und damit kamen sie anscheinend durch – zunächst, toi, toi, toi.

Freilich stand alles noch bevor. Das Hauptgefecht brach vier Monate später los, als alles schon in Butter zu sein schien.

24. 6. 65 – Arkadi: »So leid es mir tut, aber ich muss dir die betrübliche Mitteilung machen: Die Zensur hat die ›Gierigen Dinge‹ gestoppt.

Kurz gesagt, läuft es darauf hinaus: Über die ›Gierigen Dinge‹ wird es eine Beratung im Cheflektorat geben, und dann gibt es drei Möglichkeiten (in der Reihenfolge abnehmender Wahrscheinlichkeit): Entweder gibt es ›eine Reihe von Einwänden‹, und wir müssen das Buch weiter verschandeln, oder das Buch wird verboten und endgültig aus dem Plan genommen, oder – das ist am unwahrscheinlichsten – die Einwände der Zensorin werden als unbegründet eingeschätzt; eigentlich kommt so etwas überhaupt nicht vor.

Wie ist es dazu gekommen? (Nach Belas Worten:) Die Zensorin hatte schon eine Zeit lang eine Auseinandersetzung mit jemandem im Cheflektorat und wollte beweisen, dass sie recht hat – sie verlangte ›mehr Verantwortungsbewusstsein seitens des Cheflektorats, wo alles ungelesen genehmigt wird‹. Sie hat sich unser Buch gegriffen, es sind ihr ›Zweifel gekommen‹, und sie ist mit Triumphgeheul ins Cheflektorat gestürzt: Da, seht, was ihr genehmigt habt! Der Cheflektor sagt natürlich zu Bela: Was haben diese Juden da wieder angestellt? Bela zu der Zensorin: Worum geht es, welche Einwände haben Sie? Die Zensorin: Ich habe keinerlei politische oder ideologische Einwände, mir sind nur Zweifel gekommen. Bela: Warum sind Sie mit Ihren Zweifeln gleich ins Cheflektorat gelaufen, Sie wissen doch, dass ein Zensor, wenn ihm Zweifel kommen, die Sache mit dem Lektor regelt. Die Zensorin: Ach, entschuldigen Sie, ich war so fix und fertig, dass ich den ethischen Aspekt ganz aus dem Blick verloren habe, aber ich musste das Cheflektorat an die Kandare nehmen. Bela: Das ist schlecht, dass Sie die Ethik vergessen haben, und was für Zweifel haben Sie? Wie sich zeigt, hatte sie drei Zweifel, und für jeden möchte man sie erwürgen: 1. Es kann keine reichen Länder geben, wo man alles hat, und gleichzeitig arme asiatische Länder. 2. Diese Spionage in einem kapitalistischen Land riecht sehr nach bewaffnetem Revolutionsexport. 3. In diesem Land gibt es nichts, was man der Zersetzung entgegenstellen könnte. (Die letzte Anmerkung hat am meisten für sich, aber das geht doch den Zensor nichts an!) Kurzum, der Fall wird bearbeitet, das Cheflektorat rührt sich, man muss abwarten. […]

Und Kotljar* geht regelmäßig ins ZK und stänkert. Ach? Das hat der Stellvertretende Cheflektor Bela gesteckt …

* Juri Kotljar, ein SF-Schreiberling aus den Sechzigerjahren, der vor allem als öffentlicher und geheimer Denunziant talentierterer Kollegen in Erinnerung geblieben ist. – *Anm. d. Übers.*

Man muss übrigens zugeben, dass sich das Cheflektorat ohne jede Begeisterung rührte und mit Weile eilte. Ein Termin um den anderen verging und nichts geschah. Die Leiter der Lektorate für ausländische Literatur und für ästhetische Erziehung lasen das Manuskript und fanden nichts daran auszusetzen: ›Der Roman ist gut und soll möglichst bald gedruckt werden.‹ Es las ›ein gewisser Mitrochin, Mitarbeiter am Institut für Philosophie und ein Freund Melentjews‹ [des damaligen Verlagsleiters von Molodaja Gwardija – B. S.], ihm gefiel das Buch ›in literarischer Hinsicht‹ nicht, ebenso wenig, ›dass die Soziologie der Welt und des Landes unbestimmt bleibt‹. Doch er sagte, er wäre dafür. Dann lasen es noch etliche Mitglieder des Verlagsbeirates und sagten, man könne es herausbringen. Alle warteten auf Melentjew, der auf einer längeren Dienstreise im Ausland war.
5.7.65 – Arkadi: »Du fragst, wie der Stand bei den ›Gierigen Dingen‹ ist. So weit fortgeschritten wie nur irgend möglich. Das ist die Umbruchkorrektur, die letzte. Die Matrizen liegen in den Maschinen und warten darauf, jeden Tag zigtausend Exemplare zu drucken. Aus dem Lager sind hundertfünfzehntausend fertige Einbände gekommen. Alles ist bereit. Nur die Zensorin hat sich als Miststück erwiesen. [...] Weiterhin keine Neuigkeiten. Warten wir ab.«

Warten mussten wir noch ungefähr zwei Wochen. Arkadi war mit seiner Familie nach Süden in den Urlaub geflogen; Boris kam nach Moskau, wohnte allein in der leeren Wohnung und wartete darauf, dass man ihn in den Verlag rief. Und dann war es endlich so weit.

17.7.65 – Boris: »Das Treffen hat stattgefunden. Anwesend waren: Melentjew, Gussew [der Stellvertretende Cheflektor], Falski [anscheinend ein Mitglied des Verlagsbeirates], Bela [Kljujewa, die Lektorin des Buches], Sergej [Shemaitis, Leiter des SF-Lektorats]. Es redete hauptsächlich Melentjew, die anderen schwiegen. Falski sagte kein einziges Wort. Bela praktisch auch nicht. Sergej wachte ein paarmal auf und teilte mit: einmal, dass es um eine Anordnung der Akzente geht, und beim zweiten Mal, dass Shilin ein alter Held der Strugatzkis ist und aus den früheren Büchern hervorgeht, dass er Kommunist ist. Gussew mischte sich jedes Mal ins Gespräch, wenn es mir gelungen war, Melentjews Wortschwall aufzuhalten (das kam ein paarmal vor, und jedes Mal war Melentjew sehr ungehalten – er wollte reden). Gussew sprach sehr seltsam: mal für uns, dann plötzlich mir nichts, dir nichts dagegen. […]

Melentjew begann mit einem Angriff (›Wie stellen Sie sich die Welt, die Erde in Ihrem Roman zur beschriebenen Zeit vor?‹) und griff praktisch die ganze Zeit an. Ein paarmal konnte ich seinen Angriff stoppen (ich brüllte ebenfalls), doch er fing immer wieder an, versuchte mich aufs Kreuz zu legen (›Die Autoren wissen genau, dass sie nicht nur den Kapitalismus meinen‹), machte das Lektorat herunter, ›das die Autoren übermäßig liebt‹, redete allen möglichen Unsinn – übrigens in ganz unanständigen Ausdrücken – über Revolutionsexport, Spanien, China – mit einem Wort, er hielt Volksreden.

Ich ging endgültig zur Verteidigung über, als er geradezu sagte, dass das Ende des Romans im Widerspruch zur Ideologie des Verlages steht. ›Das ist Tolstojanertum, wir sind für Revolutionsexport, und Sie werden uns nicht davon abbringen. Sorgen Sie gefälligst dafür, dass am Ende klar wird: 1. dass Shilin nicht allein ist, 2. dass von Jahrhunderten keine Rede sein kann, 3. dass Shilin sich auf die fortschrittlichen Kräfte des Landes zu stützen und sich nicht mit Erziehung zu befassen gedenkt, sondern mit kräftigeren Sachen.‹ […] Wenn man vom Ton absieht und seine Überlegungen (die sich oft widersprachen) zusammenfasst, ergibt sich folgendes Bild: Das Buch ist wichtig und notwendig. Wir sind bereit, es herauszubringen und fortan gegen den Zensor und gegen die Kotljars zu verteidigen. Die ausgeführten Korrekturen haben schon einiges klargestellt, dieser Prozess muss vollendet werden. Der Verlag verteidigt niemandes Positionen außer den Positionen des Verlages. Der Verlag verfolgt eine bestimmte Linie und stützt sich auf eine bestimmte Ideologie. Damit der Verlag auch in Zukunft diesem Weg folgen kann, müssen die herausgebrachten Bücher sich in die Verlagsideologie einfügen. Zu diesem Zweck muss noch ein letzter Akzent gesetzt werden: Man muss Shilin zu einem von vielen machen und zeigen, dass er sich nicht mit Erziehungsarbeit zu befassen gedenkt (jedenfalls nicht nur), sondern den fortschrittlichen Kräften helfen will. Dann wird das unser Buch, und wir sind bereit, es zu verantworten, obwohl es immer noch eine Menge Zweideutigkeiten und Haken hat.

Auseinandergegangen sind wir freundschaftlich. Ich habe mich hingesetzt und die notwendigen Korrekturen angebracht, und zwar:*

1. Ich habe die ›Unterdrückung‹ aus einer Überlegung Shilins entfernt, als er denkt: ›Hier wird niemand un-

* In der russischen Textfassung von 2001, die der vorliegenden deutschen Fassung zugrunde liegt, sind die meisten der seinerzeit erzwungenen Änderungen rückgängig gemacht, insbesondere die umfangreichen ideologischen Pflichtübungen gegen Ende des Romans wieder gestrichen worden. Die von Boris Strugatzki erwähnten Änderungen findet der interessierte Leser in allen älteren deutschen Ausgaben, die auf der sowjetischen beruhen. – *Anm. d. Übers.*

terdrückt oder stirbt vor Hunger.‹ Melentjew bestand nachdrücklich darauf, dass der erste Teil des Satzes verschwindet, um den Kotljars keine Munition zu liefern. Na schön.

2. Ich habe das Wort ›hundertjährig‹ gestrichen. Shilin schlägt jetzt einfach einen ›Plan zur Wiederherstellung‹ usw. vor.* Das Wort ›hundertjährig‹ brachte Melentjew zur Raserei, und es half nichts, dass ich mich auf Lenin berief. Er verstummte einfach und fing nach einer Weile wieder an, dasselbe zu reden.

3. Ich habe den Einschub, den wir im letzten Absatz des Buches gemacht haben, noch erweitert. Jetzt denkt Shilin ungefähr so: Ich bin nicht allein, sogar hier muss es Menschen geben, die das alles ebenso hassen wie wir (WIR). Sie wissen nur nicht, wie. Aber WIR wissen es ja. Wir werden ihnen helfen, werden sie lehren, was zu tun ist und wie man den Hass nicht auf Kleinkram vergeudet. UNSER Platz ist hier. Und mein Platz ist hier … usw.

Wie du siehst, habe ich ihnen einen riesigen Brocken vorgeworfen, doch seltsam – ich verspüre keine besonderen Gewissensbisse. Während dieses Gesprächs ist mir aufgegangen, dass es ja gar nicht darum geht, was Shilin zu tun vorschlägt. Das ist alles Seich, Geschwätz. Ich habe Melentjew sogar vorgeschlagen, den ganzen Entschließungsteil aus dem Buch zu werfen, nur die Problem-

* Dieser Satz im letzten Kapitel wurde später offensichtlich nochmals abgeändert; im schließlich veröffentlichten (und in der DDR übersetzten) Text war von einem »Plan zur *Verbreitung* und Entwicklung einer menschlichen Weltanschauung« die Rede. Die Logik war glasklar: Da es sich um ein kapitalistisches Land handelt, kann es eine menschliche Weltanschauung dort bisher nicht gegeben haben. Die Replik Oscars wenige Sätze später wurde aber nicht angeglichen und lautete immer noch: »Bis Sie die Weltanschauung wiederhergestellt haben«. – *Anm. d. Übers.*

stellung zu behalten, aber er wollte Blut sehen. ›Kurzum, Sie stehen auf dem Standpunkt von Maria?‹, fragte ich. ›Ja‹, sagte er geradezu. Da war mir zum Lachen und zum Fürchten …

Mir war zum Fürchten, weil Melentjew zu diesem Zeitpunkt so gut wie im ZK war und ich ihn schon als einen Mann aus der Regierung betrachtete, und dieser Mann aus der Regierung nimmt *offen, vor allen Leuten* den Standpunkt eines politischen Extremismus ein, der bereit ist, sich einzumischen, einzumarschieren, jeden Staat, dessen System seiner Ideologie widerspricht, nach dem eigenen Vorbild umzumodeln. Er war ein offener und sich im Recht fühlender Anhänger des Revolutionsexports »auf den Spitzen der Bajonette«. Und mir war zum Lachen, weil das ganze Hin und Her ja überhaupt erst aufgekommen war, weil die dumme Zensorin *uns* vorgeworfen hatte, wir würden just den Revolutionsexport befürworten. Der Verlagsleiter verlangte von den Autoren das, was die Zensur für unzulässig hielt.

(Dieser Widerspruch war zweifellos die Folge des unwahrscheinlichen ideologischen Kuddelmuddels, das schon seit den Zwanzigerjahren in den Köpfen der Obrigkeit herrschte. Einerseits war der bewaffnete Revolutionsexport eine Idee Trotzkis und wurde offiziell aufs Entschiedenste verdammt. Andererseits hatte sich die ganze politische Praxis – immer! – auf ebendiese Doktrin gestützt, und gerade Mitte der Sechzigerjahre war die unsichtbare Invasion der UdSSR in Afrika und Lateinamerika in vollem Gange.)

Damit hatte das Drama eigentlich sein Ende. Und wie es schien, zur allgemeinen Zufriedenheit. Die Zensorin wurde überzeugt, ihr Placet zu geben. Melentjew ging ins Große ZK und sagte zum Abschied, der einzige dunkle Fleck, den er zurückklasse, seien »Die gierigen Dinge des Jahrhunderts«. Die Autoren waren der Überzeugung, sie seien mit einem blauen Auge davongekommen.

Doch einen Monat später schrieb mir Arkadi:

> Die »Gierigen Dinge« sind noch ein wenig verunstaltet worden und endlich in Druck gegangen. Ich habe gegenüber diesem armen Roman schon eine Art Ekel entwickelt, er ist zu sehr von schmutzigen Händen begrapscht worden, und das wird nie wieder abgehen …

Und noch ein paar Monate später, nachdem das Buch erschienen war, schrieb Boris:

> Ich höre viel über die »Gierigen Dinge« reden. Es geht jedes Mal nach dem Muster: »Das ist gut gemacht, aber …« Entgegen unserer Erwartung haben die meisten eben nicht begriffen, dass sich die Zensur ausgetobt hat – alle Schwachstellen werden uns angerechnet …

O ja, die ideologischen Instanzen kannten ihr Geschäft! Sie verstanden es, einen Text zu *verwandeln,* und sie verwandelten ihn in etwas Mittelmäßiges, und zwar durch die Hände der Autoren selbst. Die Intention der Autoren wurde abgeschliffen. Aus Schwarz wurde Grau, aus Weiß ebenfalls. Die Schärfe des Werks ging zu einem erheblichen Teil verloren, gleichzeitig bot der Text aber weiterhin Angriffspunkte. Und so schoss auf »Die gierigen Dinge des Jahrhunderts« nach einiger Zeit die schwerste Artillerie – die Zeitschrift *Kommunist,* das wichtigste theoretische und ideologische Organ des ZK der KPdSU. Das war unvermeidlich – die Autoren hatten einen Anschlag auf eine der fundamentalsten Thesen der kommunistischen Propaganda verübt – sie hatten eine *kapitalistische* Welt dargestellt, die im Überfluss versank, und keinerlei Korrekturen und Vorbehalte konnten diese skandalöse Tatsache verdecken …

Paradoxerweise bin ich erst in neuerer Zeit, als ich den Text wieder einmal für eine Veröffentlichung vorbereitete, mit einem der Verleger aneinandergeraten, und zwar – was bemerkenswert ist! – mit einem Menschen, der selbst schreibt, ein kluger Kopf und ein großer Kenner und Liebhaber der Strugatzkis ist. Ich hatte natürlich alle seinerzeit unter Zwang eingefügten Zusätze aus dem Text gestrichen; er war wieder so (oder fast so), wie er im November 1964 aus der Schreibmaschine gekommen war. Doch plötzlich zeigte sich, dass viele von den *heutigen* Lektoren, die von Kindheit an an den alten, geschönten und verhunzten Text gewöhnt sind, sich um keinen Preis von ihm trennen wollen! Ich wurde auf jede mögliche Art gebeten, den Text zu lassen, wie er ist, oder wenigstens teilweise oder zumindest das und das … Wahrlich, allen kann man es nicht recht machen. Ich verstand sie, ich schätzte ihre Gefühle und Absichten, ließ mich aber nicht überreden. Alles, was vor über dreißig Jahren in »Die gierigen Dinge des Jahrhunderts« geschrieben worden ist, hat seine Aktualität bis heute behalten. Wir stehen an der Schwelle einer Welt des Überflusses und müssen bereit sein zu entscheiden, wie wir uns zu dieser Welt stellen. Wir alle zusammen und jeder für sich allein. Eine Rettung vor dieser Welt ist nach wie vor nicht in Sicht, und schlimmer noch, es ist nicht einmal klar, ob man sich retten soll. Und die lieben wohlmeinenden Dummheiten, die die Autoren (unter dem Druck der Obrigkeit und vor lauter Ausweglosigkeit) ihrem Helden in den Mund und in die Gedanken legen mussten, dürfen nicht die Schärfe des Problems mildern oder glätten. Die Literatur kann als soziales Schmerzmittel wirken, doch mir gefällt derlei Literatur überhaupt nicht.

Übrigens hat sich in der Vorstellung der Autoren bezüglich der Welt der »Gierigen Dinge«, die sie selbst geschaffen haben, eine interessante Metamorphose ergeben. Ursprünglich waren die Autoren überzeugt, sie hätten eine Antiutopie geschrieben, eine Welt gezeigt, in der zu leben für jeden Menschen mit Selbstachtung eine Qual und eine Schande wäre. Aber einmal, vor gut einem Jahrzehnt, hat mir ein weiser Leser eine ganz unerwartete Frage gestellt: »Und was ist denn eigentlich schlecht an Ihrer Welt? Schließlich folgt sie dem Prinzip ›Jedem das Seine‹, und das ist bei Weitem nicht das schlechteste Lebensprinzip.« Und damals betrachtete ich die Welt der »Gierigen Dinge« zum ersten Mal mit den Augen eines unvoreingenommen, unparteiischen Menschen, weitab von den offensichtlichen, dabei gar nicht so allgemein akzeptierten, wenn auch durchaus edlen Postulaten wie »der Mensch ist zum Schöpfertum bestimmt«, »ein Mensch – wie stolz das klingt«, »richtig zu denken ist das Grundprinzip der Moral« und so weiter in der Art. Und mit diesen Augen erblickte ich eine Welt, die natürlich ihre Nachteile hatte, die in mancher Hinsicht armselig war, in mancher ekelhaft, in mancher sogar unerträglich widerwärtig. Doch bei alledem enthielt sie eine Menge lichte Stellen und bot immerhin auch ausgiebig Freiraum für intellektuelles und spirituelles Leben. Denn der Mensch ist in dieser Welt frei. Wenn du willst, friss dich voll und besauf dich; wenn du willst, vergnüg dich mit Neurostimulatoren; wenn du willst, widme dich deinem privaten Masochismus. Doch andererseits: Wenn du lernen willst – lerne; wenn du lesen willst – lies, was immer und so viel du willst; wenn du dich vervollkommnen willst – bitte sehr; wenn du schließlich deine Welt reinigen und verbessern, für die Menschenwürde kämpfen willst – Gott befohlen!, niemand verbietet es dir, leg los, und viel Erfolg! Du bist in dieser Welt frei zu werden, was du werden kannst und willst. Du hast die Wahl. Handle.

Unsere Haltung zu dieser Welt als einer Antiutopie hat sich geändert. Wir haben begriffen, dass diese Welt natürlich nicht gut ist, nicht hell und nicht schön, zugleich aber auch nicht hoffnungslos – sie ist fähig, sich zu entwickeln. Sie ähnelt einem schlecht erzogenen Halbwüchsigen mit all seinen guten und schlechten Seiten. Und jedenfalls halten wir sie von allen erdachten Welten für die *wahrscheinlichste*. Die Welt des »Mittags« ist höchstwahrscheinlich nicht zu verwirklichen, die Welt von »1984« scheint Gott sei Dank schon erledigt zu sein, die Welt der »Gierigen Dinge« aber ist wohl genau das, was uns »hinter der Wegbiegung«* erwartet. Und darauf muss man gefasst sein.

Die Erprobung des SKYBEK

Diese kleine Erzählung wurde von Arkadi erdacht, der auch die Rohfassung schrieb. Die Idee dazu hatte sich aus Überlegungen ergeben, die wir zum »Vergessenen Experiment« anstellten.

> Anfang Januar 1958 – Arkadi: »... Den Gedanken an ›Das vergessene Experiment‹ werde ich doch weiter verfolgen. Psychologie hin, Psychologie her – aber Science Fiction ohne richtig kühne Fantastik ist auch nichts. Man kann eine kleine Novelle à la ›Aus anderen Sphären‹** machen,

* Dies bezieht sich auf Boris Pasternaks Gedicht »Hinter der Wegbiegung« von 1958, das die Strugatzkis auch als Motto zu ihrem Roman »Die Schnecke am Hang« verwendet haben, den sie unmittelbar nach »Die gierigen Dinge des Jahrhunderts« schrieben. – *Anm. d. Übers.*

** »Aus anderen Sphären« ist eine Novelle, die aus drei relativ selbstständigen Erzählungen und einem Schlussteil besteht. Unter dem Titel erschien Anfang 1958 zunächst nur der mittlere Teil; das war die erste gemeinsame Publikation der Strugatzkis und zugleich ihr erster veröffentlichter SF-Text. Es geht darin um die Landung eines außerirdischen Roboter-Raumschiffs in Mittelasien. – *Anm. d. Übers.*

> so drei, vier Kapitel, aus der Sicht verschiedener Leute geschrieben. […] Und Roboter. Und ein Chefroboter, der die Arbeitsroboter steuert. Und so weiter.«

Eine Novelle à la »Aus anderen Sphären« haben wir aus »Das vergessene Experiment« nicht gemacht, aber die Erzählung über Roboter zur Erforschung fremder Planeten haben wir geschrieben. Ursprünglich hieß sie »Die Generalprobe des SRK«.*

> 19.3.59 – Arkadi: »Ich bin im Begriff, ›Die Generalprobe des SRK‹ abzuschließen, und gehe davon aus, dass ich sie dir noch vor Ende März schicken kann. Sende sie bitte möglichst bald zurück. Ich habe ein sonderbares Gefühl: Entweder ist das frappierend großer Mist oder aber etwas ausgefallen Interessantes, wenn auch nicht im literarischen Sinn. Kurzum, du schaust es dir an und korrigierst es …«

Arkadi täuschte sich: An dieser Erzählung war nichts Außerordentliches. Nach mehrfacher Ergänzung und Überarbeitung durch die Autoren wurde sie in der Zeitschrift *Erfinder und Rationalisator* veröffentlicht. Was charakteristisch ist.

Das vergessene Experiment

Es war wohl im Frühjahr 1957, als eine erweiterte Tagung des Wissenschaftlichen Rates des Observatoriums in Pulkowo tagte, auf der Professor Nikolai Alexandrowitsch Kosyrjow, Doktor der physikalisch-mathematischen Wissen-

* SRK stand offensichtlich für »System von Roboter-Kundschaftern«. – *Anm. d. Übers.*

schaften*, uns seinen Vortrag zum Thema »Kausale oder asymmetrische Mechanik in linearer Näherung« hielt. Der Vortrag löste einen Sturm beruflicher und halbberuflicher (journalistischer) Gefühle aus und wurde augenblicks zur Sensation, übrigens weniger in der Wissenschaft als vielmehr in ihrem Umfeld.

Kosyrjow war damals in der sowjetischen Astronomie eine bedeutende, hervorstechende und sogar geheimnisvolle Gestalt. Diese Gestalt wäre schon an sich einen längeren Artikel wert, vielleicht sogar ein Buch. Er war ein Freund und wissenschaftlicher Rivale von Ambarzumjan und Chandrasekar. Er hatte zehn Jahre lang in Stalins Lagern gesessen. Er hatte eine Theorie aufgestellt, die die Existenz von Energiequellen der Sterne bewies, welche nicht auf thermonuklearen Prozessen beruhten. Er hatte ein brandneues und für jene Zeit ganz paradoxes Modell der Venusatmosphäre berechnet. Er hatte auf der Venus Gewitter mit kilometerlangen Blitzen entdeckt. Anfang der Sechzigerjahre gelang es ihm, das überaus seltene und sensationelle Spektrum eines Vulkanausbruchs auf dem Mond aufzunehmen, der bis dahin als absolut toter Himmelskörper gegolten hatte. Und 1957 hatte er erklärt, grundsätzlich sei »ein Motor möglich, der den Ablauf der Zeit ausnutzt, um Arbeit zu gewinnen. Mit anderen Worten: Die Zeit verfügt über Energie.«

Die Strugatzkis hatten schon zuvor von Kosyrjow gewonnene Ergebnisse benutzt, als sie das Land der Purpurwolken** erdacht, dargestellt, erschaffen hatten. Der »Kosyrjow-Effekt«, ein Motor, der Energie aus dem Verlauf der

* Nach dem traditionellen deutschen System entspricht das dem akademischen Grad eines habilitierten Doktors. – *Anm. d. Übers.*

** Das »Land der Purpurwolken« ist die Venus. So heißt der erste SF-Roman der Strugatzkis, für den sich der deutsche Titel »Atomvulkan Golkonda« eingebürgert hat. – *Anm. d. Übers.*

Zeit gewinnt, musste natürlich ihre Aufmerksamkeit fesseln. Wie alle echten Science-Fiction-Autoren durchsuchten sie alle ihnen zugänglichen Gebiete im Umfeld der Wissenschaft gierig nach nichttrivialen Ideen, Theorien und natürlich auch nach Sensationen.

> 1. 6. 58 – Arkadi: »Kosyrjow. Mein Gott, wenn ich mir diese ganze Mechanik so gut vorstellen könnte wie du und wenn ich Gelegenheit hätte, Kosyrjow zu fragen, dann hätte ich längst eine Handlung entworfen, und das wäre für alle SF-Autoren unseres Erdkreises wie ein Blitz aus heiterem Himmel. Denn zum Thema ›Perpetuum mobile‹ hat noch nie jemand seiner Fantasie freien Lauf gelassen, niemand vermochte sich auch nur vorzustellen, dass es dazu eine wissenschaftliche Grundlage geben könnte. Und du … Ach, du … Unmensch, kurzum.«

Aber der springende Punkt war natürlich keineswegs, sich »die Mechanik vorzustellen« und Kosyrjow selbst zu konsultieren. Wir brauchten eine *sujetbildende* Idee, keine wissenschaftlichen Einzelheiten, zumal mittlerweile schon klar geworden war, dass Kosyrjows kausale Mechanik im luftleeren Raum hing, denn *kein einziges* von seinen Experimenten hatte sich als unanfechtbar erwiesen. (Später wurden sie *alle* widerlegt, sodass Kosyrjows Theorie bis zum heutigen Tag eine schöne, aber zweifelhafte Hypothese geblieben ist.)

> 9. 6. 58 – Arkadi: »… und nach wie vielen Jahren beginnt ein hundert Tonnen schweres Pendel, Energie abzustrahlen? Mit anderen Worten, kann man die Handlungszeit nicht ins 21. Jahrhundert oder schlimmstenfalls ins 22. verlegen? Wenn ja, dann wird sich eine Lösung finden lassen.«

Warm, warm! Und endlich:

Juli 1958 – Arkadi: »… heißt die Erzählung ›Das vergessene Experiment‹. Vorläufige Handlung: Gegen Ende unseres Jahrhunderts hat zum ersten Mal in der Geschichte der Menschheit das Institut für Nichtklassische Mechanik ein Experiment in Angriff genommen, das auf Jahrhunderte berechnet ist – irgendwo in Sibirien ist unterirdisch ebendieses Pendel aufgestellt und in Gang gesetzt worden. […] Mitte des 21. Jahrhunderts wird die Wissenschaftsstadt, die sich über diesem Pendel befindet, infolge von Versuchen mit Mesonenreaktionen vernichtet. […] Die nächsten fünfzig Jahre hindurch ist die Menschheit mit einem Vorstoß auf die Natur beschäftigt: Es werden künstliche Satelliten, Fusions-Kernkraftwerke gebaut u. dgl. Das Pendel haben alle vergessen. Und gegen Ende des 22. Jahrhunderts geht es in Sibirien plötzlich drunter und drüber. Und dieser Ort war wegen der Strahlung gesperrt, und niemand hat sich dort hingetraut. Es wird eine Expedition ausgesandt, usw., usf.

Deine Aufgabe: Die Phänomene ausarbeiten, die dort zu beobachten sein werden, und die unterschiedlichen Gefahrengrade. Außerdem das literarische Sujet ausarbeiten. Saftig – wir wollen die Menschen des 22. Jahrhunderts zeigen. Sie haben sich von den Geburtsfehlern des Kapitalismus befreit, sind aber nicht frei von dem Stempel, den ihnen Adam aufgedrückt hat – vom Erbe ihrer Vorfahren aus dem Tierreich. Die Abenteuer der Expedition, ihr Unverständnis, warum sie zurückgerufen werden. Man kann auch den Untergang beschreiben, vor allem die Einstellung zu diesem Untergang. Und Ausblicke geben. Du wirst den Erklärungsteil schreiben und einzelne Episoden beisteuern. Dann setze ich mich daran und schicke es dir …«

Nach diesem Plan wurde dann auch alles umgesetzt, aber wesentlich später, im April 1959, und mit dem Unterschied, dass Boris sich außerstande fand, den »Erklärungsteil« zu schreiben, und Arkadi ihn verfasste. Die Erzählung geriet nicht übel, für die damalige Zeit sogar gut, wenn dieser verdammte Erklärungsteil nicht gewesen wäre, der an dem ganzen übrigen, durchaus brauchbaren Text hängt wie »der verrottende Leichnam eines Albatros«.*

> 23.5.59 – Arkadi: »Gestern Abend hat mich Warschawski** angerufen. Er hat mitgeteilt, dass das VE allen in der Redaktion sehr gefallen hat, ihm bei der zweiten Lektüre ebenfalls. Das ist ganz symptomatisch, die Erzählung ist für dieses Genre einfach ungewohnt. Sie ist nicht herkömmlich. ›Das ist richtige belletristische Literatur ohne Abstriche. Versuchen Sie, Nagibin zu lesen, wenn man Ihnen vorher gesagt hat, das sei ein Krimi. Sie werden enttäuscht sein. Hier ist es ebenso.‹ Kurzum, es gibt nur einen Einwand: Im wissenschaftlichen Teil muss entweder mehr stehen oder weniger. Ich denke, lieber weniger …«

Wir waren damals noch ganz und gar außerstande, das Joch der langjährigen Tradition abzuwerfen, obwohl uns besser als jedem unserer Redakteure klar war, dass jede wissenschaftliche oder sogar quasiwissenschaftliche Erklärung das literarische Gewebe aufreißt wie ein rostiges Haumesser.

Ich glaube, in dieser Erzählung tauchte zum ersten Mal bei den Strugatzkis und überhaupt in der Science Fiction

* Das Bild stammt aus dem Roman »Verdunkelung in Gretley« (1942) von John Boynton Priestley. – *Anm. d. Übers.*

** Ein Redakteur der Zeitschrift *Snanie – sila* (»Wissen ist Macht«), nicht der bekannte russische SF-Autor. – *Anm. d. Übers.*

der Begriff »Kyber« auf, mit dem man jede hinreichend komplizierte, polyfunktionale »vernunftbegabte« Maschine bezeichnen kann.

Spezielle Voraussetzungen

Mitte 1958 studierte Boris Strugatzki zu seinem eigenen Vergnügen und zur Vertiefung der Allgemeinbildung das Buch von Akademiemitglied Wladimir Alexandrowitsch Fok »Theorie von Raum, Zeit und Gravitation«. Dort stieß er im Abschnitt »Vom Uhrenparadoxon« auf eine durchaus leicht verständliche und bemerkenswerte Berechnung, aus der bei dem Akademiemitglied folgte, dass es bei einem langen Raumflug unter den Bedingungen gleichmäßig beschleunigter Bewegung zu keinerlei *Zurückbleiben* der Uhren kommt, wie es für das bekannte Zwillingsparadoxon charakteristisch ist. Mehr noch, es ergibt sich sogar ein *Vorgehen* der Uhren! Dabei endete der Abschnitt mit den Worten: »Man darf übrigens nicht vergessen, dass die Formel [...] nicht allgemeingültig ist, sondern für ziemlich spezielle Voraussetzungen betreffs der Bewegungsart abgeleitet wurde.«

Die Idee für eine Erzählung nahm von selbst Gestalt an.

21.11.58 – Arkadi: »Die Idee zu Professor Foks Paradox mit der Zeitdilatation gefällt mir sehr. Es mag ja nicht wissenschaftlich sein, aber wir müssen es genauso machen, wie du vorschlägst: Von seinem fünfzehn Jahre dauernden Flug kehrt das Raumschiff nach hundert Stunden zurück. [...] Der Raumschiffkommandant wusste vorher, dass es so ausgehen würde, und hat das Experiment vorsätzlich unternommen. Für die Menschheit seine Jugend zu opfern, die Menschheit zu lehren, wie man schnell die Sterne erreicht – das ist eine verlockende Idee. Die Erzählung sollte ›Der Rosenstrauß‹ heißen. Vor dem Start schenkt jemand der Besatzung einen Rosenstrauß, aber sie lassen ihn aus Zerstreutheit im Vestibül zurück, und bei der Rückkehr sehen sie, dass der Strauß gerade die ersten Blütenblätter verliert. Dabei sind für sie anderthalb Jahrzehnte vergangen!«

Diese Erzählung wurde von beiden Verfassern mehrfach überarbeitet – sowohl einzeln als auch gemeinsam. In der letzten Fassung blieben von dem »Rosenstrauß« nicht einmal ein paar Blütenblätter übrig.

Das ist eine der ersten Erzählungen, die wir auf neue Art, »à la Hemingway«, schrieben: betont lakonisch, mit vielfältiger Bedeutung zwischen den Zeilen und einem asketischen Verzicht auf überflüssige Epitheta und Metaphern. Und nur mit dem absolut notwendigen Minimum an wissenschaftlichen Erklärungen – dem Minimum, ohne das der Leser überhaupt nichts verstünde und ohne das auch die Idee der »speziellen Voraussetzungen« unterginge.

Ich glaube, hier erscheint im Werk der Strugatzkis zum ersten und letzten Mal ein Text, der aus der Sicht einer Frau erzählt wird, und in ebendieser Erzählung wird zum ersten Mal der Raumfahrer Gorbowski mit seinem Schiff »Tariel« erwähnt.

Mittag, 22. Jahrhundert*

Dieser Roman wurde anscheinend zu Beginn des Jahres 1959 erdacht. Seine erste Erwähnung ist folgende:

> 19.3.59 – Arkadi: »Jetzt zu ›Rückkehr‹. Schick mir deine drei missglückten Varianten; ich will sehen, welche Richtung du verfolgst. Alle drei. Ich habe den starken Verdacht, dass du auf dem falschen Pfad bist – die Psychologie fesselt dich zu sehr. Mit Psychologie allein ist nichts anzufangen. Ich werde ungeduldig warten …«

Die Arbeit gestaltete sich schwierig. Ursprünglich schwebte den Autoren ein großer utopischer Roman über das dritte Jahrtausend vor, aber zugleich ein Abenteuerroman voller fantastischer Ereignisse, also keineswegs ein gesellschaftlich-philosophisches Traktat.

> 16.12.59 – Arkadi: »Reich schleunigst Ideen für ›Rückkehr‹ rüber. Ich habe den ersten Teil mehr oder weniger ausgearbeitet, aber ich brauche gute Pläne für den Teil über die ›K'hazk'hen‹ und vor allem für den letzten Teil, die ›Weltenschöpfer‹, über die Menschheit am Vorabend des vierten Jahrtausends. Streng dich an, Bruder. Der Teil über den Flug zu den K'hazk'hen muss sehr abenteuerlich sein, der letzte Teil aber psychologisch-utopisch mit allen Schikanen.«

* Die erste, 1962 erschienene Version des Episodenromans hieß »Rückkehr (Mittag, 22. Jahrhundert)«. In der späteren, veränderten und um mehrere zuvor selbstständige Erzählungen erweiterten Ausgabe von 1967 vertauschten die Strugatzkis Haupt- und Untertitel. Die im vorliegenden Band enthaltene Auswahl konzentriert sich auf die Episoden, die auch als eigenständige Texte gelesen werden können. Boris Strugatzkis Kommentar bezieht sich auf die Gesamtheit beider Fassungen. – *Anm. d. Übers.*

Es ist ein Durchschlag der Annotation* erhalten geblieben, die Arkadi im Dezember 1959 an den Verlag »Molodaja gwardija« schickte. Dort sah das Sujet von »Rückkehr« folgendermaßen aus (notabene – es ist Ende 1959, es existieren mehrere Varianten für den Anfang, von denen die Autoren keine einzige für endgültig oder auch nur für brauchbar halten):

> … Ganz zu Beginn des 21. Jahrhunderts unternimmt eine der ersten interstellaren Expeditionen Experimente mit lichtnahen Geschwindigkeiten, fällt dabei aus ihrer eigenen Zeit heraus und kehrt nach ein paar Jahren Flug Ende des 22. Jahrhunderts auf die Erde zurück. Der Flug war schwer, es haben nur zwei Mann überlebt – der Navigator und der Arzt. Sie sind die Helden des Romans. In die kommunistische Zukunft geraten, sind sie zunächst verwirrt, wissen nicht, ob sie imstande sein werden, nützliche Glieder der Gesellschaft zu werden, doch dann finden sie ihren Platz im Ganzen und holen jeder auf seinem Gebiet eilends alles auf, was die Menschheit in den letzten zwei Jahrhunderten erreicht hat. Sie werden eingeladen, an einem interstellaren Fernflug teilzunehmen, bei dem im Weltall Verstandesbrüder des Menschen gefunden werden sollen. In einem Raumschiff allerneuester Bauart (einem Graviplan, ausgerüstet mit »Zeitmotoren«) erreichen sie ein ziemlich weit entferntes Planetensystem und entdecken auf einem der Planeten vernunftbegabtes Leben. Es folgen die Begegnung mit der fremden Menschheit, die Beschreibung ihres Lebens und Abenteuer auf dem unbekannten Planeten. Aus Sicht jener

* In der Sowjetunion war es üblich, dass Autoren ihren Verlag frühzeitig informierten, wenn sie vorhatten, ein neues Werk zu schreiben. Dafür genügten ein Arbeitstitel und eine Bezeichnung des Themas. Die Annotation zu »Rückkehr« geht über das übliche Mindestmaß schon hinaus. – *Anm. d. Übers.*

Leute erscheinen die Erdenmenschen als eine neue, außergewöhnlich zielstrebige und aktive Lebensform. Die »langsame Menschheit« ist aufgrund der Evolution auf ihrem Planeten sehr schlecht an einen raschen und aktiven Fortschritt angepasst, so schlecht, dass sie, obwohl ihre Geschichte schon viel länger als die der irdischen Menschheit währt, gerade einmal zum Gebrauch von nicht besonders komplizierten Maschinen gekommen sind. Dennoch schreitet die »langsame Menschheit« hartnäckig, wenn auch sehr langsam weiter voran. Nachdem sie den »Verstandesbrüdern« kräftig unter die Arme gegriffen haben, kehren die Erdenmenschen etwas enttäuscht zur Erde zurück. Im Sonnensystem treffen sie nach tausend Jahren ein. Die Erde hat sich bis zur Unkenntlichkeit verändert, alle Planeten vom Erdentyp sind »korrigiert« worden und nun ebenso blühende und besiedelte Welten wie die Erde. Die Riesenplaneten werden als unerschöpfliche Energiequellen ausgebeutet, mit deren Hilfe grandiose Experimente zur Erforschung der Struktur von Raum und Zeit durchgeführt werden und die Kommunikation mit sehr fernen Welten des Universums stattfindet. Die Menschen haben gelernt, beliebige Dinge aus beliebigem Stoff zu »erschaffen«. In dieser Welt sind die Helden wieder für einige Zeit desorientiert und finden dann abermals ihren Platz inmitten der vielen Milliarden von »Gebietern« ungewöhnlicher Maschinen, von »Schöpfern« neuer Welten und von bemerkenswerten Künstlern. *Die Idee:* Zwei aufeinanderfolgende Stufen in der Entwicklung der künftigen Menschheit zeigen. Die unerschöpflichen technischen und kreativen Möglichkeiten der Menschheit zeigen. Zeigen, dass die Menschen der Zukunft nach wie vor Menschen sind, die weder Liebe und Freundschaft eingebüßt haben noch die Furcht vor Verlusten noch die Fähigkeit, sich für das Schöne zu begeistern. Einige Einzelheiten des Kommunismus »in Fleisch und Blut« zeigen. Die Ungültigkeit der Theorie zeigen, wonach der Erkenntnisfähigkeit eines einzelnen Menschen Grenzen gesetzt sind.

Selbst wenn man die Eigenheiten der Verlagsannotation in Betracht zieht, die ja ein besonders Genre darstellt, muss man bei der Lektüre dieses Textes zugeben, dass sich die Autoren offensichtlich selbst nicht recht im Klaren waren, was sie schreiben wollten – einen Abenteuerroman oder eine Utopie. Das herauszufinden stand ihnen noch bevor. Nach der Methode von Versuch und Irrtum.

Erhalten geblieben sind Notizen zu dem Roman in meinem Expeditionstagebuch aus den Zeiten von Charbas und Kinshal – das war die Expedition der Akademie der Wissenschaften der UdSSR, die im Nordkaukasus einen geeigneten Ort für den Bau eines – für die damalige Zeit riesigen – Sechs-Meter-Teleskops suchte; spezielle Beobachtungen zur Ermittlung der Abbildungsqualität wurden auf den Bergen Charbas, Kinshal und Bermamyt durchgeführt.

8.7.60: Man müsste in »R« die »G[igantische] F[luktuation]« als Erzählung Gorbowskis (oder Lurjes) einfügen.*
10.7.60: Die Helden in »R« sollen Kreuzworträtsel des Jahres 2300 lösen.
16.7.60: Es wäre gut, in »R« kleine Geschichten aus dem heutigen Leben einzubauen – zwecks Kontrast und Einstimmung –, à la Hemingway oder Dos Passos. Man wird es wahrscheinlich nicht genehmigen. (Blockade, Krieg – Stalingrad, Kriegskommunismus, das Jahr 37, Stalins Tod, Neuland, Sputnikstart und Raketen ...)

* Die »Gigantische Fluktuation« fand ihren Platz schließlich im Roman »Praktikanten«. – *Anm. d. Übers.*

28.7.60: Jura [der Fahrer]: »Wenn ich mich Ende der Saison vom Wagen verabschiede, dann küss ich ihn jedes Mal auf den Lenker – mach's gut, Liebste.« Für Gorbowski oder Kondratjew verwenden.
12.8.60: In »R« nicht vergessen: »Kann ich mich hier mal hinlegen« – Begegnung mit Gorbowski.

Am Ende von Kapitel VII. Gorbowski (steht plötzlich auf): »Wie ich sehe, wissen Sie nichts mit sich anzufangen, Kondratjew. Morgen werde ich Sie mit jemandem bekannt machen. Er heißt Swanzew. Er ist Tiefseearbeiter.«

Zwei Deutsche hielten den Politstellvertreter fest, indem sie ihm die Arme auf den Rücken drehten, und der dritte riss ihm die Kragenspiegel weg, schnitt die Pistole ab, zerrte am Kragen. Er schoss mit der MP, und alle vier fielen, er aber lief ins Gebüsch. Die Deutschen hatten ihren Spott mit dem Politstellvertreter getrieben. Er wusste nicht, ob er richtig gehandelt hatte. Es waren seine ersten.
13.8.60: Kapitel »Die Informationssammler«. Mars. Eine Maschine, die Informationen über die Vergangenheit des Mars sammelt. Die Informatoren sind kleine Maschinen. Die Maschine entwickelt Launen. Man fordert einen Telepathen an. Lurje fährt sofort hin. Abenteuer – alles humoristisch. *Idee:* Der Aufstand der Maschine ist komisch, aber nicht schlimm, denn die Maschine versucht, dem Menschen gefällig zu sein, nicht, ihm zu schaden.
15.8.60: Die Informatoren sind mikroskopische Maschinen von Bakteriengröße. Mechanische Bakterien (auch in der Medizin).

Kapitel »Zwei in Not«. Unser Pilot gerät in eine Falle, ebenso noch jemand von einem anderen Planeten. (»Und erst da begriff er, dass das kein Mensch war.«) Dann finden sie es heraus und trennen sich. Der andere läuft furchtbar eilig weg, womöglich für immer.

21.8.60: Der Kommunismus ist eine Gemeinschaft von Menschen, die ihre Arbeit lieben, nach Erkenntnis streben und sich selbst, anderen gegenüber und in der Arbeit ehrlich sind. Solche Menschen gibt es jetzt schon.
24.8.60: Idee: Schon jetzt gibt es Menschen, die für den Kommunismus taugen: So werdet ihr sein.

Ebendort findet sich auch einer der ersten Pläne für den Roman:

Teil 1:
1. Rückkehr
2. Fremde (Krankenhaus) – hier die Geschichte des Schiffes einfügen
3. Die bösen Buben
4. Die zweite Rückkehr (Einsamkeit): Idee: Ich tauge nicht für den Kommunismus
5. Kerzen vor dem Pult
6. Tischlein-deck-dich
7. Bekanntschaft mit Gorbowski (er erzählt die »GF«)

Teil 2:
1. Am Oktopus-Riff
2. Seltsame Menschen
3. Die Informationsfänger! (Denken!)
4. Ein wohleingerichteter Planet
5. Das Reservat (Tierechsen und akklimatisierte Wesen. Lurje muss dort notlanden.)
6. Die Telepathiestation
7. So werdet ihr sein

Berufe:
1. Abfallverwerter
2. Dresseur

3. Telepath
4. Landeflieger
5. Tiefseearbeiter
6. Informations-Operator (»Informationssammler«)
7. Lehrer

28.8.60: Lurje und Kondratjew sind nicht die Ersten und nicht die Einzigen. Zwei Expeditionen sind schon so zurückgekehrt (vor 100 und 150 Jahren). Eine ist im Gürtel der schweren Systeme gescheitert. Die andere ist angekommen. Dort waren drei, sie lebten lange, arbeiteten, wie es sich gehört, und starben in den Stiefeln.

Im Kapitel »Oktopus-Riff« dressierte Kalmare einfügen, die Schwertwale vernichten. Und einen Dresseur.

Mindestens die Hälfte dieser Notizen blieb ungenutzt. Besonders leid tut es mir heute um jene »kleinen Geschichten aus dem heutigen Leben à la Hemingway oder Dos Passos«. Wir nannten sie »Reminiszenzen«. Alle diese Reminiszenzen wurden zur rechten Zeit geschrieben – jeder Teil des Romans wurde von einer Reminiszenz eingeleitet. Aber im Kinderbuchverlag wurden sie ganz entschieden abgelehnt; sie waren wohl gar zu grausam und realistisch. Leider sind sie dann alle irgendwo verloren gegangen, nur Arkadi hat ein paar davon für »Ein Teufel unter den Menschen« verwendet. In Wahrheit wären sie in »Rückkehr« angebracht gewesen – sie vermittelten das Gefühl eines geradezu schmerzhaften Kontrasts, wie absichtlich schwarz-weiße Bilder in einem üppigen Farbfilm.

Damals wurde uns oft, gern und von allen möglichen Leuten vorgeworfen, wir würden »das wirkliche Leben nicht kennen«. Gemeint war damit zweifellos, dass wir die *dunklen* Seiten des Lebens ringsum nicht kannten, dass wir es idealisierten, dass wir noch nicht unser blaues Wunder erlebt, noch nicht richtig in die Scheiße gelangt hatten, dass man uns noch nicht gezeigt hatte, wo der Hammer hängt – kurzum, wie es bei Alexander Issajewitsch heißt: »Ihr fahrt durchs Leben, alle Signale auf Grün.«*

Zum Teil war das wahr. Das Leben trieb uns nicht oft und auch nicht systematisch in seine finsteren Sackgassen (Arkadi etwas öfter, Boris ganz selten), und wenn doch, dann führte es uns gnädig auch selbst wieder aus diesen Sackgassen heraus. In unserem Leben gab es kein wirklich auswegloses Pech, und mit echter bleierner Ungerechtigkeit wurden wir beide nicht konfrontiert. Nach jedem Pech widerfuhr uns recht bald Glück, und die Ungerechtigkeiten des Schicksals und der Zeit überwanden wir vergleichsweise leicht – wie ein Läufer Hürden überwindet und dabei an Schnelligkeit, aber nicht an Elan verliert. Wie mir heute klar ist, rührte unser damaliger Optimismus und sogar eine etwas romantische Sichtweise keineswegs daher, dass wir im Leben selten schlechte Menschen getroffen hätten – uns waren einfach Gott sei Dank ziemlich oft gute begegnet.

Doch das Leben ringsherum war von solcher Art, dass man nicht unbedingt ein blutiges oder beschmutztes Opfer zu sein brauchte, um zu erfassen, welch gigantischer Abgrund zwischen der gegenwärtigen wirklichen Welt und der Welt des »Mittags« lag, die darzustellen wir uns bemühten.

Ohne mich allzu sehr in die Einzelheiten unserer Biografien zu vertiefen, will ich nur zwei kleine Beispiele anführen, zwei Ausschnitte aus jenem Expeditionstagebuch:

* Eine ähnliche Formulierung findet sich in der Erzählung »Ein Tag im Leben des Iwan Denissowitsch« von Alexander Issajewitsch Solschenizyn, die den Tag eines Häftlings in einem Stalin'schen Zwangsarbeitslager schildert. Dort bezieht es sich auf eine Gruppe unbekümmerter Studentinnen in der Freiheit: »So fahren sie am Leben vorbei, alle Signale auf Grün«. – *Anm. d. Übers.*

Gestern habe ich den Schafhirten einen kurzen Vortrag über Astronomie gehalten. Es waren ihrer vier. Zwei schwiegen stumpfsinnig, und man sah, dass sie einfach nichts wissen, nichts verstehen und darüber, wie die Welt eingerichtet ist, niemals nachdenken. Einer – ein Tierarzthelfer – hat eine Ahnung, aber eine ziemlich blasse. Einen Unterschied zwischen Sternen und Planeten gibt es für ihn nicht. Einer – ein Hirte – ist überzeugt, dass die Erde flach sei. Die Sonne kreist um die Erde, und auf dem Mond sitzt ein nackter Schafhirte. Von den Sputniks und vom Flug um den Mond weiß er nichts. Und das 52 km von Kislowodsk entfernt.*

Ich weiß noch, wie mich damals besonders frappierte, dass sie alle junge Burschen waren, zehn Jahre Schule und den Wehrdienst hinter sich hatten. Wie? Wie hatten sie es fertiggebracht, sich eine derart urtümliche Unbelecktheit in den einfachsten weltanschaulichen Fragen zu bewahren? Wie war es gekommen, dass die gewaltige Maschinerie der Volksbildung und erst recht die Maschine der Rundfunk-Zeitungs-Fernseh-Propaganda über ihren Köpfen leerlief?

Der zweite Ausschnitt ist eine Notiz, die ich machte, unmittelbar nachdem unsere Gruppe dank der verzweifelten Meisterschaft unseres Fahrers Jura Warowenko und dem wahrhaft bolschewistischen Elan unseres Leiters Viktor Borissowitsch Nowopaschonny (genannt »Feldmarschall«) über nie befahrene Bergstraßen auf einen düsteren Berg mit flachem Gipfel und dem bezeichnenden Namen Kinshal** (reichlich 4000 Meter über dem Meeresspiegel) vorgedrungen war.

* Kislowodsk ist eine russische Großstadt im nördlichen Kaukasus, ein Kurort mit regem Fremdenverkehr. – *Anm. d. Übers.*

** Kinshal ist das russische Wort für »Dolch«. – *Anm. d. Übers.*

Nachts ist der Kinshal schön. Oben der Mond, unten die Wolken, unter den Wolken Finsternis. Am Tag – Muhammed. Erzählt von »Punkten«, wo ein Mensch nicht schlafen kann – »er fängt an zu gären«, ihm widerfährt ein »Werk« – Geister, Schaitane. Ich habe es geglaubt (vielleicht Gase?), aber fünf Minuten später sagt er, dass Riesenschlangen Ohren haben »wie Ratte«. Ich zucke in Gedanken mit den Schultern.

Wir fuhren zurück und gerieten einem Parteigenazwale in die Fänge (Instrukteur der KPdSU beim Ministerrat von Dagestan).* Sie verlangten unsere Papiere. Blick auf das Foto, Blick auf den Feldmarschall. Fragen: »Und wer ist der Direktor in Pulkowo? Und wer ist der Chef des 2. kabardinischen Stabs? Und wer ist dort der Parteiorganisator? Es kann nicht sein, dass ihr auf den Kinshal gefahren seid. Das ist nicht wahr ...« Das war im Grunde der Hauptanklagepunkt: Auf den Kinshal kann man nicht fahren, also lügen die. Die örtliche Macht – ein Mann mit silberner Kinnlade und dem Gesicht eines Japaners, im Uniformkittel. Auf dem Tisch »Kasbek« (uns bietet er keine an), ein Rundfunkempfänger, irgendwelche Listen. Dann haben sie sich entschuldigt (»Sie müssen verstehen, dass Sie in der Sowjetunion leben ... zu diesem Zeitpunkt ...«), haben uns Milch-Kwass und Fladen gegeben – wir haben stolz abgelehnt ...

Ja, Arkadi und ich wussten sehr wohl, dass wir eben in der Sowjetunion lebten und gerade »zu diesem Zeitpunkt«, aber

* »Parteigenazwale« ist eine – bei den Strugatzkis auch anderswo vorkommende – spöttische Kombination aus dem deutschen (nationalsozialistischen) »Parteigenosse« und dem georgischen Wort »genazwale« für Freund. Dagestan war eine autonome Sowjetrepublik innerhalb der Russischen Sozialistischen Föderativen Sowjetrepublik, die ihrerseits zur UdSSR gehörte. – *Anm. d. Übers.*

der Gedanke, eine Utopie zu schreiben – einerseits durchaus à la Jefremow, aber zugleich als Gegenentwurf zu der geometrisch-kalten, perfekten Jefremow'schen Welt –, dieser Gedanke ergab sich für uns trotzdem ganz natürlich. Es erschien uns außerordentlich verlockend und wohl sogar notwendig, eine Welt darzustellen, *in der zu leben angenehm und interessant wäre* – nicht für irgendwen, sondern just für uns Heutige, herausgegriffen aus dieser Sowjetunion und aus »diesem Zeitpunkt«.

Wir hatten uns damals noch nicht klargemacht, dass nur drei literarisch-künstlerische Konzeptionen der Zukunft möglich sind: eine Zukunft, in der man leben möchte; eine Zukunft, in der man nicht leben kann; und eine Zukunft, die dem Verständnis nicht zugänglich ist, die also jenseits der heutigen Moral liegt.

Wir hatten jedoch erkannt, dass Jefremow eine Welt geschaffen hatte, in der spezifische Menschen lebten und agierten, Menschen, wie es sie noch nicht gab und zu denen wir (vielleicht) in vielen, vielen Jahrhunderten werden sollten; also waren das überhaupt keine Menschen, sondern Modelle von Menschen, ideale Schemata, bestenfalls Vorbilder, denen man nacheifern konnte. Uns war völlig klar, dass Jefremow eigentlich eine klassische Utopie geschaffen hatte – die Welt, wie sie *sein soll*. (Das ist eine besondere Konzeption der Zukunft, die außerhalb der belletristischen Literatur liegt, im Bereich von Philosophie, Soziologie und wissenschaftlicher Ethik – schon kein Roman mehr, sondern eher ein Traktat mit belletristischen Ansätzen.)

Wir aber wollten etwas ganz anderes; wir versuchten keineswegs, die Grenzen der belletristischen Literatur zu überschreiten, im Gegenteil, wir wollten gern über Menschen und menschliche Schicksale schreiben, über die Abenteuer des Menschen in der Natur und in der Gesellschaft. Außerdem waren wir uns sicher, dass schon heute, jetzt, hier rings um uns Menschen lebten und arbeiteten, die imstande wären, die Lichte, Saubere, Interessante Welt zu bevölkern, in der es keine (oder fast keine) »bleiernen Scheußlichkeiten des Lebens«* geben würde.

Es war eine Zeit, da wir aufrichtig an den Kommunismus glaubten, in ihm das höchste und vollkommenste Entwicklungsstadium der menschlichen Gesellschaft sahen. Uns irritierte allerdings, dass in den Werken der Klassiker des Marxismus-Leninismus über diese äußerst wichtige Etappe, de facto also über *das Ziel der gesamten Geschichte der Menschheit,* so wenig gesagt wurde und dass das wenige so dürftig war und so ... wenig überzeugend.

Bei den Klassikern stand, dass der Kommunismus eine klassenlose Gesellschaft sei ... Eine Gesellschaft, in der es keinen Staat gibt ... Eine Gesellschaft ohne Ausbeutung des Menschen durch den Menschen ... Keine Kriege, keine Armut, keine soziale Ungleichheit ...

Aber was *gibt* es eigentlich in dieser Gesellschaft? Es entstand der Eindruck, in dieser Gesellschaft gebe es nur »eine Fahne, auf der steht: Jeder nach seinen Fähigkeiten, jedem nach seinen Bedürfnissen«.**

Das war uns entschieden zu wenig. Vor unserem geistigen Auge türmte sich glänzend und funkelnd eine kristallin reine, sorgfältig desinfizierte und wunderbar sichere Welt – eine Welt großartiger Gebäude, sanfter und friedlicher Landschaften, imposanter Auffahrtrampen und spiralförmiger Abfahrten, eine Welt von unglaublichem Wohlstand, perfekt eingerichtet, gemütlich und grandios zugleich – doch

* In »Meine Kindheit« spricht Maxim Gorki von den »bleiern lastenden Scheußlichkeiten des unkultivierten russischen Lebens«. – *Anm. d. Übers.*

** Karl Marx in der »Kritik des Gothaer Programms«: »... erst dann ... kann die Gesellschaft auf ihre Fahne schreiben: Jeder nach seinen Fähigkeiten, jedem nach seinen Bedürfnissen!« – *Anm. d. Übers.*

diese Welt war leer und reglos, wie eine prächtige Dekoration vor dem Schauspiel des Jahrhunderts, das partout nicht anfangen wollte, weil es niemanden gab, der darin mitspielen könnte, und auch das Stück war noch nicht geschrieben …

Schließlich erkannten wir, mit wem man diese glänzende, aber leere Welt füllen musste: mit unseren Zeitgenossen, genauer gesagt, mit den besten unter den Zeitgenossen – mit unseren Nächsten und Freunden, reinen, ehrlichen, guten Menschen, die schöpferische Arbeit und die Freude der Erkenntnis über alles liebten … Natürlich idealisierten und romantisierten wir unsere Freunde ein wenig, doch dafür hatten wir zwei ganz reale Gründe: Erstens liebten wir sie, und zweitens hatten sie das, verdammt noch mal, auch verdient!

Gut, sagten uns unsere zahlreichen Opponenten. Sollen sie also Menschen wie wir sein. Aber warum gibt es sie dort in so überwältigender Menge? Und wohin verschwinden die unübersehbaren Massen der heutigen Grobiane, Schmarotzer, Dünnbrettbohrer, Intriganten, müßigen Schwätzer und grundsätzlichen Ignoranten, die auf ihre Ignoranz stolz sind?

Das ist ja ganz einfach, antworteten wir eifrig. Der Scheitelpunkt der Glockenkurve, nach der die moralischen und sonstigen Qualitäten verteilt sind, wird sich mit der Zeit nach rechts verschieben, wie es, sagen wir, mit der Verteilungskurve der Körpergröße beim Menschen geschehen ist. Es ist gerade mal dreihundert Jahre her, dass die Durchschnittsgröße eines Mannes 140 bis 150 Zentimeter betrug, ein Mann von 170 Zentimetern galt fast schon als Riese, und nun schaut, was heute los ist! Und wo sind alle diese 1,40-Meter-Zwerge geblieben? Es gibt sie natürlich noch, und sie begegnen einem auch heute, aber jetzt sind sie selten, ebenso selten wie Zwei-Meter-Giganten, die es vor drei, vier Jahrhunderten überhaupt nicht gab. Genau so wird es auch mit der Moral sein. Ein guter, ehrlicher, von seiner Sache begeisterter Mensch ist heute verhältnismäßig selten (übrigens ebenso selten wie ein ganz unverbesserlicher Tagedieb und absolut hoffnungsloser Schurke), aber in ein paar Jahrhunderten wird solch ein Mensch die Norm sein, und die Dreckskerle werden zu seltenen Exemplaren – einer unter einer Million.

Schön, sagten die Opponenten. Nehmen wir's an. Obwohl niemand weiß, ob er sich überhaupt tatsächlich bewegt, euer »Scheitelpunkt der Verteilungskurve der moralischen Qualitäten«, und wenn er sich denn bewegt, nach welcher Seite? Schön, angenommen. Aber was wird diese eure lichte Gesellschaft bewegen? Wohin wird sie sich weiterentwickeln? Aufgrund welcher Konflikte und inneren Widersprüche? Denn Entwicklung ist der Kampf der Gegensätze, wir sind doch alle Marxisten (weniger, weil wir von der Richtigkeit des historischen Materialismus gar so fest überzeugt sind, sondern weil wir in der Regel gar nichts anderes kennen). In eurer kristallklar funkelnden Welt sind ja keine grundlegenden (»antagonistischen«) Widersprüche übrig geblieben. Wird sie sich da nicht in einen stagnierenden Sumpf verwandeln, in eine Sackgasse, ins Ende der Menschheitsgeschichte, zu so einer Art gesellschaftlicher Euthanasie?

Das war eine gewichtigere Frage. Es drängt sich die Antwort auf: Der unablässige Bedarf an Wissen, der unablässige und endlose Prozess der Erforschung des unendlichen Weltalls sind die Triebkräfte des Fortschritts in der Welt des »Mittags«. Aber das war bestenfalls die Antwort auf die Frage, was sie dort, in jener Welt alle tun werden. Die Veränderung und Vervollkommnung der *sozialen* Struktur der Welt jedoch folgten keineswegs aus dem Vorgang endlosen Erkenntnisgewinns.

Ich weiß noch, dass wir versuchten, die Theorie vom »Kampf des Guten mit dem Besseren« als einem Antrieb für den gesellschaftlichen Fortschritt ins Feld zu führen, damit aber einen Ausbruch von Gelächter und boshaften Bemerkungen ernteten – sogar die BBC war, durch die Störsender hindurch, über diese Theorie hergezogen, und vollauf zu Recht.

Eine Antwort auf diese Frage haben wir übrigens denn doch nie gefunden. Viel später führten wir den Begriff »Vertikaler Progress« ein. Aber erstens ist dieser Begriff an sich bei uns ziemlich unscharf geblieben, und zweitens geschah das zwanzig Jahre später. Damals aber hatten wir nichts, womit wir dieses klaffende ideologische Loch hätten flicken können, und das ärgerte uns, trieb uns aber gleichzeitig zur weiteren Suche und zu neuen Finessen in der Diskussion.

Schließlich gelangten wir zu dem Gedanken, dass wir keineswegs eine Welt entwarfen, *wie sie sein soll,* und schon gar nicht die Welt, wie sie irgendwann *unbedingt sein wird,* sondern eine Welt, *in der wir gern leben und arbeiten würden* – und weiter nichts. Wir entbanden uns völlig von der Pflicht, die *Möglichkeit* oder gar *Unvermeidlichkeit* solch einer Welt zu beweisen. Aber dabei blieb unsere wichtigste Aufgabe natürlich, diese Welt möglichst glaubwürdig zu machen, ohne zu dick aufzutragen, ohne logische Widersprüche, ohne Talmi-Begeisterung und soziales Schöntun.

Völlig klar wurden uns diese eigentlich recht einfachen Überlegungen übrigens erst wesentlich später, nach gut fünf Jahren, als wir an dem Text des Romans arbeiteten, der nun in der Werkausgabe steht.* Die ursprüngliche Fassung, erschienen 1962, trug noch alle Merkmale der ursprünglichen Konzeption: zu zeigen, wie ein Mensch von heute sich in

* Gemeint ist die zwölfbändige russische Werkausgabe im Verlag »Stalker« um 2001. – *Anm. d. Übers.*

der Welt der Lichten Zukunft einlebt. Später haben wir diese Absicht de facto aufgegeben, haben einfach ein Panorama der Welt gezeichnet, Landschaften dieser Welt, Bilder aus ihrem Leben und Porträts der Menschen, die sie bevölkern.

Doch schon damals, 1960, verzichteten wir zugunsten eines Mosaiks entschieden auf eine durchgehende Handlung, sodass der Roman in einzelne, alles in allem nicht miteinander verbundene Episoden unterteilt ist, von denen viele völlig eigenständige Erzählungen waren, die wir zu verschiedenen Zeiten und aus ganz verschiedenen Anlässen geschrieben hatten. Im Einzelnen sind das:

– »Die Niederlage«. Die Idee für die Erzählung stammt noch vom Juni 1959. (Arkadi: »Die wissenschaftliche Seite: ein Ei. Kein Hühnerei, deins auch nicht, sondern ein kybernetisches Ei, ein Samen. Stell dir eine Vorrichtung vor, der ein Programm und die Möglichkeit eingegeben ist, sich zu entwickeln. Sie ist erschaffen worden, um interplanetaren Reisenden angenehme Bedingungen zu bieten, wenn sie in einer fremden Welt eintreffen …«) Diese Erzählung ist vielfach umgearbeitet und gefeilt worden, sie wurde anfangs unter dem Titel »Der weiße Kegel des Alaid« veröffentlicht, dann im Band »Sechs Streichhölzer« unter dem Titel »Die Niederlage«, und ihren endgültigen Platz fand sie unter demselben Titel im Roman »Mittag, 22. Jahrhundert«.

– »Seltsame Leute« verkörpert die Idee der Landeflieger, von »Leuten, die auf Planeten landen, die man aus verschiedenen Gründen nicht mit Apparaten erforschen kann«. Die Idee entstand ebenfalls im Juni 1959. Später (im November 1959) schrieben wir eine Erzählung mit diesem Titel, die wir nirgends veröffentlichen konnten. Der Chefredakteur von *Snanie – sila* lehnte sie kategorisch ab; den Chefs bei der *Smena* gefiel »dieses seltsame Heldentum« nicht; in der *Junost* erzeugte die Erzählung »Irritation, gemischt mit einem leichten Schrecken und zaghafter Befriedigung«. Übrigens hatte Katajew sie abgelehnt, und wir boten sie niemandem mehr an, fügten sie dann aber unter dem Titel »Planetenerkunder« in »Rückkehr« ein.*

– »Fast die Gleichen«. Die erste Rohfassung wurde Ende November 1959 abgeschlossen. Nach mehrfacher Umarbeitung kam die Erzählung in unseren Sammelband »Der Weg zur Amalthea« (1960) und wurde erst 1967 in den Roman eingefügt.

– »Tischlein-deck-dich« wurde Ende 1959 abgeschlossen, von *Ogonjok* abgelehnt, 1962 in »Rückkehr« und 1967 in »Mittag, 22. Jahrhundert« aufgenommen, in der Nachauflage von 1975 aber aus Platzgründen weggelassen … Alles in allem ein schwieriges Schicksal für eine recht simple kleine Erzählung.

– »Nacht auf dem Mars«. Die erste Version wird unter dem Namen »NS« erwähnt (ich weiß nicht mehr, wofür diese Abkürzung stand, nur dass die Erzählung anfangs »Die Nacht in der Wüste« hieß); wir beendeten sie im Januar 1960. Nach einer Reihe von Korrekturen, Um- und Nacharbeiten erschien sie in der Zeitschrift *Snanie – sila,* und seit 1967 gehört sie zum Roman.

– »Ein wohleingerichteter Planet« wurde im April 1960 geschrieben, kam als völlig eigenständige Erzählung zunächst in den Almanach »Die Welt der Abenteuer« und erst danach in »Rückkehr«, wo sie sehr gut am Platze ist.

– »Von Wanderern und Reisenden« wurde anscheinend Ende 1962 geschrieben. Die Erzählung wechselte mehrfach

* *Snanie – sila* (»Wissen ist Macht«) war eine populärwissenschaftliche Zeitschrift (herausgegeben vom sowjetischen Pendant der »Urania«), die später viel von den Strugatzkis veröffentlichte. *Smena* (»Die Ablösung«) und *Junost* (»Jugend«) waren sowjetische Zeitschriften mit allgemein politisch-kulturellem Profil, die auch Science Fiction druckten. Walentin Katajew war ein bedeutender sowjetischer Schriftsteller und Chefredakteur der 1955 von ihm gegründeten *Junost.* Auch das wenig später erwähnte *Ogonjok* (»Feuerchen«) war eine Zeitschrift. – *Anm. d. Übers.*

den Titel: »Migranten«, »Ein Spießbürger« und schließlich »Von Wanderern und Reisenden« (Letzterer Titel ist eine Zeile aus dem alten Gebet: »Von Wanderern, Reisenden, Leidenden, Kranken, Gefangenen und von ihrer Rettung wollen wir zum Herrgott beten! …« Gott sei Dank hat keiner der Lektoren diese ideologische Diversion bemerkt – oder sie haben sie stillschweigend übergangen.) Ehe sie in die neue Fassung von »Mittag, 22. Jahrhundert« kam, erschien die Erzählung in einer Ausgabe des Jahrbuchs »Fantastika«.

Und so weiter. In der Ausgabe von 1967 gibt es insgesamt neunzehn Episoden, und neun davon wurden sozusagen »für sich« geschrieben und erst später in den Roman eingefügt – nach entsprechender Überarbeitung und Anpassung, wobei die Namen der Helden, mitunter auch die Handlungszeit verändert werden mussten.

Eigentlich wuchs der Roman selbst aus einer kleinen, unvollendeten Erzählung (die später den grundlegenden Inhalt der Episode »Ein Fossil« bildete). Diese Erzählung hieß »Die Rückkehr«, einfach weil darin Menschen aus dem 21. Jahrhundert, die quasi Opfer des Zwillingsparadoxons geworden sind, auf die Erde des 22. Jahrhunderts zurückkehren. Später nannten wir dann unter uns den künftigen Roman der Einfachheit halber »Rückkehr«, nur weil wir diesen (mittelbaren) Titel schon hatten und wir uns einen richtigen (guten) Titel noch ausdenken wollten. Auch in der Annotation für den Verlag erschien der künftige Roman als »Rückkehr«. Und in die Vorlaufplanung des Lektorats wurde er unter diesem Titel eingetragen. Sodass, als es an die Veröffentlichung des Buches ging, etwas geschah, was uns sowohl zuvor als auch danach wiederholt passiert ist: Es erwies sich, dass der Titel in allen Papieren, Listen, Plänen und sonstigen wichtigen Dokumenten schon festgeschrieben war und dort stand wie eingemeißelt.

Dabei hatten wir einen Titel in petto, der uns wirklich gefiel: Arkadi hatte ihn erdacht, nachdem er Andre Nortons Roman »Daybreak – 2250 A.D.«* gelesen hatte – einen Roman über die Erde, die gerade wieder zum Leben erwacht, nachdem eine Katastrophe unsere Zivilisation vernichtet hat. »Mittag, 22. Jahrhundert« – das passte exakt, das traf den Stil unseres Romans, und außerdem enthielt es ein Stück Polemik, das uns damals sehr wichtig war. Die Brüder Strugatzki nahmen regen Anteil am ideologischen Kampf. Sie kämpften sozusagen im Rahmen ihrer Möglichkeiten an der ideologischen Front. (Herrgott! Wir glaubten ja damals wirklich, wir müssten der düsteren, apokalyptischen, erzreaktionären Zukunftssicht unsere sowjetische, optimistische, progressive, der roten Fahne folgende und einzig richtige gegenüberstellen!)

Der neue Titel wurde uns nicht genehmigt, aber wir konnten ihn wenigstens als Untertitel unterbringen. Übrigens ist das alles unwichtig. Uns erwarteten ganz andere Unannehmlichkeiten. Sie begannen mit einer ganz unschuldigen Mitteilung Arkadis (Brief vom 23. 3. 62):

> »Rückkehr« ist gemäß der neuen Anordnung über die Veröffentlichung von Science Fiction und im Umfeld der Wissenschaft angesiedelter belletristischer Werke von der Zensurbehörde ans Glawatom geschickt worden, wird am Montag oder Dienstag wieder im Verlag eintreffen und nächsten Monat erscheinen.

Ich kann es mir nicht verkneifen, alle folgenden Ereignisse in streng chronologischer Ordnung aufzuführen:

* Deutsch »Das große Abenteuer der Mutanten«, englisch auch »Star Man's Son, 2250 A.D.«. – *Anm. d. Übers.*

8.4.62 – Arkadi: »›Rückkehr‹ schmachtet immer noch in den Folterkammern von Glawatom …«
14.4.62: »Keinerlei Neuigkeiten. ›R‹ schmachtet immer noch in den abscheulichen Folterkammern der Zensur.«
25.4.62: »Das Glawatom schweigt. Möglicherweise muss das Kapitel über die Telepathen evakuiert werden.«
7.5.62: »Also dann Unannehmlichkeit Nr. 1: Eine Gruppe von Zensoren hat dem Kinderbuchverlag vorgeschlagen, von einer Veröffentlichung von ›Rückkehr‹ Abstand zu nehmen. Der Hauptbuchhalter des Kinderbuchverlags stellt schon zaghafte […] Überlegungen an, wen er wie für die Produktionskosten zur Kasse bitten könnte. Falls du vorhast, Tiraden vom Stapel zu lassen, dann spar dir das. Die Zensoren werden dich nicht hören.«
12.5.62: »In Sachen ›R‹ vorerst keine Veränderung. Die Bedingungen sind derart, dass man momentan erst einmal nichts unternehmen kann.«
29.5.62: »Folgende Informationen: 1. Gestern kam ›R‹ aus dem Glawatom mit folgender Entschließung: ›In dem Roman von A. und B. Strugatzki sind keine geheimen Informationen enthalten, doch er ist auf niedrigem Niveau verfasst (!) und wird nicht zur Veröffentlichung empfohlen.‹ So also. Nina Berkowa hat diese Entschließung sofort ins Glawlit gebracht. Aber die Obrigkeit im Glawlit war nicht am Platz, und es ist unbekannt, wie das Glawlit zu diesem idiotischen Schrieb steht. Das Komischste daran ist, dass das Glawlit unser Buch schon zum Druck genehmigt hatte, sie es aber wegen dieser niederträchtigen Empfehlung wieder gestoppt haben und vielleicht überhaupt nicht durchlassen werden.«

Für jüngere Bürger Russlands dürften hier Erklärungen angebracht sein. Das Glawlit, das heißt die Hauptverwaltung für Literatur, war die Organisation, die über den Schutz von Staats- und Militärgeheimnissen in der Literatur wachte, damit ja keine geheime Information im Buch eines dummen – oder womöglich gar böswilligen! – Schriftstellers durchsickerte und so dem Feind in die Hände fiel. Bis dahin hatten wir nur ein paar kleinere Zusammenstöße mit der Zensur gehabt – zum Beispiel als der Zensor verlangte, in »Aus anderen Sphären« müssten alle dort erwähnten Kfz-Kennzeichen ausgetauscht werden, gegen irgendwelche, Hauptsache andere. Wie gesagt, in Bezug auf »Rückkehr« hatte das Glawlit bisher keinerlei feindselige Absichten erkennen lassen, doch jetzt war da ein gewisses Glawatom* aufgetaucht, eine weitere Organisation, nagelneu, mit vorerst unklaren Aufgaben, aber anscheinend großen Ambitionen, wenn sie sich dort aus dem Stegreif das Recht nahmen, über das Niveau eines literarischen Werkes zu urteilen.

> 3.6.62 – Arkadi: »In Sachen ›R‹ keinerlei Änderung. Das Glawlit will die Druckgenehmigung nicht unterschreiben, solange nicht völlig klar ist, was die Mistkerle aus dem Glawatom gemeint haben, als sie aufs Papier fließen ließen, der Roman habe ein ›niedriges Niveau‹. Damit befasst sich jetzt der Cheflektor des Kinderbuchverlags, Genosse W.G. Kompanijez.«
> 7.6.62: »Alles unverändert …«

Und dann endlich … Ich zitiere im Folgenden praktisch den ganzen Text eines Briefes, den Arkadi im Zeitraum 8. bis 12. Juni abschickte (das genaue Datum fehlt). Es ist ein umfangreicher Text, aber, wie ich glaube, von einigem Interesse für jeden, der sich in die nostalgisch-lichte, wahrhaft sowje-

* Boris Strugatzki dechiffriert die Abkürzung »Glawatom« nicht, aber die erste Silbe lässt jedenfalls erkennen, dass es sich wieder um eine »Haupt«-Verwaltung oder sonstige Hauptbehörde handelte, und die zweite, dass sie etwas mit Kernenergie zu tun hatte. – *Anm. d. Übers.*

tische Zeit versenken will, als noch *Ordnung* herrschte und alles *normal* war. Für besonders notwendig halte ich den Hinweis, dass es sich um den Juni 1962 handelt, kurz zuvor war der XXII. Parteitag der KPdSU über die Bühne gegangen, ringsum stand das Erste Tauwetter in voller Blüte. »Ein Tag im Leben des Iwan Denissowitsch« war gerade eben für den Leninpreis vorgeschlagen worden … und überhaupt, es atmete sich so frei im wiedergeborenen Arkanar! *

Haben wir es also doch noch erleben dürfen: »Rückkehr« ist aus dem Glawlit gekommen, in die Produktion gegeben worden und erscheint, wie der Herstellungsleiter versichert, im Juli. Das heißt, dann erscheint das Signalexemplar.

Aber es hat sich so ergeben, dass ich mich nicht einmal freuen kann. Der Vorgang ist von einer grenzenlosen Niedertracht. So nämlich war es:

DIE RÜCKKEHR DER »RÜCKKEHR«

Handelnde Personen:
A. Strugatzki – Autor
N. Berkowa – Lektorin [Nina Matwejewna Berkowa, unsere langjährige Lektorin, die im Kinderbuchverlag sehr viel für die Strugatzkis getan hat. – B. S.]

* Auf dem XXII. Parteitag 1961 machte Chruschtschow die (1956 schon in einer Geheimrede vor führenden Funktionären geäußerte) Kritik an Stalin öffentlich. Es war der Höhepunkt der Liberalisierungs-Phase, die (nach einem Roman von Ilja Ehrenburg) als »Tauwetter« bezeichnet wird. Der »freie Atem« ist eine Formulierung aus einem sehr bekannten Lied, in dem die Sowjetunion gepriesen wird (deutsch: »… wo das Herz so frei dem Menschen schlägt«). In Arkanar spielt der Strugatzki-Roman »Es ist schwer, ein Gott zu sein« (in Band 4 der Werkausgabe), es ist ein spätmittelalterliches Königreich, in dem Wissenschaftler und Künstler verfolgt werden. – *Anm. d. Übers.*

Kompanijez – Cheflektor des Kinderbuchverlages
Piskunow – Direktor des Kinderbuchverlages
Kalinina – vom Glawlit
Kondorizki – ein hohes Tier im Glawatom
Kalinin, Iljin – seine Referenten

Wie du dich entsinnst, wurde »R« auf Verlangen des Glawlit Mitte März ans Glawatom übergeben. Mitte April, nach dreimaliger Erinnerung, dass das Buch nicht so lange blockiert werden darf, was die Herstellung kostet usw., und auch daran, dass von ihnen weiter nichts verlangt wird als die Mitteilung, ob in dem Buch geheime Daten zur Kernenergie stehen, kam folgendes offizielle Papier mit Kondorizkis Unterschrift in den Kinderbuchverlag: »In dem Buch sind keine geheimen Informationen enthalten, doch das Buch darf nicht gedruckt werden, weil es auf niedrigem Niveau verfasst ist.« Im Vertrauen auf den gesunden Menschenverstand der Leute im Glawlit haben wir ihnen das Papier übersandt. In der Tat teilte Kalinina tags darauf mit, sie habe trotz allem die Druckgenehmigung für das Buch erteilt, sie könne es uns aber erst geben, wenn sie wisse, was die Leitung des Kinderbuchverlages darüber denke. Und da ging es los. Piskunow sagte: »Es tut mir sehr leid, aber wegen eines einzelnen Buches werde ich mich nicht mit einer staatlichen Institution streiten.« Kompanijez, statt die Kalinina anzurufen und zu sagen, dass ihm die Meinung von Glawatom schnuppe ist, rief Kondorizki an, um herauszufinden, was der mit »auf niedrigem Niveau verfasst« gemeint hatte. Und da stellte sich heraus, dass Kondorizki das Buch nicht selbst gelesen hatte, sondern Kalinin, der aber war in den Urlaub gefahren und sollte Anfang Juni wiederkommen. So zog sich das zwei Wochen lang hin. Berkowa saß unermüdlich Kompanijez auf der Pelle und zwang ihn, mit Kondorizki ein ernstes Wort zu reden. Schließlich hielt es Kondorizki nicht mehr aus und gestand, dass zwar eine von Kalinin geschriebene ausführliche Einschätzung des Buches vorliege, er sie uns aber nicht geben könne, weil sie geheim sei. »Gut«, sagte Kompanijez, »ich schicke Ihnen meine Mitarbeiterin Berkowa, soll sie sich diese Einschätzung anschauen.« Kondorizki blieb nichts weiter übrig, als einzuwilligen. Also begab sich Berkowa ins Glawatom. Kondorizki empfing sie natürlich nicht, sondern schickte ihr seinen zweiten Referenten, Iljin. Der zerfloss in Entschuldigungen und sagte, er könne ihr die Einschätzung nicht zeigen, sie sei nicht für fremde Augen bestimmt, doch er erinnere sich daran und könne ihr die hauptsächlichen Feststellungen mitteilen. Es kam zu folgendem Gespräch (beachte, dass hier kein einziges Wort übertrieben ist):

Berkowa: Also, was meinten Sie, als Sie behaupteten, das Buch habe ein niedriges Niveau?
Iljin: Das Buch ist sehr kompliziert.
B.: Wie das? Enthält es geheime Informationen?
I.: Nein, wo denken Sie hin …
B.: Enthält es Behauptungen, die unseren Ansichten von Wissenschaft und Technik widersprechen?
I.: Nein, davon steht nichts in der Einschätzung.
B.: Worin besteht also das niedrige Niveau?
I.: Gemeint ist ein niedriges literarisches Niveau.
B.: Darüber hat Glawatom nicht zu befinden, aber trotzdem: Was meinen Sie?
I.: In dem Buch wird eine Menge komplizierter wissenschaftlich-technischer Begriffe verwendet, die der Durchschnittsleser nicht versteht.
B.: Zum Beispiel?
I.: Na … alle Möglichen. Da gibt es zum Beispiel einen Terminus, der vielleicht in einem engen Kreis von

Spezialisten verwendet wird, aber für die Massen ist er unverständlich.

B.: Welcher?

I.: Gleich fällt es mir ein. A… Abra … Aha! Abrakadabra. (Erinnerst du dich, Bob? »Das sind keine Signale, das ist Abrakadabra.«)

B. (hält an sich): Das ist kein wissenschaftlicher Terminus. Was noch?

I.: Dann gibt es zum Beispiel noch den Terminus … Ky… Kyber.

B.: Haben Sie schon einmal von einer Wissenschaft namens Kybernetik gehört?

I.: Habe ich.

B.: Also, aus dieser Wissenschaft stammt dieses Wort.

I.: Das sage ich doch – es ist nicht allen verständlich.

B.: Sind Ihre übrigen Bemerkungen auch alle von der Art?

I.: Ja.

Berkowa kehrte in den Verlag zurück, erstattete Kompanijez Bericht, er rief sofort im Glawlit an, und eine Stunde später ging ich mit Berkowa ins Glawlit und holte »R« ab. Es wurde sofort in die Herstellung gegeben. Das ist alles.

Das ist alles, was ich dir mitteilen wollte. Toll, was?

Fast drei Monate Nervenkrieg, angehaltene Produktion, wer weiß wie viel Tausend Verlust …

Das war unser erster ernster Zusammenstoß mit der Zensurmaschinerie, und zwar, wohlgemerkt, nicht einmal mit dem Glawlit selbst, sondern nur mit seiner Tochterfiliale. Wir atmeten damals erleichtert auf, aber wir hatten noch gar keine Vorstellung, wie es *wirklich* sein würde.

Überhaupt muss man zugeben, dass »Rückkehr« unter ideologischen Korrekturen nur wenig gelitten hat, und auch das nur auf der Ebene von Lektorat und Verlag. Höhere Instanzen mischten sich, Gott sei Dank, nicht ein. Erstens hatten die Strugatzkis nicht die Statur, dass sich die ideologischen Führer für sie interessiert hätten, zweitens wurde Science Fiction damals von offizieller Seite kaum beachtet, und auch die Zeiten selbst waren, wie gesagt, unglaublich liberal.

Aber ein paar »liebedienerische« Absätze mussten wir doch aus dem Roman hinauswerfen, als wir die vorliegende Ausgabe [von 2001] vorbereiteten. Und das erste Opfer dieser Säuberung wurde das überdimensionale Lenin-Standbild, das auf ausdrücklichen Wunsch der Lektoratsobrigkeit über dem Swerdlowsk des 22. Jahrhunderts aufragte – auf diese Weise wollte die Obrigkeit die Verbindung zwischen Heute und Morgen herstellen. Mit saurer Miene fügten wir das Verlangte ein. Unsere saure Miene rührte nicht daher, dass wir etwas gegen den Führer der Weltrevolution gehabt hätten, im Gegenteil, wir hielten große Stücke auf ihn. Aber alle diese Standbilder, Losungen und wehenden Fahnen rochen derart nach ideologischer Speichelleckerei, dass unser natürliches Gefühl für literarischen Geschmack betrübt und beleidigt wurde.

Der aufmerksame Leser sollte im Blick behalten, dass ich aus dem alten sowjetischen Text alles gestrichen habe, was wir einfügen *mussten*, aber alle ideologischen wohlgemeinten Dummheiten belassen habe, die die Autoren freiwillig eingefügt hatten, sozusagen weil es ihnen ein Herzensbedürfnis war. Wir waren ja doch Menschen unserer Zeit, sicherlich nicht die dümmsten, aber auch keineswegs die klügsten unter unseren Landsleuten. Die Wörter »Kommunismus«, »Kommunist«, »Kommunarde« bedeuteten uns damals viel. Insbesondere bedeuteten sie ein lichtes Ziel und reine Absichten. Wir brauchten gut ein Jahrzehnt, um zu begreifen, was wirklich los war. Zu begreifen, dass »unser«

Kommunismus nichts gemein hatte mit dem Kommunismus des Genossen Suslow.* Dass ein Kommunist und ein Mitglied der KPdSU in der Regel unvereinbare Begriffe waren. Dass der sowjetische Kommunismus und der Kommunismus, wie wir ihn verstanden, nicht mehr gemein hatten als eine Brillenschlange und die Intelligenz. Aber das stand uns alles noch bevor. Damals, zu Beginn der Sechzigerjahre, war »Kommunismus« für uns ein klares, funkelndes, *absolutes* Wort und bedeutete *die Welt, in der man gern leben und arbeiten möchte.*

Mit »Rückkehr« begann ein langer Zyklus von Romanen, dessen handelnde Personen die »Menschen des Mittags« waren. In dem Roman wurde ein Hintergrund aufgespannt, eine Dekoration, eine nicht übel durchdachte Welt erschaffen – eine Szene, die geradezu danach verlangte, dort eine Reihe von Stücken aufzuführen, die aus vielerlei Gründen und Erwägungen nicht in den Dekorationen des gewöhnlichen, realen Alltagslebens spielen konnten. Die Welt des »Mittags« war geboren, und die Autoren traten in sie ein, um sie drei Jahrzehnte lang nicht zu verlassen.

Der ferne Regenbogen

Im August 1962 fand in Moskau die erste (und anscheinend letzte) Beratung von Schriftstellern und Kritikern statt, die auf dem Gebiet der Science Fiction arbeiteten. Es gab dort Vorträge, die uns alle ideologisch auf Linie bringen sollten, Begegnungen mit ziemlich hochrangigen Obrigkeiten (zum Beispiel mit dem Sekretär des ZK des Komsomol Len Karpinski), es gab Diskussionen und kulinarische Scharmützel,

* Michail Suslow war unter Chruschtschow und Breschnew der führende ideologische Theoretiker der KPdSU. – *Anm. d. Übers.*

vor allem aber wurde uns dort unter dem Siegel der Verschwiegenheit Stanley Kramers Film *Das letzte Ufer* gezeigt.

(Dieser Film ist heute fast vergessen, aber zu Unrecht. In jenen Jahren, als die Gefahr einer Atomkatastrophe nicht weniger real war als heute etwa die Gefahr allgemeiner Drogensucht, machte dieser Film auf die ganze Welt einen solch schrecklichen und mächtigen Eindruck, dass die Vereinten Nationen sogar den Beschluss fassten, ihn am sogenannten Weltfriedenstag in allen Ländern gleichzeitig zu zeigen. Sogar unsere obersten Chefs rangen sich zu diesem Schritt durch und zeigten am Weltfriedenstag *Das letzte Ufer* in einem [!] Moskauer Kino. Sie hätten ihn übrigens auch gar nicht zeigen können – bekanntlich war uns Sowjetmenschen jede Angst vor einer Atomkatastrophe fremd und unverständlich: Wir waren ohnehin überzeugt, dass uns keinerlei Atomkatastrophe drohte, sondern nur den verrotteten imperialistischen Regimes des Westens.)

Der Film erschütterte uns buchstäblich. Das Bild von den letzten Tagen der Menschheit, die im Sterben lag, fast schon gestorben war, unter den Klängen der durchdringend traurigen Melodie von »Waltzing Mathilda« langsam und für immer vom radioaktiven Nebel eingehüllt wurde … Ich weiß noch, als wir in die fröhlichen, sonnigen Straßen Moskaus hinaustraten, gestand ich Arkadi, dass ich Lust hatte, jedem Militär vom Oberst an aufwärts, der uns über den Weg lief, in die Fresse zu hauen und zu schreien: »Hört auf, ihr Arschlöcher, hört sofort auf!« Arkadi empfand ungefähr das Gleiche. (Doch was hatten, recht betrachtet, die Militärs damit zu tun, und sei es vom Oberst an aufwärts? Ging es denn um sie? Und womit hätten sie eigentlich sofort aufhören sollen?)

Selbstverständlich war es vollkommen, eindeutig und unbedingt ausgeschlossen, einen Katastrophenroman mit heutigem, sowjetischem Stoff zu schreiben, aber uns drängte es gar so sehr, eine sowjetische Version von *Das letzte Ufer* zu machen: tote Einöden, angeschmolzene Stadtruinen, der eisige Wind kräuselt das Wasser auf leeren Seen, schwarze Erdhütten, Menschen, die vor Leid und Angst schwarz sind, und über allem eine gebetsartige Melodie: »Die Enten ziehen, die Enten ziehen, zwei Gänse dabei …« Wir durchdachten alle möglichen und unmöglichen Varianten solch eines Romans (er hatte sogar schon einen Titel: »Die Enten ziehen«), entwarfen Episoden, zeichneten in Gedanken Bilder und Landschaften und wussten dabei: Das ist alles unnütz, es wird nichts dabei herauskommen – nicht zu unseren Lebzeiten.

Fast sofort nach der Beratung fuhren wir zusammen auf die Krim, und dort fanden wir endlich den Weg, wie man das alles machen kann: Wir mussten einfach in eine Welt ausweichen, in der es keine Atomkriege gibt, aber – leider! – immer noch Katastrophen. Zumal wir diese Welt schon vorher erfunden, durchdacht und erschaffen hatten und sie uns fast ebenso wirklich erschien wie die, in der wir lebten.

Die erste dokumentierte Erwähnung:

> 15.9.62 – Arkadi: »Ich denke über die ›Katastrophe‹ nach. […] habe ich eine Episode erfunden: In dem Augenblick, da die *Welle* entsteht, sind viele Menschen außerhalb, in den unermesslichen Weiten des Planeten. Man beginnt fieberhaft nach ihnen zu suchen. Und da sind zwei – er und sie –, die am Ufer eines Flüsschens zelten. […] Nachdem sie erfahren haben, worum es geht, weigern sie sich zurückzukehren. ›Wozu?‹, sagen sie. ›Wir werden es hier abwarten. Wir bekommen sowieso keinen Platz in der Rakete.‹ Doch man weist sie darauf hin, dass es in der Stadt viel zu tun gibt, die Rakete muss aus- und umgerüstet werden, jedes Paar Hände wird gebraucht. Aber das Problem ist: Zurückzukehren ist ihnen zuwider. Ange-

sichts des unausweichlichen Todes befällt den Menschen Passivität. Wie sollen sie sich verhalten?«

Auch Boris dachte hartnäckig über das Thema nach. Es sind Notizen erhalten geblieben. Vielfältige Varianten der Reaktion der verschiedenen Helden auf das Geschehen, fertige Episoden, ein ausführliches biografisches Porträt Robert Skljarows, ein detaillierter Plan »Die Welle und ihre Entwicklung«, eine interessante »Bevölkerungsstatistik« des Regenbogens:

500 Menschen, davon:
100 Kinder (Krippe, Kindergarten, Schule)
20 Erzieher
40 Wissenschaftler auf dem Gebiet der Null-Physik
20 Planetologen
50 Bauleute
50 Ernährungs-/Entsorgungstechniker
20 Verwaltungsapparat, Koordination (einschl. Funker, Ingenieure, statist. Maschinen u. a.)
50 Touristen ohne bestimmte Beschäftigung
20 Künstler (Schriftsteller, Maler, Komponisten, angezogen von der Stille und Ruhe)
20 Testflieger, die vor erzwungener Untätigkeit wahnsinnig werden
10 Ärzte

Fast alle diese Notizen sind später verwendet worden: Wir waren bereit zu schreiben, der Stoff reichte aus, wir konnten beginnen – also begannen wir. Die erste Rohschrift von »Der ferne Regenbogen« wurde im November/Dezember 1962 begonnen und abgeschlossen, aber danach hatten wir noch ziemlich lange mit diesem Roman zu tun – wir schrieben um, ergänzten, strichen, verbesserten (wie uns schien), nahmen philosophische Gespräche heraus (für den Abdruck im Almanach des Verlages »Snanie«), fügten die philosophischen Gespräche wieder ein (für die Ausgabe im Verlag »Molodaja gwardija«), und das dauerte ein gutes halbes Jahr, vielleicht auch länger.

Dann folgten mehrere Verrisse in Zeitschriften und ziemlich viele Leserbriefe. Darunter der vom Schüler der 4. Klasse Slawa Rybakow, der sehr unzufrieden war, dass in dem Roman alle umkommen, und seine Version des Schlusses vorschlug: »Schreiben Sie etwas in der Art: Plötzlich ertönte ein Donner am Himmel. Am Horizont erschien ein schwarzer Punkt. Er glitt rasch übers Firmament und nahm immer deutlichere Konturen an. Es war der ›Pfeil‹. – Sie werden schon wissen, wie es richtig ist. Schreiben Sie bitte mehr.« Ich führe dieses Zitat aus dem Brief hier aus zweierlei Gründen an: Erstens belegt er die typische Einstellung eines Teils der Leserschaft zu dem Roman, und zweitens wurde der Schüler der 4. Klasse Slawa Rybakow mit der Zeit älter und zu dem berühmten Schriftsteller Wjatscheslaw Rybakow, dessen Namen heutzutage jeder Science-Fiction-Leser kennt.*

Die wichtigste Frage im Zusammenhang mit »Der ferne Regenbogen« ist übrigens die Gorbowski-Frage. Ist Gorbowski im tödlichen Feuer der Welle umgekommen oder hat er doch überlebt? Wenn er überlebt hat, wie ist ihm das gelungen? Wenn er umgekommen ist, wieso taucht er dann in vielen späteren Romanen auf, als wäre nichts gewesen? Es gibt mehrere Varianten einer Antwort auf diese Fragen. Die Wahrheit aber muss man in einer Notiz suchen, die Ar-

* Zumindest jeder russische SF-Leser. Hierzulande dürfte vor allem der nach Rybakows Roman »Die Zeit ist gekommen« gedrehte sowjetische Film *Briefe eines Toten* bekannt sein; seine vielfach preisgekrönten Werke aus postsowjetischer Zeit sind nicht übersetzt. – *Anm. d. Übers.*

kadi am Freitag, dem 23. November 1962, in seinem Tagebuch machte. Dort erwähnt er »Der ferne Regenbogen« als »den letzten Roman über den ›fernen‹ Kommunismus, den wir schreiben«.

Ich bin jetzt auf diese Notiz gestoßen und zusammengezuckt. Richtig! Damals, Ende 1962, haben wir ja tatsächlich zueinander gesagt: »Fertig! Genug davon! Es reicht uns! Schluss mit der erfundenen Welt, die Hauptsache ist auf der Erde – her mit dem strikten Realismus!« Und so geschah es dann auch (fast): Nachdem wir »Der ferne Regenbogen« abgeschlossen hatten, sind wir lange Jahre nicht in die Welt des »Mittags« zurückgekehrt – bis 1970.

Abgesehen freilich von »Es ist schwer, ein Gott zu sein« und »Die bewohnte Insel«. Aber kann man diese beiden Romane als Werke über die Lichte Zukunft betrachten – oder überhaupt über die Zukunft?

Anmerkungen

Hier sind Anmerkungen und Querverweise gesammelt, die für das Verständnis der Romane und Erzählungen nicht unbedingt notwendig, aber doch interessant sind. Zum größten Teil handelt es sich um Hinweise auf Werke anderer Autoren, aus denen die Strugatzkis zitieren oder auf die sie anspielen. Die meisten Hinweise auf Zitate verdanke ich den Recherchen, die Viktor Kurilski unter Mitarbeit mehrerer Strugatzki-Kenner durchgeführt und im Internet veröffentlicht hat (www.rusf.ru/abs/ludeni/kur00).

Erik Simon

Seite 9:
Die Amalthea ist der fünfte Mond des Jupiters und ihm am nächsten.
Das ist der Wissensstand der Sechzigerjahre. Die Amalthea ist nicht nur der als fünfter entdeckte Jupitermond, sondern weiterhin auch der fünftgrößte; von den zahlreichen seither bekannt gewordenen kleineren Monden stehen zwei, 1979 entdeckt, dem Jupiter noch näher.

Seite 75:
»Lebe wohl, Sonne – wie Kapitän Nemo sagte …«
Nemo sagt das am Schluss des Kapitels 23 (in anderen Ausgaben Teil 2, Kapitel 14) von Jules Vernes »Zwanzigtausend

Meilen unter dem Meer«, als er mit seinem U-Boot den Südpol erreicht hat (was Verne für denkbar hielt) und dort gerade die Polarnacht beginnt.

Seite 94:
»Das wäre ein Wunder gewesen« ... »Das behauptest du ...«
Das ist eine versteckte Anspielung auf die Erzählung »Der Mann, der Wunder tun konnte« von H. G. Wells. Die Geschichte beginnt mit einer Diskussion über Wunder, in der der Bekannte des (künftigen) Wundertäters jeden Gedankengang stereotyp mit »Das behaupten Sie!« kontert.

Seite 107:
Die gierigen Dinge des Jahrhunderts
Der Titel stammt aus Andrej Wosnessenskis Gedicht »Monolog des Beatniks«. Vgl. dazu Boris Strugatzkis Kommentar und die Fußnote auf Seite 795.

Seite 108:
Es gibt nur ein Problem in der Welt ...
Das Zitat stammt aus einem Brief, den Antoine de Saint-Exupéry (bekannt als Flieger und Schriftsteller, vor allem durch »Der kleine Prinz«) im Juli 1943 im marokkanischen Oûjda an einen General X. verfasst, aber nicht abgeschickt hat.

Seite 115:
»Ich habe mal ein Buch gelesen, und darin stand, dass es in einem Hotel verfasst worden sei. Hotel ›Florida‹.« ... »Aber Ihre Stadt wird doch nicht von Kanonen beschossen.«
Im Vorwort zu »Die fünfte Kolonne« teilt Ernest Hemingway mit, dass er dieses Theaterstück während des Spani-

schen Bürgerkriegs im Madrider Hotel »Florida« unter Beschuss schrieb.

Seite 117:
»Bestimmt werden Sie länger bleiben … Sie ahnen nicht, wie lustig es bei uns ist und dass man hier über nichts nachzudenken braucht.«
Das Vorbild für diesen Gedanken findet sich in Juri Tynjanows Roman »Der Tod des Wesir-Muchtar«: »Sie sind zu beneiden, dass Sie hierbleiben. Hier ist es so lustig. Man kommt nicht zum Nachdenken.« (Der Roman handelt von Alexander Gribojedow, der – zuvor ein bedeutender Schriftsteller – 1829 als russischer Botschafter in Persien ermordet wurde.)

Seite 139:
»Du gleichst der Moschusratte Tschutschandra«
Die an Platzangst leidende Moschusratte Tschutschandra kommt in der Erzählung »Rikki-Tikki-Tavi« in Rudyard Kiplings »Das Dschungelbuch« vor.

Seite 165:
»Der Sohn verkrachte sich mit dem Vater …« … Armer Iwan Sergejewitsch!
Iwan weiß natürlich, dass sich die stumpfsinnige Inhaltsangabe auf den Roman »Väter und Söhne« von Iwan Sergejewitsch Turgenjew bezieht.

Seite 170:
Verweile, Augenblick, du bist so schön!
Das ist die im Russischen eingebürgerte (ungenaue) Formulierung des Zitats aus Goethes »Faust I«: »Werd ich zum Augenblicke sagen / verweile doch! du bist so schön!« (die gegen Ende von Teil II wieder aufgenommen wird).

Seite 171:
Nietzsche … mit seiner unheilvollen Propagierung der Herrenrasse, mit seinen Übermenschen jenseits von Gut und Böse.
Das bezieht sich auf die Herren- bzw. Sklavenrasse in Nietzsches »Zur Genealogie der Moral«, auf die »Übermenschen« in »Also sprach Zarathustra« und auf sein Werk »Jenseits von Gut und Böse«.

Seite 172:
Hunger und Liebe.
Die Formulierung spielt auf Schillers Gedicht »Die Weltweisen« an, wo es zum Schluss heißt, die Natur erhalte, solange nicht Philosophie das tue, das Getriebe der Welt »durch Hunger und durch Liebe«.

Seite 176:
Jedes Übel hat auch sein Gutes, sagte die Füchsin, dafür bist du in das Land der Dummköpfe geraten.
Das Zitat stammt aus Alexej Tolstois Version des »Pinocchio« »Das goldene Schlüsselchen«. Die Übersetzungen schwanken, etwa findet man auch »das Land der Einfältigen«.

Seite 179:
Arzt, hilf dir selber …
Das Sprichwort steht im Evangelium des Lukas (4,23).

Seite 194:
»Glücklich ist, wer nur ein Bein hat«
Das ist die Hälfte einer bekannten russischen Tschastuschka, insgesamt lautet sie: »Glücklich ist, wer nur ein Bein hat, denn der spart doch allemal: Stiefel braucht er nicht so viele, und bei Socken ist's egal.«

Seite 203:
Dadurch, dass sie unter Freiheit nur Steigerung und schnelle Befriedigung ihrer Bedürfnisse verstehen … sinnlose, dumme Wünsche und Gewohnheiten und törichte Einfälle wecken.
Das Zitat und der Starez Sossima stammen aus Fjodor Dostojewskis Roman »Die Brüder Karamasow«. Ein Starez war ein als Seelsorger erfahrener Priester oder Mönch der russisch-orthodoxen Kirche.

Seite 222:
»vorsichtig zu wandeln«
»So sehet nun zu, dass ihr vorsichtig wandelt«, heißt es im Paulusbrief an die Epheser (5,14).

Seite 234:
Also sprach Riemaier …
Anspielung auf Nietzsches »Also sprach Zarathustra«; vgl. die Anmerkung zu Seite 171.

Seite 279:
Kingsley Amis … »Ich kann nicht behaupten …«
»New Maps of Hell« (1961) von Kingley Amis war eine der ersten ernstzunehmenden literaturtheoretischen Arbeiten über die Science Fiction. Der Autor zitiert dort im Kapitel »Utopias 2« aus einem Artikel aus dem *Scientific American* von Oktober 1956, auf den zuvor schon der bedeutende SF-Autor Arthur C. Clarke hingewiesen hatte und in dem es um das Rattenexperiment geht; es folgt Amis' von den Strugatzkis zitierter Kommentar.

Seite 281:
Ja, wenn ich Wells' Marsmenschen befehligte …
Gemeint ist natürlich der Roman »Der Krieg der Welten« (1898) von H. G. Wells, in dem die Marsianer mit dreibeini-

gen Kampfmaschinen, Hitzestrahl und Giftgas die Erde erobern.

Seite 333:
unsere Panurg'sche Herde
Die Formulierung bezieht sich auf eine Stelle in »Gargantua und Pantagruel« von Rabelais, wo einer der Romanhelden, der eulenspiegelhafte Panurg, einen Leithammel von Bord eines Schiffes ins Wasser wirft und die gesamte Schafherde diesem nachspringt.

Seite 411:
Heut Mittag ist Raketenstart …
Die vier Verszeilen stammen im Russischen von Samuil Marschak (dem bekannten sowjetischen Übersetzer und Kinderbuchautor); die Idee hat er dem oft zitierten Limerick »There was a young lady named Bright …« entlehnt, den Arthur Buller 1923 veröffentlichte.

Seite 414:
Die Eigengeschwindigkeit der »Muromez« übertraf bereits die des Lichts …
Hierzu gibt es folgende Anmerkung der Autoren: »Unter Eigengeschwindigkeit versteht man jene Größe, die nach der zurückgelegten Entfernung eines Flugkörpers von der Warte eines feststehenden Punktes aus (etwa auf der Erde) und nach den Zeitabläufen auf dem sich bewegenden Flugkörper selbst berechnet wird. Eine unter solchen Bedingungen ermittelte Geschwindigkeit kann die des Lichts durchaus überschreiten.«

Seite 419:
Mittag, 22. Jahrhundert
Der Titel des Episodenromans, von dem hier nur einige Episoden auf Deutsch übersetzt vorliegen, lautete ursprünglich

(1962) »Rückkehr (Mittag, 22. Jahrhundert)«. In allen späteren Ausgaben wurde der Untertitel zum Haupttitel. Vgl. dazu auch den Kommentar von Boris Strugatzki und die Fußnote auf Seite 818.

Seite 426:
»Das Blöken des Zickleins lockt den Tiger an«
Das ist ein Zitat aus Rudyard Kiplings Roman »Stalky & Co.«, von dem Arkadi Strugatzki eine (nicht veröffentlichte) russische Übersetzung angefertigt hatte.

Seite 466:
»O weh, die Kniescheibe steht schief!«
Diese (auch im Original als Zitat gekennzeichnete) Wendung stammt aus den satirischen Texten, die Alexej K. Tolstoi und die Gebrüder Schemtschuschnikow im 19. Jahrhundert veröffentlichten und deren vorgeblicher Autor und Held »Kosma Prutkow« war.

Seite 558:
»... es gibt rein gar nichts, wo man einigermaßen geschmackvoll hinschauen könnte.«
Hier wird auf eine Stelle in »Zwölf Stühle« von Ilf und Petrow angespielt, wo Ostap Bender – ein Gauner, der sich eines »gebildeten« Sprachstils befleißigt – auf der Suche nach einem (vermeintlich Diamanten enthaltenden) Stuhl sagt: »Hier gibt es rein gar nichts, wo man sich einigermaßen geschmackvoll hinsetzen könnte.« In der deutschen Übersetzung von Thomas Reschke lautet die Stelle schlichter: »Aber kein einziges geschmackvolles Sitzmöbel«, in der von Ernst von Eck fehlt sie ganz.

Seite 569:
»Missis, 'n Bettlaken ist weg«

Mboga zitiert hier aus »Huckleberry Finn« von Mark Twain, Kapitel 37.

SEITE 579:
... in welcher Sprache das erste »Äh« gesagt werden soll.
Hier wird auf eine Stelle in Gogols Komödie »Der Revisor« angespielt, wo zwei Männer dieselbe Geschichte erzählen und sich dabei streiten, wer in einer bestimmten Situation als Erster »He!« bzw. »Äh!« gesagt hat (was im Russischen gleich klingt). Jurkowski, einer der Helden in frühen Werken der Strugatzkis, sagt übrigens auch immerzu »Äh«.

SEITE 580:
Home is the sailor ...
»Nach Haus kam der Seemann, nach Hause vom Meer, / Und der Jäger zurück von den Hügeln.« Die Zeilen stammen aus Robert Louis Stevensons Gedicht »Requiem«.

SEITE 580:
Älter werden die Barone, fetter werden die Barone ...
Das ist eine Variation von Versen aus der »Deutschen Ballade«, die Wladimir Schemtschuschnikow unter dem Pseudonym »Kosma Prutkow« veröffentlichte (vgl. die Anmerkung zu Seite 466). Dort heißt es: »Und so geht es Jahr um Jahr ..., und es raufen die Barone, und es saufen die Barone ...«

SEITE 611:
»Das Glück liegt nicht im Glück selbst, sondern im Streben danach ...«
Der Gedanke findet sich unter anderem im »Brief vom Nutzen der Wünsche« des Fabeldichters Iwan Krylow und in Fjodor Dostojewskis »Tagebuch des Schriftstellers«.

Seite 623:
Maljajew, der sich immer benahm wie eine Eis-Sphinx
»Die Eissphinx« ist ein Roman von Jules Verne.

Seite 626:
Schwermut! Vorahnungen!
In Puschkins Gedicht »Meiner Njanja« (also dem Kindermädchen) heißt es: »Schwermut, Vorahnungen, Sorgen …« Die deutschen Nachdichtungen haben andere Formulierungen.

Seite 635:
›*Ein Verliebter ist unheilbar krank.*‹
Hier wird – etwas ungenau – aus einem Rubai von Omar Chajjam (ca. 1045–1130) zitiert: »Der liebte nie, der niemals rasend war, / der schalen Rauch verströmte Jahr um Jahr. / Die Liebe ist ein Feuer, rastlos lodernd, / Verliebte sind verwundet, unheilbar.«

Seite 647:
»*Ich brauch eine Frau …*«
Das ist der Anfang des Gedichts (bzw. Liedes) »Broom Besoms« des schottischen Nationaldichters Robert Burnes, in der Sowjetunion bekannt durch Samuel Marschaks (etwas freiere) Nachdichtung.

Seite 654:
›*Der goldene Ziegenbock*‹ *oder* ›*Der goldene Esel*‹
Die fragliche Szene findet sich in dem Roman »Die Jagd nach der Million« von Ilf und Petrow, der Fortsetzung zu den bekannteren »Zwölf Stühlen«. Russisch heißt das Buch eigentlich »Das goldene Kalb«, mit dem »Goldenen Esel« des römischen Dichters Apuleius hat es übrigens nichts zu tun.

Seite 654:
… der Nullphysiker war dem Nullphysiker Freund, Genosse und Bruder.
Die Formulierung spielt auf das Programm der KPdSU von 1961 an, wo es im »Moralkodex der Erbauer des Kommunismus« heißt: »Der Mensch ist dem Menschen Freund, Genosse und Bruder.«

Seite 663:
»Eure ganze Physik … ist nicht halb so viel wert wie eine einzige Träne von Alja.«
Die Formulierung verweist auf eine oft zitierte Stelle in Dostojweskis »Die Brüder Karamasow«, wo es heißt, alle Erkenntnis sei nicht die Tränen eines Kindes wert.

Seite 687:
… an den falschen Nero.
Nach Neros Tod gaben sich im Römischen Reich mehrere Schwindler als Nero aus. Lion Feuchtwanger, ein von den Strugatzkis sehr geschätzter Schriftsteller, veröffentlichte 1936 den Roman »Der falsche Nero«.

Seite 703:
»Wenn ich unter einen Zug gerate …«
Das Zitat stammt aus dem Roman »Das Duell« (1905) von Alexander Kuprin.

Seite 712:
»Dig my grave both long and narrow …«
Schaufelt mir ein Grab, lang und schmal, / macht meinen Sarg ordentlich und fest … »Dig My Grave« ist ein Spiritual, der zuerst 1935 auf den Bahamas aufgezeichnet wurde. Die Strugatzkis kannten wahrscheinlich die Aufnahme mit Pete Seeger.

Seite 715:
Die Literatur soll so sein, schreibt er, dass man sie gern präpariert …
Es handelt sich hier wohl um eine Anspielung auf eine in den Sechzigerjahren unter russischen Intellektuellen verbreitete Diskussion zwischen den »Lyrikern« und den »Physikern«: Sollte der emotionale Zugang zur Literatur gelten oder der analytische, sollten Gefühle, die Natur etc. in die Literatur einfließen oder die wirtschaftlichen und wissenschaftlichen Erfolge des Sozialismus? Das Verb »präparieren« bezieht sich auf die Position der »Physiker«: Literatur soll sich leicht erschließen lassen und dem Verstand zugänglich sein.

Seite 743:
»Wer fängt Shir Khan …?«
Shir Khan ist der Tiger in Rudyard Kiplings »Das Dschungelbuch«.

Seite 854:
»… Alles anzweifeln – das ist euer Leitmotiv!«
Karl Marx nannte als seine Lieblingsdevise: »De omnibus dubitandum« (»An allem zu zweifeln«). Die Maxime stammt ursprünglich von Descartes: »De omnibus dubito« (»Ich zweifle an allem«).

Seite 787:
Als du von bittrem, schwerem Leid …
Die Verse stehen in der Sammlung »Aus dem lyrischen Heft« des russischen Übersetzers, Kinderbuchautors und Satirikers Samuil Marschak (1887–1964). Sie sind als Übersetzungen deklariert, diese Zeilen aber stammen von ihm selbst.

Die wichtigsten Werke der Brüder Strugatzki

DER ZUKUNFTSZYKLUS
(sortiert nach der Chronologie der Handlung)

Atomvulkan Golkonda (1959)
Der Weg zur Amalthea (1960)
Praktikanten (1962)
Die gierigen Dinge des Jahrhunderts (1965)
Mittag, 22. Jahrhundert (1962, erweitert 1967)
Fluchtversuch (1962)
Der ferne Regenbogen (1963)
Es ist schwer, ein Gott zu sein (1964)
Die bewohnte Insel (1969, 1971)
Die dritte Zivilisation (1971)
Der Junge aus der Hölle (1974)
Unruhe (1990; Manuskript 1965)
Ein Käfer im Ameisenhaufen (1979–80)
Die Wellen ersticken den Wind (1985–86)

DIE SCIENCE-FICTION-EINZELROMANE

Die Schnecke am Hang (1966, 1968)
Die zweite Invasion der Marsmenschen (1968)
Das Hotel »Zum Verunglückten Bergsteiger« (1970)
Die hässlichen Schwäne (1972 im Ausland erschienen; später Teil von »Das lahme Schicksal«)
Picknick am Wegesrand (1972)

Eine Milliarde Jahre vor dem Weltuntergang (1976)
Das lahme Schicksal (1986, komplett 1989)
Das Experiment (1989; Manuskript 1968–72)
Die Last des Bösen (1989)
Ein Teufel unter den Menschen (gemeinsam konzipiert, von Arkadi Strugatzki geschrieben; 1993)

FANTASY UND MÄRCHEN

Der Montag fängt am Samstag an (1965)
Das Märchen von der Troika (Fortsetzung zu »Der Montag fängt am Samstag an«; erste Fassung 1987, stark abweichende zweite Fassung 1968)
Expedition in die Hölle (gemeinsam konzipiert, von Arkadi Strugatzki geschrieben; Teile 1 und 2: 1974, Teil 3: 1984)

DIE ROMANE BORIS STRUGATZKIS

Die Suche nach der Vorherbestimmung (1995)
Die Ohnmächtigen (2003)